Treue Deserteure

Das kursächsische Militär und der Siebenjährige Krieg

Von
Marcus von Salisch

R. Oldenbourg Verlag München 2009

Vorderes Vorsatzblatt:
Karte: Neue Chursaechsische Post Charte darinnen das Chur Fürstentum Sachsen und seiner incorporirten Lande [...] in die Geographische Ordnung gebracht u. supplim. von AD[AM] FR[IEDRICH] ZÜRNER [...] 1736 · aufs neue revidirt 1753, Kartenabteilung SbPK zu Berlin/Sign. L 10412

Hinteres Vorsatzblatt:
Karte: Der Siebenjährige Krieg in Europa, Militärgeschichtliches Forschungsamt, Potsdam

Bibliografische Information der Deutschen Nationalbibliothek
Die Deutsche Nationalbibliothek verzeichnet diese Publikation in der Deutschen National-bibliografie; detaillierte bibliografische Daten sind im Internet über http://dnb.d-nb.de abrufbar.

Die vorliegende Arbeit wurde unter dem Titel »Die kursächsische Armee und der Siebenjährige Krieg« von der Universität der Bundeswehr, München, als Dissertation angenommen und am 18. Dezember 2007 öffentlich verteidigt.

© 2009 Oldenbourg Wissenschaftsverlag GmbH, München
   Rosenheimer Str. 145, D-81671 München
   Internet: http://www.oldenbourg.de

Satz: Militärgeschichtliches Forschungsamt, Potsdam
Druck und Bindung: Kösel GmbH & Co. KG, Altusried-Krugzell

ISBN 978-3-486-58805-7

Inhalt

Vorwort

Im Jahre 2006 jährte sich zum 250. Mal der Beginn des Siebenjährigen Krieges (1756-1763). Damit rückte ein Konflikt wieder in den Fokus des historischen Interesses, der auch als »europäischer Weltkrieg« bezeichnet wird, weil in die kriegerischen Auseinandersetzungen nicht nur die europäischen Mächte, sondern maßgeblich auch deren überseeischen Besitzungen, vor allem in Amerika, einbezogen wurden. Am Ende setzte sich Großbritannien als dominierende Seemacht durch, während auf dem europäischen Kontinent sich Preußen unter Friedrich II. als Großmacht neben Frankreich, Österreich und Russland etablieren konnte.

Seine Großmachtambitionen aufgeben musste hingegen das Kurfürstentum Sachsen, dessen Herrscher lange Zeit eine führende Rolle unter den protestantischen Mächten beansprucht hatten. Sachsen war während des Krieges nicht nur langjähriges preußisches Besatzungsgebiet und musste somit maßgeblich die Kriegführung Friedrichs II. mit allen ihren »Begleitscheinungen« wie Plünderungen, Kontributionen und Zwangsrekrutierungen von Soldaten ertragen und unterstützen, vielmehr wurden bereits nach der Kapitulation des sächsischen Heeres bei Pirna 1756 sächsische Verbände zwangsweise in das preußische Heer eingegliedert. Diese Aktion war in ihrem Ausmaß nicht nur einmalig, sondern sollte sich als Fiasko für Preußen erweisen. Denn viele der in das preußische Heer »eingestellten« sächsischen Soldaten desertierten. Kursächsische Offiziere organisierten eine »Sammlungsbewegung«, die dazu führte, dass sächsische Korps aufgestellt wurden, die an der Seite der Verbündeten Frankreich und Österreich wieder auf dem europäischen Kriegsschauplatz eingreifen konnten.

»Treue Deserteure« ist denn auch der treffende Titel dieser Untersuchung. Sie beschreibt und analysiert das Schicksal der sächsischen Soldaten, die in einen Krieg gerieten und dadurch vor besondere Herausforderungen gestellt wurden. Sie gewährt bislang unbekannte, detaillierte und spannende Einblicke in die Ereignisse des Herbstfeldzuges 1756 in Sachsen, in die frühneuzeitliche Lager- und Belagerungskunst sowie die Binnenstrukturen der sächsischen Armee. Neben sozial- und mentalitätsgeschichtlichen Ansätzen werden auch operationsgeschichtliche Aspekte thematisiert. Die Studie lässt eine Armee, die bislang eher als historische »Randnotiz« wahrgenommen wurde, in einem neuen Lichte erscheinen.

Mein besonderer Dank gilt allen an diesem Projekt beteiligten Mitarbeitern des Militärgeschichtlichen Forschungsamtes. Dies gilt in erster Linie für Hauptmann Marcus von Salisch, der die vor seiner Versetzung ins Militärgeschichtliche Forschungsamt begonnene Arbeit neben seinen zahlreichen anders gelagerten dienstlichen Aufgaben mit großem persönlichen Einsatz abgeschlossen hat. Dazu gehören

vor allem aber auch die Angehörigen der Schriftleitung, so ihr Leiter Arnim Lang
(Koordination), Aleksandar-S. Vuletić (Lektorat), Antje Lorenz (Satz), Hannelore
Mörig (Karten) sowie Marina Sandig (Medien und Lizenzen).

Ich wünsche dem vorliegenden Buch über das kursächsische Militär im Siebenjährigen Krieg eine breite Leserschaft sowohl innerhalb der Wissenschaft als
auch in der militärgeschichtlich interessierten Öffentlichkeit.

Dr. Hans Ehlert
Oberst und Amtschef
des Militärgeschichtlichen Forschungsamtes

Danksagung

Lässt man sich darauf ein, die Genese von Dissertationen aus militärischem Blickwinkel zu betrachten – und da es sich bei der vorliegenden Arbeit um eine militärhistorische Untersuchung handelt, sei mir dies auch erlaubt –, so können sie oftmals mit einer Art von »Gefecht« verglichen werden. Vorgefasste Entschlüsse, der »Operationsplan«, sind mit der Eröffnung der »Kampfhandlungen« allenfalls noch bedingt gültig. Unwägbarkeiten, Clausewitzsche »Friktionen«, gewinnen zunehmend an Bedeutung. Sie lassen das Erreichen des Angriffsziels für viele nicht immer als sicher erscheinen. Aber einmal dort angekommen, ist es Zeit, dankbar Rückschau zu halten. So wie man eine militärische Operation nicht ohne Unterstützungskräfte führen kann, ist auch eine Dissertation ohne solche unmöglich.

Daher gilt mein besonderer Dank zunächst Dietmar Bode vom Arbeitskreis Sächsische Militärgeschichte e.V., einem ausgewiesenen Kenner der Kriegsereignisse im Herbst 1756 in Sachsen. Ein Gespräch in Dresden genügte, um mich für eine schier unerschöpfliche Thematik zu begeistern. Gert Schirok vom Sächsischen Hauptstaatsarchiv Dresden erwies sich nicht nur als exzellenter Kenner der sächsischen Militärgeschichte. Seine ermunternden Worte sowie die Betreuung bei der Vorbereitung und Durchführung meiner Archivbesuche in Dresden waren für das Fortschreiten der Arbeit von grundlegender Bedeutung.

Auf noch ungehobene Schätze im Geheimen Staatsarchiv Preußischer Kulturbesitz wies mich freundlicherweise Prof. Dr. Jürgen Kloosterhuis hin. Dr. André Thieme vom Institut für Sächsische Geschichte und Volkskunde e.V. ermöglichte das Bekanntwerden des Forschungsthemas im »Neuen Archiv für sächsische Geschichte«. PD Dr. Stefan Kroll gab mir ebenfalls wichtige Hinweise.

Das Militärgeschichtliche Forschungsamt hat meine Arbeit in ihrer Endphase auf vielfältige Weise unterstützt. Hierfür sei insbesondere dem Amtschef, Oberst Dr. Hans Ehlert, gedankt. Den Kollegen Dr. Martin Rink und Stephan Theilig M.A. bin ich für so manches fruchtbare Gespräch und die vielen Hinweise sehr verbunden. Nicht zuletzt danke ich auch meinen Vorgesetzten der letzten Jahre, insbesondere Dr. Karl-Heinz Lutz, für ihr Verständnis und ihr Interesse an meiner »Nebentätigkeit«.

Prof. Dr. Walter Demel betreute mein Dissertationsvorhaben durch all die Jahre mit großer Geduld und viel Verständnis. Seine Anstöße förderten die Arbeit, ließen zugleich aber auch ausreichende Freiheiten. Ich bin ihm dafür zu großem Dank verpflichtet.

Die Arbeit wäre schwerlich möglich gewesen ohne »Konstanten«, ohne »ruhende Pole« im Leben. Die Anteilnahme und der motivierende Zuspruch meiner Familie, insbesondere meiner Frau, halfen ungemein, die Zeit ohne tiefere Krisen durchzustehen. Ihnen allen möchte ich diese Arbeit widmen.

Marcus von Salisch

I. Einleitung

Die Kriege Friedrichs II. und die sächsische Geschichte des 18. Jahrhunderts sind untrennbar miteinander verbunden. Das Kurfürstentum Sachsen befand sich dabei keineswegs nur in der Rolle eines Beobachters oder gar Bewunderers des emporstrebenden nördlichen Nachbarstaates; vielmehr spürte es die Auswirkungen dieses Aufstieges auch am eigenen Leibe: durch zehntausende Tote und den Ruin des Landes. Ganz gleich auf wessen Seite sich das sächsische Kurfürstentum in den jahrelangen Kämpfen befand, mit Ausnahme der Episode des Bayerischen Erbfolgekrieges zählte es stets zu den Verlierern. Das Streben der risikoscheuen sächsischen Politik nach Neutralität oder nach Bündnissen mit den jeweils vermeintlich mächtigsten Potentaten auf der politischen Bühne Europas blieb beinahe immer erfolglos. Seine Verbindungen zum Hause Habsburg, die selten vertraglicher Natur waren und meist den Charakter einer wohlwollenden Neutralität trugen, brachten Sachsen verheerende preußische Besatzungen und schwere militärische Niederlagen ein. War das sächsische Heer Waffenbruder Preußens, wie im Mährischen Feldzug von 1742, opferte Friedrich II. die sächsischen Soldaten seinen Interessen. Auch die Wiederannäherung an Preußen, die nach dem Hubertusburger Frieden von 1763 folgerichtig erscheinen musste, mündete langfristig in die Katastrophe von Jena und Auerstedt (1806). Über das Ergebnis des Bündnisses mit Napoleon ließe sich diese Linie weiter verlängern.

Mit verengtem Blick auf die Mitte des 18. Jahrhunderts ist die Niederlage bei Kesselsdorf im Jahre 1745 sicher eines der bekanntesten Ereignisse der kriegerischen Auseinandersetzungen jener Zeit und stellt eine der gravierendsten Zäsuren der sächsischen Landes- und Militärgeschichte dar. Doch auch im Hinblick auf den Siebenjährigen Krieg weist das ehemalige Kurfürstentum zahlreiche historische Stätten auf. Obwohl dieser Krieg aufgrund seiner globalen Dimension sowie der Dichte der Kampfhandlungen[1] durchaus als »Weltkrieg« des 18. Jahrhunderts bezeichnet werden kann, kommt gerade Sachsen darin eine Schlüsselrolle zu. Auf seinem Boden begann der Krieg mit dem preußischen Überfall von 1756 und endete symbolträchtig mit dem Friedensschluss im zerstörten Schloss zu Hubertusburg 1763. Annähernd sieben Jahre befand sich das Kurfürstentum faktisch in den Händen der preußischen Militäradministration und lieferte dem preußischen König den Großteil der materiellen Grundlagen für die stetige Führung des Krieges. Die Schlacht bei Roßbach 1757 stellte den bedeutsamsten Berührungspunkt zwi-

---

[1] Von den etwa 150 bewaffneten Auseinandersetzungen des 18. Jahrhunderts fand über die Hälfte zwischen 1756 und 1763 statt. Luh, Kriegskunst in Europa, S. 1.

schen den zwei großen Schauplätzen des Krieges auf deutschem Boden dar und bildete zugleich den Auftakt zu einem der berühmtesten Feldzüge der preußischen Militärgeschichte. Auch die letzte Schlacht dieser großen Auseinandersetzung zwischen Preußen und Österreich wurde 1762 bei der sächsischen Stadt Freiberg geschlagen. Um die besondere Verbindung Sachsens zu diesem Krieg noch deutlicher zu unterstreichen, sei hier nur kurz auf die mehrfache Belagerung und Zerstörung der Hauptstadt Dresden durch beide Kriegsparteien (1758/59/60)[2], den Überfall bei Hochkirch (1758), die Einschließung und Kapitulation der Truppen des preußischen Generals Friedrich August von Finck bei Maxen (1759) sowie auf die Schlacht bei Torgau (1760) hingewiesen.

Wird der Beginn der im engeren Sinne kriegerischen Geschehnisse des Siebenjährigen Krieges auf den 1. Oktober 1756 datiert, den Tag der Schlacht bei Lobositz, so übergeht man ein aufgrund seiner Einzigartigkeit militärhistorisch höchst interessantes Ereignis – die dem preußischen Überfall folgende Einschließung, Kapitulation und Vereinnahmung der gesamten sächsischen Armee zwischen Pirna und Königstein im September bzw. Oktober 1756 als Auftakt für eine facettenreiche »Odyssee« der sächsischen Soldaten im weiteren Verlauf des Krieges. Eine solche Übernahme kann nicht nur für das Heerwesen des 18. Jahrhunderts als beispiellos gelten, zeigen doch Untersuchungen zu verschiedenen Kapitulationen, dass eine solche Waffenstreckung größerer Formationen für gewöhnlich die Überführung des Gegners in die Kriegsgefangenschaft bedeutete[3].

Neben dem breit angelegten und Jahrhunderte übergreifenden historischen Diskurs um die Frage der Kriegsschuld im Jahre 1756, dem Streit um die strategischen Präferenzen des preußischen Königs[4], der Diskussion ihrer Auswirkungen auf die strategischen Planungen des deutschen Generalstabs am Vorabend des Ersten Weltkriegs[5] sowie der Darstellung der einzelnen Schlachten dieses Krieges haben die genannten Ereignisse bei Pirna in der Publizistik und historischen Forschung eine eher untergeordnete Rolle gespielt. Sie werden auch in heutigen militär- und allgemeinhistorischen Darstellungen jener Epoche meist nur kurz erwähnt[6], sodass wichtige Fragen offen geblieben sind.

Ebenso stellt das weitere Schicksal der etwa 18 000 sächsischen Soldaten, ihre Massendesertion, erneute Sammlung und anschließende Verwendung in den Heeren Österreichs und Frankreichs ein Forschungsdesiderat dar, da sich die Untersuchungen bisher überwiegend auf die Armeen der Hauptgegner konzentrierten.

Überlegungen zur Bedeutung des Pirnaer Lagers für den weiteren Fortgang des Krieges oder Einzelheiten über die Situation im Lager aus den wechselnden Perspektiven der obersten politischen und militärischen Führung sowie der Organisa-

---

2   Hertzig, Die Kanonade vom 19. Juli, S. 42 f.
3   Krebs, The making of prisoners of war; Das Tagebuch des Musketiers Dominicus, S. 77–89.
4   Luh, Kriegskunst in Europa, S. 4 f.; Duffy, Friedrich der Große, S. 149 f., 159 f.; Delbrück, Friedrich – Napoleon – Moltke. S. 4–14. Zum Verlauf des »Strategiestreites«: Lange, Hans Delbrück und der »Strategiestreit«, S. 83–124.
5   Zur Vorbildwirkung der Kriegführung Friedrichs II. für die Planungen des Großen Generalstabs: Lange, Hans Delbrück und der »Strategiestreit«, S. 73–81.
6   Vgl. Kunisch, Friedrich der Große, S. 351–353.

tionsebene oder gar des »gemeinen Mannes« blieben dabei unberücksichtigt. Ebenso gilt es, die differierenden Lebenslagen und sozialen Probleme zu klären, in welche die Kapitulation den sächsischen Offizier ebenso versetzte, wie den einfachen Soldaten. Zudem wird auf die preußischen Repressalien und gewaltsamen Rekrutierungen einzugehen sein, durch welche sich sowohl die Bevölkerung – vor allem die männliche –, als auch die lokalen sächsischen Behörden in einem stetigen Spannungsfeld von Zwang, Verweigerung, Armut und Gewalt befanden.

Hinsichtlich ihres Forschungsansatzes soll diese Studie einen Beitrag leisten, dem heute eher unpopulären Begriff der »Operationsgeschichte« eine neue Konturierung zu verleihen. Diese alte Teildisziplin der Militärgeschichte befindet sich insbesondere in den letzten Jahren auf der Suche nach einer neuen Identität als Voraussetzung für eine Neuverortung im sich stetig erweiternden Feld moderner (Militär-)Geschichtsschreibung. Die Konzentration der klassischen Operationsgeschichte auf die analytische Betrachtung der Gefechtsfeldfaktoren »Kräfte, Raum und Zeit«, etwa auf die Sezierung militärischer Operationen im Sinne eines Abgleichs zwischen der taktischen Entscheidung des militärischen Führers und ihrer Umsetzung vor Ort, soll hierbei überwunden werden. Mit Blick auf die allgemeine Geschichtswissenschaft forderte Stig Förster bereits vor einigen Jahren eine Durchbrechung der zu starken methodischen und thematischen Einhegung der Militärgeschichte und insbesondere der operationsgeschichtlichen Untersuchungen durch die Erkenntnisse anderer historischer Teildisziplinen[7]. Dennoch darf auch eine moderne Militärgeschichte das Phänomen »Krieg« keineswegs vernachlässigen. Zwar soll – wie Rainer Wohlfeil konstatierte – der Soldat durchaus »in *allen* seinen Lebensbereichen« erfasst werden[8]. Über die Betrachtung von »Operationen« hinausführende Untersuchungen sollen deshalb epochenübergreifende Fragestellungen unter Einbindung der Erkenntnisse aller Teilbereiche der modernen Geschichtswissenschaft erlauben, durch welche das Militär als Teil der frühmodernen Gesellschaft erscheint. Ansatzpunkte wären hier zum Beispiel Zugänge aus dem Blickwinkel der Militärsoziologie, Fragen nach der Wahrnehmung von Krieg, Gefahr und Gewalt durch die Bevölkerung oder die Kriegsteilnehmer, Streitkräfte mit ihren verschiedenartigen Erfahrungen, ihrer Wirkung auf Kriegs- und Einsatzräume oder ihrem Umgang mit Nationalität und Transnationalität. Hinsichtlich der vorliegenden Arbeit wären vor allem noch die Fragen nach Motivationen und multiperspektivischen Alltagserfahrungen – etwa dem Erleben einer wochenlangen Belagerung – zu ergänzen. Schwerpunkte, nach denen die Organisation Militär und die kriegerischen Ereignisse des 18. Jahrhunderts in den letzten Jahren zunehmend untersucht wurden, sollen in die Studie mit einfließen. Zu nennen wären hier die Problematisierung von Desertion und gewaltsamer Rekrutierung, das Ritual der Kapitulation, die Frage nach der Bedeutung konfessioneller Gegensätze insbesondere vor dem Hintergrund des frühneuzeitlichen Patriotismus sowie die Analyse der Bedeutung der Kampfgemeinschaft zwischen dem einfachen Soldaten und

---

7   Förster, Operationsgeschichte heute. Zur Öffnung der Militärgeschichte für neue Problemfelder: Kroener, Militär in der Gesellschaft, S. 283–299.
8   Wohlfeil, Überlegungen zum Begriff »Militärgeschichte«, S. 18.

seinen Vorgesetzten. An dieser Stelle sei auch auf den biografischen Abriss über Generalfeldmarschall Friedrich August Graf von Rutowski hingewiesen, dessen bedeutsames Wirken für das sächsische Militär um die Mitte des 18. Jahrhunderts nicht nur anhand einzelner Lebensdaten, sondern im Zeichen moderner Biografik als Zusammenspiel von kollektiven und individuellen Prägekräften analysiert wird. Es gilt, hierzu zum einen seine Geburt als »Bastard« sowie sein Leben als katholischer »Pole« in beständiger Abhängigkeit von der Gnade des Vaters, des Bruders sowie des Günstlings Heinrich Graf f von Brühl zu betrachten. Hinzu kommt seine militärische Karriere als »Ausländer« und Freimaurer, die in Momenten der »Einsamkeit des Kommandos« von den gravierendsten Tiefpunkten des sächsischen Militärs in den Schlesischen Kriegen überschattet wird. Dies sind nur wenige Eckpunkte des Spannungsfeldes von militärischer Notwendigkeit und politischer Beschränkung, in welchem sich der Mensch und Heerführer Rutowski bewegte.

Über die hohe Attraktivität solcher Fragestellungen sollte jedoch nicht vergessen werden, dass der Krieg in letzter Konsequenz der eigentliche Zweck der Existenz der Institution »Militär« ist. Er ist sicher durch alle Zeiten dasjenige Phänomen mit der größten Interaktionsdichte zwischen Armeen sowie zwischen Militär und Gesellschaft. Eine Militärgeschichte, die Wechselwirkungen zwischen Militär und Gesellschaft reflektiert und dabei den Einsatz von Soldaten in Kriegen in den Hintergrund drängt, erscheint daher lückenhaft. Erst kürzlich hat Sönke Neitzel darauf hingewiesen, dass trotz aller Fortschritte der »neuen Militärgeschichte« der »Kampf an der Front« als »Kern des Krieges« auf allen Betrachtungsebenen bisher ein Desiderat geblieben ist[9].

Moderne militärgeschichtliche Untersuchungen bieten insgesamt weit größere Freiräume für ein Konglomerat von interdisziplinären Fragestellungen und Zugangsmöglichkeiten. Trotzdem bleiben die klassischen Untersuchungen von »Operationen« ein Bestandteil der Forschung und bilden gleichsam den Rahmen für weitergehende Untersuchungen.

Für diese Studie bietet sich hier ein Anknüpfungspunkt auch zur modernen sächsischen Landesgeschichtsforschung, die in allen Teildisziplinen nach 1990 einen enormen Aufschwung erfahren hat[10]. Ungeachtet seiner bedeutenden Position im europäischen Mächtesystem des 18. Jahrhunderts stellt jedoch das – zumindest quantitativ – gut gerüstete Kursachsen hinsichtlich der militärgeschichtlichen Forschung ein bisher wenig untersuchtes Territorium dar. Obwohl beispielsweise die Kapitulation und Übernahme der sächsischen Armee ins preußische Heer seinerzeit ein in der Öffentlichkeit viel beachteter und diskutierter Vorgang gewesen sein muss, wie ihre Thematisierung in der explodierenden Anzahl von Flugschrif-

---

[9]   Neitzel sieht vor allem Lücken in der Erforschung der individuellen Erfahrung des Gefechts, wie auch der höheren Planungs- und Durchführungsebenen (z.B. der Geschehnisse in den Stäben). Hierzu sollten neben der Kulturgeschichte auch die Politik-, Operations- und Technikgeschichte berücksichtigt werden. Neitzel, Militärgeschichte ohne Krieg?, S. 288, 292 f.

[10] Petschel, Sächsische Außenpolitik, S. 7 f. Ludwig Stockinger konstatiert jedoch einen Mangel an Überblicksdarstellungen gerade für das 18. Jahrhundert. Stockinger, Die sächsische Aufklärung als Modell, S. 29.

ten im beginnenden »Krieg mit der Feder« belegt[11], erweist sich der Literaturbe-
stand hierzu – wie zur sächsischen Militärgeschichte im Allgemeinen – als recht
dürftig. Mit Blick auf den Untersuchungsgegenstand ist man hinsichtlich der Literatur weitgehend gezwungen, auf die wenigen älteren Publikationen aus der Zeit
um und vor 1900 zurückzugreifen, welche die Entwicklung des kursächsischen
Heeres um die Mitte des 18. Jahrhunderts tiefgründiger thematisierten. Einen Gesamtüberblick liefert hier das dreibändige Werk von Oberst Oskar W. Schuster
und Dr. Friedrich A. Francke[12]. Dieses bisher einzige umfassende Werk zur sächsischen Militärgeschichte bietet einen breit angelegten Überblick über Organisation
und Einsätze des kursächsischen Heeres, erweist sich jedoch im Detail zuweilen als
unvollkommen. Im Hinblick auf die Biografien sächsischer Offiziere sowie die
Geschichte der Regimenter und ihrer Garnisonen gilt das von Franz Verlohren
und Max Barthold herausgegebene »Stammregister« bis heute als wichtiges Nach-
schlagewerk[13].

Die Ereignisse im Herbst 1756 wurden vor allem in Heinrich Asters »Beleuch-
tung der Kriegswirren zwischen Sachsen und Preußen vom Ende August bis Ende
Oktober 1756«[14] sowie den »Geheimnisse[n] des Sächsischen Cabinets« von Carl
F. Vitzthum von Eckstädt untersucht. Unbestreitbar reflektieren Aster und
Vitzthum von Eckstädt die damaligen Ereignisse ausführlich und unter Hinzuzie-
hung einer großen Anzahl archivalischer Quellen. Aster legte als Königlich-
Sächsischer Oberst dabei den Schwerpunkt eher auf operationsgeschichtliche Be-
trachtungen, während für Vitzthum von Eckstädt, den Sohn einer traditionsrei-
chen sächsischen Offiziers- und Diplomatenfamilie, vor allem die diplomatischen
Vorgänge den Forschungsgegenstand bildeten. Dabei nahm jener indirekt für sich
in Anspruch, im Rahmen seiner Untersuchungen das damalige Königlich-
Sächsische Hauptstaatsarchiv erstmals wissenschaftlich durchforscht zu haben,
ungeachtet der ihm bekannten Arbeit Asters[15]. Allerdings zog Vitzthum von
Eckstädt besonders die Kabinettsakten heran, die für Aster keine Rolle gespielt
hatten. Diese wurden von ihm insgesamt sehr quellennah zitiert. Leider sieht sich
der Leser beim Studium beider Werke mit einer Fülle nationaler Stereotypen konfrontiert, was in Anbetracht des Publikationszeitraumes und persönlichen Hinter-
grundes der Autoren wenig verwundert. Um 1900 befassten sich weiterhin der
Große Generalstab im Rahmen der Reihe »Die Kriege Friedrichs des Großen«, die
aus der vom Chef des Generalstabs, Alfred Graf von Schlieffen, intensiv geför-
derten historischen Forschung[16] resultierte, wie auch Horst Höhne in seiner Dis-

---

11   Höhne, Die Einstellung der sächsischen Regimenter in die preußische Armee, S. 112–138; Blitz,
    Aus Liebe zum Vaterland, S. 154–186.
12   Schuster/Francke, Geschichte der Sächsischen Armee, T. II. Einen kompakten (wenn auch
    tendenziösen) Überblick über die sächsische Heeresgeschichte bietet Schultz-Trinius, Die sächsi-
    sche Armee in Krieg und Frieden.
13   Stammregister und Chronik der Kur- und Königlich-Sächsischen Armee.
14   Aster, Beleuchtung der Kriegswirren.
15   Vitzthum von Eckstädt, Die Geheimnisse des sächsischen Cabinets, S. III (Vorwort).
16   Stahl, Alfred Graf von Schlieffen, S. 63; Die Kriege Friedrichs des Großen, 3. T., Bd 1. Die Dar-
    stellungen des Gesamtwerkes enden jedoch mit dem Kriegsjahr 1760. Erst die lange verschollen

sertation »Die Einstellung der sächsischen Regimenter in die preußische Armee im Jahre 1756« nochmals eingehender mit dieser Thematik. Aus dem vielbändigen und borussophilen »Generalstabswerk« zum Siebenjährigen Krieg lassen sich jedoch nur dann (operationsgeschichtliche) Erkenntnisse über den Einsatz des kursächsischen Heeres im Verlaufe des Siebenjährigen Krieges gewinnen, wenn sich dieses geschlossen oder in einzelnen Korps in der Rolle des Gegners der friderizianischen Armee befand. Horst Höhne konnte für seine Untersuchungen zur Einstellung der sächsischen Regimenter im Vergleich zu seinen Vorgängern auf einen ungleich größeren Bestand von Publikationen zurückgreifen, wovon hier nur die zwischenzeitlich erschienene Quellenedition »Die politische Correspondenz Friedrichs des Grossen«[17] genannt werden soll. Höhne blieb dabei nicht verborgen, dass seine Vorgänger »auf Grund unsicherer und parteiischer Zeugnisse«[18] urteilten, was ihn als ersten Autor veranlasste, sich um eine neutrale Untersuchung der Vorgänge zu bemühen, wozu er auch preußische Archivquellen mit heranzog. Somit verdankt man Höhne heute die einzige umfassendere, modernere und analytisch-kritische Auseinandersetzung mit den Geschehnissen im Herbst 1756 und den Folgemonaten.

Etwa im selben Zeitraum entstanden im Rahmen der Reihe der »Leipziger Dissertationen« mehrere gründliche Arbeiten zur sächsischen Militärgeschichte der Mitte des 18. Jahrhunderts. Hier erscheinen vor allem die Arbeiten von Otto Rudert[19] und Otto Große[20] zum Schicksal der sächsischen Truppen in französischen Diensten bzw. zur Reorganisation des Heeres nach dem Hubertusburger Frieden interessant, die auf solidem Studium von Archivquellen basieren und sozialgeschichtliche Aspekte mit einbeziehen. Das Periodikum »(Neues) Archiv für die sächsische Geschichte« brachte ebenfalls etliche fundierte Abhandlungen hervor, wovon sich vor allem die Studien von Friedrich A. Frhr. von O'Byrn[21] und Otto von Schimpff[22] im Kontext der Arbeit als wertvoll erwiesen.

Die Historiografie der DDR publizierte zur sächsischen Militärgeschichte des 18. Jahrhunderts nur wenige Werke, wovon die uniformkundliche Arbeit von Reinhold Müller und Wolfgang Rother zum sächsischen Heer um 1791[23] sowie Müllers allgemeiner Überblick über »Die Armee Augusts des Starken« sicher die bekanntesten Werke darstellen.

Wie erwähnt lässt die traditionsreiche sächsische Landesgeschichtsschreibung[24] trotz ihrer stärkeren thematischen Ausdifferenzierung nach der deutschen Wieder-

---

geglaubten und inzwischen veröffentlichten Typoskripte Eberhard Kessels runden das »Generalstabswerk« ab. Kessel, Das Ende des Siebenjährigen Krieges.

[17] Die politische Correspondenz Friedrichs des Grossen, Bd 13.
[18] Höhne, Die Einstellung der sächsischen Regimenter in die preußische Armee, S. XI.
[19] Rudert, Die Reorganisation der Kursächsischen Armee.
[20] Große, Prinz Xaver von Sachsen.
[21] O'Byrn, Zur Lebensgeschichte des Grafen Friedrich August von Rutowski.
[22] Schimpff, Das Sammlungswerk der Majors Karl Friedrich von Eberstein.
[23] Müller/Rother, Die kurfürstlich-sächsische Armee; R. Müller, Die Armee Augusts des Starken.
[24] Zur Vorreiterrolle der sächsischen Landesgeschichtsschreibung und ihrer Entwicklung bis in die neuere Zeit: Werner, Zwischen politischer Begrenzung und methodischer Offenheit, S. 256–266, 359–364.

vereinigung eine umfassende Neuerforschung der Militärgeschichte Sachsens vermissen, die daher nicht nur epochal, sondern in ihrer Gesamtheit ein Desiderat der historischen Forschung darstellt. Die Überblickswerke neueren Datums zur sächsischen Landesgeschichte[25] nehmen hinsichtlich militärischer Belange daher ebenso Bezug zur aufgezeigten älteren Literatur wie moderne Studien über das Heerwesen im 18. Jahrhundert[26].

Teilweise über die traditionelle Operationsgeschichte hinausweisende Impulse gingen einzig von den kürzeren, jedoch wissenschaftlich fundierten Beiträgen in den periodisch erscheinenden »Dresdner Heften«, den kleineren Veröffentlichungen des »Arbeitskreises Sächsische Militärgeschichte e.V.« sowie der lokalen Historiografie aus[27]. Hieraus sind neben der uniformgeschichtlichen Arbeit von Wolfgang Friedrich zur sächsischen Armee zwischen 1683 und 1783[28] vor allem die Veröffentlichungen von Jürgen Luh, Stefan Kroll und Dietmar Bode[29] zu erwähnen. Bodes Beiträge zum Kriegsbeginn 1756 beruhen dabei auf umfassendem Quellenstudium und tiefgreifender Auseinandersetzung mit der Thematik. Aufgrund der sozial-, kultur- und mentalitätsgeschichtlichen Rekonstruktion von Lebenswelten kann in jüngster Zeit vor allem Krolls umfangreiches Werk über die sächsische Armee im 18. Jahrhundert als richtungsweisend gelten[30]. Für den weitgesteckten Zeitraum zwischen 1728 und 1796 untersucht er Unteroffiziere und einfache Soldaten innerhalb der militärischen und zivilen Gesellschaft primär unter besonderer Berücksichtigung von Werbung und Rekrutierung, Dienstalltag und Kriegserleben. Somit bietet seine Arbeit Anknüpfungspunkte für weitere Studien, die sich auf einen zeitlich enger begrenzten Raum konzentrieren, oder aber andere Gruppen innerhalb des Militärs, wie etwa das Offizierskorps, einbeziehen.

Infolge der in ihrer Breite überschaubaren Literaturlage sowie weitgehend fehlender Editionen von Briefwechseln oder einzelner Akten bildet vor allem der reichlich erhaltene Fundus des Sächsischen Hauptstaatsarchivs Dresden (SHStA) das Fundament an ungedruckten Quellen, auf dem heutige Untersuchungen zum kursächsischen Militär im 18. Jahrhundert weitgehend gründen müssen. Aufgrund der Fülle an erhaltenen Archivalien bildete insbesondere die Einsicht in die umfangreichen Akten der »Obersten Kommandobehörden/Generalfeldmarschallamt« sowie in die Bestände des »Geheimen Kriegsratskollegiums« den Schwerpunkt der Recherchearbeiten. Die »Obersten Kommandobehörden« wurden seit der Zeit des Dreißigjährigen Krieges vom Generalstab gebildet, dem ein Generalfeldmarschall mit eigener Kanzlei übergeordnet war. Das »Geheime Kriegsratskollegium« zeich-

---

25 Vgl. Groß, Geschichte Sachsens.
26 Duffy, Friedrich der Große; ders., Sieben Jahre Krieg.
27 Götze, Die Winterschlacht bei Kesselsdorf; Kesselsdorfer Heimatkunde, Nr. 1; 725 Jahre Struppen.
28 Friedrich, Die Uniformen der Kurfürstlich Sächsischen Armee.
29 Luh, Sachsens Bedeutung für Preußens Kriegführung; Kroll, Kursächsische Soldaten; Bode, 1756. Der Beginn des Siebenjährigen Krieges in Sachsen; ders., Dresden und seine Umgebung. Zur sächsischen Armee nach 1800: Gülich, Die Sächsische Armee; Kersten/Ortenburg, Die Sächsische Armee; Hauthal, Die sächsische Armee.
30 Kroll, Soldaten im 18. Jahrhundert.

nete hingegen ab 1684 als zentrale Kriegsverwaltungsbehörde unter anderem für
den Unterhalt, die Ausrüstung sowie Disziplin und Besoldung des Heeres verantwortlich und fungierte somit als eine Art Bindeglied zwischen zivilen und militärischen Dienststellen. Zu erwähnen seien zudem die Bestände des »Geheimen
Kabinetts«. Einer der drei Departementsminister dieser Behörde war für Militärangelegenheiten verantwortlich[31]. Aufgrund der Vielfalt der behandelten Themen
sind die in diesen Beständen vorhandenen Akten nicht nur zu den Ereignissen um
das Jahr 1756, sondern auch zum weiteren Schicksal der kursächsischen Soldaten
im Siebenjährigen Krieg in fremden Diensten aussagekräftig.

Neben den Dresdner Archivalien wurden für diese Arbeit auch ungedruckte
Quellen der anderen beiden Höfe, die für das Schicksal Sachsens und seiner Soldaten entscheidend waren, herangezogen: Berlin und Wien. Im Geheimen Staatsarchiv Preußischer Kulturbesitz (GStA) interessierten dabei vor allem die Akten
über die »Beziehungen zu Kursachsen«, die Korrespondenz des Generalfeldmarschalls Christoph Hermann von Manstein aus den Jahren 1756/57 – hier vor allem
zur Übernahme der sächsischen Armee und aus der Zeit der Winterquartiere zwischen den beiden ersten Kriegsjahren – sowie die Quellensammlung zur Desertion
der sächsischen Regimenter 1757, die vom Großen Generalstab angelegt wurde.
Die »Alten Feldakten« des Wiener Kriegsarchivs konnten aufgrund ihrer Fülle in
der zur Verfügung stehenden Zeit allenfalls stichprobenartig eingesehen werden.
Sie dürften für künftige Untersuchungen eine Quellenbasis darstellen, deren Umfang momentan allenfalls zu erahnen ist.

Ausgehend von dieser dürftigen Literaturlage und der umfangreichen Quellenbasis soll nach einer Schilderung der politischen Ausgangssituation am Vorabend
des Siebenjährigen Krieges die teilweise schwer durchschaubare Rolle Sachsens im
Geflecht der europäischen Mächte näher beleuchtet werden. Anschließend verengt
sich der Blick auf das Militär und seinen Befehlshaber. Neben einer gerafften Darstellung der kursächsischen Armee in ihren Wesenszügen rückt Graf Rutowski
nicht nur als bekannter Heerführer, sondern auch als Persönlichkeit insgesamt ins
Zentrum der Betrachtung. Im Herbst 1756 leitete er weitgehend eigenverantwortlich die mehrwöchige Zusammenziehung des kursächsischen Heeres bei Pirna,
gleichsam das Symbol für die letztendlich vergebliche Hoffnung Sachsens auf
Wahrung der Neutralität am Beginn des folgenden, beinahe allumfassenden Krieges. Die Strategie der kursächsischen Armee zeigte durchaus einen ambivalenten
Charakter: Dem Gegner präsentierte sich ein wehrhaftes Heer, dem jedoch die
Entschlossenheit zum Kampfe fehlte.

Trotz aller Defizite, die das sächsische Heer vor Kriegsbeginn prägten, stellte es
für die strategischen Planungen Friedrichs II. immer noch einen erheblichen Unsi-
cherheitsfaktor dar, sodass er der verschanzten Armee keineswegs jegliche Aufmerksamkeit versagen konnte. Die sich auf ein für das sächsische Heer katastro-
phales Ende dramatisch zuspitzenden Ereignisse um diesen »festen Platz« sollen
den ersten Schwerpunkt der vorliegenden Studie bilden.

---

[31] Förster/Groß/Merchel, Die Bestände des Sächsischen Hauptstaatsarchivs, Bd 1/1, S. 24, 350,
393 f.; Schuster/Francke, Geschichte der Sächsischen Armee, T. II, S. 72.

In einem zweiten Themenfeld wird vor allem die Situation der Soldaten, Unteroffiziere und Offiziere nach der Kapitulation der sächsischen Armee und der beispiellosen Zwangseingliederung in das preußische Heer untersucht. Hier erscheint vor allem die Wechselbeziehung zwischen der Massenflucht der sächsischen Soldaten aus dem preußischen Dienst, ausgelöst durch zahlreiche »Triebfedern« der Desertion in frühneuzeitlichen Heeren, und dem von Sachsen initiierten »Sammlungswerk«, von Interesse. Das Ergebnis dieser Sammlung, der teilweise sehr individuelle Weg kursächsischer Soldaten durch die Jahre des Krieges, soll unter Berücksichtigung des auch intern nicht konfliktfreien Dienstes in den Heeren der Gegner Preußens im letzten Teil der Arbeit aufgezeigt werden. Dies lenkt den Blick auch auf den Kriegsschauplatz in Nordwestdeutschland, der bis heute überwiegend im Schatten von Untersuchungen des globalen Aspektes des Siebenjährigen Krieges sowie der »schlesischen Frage« steht[32]. Hierbei soll Interesse für das militärische Wirken Prinz Xavers von Sachsen geweckt werden, dem auf der Bühne der sächsischen Geschichte gemeinhin nur ein kurzes Gastspiel zwischen 1763 und 1769 als Vormund des minderjährigen Friedrich August III. gewährt wird. Da selbst die fürchterlichen Zerstörungen des zu beschreibenden Konfliktes nicht gewichtig genug waren, Preußen, Österreich und ihre Verbündeten wenige Jahre später – wenn auch episodenhaft – erneut zu den Waffen zu rufen, soll ein kurzer Ausblick auf die Heeresreorganisation nach dem Hubertusburger Frieden diese Studie zur Untersuchung und Bewahrung eines wichtigen Kapitels sächsischer Militärgeschichte abrunden.

---

[32] Carl, Okkupation und Regionalismus, S. 49 f.

II. Sachsen und die Vorgeschichte des Siebenjährigen Krieges

Im Jahre 1756 begann ein Krieg, von dem heute kein Mensch mehr etwas weiß[1]. Angesichts der 250. »Jahrestage« dieses vielleicht herausragendsten Konfliktes des 18. Jahrhunderts könnte man ein solches Pauschalurteil in Frage stellen. Es darf jedoch nicht übersehen werden, dass spätere, ungleich drastischere Einschnitte – insbesondere diejenigen des »Zeitalters der Weltkriege« – die Ereignisse der Jahre 1756 bis 1763 im kollektiven Gedächtnis überlagerten. Durch die lange Periode der borussophilen Geschichtsschreibung sind zumeist die Taten *Friedrich des Großen* in Erinnerung geblieben. Daher wird dieser Krieg bis heute auch in erster Linie mit den Ereignissen um die Person des preußischen Königs auf den schlesischen, böhmisch-mährischen sowie sächsischen Kriegsschauplätzen in Verbindung gebracht.

Im Mittelpunkt dieser engeren Betrachtung steht das Hauptziel der Politik Österreichs – die Wiedergewinnung Schlesiens. Als Gegner des Hauses Habsburg und seiner Verbündeten ist dabei das friderizianische Preußen auszumachen, dass Schlesien nach 1740 in zwei Kriegen erobert und behauptet hatte. In diesem ambitionierten Staat, seinem Militärwesen und der Persönlichkeit seines Herrschers war der Habsburgermonarche ein Rivale erwachsen, »wie es ihn in dieser Stärke neben der Kaisermacht vorher nicht gegeben hatte«[2]. Dieser beginnende Dualismus sollte das Heilige Römische Reich Deutscher Nation, in dessen verfassungsmäßige Ordnung beide Machtzentren eigentlich gebettet waren, zunehmend zurücktreten lassen. Vor dem Hintergrund dieser Konstellation wurde der Konflikt von preußischer Seite 1756 als Präventivkrieg begonnen, von Österreich hingegen als Revanchekrieg geführt. Spätestens ab 1758 wurde er für Preußen zum Überlebenskampf.

Dass sich Preußen mit Eröffnung des Krieges zum »Protagonisten des protestantischen Deutschland«[3] deklarierte, kennzeichnet die Auseinandersetzungen zwischen 1756 und 1763 auch als Religionskonflikte. Konfessionelle Interessen besaßen zwar keineswegs mehr den Stellenwert des vorangegangenen Jahrhunderts, unterschwellig beeinflusste das Misstrauen zwischen Katholiken und Protestanten jedoch durchaus noch die Politik[4]. Bereits jetzt erscheint uns der Siebenjährige Krieg als vielgestaltiger Konflikt. In strategischer und taktischer Hinsicht ist

---

[1] Vgl. Salewski, 1756 und die Folgen, S. 1.
[2] Vierhaus, Deutschland im Zeitalter des Absolutismus, S. 180.
[3] Ebd., S. 180.
[4] Luh, Unheiliges Römisches Reich, S. 54, 100.

vor allem die Formverwandlung seiner Führung zu ergänzen: von großen Schlachten über zunehmende »Gemetzel« bis hin zur sich stetig vergrößernden Bedeutung des durch Scharmützel geprägten »kleinen Krieges«[5], der bereits Charakterzüge eines modernen »bewaffneten Konfliktes« besaß.

Der kleine Krieg und insbesondere seine asymmetrischen Strukturen deuten jedoch noch auf eine ganz andere Dimension des Siebenjährigen Krieges hin: Während preußische Husaren im Erzgebirge patrouillierten, kämpften Irokesen in Nordamerika gegen britische Soldaten. Robert Clive eroberte Calcutta und Henry Marsh Senegal[6]. An erster Stelle begann der Siebenjährige Krieg nämlich als Konkurrenzkampf globalen Ausmaßes zwischen Frankreich und Großbritannien, der in den nordamerikanischen Kolonien ebenso ausgefochten wurde wie in Indien, auf den Weltmeeren, oder später in Schlesien und in Westfalen. Globale Interessen überlagerten allmählich die althergebrachten innereuropäischen Konstellationen. Der »Choral von Leuthen«[7] und die in der älteren Geschichtsschreibung hochstilisierte »persönliche Fehde der drei Weiberröcke gegen den Philosophen von Sanssouci«[8] waren somit – global betrachtet – beinahe Randerscheinungen.

Wenn sich die vorliegende Abhandlung zwangsläufig den europäischen Kriegsschauplätzen zuwendet, so ist doch der zu diesem Zeitpunkt bereits bestehende weltweite Konflikt gerade für die Entwicklung der politischen Ereignisse um 1756 unbedingt zu berücksichtigen.

1. Die Konvention von Westminster

Nachdem mit dem Frieden von Aachen 1748 der Österreichische Erbfolgekrieg und damit die Streitigkeiten auf europäischem Boden vorerst beigelegt worden waren, vermochte das folgende »Interim«[9] den kolonialen Zwist zwischen Großbritannien und Frankreich in Nordamerika nicht zu überspielen, wo fortan auch der eigentliche Schwerpunkt der Auseinandersetzungen liegen sollte. Dort rang man gleichsam um die Weltherrschaft[10]. Preußen geriet also 1756 in einen bereits bestehenden Konflikt von globaler Dimension. Der Fortgang der Kampfhandlungen zwischen den beiden Kolonialmächten nahm durch sein Zurückschlagen auf den Mutterkontinent auch unmittelbaren Einfluss auf die dortigen Bündniskonstellationen sowie die Führung des Krieges.

Als ab 1752 in Übersee erste offene Feindseligkeiten zwischen Großbritannien und Frankreich ausbrachen und dieser Zwist die zunehmende Entsendung von Truppen erforderte, versuchten beide Länder in Europa um Bündnispartner zu werben, die ihnen für ihr Engagement auf den weit entfernten Schauplätzen den

---

5   Vgl. als Überblick: Rink, Der kleine Krieg.
6   Zum internationalen Aspekt des Siebenjährigen Krieges: Kortmann, Der Siebenjährige Krieg.
7   Zu den Legenden um die Schlacht von Leuthen: Kroener, »Nun danket alle Gott«.
8   Baumgart, Der Ausbruch des Siebenjährigen Krieges, S. 157, 163 f.
9   Kunisch, Friedrich der Große, S. 329.
10   Zum Kriegsgeschehen in den Kolonien: Kortmann, Der Siebenjährige Krieg, S. 58–69.

Rücken auf dem Mutterkontinent freihalten konnten. Dies war der Schritt, wo »ein europäischer Brand aus der Kriegsflamme entstehen konnte, die sich im amerikanischen Wald entzündet hatte«[11]. Die labile europäische Staatskunst des 18. Jahrhunderts bot, so Friedrich II., zusätzlichen Nährboden, auf dem die kleinste Streitigkeit zwischen den Großmächten »in kurzer Frist die ganze Christenheit zu ergreifen und zu entzweien vermochte«[12]. Dabei sollte es besonders in französischem Interesse liegen, die britischen Kräfte in europäischen Konflikten zu binden, um so die eigene Unterlegenheit auf den Meeren kompensieren zu können.

Preußen stellte aufgrund seines militärischen Potenzials eigentlich einen guten Bündnispartner für beide Parteien dar. Allerdings war die Politik Friedrichs II. unmittelbar vor 1756 keineswegs von Offensivplänen bestimmt, sondern eher auf die Erhaltung des Status quo ausgerichtet. Durch die von Amerika ausgehende Ausweitung des Kolonialkrieges gelangten die europäischen Höfe allerdings zunehmend in Zugzwang. Mit der französischen Invasion Menorcas hatte der Krieg Europa erreicht. Das Handeln der einzelnen Höfe – insbesondere des preußischen – sollte nun jedoch in nicht unerheblichem Maße von »diplomatic misconceptions«, also folgenschweren Fehleinschätzungen, bestimmt sein[13].

Letzten Endes bildete Großbritanniens territoriale »Achillesferse« Hannover das Bindeglied zwischen der europäischen und der amerikanischen Frage. Hier lag der einzige Ansatzpunkt für die französische Diplomatie, um das eher global interessierte Großbritannien in kontinentaleuropäische Streitigkeiten zu verwickeln und so möglicherweise dessen große Vorteile zur See zu mindern[14]. Seit mit Georg I. im Jahre 1714 erstmals ein Hannoveraner den britischen Thron bestiegen hatte, avancierte sein Herrschaftsgebiet zur bedeutenden Macht, zählte zu den fünf größten und auch militärisch mächtigsten Ländern des Reiches[15]. Diese Personalunion richtete natürlich auch das britische Interesse besonders auf die politischen Vorgänge im Reich, schon allein um das gefährdete Kurfürstentum gegen etwaige Übergriffe Preußens oder seines »natürlichen« Verbündeten Frankreich zu schützen[16]. Insgesamt strebte man in Großbritannien anfangs eher nach einer Ausbalancierung der Machtverhältnisse auf dem Kontinent. Man vertraute auf die eigene

---

[11] Der erste schwere Zusammenstoß zwischen Franzosen und Briten erfolgte am 28.5.1754 bei Necessity, am 18. Mai 1756 erklärte Frankreich Großbritannien den Krieg. Groehler, Die Kriege Friedrichs II., Berlin 1990, S. 65 f.

[12] Rechtfertigungsschrift aus dem Jahre 1757. Zit. nach Mittenzwei/Herzfeld, Brandenburg-Preußen, S. 326.

[13] Zit. nach Baumgart, Der Ausbruch des Siebenjährigen Krieges, S. 164; siehe auch Asbach/Externbrink/Malettke, Das Alte Reich in Europa, S. 15; Kortmann, Der Siebenjährige Krieg, S. 64 f.

[14] Carl, Okkupation und Regionalismus, S. 52; Müller, Der Siebenjährige Krieg, S. 8.

[15] Prove, Zum Verhältnis von Militär und Gesellschaft, S. 198.

[16] Hierzu ist jedoch anzumerken, dass König Georg II. und das britische Parlament im Siebenjährigen Krieg unterschiedliche Positionen bezüglich Hannover einnahmen. Mit der Thronbesteigung Georgs III. (1760) rückte Hannover aus dem Fokus der britischen Politik, was jedoch auch mit der Friedensperiode auf dem Kontinent nach 1763 in engem Zusammenhang steht. Simms, Hanover in British policy, S. 326–334; W. Müller, Der Siebenjährige Krieg, S. 3.

Finanzkraft, die das Kaufen von »Festlandsdegen« ermöglichte und die eigene »politische préponderance«[17] begründete.

Sieht man in der Allianz mit Preußen ein »Kernelement der französischen Staatsräson«, so überrascht es nicht, dass Paris im Zuge der nun einsetzenden Bündnisverhandlungen zunächst an Friedrich II. herantrat und eine preußische Besetzung Hannovers forderte, während London zunächst in Wien vorfühlte[18]. Doch der König von Preußen wollte nicht den »Don Quijote der Franzosen«[19] spielen und lehnte eine Allianz entschieden ab, um Großbritannien nicht in ein Bündnis mit Russland und Österreich zu treiben. Von britischer Seite aus gab es jedoch seit September 1755 eine erste Fühlungnahme mit St. Petersburg in Form eines Subsidienvertrages. Davon in Kenntnis gesetzt, fürchtete man in Berlin eine Stationierung russischer Truppen in Hannover. Die Einblicke, die Friedrich II. seit 1753 durch einen Spion in der sächsischen Staatskanzlei über die diplomatischen Vorgänge in St. Petersburg erhielt, mehrten seinen Argwohn zusätzlich. »Unruhig« war er ohnehin seit etlichen Jahren[20]. Wollte der preußische König das Wirksamwerden des im September 1755 unterzeichneten britisch-russischen Subsidienvertrages noch abwenden, hielt man in Berlin die Zeit reif für eine diplomatische Offensive[21]. Das »Axiom«[22] der französischen Außenpolitik, nämlich den traditionellen Gegensatz zu Wien und den Einfluss des britischen Geldes in Russland überschätzend[23], schloss Friedrich II. am 16. Januar 1756 die sogenannte Westminster-Konvention mit Großbritannien. Trotz unterschiedlich gelagerter Interessen ergänzten sich die militärischen Potenziale beider Staaten insbesondere im Hinblick auf den gemeinsamen Gegner Frankreich fortan hervorragend: Während Preußen auf die Kampfkraft der britischen Flotte bauen konnte, vertraute man in London für den Festlandskrieg auf die Effizienz des preußischen Militärapparates[24]. Der Vertrag von Westminster war Nichtangriffspakt, Neutralitätsvertrag und Verteidigungsbündnis in einem. »Beseelt von dem Wunsche, den allgemeinen Frieden Europas und besonders Deutschlands zu erhalten«, versicherten sich darin beide Mächte ihrer Freundschaft und Unterstützung, falls »irgendeine fremde Macht Truppen in Deutschland [...] einrücken ließe«. Weiterhin wurde eine Hannover und Schlesien betreffende Besitzstandsgarantie vereinbart[25]. Indem er Hannover somit dem Zugriff Russlands und Frankreichs entzog, hoffte Friedrich II., die Kriegsgefahr entscheidend eingedämmt zu haben. Die Konvention von Westminster setzte jedoch einen gegnerischen »Bündnismechanismus«, das bekannte

---

[17]   Vierhaus, Militärische Macht, S. 29.
[18]   Buddruss, Die französische Deutschlandpolitik, S. 70. Bis zum Juni 1756 bestand zudem ein Defensivpakt zwischen Frankreich und Preußen. Demel, Europäische Geschichte, S. 252.
[19]   Schieder, Friedrich der Große, S. 174.
[20]   Zit. nach: Mittenzwei, Friedrich II. von Preußen, S. 111.
[21]   Buddruss, Die französische Deutschlandpolitik, S. 77 f.
[22]   Weis, Frankreich von 1661 bis 1789, S. 233.
[23]   Buddruss, Die französische Deutschlandpolitik, S. 77; Althoff, Untersuchungen zum Gleichgewicht der Mächte, S. 31.
[24]   Kroener, Wirtschaft und Rüstung, S. 169 f.
[25]   Zit. nach Zeitalter des Absolutismus, S. 313 f.; Kunisch, Friedrich der Große, S. 334.

»renversement des alliances«[26], in Gang. So konnte der preußische König das Jahr 1757 nicht »gewinnen«, was er für diejenigen Kriegsvorbereitung für unverzichtbar hielt, ohne die »der Staat allzu gefährdet wäre«[27].

Beim Abschluss der Konvention von Westminster hatte Friedrich II. lediglich in politischen Kategorien gedacht und die möglichen psychologischen Auswirkungen auf die französische Diplomatie nahezu außer Acht gelassen[28]. Insbesondere Eckhardt Buddruss stellt heraus, dass Frankreich mit dem Beschlüssen von Westminster hätte »durchaus leben« können. Jedoch war in der Regierung Ludwigs XV. die »Empfindlichkeit erheblicher ausgeprägt als ihr politischer Scharfblick« und es ging in Paris einzig um die Bestrafung des Königs von Preußen für seine eigenmächtigen Verhandlungen mit dem Feinde[29].

Um bei der Rückeroberung Schlesiens[30] schlagkräftig gegen das potente Preußen auftreten zu können, war für Österreich nach dem Zweiten Schlesischen Krieg die Suche nach Bündnispartnern notwendig geworden, denen ein Erstarken Preußens ebenfalls bedrohlich erscheinen musste. In der Politik des Kanzlers Wenzel Anton Graf von Kaunitz-Rietberg spielten die Festigung der Beziehungen zu Russland und vor allem die Aufbesserung des Verhältnisses zu Versailles eine zentrale Rolle[31]. Er nutzte geschickt die Verstimmung in Paris für das Zustandekommen einer Allianz gegen den »gröste[n], gefährlichste[n], und unversöhnlichste[n] Feind des Durchläuchtigsten Ertzhauses«[32]. Hatte der österreichische Gesandte Georg Adam Graf von Starhemberg bereits seit längerer Zeit in Paris um ein Bündnis angesucht[33], ermöglichten Gerüchte über geheime Zusätze der Westminsterkonvention sowie die »verletzte Eitelkeit« des Versailler Hofes schließlich den entscheidenden Durchbruch. Allerdings steuerte man in Wien vorerst auf eine Einigung mit Frankreich ohne Hinzuziehung der »erst seit kurzen Jahren emporgekommenen Macht« Russland hin[34]. Kaunitz, dem wenig an einem Bündnis dreier gleichberechtigter Mächte lag, »war eifersüchtig darauf bedacht, als unangefochten maßgeblicher Mittelsmann im Zentrum der sich anbahnenden Allianz zu stehen«[35].

Am 1. Mai 1756 beendete das zunächst rein defensive Freundschafts- und Neutralitätsabkommen von Versailles[36] die seit 1477 bestehenden Feindseligkei-

---

26 Vierhaus, Deutschland im Zeitalter des Absolutismus, S. 182.

27 Briefwechsel mit Prinz August Wilhelm. Zit. nach Mittenzwei, Friedrich II. von Preußen, S. 114.

28 Buddruss, Die französische Deutschlandpolitik, S. 78.

29 Ebd., S. 80.

30 Im Falle einer erneuten Niederlage wollte Österreich den Verlust Schlesiens zumindest durch den Erwerb von Jülich und Berg zu kompensieren versuchen. Kulenkampff, Österreich und das Alte Reich, S. 46, 48.

31 Kunisch, Die große Allianz der Gegner Preußens, S. 82; Duchhardt, Das Reich und die deutschen Großmächte, S. 65 f.

32 Denkschrift des Grafen Kaunitz zur mächtepolitischen Konstellation nach dem Aachener Frieden von 1748. Zit. nach Kunisch, Die große Allianz der Gegner Preußens, S. 80.

33 Buddruss, Die französische Deutschlandpolitik, S. 74, 81.

34 Kunisch, Die große Allianz der Gegner Preußens, S. 83; ders., Friedrich der Große, S. 331–350; Groehler, Die Kriege Friedrichs II., S. 69; Buddruss, Die französische Deutschlandpolitik, S. 80.

35 Kunisch, Die große Allianz der Gegner Preußens, S. 85.

36 Bündnisvertrag von Versailles vom 1.5.1756. Zeitalter des Absolutismus, S. 314 f.; Kulenkampff, Österreich und das Alte Reich, S. 42 f.

ten[37] zwischen beiden Höfen. Es garantierte deren europäische Besitzungen und legte eine gegenseitige Unterstützung durch Hilfstruppen bei einem Angriff durch ein drittes Land fest[38]. Für Frankreich stand allerdings die Feindschaft gegen Preußen weniger im Vordergrund als der Wunsch, Wien aus den Auseinandersetzungen mit Großbritannien herauszuhalten[39].

Für Kaunitz bildete das Einvernehmen mit Frankreich die Voraussetzung für Verhandlungen mit Russland, das den Aufstieg Preußens ebenfalls mit Argwohn verfolgte. Nach Abschluss des Defensivvertrages von Versailles konnte er die Zarin Elisabeth über das neu geschlossene Bündnis unterrichten. Es galt, Preußen »so viel Feinde, als es möglich ist, zuzuziehen und andurch die Wiedereroberung Schlesiens zu erleichtern«[40]. Kaunitz wusste, dass ein neuer Waffengang für Österreich nur innerhalb einer starken Allianz, deren Mitglieder zudem von verschiedenen Seiten gegen Preußen ins Feld rücken würden, glücklich enden würde. Vor dem Hintergrund der defensiven Haltung Frankreichs stellte die Einbindung Russlands nun einen offensiven Faktor im antipreußischen Bündnis dar. Nach den Vorstellungen des Wiener Hofes sollte Russland auch die Kampfhandlungen gegen Preußen eröffnen. Zudem sollten die Nachbarn Preußens – auch das offiziell neutrale Sachsen – von ihren eigenen Territorien aus losschlagen[41]. Dem sächsischen Heer kam dabei eine Rolle als Subsidientruppe zu[42]. Weiterhin galt es, die protestantischen Stände im Reich von jeglicher Hilfeleistung für Preußen abzuhalten[43].

Die russische Reaktion auf den Vorschlag von Kaunitz zum Angriff auf Preußen war erwartungsgemäß positiv[44]. Im Petersburger Kriegsrat wurden bereits im Frühjahr 1756 Pläne zur territorialen Umgestaltung Europas entworfen. Die dabei angepeilte machtpolitische Schwächung, eher sogar Niederwerfung des Aggressors Preußen auf den Stand einer »petite Puissance très secondaire«[45], deutete bereits eine beginnende emotionalisierte Kriegführung an, wies also über das Bild der »gezähmten Bellona« hinaus. Eine völlige Schwächung Preußens und die damit einhergehende Vergrößerung der übrigen europäischen Großmächte wurden in Paris allerdings nicht in vollem Umfange akzeptiert[46]. Als zweite Garantiemacht des Westfälischen Friedens neben Schweden war es für Frankreich zunächst vordergründig wichtig, den Fortbestand des Reiches zu schützen[47]. Da die französi-

---

[37]   Groß, Geschichte Sachsens, S. 152.
[38]   Zeitalter des Absolutismus, S. 314 f.
[39]   Buddruss, Die französische Deutschlandpolitik, S. 75.
[40]   Schreiben Maria Theresias an Starhemberg vom 9.6.1756. Zit. nach Preußische und österreichische Acten zur Vorgeschichte des Siebenjährigen Krieges, S. 399.
[41]   Kunisch, Die große Allianz der Gegner Preußens, S. 81, 85.
[42]   Schreiben Maria Theresias an Starhemberg vom 9.6. und 24.7.1756. Zit. nach Preußische und österreichische Acten zur Vorgeschichte des Siebenjährigen Krieges, S. 404, 487.
[43]   Vortrag des Staatskanzlers Kaunitz vom 29.5.1756. Zit. nach Preußische und österreichische Acten zur Vorgeschichte des Siebenjährigen Krieges, S. 389.
[44]   Kunisch, Die große Allianz der Gegner Preußens, S. 84.
[45]   Zit. nach Wernitz, Nun frisch ihr Teutschen Brüder, S. 19.
[46]   Buddruss, Die französische Deutschlandpolitik, S. 85 f.
[47]   Externbrink, Frankreich und die Reichexekution gegen Friedrich II., S. 225, 250.

sche Politik noch bis Mai 1757 mit Preußen verbunden war, wollte sie zudem keinesfalls als erste wortbrüchig werden. Gelang es auch nicht, eine völlige Interessengleichheit zwischen Versailles und Wien herzustellen, so erreichte Starhemberg
vor Kriegsbeginn doch immerhin die »stillschweigende Duldung« der österreichischen Pläne am französischen Hof[48].

Sowohl in Wien als auch in St. Petersburg war ein fester Wille zum Angriff
vorhanden. Obwohl ein formelles Bündnis zwischen beiden Mächten erst 1757
zustande kam, sollte sich Russland als die noch 1756 zum Kriege drängende Macht
erweisen. Nicht mangelnder Entschluss zum Kriege, sondern ungenügende Rüstung veranlasste Kaunitz im Juni 1756, in St. Petersburg um Aufschub des Angriffs auf das folgende Jahr zu bitten.

Die offene Parteiergreifung von Zarin Elisabeth schloss den »Ring um Preußen«[49]. Von daher ist die Bezeichnung der Konvention von Westminster durch
Kaunitz als »das entscheidende Ereignis zu Österreichs Heil«[50] durchaus berechtigt. Die Mobilisierung russischer Truppen in Livland, die ihrerseits auch die preußische Rüstung im Sommer 1756 provozierte, unterstreicht dies. Es war jedoch
letztlich weniger der »militärische Automatismus«, der den Gang der Ereignisse in
Richtung Krieg vorantrieb, sondern das Versagen jeglichen »Krisenmanagements«
aufgrund eben dieser allgemeinen Entschlossenheit zum Kampfe[51]. Ein Vergleich
mit der Situation des deutschen Kaiserreichs im Sommer 1914 erscheint hier
durchaus berechtigt. Die allmähliche Überlagerung der labilen »Staatskunst« durch
das Kalkül des »Kriegshandwerks« und die allgemein fehlende Entschlossenheit
zum Verlassen des Konfliktkurses trieben den Gang der Ereignisse unaufhaltsam
in Richtung eines neuen Krieges voran[52].

Insgesamt war die sich nun abzeichnende Mächtekonstellation geeignet, bei
Preußens Gegnern hinsichtlich des bevorstehenden Waffenganges einen gewissen
Optimismus hervorzurufen. Dieser basierte vor allem auf den ökonomischen und
geografischen Gegebenheiten der Allianz. Letztere bargen den strategischen Vorteil, den König von Preußen durch ein gleichzeitiges Vordringen gegen sein Gebiet
aus verschiedenen Richtungen zu einer Aufteilung seiner militärischen Kräfte zu
zwingen. Zudem war das europäische Engagement von Preußens einzigem Bündnispartner fraglich, besaß doch der Kontinent nach wie vor eher sekundäre Bedeutung für Großbritannien[53]. Friedrichs Gegner glaubten zudem, dem »an inner-
lichen Landes-Reichtümern Mangel leidenden Staat« Preußen mit zunehmender
Kriegsdauer immer überlegener werden zu können[54]. Das »längere Ausdauern«[55]
sollte die erhoffte Entscheidung herbeiführen.

---

[48]   Buddruss, Die französische Deutschlandpolitik, S. 86.
[49]   Schieder, Friedrich der Große, S. 171.
[50]   Zit. nach ebd., S. 175.
[51]   Ebd., S. 180.
[52]   Hildebrand, »Staatskunst und Kriegshandwerk«, S. 42 f.
[53]   Vierhaus, Deutschland im Zeitalter des Absolutismus, S. 183.
[54]   »Staats-Betrachtungen über den gegenwärtigen Krieg in Teutschland« des Wiener Kabinetts von
       1761. Zit. nach Kunisch, Die große Allianz der Gegner Preußens, S. 86.

Allerdings war es dem österreichischen Kanzler trotz aller diplomatischen Schachzüge nicht gelungen, zwischen den Vertragspartnern eine vollkommene Interessengleichheit hinsichtlich der Kriegsziele herbeizuführen. Zu sehr waren die Gegner Preußens auf ihr jeweils eigenes »avancement« bedacht, um die Vorteile einer Kriegskoalition konsequent nutzen zu können[56]. Konnte man sich zumindest auf politischer Ebene noch über wesentliche Punkte einigen, sollten die kommenden Jahre zeigen, welche Schwierigkeiten die Realisierung des »Konzerts« der Heere auf den Kriegsschauplätzen bereitete. Dies galt in erster Linie für die problematische Situation des russischen Heeres auf dem europäischen Kriegsschauplatz infolge der weiten Entfernung zum Zarenreich[57].

Für Friedrich II., der – analog zur Situation von 1740 – lediglich auf seine Armee und seinen Staatsschatz sicher setzen konnte[58], war nun entscheidend, diese Koalition auseinanderzusprengen, bevor sie sich noch weiter festigte. Einzig der Krieg stellte für ihn noch ein befreiendes Mittel dar. Um – nach seinen Worten – »einem Feind zuvorzukommen, der ihm und dem ganzen Deutschen Reich den Untergang geschworen hat«[59], ergriff er im September 1756 die militärische Initiative und spielte entgegen allen Warnungen das »praevenire«[60]. Abgesehen davon, dass es politisch völlig fehlschlug[61] und auf seine Gegner nicht abschreckend, sondern eher integrativ wirkte, löste der König von Preußen damit eine Auseinandersetzung in Europa aus, die der für diese Epoche typischen Skizzierung eines Krieges »mehr diplomatischen als militärischen Charakters«[62], in dem »der friedliche Bürger [...] garnicht merkt, dass sein Land Krieg führt«[63], keineswegs entsprechen sollte. In diesem parallelen Ablauf globalen Ringens und räumlich begrenzter Aktionen sollten »Seelenstärke, Zufälle, politische und militärische Fähigkeiten oder politische Konstellationen oder alles zusammen in eigentümlicher Mischung«[64] letztendlich über den Ausgang des Krieges entscheiden.

Am Zustandekommen der Kriegskoalition gegen Preußen war der stets um die Betonung seiner »Neutralität« bemühte Nachbar Sachsen nicht unbeteiligt. Wie zu zeigen sein wird, folgte die von Friedrich II. stets argwöhnisch verfolgte sächsische Diplomatie unter der Leitung des Grafen Heinrich von Brühl meist der Devise: »Verbünde dich mit dem Gegner deines Gegners[65].« Diese Unberechenbarkeit des Dresdner Hofes, sein Taktieren und Manövrieren musste auf preußischer Seite

---

55 Vortrag von Kaunitz vom 24.1.1767. Zit. nach Kunisch, Die große Allianz der Gegner Preußens, S. 92.
56 Kunisch, Friedrich der Große, S. 329, 335 f., 349 f.
57 Ebd., S. 339, 340 f.
58 Schieder, Friedrich der Große, S. 142.
59 Friedrich II.: »Manifest gegen Österreich«. Zit. nach Friedrich der Große. Gedanken und Erinnerungen, S. 41.
60 Mittenzwei/Herzfeld, Brandenburg-Preußen, S. 327; Schieder, Friedrich der Große, S. 180.
61 Vierhaus, Deutschland im Zeitalter des Absolutismus, S. 183.
62 Vierhaus, Militärische Macht, S. 32.
63 Aus dem Politischen Testament Friedrichs II. von 1768. Zit. nach Vierhaus, Militärische Macht, S. 28.
64 Schieder, Friedrich der Große, S. 182.
65 Fellmann, Sachsens Außenpolitik, S. 18 f.

Skepsis und Spekulationen über die »kriegstreibende Brühl-Partei« auslösen[66].
Nicht umsonst schrieb der König von Preußen vor dem Siebenjährigen Krieg an
seinen Bruder August Wilhelm vom »Vergnügen, Sachsen zu demütigen oder,
besser gesagt, zugrunde zu richten«[67].

2. Sachsens Diplomatie gegenüber Preußen

Während der Regierungszeit des Kurfürsten Friedrich August II. (1696–1763;
1734–1763 König August III. von Polen) wurde unter der Leitung seines Premierministers Heinrich Graf von Brühl (1700–1763) in Dresden eine Politik betrieben, in der zwei Hauptrichtungen auszumachen sind. Die Erste wird gemeinhin
als »Politik dynastischer Verbindungen« bezeichnet. Die Zweite zielte auf die
Schaffung einer Landverbindung nach Polen, einer ganz wesentlichen Voraussetzung für die Wandlung der Personal- in eine Realunion[68]. Gemein war beiden
Stoßrichtungen die starke Betonung der Diplomatie gegenüber militärischen Lö-
sungen. Die fehlende Erkenntnis, sich nur mit Hilfe einer starken Armee ambitio-
niert auf der europäischen Bühne bewegen zu können, sollte sich in kriegerischer
Zeit rächen. Nahezu zeitgleich wurden mit dem Ende des Siebenjährigen Krieges
1763 König-Kurfürst, Premierminister und die sächsischen Ambitionen auf Kon-
kurrenzfähigkeit und Mitsprache im Kreise der tonangebenden europäischen
Mächte zu Grabe getragen.

Es soll an dieser Stelle nicht diskutiert werden, ob es nun ein zeittypischer
»Systemzwang« war, der Friedrich August I., den Starken, (1670–1733) am »Wettlauf um Rangerhöhung, Macht und Prestige«[69] hatte teilhaben lassen, oder aber ein
auf dem genialischen Wesen dieses Fürsten gründender »persönlicher Zwang«. In
jedem Fall erwies sich der Griff des bis 1697 eigentlich »saturierten« sächsischen
Staates – oder besser gesagt seines Herrscherhauses – nach der polnischen Königskrone langfristig als schwerwiegender politischer Fehler[70]. Es muss beachtet
werden, dass gerade diese doppelte Regentschaft den erwähnten Wunsch nach
einer territorialen Verbindung der zusammengehörigen und doch durch einen etwa
50 Kilometer breiten Landstreifen getrennten Herrschaftsgebiete weckte. Sie sollte
den Zusammenhalt beider Staaten festigen und Sachsen-Polen in wirtschaftlicher
Hinsicht den Status eines wichtigen Bindegliedes zwischen Westeuropa und Asien
verleihen[71]. Demzufolge änderte auch der Tod Augusts des Starken 1733 wenig an
diesem integralen Bestandteil sächsischer Diplomatie. Sein Sohn und Nachfolger
Friedrich August II. sah sich hier als Bewahrer väterlicher Traditionen, als er ein

---

66 Ebd., Fellmann, Friedrich II. und Heinrich Graf Brühl, S. 12.
67 Zit. nach Duffy, Friedrich der Große, S. 129.
68 Groß, Geschichte Sachsens, S. 150.
69 Müller, Der Siebenjährige Krieg, S. 3.
70 Blaschke, Albertinische Wettiner als Könige von Polen, S. 61 f.; ders., Sachsens Interessen und
    Ziele, S. 68 f.; 74 f.
71 Zur Entwicklung wirtschaftlicher Beziehungen: Staszewski, Polens Interessen und Ziele, S. 95 f.;
    Gierowski, Ein Herrscher – zwei Staaten, S. 142.

Erbe antrat, »das im Reich seinesgleichen suchte«[72]. Auch nach dem Regierungswechsel kann durchaus eine »Kontinuität auf allen Feldern der Politik«[73] konstatiert werden, obgleich das Heerwesen als Instrument der Außenpolitik unter dem Sohn Augusts des Starken zunehmend ins Hintertreffen geriet.

Trug die Politik der »dynastischen Verbindungen« langfristig durchaus Früchte[74], führten die Bemühungen zum Erreichen des zweiten großen Ziels, der Landbrücke nach Schlesien, das Kurfürstentum jedoch an den Rand einer Katastrophe. Eine direkte Verbindung zu Polen konnte allenfalls durch einen Korridor im Bereich des Fürstentums Crossen – also durch schlesisches Gebiet – hergestellt werden. Benötigte der polnische König das sächsische Heer zur Durchsetzung seiner Interessen in Polen, konnte die Durchquerung dieses Landstrichs nicht ohne österreichische oder preußische Zustimmung erfolgen. Dieser Raum selbst war für das vom Außenhandel abhängige sächsische Großgewerbe lebenswichtig, bezog es doch einen Teil seiner Rohmaterialien aus dieser Gegend[75]. Dabei musste Sachsen stets seine Nachbarschaft zu Preußen und Österreich sowie die Polens zu Russland beachten. Derart eingekeilt zwischen mehreren Großmächten, noch dazu getrieben von einem gehörigen eigenen Interesse an Schlesien, dem »Zankapfel« schlechthin auf dem europäischen Kontinent in jenen Jahren, musste das seit 1733 »pragmatische« Sachsen früher oder später in kriegerische Auseinandersetzungen geraten.

Dieser ungünstige Fall trat nach den Thronbesteigungen Friedrichs II. und Maria Theresias sowie dem Ableben der Zarin Anna von Russland im Jahre 1740 ein. Die Besetzung Schlesiens durch eine der rivalisierenden Großmächte konnte die sächsischen Hoffnungen für alle Zeit zunichte machen. Durch die problematische geografische Lage Sachsens als »Pufferstaat« zwischen den kriegführenden Parteien

---

[72] Groß, Kurfürst Friedrich August II. von Sachsen, S. 2; Blaschke, Albertinische Wettiner als Könige von Polen, S. 70.

[73] Nicklas, Friedrich August II. 1733–1763 und Friedrich Christian 1763, S. 195, 197.

[74] Zusammen mit Hessen-Kassel beerbte Sachsen das 1736 erloschene Grafengeschlecht von Hanau ebenso, wie Sachsen-Merseburg und Sachsen-Weißenfels. Damit hatte man die territoriale Geschlossenheit des albertinischen Kurfürstentums wieder hergestellt. Dazu trug auch die Beilegung mehrerer bestehender Streitigkeiten über Lehnsverhältnisse mit gräflichen Geschlechtern im Kurfürstentum bei, vor allem mit den reichsunmittelbaren Grafen von Schönburg im Jahre 1740. Mit vergleichendem Blick auf die Vermählungen der Nachkommen Friedrich Wilhelms I. von Preußen konnte man in Dresden auch von einer erfolgreichen Heiratspolitik sprechen. 1747 wurde die Tochter des sächsischen Kurfürsten, Maria Josepha, mit dem Kronprinzen Ludwig von Frankreich verheiratet. Im gleichen Jahr eröffnete die sächsisch-bayerische Doppelhochzeit zudem vielversprechende Erbfolgemöglichkeiten. Auch hinsichtlich der polnischen Politik gingen von Brühl und Friedrich August II., als August III. König von Polen, etliche fruchtbare Impulse aus – vor allem in den Bereichen Kultur und Wirtschaft – die sich auch im Verlaufe des Siebenjährigen Krieges entwickelten. Groß, Geschichte Sachsens, S. 149 f.; zu den Nachkommen Friedrich Augusts II.: Matthes, Die Geschichte der Wettiner, S. 64–67. Die Passivität Polens in den Schlesischen Kriegen lag weniger im Unvermögen der sächsischen Regierung, als in der inneren Zerrüttung der Adelsrepublik begründet. Wyczánski, Polen als Adelsrepublik, S. 361; zum polnischen Heerwesen im 18. Jahrhundert: Unruh, Die auf deutschem Fuß errichteten Regimenter der polnischen Kronarmee, S. 171 ff.; Müller, Staat und Heer in der Adelsrepublik Polen.

[75] Ziekursch, Sachsen und Preußen, S. 36; Pommerin, Königskrone und Mächtesystem, S. 88; Czok, Ein Herrscher – zwei Staaten, S. 110 f.

war es höchst wahrscheinlich, dass mindestens eine der beiden im Kriegsfalle das Land früher oder später als Durch- oder Aufmarschgebiet beziehungsweise zur Gewinnung von Ressourcen oder für Rekrutierungen nutzen würde. John Childs schreibt hierzu treffend: »Geographically she was no more than an expendable buffer between Austria and Prussia, open to depredation and naked aggression no matter with wich power she allied[76].« Die politischen und geografischen Schwierigkeiten wurden durch die Rolle Sachsens als Mutterland der Reformation ergänzt, woraus sein Führungsanspruch innerhalb des Protestantismus im Reich resultierte. Hier trat ihm mit Preußen auch auf konfessionellem Gebiet ein Rivale entgegen, dessen Ziel es seit dem Westfälischen Frieden war, Sachsen die Stellung als erster protestantischer Reichsstand sowie die Direktion des *Corpus Evangelicorum* streitig zu machen[77]. Die vielgestaltigen Gefahren dieser allgemeinen Mittellage sollten der Ausgangspunkt für das ständige »von eigenen machtpolitischen Ambitionen unterfütterte Lavieren«[78], für das diplomatische Taktieren zwischen dem nördlichen und dem südlichen Nachbarn sein. Sachsen war somit früher oder später gezwungen, »es sey nun mit Gewalt oder indem es sich zureden läßt [...] mit einem von beiden in Verbindung zu treten«[79].

Als einer der um die preußischen Kernlande gelagerten Staaten konnte Sachsen allerdings auch vom eigenen Territorium gegen den nördlichen Nachbarn ins Feld treten, was den Interessen der antipreußischen Kriegskoalition entsprach. Seine wirtschaftliche Kapazität und Bedeutung, unterstrichen durch die Rolle der Leipziger Messe als »Marktplatz Europas« und Mittler zwischen Ost und West[80], erhöhten zudem den Wert Sachsens als Bündnispartner für beide Seiten. Hier sollen nur die gute Infrastruktur, die hohe Bevölkerungsdichte oder auch das finanziell gut ausgestattete Bürgertum genannt werden[81]. Nicht umsonst wird Sachsen geradezu als ein »Schlüsselstaat« in den Schlesischen Kriegen bezeichnet[82]. Kurz gesagt lockte das damals etwa 35 000 km² große Land »mit einer blühenden Landwirtschaft, gesundem Handel und Gewerbe und Männern im wehrfähigen Alter«[83]. Wie die ersten beiden Schlesischen Kriege (1740–1742 und 1744/45) gezeigt hatten, handelte es sich hingegen beispielsweise bei Böhmen und Mähren um Landstriche, aus denen sich ein großes Heer erfahrungsgemäß nur unter größeren Schwierigkeiten über längere Zeit ernähren konnte[84]. Auch die Dörfer im Bereich

76 Childs, Armies and Warfare, S. 166.
77 Luh, Unheiliges Römisches Reich, S. 64 f.; Blaschke, Sachsens Interessen und Ziele, S. 81 f.
78 W. Müller, Der Siebenjährige Krieg, S. 4.
79 Tempelhoff, Geschichte des Siebenjährigen Krieges, S. 33.
80 Leipzig, S. 26.
81 Luh, Sachsens Bedeutung für Preußens Kriegführung, S. 29.
82 Duffy, Sieben Jahre Krieg, S. 85.
83 Duffy, Friedrich der Große, S. 131.
84 Hier seien die Darstellungen Schieders angeführt, der den böhmischen Feldzug von 1744 als geradezu traumatisches Erlebnis für Friedrich II. darstellt. Der preußische König erkannte selbstkritisch: »Meine Erfahrung hat mir gezeigt, dass Böhmen leicht zu erobern, aber schwer zu behaupten ist. Wer Böhmen unterwerfen will, wird sich allemal täuschen, so oft er den Krieg dorthin trägt [...] Man wähne nicht, dass sich das Volk dort jemals gewinnen lasse«. Zit. nach Schieder, Friedrich der Große, S. 161; zum Zustand der Magazine in Böhmen beim Einfall der Preußen 1756: Tempelhoff, Geschichte des Siebenjährigen Krieges, Bd 1, S. 86.

des Erzgebirgskammes, überwiegend Streusiedlungen, waren zur Truppenunterbringung und -verpflegung ungeeignet[85].

a) Die Zeit der Schlesischen Kriege

Als Friedrich II. 1740 überraschend in das angeblich »urpreußische« Schlesien eingefallen war, hatte er nicht nur strategisch, sondern auch wirtschaftlich eine Verschiebung der Kräfteverhältnisse bewirkt. Der Neuerwerb des preußischen Königs hatte nicht nur dessen Steuereinnahmen, sondern auch die Zahl seiner Rekruten erhöht. Spätestens als man sich in Berlin anschickte, den sächsisch-polnischen Handel mit einer Abgabe von etwa 30 Prozent des Warenwertes zu besteuern, war Sachsen zu einer Parteinahme gezwungen, wollte es nicht bloß Zuschauer und damit Verlierer erfolgreicher preußischer Expansion bleiben[86].

Die Dresdner Diplomatie der folgenden Jahre sollte nun ganz im Zeichen dessen stehen, was Blaschke als typisch augusteische »Abkehr von der traditionell beständigen und verlässlichen Politik« bezeichnet[87]. Es war der Beginn des Brühlschen »Schaukelsystems«[88], was Friedrich II. »mehr zu schaffen machte, als die Klinge mancher Feldherren«[89]. Der preußische König selbst bezeichnete in den folgenden Jahren eine Parteiergreifung Sachsens aufgrund der Verbindungen Dresdens zu den europäischen Höfen als »den entscheidenden Zug, der alles bestimmt«[90].

Nach dem Übergriff preußischer Truppen auf Schlesien war ein Zusammengehen Sachsens mit Österreich eigentlich eine logische Konsequenz seiner außenpolitischen Ambitionen. Brühl hielt sich jedoch anfangs bedeckt und wollte Preußen angesichts der exponierten Lage Sachsens vorerst »menagieren«[91]. Verständlich, dass der König von Preußen darüber wenig erbaut war. In seinem Hauptquartier bei Glogau soll er dem sächsischen Gesandten Friedrich Gotthard von Bülow schließlich erklärt haben: »Sachsen kann tun, was es will, nur möge es sich entscheiden; Preußen ist stark genug, um seinen Weg allein zu gehen, aber es verlangt zu wissen, woran es ist[92].«

---

85 Friedrich, Die Kämpfe an der Sächsisch-Böhmischen Grenze, S. 17 f.
86 Pommerin, Königskrone und Mächtesystem, S. 89; Gierowski, Ein Herrscher – zwei Staaten, S. 142; über die militärische Aufrüstung nach der Thronbesteigung Friedrichs II. war Brühl durch sein weitverzweigtes Spionagesystem allerdings gut informiert. Boroviczény, Graf von Brühl, S. 206 f.
87 Blaschke, Albertinische Wettiner als Könige von Polen, S. 69.
88 Ziekursch, Sachsen und Preußen, S. 126.
89 Fellmann, Heinrich Graf Brühl, S. 214.
90 Ziekursch, Sachsen und Preußen, S. 82.
91 Boroviczény, Graf von Brühl, S. 220.
92 Unterredung mit dem sächsischen Gesandten v. Bülow am 26.12.1740 in Herrendorf. Zit. nach Boroviczény, Graf von Brühl, S. 222.

Nachdem Brühl die 20 000 marschbereiten sächsischen Soldaten[93] dem Wiener Hof zunächst um den Preis »realer Sicherheiten« in Aussicht gestellt hatte[94], führte der jähe Zerfall der im Frühjahr 1741 in Dresden ausgehandelten antipreußischen Koalition[95] zu einer Kehrtwendung der sächsischen Außenpolitik. Nicht zuletzt der drohende Einmarsch der bei Mollwitz siegreichen Preußen bewirkte den Beitritt Sachsens zum antiösterreichischen Nymphenburger Bündnis. Im gemeinsamen Vorgehen eroberte das bayerisch-französisch-sächsische Heer Prag[96]. Mit Sachsens Zustimmung proklamierte man den bayerischen Kurfürsten Karl Albrecht zum König von Böhmen und im Januar 1742 als Karl VII. auch zum Kaiser. Da Friedrich II. jedoch keineswegs dulden wollte, »dass man einen Meierhof von Böhmen zugunsten des sächsischen Königs abtrete«[97], gelang es ihm, bei seinem legendären Besuch in Dresden im Januar 1742[98] aufgrund der Nachgiebigkeit Augusts III. den Oberbefehl über die sächsische Armee zu erlangen. Im Verlaufe des folgenden mährischen Feldzuges ruinierte Friedrich II. die etwa 25 000 Mann starke sächsische Armee unter Graf Rutowski beinahe völlig[99]. Neben dem »Verheizen« der sächsischen Soldaten, weswegen selbst Prinz Heinrich von Preußen gegen seinen Bruder schwere Vorwürfe erhob[100], wurde auch das den Sachsen versprochene Mähren strategisch in eine Wüste verwandelt. Nachdem der preußische König bei Kriegsende zudem die Nymphenburger Konzessionen völlig übergangen hatte, während er sich fortan des Besitzes Schlesiens und der Grafschaft Glatz erfreute, trat das geprellte Sachsen abermals – nur diesmal endgültig – an die Seite Österreichs[101].

---

93 Die sächsische Mobilmachung erfolgte am 29.12.1740. Die Armee wurde im Frühjahr 1741 zunächst in zwei Lagern bei Torgau und Eilenburg konzentriert, aufgrund der unabsehbaren sächsischen Politik jedoch Mitte des Jahres in weitläufigere Kantonements entlassen. Erst im Oktober 1741 erfolgte eine neuerliche Zusammenziehung der Truppen in Lagern bei Pirna und Freiberg. Anfang November überschritt das sächsische Heer unter Rutowski in vier Kolonnen die böhmische Grenze. Schuster/Francke, Geschichte der Sächsischen Armee, T. II, S. 4–21; Fellmann, Heinrich Graf Brühl, S. 211.

94 Boroviczény, Graf von Brühl, S. 224; Fellmann, Heinrich Graf Brühl, S. 215 f.

95 Russland schied infolge innerer Wirren aus, Großbritannien konzentrierte seine Kräfte nach der Niederlage in der Seeschlacht bei Cartagena gegen Spanien auf den französischen Hauptfeind. Zudem schränkte der »Jahrhundertwinter« von 1740/41 die Handlungsfähigkeit des sächsischen Heeres enorm ein. Fellmann, Heinrich Graf Brühl, S. 217.

96 Zur Versorgungslage der vereinigten Armee in Böhmen: Luh, Kriegskunst in Europa, S. 29.

97 Schreiben Friedrichs II. an den Marschall Belle-Isle. Zit. nach Boroviczény, Graf von Brühl, S. 263.

98 Treffer, Moritz von Sachsen, S. 195 f.

99 Fellmann, Heinrich Graf Brühl, S. 223; Boroviczény, Graf von Brühl, S. 273.

100 Duffy, Friedrich der Große, S. 65. Der Bruder Rutowskis, Johann Georg »Chevalier de Saxe«, soll nach seiner Abberufung vom Oberkommando in Böhmen geäußert haben: »Gott sei's gedankt dass ich von seinem [Friedrich II.] Oberbefehl befreit bin.« Zit. nach Ziekursch, Sachsen und Preußen, S. 161.

101 Sachsen wurde für seinen Beitritt zum »Nymphenburger Bündnis« der Erwerb von Mähren, Oberschlesien und Teilen Böhmens in Aussicht gestellt. Preußen trat mit dem Breslauer Frieden von 1742 aus dem Bündnis gegen Österreich aus und war nun anerkannter Herrscher über Schlesien und die Grafschaft Glatz. Groehler, Die Kriege Friedrichs II., S. 31 f.; Schieder, Friedrich der Große, S. 153 f.

Zum Durchmarsch der »kaiserlichen Hilfstruppen« durch Sachsen, mit dem Friedrich II. zwei Jahre später den nächsten Krieg eröffnete, hielt das Kurfürstentum jedoch vorerst »gutes comportement«[102]. Erst als sich die Lage der preußischen Truppen zunehmend bedrohlich entwickelte und der junge Feldherr seinen bisher erworbenen Ruhm zu verspielen drohte[103], vereinigte Sachsen sein Heer im Oktober 1744 mit der österreichischen Armee[104], errang einen taktischen Erfolg bei Beneschau[105] und zwang Friedrichs Truppen zum Weichen. Neben den militärischen Anfangserfolgen rückte der Tod Karls VII. für den sächsischen Kurfürsten vorübergehend sogar die Kaiserwürde in greifbare Nähe. Indem August III. aber für den Gemahl Maria Theresias stimmte, entfiel für die sächsisch-österreichischen Beziehungen fortan ein wesentlicher Bereich konkurrierender Interessen.

Für die sächsische Armee, die unter dem Herzog Johann Adolf II. von Sachsen-Weißenfels in Schlesien kämpfte[106], entwickelte sich die militärische Lage im Laufe des Jahres jedoch wider Erwarten immer ungünstiger. Nicht der erhoffte vollständige Zusammenbruch der preußischen Kriegführung trat ein, sondern die später noch oft erlebte Entfaltung des militärischen Genies Friedrichs II. in scheinbar aussichtslosen Situationen. Die folgenden schweren Niederlagen an der Seite Habsburgs in den Schlachten bei Hohenfriedeberg, Soor und Katholisch-Hennersdorf gipfelten aufgrund fehlender Abstimmung zwischen den beiden Befehlshabern in der Zerschlagung des sächsischen Heeres unter Rutowski bei Kesselsdorf[107]. »Nach diesem Schlage bleibt uns nichts übrig, als uns mit den Preußen zu verständigen«, konstatierte Graf Brühl nach dieser Schlacht[108].

Die preußischen Bedingungen im Frieden zu Dresden vom 25. Dezember 1745 trafen Sachsen aufgrund seiner zerrütteten Finanzlage hart, da es unter anderem eine Million Taler als Kriegsentschädigung an Preußen zahlen sowie seine territori-

---

[102] Schuster/Francke, Geschichte der Sächsischen Armee, T. II., S. 27.

[103] Duffy, Friedrich der Große, S. 86; Schieder, Friedrich der Große, S. 160.

[104] Am 2. Oktober 1744 wurde die sächsische Armee bei Adorf konzentriert, 2 Tage später erfolgte der Aufbruch nach Böhmen in 2 Kolonnen und am 24. Oktober die Vereinigung mit dem Heer des Prinzen Karl von Lothringen. Schuster/Francke, Geschichte der Sächsischen Armee, T. II, S. 28 f.

[105] Der preußische Angriff am 24. Oktober 1744 auf das von der Natur begünstigte sächsisch-österreichische Lager bei Beneschau und Marschowitz musste am folgenden Tag ergebnislos abgebrochen werden, was für die preußische Armee einer strategischen Niederlage gleichkam. Groehler, Die Kriege Friedrichs II., S. 47 f.

[106] Die Stärke der Sachsen in Böhmen wird mit 25 121 Mann und 2610 Ulanen angegeben. Nach der Schlacht bei Hohenfriedeberg kämpften jedoch nur noch die vertraglich zugesicherten 6000 sächsischen Soldaten an der Seite Österreichs. Im Mai 1745 vereinigte sich die sächsische Armee mit dem österreichischen Heer. Schuster/Francke, Geschichte der Sächsischen Armee, T. II, S. 37‒62; Schultz-Trinius, Die sächsische Armee, S. 27. Der Feldzug von 1745 als Fallbeispiel für die Strategie Friedrichs II.: Petter, Zur Kriegskunst im Zeitalter Friedrichs des Großen, S. 260 f.

[107] Der Gesamtverlust des sächsischen Heeres im Laufe des Feldzuges von 1745 betrug etwa 6200 Mann. Nach der Kesselsdorfer Schlacht zogen sich die Reste des sächsischen Heeres in das Innere Böhmens zurück. Schuster/Francke, Geschichte der Sächsischen Armee, T. II, S. 63; Schultz-Trinius, Die sächsische Armee, S. 28 f.

[108] Schreiben an den Gesandten Loß vom 17.12.1745. Zit. nach Becker, Der Dresdener Friede, S. 22.

alen Pläne in Schlesien begraben musste[109]. Auf eine Entschädigung von österreichischer Seite wartete man in Dresden vergebens.

Als Ergebnis dieser zweiten Auseinandersetzung um Schlesien können für Sachsen somit lediglich ein weiterer Verlust des politischen Ansehens sowie die Einbuße an wirtschaftlicher Kraft und Bündnisfähigkeit festgehalten werden. Dies beschleunigte den Niedergang des Kurfürstentums als wichtige europäische Macht.

b) Die Friedensjahre 1745–1756

Die Entwicklungen der folgenden elf Jahre sollten jedoch zeigen, dass der Machtkampf in Europa noch keineswegs beendet war. Sachsen war sowohl von Preußen als auch von Österreich bei den letzten Friedensschlüssen enttäuscht worden. Es musste erkennen, dass beide Länder, insbesondere jedoch Preußen, keinerlei Interesse an einem Erstarken Sachsen-Polens durch eine territoriale Verbindung hegten[110]. Hierdurch verstärkte sich nach dem Zweiten Schlesischen Krieg der sächsisch-preußische Gegensatz nachhaltig.

Durch die preußische Besetzung Schlesiens stagnierte bereits seit 1740 das bis dahin stetig wachsende sächsische Manufakturwesen. Es kam schließlich ganz zum Erliegen, da der Handel über Schlesien nach Polen, Russland und Ungarn erheblich behindert wurde[111]. Friedrich II. forderte 1748: »Die Sachsen sollen chikaniert, ihre Waren bei der Entrée difficiliert werden[112].« In der Lausitz etwa führte diese von Preußen forcierte Entwicklung zu einem Bedeutungsverlust der grenznahen Städte Görlitz oder Lauban sowie zum Bevölkerungsrückgang[113].

Zum Ausbruch aus dieser politisch und wirtschaftlich schwierigen Situation blieb für Sachsen infolge der Reduzierung seines Heeres aufgrund der fehlenden finanziellen Mittel nur der Weg der Diplomatie: die Schaffung oder Stärkung einer schlagkräftigen Allianz gegen Preußen. In den Verhandlungen der folgenden Jahre präsentierte sich Brühl jedoch keineswegs als politischer und militärischer Verlierer der letzten Kriege, sondern sondierte selbstbewusst in alle Richtungen. Obwohl er sich dabei der österreichischen Seite geneigt zeigte, bestanden zwischen Dresden und Wien hinsichtlich einer zukünftigen militärischen Kooperation durchaus Differenzen. Der sächsische Monarch forderte nach den negativen Erfahrungen des letzten Krieges persönlich die Entbindung Prinz Karls von Lothringen vom Ober-

---

[109] Fellmann, Sachsens Außenpolitik, S. 19.

[110] Althoff, Untersuchungen zum Gleichgewicht der Mächte, S. 51 f.

[111] Groß, Kurfürst Friedrich August II. von Sachsen, S. 8 f.

[112] Zudem wurde der sächsische Handel auf der Elbe bei Magdeburg angehalten und auf preußische Straßen verlegt, wo wiederum hohe Zölle erhoben wurden. Zit. nach Pommerin, Königskrone und Mächtesystem, S. 89 f.

[113] Ziekursch, Sachsen und Preußen, S. 37; Schunka, Die Oberlausitz, S. 150 f.; Externbrink, Friedrich der Große, Maria Theresia und das Alte Reich, S. 173 f.

kommando über die österreichische Armee[114]. Aber auch von österreichischer Seite ließ man gegenüber der Brühlschen Politik eine gewisse Vorsicht walten. In geheime Absprachen des Wiener Hofes mit Frankreich und Russland am Vorabend des Siebenjährigen Krieges wollte Maria Theresia Sachsen zunächst nicht einweihen. Dennoch strebte sie danach, den ihr anscheinend minder zuverlässig erscheinenden Dresdner Hof »ohne mindesten Zeitverlust« in die antipreußische Koalition einzubinden[115].

Brühls Mitwirken am Zustandebringen einer solchen Koalition, insbesondere durch die Aussöhnung Frankreichs mit Österreich, erwies sich auf lange Sicht als erfolgreich[116]. Dies verdankte er nicht zuletzt der Unterstützung durch Moritz von Sachsen, dem »wichtigsten Bindeglied«[117] jener Jahre zwischen Dresden und Paris. Doch in gleichem Maße, wie Brühl der österreichisch-französischen Verbindung zuarbeitete, sondierte er auch nach St. Petersberg und London, was ihm oftmals das Misstrauen der europäischen Höfe einbrachte. Einerseits knüpfte Brühl Verbindungen, andererseits scheute er vor definitiven Zusagen zurück, wie Sachsens Verweigerung eines offenen Beitritts zum »Petersburger Traktat« belegt[118]. Einzig verbindlich waren in Dresden anscheinend nur die Unverbindlichkeit und die Maxime, dem Nachbarn Preußen keinen Grund zum Verdacht zu geben und dessen Bündniswerbungen konsequent und höflich auszuweichen[119]. Es erscheint angesichts solcher Leitgedanken verständlich, dass die bereits erwähnte Festlegung der zukünftigen Kriegsfronten in Westminster und Versailles im Jahre 1756 in Dresden große Besorgnis hervorrief.

Im Sommer dieses Jahres fürchtete der Dresdner Hof, »dass der König von Preußen von Neuem seinen Durchmarsch durch unsere Lande nehmen und uns schlimmer behandeln könnte, wie im Jahre 1744. Da wir nicht in der Lage sind, uns zu widersetzen, so würden wir vorkommenden Falls nur gewähren lassen und

---

[114] Becker, Der Dresdener Friede, S. 28–31. Bereits während der Schlacht bei Hohenfriedeberg offenbarten sich Differenzen zwischen dem sächsischen und dem österreichischen Oberkommando. Schuster/Francke, Geschichte der Sächsischen Armee, T. II, S. 42.

[115] Schreiben Maria Theresias an Starhemberg vom 24.7.1756. Zit. nach Preußische und österreichische Acten zur Vorgeschichte des Siebenjährigen Krieges, S. 487.

[116] Sachsen war seit 1745 verpflichtet, ein Korps von etwa 10 000 Mann gegen Subsidienzahlungen zur Unterstützung der Seemächte in die Niederlande zu entsenden, sobald es selbst von der Kriegsgefahr befreit sein würde. Brühl wies diese Verpflichtungen jedoch geschickt von sich und schloss nach langem Sondieren in beide Richtungen am 11. Mai 1746 eine Allianz mit Frankreich ab. Die wirklichen Interessen beider Staaten standen dabei jedoch in diametralem Gegensatz. Sachsen hoffte auf hohe Geldsummen, um seine Kriegsschulden an Preußen zu tilgen, Frankreich gedachte, den Dresdner Hof mit diesem Abkommen allmählich von Österreich und Russland zu entzweien und mit Preußen zu versöhnen. Becker, Der Dresdener Friede, S. 59, 65, 107, 117.

[117] Stephan, »Nach der Geburt ein Teutscher, im Handeln und Denken aber Franzos«, S. 22 f.

[118] Vitzthum von Eckstädt, Die Geheimnisse des sächsischen Cabinets, T. I, S. 225; Groß, Geschichte Sachsens, S. 152.

[119] Friedrich II. war aus strategischen Gründen durchaus bemüht, dem Dresdner Hof nach dem Frieden von 1745 »alles mögliche Plaisir« zu erweisen, was in hartem Gegensatz zu den aufgezeigten wirtschaftlichen Folgen des Krieges stand. Wiederholt trat er mit dem Gedanken einer Aussöhnung an Sachsen heran. Becker, Der Dresdener Friede, S. 122–132.

unsere Truppen an einen sichern Ort zurückziehen«[120]. Brühls Ziel in dieser bedrohlichen Situation war es, »jeden Verdacht der Parteinahme zu vermeiden«[121]. »Abwarten müsse man vor allen Dingen die weitere Entwickelung des Österreichisch-Französischen Bündnisses [...] Vorläufig könne nichts weiter geschehen, als die drei Höfe in ihren guten freundschaftlichen Dispositionen zu erhalten«, heißt es in seinem Schreiben vom 18. Juli[122]. Aber gerade diese äußerliche Ungebundenheit scheint für Preußen verlockend gewesen zu sein.

Nach dem Abschluss des Koalitionsbildungsprozesses sollte es wiederum der König von Preußen sein, der überraschend das Kriegsgeschehen in Europa eröffnete. Gut informiert über Brühls Korrespondenz durch die Abschriften des sächsischen Kabinettssekretärs Friedrich Wilhelm Menzel[123] kam Friedrich II. einer offiziellen Parteiergreifung Sachsens zuvor. Nun rächte sich, dass Sachsens Politik nicht von ihren Ambitionen entsprechenden militärischen Rüstungen begleitet wurde. Brühl hatte auf die Wirksamkeit seiner Diplomatie vertraut und »nichts getan, um sein Land vor der neuen Heimsuchung zu schützen. Das Heer war schwächer und schlechter gerüstet als je zuvor[124].«

c) Emotionen und Kalkül: Anmerkungen zum Verhältnis Friedrichs II. zu Sachsen

Nicht nur von sächsischer Seite begegnete man dem preußischen Nachbarn mit starken Vorbehalten. Auch Friedrich II. pflegte seinerseits ein besonders problematisches Verhältnis zu Sachsen, seiner kurfürstlichen Regierung und insbesondere zu Graf Brühl. Es trägt aus heutiger Sicht durchaus Züge einer mittelalterlichen persönlichen Fehde. Zumindest andeutungsweise scheint dieses Gemenge aus rationaler strategischer Planung und Entfesselung der Emotionen für die Beantwortung der Frage nach den Gründen, die den preußischen König 1756 zum Überfall auf Sachsen bewogen, unverzichtbar.

Bereits die ersten Begegnungen des Kronprinzen Friedrich mit dem sächsischen Herrscherhaus während der gegenseitige Besuche Augusts des Starken und Friedrich Wilhelms I. waren von nachhaltig negativen Erlebnissen geprägt. Er verliebte sich nicht nur unglücklich in die junge Gräfin Anna Cathérina Orczelska (eine Tochter Augusts des Starken), sondern er erhielt vom sächsischen Kurfürsten für sein miserables Abschneiden beim Scheibenschießen einen peinlichen Scherzpreis[125]. Während der großen Heerschau Augusts des Starken, des Zeithainer Lagers 1730, wurde der renitente Kronprinz vor versammelten Gästen von

---

[120] Schreiben Brühls vom 2.7.1756 an den sächsischen Gesandten Vitzthum in Paris. Zit. nach Vitzthum von Eckstädt, Die Geheimnisse des sächsischen Cabinets, T. I, S. 350 f.
[121] Schreiben Brühls vom 1.8.1756 an den Grafen Vitzthum. Zit. nach Vitzthum von Eckstädt, Die Geheimnisse des sächsischen Cabinets, T. I, S. 370 f.
[122] Schreiben Brühls an den Grafen Vitzthum. Zit. nach Vitzthum von Eckstädt, Die Geheimnisse des sächsischen Cabinets, T. I, S. 355 f.
[123] Groß, Geschichte Sachsens, S. 152.
[124] Kötzschke/Kretzschmar, Sächsische Geschichte, S. 279.
[125] Czok, Am Hofe Augusts des Starken, S. 146.

seinem Vater verprügelt. Der sächsische Kurfürst unterband zudem einen Flucht-
versuch Friedrichs, um die Atmosphäre des Treffens nicht zu stören. Später
schrieb Friedrich hierzu: »Der König von Polen hat mir in Zeithain derart mitge-
spielt, dass ich ihn im Leben dafür nie mehr auslassen werde[126].« Prekär war zudem, dass Friedrich Wilhelm I. seinem Sohn ausgerechnet den sächsischen Kurprinzen – der zudem später unter anderem mit preußischer Unterstützung seine
Königskrone erringen sollte – als Vorbild hinstellte[127].

Als König scheint Friedrich dann insbesondere Brühl regelrecht gehasst zu haben. Außer mangelnden Fähigkeiten im Reiten und der fehlenden Liebe zur Jagd
verband den »Salonmenschen« Brühl und den asketischen Militär Friedrich ohnehin wenig[128]. Vor allem aber sah Friedrich II. im sächsischen Minister diejenige
Kraft, die durch ihre »unstreitig dubiose Rolle«[129] in der europäischen Diplomatie
besonders auf eine Zerstörung Preußens hinarbeitete. Der preußische König
strebte fortan danach, Brühl, der es angeblich nicht verwinden konnte, dem Hause
Brandenburg nicht mehr ebenbürtig zu sein, in der Öffentlichkeit in Misskredit zu
bringen. Er spottete beispielsweise nicht nur über die vielen Perücken des Ministers, sondern zog ihn auch gern in seinen Dichtungen, wie etwa in der »Ode auf
Brühl«, ins Lächerliche[130]. Auch Georg Friedrich von Tempelhoff (1737–1807),
Offizier Friedrichs II., klagte in seiner »Geschichte des Siebenjährigen Krieges in
Deutschland« den »Geist der Intrigue« und die »bis zur Niederträchtigkeit gehende
Eitelkeit« Brühls an[131]. Die Haltung Friedrichs scheint also unter den Zeitgenossen
ihre Klientel gefunden zu haben.

Weitaus ernster war hingegen die ungehemmte Entfesselung der Emotionen
des preußischen Königs im Siebenjährigen Krieg, die geradezu systematische Aus-
löschung des Brühlschen Besitzes. Scheinbar sollte später nichts mehr an den ver-
hassten Minister erinnern. Nachdem Friedrich II. im Oktober 1757 vier Tage
Brühls Schloss in Groschwitz bei Herzberg bewohnt hatte, ließ er es durch seine
Soldaten plündern. Sie »zertrümmerten alles, was sie konnten. Nach Verlauf einer
Stunde ließ der König Appell schlagen. Die Leute kamen mit Stücken der abgeris-
senen Tapeten, mit ganzen Armen voll halb zerbrochenen Porzellains und mit
zerbrochenen Meubles bepackt wieder zusammen[132].« Im Dezember desselben
Jahres befahl Friedrich II. den Truppen des Feldmarschalls Jakob Keith, auf den
Landgütern Brühls bei Leipzig »ein bisschen Radau« zu machen[133]. Seine Soldaten
hätten nicht geplündert, sondern nach versteckten Waffen gesucht, schrieb er
später an die Gräfin Franziska von Brühl. Er gestand jedoch ein, er habe auch

---

[126]   Zit. nach Vogel, Heinrich Graf von Brühl, Bd 1, S. 143.
[127]   Staszewski, August III., S. 196; ders., Begründung und Fortsetzung der Personalunion Sach-
        sen-Polen, S. 48.
[128]   Fellmann, Friedrich II. und Heinrich Graf Brühl, S. 11. Besonders Boroviczény betont in diesem
        Zusammenhang die Unrichtigkeit der Behauptungen über das »unsittliche Leben« Brühls. Boro-
        viczény, Graf von Brühl, S. 23, 41.
[129]   Schieder, Friedrich der Große, S. 189.
[130]   Luh, Vom Pagen zum Premierminister, S. 121.
[131]   Tempelhoff, Geschichte des Siebenjährigen Krieges, Bd 1, S. 8.
[132]   Zit. nach Duffy, Friedrich der Große und seine Armee, S. 259 f.
[133]   Schreiben an Keith vom 12.12.1757. Zit. nach Duffy, Friedrich der Große, S. 419.

»Vergeltung üben müssen«[134]. Das Schloss Pförten, die größte Brühlsche Besitzung, ließ er 1758 »bis auf den Grund mit allen Meubles und was darinnen gewesen«[135] niederbrennen. Ein Jahr später ereilte Brühls Dresdner Bauten das gleiche Schicksal. Bekanntermaßen wurde im Frühjahr 1761 auch das Schloss Hubertusburg, einst bedeutendstes königliches Bauvorhaben und größte Jagdschlossanlage Europas, durch den Freitruppenführer Karl Theophil Guichard, genannt Quintus Icilius, übel zugerichtet. Icilius, der »Tapezierer von Hubertusburg«, ließ nach der Plünderung »selbst die Parkette und das Dach, die von Kupfer waren«, verkaufen[136]. Später wurde das Schloss von Friedrich II. an die Firma Ephraim, Itzig und Comp. verschachert. Angesichts dieses offenbar tief verwurzelten Hasses verwundert es nicht, dass der sächsische Hof Friedrich II. – diesmal jedoch unbegründet – für ein auf Brühl 1761 in Warschau verübtes Attentat verantwortlich machte[137]. Auch nach Brühls Tod 1763 änderte sich Friedrichs Meinung über den sächsischen Premierminister nicht. Noch 1775 beschrieb er ihn als »doppelzüngig, falsch und zu den niederträchtigsten Handlungen bereit«[138].

Obwohl sich die Motive für die Haltung des preußischen Königs gegenüber Sachsen und dessen Herrscherhaus, die nun gar nicht in das Bild des »Philosophen von Sanssouci« passt, heute und in Zukunft wohl letzter Gewissheit entziehen, stellt sich die Frage, ob diese tiefe Abneigung nicht auch die Folge von Missgunst, ja einer gewissen preußischen Eifersucht auf den nach außen in pompösem Glanze strahlenden Nachbarn war? Das schillernde Hofleben Dresdens wird seinerzeit seine Wirkung auf den Despotie, Nüchternheit und Askese gewohnten Kronprinzen Friedrich nicht verfehlt haben. Zu stark kontrastierten das durch Bergbau, Textilgewerbe sowie Glas- und Porzellanherstellung reich gewordene Sachsen[139] und das von der Natur wenig begünstigte Preußen, Dresdner Verschwendung und preußische Sparsamkeit.

Doch abgesehen von Friedrichs persönlichen Beweggründen gab es von seiner Seite auch nüchterne strategische Erwägungen, die eine Annexion des südlichen Nachbarn (dessen Grenze damals bis auf etwa 50 Kilometer an Berlin heranreichte) sinnvoll erscheinen ließen und die er in der Zeit vor dem Siebenjährigen Krieg schriftlich festhielt. In seinem »Politischen Testament« von 1752 schrieb der König von Preußen, die »Erwerbung« Sachsens wäre »am nützlichsten. Sein Besitz würde die Grenzen am meisten erweitern und deckte Berlin, die Landeshauptstadt und den Sitz des Königshauses«. Und in den Generalprinzipien vom Kriege (1748) ist zu lesen, dass die beste Verteidigung darin bestehe, »in Sachsen einzufallen, wie

---

134 Rechtfertigungsschreiben vom 28.2.1758. Zit. nach Fellmann, Friedrich II. und Heinrich Graf Brühl, S. 17.
135 Bericht des Schlossverwalters Fiebiger an Brühl. Zit. nach Fellmann, Friedrich II. und Heinrich Graf Brühl, S. 17.
136 Zit. nach Wernitz, Die preußischen Freitruppen, S. 35 f.; Kästner berichtet ebenfalls ausführlicher über die Plünderungen der Brühlschen Güter. Kästner, Generalmajor von Mayr und sein Freikorps, S. 63–65; Büsch, Militärsystem und Sozialleben, S. 123; Staszewski, August III., S. 181; Groß, Hubertusburg im Siebenjährigen Krieg, S. 55.
137 Fellmann, Friedrich II. und Heinrich Graf Brühl, S. 11.
138 Aus »Geschichte meiner Zeit«. Zit. nach Luh, Vom Pagen zum Premierminister, S. 121.
139 Rellecke, Wegmarken sächsischer Geschichte, S. 320.

wir es im Winter 1745 getan haben«[140]. Da die preußischen Erblande eher ungüns-
tig zu verteidigen waren, konnte Sachsen somit auch als eine Art »vorgeschobene
Bastion« dienen. Durch Höhenzüge gegen Böhmen und Schlesien abgeschirmt,
war das Kurfürstentum nur nach Norden hin offen, bot also den preußischen
Truppen eine gute Einfallmöglichkeit. Solange Schlesien in preußischer Hand war,
bestand zudem die Möglichkeit eines Einmarsches nach Sachsen von verschiedenen Seiten. In kürzester Zeit konnten sich preußische Truppen somit Dresdens
bemächtigen und »Meister von der Elbe seyn«, deren Besitz für einen weiteren
Vormarsch nach Böhmen unerlässlich wäre[141].

Plante der König von Preußen einen solchen Vorstoß, so bot sich dafür der
östliche Teil des Erzgebirges eher an, galt er doch als bewegungsgünstiger, weil die
dortigen Höhen weniger steil abfallen als im Westerzgebirge, sondern eher sanft
auslaufen. Neben dem Riesengebirge in Schlesien hätte der Besitz des sächsischen
Erzgebirges dem preußischen Staat eine Art umfassender natürlicher Grenzbefes-
tigung gegen Österreich garantiert, deren Pässe für den Verteidiger relativ leicht zu
kontrollieren waren. Nicht umsonst galt im Herbst 1756 das erste Bestreben Friedrichs der Besetzung dieser wichtigen Übergänge, während das ungenügend gerüstete sächsische Heer im Pirnaer Lager seinem Schicksal harrte.

3. Das sächsische Heer vor 1756

a) Der stille General – zur Biografie des Generalfeldmarschalls
Friedrich August Graf von Rutowski

Als die preußische Armee 1756 mit der Überschreitung der sächsischen Grenze
den Siebenjährigen Krieg in Europa eröffnete, standen ihr zum zweiten Mal in den
Schlesischen Kriegen die kursächsischen Truppen unter dem Kommando des
Generalfeldmarschalls Graf Rutowski gegenüber. Anders als bei Kesselsdorf 1745
sollte das eigentlich unterlegene sächsische Heer den Militärapparat Friedrichs II.
diesmal jedoch länger als im Rahmen der raschen Operationsführung des preußischen Königs geplant binden.

Die nun zu untersuchende Biografie Rutowskis, dieses weniger bekannten
sächsischen Heerführers, wurde von vornherein überschattet von einer der glän-
zendsten militärischen Laufbahnen im Europa des 18. Jahrhunderts – der Karriere
seines Halbbruders Moritz Graf von Sachsen, des Marschalls von Frankreich[142],
der als einziger General seiner Zeit nie eine Schlacht verlor. Ohne bereits auf die

---

[140] Zit. nach Friedrich der Große. Gedanken und Erinnerungen, S. 89, 152.

[141] Tempelhoff, Geschichte des Siebenjährigen Krieges, Bd 1, S. 19, 31–34, 86. Auch für die französische Politik galt Sachsen als »Schlüsselstaat«. Hier sei stellvertretend auf die Aussage von César
Gabriel de Choiseul Chevigny, Herzog von Praslin (französischer Botschafter in Wien), verwiesen: »in Dresden und Berlin muss Schlesien zurückerobert werden.« Zit. nach Externbrink, Friedrich der Große, Maria Theresia und das Alte Reich, S. 184 f.

[142] Zur Biografie von Moritz von Sachsen (1696–1750): Treffer, Moritz von Sachsen; Moritz Graf
von Sachsen.

weiteren vielgestaltigen Zwänge einzugehen, die aus einer unehelichen Geburt Rutowskis, der Charakteristik des Dresdner Hofes oder der Organisation »Militär« auf den Nachkommen Augusts II. einwirkten, lässt bereits die Existenz eines solch beinahe übermächtigen Verwandten allenfalls ehrgeiziges Nachahmen vermuten, das jedoch nie zu ähnlichem Ruhm gereichte.

Einleitend sei jedoch auf die Schwierigkeit einer Annäherung an diese Biografie hingewiesen, was insbesondere für den Versuch einer Charakterisierung des Menschen und Heerführers Rutowski, für eine Einordnung seines Verhältnisses zum persönlichen und militärischen Umfeld als den prägenden Faktoren seiner Persönlichkeit gilt, also über die rein sachliche Darstellung seiner militärischen Karriere hinausweist. Aus Mangel an Quellen kann sich hier allenfalls ein biografischer Zugang über kleinere Hinweise in der Literatur oder aber die kritische Auseinandersetzung mit denjenigen eröffnen, die sich ebenfalls eingehend mit Rutowski befasst haben.

Bei Friedrich August Graf von Rutowski, der am 19. Juni 1702 wahrscheinlich in Warschau geboren wurde[143], handelte es sich um einen unehelichen Sohn Augusts des Starken und der Türkin Fatima, die als Kind bei der Erstürmung Ofens 1686 von dem ehemals brandenburgischen Feldmarschall Hans Adam von Schöning im türkischen Lager aufgefunden worden war. Später gelangte sie als Gesellschafterin Aurora Gräfin von Königsmarcks[144] an den Hof Augusts II., wo sie zur Mätresse des Königs avancierte. Neben Friedrich August sollte aus dieser Verbindung 1706 noch Maria Aurora Rutowska[145], die Lieblingsschwester Moritz' von Sachsen[146] hervorgehen, die 1728 mit dem polnischen Grafen Michael von Bielinksi verheiratet wurde[147]. Die Geschwister Rutowski teilten von Geburt an das Schicksal der anderen unehelichen Nachkommen des sächsischen Königs: Sie wuchsen als »Bastarde« weitgehend ohne elterliche Zuneigung und dauerhafte persönliche und örtliche Bindungen auf. Dass ihr Vater aus der Ferne dennoch ihr Schicksal verfolgte, belegt die Legitimation der beiden Kinder und die in seiner Eigenschaft als polnischer König veranlasste Erhebung der Geschwister in den Grafenstand am 19. September 1724. Hintergrund war die Heirat von Maria Aurora mit dem Grafen von Bielinski[148]. Der ungewöhnliche Name »Rutowski«[149] steht angeblich in Zusammenhang mit der Raute im sächsischen Wappen, deutet also auf fürstliche

---

[143] Auch Dresden wird als Geburtsort genannt. Kesselsdorfer Heimatkunde, S. 2.
[144] Die Mutter von Moritz von Sachsen. Zur Biografie: Treffer, Moritz von Sachsen, S. 16–21.
[145] Sie verstarb wahrscheinlich 1746. Treffer, Moritz von Sachsen, S. 69; O'Byrn, Zur Lebensgeschichte des Grafen Friedrich August von Rutowski, S. 328 f.; Vogel, Die Kinder Augusts des Starken, S. 101–108. Sie wird in der Literatur teilweise auch Katharina genannt. Czok, August der Starke und seine Zeit, S. 102.
[146] Schimpff, Heinrich Graf von Friesen, S. 178.
[147] Nach dem Tode Augusts des Starken wurde die Ehe aufgelöst und Maria Aurora Rutowska 1736 mit dem Grafen von Bellegarde, dem Erben Moritz' von Sachsen, vermählt. O'Byrn, Zur Lebensgeschichte des Grafen Friedrich August von Rutowski, S. 329; Czok, Am Hofe August des Starken, S. 70, 75.
[148] O'Byrn, Zur Lebensgeschichte des Grafen Friedrich August von Rutowski, S. 328.
[149] Das lateinische und polnische Wort »ruta« bedeutet »Raute«.

Abstammung hin[150]. So stiftete August III. den Rutowskis ebenfalls ein »mit dem sächsischen Rautenkranze und dem polnischen weißen Adler geziertes Wappen zur gräflichen Würde«[151]. Obgleich durch die Namensgebung ein genealogischer Bezug zum sächsischen Herrscherhaus hergestellt wurde, erscheint dieser jedoch nicht so stark wie im Falle der Legitimation von Moritz, dem 1711 der eingängigere Titel »Graf von Sachsen« verliehen wurde. Die Legitimation der »Rutowskis« als zwei von acht anerkannten Kindern ist trotzdem ein Zeugnis für die Fürsorge Augusts des Starken gegenüber einigen seiner unehelichen Nachkommen. Ein couragiertes Eintreten der jeweiligen Mätressen für ihre Kinder vorausgesetzt, erwies sich der sächsische Monarch in dieser Hinsicht durchaus als »treusorgender Vater«[152].

Von Kind an militärisch interessiert, bis 1722 in Paris erzogen und seit Ende des Jahres 1724 als Oberst in Militärdiensten des Königs Victor Amadeus II. von Piemont-Sardinien, kehrte Rutowski 1726 nach Sachsen zurück. Der junge Graf war von imposanter Statur, seine Kräfte und Gewandtheit wurden gerühmt. Sich darin zu messen, scheint ihm Freude bereitet zu haben. Daher soll man ihn auch mit einem »Stier« verglichen haben[153]. Zudem sorgten seine Fechtkünste allerorts für großes Aufsehen[154]. Doch er erbte anscheinend nicht nur die berühmten Kräfte seines Vaters, sondern auch dessen fehlenden Sinn für Sparsamkeit. In Sardinien hatte er sich standesgemäß eingerichtet und war auch dem geselligen Leben nicht abgeneigt, wofür seine finanziellen Mittel jedoch keinesfalls ausreichten und er deshalb auf gnädige Überweisungen aus Dresden hoffen musste. Doch stand er im Allgemeinen an den Höfen als »ehrlicher Kavalier« in hohem Ansehen[155].

Als Friedrich Wilhelm I. von Preußen 1728 Dresden besuchte, trat Generalmajor Rutowski auf ausdrücklichen Wunsch des sächsischen Monarchen in preußische Dienste[156]. Dort ist für den Zeitraum von Februar 1728 bis März 1729 sein Name als Chef des Infanterieregiments Nr. 25 »Rutowski« nachgewiesen[157]. Gern ließ ihn Friedrich Wilhelm I. nicht wieder ziehen, denn Rutowski bewies während seiner Dienstzeit in Preußen sein Talent zur Werbung der »Langen Kerls«. Seine Rückkehr nach Sachsen wurde vom preußischen König mit entsprechender Wehmut kommentiert: »Es thut Mir zwar Leyd, dass ich den Graffen von Rutowski nicht länger in Meinen Diensten behalten kann, doch will Ich Ihm an seinem

---

[150] Die »Raute« schien bei der Namensgebung der Nachkommen Augusts II. ohnehin eine bedeutende Rolle zu spielen. Auch Moritz von Sachsen wurde 1696 in Goslar als ein »Graf von der Raute« geboren und führte dieses Symbol ebenfalls in seinem Wappen. Moritz Graf von Sachsen, S. 3; Vitzthum von Eckstädt, Die Geheimnisse des sächsischen Cabinets, T. I, S. 72; Stephan, »Nach der Geburt ein Teutscher, im Handeln und Denken aber Franzos«, S. 21.
[151] O'Byrn, Zur Lebensgeschichte des Grafen Friedrich August von Rutowski, S. 328.
[152] Blaschke, Der Fürstenzug zu Dresden, S. 180.
[153] O'Byrn, Zur Lebensgeschichte des Grafen Friedrich August von Rutowski, S. 335.
[154] Ebd., S. 334.
[155] Ebd., S. 335–338, 343 f.
[156] Priesdorff, Soldatisches Führertum, T. 1, S. 155.
[157] Bis 1728 führte das Regiment den Namen »Thile«, nach Rutowskis Abgang »Kalckstein«. Vor seiner Auflösung im Jahre 1806 wurde es unter dem Namen »Möllendorf« geführt. Dorn/Engelmann, Die Infanterieregimenter Friedrich des Großen, S. 66; Bleckwenn, Altpreußische Offizierporträts, S. 97.

Glück nicht hinderlich seyn[158].« Zurück in Sachsen erwartete Rutowski bereits das Kommando über die »Leibgrenadiergarde«. Unter seiner Führung erregten diese Truppenteile bereits im Zeithainer Lager durch ihr Erscheinungsbild »allgemeine Bewunderung«[159]. Offenbar hatte Rutowski die »Potsdamer Wachtparade« genau studiert.

Als August der Starke am 1. Februar 1733 in Warschau starb, schwor er seinem neuen Kurfürsten und Stiefbruder Friedrich August II. »zu Beschützung dero getreuen Lande und Leute [...] wie es die Zeit erfordern wird, sich williglich gebrauchen zu laßen« und sich »im Felde alß Hoff-Lager, in allen anbefohlenen Verrichtungen« so zu erweisen, wie es »Ehrliebende Officiers und Soldaten« ihrer »gantz unterthänigsten Pflicht nach obliget und gebühret«[160].

Am Polnischen Thronfolgekrieg 1733–1735, der durch die Bewerbung des neuen sächsischen Kurfürsten um die polnische Krone ausgelöst wurden, beteiligte sich Rutowski zunächst als »Volontair« bei der mit Sachsen gegen die konkurrierenden Thronaspiranten Stanislaus Leszcynski kämpfenden russischen Armee. Nach dem Eintreffen des sächsischen Heeres in Polen diente er unter dem Generalfeldmarschall Herzog von Sachsen-Weißenfels[161]. Als Sachsen für den westlichen Schauplatz dieses Krieges ebenfalls Truppen aufbieten musste, begab sich Rutowski nach der Eroberung Danzigs im Juni 1734 ins Lager des Prinzen Eugen von Savoyen bei Philippsburg am Rhein, um die Führung auf höherer Kommandoebene zu erlernen[162]. Während des Vormarschs zum Rhein führte er zudem als Generalleutnant und Chef des »Garde du Corps« eine Kolonne des sächsischen Kontingents. Ihm gegenüber stand sein Halbbruder Moritz als französischer General. In der Umgebung des greisen Prinzen befand sich zur selben Zeit noch ein anderer interessanter »Volontair«: der Kronprinz Friedrich von Preußen[163]. Sollte es dabei zu persönlichen Begegnungen zwischen Friedrich und Rutowski gekommen sein, so wären weitere Zeugnisse hierzu von ungemeinem Interesse. Sicher wird der kriegserfahrenere, stattliche Rutowski seine Wirkung auf den eher schmächtigen, gerade der väterlichen Peinigung entronnenen und seinen militärischen Weg noch suchenden Friedrich nicht verfehlt haben. Wie zumindest aus den Briefwechseln zwischen beiden hervorgeht, war deren heute schwer zu beurteilendes Verhältnis bis etwa in die Zeit des Ersten Schlesischen Krieges hinein offenbar

---

158 Schreiben Friedrich Wilhelms I. an August den Starken vom 26.3.1729. Zit. nach Priesdorff, Soldatisches Führertum, T. 1, S. 155.
159 Schimpff, Heinrich Graf von Friesen, S. 168. Anscheinend ließ Rutowski gezielt »große Leute« anwerben. Kroll, Soldaten im 18. Jahrhundert, S. 151.
160 Wortlaut (Auszug) der Vereidigung des Sächsischen Militärs auf den neuen Kurfürsten. SHStA, Loc. 11006: »Acta, die nach höchstseel. Ableben Ihro Königl. Maj. in Pohlen und Churfürstl. Durchl. zu Sachsen Friedrich Augusti, glorwürdigen Andenkens, vor Ihro königl. Hoheit Friedrich Augustum, unseren gnädigsten Churfürsten u. Herren, zu bewerckstelligen anbefohlene Verpflichtung derer Regimenter und Auditeurs, sonst noch dem anhängig betr.«
161 1685–1746; Kusber, Vorfeldkontrolle durch militärische Intervention, S. 152 f.; Schuster/Francke, Geschichte der Sächsischen Armee, T. I, S. 214 f.
162 Aster, Beleuchtung der Kriegswirren, S. 51.
163 Treffer, Moritz von Sachsen, S. 171 f.; Duffy, Friedrich der Große, S. 31–35; Schuster/Francke, Geschichte der Sächsischen Armee, T. I, S. 219.

von gegenseitiger Bewunderung geprägt. »Mit vollem Recht« habe Friedrich die Hochachtung ganz Europas, schrieb Rutowski noch im Frühjahr 1742[164]. Die negativen Eindrücke von der rücksichtslosen Führung der sächsischen Armee durch den preußischen König im selben Jahr ließen ihn jedoch bereits nach kurzer Zeit das Kommando über die sächsische Armee vorübergehend niederlegen[165].

Der Ernennung Rutowskis zum Ritter des sächsischen St. Heinrichs-Ordens 1736[166] folgte ein Jahr später die Teilnahme am Feldzug gegen die Türken. Hierbei übernahm Rutowski das Kommando über das beinahe 8000 Mann starke Hilfskorps, das Sachsen Kaiser Karl VI. zur Verfügung stellte. Unter dem Oberbefehl des Grafen Ludwig Andreas von Khevenhüller kamen die sächsischen Hilfstruppen insbesondere im Gefecht am Timok zum Einsatz[167]. Nach seiner Rückkehr 1738 wurde Rutowski zum General der Kavallerie ernannt und erhielt den Befehl über die 1200 Mann starke königliche Garde in Warschau.

Am 4. Juni 1739 heiratete er Amalia Louise aus der in Polen einflussreichen Familie der Fürsten von Lubomirski. Aus der Ehe ging 1740 ein Sohn hervor, der jedoch im Alter von 15 Jahren an den Pocken starb[168].

Als Sachsen ab 1740 schließlich in die Auseinandersetzungen zwischen Preußen und Österreich geriet, übertrug der Dresdner Hof im September 1741 »das Commando über die mobil-gemachte und zum Marsch definierte Regimenter zu Pferde und zu Fuß sowie selbige jüngsthin in zweyen Corps bey Torgau und Eilenburg campiret nebst darzu gehörigen Generals-Personen« auf Graf Rutowski[169]. Nicht zuletzt durch die Leistungen in diesem Feldzug, wo sich die vereinigten sächsischen, französischen und bayerischen Truppen vor allem bei der Erstürmung von Prag besonders auszeichneten, erhielt er 1742 die Erlaubnis, ein eigenes Dragonerregiment aufzustellen. Dieses war hinsichtlich der roten Röcke an die Uniformierung des »Garde du Corps« angelehnt[170]. Seit der Eroberung von Prag galt Rutowski als »Sachsens erfolgreichster Feldherr der jüngsten Zeit«[171]. Im Zweiten Schlesischen Krieg (1744/45) übernahm er vom Herzog von Weißenfels am 12. Dezember 1745 den Oberbefehl über das auf österreichischer Seite kämpfende

---

[164] Schreiben vom 2.2.1742. Zit. nach Priesdorff, Soldatisches Führertum, T. 1, S. 156.

[165] Nachdem Rutowski mit seinen Truppen am 5.2.1742 aus den Winterquartieren aufgebrochen war, gab er bereits am 7.3.1742 sein Oberkommando an den »Chevalier de Saxe« ab, der dieses interimistisch führte, bis der Herzog von Sachsen-Weißenfels im April die Führung übernahm. Schuster/Francke, Geschichte der Sächsischen Armee, T. II, S. 17 f.

[166] Richter, Der Königlich-Sächsische Militär-St. Heinrichs-Orden, S. 34; Nimmergut, Deutsche Orden und Ehrenzeichen, S. 1172–1177.

[167] Schuster/Francke, Geschichte der Sächsischen Armee, T. I, S. 222.

[168] Vitzthum von Eckstädt, Die Geheimnisse des sächsischen Cabinets, T. I, S. 76.

[169] In dieser Funktion war er Oberkommandant aller Festungen und Zeughäuser sowie Chef des Feldartilleriekorps. Rutowski übte diese Funktion bis 1763 aus. Schultz-Trinius, Die sächsische Armee, S. 43 f.; Stammregister und Chronik der Kur- und Königlich-Sächsischen Armee, S. 444; SHStA, Loc. 10963: »Die von Sr. Excellenz den Herrn General en Chef Graffen von Baudissin geschehene Abdanckung und Übergebung des Commandos sowohl an des Herrn General v. Bosen Excellenz als des Herrn General Gr. Rutowski Excell. betr. 1741.«

[170] Handbuch der Uniformkunde, S. 72, 74.

[171] Fellmann, Heinrich Graf Brühl, S. 238.

sächsische Kontingent[172]. Nur drei Tage später musste er sich dann in der Schlacht bei Kesselsdorf gegen die Preußen bewähren. Der sächsische Monarch muss großes Vertrauen in Rutowski gesetzt haben, denn trotz der klaren Niederlage in diesem Gefecht erfolgte 1749 seine Ernennung zum Generalfeldmarschall.

Vor dem Hintergrund der desolaten sächsischen Staatsfinanzen hatte Rutowski in den Jahren vor dem Siebenjährigen Krieg nicht nur die traurige Pflicht, das sächsische Heer aus Ersparnisgründen stetig zu vermindern, sondern – gewissermaßen als Kulminationspunkt dieser beständigen Abwärtsentwicklung – 1756 auch die Kapitulation bei Pirna zu unterzeichnen, womit die kursächsische Armee vorübergehend zu existieren aufhörte. Neben der Niederlage von Kesselsdorf ist es vor allem die Waffenstreckung bei Pirna, die das Bild Rutowskis in der sächsischen Militärgeschichte bis heute prägt.

Nach 1756 blieb Rutowski als Generalfeldmarschall ohne aktive Verwendung und lebte zurückgezogen quasi als preußischer Kriegsgefangener auf dem Schloss der Familie Vitzthum von Eckstädt in Schönwölkau bei Delitzsch. Wie zahlreiche Archivquellen belegen, stand er jedoch auch während des Siebenjährigen Krieges in regem Kontakt mit sächsischen Offizieren, die im Lande verblieben waren, sich bei der »Sammlung« sächsischer Deserteure engagierten oder im französischen und österreichischen Heer wieder aktiv am Kriegsgeschehen teilnahmen. Er setzte sich zum Beispiel für Beförderungen ein oder war an der Organisation des Rückmarsches des Xaverschen Korps aus den Winterquartieren nach dem Friedensschluss 1763 maßgeblich beteiligt.

Als der sächsische Hof 1763 nach dem Hubertusburger Frieden schließlich in die Dresdner Residenz zurückkehrte, sah sich der Graf aufgrund seiner »kränklichen Gesundheitsumstände bewogen, das Comando der Königl. Chur-Sächsischen armée an den Herrn Chevalier de Saxe zu übertragen«[173]. Er bezog weiterhin ein Ruhegehalt von 366 Talern, was der Besoldung der höchsten aktiven Dienstränge, nämlich eines Generals der Infanterie beziehungsweise der Kavallerie entsprach[174]. Einzig sein Kommando über die Leibgrenadiere blieb erhalten. Seinem Stiefbruder und Nachfolger Johann Georg »Chevalier de Saxe«[175] sollte die Aufgabe der Reorganisation des sächsischen Heeres nach 1763 zufallen. Auch dessen Karriere kann neben der des genannten Moritz von Sachsen nochmals als Beleg dafür gelten, dass der Vater einigen seiner Nachkommen durchaus zu »Beruf, Ehre und Ansehen« verholfen hatte[176].

---

172 Stammregister und Chronik der Kur- und Königlich-Sächsischen Armee, S. 444.
173 Schreiben Rutowskis an den Grafen v. Solms vom 17.3.1763. SHStA, Loc. 10990: »Concepte, den Aufbruch des hiesigen Trouppen-Corps aus denen Würzburgischen Winterquartieren nach Sachsen betr.«
174 »Specification derer Generals-Persohnen, in ihren Charaktéres und Ancienneté, so als dienstleistend beym General-Staab zu placiren und was sie nach der im Plan vorgeschlagenen Anzahl vor würckliches Gehalt bekommen.« SHStA, Generalfeldmarschallamt, Loc. 11003: »Acta, die Wiedererrichtung der Infanterie betreffend. Anno 1763.«
175 Beim »Ritter von Sachsen« handelte es sich um einen Sohn August des Starken und der Fürstin Lubomirska.
176 Blaschke, Der Fürstenzug zu Dresden, S. 180.

Friedrich August Graf von Rutowski starb nach langer Krankheit am 16. März 1764 im Alter von 62 Jahren »vormittags 10. Uhr in Pillniz«[177]. Der Ort seiner Bestattung liegt jedoch im Dunkeln und konnte bis heute trotz umfangreichster Recherchen[178] nicht eindeutig nachgewiesen werden. Obwohl mitunter auch das böhmische Kloster »Maria Schein« bei Krupka[179] oder der Dresdner Neustädter Friedhof als Ort seiner Bestattung in Betracht gezogen werden[180], spricht zumindest eine Archivquelle eindeutig davon, dass der prunkvolle Leichenzug von Dresden, »den 20. früh um 9. Uhr in dem Kloster Marienstern [= Zisterzienserinnenkloster St. Marienstern[181] bei Panschwitz-Kuckau in der Lausitz] angekommen, die Leiche [...] in die Kirche getragen [...] in die Krufft gesetzt, unter Trompeten und Paucken das Engel Amt gehalten, und alles mit groser Solennitat und einer schönen Musique geendiget worden«[182]. Leider finden sich in diesem Kloster heute keinerlei Archivalien mehr, welche die Grablegung Rutowskis endgültig nachweisen könnten. Auch eine Grabplatte oder ein Epitaph sind nicht vorhanden[183]. Somit wird es heute wohl schwerlich zu klären sein, ob die Grabstätte Rutowskis bereits in den Wirren der nachaugusteischen Zeit in Vergessenheit geriet, oder die Erinnerung an ihn wegen seines herausragenden Engagements in der Freimaurerei vielleicht auch absichtlich getilgt wurde[184]. Allerdings kann das Fehlen jeglicher Spuren seinen Grund auch lediglich in den zahlreichen Umbaumaßnahmen des Klosters haben[185]. Für St. Marienstern als Begräbnisort spricht zudem, dass andere Mitglieder des Dresdner Hofes dort ebenfalls ihre letzte Ruhe fanden[186].

Abseits der Fakten und abgesehen von den älteren Einlassungen über die Jugendjahre informiert der hinsichtlich Rutowskis Privatlebens sehr karge Quellenbestand einzig über die Betätigung des Grafen in der Freimaurerei. 1729 entstand wahrscheinlich auf Initiative Augusts des Starken in Warschau die erste Loge »Aux trois Fréres«, wobei der Name auf die Verbindung zwischen Sachsen, Polen und Litauen hindeuten könnte. Durch seine Mitgliedschaft zählte Rutowski zu jenen Offizieren, die sich abseits des Dienstes in Logen, Lesegesellschaften oder Sozie-

---

[177] SHStA, Oberhofmarschallamt, Vol. C No. 37: »Leichenbegängniße von Adelichen und Bürgerlichen von Anno 1739 biß 1829«.
[178] Diese wurden teilweise in Zusammenarbeit mit dem Dresdner Experten für die Geschichte der sächsischen Freimaurerei, Kurt Kranke, und dem »Heimatkreis Kesselsdorf« durchgeführt.
[179] Das frühere Graupen.
[180] Matthes, Die Geschichte der Wettiner, S. 60.
[181] Das Kloster stand beispielsweise 1998 als Ort der »Ersten sächsischen Landesausstellung – Zeit und Ewigkeit« im Mittelpunkt des öffentlichen Interesses. Bereits in dieser Zeit wurde in der regionalen Presse durch Kurt Kranke die Problematik der Grablegung Rutowskis diskutiert: Kranke, Ein Freimaurerleichnam im Kloster, S. 14; ders., Freimaurerleichnam im Keller von St. Marienstern, S. 11.
[182] SHStA, Vol. C, No. 37.
[183] Ergebnis des Briefwechsels des Autors mit dem Kloster St. Marienstern.
[184] Kranke, Ein Freimaurerleichnam im Kloster, S. 14.
[185] Kranke, Freimaurerleichnam im Keller von St. Marienstern, S. 11.
[186] Maria Christina Albertine, Prinzessin von Kurland (1770–1851), und Prinz Karl von Sachsen und Herzog von Kurland (1733–1796). Kranke, Freimaurerleichnam im Keller von St. Marienstern, S. 11.

täten mit meist »inoffiziellem Charakter« am Diskurs der Aufklärung beteiligten. Dies lässt ihn aufgrund der Quellenlage über die Verbindung von Aufklärung, Krieg und Militär auch aus Sicht der Aufklärungsforschung in interessantem Licht erscheinen, zumal eine verstärkte aufklärerische Betätigung von sächsischen Offizieren erst für das ausgehende 18. Jahrhundert feststellbar ist[187]. Die Wurzeln dieses Wirkens werden in der Zeit von Rutowskis Kommando über die Grenadiergarde in Warschau ab 1729 vermutet. Dort soll es zahlreiche polnische Offiziere gegeben haben, die ebenfalls den Freimaurern angehörten und die sächsischen Offiziere »ihrer allgemeinen Bildung, vorurteilsfreien Denkweise und militärischen Kenntnisse wegen« sehr schätzten[188]. Die Zusammenkünfte der Logen dienten in dieser Anfangszeit vor allem dem Zweck, »frei von Hofetikette und Rangunterschieden Geselligkeit zu pflegen«[189]. Später in Dresden scheinen von Rutowski zahlreiche freimaurerisch-aufklärerische Impulse auf das Offizierkorps und dessen Nachwuchs ausgegangen zu sein. Die von ihm 1738 gegründete Dresdner Loge[190] »Aux trois aigles blancs« (»Zu den drei weißen Adlern«), in der Rutowski unter dem Namen »Chevalier de l'Aigle«[191] selbst als erster »Meister vom Stuhl« agierte, hatte überwiegend hohe Militärs, Beamte und Kriegsräte als Mitglieder und war nach der Mannheimer und Hamburger Loge erst die dritte Logengründung in Deutschland. Neben Rutowski waren dessen Halbbrüder Moritz von Sachsen und General August Graf von Cosel ebenfalls Freimaurer. Auch Graf Brühl wird heute mit der Loge in Verbindung gebracht[192].

---

[187] Daniel Hohrath verweist auf diese zahlreichen außerdienstlichen Betätigungen der Offiziere. Träger dieser Bewegung waren vor allem jüngere Offiziere mittlerer Dienstgrade, die sich in Vereinen wie der Weseler »Patriotischen Gesellschaft von Kriegskunst-Verehrern« zusammenfanden. Besonders hoch war der Anteil der Offiziere der Artillerie an dieser Bewegung, während beispielsweise für das österreichische Heer eine besonders geringe Beteiligung von Offizieren zu verzeichnen ist. Hohrath, Spätbarocke Kriegspraxis, S. 5–47; Gierowski, Ein Herrscher – zwei Staaten, S. 145; Kroll, Soldaten im 18. Jahrhundert, S. 181–200. Zur Verbindung des preußischen Militäradels mit der Freimaurerei im ausgehenden 18. Jahrhundert: Jessen, »Preußens Napoleon«?, S. 102 f.

[188] Kranke, Freimaurerei in Dresden, S. 13; Staszewski, August III., S. 180.

[189] Kranke, Ein Freimaurerleichnam im Kloster, S. 14.

[190] Das Gründungsdatum belegt, dass Rutowski – legt man die Periodisierung der mitteldeutschen Aufklärung nach Holger Zaunstöck zu Grunde – als ein »Vorreiter« der Sozietätsbewegung gelten kann. Die »arkane Gründungsphase«, die vor allem durch eine Vielzahl an Freimaurerlogen-Gründungen gekennzeichnet war, datiert Zaunstöck auf die Zeit zwischen 1740 und 1781. Die aufklärerischen Ideen, die Rutowski aus Warschau mitbrachte, belegen zudem Zaunstöcks These, dass die Sozietätsbildung keineswegs an politischen Grenzen Halt gemacht hätte. Sicher hatte Rutowskis Wirken ein gewissen Anteil daran, dass später insbesondere das Militär – neben dem Beamtentum und den Bildungsberufen – die mitteldeutschen Freimaurerlogen dominierte und in diesem Raum auch in der gesamten Sozietätsbewegung (etwa durch Doppel- oder Mehrfachmitgliedschaften) stark vertreten war. So dominierten Offiziere im ausgehenden 18. Jahrhundert auch den Orden der Gold- und Rosenkreuzer. Zaunstöck, Sozietätslandschaft und Mitgliederstrukturen, S. 91, 138, 177, 184, 211, 216. Zur Problematik der geografischen Abgrenzung des »mitteldeutschen« Raumes: Middell, Region und Aufklärung, S. 17.

[191] Oslo, Die Freimaurer, S. 334.

[192] Kranke, Freimaurerei in Dresden, S. 12–15, 37.

Dieses Verwobensein höchster Kreise mit der Freimaurerei, etwa in Form der »Gesellschaft des Runden Tisches«[193], ist sicher auch der Grund für deren notgedrungene Duldung in Sachsen trotz der päpstlichen Bannbulle von 1738. Der streng katholische Kurfürst[194] konnte die Bewegung nicht aufhalten[195] und somit auch der religiösen Inhomogenität des Herrscherhauses nicht entgegensteuern. Nicht nur die eigenen Brüder des König-Kurfürsten waren »abtrünnig«, sondern auch zwei seiner Söhne: Albert Kasimir, Herzog zu Sachsen-Teschen[196], sowie der bereits erwähnte Prinz Karl Christian Joseph, Herzog von Kurland[197].

Ein Urteil über Rutowskis Fähigkeiten als Feldherr kann allenfalls auf der Basis spärlicher Überlieferungen erfolgen. Älteren Angaben zufolge soll er in kleineren Kampfhandlungen durchaus glücklich agiert haben[198]. Mit seiner sächsischen Arrieregard ermöglichte Rutowski dem Grafen Khevenhüller einen gesicherten Rückzug vom Timok[199]. Auch unter dem Herzog von Weißenfels muss er sich 1734 bei der Eroberung von Weichselmünde ausgezeichnet haben[200]. Ebenso bildete unter anderem auch sein entschlossenes Handeln beim Sturm auf Prag 1741 den Schlüssel zum Erfolg[201]. Seine Ernennung zum Ritter des St. Heinrich-Ordens kann zudem als Bestätigung höherer militärischer Begabung gewertet werden. Diese Ehrung geschah der Stiftungsurkunde Friedrich Augusts II. zufolge nämlich »blos vor Militair-Personen« und aufgrund von »Tapferkeit [und] Tugend [...] bey Unsern Truppen«[202]. Die Auszeichnung wurde also keineswegs »pauschal« an Mitglieder der kurfürstlichen Familie verliehen, die im sächsischen Heer Dienst taten. Außer dem Grafen Rutowski wurden in den Jahren 1736–1768 lediglich weitere 29 Militärs zum Ritter dieses Ordens ernannt[203].

Kesselsdorf, die einzige Feldschlacht, in der Rutowski eine Armee alleinverantwortlich führte, endete in einer Niederlage. Daraus auf eine mangelnde Befähigung des Grafen für diese Kommandoebene zu schließen, wäre jedoch unangebracht. Bekanntermaßen steuerte auch das preußische Heer in der ersten von Friedrich II. kommandierten Schlacht bei Mollwitz einer Niederlage entgegen, wenn nicht die Generalität im letzten Moment eingegriffen hätte. Eine militärische Operation im Nachhinein »bewerten« zu wollen erscheint ohnehin als diffizile Angelegenheit. Gelingt es, zumindest bis zu einem gewissen Grade, in die (militärische) Denkweise einer Epoche einzudringen, so entzieht sich doch dem Historiker in jedem Falle die Entscheidungssituation des militärischen Führers mit allen ihren Begleitumständen letzter Gewissheit.

---

193 Staszewski, August III., S. 111.
194 Boroviczény, Graf von Brühl, S. 190.
195 1738 und 1739 erließ August III. Verdikte gegen die Freimaurerei.
196 1738–1822. Er begründete die »Albertina« in Wien.
197 Kranke, Freimaurerleichnam im Keller von St. Marienstern, S. 14.
198 Aster, Beleuchtung der Kriegswirren, S. 55.
199 Schuster/Francke, Geschichte der Sächsischen Armee, T. I, S. 222.
200 Vitzthum von Eckstädt, Die Geheimnisse des sächsischen Cabinets, T. I, S. 73.
201 Der Antheil der Kurfürstlich Sächsischen Truppen an der Erstürmung von Prag, S. 6, 9 f.
202 Zit. nach Richter, Der Königlich-Sächsische Militär-St. Heinrichs-Orden, S. 12.
203 Richter, Der Königlich-Sächsische Militär-St. Heinrichs-Orden, S. 34.

Ungeachtet der späteren Niederlage sind der sächsischen Seite bei Kesselsdorf die Wahl einer taktisch guten Stellung und eine tapfere Kampfweise zu attestieren, wodurch der Ausgang der Schlacht lange offen blieb. Weiterhin gilt es festzuhalten, dass Rutowski den Oberbefehl über das Heer erst kurz vor der Schlacht erhielt[204]. Zudem ist eine inmitten der sächsischen Gefechtsaufstellung vor der Eröffnung des Kampfes klaffende breite Lücke weniger ihm, sondern vielmehr dem unplanmäßigen Fernbleiben der österreichischen Truppen unter Prinz Karl von Lothringen anzulasten, der als ewiger »sans-souci«[205] freilich nicht in die erste Reihe der Feldherren seiner Zeit einzuordnen ist[206]. Der Wechsel im Oberkommando und das Fehlen der Österreicher bewirkten eine Umgruppierung der Kräfte, wodurch vor Beginn der Kampfhandlungen noch einmal große Unruhe entstand. Bestätigen lässt sich allerdings der »Mangel an tatkräftiger Führung und Reaktionsvermögen«[207] im Verlauf des Gefechts. Waren bereits kurz vorher einige sächsische Offiziere wieder nach Dresden gegangen, in der Meinung, dass sich wegen des kurzen Wintertages außer einem Artillerieduell nichts Entscheidendes mehr ereignen würde[208], leitete während des Gefechts der vorher nicht geplante Gegenangriff des sächsischen Generals Wilster die Niederlage ein[209]. Die offenbar im Gefühl des greifbaren Sieges vorbrechende Infanterie beraubte dadurch ihre hervorragend aufgestellten Kanonen[210] jeglicher Wirkungsmöglichkeiten, was ein Eindringen der Preußen in die sächsische Stellung zur Folge hatte. Dies unterstreicht jedoch auch die Abhängigkeit eines jeden Feldherrn von der Disziplin und dem Können seiner Unterführer. Als Beispiel hierfür sei neben Mollwitz auch das Gefecht bei Torgau genannt, wo die Umsicht einzelner preußischer Offiziere vielleicht den Ausgang der Schlacht entschied[211]. Zusammenfassend ist für die Kesselsdorfer Schlacht sächsischerseits vor allem das Fehlen einer straffen Führung feststellbar.

Während der Friedensjahre bemühte sich der als guter Reformer und Organisator bekannte Rutowski, die Schlagkraft des sächsischen Heeres nach besten Kräften zu erhalten. Er zeichnete insbesondere für die Einführung des neuen, umfassenden »Exercier- und Dienstreglements« für die Infanterie und die Kavallerie 1753[212] sowie des »Wirtschaftsreglements« von 1754 verantwortlich. Die stetig

---

204 Zu den Umständen der Kommandoübernahme: Fellmann, Heinrich Graf Brühl, S. 232, 236 f.
205 Zit. nach Brabant, Die Sachsen in früheren Kriegen, S. 47.
206 Zu den Auseinandersetzungen über die Ausübung des Oberkommandos über das österreichische Heer im Siebenjährigen Krieg durch Prinz Karl: Szabo, Kaunitz and enlightened absolutism, S. 266 f., 268.
207 Dorn/Engelmann, Die Schlachten Friedrichs des Großen, S. 37.
208 Bode, Dresden und seine Umgebung, S. 22.
209 Götze, Die Winterschlacht bei Kesselsdorf, S. 36 f.
210 Scharnhorst merkte später an, dass die sächsische Artillerie »in Hinsicht der Verfassung des Corps, der Übung desselben usw., die vorzügliche Achtung aller Kenner genoss. In Kesselsdorf habe jede Kanone beinahe 100 Menschen außer Gefecht gesetzt.« Nieper, 300 Jahre sächsische Artillerie, S. 139.
211 Kessel, Das Ende des Siebenjährigen Krieges, S. 35 f.
212 »Ihro Königl. Majestät in Pohlen und Chur-Fürstl. Durchl. zu Sachsen sc. allergnädigst approbirtes Dienstreglement im Lande und im Felde, vor dero Infanterie-Regimenter [bzw. »Cavallerie- und Dragoner-Regimenter«]«, Starnberg 1986 (Neudruck der Ausgabe Dresden 1753). Beide

wachsende sächsische Staatsverschuldung setzte seinem Wirken jedoch über die Jahre immer engere Grenzen. Wie noch näher zu zeigen sein wird, wurde das sächsische Heer zwischen 1745 und 1756 beständig vermindert. Immer wieder erhielt Rutowski von Brühl die Aufforderung, neue Kürzungen bei Personal und Ausrüstung vorzunehmen[213].

Dass er seinen Dienst trotz der immer wieder eintretenden Rückschläge und zunehmenden Missstände dennoch loyal ausführte, erscheint bemerkenswert. Rutowski versäumte es freilich nicht, den Hof immer wieder auf die in der Armee herrschenden Zustände aufmerksam zu machen. Anscheinend leitete ihn dabei nicht zuletzt die Hoffnung, dass eine zukünftige Konsolidierung der sächsischen Finanzen auch einen Aufschwung des Heerwesens nach sich ziehen würde. Die preußischen Rüstungen im Sommer 1756 führten solche Träumereien ad absurdum. Rutowskis realistische und weitsichtige Denkschriften und Mahnungen an den Premierminister und den König-Kurfürsten am Vorabend des Siebenjährigen Krieges belegen nochmals seine aufrichtige Sorge und sein Bemühen, sozusagen in letzter Minute das drohende Unheil vom sächsischen Staat und dessen Heer abzuwenden.

Hinsichtlich der Vorstellung Rutowskis von militärischer Führung und dem inneren Gefüge der Streitkräfte ist auf die teilweise erstaunlich human-aufgeklärten Züge in den von ihm verfassten Reglements zu verweisen[214]. Dort ist beispielsweise im Kapitel »Vom Missbrauch der Autorität« zu lesen:

> »Die Disciplin wird mißbrauchet, wenn sie in eine tyrannische Sklaverey verwandelt wird. Unter-Officiers und Gemeine müssen als Soldaten und Menschen, aber nicht als Galeriens und Bestien gezogen, und gezüchtigt werden. Das viehische unbesonnene Stockschlagen und Stossen, wird als ein Mißbrauch der Disciplin ausdrücklich verbothen. Es ist eine Würckung der Wuth und der Übereilung, und keineswegs des Eyfers zum Dienst; Dergleichen unvernünfftiges Verfahren machet keinen Soldaten, sondern unglückliche Sklaven und Deserteurs[215].«

Auch aus vielen anderen Stellen der Dienstvorschrift spricht eine ähnliche Auffassung. In einem Reglement von 1741 hat die Weisung, jeder Soldat »habe sich eines Gottseeligen und tugendhafftigen Lebens« zu befleißigen, beinahe oberste Priorität. Zudem forderte Rutowski von den Feldpredigern unbedingte Toleranz gegenüber »anderen Religions«[216]. Solche Anschauungen zur Menschenführung können

---

Reglements wurden am 31.12.1752 erlassen und traten 1753 in Kraft. Kranke, Freimaurerei in Dresden, S. 16; Aster, Beleuchtung der Kriegswirren, S. 53. Zu den sächsischen Reglements im 17. und 18. Jahrhundert im Überblick: Kleinschmidt, Studien zum Quellenwert der deutschsprachigen Exerzierreglements, S. 82–85.

[213]   Vitzthum von Eckstädt, Die Geheimnisse des sächsischen Cabinets, T. I, S. 315. Zudem war Rutowski an der Fertigstellung des »Codex Legum Militarium Saxonicus«, einer Sammlung für zukünftige Auditeure, beteiligt. Kroll, Soldaten im 18. Jahrhundert, S. 184.

[214]   Kranke, Freimaurerei in Dresden, S. 16.

[215]   Dienstreglement für die Infanterie-Regimenter (wie Anm. 212), S. 33 f.

[216]   Der Anteil der Kurfürstlich Sächsischen Truppen an der Erstürmung von Prag, S. 17. Im Rahmen der kritischen Reformdiskussionen, die gegen Ende des 18. Jahrhunderts von aufgeklärten Offizieren im kursächsischen Heer geführt wurden, hob man insbesondere die »Gottesfurcht« – neben der »Treue«, der »Tapferkeit« und dem »Patriotismus« – als wichtige soldatische Tugend hervor. Kroll, Soldaten im 18. Jahrhundert, S. 199.

mit Recht als untypisch für ein Jahrhundert betrachtet werden, in dem der durch Drill disziplinierte Soldat als willenloses Objekt der Fremdbestimmung[217] galt. Dass diese Gedanken Rutowskis auch über die Auffassungen seiner Brüder hinausgingen, sei mit dem mechanistisch geprägten Ausbildungskonzept Moritz' von Sachsen, der in seinem militärischen Denken eigentlich als sehr fortschrittlich galt[218], belegt. Seiner Meinung nach war den Rekruten aller »Willen zu benehmen, sie zu einem recht sklavischen Gehorsam zu bringen, und die widerspenstigen Leute in Maschinen zu verwandeln, die nur durch die Stimme ihrer Offiziere belebt werden«[219]. Auch mit den Ansichten des aufgeklärten Königs von Preußen, der seine Generäle anwies, die gemeinen Soldaten, die vor dem Offizier ohnehin mehr Furcht als vor dem Feind haben sollten, zwar durchaus »aus Menschlichkeit« zu schonen, gegebenenfalls jedoch »verschwenderisch mit ihrem Leben um[zu]gehen«, waren die Auffassungen des sächsischen Generalfeldmarschalls nicht konform[220]. Sie spiegeln sich eher in den frommen Ansichten von preußischen Generälen wie Kurt Christoph Graf von Schwerin und Hans Joachim von Zieten wider. Aber gerade im preußischen Heer wurden die wenigen Offiziere, die beispielsweise von pietistischen Einflüssen geprägt waren, im Offizierkorps oftmals mit Geringschätzung behandelt[221]. Möglicherweise stieß daher auch Feldmarschall Rutowski aufgrund seiner Ansichten, die sich vom rauen Alltag seines Berufes abhoben, bei höheren Offizieren auf eine gewisse Ablehnung[222].

Leider gibt es nur wenige Hinweise darauf, inwieweit sein Ansehen am Dresdner Hof auch von seiner unehelichen Abstammung beeinflusst wurde. Das Beispiel des schottisch-preußischen Feldmarschall Jakob Keith belegt in diesem Zusammenhang, wie schwierig es für einen »Ausländer« sein konnte, das volle Vertrauen eines gewachsenen Offizierkorps zu gewinnen. Dieses war in erster Linie gewohnt, »eingeborenen« Führern zu gehorchen[223]. Auch in Sachsen litten die vom Monarchen bevorzugt eingestellten »ausländischen« Adeligen außerhalb des Hofes unter Bindungslosigkeit und Isolation[224]. Eine wichtige Ursache hierfür

---

217 Wobei es hier anzumerken gilt, dass die Härten des militärischen Alltags »nach der Denkweise dieser Zeit« keineswegs als völlig überzogen angesehen wurden. Gembruch, Menschenführung im preußischen Heer, S. 174, 176. Dies sei durch die Bemerkung des preußischen Freischarführers J.F. Dreyer unterstrichen: »die Stockschläge, welche er [der Soldat] erhielt, waren ihm nicht so entehrend, indem er sich als Bauer daran gewöhnt.« Dreyer, Leben und Taten eines preußischen Regimentstambours, S. 20.

218 Treffer, Moritz von Sachsen, S. 214.

219 Zit. nach Gembruch, Menschenführung im preußischen Heer, S. 175.

220 Aus den »Generalprinzipia vom Kriege«. Zit. nach Gembruch, Menschenführung im preußischen Heer, S. 176; Büsch, Militärsystem und Sozialleben, S. 43.

221 Ebd., S. 44 f.

222 Noch um 1805 sah sich beispielsweise Erzherzog Karl starker konservativer Kritik ausgesetzt, als er im Rahmen der Reform des österreichischen Heeres den einfachen Soldaten zum »Ehrenmann« erklärte und in ihm mehr erblickte als eine »Maschine«. Schmitt, Armee und staatliche Integration, S. 84 f.

223 Wernitz, Die preußischen Freitruppen, S. 47. Hier sei beispielsweise auch auf die Vorbehalte verwiesen, denen der in Livland geborene und aus russischen Diensten kommende Gideon Ernst von Laudon im österreichischen Offizierkorps begegnete. Szabo, Kaunitz and enlightened absolutism, S. 272, 276.

224 Kranke, Freimaurerei in Dresden, S. 14 f.

war sicher konfessionellen Ursprungs. Seit den Konversionen der beiden sächsischen Kurfürsten zum Katholizismus und dem Bau der Katholischen Hofkirche in Dresden verhielten sich die sächsischen Stände und die Bevölkerung sehr ablehnend gegenüber den Belangen der Katholiken am Dresdner Hof sowie deren Glaubensausübung. Die Versuche von katholischen Geistlichen, Offiziere und Beamte zum Übertritt zu bewegen, stießen auf großen Protest. Teilweise kam es in den Folgejahren sogar zu Gewalttätigkeiten zwischen den Anhängern der beiden Konfessionen[225]. Es liegt daher nahe, dass Rutowski neben seiner Rolle als »Bastard« vor allem aufgrund seines katholischen Glaubens – unter den Nachkommen Augusts des Starken wurde nur Moritz von Sachsen protestantisch erzogen – und seiner Vermählung mit einer Halbpolin vom eingesessenen protestantischen sächsischen Adel misstrauisch beäugt und daher gemieden wurde. Eine solche Heiratspolitik entsprach durchaus machtpolitischen Gesichtspunkten, jedoch waren die vielen Katholiken am Dresdner Hof allenfalls geduldet und es herrschte daher öfters eine gespannte Atmosphäre[226]. Aus den Befehlsunterlagen Rutowskis geht hervor, dass in der sächsischen Armee katholischer Gottesdienst wohl fast ausschließlich von den Soldaten der polnisch dominierten königlichen Leibgrenadiergarde[227] besucht wurde, der übrige Generalstab fand sich zu gleicher Zeit stets zum evangelischen Kirchenbesuch zusammen[228].

Letzten Endes kann eine solche Rolle als »Fremder im Vaterland«[229] für die betreffenden Nachkommen Augusts des Starken aber durchaus auch ein Ansporn gewesen sein, die Gunst des Monarchen durch entsprechend gute Leistungen zu rechtfertigen und – dem Beispiel des Grafen Moritz von Sachsen folgend – ehrgeizig nach eigenem Ruhm zu streben. Insgesamt ist jedoch anzunehmen, dass durch diese vielfältigen Zwänge ein energisches, offenes Eintreten für die Belange der Armee nicht immer möglich war, beziehungsweise etwaige Anordnungen infolge stillen Infragestellens der Autorität des Feldmarschalls durch seine Offiziere nicht entsprechend umgesetzt wurden[230]. Zudem scheute Rutowski wohl eher die Konfrontation. Oftmals soll er nachgegeben haben, wurde »wider seine Meinung« gestritten. Ohne dieses gewisse Maß an Lenkbarkeit und Nachgiebigkeit »würden

---

[225] Luh, Unheiliges Römisches Reich, S. 30 f.

[226] Staszewski, August III., S. 113, 117. Zu den sächsisch-polnischen Mischehen in der Zeit der Personalunion: Gierowski, Ein Herrscher – zwei Staaten, S. 135 f.

[227] Das preußische »Garde du Corps« nahm hingegen noch in der Zeit des Vormärz ausschließlich Protestanten in seine Reihen auf. Schmitt, Armee und staatliche Integration, S. 47.

[228] SHStA, Generalfeldmarschallamt, Nr. 229 »Campement der Königlich-Chursächsischen Armeé ohnweit Dresden zwischen Übigau und dem Drachenberge betr«; Kroll, Soldaten im 18. Jahrhundert, S. 152.

[229] Kranke, Freimaurerei in Dresden, S. 14 f.

[230] Wie aus den im SHStA vorhandenen Briefen hervorgeht, wurde während der Wiedererrichtung des sächsischen Heeres 1763 auch der Feldmarschall »Chevalier de Saxe« in dienstlichen Angelegenheiten häufig von den sächsischen Offizieren übergangen. Diese richteten ihre Eingaben direkt an den Kurfürsten. »Generalordre« vom 1.8.1763. SHStA, Loc. 11003.

seine Unternehmungen glücklicher ausfallen«, urteilte ein ihm unterstellter General[231].

Die Tatsache, dass der fast allmächtige Brühl unter dem eher scheuen und daher von Beratern und Vertrauten abhängigen König-Kürfürsten mit weitreichenden Befugnissen regierte, erschwerte die Angelegenheit noch mehr, denn der Premierminister maß nach 1745 angesichts der steigenden Verschuldung militärischen Aspekten eine der Diplomatie nur nachrangige Rolle zu[232].

Ob August III. nun tatsächlich ein ganz und gar »unmilitärischer« Monarch war, erscheint nicht zuletzt aufgrund der von der neueren Forschung kritisch herausgearbeiteten Erkenntnisse heute eher fraglich. Sicher war das Militärwesen für ihn keineswegs der Lebensinhalt schlechthin, doch er war zumindest nicht das einzig Gemälde sammelnde und die Jagd liebende, »einfallsarme Fleischungetüm«[233], als das ihn die ältere Geschichtsschreibung gern darstellte. Ohne ihn in ein ausschließlich positives Licht rücken zu wollen, erscheint er heute als durchaus arbeitsamer, sehr moralischer, konsequent katholischer und pflichtbewusster Landesvater[234]. Militärisch erzogen, gründete er in Dresden die erste Schule für Militärärzte sowie eine Ingenieurschule[235]. Während des Feldzuges von 1737 ordnete er als einer der ersten europäischen Herrscher eigenhändig die für das sächsische Hilfskorps erforderlichen medizinischen Maßnahmen an und überwachte deren Ausführung peinlich[236]. Zwei seiner Söhne, die Prinzen Xaver und Karl, wurden intensiv – und mit Erfolg – auf eine militärische Laufbahn vorbereitet[237]. Dem großen Manöver seiner Armee bei Übigau 1753 wohnte er persönlich bei[238]. In einer Zeit, in welcher der »König-Feldherr« auf den Schlachtfeldern eher eine Ausnahmeerscheinung darstellte, ist die Tatsache, dass er seine Armee nicht persönlich im Felde kommandierte, keineswegs ein Zeichen von Führungsschwäche. Hinsichtlich seiner Halbbrüder, auf deren militärisches Geschick er daher jedoch angewiesen war, sympathisierte er mit dem »Chevalier de Saxe« weniger stark als

---

231 »Ohnparteiische Gedanken über die Campagne der sächsischen Armee von 1756« des Generalleutnants Graf Vitzthum von Eckstädt. Zit. nach Vitzthum von Eckstädt, Die Geheimnisse des sächsischen Cabinets, T. II, S. 323–334.
232 Gierowski, Ein Herrscher – zwei Staaten, S. 129.
233 Staszewski, August III., S. 8.
234 Die volkstümlichen Romane der »Sachsentrilogie« Jacek I. Kraszewskis trugen Ende des 19. Jahrhunderts erheblich zur Festigung eines naiv-antriebslosen Charakterbildes August III. in der Öffentlichkeit bei. Zur Neubewertung seiner Person: Staszewski, August III., S. 8 f.; Wyczánski, Polen als Adelsrepublik, S. 358; Nicklas, Friedrich August II. 1733–1763 und Friedrich Christian 1763, S. 192.
235 Staszewski, August III., S. 27, 188.
236 Luh, Kriegskunst in Europa, S. 14.
237 Prinz Karl diente u.a. während der Schlacht bei Zorndorf im russischen Heer. In diesem Gefecht gelang ihm eine abenteuerliche Flucht durch Gewässer und Sümpfe aus der drohenden preußischen Einschließung. Im Hauptquartier des Generals Wilhelm Fermor hatte er stets »so vieles Einsehen im Kriegs-Wesen [...] als man von einem alt gedienten General Praetentiren kann«, bewiesen. »Extract eines Schreibens d.d. Berlin d. 2. Sept. 1758«, anonym. ÖStA/KA, Alte Feldakten-1758, Siebenjähriger Krieg, Russische Armee VIII 4; »Relation von dem 23ten biß auf den 31ten August 1758«, ebd. XIII 7c.
238 Befehl Rutowskis für den 12. Juni 1753, SHStA, Nr. 229.

mit Rutowski. Am meisten schätzte er jedoch den überlegenen Moritz[239]. Was die Politik anbelangt, so war das von ihm geduldete, ja geförderte Ministerialsystem, dass sich durch die Zentralisierung zahlreicher Ämter in der Person Brühls zum »Brühlschen System« entwickelte, auch nicht von Natur aus ein Zeichen politischen Unvermögens des Kurfürsten[240]. Seine Vorstellungen von der Leitung des Staates orientierten sich eben weniger am friderizianischen Vorbild, sondern das Regierungsmodell Augusts III. beruhte auf Vorträgen von engsten Vertrauten zur Vorbereitung einer Entscheidung durch den König-Kurfürsten. Freilich kann die Einführung dieses Systems auch als letzter Versuch gewertet werden, die sächsisch-polnische Union durch eine unabhängige zentrale Koordinationsinstanz zu reformieren[241]. Dieses System verlieh dem sicher nicht besonders sparsamen Premierminister eine herausgehobene Stellung, weshalb er natürlich auch bezüglich herrschender Missstände erstes Ziel jeglicher Kritik wurde. Angesichts seines raschen Aufstieges existierten sicher auch nicht wenige Neider[242]. Der oft zurückgezogen arbeitende Monarch galt im Volke eher als die gütige Kraft im Lande, wurde gewissermaßen »sakralisiert«, während Brühl zunehmend in die Rolle des ihn böswillig umgarnenden Höflings geriet[243].

Da Brühl über alle wesentlichen, vor allem aber über die finanziellen Fragen entschied, unterlag Rutowski einem weiteren Zwang, nämlich dem starken Abhängigkeitsverhältnis zum sächsischen Premierminister. Während man den Monarchen im sächsischen Heer sehr verehrte, wie die weiteren Ausführungen zeigen werden, konnte sich diese zwangsläufig enge Beziehung zu Brühl für das Ansehen des Feldmarschalls etwa im Kreise seiner Generalität eventuell negativ ausgewirkt haben[244]. Unbestritten übte Brühl in seiner exponierten Stellung einen erheblichen Einfluss auf die Führung und Entwicklung der kursächsischen Armee aus. Im Verlaufe des Feldzuges in Böhmen 1741 empfing das sächsische Korps unter Rutowski sogar die taktischen Anweisungen für den Vormarsch von ihm[245]. Bis zu dessen Tod 1763 wurden sämtliche das Militär im Allgemeinen betreffenden oder hoch wichtigen Berichte, Anträge oder Eingaben seitens der Armee- oder Korpsführer beinahe ausschließlich bei Brühl eingereicht. Dieser begleitete zudem den Rang eines Generals der Infanterie, ihm unterstanden ein Infanterieregiment sowie die königliche Leibgarde in Polen. Während des großen Lagers bei Übigau 1753 führte er – zumindest nach der erhaltenen »ordre de bataille« – als General die beiden Kavalleriebrigaden des ersten Treffens unter dem Oberbefehl Rutowskis, der ihn im Verlaufe dieser Übung zu sämtlichen Aufgaben einteilte, die von der übrigen Generalität ebenso ausgeführt werden mussten. So ist in den erhaltenen

---

[239] Staszewski, August III., S. 180.
[240] Insbesondere Czok betont, dass sich August III. von Brühl keineswegs »das Heft aus der Hand nehmen ließ«. Czok, Ein Herrscher – zwei Staaten, S. 117.
[241] Zur Einführung des Ministerialregierungssystems und seinen Grenzen: Staszewski, Polens Interessen und Ziele, S. 98 f., 101.
[242] Zum Bild Brühls in der Öffentlichkeit: Luh, Vom Pagen zum Premierminister, S. 122 f.
[243] Staszewski, August III., S. 206.
[244] Aster, Beleuchtung der Kriegswirren, S. 53.
[245] Der Antheil der Kurfürstlich Sächsischen Truppen, S. 4.

Manuskripten Rutowskis bei den Befehlsausgaben für den jeweils folgenden Tag Brühl fünf Mal als General »du jour« genannt – so oft wie jeder andere Kommandeur[246].

Aus diesem zwangsläufig skizzenhaften Abriss ist also erkennbar, dass die sächsische Staatsführung bei genauerer Betrachtung keineswegs als militärisch völlig unbeschlagen gelten kann, wenngleich die Belange des Heeres in ihren Augen eine wesentlich geringere Priorität einnahmen, als es etwa in Preußen der Fall war.

In einem Nachruf hieß es, dass Graf Rutowski »niemanden leichtlich nach Art der Kriegsbefehlshaber Gewalt und Unrecht gethan« habe und »sowohl ein guter Kriegs- als auch Hofmann«[247] gewesen sei. »Gesittung und Weltfeinheit« sollen ihn ebenso gekennzeichnet haben wie der einigen Söhnen Augusts des Starken offenbar eigene »Hang zur Verschwendung«[248]. Seinem berühmten Vater an Statur ebenbürtig, war er auf jeden Fall ein Offizier mit aufgeklärtem Geist, »kein stupider Berufsoffizier« und durchaus ein »sensibler Mensch«[249]. »Wer ihn kennt, muss wohl gestehen, dass sein redliches und uneigennütziges Herz kaum seines Gleichen hat; sein guter gesunder Verstand lässt ihn jederzeit die Dinge sehen, wie sie sind«, urteilte der General Heinrich Vitzthum von Eckstädt über seinen Feldmarschall[250]. Dieser habe sich aber zuweilen auch »von den Leuten, so bei ihm sind und ihm einiges Attachement zeigen«, leiten lassen. Er erscheint uns heute insgesamt als durchaus veritabler General und Reformer, aber weniger als charismatischer militärischer Führer. Ungeachtet des Kainsmals der militärischen Misserfolge, das seiner historischen Wahrnehmung bis heute anhaftet, geht er aus dieser Untersuchung als pflichtbewusster General hervor, dem aufgrund zahlreicher Abhängigkeiten und immer engerer Handlungsspielräume kein »fortune« mit seinem Heer beschert war. Seine Biografie zeigt die vielfältigen Zwänge, innerhalb derer ein Heerführer des Ancien Régime agieren musste, wenn es keinen »roi-connetablé« gab. Vielleicht war es die vom General Vitzthum von Eckstädt beschriebene Menschlichkeit Rutowskis, die bei Kesselsdorf eine straffe Führung fehlen ließ. Sicher war es jedoch auch diese Menschlichkeit, durch die Rutowski – ungeachtet persönlicher Konsequenzen – die ihm anvertrauten sächsischen Soldaten 1756 bei Pirna vor der sicheren Vernichtung bewahrte.

b) Die sächsische Armee am Vorabend des Siebenjährigen Krieges

»Die Armee ist schön. Besonders kann ich sagen, dass ich, solange ich lebe, weder bei uns noch anderwärts etwas Schöneres gesehen habe als die vier Eskadrons

---

246 Der »General vom Tag« war für die Inspektion der Feldwachen verantwortlich. Zudem musste er die Armee bei einem feindlichen Angriff rasch in Schlachtordnung bringen. SHStA, Nr. 229.
247 Zit. nach Kranke, Freimaurerei in Dresden, S. 17.
248 O'Byrn, Zur Lebensgeschichte des Grafen Friedrich August von Rutowski, S. 337, 345.
249 Kranke, Freimaurerei in Dresden, S. 16.
250 Zit. nach Vitzthum von Eckstädt, Die Geheimnisse des sächsischen Cabinets, T. II, S. 326.

Garde du Corps, jede zu 120 Mann [...] sowohl an Mannschaft und Pferden als an Montierung[251].«

Ein solches Urteil kann zu einer Zeit, in der die Ästhetik des paradierenden Soldaten, die Schönheit seiner Uniform und die Exaktheit seiner Bewegungen als hohes Ideal angesehen wurden, durchaus als herausragendes Lob gelten[252]. Diese Aussage über ihre berittene Leibgarde, die seit 1710 als »Garde du Corps« bezeichnet wurde[253], täuscht jedoch über die wirkliche Verfassung der sächsischen Armee um 1756 hinweg. Das stehende sächsische Heer der fünfziger Jahre des 18. Jahrhunderts war mit der Armee Augusts des Starken, mit der er während des berühmten Zeithainer Lagers noch den preußischen König Friedrich Wilhelm I. samt Kronprinzen und Offizieren beeindruckte[254], nicht mehr zu vergleichen. Dieser Glanzpunkt wohldurchdachter militärischer Entwicklung lag weit zurück. Das Heer stellte in der sächsischen Außenpolitik längst kein bedeutsames Instrument machtpolitischer Ambitionen mehr dar. Das Zeithainer Motto Augusts des Starken: »Auf eine solche Armee gestützt wird er dauern, der Friede!«, hatte seine Gültigkeit längst verloren[255].

Die Ursache hierfür ist einmal in der Herabsetzung der Priorität des Militärs gegenüber der neutralitätsbetonten Diplomatie unter August III. und vor allem unter Brühl zu sehen. Nachhaltiger für das Militär wirkten sich freilich die finanziellen Folgen der Misswirtschaft in Kursachsen und des Zweiten Schlesischen Krieges (1744/45) aus, die zwangsläufig zu einer stetigen Reduzierung des Militäretats führten. Dies lag weniger an der fehlenden Bewilligung der Mittel für das

---

[251] Auszug aus der »Geschichte des Regiments Garde du Corps«. Zit. nach Aster, Beleuchtung der Kriegswirren, S. 436.

[252] Insbesondere Jürgen Luh verweist auf die bisher weniger betrachteten gesellschaftlichen Grundlagen der Kriegskunst, indem er das Heerwesen des Ancien Régime aus dem Blickwinkel von »Ästhetik und Selbstgefühl« analysiert. Hier sei vor allem auf die Einflüsse von frühneuzeitlichen Schönheitsidealen und Ehrauffassungen auf die damalige Taktik, die »Akkuratesse der Formation«, die »glänzende Garderobe« sowie die Bewaffnung hingewiesen. Luh, Kriegskunst in Europa, S. 11, 177 f., 194. Auch Walter Thum nennt den Aspekt der »Schönheit« und die entsprechende Vorbildwirkung der »Langen Kerls«, wodurch die Körpergröße der Rekruten stark in den Vordergrund trat. Thum, Die Rekrutierung der sächsischen Armee, S. 75. Hofmann betont, dass man im sächsischen Heer noch in den 70er Jahren des 18. Jahrhunderts nach der Einführung »lichtgrauer« Röcke bei der Kavallerie nicht zuletzt aus optischen Gründen rasch wieder zu den früheren roten Uniformen zurückkehrte. Hofmann, Die Kursächsische Armee, S. 106. Interessant ist in diesem Zusammenhang auch die von Hofmann im Anhang wiedergegebene satirische Schrift »Zufällige Gedanken über die Pedanterie im Kriege« aus dem Jahre 1758 (ebd., S. 136–156). Über die Einflüsse des Mechanismus auf die Bewegungen und Wahrnehmungen im 18. Jahrhundert: Kleinschmidt, Mechanismus und Biologismus im Militärwesen.

[253] W. Friedrich, Die Uniformen der Kurfürstlich Sächsischen Armee, S. 3.

[254] Blaschke verweist hierbei jedoch auch auf die Möglichkeit, dass das Zeithainer Lager nicht nur der Demonstration militärischer Stärke diente, sondern auch »eine bloße Spielerei des Herrschers war, der sich in seiner unerschöpflichen Erfindungsgabe wieder einmal etwas ganz Neues und ganz Anderes ausgedacht hatte, um sich dem Festrausch hingeben zu können«. Beschorner betont jedoch die militärischen Fortschritte der Manöver und weist auf Parallelen zu den taktischen Anschauungen Friedrichs II. hin. Blaschke, Der Fürstenzug zu Dresden, S. 181; R. Müller, Die Armee Augusts des Starken, S. 15; Luh, Kriegskunst in Europa, S. 54 f.; Beschorner, Das Zeithainer Lager, S. 221 f., 236, 242 f.; Vogel, Heinrich Graf von Brühl, S. 138 ff.

[255] Zit. nach Groß, Geschichte Sachsens, S. 138.

Militär durch die Stände, sondern vielmehr an den sinkenden Steuereinnahmen der sächsischen Generalkriegskasse, weil die für das Militär vorgesehenen Gelder oftmals eine anderweitige Verwendung fanden[256]. Der Ruin der Armee lag dabei jedoch nicht in Brühls Absicht. Ihre Verminderung war eine dem engen finanziellen Rahmen entsprechende Maßnahme und sollte bei einer zukünftigen Konsolidierung der sächsischen Kassen wieder rückgängig gemacht werden[257].

Brühl, der sich seit 1738 auch um die Belange des Heeres kümmerte, verdankte als wesentlicher Organisator des Zeithainer Lagers seinen Aufstieg auch dem von August dem Starken geliebten Militär[258]. Später bedeutete das sächsische Heer für ihn eine materielle Einnahmequelle. Dabei waren weniger sein Gehalt als General und Regimentsinhaber, als vielmehr die wirtschaftlichen Verträge, die er als Unternehmer mit dem Militär schließen konnte, von Interesse. Hier sei nur die Fertigung von (eher minderwertigen) Geschützlafetten in Brühls Hammerwerken in Pförten erwähnt[259]. Allerdings versuchte der Premierminister auch, sein Kavallerieregiment durch private Zuschüsse vor allzu großen Einsparungen zu bewahren[260].

Die zehn Friedensjahre nach dem Zweiten Schlesischen Krieg bedeuteten für das kursächsische Heer eine beinahe jedes Jahr stattfindende Verminderung. Unter dem Begriff »sächsisches Heer« sollen im Folgenden alle sächsischen Truppen sowie die dem König von Polen unterstehenden polnischen Ulanen betrachtet werden[261]. Die angeführten Stärkeangaben beziehen sich auf den personellen »Soll-Bestand« des Heeres, vom dem die tatsächliche, die »Ist-Stärke« teilweise erheblich abwich[262]. Insgesamt sind daher die Angaben eher als großzügig zu bewerten und können erfahrungsgemäß etwa um ein Fünftel ihres Betrages schwanken. Im »vorstatistischen Zeitalter« sind unter anderem die Unterschiede zwischen den Sommermonaten, also der Zeit der Feldzüge, und den Winterquartieren sowie Krank-

---

[256] 1746 lagen die Einnahmen der Generalkriegskasse noch bei etwa 3,9 Millionen Talern, 1756 betrugen sie noch ganze 1,9 Millionen. Franze, Die Heeres-Reduktion unter Brühl, S. 18 f., 54 f., 75–78.

[257] Die Sparmaßnahmen Brühl betrafen jedoch nicht nur das Militärwesen. Franze, Die Heeres-Reduktion unter Brühl, S. 2 f.

[258] Zu den Reformen unter August dem Starken: Kroll, Soldaten im 18. Jahrhundert, S. 65–67; R. Müller, Die Armee Augusts des Starken, S. 10 f.

[259] Rudert, Die Reorganisation der Kursächsischen Armee, S. 77.

[260] Franze, Die Heeres-Reduktion unter Brühl, S. 70.

[261] Diese gliederten sich entsprechend ihrer Bestimmung nach dem Zweiten Schlesischen Krieg in drei Gruppen: 1. Feldregimenter (Infanterie- und Kavallerieregimenter sowie die in Polen stationierten sächsischen Truppen und die polnischen Ulanen), 2. für das Kurfürstentum bestimmte Truppen (Schweizergarde, Kadettenkorps, Garnisonkompanien (Wittenberg, Pleissenburg, Stolpen, Königstein, Sonnenstein), Invalidenkorps (Waldheim), 3. vier Kreisregimenter (Landmiliz). An der Spitze standen der Generalfeldmarschall und zwei Generalate. Als oberste militärische Verwaltungsbehörde fungierte das »Geheime Kriegs-Rats-Kollegium«, das u.a. für die Ausrüstung, Bewaffnung und Verpflegung der sächsischen Armee zuständig war. Es gliederte sich in fünf Departements (Geheime Kriegskanzlei, Generalkriegskommissariat, Proviantamt, Rechnungsexpedition und Generalkriegszahlamt). Franze, Die Heeres-Reduktion unter Brühl, S. 9 f.

[262] Hiervon ist nochmals die »effektive Stärke« zu unterscheiden. Sie ist das Ergebnis aus der »Ist-Stärke« abzüglich z.B. der beurlaubten, erkrankten oder verwundeten Soldaten; also diejenige Stärke, mit der eine Armee etwa dem Feind in einer Schlacht wirklich gegenübertrat.

heiten und Rückstände in der Besoldung als Ursachen für die oftmals differierenden Stärkeangaben zu sehen[263]. Hinzuzufügen wäre noch die unklare Berücksichtigung oder Vernachlässigung des umfangreichen Begleitpersonals eines damaligen Heeres, des sogenannten Trosses. Zudem war es im Zeitalter der Kompaniewirtschaft durchaus gängige Praxis, dass Kompaniechefs die Mannschaftsstärke ihrer Einheit gern nach oben »korrigierten«, um durch vorgetäuschte Vollzähligkeit finanzielle Gewinne zu erzielen[264].

Aster gibt die Heeresstärke für das Jahr 1745 unter Einbeziehung der polnischen Truppenteile und Kreisregimenter mit über 60 000 Mann an[265]. Die »Soll-Stärke« des Folgejahres wird auf etwa 55 000 Mann beziffert, wobei der effektive Bestand der Armee aufgrund der Abgänge während des Krieges wohl um etwa 9000 Mann darunter lag[266]. 1749 wurden zudem durch weitere Auflösungen bei der Infanterie und Kavallerie 378 Offiziere aus ihrem aktiven Dienstverhältnis entlassen und auf ein spärliches Wartegeld gesetzt. Weitere Reduktionen sollten 1750, 1753 und 1756 folgen. Im Jahre 1753 betrug die Gesamtstärke der Armee noch knapp 27 000 Mann[267]. Für das Jahr des erneuten Kriegsausbruchs (1756) kann ein Heeresumfang von weniger als 25 000 Soldaten festgehalten werden[268]. Die vier Kreisregimenter, die seit den Zeiten Friedrich Augusts I. die Landmiliz bildeten, waren im März 1756 aufgelöst worden[269]. Gemessen an der Einwohnerzahl Sachsens von 1756 betrug der Anteil regulärer Soldaten an der Gesamtbevölkerung somit etwa 1,5 Prozent, womit man das Kurfürstentum – in quantitativer Hinsicht – aber durchaus noch den gut gerüsteten Staaten jener Zeit zuordnen kann[270].

Im Jahre 1753 betrug die »Soll-Stärke« eines Regiments der sächsischen Infanterie 1104 Mann, die der Kavallerie noch 514 Mann[271]. 1756 gliederte sich das Heer

---

[263] Kroener, Das Schwungrad an der Staatsmaschine?, S. 6.

[264] Büsch, Militärsystem und Sozialleben, S. 124 f.

[265] Bei Childs wird hingegen eine Stärke von etwa 37 000, bei Luh von ca. 30 000 Mann erwähnt. Hierbei ist jedoch unklar, welche Truppen Childs und Luh in ihre Angaben einbezogen und ob sie die »Soll-« oder die »Ist-Stärke« betrachtet haben. Aster, Beleuchtung der Kriegswirren, S. 16 f.; Childs, Armies and Warfare, S. 34; Luh, Kriegskunst in Europa, S. 17.

[266] Hierbei sind alle Truppenkörper der sächsischen Armee berücksichtigt. Kroll, Soldaten im 18. Jahrhundert, S. 71; Aster, Beleuchtung der Kriegswirren, S. 16; Franze, Die Heeres-Reduktion unter Brühl, S. 11.

[267] Schuster/Francke, Geschichte der Sächsischen Armee, T. II, S. 67, 70.

[268] Hiervon standen vier Kavallerieregimenter und zwei Pulks Ulanen in Polen. Ihre Gesamtstärke betrug etwa 3400 Mann. H. v. S. [vollständiger Name des Verfassers unbekannt], Das Sächsisch-Polnische Cavalleriecorps im Oesterreichischen Solde. In: Jahrbücher für die deutsche Armee und Marine, Bd 28 (1878), S. 49; Aster, Beleuchtung der Kriegswirren, S. 17 f.

[269] Kroll, Soldaten im 18. Jahrhundert, S. 72, 129.

[270] Zu Grunde liegt die Einteilung, wonach sich in einem »gut gerüsteten« Staat der Anteil regulärer Soldaten an der Gesamtbevölkerung zumindest in Kriegszeiten zwischen 1 und 2 % bewegte. Die Gesamtzahl der Bevölkerung betrug 1756 etwa 1,7 Millionen Einwohner. 1745 hatte der Anteil des Militärs an der Gesamtbevölkerung Sachsens (1,63 Millionen) noch etwa 3 % betragen. Bezieht man auch die Familien der Soldaten und Gesindeleute in die Betrachtung ein, so können für das Jahr 1755 37 652 (2,2 %) Personen zur »Militärbevölkerung« Kursachsens gezählt werden. Schirmer, Der Bevölkerungsgang in Sachsen, S. 57; Demel, Europäische Geschichte, S. 181; Kroll, Soldaten im 18. Jahrhundert, S. 73.

[271] Schuster/Francke, Geschichte der Sächsischen Armee, T. II, S. 70.

in elf Infanterieregimenter, die Leibgrenadiergarde sowie das Grenadierbataillon »Kurprinzessin«. Die Kavallerie bestand – einschließlich des Regiments »Garde du Corps« – aus sieben Kürassierregimentern und vier Regimentern Chevauxlegers. Hinzu kamen die in Polen stehenden Truppen: drei Regimenter Chevauxlegers, die »Garde-Carabiniers« und zwei Pulks Ulanen[272]. Die traditionsreiche sächsische Artillerie bestand aus einem Bataillon zu vier Kompanien und einer Hauskompanie, die im Dresdner Hauptzeughaus sowie auf den Festungen Verwendung fand[273]. Hinzu kam noch ein kleines Ingenieurkorps, das zusammen mit den Pontonieren und Mineuren durch Bauten und Befestigungen die Bewegungen der eigenen Truppen fördern, die des Feindes hingegen hemmen sollte. Daher kam diesen Fachleuten insbesondere im Zusammenhang mit der Lager- und Belagerungskunst eine hohe Bedeutung zu. Abschließend seien noch die etwa 150 Mann starke sächsische Kadettenkompanie sowie das Invalidenkorps, das vorwiegend in den Landesfestungen Dienst tat, erwähnt.

Im Zuge der Heeresreduktion fand auch hinsichtlich der Spitzengliederung der Armee eine Neuordnung statt. Die Einteilung in vier Generalate und die des Landes in vier entsprechende Militärdivisionen, die noch den Reformen unter August dem Starken entstammte[274], wurde ab 1754 um zwei Generalate vermindert[275]. Beide Generalate, jeweils geführt vom General der Kavallerie Karl Siegmund von Arnim (Torgau) und vom General der Infanterie Aemilius Friedrich von Rochow (Naumburg), verfügten über etwa 8000 Soldaten. Die in Polen stehenden Truppen unterstanden Graf Brühl als General der Infanterie[276].

Die Bewaffnung der sächsischen Infanterie bildeten ein glattläufiges Steinschlossgewehr mit dem dazugehörigen Bajonett sowie der Infanteriesäbel. Die Kavallerie gliederte sich in schwere Reiterei – Kürassiere – sowie die leichten Reiter der Dragoner und Ulanen. Ihre Ausrüstung und Bewaffnung war insgesamt die zeittypische, wobei die im Zeithainer Lager erstmals vorgeführten Ulanen oder »tatarischen Hoffahnen« im exotisch anmutenden »polnischen Stil« gekleidet (weit geschnittene Hosen und frei herunterhängender Überrock) und mit Säbel, langem Speer sowie Pistolen und teilweise auch Bogen ausgerüstet waren[277].

Zur personellen Zusammensetzung der sächsischen Armee ist festzuhalten, dass sich das Heer seit dem Ende der Regierungszeit Augusts des Starken verstärkt

---

[272] Die sächsischen Regimenter wurden ab 1746 nach Polen verlegt, offenbar weil sich ihr Unterhalt und die Beschaffung von Pferden dort weniger kostenaufwendig gestalteten. H. v. S., Das Sächsisch-Polnische Cavalleriecorps (wie Anm. 268), S. 37.

[273] W. Friedrich, Die Uniformen der Kurfürstlich Sächsischen Armee, S. 25–27; Nieper, 300 Jahre sächsische Artillerie, S. 139; Schuster/Francke, Geschichte der Sächsischen Armee, T. II, S. 66 f.

[274] R. Müller, Die Armee Augusts des Starken, S. 99, 111.

[275] Die Kriege Friedrichs des Großen, 3. T., Bd 1, S. 152.

[276] Schuster/Francke, Geschichte der Sächsischen Armee, T. II, S. 71.

[277] Der von einem Oberst befehligte »Pulk« Ulanen bestand aus einer unbestimmten Anzahl Fahnen (bei Ausbruch des Siebenjährigen Krieges gliederten sich die Pulks Wilczewski und Rudnicki in je 6 Fahnen). Jede Fahne setzte sich aus etwa 60 bis 80 Reitern zusammen. Die Reiter, die ihre Offiziere aus ihrer Mitte wählten, hießen Towarczycen, ihre berittenen »Diener« Pocztowy oder Pacholke. H. v. S., Das Sächsisch-Polnische Cavalleriecorps (wie Anm. 268), S. 44 f.; R. Müller, Die Armee Augusts des Starken, S. 63–90.

aus »Inländern« zusammensetzte. So waren mindestens 90 Prozent der Soldaten sächsischer Herkunft[278]. Eine Ausnahme bildeten die Ulanen, bei denen der überwiegende Teil der Soldaten aus Polen stammte[279]. Der große Anteil an »Landeskindern« war das Ergebnis einer jahrzehntelangen Entwicklung, in deren Verlauf der Anteil an »Nichtsachsen« bei den Soldaten von 35 Prozent im Jahre 1693 auf etwa 11 Prozent im Jahre 1730 gesenkt wurde[280]. Neben den Polen setzte sich die Gruppe der »Ausländer« größtenteils aus Einwohnern der Grafschaften und Herzogtümer in Thüringen sowie aus Preußen, Österreichern, Litauern und Schweizern zusammen[281].

Dabei wurde durchaus auf die soziale Herkunft der Rekruten geachtet, »verlauffen Gesindel« war bereits Anfang des 18. Jahrhunderts im Heer verpönt[282]. Die kursächsische Armee war durch einen starken »landsmannschaftlichen Charakter« und die Offiziere waren von einem »ziemlich geschlossenen Korpsgeist«[283] geprägt, was sich beispielsweise in einer (für damalige Verhältnisse) geringen Desertionsrate während der Ereignisse im Herbst 1756 niederschlagen sollte. Da auf Werbung im Ausland sowie großangelegte Aushebungen weitgehend verzichtet wurde, rekrutierte sich der Mannschaftsersatz überwiegend aus Dienstknechten, ausgelernten Handwerksgesellen sowie Gelegenheitsarbeitern und Tagelöhnern – auch sorbischer Herkunft.

Gerade für die Infanterie galt bei der Körpergröße ein Mindestmaß von 70 Zoll (= 165,2 cm), womit die Fußsoldaten deutlich größer waren als der Durchschnitt der Gesamtbevölkerung[284]. Für die Adelssöhne[285] war insbesondere der Dienst als Offizier in den als elitär empfundenen Kavallerieregimentern attraktiv, die sich ebenso wie die Artillerie auf die Anwerbung Freiwilliger konzentrierten, durch die hier auch der größte Teil der Personalergänzung erfolgte[286]. Die Aushebung von Rekruten war eine – nicht zuletzt aus wirtschaftlichen Gründen – überwiegend auf

---

[278] Sikora, Verzweiflung oder Leichtsinn?, S. 254; Kroll, Soldaten im 18. Jahrhundert, S. 156–162.

[279] Kroll, Soldaten im 18. Jahrhundert, S. 160.

[280] Thum, Die Rekrutierung der sächsischen Armee, S. 88 f.

[281] Kroll, Soldaten im 18. Jahrhundert, S. 159–162; H. Müller, Das Heerwesen im Herzogtum Sachsen-Weimar, S. 79; Höhne, Die Einstellung der sächsischen Regimenter in die preußische Armee, S. 4.

[282] Zit. nach Thum, Die Rekrutierung der sächsischen Armee, S. 54.

[283] Thum, Die Rekrutierung der sächsischen Armee, S. 54.

[284] Die verfügbare Größenangabe bezieht sich auf das Jahr 1780. Bei einer Rekrutierung im Jahre 1729 wurde eine Mindestgröße von 72 Zoll (= 1,70 m) vorausgesetzt. Kroll, Soldaten im 18. Jahrhundert, S. 115, 167.

[285] Auch im sächsischen Offizierkorps wurde der Offiziernachwuchs im Kindesalter in das Kadettenkorps aufgenommen. Er erhielt einen Großteil seiner militärischen Ausbildung durch die Praxis als Unterführer sowie durch militärwissenschaftlichen Unterricht im Kadettenkorps. Allerdings erwies sich das sächsische Offizierkorps im Vergleich mit dem preußischen bei allen Waffengattungen für Bürgerliche als wesentlich durchlässiger. Der Adelsanteil betrug im sächsischen Offizierkorps um 1800 über 70 %: Er war somit geringer als in Preußen (90 %). Demel, Der europäische Adel, S. 85; R. Müller, Die Armee Augusts des Starken, S. 22 f.

[286] So waren in den Jahren 1730/31 etwa 81 % der neuen Kavalleristen Freiwillige, während sich zur Infanterie nur maximal 30 % aus eigener Motivation gemeldet hatten. Die sächsische Kavallerie genoss bis in das 19. Jahrhundert hinein in anderen Armeen hohe Anerkennung. Kroll, Soldaten im 18. Jahrhundert, S. 148 f., 168 f.; Gülich, Die Sächsische Armee, S. 57.

Kriegszeiten beschränkte Praxis und wurde vor Ausbruch des Siebenjährigen Krieges im Jahre 1742 letztmalig durchgeführt[287]. Um die trotz der nach 1745 folgenden Heeresverminderung zu hohen personellen Abgänge auszugleichen, sah man ab 1752 neben der Annahme Freiwilliger die bedarfsweise Werbung der einzelnen Regimenter in einem zugewiesenen Bezirk vor, wo die »Werber« ihre Tätigkeit verrichteten. Die lokalen Behörden wirkten dort mit, wo es galt, bereits im Vorfeld etwaige »Müßiggänger« oder auch Kleinkriminelle zu sondieren, die dann möglichst ohne öffentliches Ärgernis zu überreden und anzuwerben waren[288]. Die von Kroll für nahezu alle Dekaden seines Untersuchungszeitraumes angeführten Beispiele belegen, dass das Vorgehen der »Werber« in Sachsen insgesamt keineswegs frei von Gewalt war. Auch hier wurden gesunde junge Männer als potenzielle Rekruten unter Androhung und Anwendung von körperlicher Gewalt, Zuhilfenahme von Alkohol oder Heimtücke ins Heer gezwungen[289]. Solchem Vorgehen entsprechend kam es häufig zu kollektiven Verweigerungshaltungen bei der Stadt- und Landbevölkerung, wie etwa zu örtlich begrenzten öffentlichen »Aufläufen« – so beispielsweise im Amt Schönburg im Jahre 1753[290].

Durch den hohen Anteil an Landeskindern spiegelte sich die konfessionelle Gliederung des Kurfürstentums Sachsen auch im Heer wider. Im Mutterland der Reformation dominierte entsprechend der Protestantismus, gefolgt von einer Minderheit an Katholiken und Reformierten, denen die freie Ausübung ihrer Religion im Dienst garantiert wurde. Wie bereits am Beispiel des Grafen Rutowski gezeigt, begegnete man den Katholiken im sächsischen Heer durchaus mit Vorbehalten, weshalb auch die Anstellung eines katholischen Feldgeistlichen im Alltag nicht immer ohne Spannungen verlief[291].

Zum Ausbildungsstand der kursächsischen Armee merkt das Generalstabswerk von 1901 an, dass nach der Einführung der bereits erwähnten beiden neuen Dienstreglements um 1753 die »Bewegungen und Feuerarten« der Infanterie teilweise österreichischen, aber auch preußischen Vorschriften entsprachen. Auch bei der Kavallerie waren die Bewegungen »die allgemein üblichen«[292]. Etliche Neuerungen werden dabei sicher auch aus den Erfahrungen Rutowskis in preußischen Diensten resultiert haben, zumal das preußische Reglement zu jener Zeit ohnehin mehrheitlich als »die Quintessenz taktischer Weisheit« angesehen wurde[293]. Friedrich Wilhelm I. bemerkte dazu:

---

287 Die nächste Rekrutenstellung erfolgte erst wieder 1768 im Zuge der Reorganisation des Heeres. Insgesamt gelangten zwischen 1728 und 1796 etwa 15–20 % der sächsischen Soldaten durch Rekrutenaushebung zum Heer. Kroll, Soldaten im 18. Jahrhundert, S. 114, 124.
288 Das von Kroll angefügte Beispiel der Musterung in Vetschau verdeutlicht, wie die zivilen Behörden diese Möglichkeit nutzten, um etwaige Unruhestifter zur Räson zu bringen oder sogar durch die Rekrutierung beim Militär loszuwerden. Kroll, Soldaten im 18. Jahrhundert, S. 100–108.
289 Kroll, Soldaten im 18. Jahrhundert, S. 129–136.
290 Ebd., S. 143–147.
291 So bestand z.B. das Regiment »Graf Stolberg« um die Mitte des 18. Jahrhunderts zu rund 94 % aus evangelischen, 5 % katholischen und 1 % reformierten Soldaten. Kroll, Soldaten im 18. Jahrhundert, S. 170 f., 178 f.
292 Die Kriege Friedrichs des Großen, 3. T., Bd 1, S. 153.
293 Hofmann, Die Kursächsische Armee, S. 102; Vogel, Heinrich Graf von Brühl, S. 82 f.

»Die Canaille der Rutowski hat mir Alles abgestohlen; lieb gehabt, Reglement gewiesen, hernach Abschied genommen[294].« Die Qualität der sächsischen Vorschrift lässt sich daran bemessen, dass sie auch nach allen militärischen Erfahrungen, welche die Sachsen im Verlaufe des Siebenjährigen Krieges im Dienste mehrerer Armeen sammeln konnten, in etwas abgewandelter Form wieder die Grundlage der Reglements von 1775 für die Infanterie wurde. Zwar wurden nun Exerzier- und Dienstreglement getrennt verfasst und ersteres nicht nur von den erwähnten preußischen Elementen, sondern auch sehr stark durch die französischen Vorschriften beeinflusst, die »hohe Auffassung mit allgemeiner Verständlichkeit«[295] blieb jedoch erhalten. Beide Vorschriften blieben in ihren Grundzügen sogar bis 1810 in Kraft.

Die taktische Schulung auf Ebene der gesamten Armee erfolgte vor allem in großen Lagern; das letzte fand 1753 in Übigau unter der Leitung Rutowskis statt. Bereits August der Starke hatte solche Zusammenziehungen des gesamten Heeres alle drei Jahre gefordert, um dieses im Frieden unter Kriegsbedingungen zu schulen, damit »es ihnen in Kriegszeit nichts Frembdes ist«[296]. Dieses dreiwöchige Übigauer Lager war natürlich weder im Hinblick auf den Umfang noch den Aufwand so gewaltig wie ehemals das Manöver in Zeithain. Zudem behinderte beispielsweise der aus den Sparmaßnahmen resultierende ständige Mangel an Pferden (die oftmals verkauft wurden, um Soldrückstände begleichen zu können) eine intensive Ausbildung der Kavallerie oder der Artillerie[297]. Dennoch wurden nach besten Möglichkeiten sowohl Angriff als auch Verteidigung sowie der Kampf um Festungswerke geübt[298].

Während sich die Motivation der jungen Mannschaften zum Militärdienst bereits von vornherein eher in den zeittypischen Grenzen hielt[299], mussten sich die ständigen Heeresverminderungen, die daraus resultierende berufliche Ungewissheit sowie die unregelmäßige Besoldung nach dem Zweiten Schlesischen Krieg natürlich auch negativ auf den Diensteifer der Berufssoldaten, vor allem der Unteroffiziere und Offiziere auswirken: »Das Auftreten der Offiziere, die sich durch unpünktliche und noch dazu in schlechtem Gelde [oder in Wertpapieren[300]] stattfindende Zahlung des Gehalts in äußerster Bedrängnis befanden, war nicht dazu angethan, ihren Stand in den Augen anderer zu heben[301].« Feldmarschall Rutowski, der über die Jahre immer wieder von Brühl aufgefordert wurde, neue Einsparungspotenziale beim Militär zu identifizieren, zog 1752 in einem Bericht an

---

[294] Friedrich Wilhelm I. an Seckendorf am 4.2.1735. Zit. nach Vitzthum von Eckstädt, Die Geheimnisse des sächsischen Cabinets, T. I, S. 315.
[295] Hofmann, Die Kursächsische Armee, S. 103.
[296] Zit. nach Beschorner, Das Zeithainer Lager, S. 229.
[297] Die Kriege Friedrichs des Großen, 3. T., Bd 1, S. 154; Aster, Beleuchtung der Kriegswirren, S. 21; Franze, Die Heeres-Reduktion unter Brühl, S. 59.
[298] Schuster/Francke, Geschichte der Sächsischen Armee, T. II, S. 71.
[299] Kroll, Soldaten im 18. Jahrhundert, S. 179.
[300] Zur »Brühlschen Papiergeldwirtschaft« nach 1745: Buck, Die Münzen des Kurfürstentums Sachsen, S. 14.
[301] Die Kriege Friedrichs des Großen, 3. T., Bd 1, S. 155; Franze, Die Heeres-Reduktion unter Brühl, S. 32 f.

den König-Kurfürsten in Zweifel, ob seine Offiziere aufgrund der materiellen Engpässe überhaupt noch in der Lage wären, bei der »nächsten Revue vor Sr. Majestät dem Könige in gebührender Verfassung zu erscheinen«[302]. Da sich die meisten für die Armee tätigen Handwerker ihre Leistungen bar bezahlen lassen wollten, die Soldaten aber über keine finanziellen Mittel mehr verfügten, trat ein Zustand ein, in dem »kein Mensch einem Offiziere mehr etwas borgen noch ihn einmal in dem Quartiere leiden«[303] wollte. Es wird berichtet, dass angesichts einer solch katastrophalen Versorgungssituation etliche Regimentskommandeure gezwungen waren, ihre Soldaten auf eigene Kosten auszustatten, wenn zum Beispiel keine geeignete Winterbekleidung oder durch die Zusammenlegung der Regimenter keine einheitliche Uniformierung mehr vorhanden war[304]. So hatte das »Garde du Corps« im Juni 1756 überhaupt noch keinen Lohn für das laufende Jahr erhalten[305]. Etliche Soldaten versuchten daher, durch Nebeneinkünfte ihre materiellen Verhältnisse aufzubessern[306].

Diese Tatsachen lassen insgesamt auf eine eher geringe Motivation der militärischen Führer und somit auf eine niedrige Kampfkraft des sächsischen Heeres am Vorabend des Siebenjährigen Krieges schließen. Trotz aller Bemühungen Rutowskis gelang es auch bis zum Ausbruch des Krieges nicht, die materiellen Missstände zu beseitigen. Der Feldmarschall schrieb an Brühl, dass er kaum mehr in der Lage sei, den Regimenter »einigen Mut zuzusprechen« und sich angesichts dieser Situation »schämen« müsse, vor seine Soldaten zu treten[307].

Ein Zitat des Verantwortlichen für Außenpolitik in Brühls Kabinett, des Legationsrates von Saul, über die Verteidigungsfähigkeit der Sachsen rundet die Schilderung treffend ab: »Wir sind so schwach, dass wir niemand bedrohen. Kein Land wird sich von uns bedroht fühlen[308].« 1756 traf das sächsische Heer in seiner schlechten Verfassung auf eine Armee, die als »die vollkommenste Schöpfung, die das Zeitalter des geworbenen Heeres hervorgebracht hat«[309], galt. Das Verhältnis der Kräfte betrug aus sächsischer Sicht etwa 1 zu 6,5[310]. Den sächsischen Staatsschulden von rund 35 Millionen Talern stand ein preußischer Staatsschatz von mindestens 13,3 Millionen Talern gegenüber[311].

---

[302] Zit. nach Aster, Beleuchtung der Kriegswirren, S. 25; Franze, Die Heeres-Reduktion unter Brühl, S. 32 f.
[303] Aus einem Vortrag an Brühl vom 18.8.1748. Zit. nach Aster, Beleuchtung der Kriegswirren, S. 23.
[304] Ebd., S. 20 f.
[305] Franze, Die Heeres-Reduktion unter Brühl, S. 74.
[306] Kroll, Soldaten im 18. Jahrhundert, S. 287 f.
[307] Franze, Die Heeres-Reduktion unter Brühl, S. 33.
[308] Zit. nach Bode, Dresden und seine Umgebung, S. 29 f.
[309] Duffy, Friedrich der Große, S. 116.
[310] Das preußische Heer wird für 1756 auf ca. 153 000 Soldaten beziffert. Groehler, Die Kriege Friedrichs II., S. 74.
[311] Schirmer, Der Bevölkerungsgang in Sachsen, S. 50; Buck, Die Münzen des Kurfürstentums Sachsen, S. 13; Preußische und österreichische Acten zur Vorgeschichte des Siebenjährigen Krieges, S. XXVIII.

III. Das Lager bei Pirna

1. Die sächsischen Reaktionen auf die Rüstungen Preußens im Sommer 1756

Wie bereits geschildert, war Friedrich II. über die Machenschaften des Dresdner Hofes recht gut informiert und besaß sicher auch Kenntnis über die Vorgänge bei seinen anderen europäischen Gegnern. Wähnte sich der König in der ersten Hälfte des Jahres 1756 noch in keiner drohenden Gefahr, erhielt er ab dem 17. Juni überraschende Nachrichten von der österreichisch-französischen Annäherung und von russischen Truppenbewegungen. Auf diese beunruhigenden Neuigkeiten folgte die Einleitung von Rüstungen und die Festlegung der Heeresgliederung für den Ausmarsch auf der Grundlage eines bereits 1753 vom preußischen König selbst erstellten Plans, der aufgrund der Erkenntnisse Hans Karl von Winterfeldts von einer seiner Reisen durch Sachsen 1754 abgeändert wurde[1]. Ohne seinen Einfluss überzubewerten, scheint sich Winterfeldt Mitte 1756 auch als eine den König zum Kriege treibende Kraft erwiesen zu haben[2]. Jedenfalls besuchte der Generaladjutant Friedrichs während einer Kur in Karlsbad den ihm gut bekannten Kommandanten der Festung Königstein, den sächsischen General Michael Lorenz von Pirch. Dabei konnte er von der Festung aus das ganze umliegende Terrain und die Verteidigungswerke überblicken. Auch die Übergänge nach Böhmen wurden genauestens in Augenschein genommen und skizzenhaft festgehalten[3]. Friedrich Wilhelm von Gaudi, Adjutant beim königlich preußischen Stab, berichtet, Winterfeldt habe sich durch die überaus freundliche Aufnahme bei den sächsischen Offizieren täuschen lassen. Er sei der Meinung gewesen, es bedürfe nur eines kleinen Anstoßes, um die Sachsen »sogar wider den Willen ihres Königs in preußische Dienste zu ziehen«[4]. Daher zeigte sich der preußische König gegen alle Warnungen seines Umfeldes entsprechend taub und zunehmend vom Gedanken des »besser praevenire als praeveniri!«[5] besessen. War Friedrich II. in den vorangegangenen Jahren im Grundsatz überzeugt, dass »der Krieg außer allem Zweifel in Europa [...]

---

1   Preußische und österreichische Acten zur Vorgeschichte des Siebenjährigen Krieges, S. XXXVIII–XXXIX.
2   Petter, Hans Karl von Winterfeldt, S. 81 f.
3   Duffy, Friedrich der Große und seine Armee, S. 218 f.
4   Höhne, Die Einstellung der sächsischen Regimenter in die preußische Armee, S. 17.
5   Duffy, Friedrich der Große, S. 127.

ohnvermeidlich sein wird«[6], so scheint er sich ab Mitte Juni 1756 über dessen baldigen Ausbruch im Klaren gewesen zu sein. Seiner Meinung nach stand ein russischer Angriff unmittelbar bevor. Die Österreicher erwartete er ebenfalls in sechs bis acht Wochen. »Ich sehe Mich genöthiget, Mich in eine sichere Positur zu Deckung Meiner Lande gegen alle feindlichen Anfälle zu setzen«[7], schrieb er am 19. Juni dem Minister Ernst Wilhelm von Schlabrendorf in Breslau. Die zur Kur beurlaubten Offiziere wurden »ohne Aufsehen« für Anfang Juli zurück in die Garnisonen beordert. »Die Karlsbader Luft ist für die Preußen nicht mehr gesund«, ließ Friedrich II. Feldmarschall Jakob Keith wissen[8].

Gemäß dem erwähnten Plan zur Aufstellung des Heeres sollte eine Gliederung in drei Armeekorps vorgenommen werden, nämlich ein Korps unter Feldmarschall Johann von Lehwaldt, eines in Schlesien unter Kurt von Schwerin und eine »armée du Roi«. Nur Letzterer war vorerst eine offensive Bestimmung zugedacht[9]. Der Plan für die erste Kampagne sah mindestens die Besetzung Sachsens und des böhmischen Grenzlandes vor. Dies sollte der Sicherung einer Ausgangsbasis für einen eventuellen Feldzug im Frühjahr 1757 dienen. Dabei war Friedrich II. bestimmt nicht an einer offenen Schlacht mit den Sachsen gelegen, obwohl er später in seiner »Geschichte des Siebenjährigen Krieges« eine solche Möglichkeit einräumte. Nach den Aufzeichnungen des bereits zitierten Gaudi lag das Ziel des Königs darin, »mit einer Armee von 70 000 Mann unvermutet in Sachsen einzudringen, die in dieser Provinz stehende Trouppen entweder in ihren verschiedenen Garnisons zu überfallen und aufzuheben, oder, wann sie sich zusammenzögen, sich ihrer auf eine andere Art zu versichern und sie zu gewissen Bedingungen zu bringen«[10].

Am Vorabend des Krieges sah sich der König von Preußen feindlichen Heeren in einer Gesamtstärke von über 700 000 Soldaten[11] gegenüber, war also mehr als vierfach unterlegen. In dieser ernsten Situation benötigte Friedrich II. im Felde jeden Mann und größere wirtschaftliche Ressourcen, als sie im preußischen Staat vorhanden waren. Die Vereinnahmung der sächsischen Armee zur Vergrößerung seines Heeres schien also eine Option mit hoher Erfolgsaussicht. Allerdings hoffte er, dass sich ihm ein Großteil der sächsischen Soldaten freiwillig anschließen werde. Gemäß seinem politischen Testament hielt es der preußische König sogar für machbar, im besetzten Sachsen 40 000 Rekruten auszuheben[12]. Hierdurch ergab sich die Chance, gegen Ende des Jahres sein Heer auf knapp 200 000 Mann zu vergrößern. Die ihm sicher bekannte schlechte Verfassung der sächsischen Armee

---

6   Schreiben Friedrichs an den Generalfeldmarschall von Lehwaldt in Königsberg vom 4.8.1755. Zit. nach Preußische und österreichische Acten zur Vorgeschichte des Siebenjährigen Krieges, S. 26.
7   Die politische Correspondenz Friedrichs des Grossen, Bd 13, Nr. 7587.
8   Schreiben vom 23.6.1756. Zit. nach Pangels, Friedrich der Große, S. 221.
9   Preussische und österreichische Acten zur Vorgeschichte des Siebenjährigen Krieges, S. LVIII.
10 Höhne, Die Einstellung der sächsischen Regimenter in die preußische Armee, S. 16.
11 Als Stärkeangaben wurden herangezogen: Preußen: 153 000, Russland: 284 000, Habsburgerreich: 157 000, Frankreich: 213 000, Schweden: 48 000. Demel, Europäische Geschichte, S. 181; Groehler, Die Kriege Friedrichs II., S. 74.
12 Friedrich der Große. Gedanken und Erinnerungen, S. 152.

war wenig geeignet, den preußischen König von seinen Plänen abzuhalten. Zweitens konnte er mit Sachsen in den Besitz eines »politischen Faustpfandes«[13] gelangen, wodurch die Staaten der antipreußischen Koalition eventuell doch noch von einem Kriegseintritt abgehalten würden.

Die erste Phase der preußischen Rüstung begann im Juni 1756 und betraf vor allem die Regimenter in Ostpreußen und Schlesien. Pferde wurden gekauft, Magazine befüllt und die auswärtige Werbung eingestellt. »Die weitesten und unsicheren Leute« der Regimenter waren »ohne Aufsehen« einzuziehen[14]. Als sich Anfang Juli jedoch die Nachrichten bestätigten, dass die russischen Truppen nicht weiter in Richtung Ostpreußen vorrückten, wurden die Rüstungen zunächst weitestgehend auf dem bisherigen Stand gehalten. Einzig die Konzentration des Armeekorps des Königs wurde Mitte Juli eingeleitet. Am 21. Juli stand dessen Entschluss zur blitzartigen Eröffnung des Krieges fest[15].

Die preußischen Vorbereitungen riefen wiederum den Beginn der verspäteten österreichischen Mobilmachung ab dem 16. Juli 1756 hervor. Der Zustand der österreichischen Armee war noch höchst unbefriedigend. Das preußisch-perfekte Zusammenspiel innerhalb des in den Vorkriegsjahren häufig und durchaus auch fortschrittlich reformierten Militärs war keinesfalls gegeben, das österreichische Heer musste sich erst noch »als ein zusammenhängendes Ganzes etablieren«[16]. So war selbst Ende August bei den Österreichern in Böhmen und Mähren noch keinerlei bespannte Artillerie mobil[17]. Pontons waren »ein durchaus zweitrangiges Anliegen«, die kaiserlich-königlichen Offiziere wussten »viel weniger von dem Land, das sie verteidigen sollten als die Pioniere des Königs von Preußen«[18]. In den Magazinen fehlte es an Feuersteinen und Patronen. Waren überhaupt Kanonenkugeln vorhanden, so waren diese meist von falschem Kaliber. Die Regimenter waren in ihren Garnisonen weit über das habsburgische Reich verteilt und keinesfalls marschbereit. Leichte Truppen, zum Operieren im gebirgigen Nordböhmen unerlässlich, standen in viel zu geringer Stärke vor Ort[19]. Die Moral des Führerkorps ließ offenbar zu wünschen übrig. Wie Winterfeldt aus Gesprächen mit österreichischen Offizieren während seiner häufigen »Kuraufenthalte« in Karlsbad erfuhr, übte die Armee Friedrichs II. in psychologischer Hinsicht starken Eindruck auf dieselben aus. Man zweifelte am eigenen Erfolg in einer kommenden Auseinandersetzung mit Preußen und stand der Ausübung des Oberbefehls durch eine Frau teilweise recht skeptisch gegenüber[20]. Hatte bereits Prinz Eugen die »Indo-

---

13 Groehler, Die Kriege Friedrichs II., S. 75.
14 »Circulaire-Ordre« an die Rgt. von Knobloch, Wied und Quadt, Potsdam, 24.6.1756. Zit. nach Preussische und österreichische Acten zur Vorgeschichte des Siebenjährigen Krieges, S. 53.
15 Schreiben des Grafen Podewils an Kabinettssekretär Eichel vom 22.7.1756. Dickmann, Renaissance, Glaubenskämpfe, Absolutismus, S. 691.
16 Duffy, Sieben Jahre Krieg, S. 122. Zu den Reformen im österreichischem Heer nach dem Zweiten Schlesischen Krieg: Szabo, Kaunitz and enlightened absolutism, S. 260 f.
17 Duffy, Friedrich der Große, S. 127.
18 Duffy, Feldmarschall Browne, S. 271.
19 Ebd., S. 273.
20 Duffy, Sieben Jahre Krieg, S. 137–141.

lenz« seiner Offiziere beklagt, beschäftigte Feldmarschall Leopold Joseph von Daun auch noch im Jahre 1755 die Sorge um die Fähigkeiten seiner Generäle[21].

Zumindest war man am Wiener Hof vorsichtig genug, zwei Armeen aufzustellen, die in Böhmen und Mähren Schutz vor einem preußischen Überfall gewähren sollten. Diesen erwartete man allerdings aus dem schlesischen Gebiet. Aufgrund der für Österreich überraschenden Rüstungen Preußens, befahl man schnellstmöglich einer Armee von etwa 32 000 Mann, eine Stellung in Nordböhmen hinter Eger und Elbe einzunehmen[22]. Dies geschah hauptsächlich auf Drängen des Feldmarschalls Maximilian Ulysses Graf von Browne (1705–1757), der den Oberbefehl über dieses Heer führte. Obwohl damals kein Feldherr aus dem ersten Glied der habsburgischen Generäle, gilt der Sohn irischer Emigranten[23] heute als der »stolzeste und charismatischste österreichische Kommandant seiner Generation«[24]. Der sächsische Kurprinz Friedrich Christian beschrieb ihn später als »geschickten General«, der im Feld »mit Weisheit und Vorsicht« führte und sich damit »einen achtbaren Namen errungen hat«. Daher genoss Feldmarschall Browne von Beginn an das volle Vertrauen des sächsischen Hofes, anders als etwa Prinz Karl von Lothringen[25]. Auch Friedrich II. sah in Browne, dem im bevorstehenden Herbstfeldzug von 1756 noch eine Schlüsselrolle zukommen sollte, einen »tapfere[n] Mann und gute[n] Kommandant[en]«[26].

Bereits im Juni hatte Browne den Wiener Hofkriegsrat darauf hingewiesen, dass die stets kriegsbereite Armee Friedrichs »in wenigen Tägen Zeit« in Böhmen einfallen könne, und forderte daher die zügige Aufstellung der genannten Armee, um »disen Einfall, wo nicht gleich offensive, doch wenigstens anfänglich defensive entgegen gehen zu können«[27]. Als der Hofkriegsrat Browne ab dem 4. August alle in Böhmen versammelten Truppen sowie die Armee des Generals Octavio Piccolomini in Mähren unterstellte, half ihm diese herausgehobene Position, seinen Forderungen zur Abstellung der aufgezeigten Mängel mehr Nachdruck zu verleihen. Dennoch liefen die Vorbereitungen eher schleppend an. Ende August exerzierte Browne mit seinen Truppen auf dem späteren Schlachtfeld bei Kolin[28].

Diese Reaktionen Österreichs veranlassten wiederum Friedrich II., dem die Haltung Maria Theresias zur Situation offensichtlich wichtig erschien, zu einem dreimaligen Notenwechsel. Die erste an sie gerichtete Anfrage vom 26. Juli 1756 durch den preußischen Gesandten in Wien, Joachim Wilhelm von Klinggräff, »ob

---

21 Allmayer-Beck/Lessing, Das Heer unter dem Doppeladler, S. 56. Über eine solche »Faulheit« seiner Offiziere klagte jedoch auch Friedrich II. Siehe Sikora, Das 18. Jahrhundert, S. 88.
22 Bode, 1756. Der Beginn des Siebenjährigen Krieges, S. 17.
23 Ähnlich wie die Familie Browne emigrierte auch die des preußischen Feldmarschalls Keith von den britischen Inseln. Dies hatte eine Freundschaft zwischen beiden Heerführern zur Folge, die trotz des Krieges aufrechterhalten wurde. Duffy, Sieben Jahre Krieg, S. 387 f.
24 Duffy, Sieben Jahre Krieg, S. 96.
25 Tagebucheintrag vom 21.–22.9.1756. Zit. nach Schlechte, Das geheime politische Tagebuch des Kurprinzen, S. 287–289.
26 Urteil Friedrichs II. über Browne. Zit. nach Duffy, Sieben Jahre Krieg, S. 96.
27 Nachricht vom 24.6.1756. Zit. nach Duffy, Feldmarschall Browne, S. 269.
28 Duffy, Feldmarschall Browne, S. 272–275.

diese Rüstungen in der Absicht geschähen, mich [= Friedrich II.] anzugreifen?«[29], war wohl eher obligatorischer Natur. Allenfalls hätte nur eine klare Friedenszusage den preußischen König zur Einstellung seiner Vorbereitungen veranlasst. Dass Maria Theresia die Gewähr nicht geben würde, ihn »weder dieses noch nächstes Jahr anzugreifen«, war Friedrich II. wohl bewusst. Erwartungsgemäß nichtssagend fiel die Antwort vom 2. August aus Wien aus. Diese ausweichende Haltung Österreichs lieferte ihm natürlich einen willkommenen Anlass zur Rechtfertigung seines Verhaltens im Herbst 1756: Der Wiener Hof habe in seinem »ganz und gar üblen Willen«[30] keinerlei Anstalten zur Erhaltung des Friedens unternommen. Anders lässt sich das Verhalten Friedrichs nicht erklären, denn durch die bewusste Verschleppung der Rüstung und seine Anfragen beraubte er sich ja gewissermaßen selbst teilweise des Überraschungseffektes. Das wirkliche Ziel des preußischen Königs bestand wohl eher darin, Maria Theresia für die preußische Kriegspropaganda verwertbare Äußerungen zu entlocken.

Da Friedrich II. inzwischen durch den holländischen Gesandten in Petersburg Kenntnis über die Verschiebung des russisch-österreichischen Angriffs auf das folgende Jahr erhielt[31], traf er seine endgültige Entscheidung zum »prävenire«. Die allgemeine Mobilmachung wurde am 2. August befohlen, der Aufbruch des Heeres zunächst für den 24. August geplant[32].

Die Konzentration der preußischen Armeen blieb in Sachsen natürlich nicht verborgen. Auch am Vorabend eines frühneuzeitlichen Krieges gab es Anzeichen, welche die Bevölkerung sowie die politische und militärische Führung auf eine drohende Kriegsgefahr aufmerksam machten. Betrachtet man die politische Ebene, dann gingen spätestens Anfang Juli in Dresden deutliche Hinweise auf die Vorgänge im nördlichen Nachbarstaat ein. Es waren anfangs vor allem der österreichische Gesandte am Berliner Hof, Graf von Puebla, sowie etwas später der Kreisamtmann Hase aus Wittenberg, die den Dresdner Hof auf die Vorgänge nahe der sächsischen Grenze aufmerksam machten[33]. Eine erste Mahnung von militärischer Seite stellte die Denkschrift Rutowskis vom 8. Juni 1756 an den König-Kurfürsten dar: »Die gegenwärtigen Bündnisse, Bewegungen und Anstalten aller benachbarten Arméen scheinen ebenfalls einige Maas-Reguln, Anstalten und Einrichtungen zu des Königs Dienst, der möglichen Sicherheit des Landes und vorzüglich zu der conservation der Armee zu erfordern.« Den äußerst mangelhaften Zustand der Armee führte er August III. nochmals vor Augen:

> »Die schwachen Regimenter Infanterie und Cavalerie sind durch die gewöhnlichen Beuhrlaubungen zerstreuet; die Officiers befinden sich [...] ohne Geld und Equipage; die Vorräthe an Artillerie, Gewehr, und andern armatur-Stücken etc. vivres, Schanz-

---

29 Schreiben Friedrichs II. an Klinggräff vom 18.7.1756. Zit. nach Dickmann, Renaissance, Glaubenskämpfe, Absolutismus, S. 690 f.
30 Schreiben Friedrichs II. an Klinggräff vom 26.8.1756. Zit. nach Dickmann, Renaissance, Glaubenskämpfe, Absolutismus, S. 692.
31 Groehler, Die Kriege Friedrichs II., S. 71.
32 Preussische und österreichische Acten zur Vorgeschichte des Siebenjährigen Krieges, S. LIV.
33 Vitzthum von Eckstädt, Die Geheimnisse des sächsischen Cabinets, T. I, S. 379 f.; Schuster/Francke, Geschichte der Sächsischen Armee, T. II, S. 75; Aster, Beleuchtung der Kriegswirren, S. 90.

Zeug, Proviant, Fuhrwesen etc. Bedürfnisse zur Ross-Parthey, Lazareth, und was diesen allen gehörig und erforderlich ist, besonders aber in den Landes-Vestungen, Wittenberg, Sonnenstein und Königstein etc., – alle diese Bedürfnisse, sage ich, sind keineswegs in behörigen sogleich brauchbaren Stande.«

Angesichts dieser Missstände hielt der Feldmarschall den Gedanken an eine Schlacht mit den Preußen für abwegig[34]. Wichtig war für ihn zunächst die Überlegung, »wie man die höchstbesorgliche destruction und Aufhebung der Regimenter abwenden, dieselben der Gefahr entziehen, in Sicherheit setzen und ernähren kann.« Am Besten erschien es ihm, »wenn alle Corps mobil, beysammen und im Stande wären des vorteilhaften Lauffes des Elb-Strohms sich mittelst einer sichern Defensive zu bedienen«. Über die strategische Bedeutung der Elbe für Preußen als Versorgungsweg und natürlicher Schutz war sich Rutowski völlig im Klaren. Er schlug daher eine insgeheim vorbereitete Zusammenziehung bei Pirna vor, da »der Posten [...] inattaquable« wäre. Für den Schutz der Residenz hielt er das Anlegen von Verschanzungen und die Verstärkung der Besatzung auf etwa 12 000 Mann für erforderlich. Weiterhin sollten die Magazine schnellstmöglich gefüllt und Pferde beschafft werden. Die sächsische Armee war jedoch aufgrund ihrer Stärke lediglich in der Lage, entweder Dresden oder den Posten bei Pirna mit einer ausreichenden Besatzung zu versehen. Die Befüllung der Magazine war außerhalb der Erntezeit ebenfalls beinahe unmöglich, zumal auch keinerlei Gelder für den Ankauf von Lebensmitteln und Futter zur Verfügung standen. Rutowski drängte angesichts der eigenen Defizite auf rasche Bündnisse, also auf die Aufgabe des Neutralitätskonzeptes, umso eventuell noch militärische und materielle Hilfe erlangen zu können[35].

Seine Denkschrift blieb jedoch vorerst ohne Antwort, da August III. am 10. Juni nach Fraustadt abreiste[36] und sein Premierminister dieser Angelegenheit zunächst wenig Bedeutung beimaß. Erst nach den Hinweisen des Grafen Puebla Anfang Juli befasste sich Brühl eingehender mit Rutowskis Vorschlägen und forderte ihn auf, erneut eine detaillierte Denkschrift zu erstellen[37]. Im zweiten »Pro Memoria« vom 2. Juli führte der Feldmarschall in 20 knappen Punkten die als notwendig erachteten Vorkehrungen nochmals auf[38]. Die Zusammenziehung der Infanterie sollte unter dem Vorwand des »anbefohlenen Strassen-Baues« erfolgen. Das »Rendezvous« der Infanterie wurde im Raum Meißen–Nossen, das der Kavallerie im Raum Döbeln, Nossen und Waldheim festgelegt. Die Befehle dazu

---

34 Auch der sächsische Kapitän v. Hoyer, der später in preußische Dienste wechselte, hielt in seiner »Analisierung des Feldzuges von 1756« die Erfolgsaussichten eines offensiven Vorgehens gegen die preußische Armee für äußerst gering. Zwar hätte das sächsische Heer einer der einzeln marschierenden preußischen Kolonnen durchaus in angemessener Stärke entgegen treten können. Dabei setzte sich die Armee Rutowskis »aber der Gefahr aus [...] abgeschnitten zu werden«. Hoyer, Versuch, S. 48. Zur Person Hoyers: Stammregister und Chronik der Kur- und Königlich-Sächsischen Armee, S. 289.

35 SHStA, Generalfeldmarschallamt, Loc. 10990: »Ein Fascicel, die Kapitulation von Ebenheit unter dem Lilienstein und was derselben anhängig betreffend. 1756.«

36 Vitzthum von Eckstädt, Die Geheimnisse des sächsischen Cabinets, T. I, S. 379.

37 Schuster/Francke, Geschichte der Sächsischen Armee, T. II, S. 75.

38 SHStA, Loc. 10990: »Ein Fascicel ...« (wie Anm. 35).

sollten jedoch den Regimentskommandeuren versiegelt zugehen und in Abhängigkeit von der Entwicklung der Lage erst auf ausdrückliche Anweisung geöffnet werden. Infanterie und Kavallerie sollten sich noch auf dem Marsch »mit soviel Korn oder Mehl versehen, als solche zur Subsistenz auf einen Monath nöthig hat«. Weiterhin wurden darin die kommandierenden Generäle vorgeschlagen und auf die Instandsetzung der Defensionswerke Dresdens, Sonnensteins und Königsteins gedrungen. Allerdings waren die Werke der Festung Dresden zu dieser Zeit bereits veraltet und das Bollwerk litt unter den typischen Belastungen, welche die barocke Fortifikationskunst für eine Stadt mit sich brachte. So war beispielsweise aus Platzmangel die »Brühlsche Terrasse« auf der heute noch erhaltenen Bastion »Venus« angelegt worden[39]. Da sich die Residenzstadt nur in Form abgetrennter Vorstädte hatte erweitern können, waren die Beobachtungs- und Wirkungsmöglichkeiten der Festungsartillerie durch die Bauwerke der Neustadt auf dem rechten Elbufer mittlerweile stark eingeschränkt worden. Üblicherweise hätte dieser Zustand ein rücksichtsloses »Rasieren« eines Schussfeldes von beinahe 1000 Metern rings um die Festungswerke nötig gemacht, ungeachtet der Absiedelung der Anwohner[40]. Es wäre aber allein schon aufgrund der wenigen verbleibenden Zeit unmöglich gewesen, die Hauptstadt in einen ausreichenden Verteidigungszustand zu versetzen.

Alle sächsischen Truppenbewegungen, so Rutowski weiter, sollten mit den Österreichern in Böhmen abgestimmt werden. Das Schreiben schließt mit dem Hinweis auf die zur Umsetzung der Pläne erforderlichen Finanzmittel, die durch Brühl und den König-Kurfürsten bereitgestellt werden mussten. Die Antwort Augusts III. vom 5. Juli zeugt hingegen von einer illusorischen Fehlbeurteilung der politischen und militärischen Lage, ihr Stil war für Rutowski in der Tat »herabwürdigend«[41]. Der König-Kurfürst dankte ihm für sein Bemühen und verwies in allen Detailfragen an Brühl. Er hob einzig mit Nachdruck hervor, dass »die harmlosen[!] Vorsichtsmassregeln zu keinem Verdacht, zu keinen falschen Interpretationen veranlassen möchten«[42]. Der geradezu zwanghaft umklammerte Neutralitätsgedanke bestimmte auch die Unterredungen Brühls mit dem preußischen Gesandten Dietrich von Maltzahn[43]. Hieraus lässt sich schließen, dass die von der militärischen Führung vehement geforderte Mobilmachung in keiner Weise dem politischen Konzept der Regierung entsprach. Man fürchtete eher noch, durch die Truppenbewegungen den Nachbarn zu provozieren und vertraute in Verkennung der Realität nach wie vor auf die Respektierung der eigenen Neutralität durch Preußen.

Ungeachtet dieser naiven Haltung verfasste der Feldmarschall am 8. August erneut eine Denkschrift[44] und richtete sie wie gefordert an Brühl. Aus der Bemerkung, dass »wegen der Subsistenz der Königl. Trouppen bereits die Maass-Reguln genommen, und dieser Punct also in so weit in Richtigkeit gebracht worden«, ist

---

[39] Aster, Beleuchtung der Kriegswirren, S. 95; Müller/Rother, Das kurfürstlich-sächsische Heer, S. 35. Zum sächsischen Festungswesen im Überblick: Henke, Festungen in Sachsen.
[40] Hohrath, Der Bürger im Krieg der Fürsten, S. 308 f., 312 f.
[41] Bode, 1756. Der Beginn des Siebenjährigen Krieges, S. 15.
[42] Zit. nach Vitzthum von Eckstädt, Die Geheimnisse des sächsischen Cabinets, T. I, S. 380.
[43] Ebd., S. 391–396.
[44] SHStA, Loc. 10990: »Ein Fascicel ...« (wie Anm. 35).

zu schließen, dass Rutowski in den vier Wochen, die seit der Antwort des König-Kurfürsten vergangen waren, bereits auf eigene Initiative und Verantwortung entsprechende Befehle erlassen hatte. Dies bestätigt unter anderem ein Brief des Generals Johann August von Haxthausen vom 20. August aus Leipzig an den Feldmarschall[45]: »Eure HochReichsGraffl. Excellencie haben mihr unterm 9ten dieses in ordre gegeben, so bald die benachbarten Trouppen den Fuß über die Gräntze setzen von hier nach Meißen abzugehen.«

Obwohl Rutowski in seiner Schrift Brühl nochmals ausdrücklich gebeten hatte, die Kriegskasse »mit hinlänglichen Geld-Vorrath« zu versehen, belegt die Abfassung einer erneuten Denkschrift am 19. August[46] das weitere Verharren Augusts III. in Untätigkeit. In diesem sehr emotional gefassten Schreiben, das zudem eine tiefe Abneigung gegen Friedrich II. wiederspiegelt, wurden drei Optionen für den Durchmarsch der preußischen Armee aufgezeigt:

»1. Nach vorhergehender geziemender Requisition auf den bestimmten Routen mittelst baarer Bezahlung aller Ordnung und Manns Zucht.

2. Ohne Requisition, aber mit Besetzung der evacuirten Plätze Leipzig und Wittenberg, mit wiederrechtlich drohenden Anmuthungen, dem Westmunsterschen Tractat beyzutreten, oder die Neutralitaet, durch Einräumung Dresden und Koenigstein, durch Zerstreuung oder Entwaffnung der Armée, zu gewissern.

3. Mit feindseeligen Bezeugungen, Brandschatzen, Contribution Ausschreiben[47], Entführung der Unterthanen, und was dem anhängig ist.«

In jedem der genannten Fälle wurde erneut die Zusammenziehung der Armee vorgeschlagen. Der Gedanke einer Verteidigung der Hauptstadt schien inzwischen gänzlich verworfen worden zu sein. Neben dem erwarteten »Durchmarsch« des preußischen Heeres analog zu den Ereignissen von 1744 reflektierte man in diesem Schreiben jedoch erstmalig die Möglichkeit einer gewaltsamen Einverleibung des sächsischen Heeres: »Wer ist es also, der uns vor seinen Hass [...] die garantie leisten kann, so bald er Herr und Meister ist, eine zerstreute, oder entwaffnete Armée in die seinige zu incorporiren, wenn er auch moderation genug hätte, solche nicht gleich anfänglich bewürken zu wollen?«

Hatten sich alle bisher eingereichten Vorschläge auf defensive militärische Maßnahmen beschränkt, wurde nun erstmals die Möglichkeit eines gewaltsamen Widerstandes in Betracht gezogen. Trotz des bevorstehenden, »alles überschwemmenden Überfalls« der Preußen sei eine »nothwendige Gegenwehr« nicht ausgeschlossen, »so lange man die Waffen in Händen hat, sie gebrauchen kann, oder sterben will, mag man schwerlich zu etwas gezwungen werden [...] Es ist besser, und ohnfehlbar glorieuser, eine Armée durch die Schärffe des Schwerdts, als durch Streckung des Gewehrs zu verlieren, so bald eines, wie das andere dem Lande nicht mehr helffen als schaden kann.«

---

45 SHStA, Generalfeldmarschallamt, Loc. 10989: »Die wegen der preuß. Mouvements gestellten Ordres und genommene Präcautiones 1756. Von 21 bis 31. August«.

46 SHStA, Loc. 10990: »Ein Fascicel ...« (wie Anm. 35).

47 Aus der »Kriegskontribution«, einer Grund- und Personalsteuer, die in die Kriegskasse floss, wurde der größte Teil der Kosten eines zusammengeworbenen Heeres bestritten. Büsch, Militärsystem und Sozialleben, S. 2, 6, 20 f.

Offenbar planten Rutowski und der »Chevalier de Saxe« als Verfasser der Schrift, der preußischen Armee bei Pirna so lange wie nur möglich zu widerstehen und – sollte keine österreichische Waffenhilfe erfolgen – ihr notfalls mit Gewalt entgegenzugehen. Ergebnis dieser schriftlichen Eingabe war die Zustellung der erwähnten Briefe ab dem 19. August an die Regimentskommandeure – die erste wichtige Maßnahme der kurfürstlichen Regierung überhaupt[48]. Diese enthielten vorgeschriebene Marschrouten zu bestimmten Sammelplätzen und waren nur auf ausdrückliche Anweisung zu öffnen.

Unterdessen liefen vor allem durch Spione, lokale Behörden oder auch beauftragte Jäger immer mehr Nachrichten vom Herannahen der Preußen an die Landesgrenze ein. General Haxthausen wies in seinem bereits zitierten Brief vom 20. August darauf hin: »Da mihr aber von hiesigen Orts an der Gräntze benachrichtet ward, als sollte in wenig Tagen ein Campement auf Preusischer Seite hart an unser Land zu stehn kommen.« General Friedrich Heinrich Prinz von Anhalt-Dessau (Sohn des Fürsten Leopold I. v. A.-D.) schrieb am selben Tag, dass er »von Dessau die Nachricht erhalten, dass den 26ten dieses, 5 Regimenter aus dem Magdeburgischen in Halle einrücken sollen und nachhero ein fernerer March vermuthet wird«[49]. Eine daraufhin am 22. August bei Brühl durch den Generalquartiermeister und Chef des Ingenieurkorps Georg Karl Baron von Dyherrn mündlich vorgebrachte Anfrage Rutowskis, »ob er sodann schon zur Erbrechung der verschlossenen Ordre schreiten oder [...] abwarten müßte«, verbunden mit der Bitte, die grenznahen Garnisonen bereits in Marsch zu setzen, blieb vorerst ohne Erfolg[50]. Der Feldmarschall wies die Generäle noch am selben Tag an, dass auf kurfürstlichen Befehl »unserer Seits weiter nicht das geringste Mouvement gemacht werden sollte. Es geschehe dann, dass ein Preuß. Corps würklich unsere Gräntzen berühren und in allhiesiges Territorium einrücke[51]«. General Rochow im grenznahen Naumburg wurde trotz seiner wiederholten Hinweise auf die Dringlichkeit einer Verlegung seiner Truppen am 22. August ebenfalls befohlen, die Order noch verschlossen zu halten, egal ob »gedachte preussische Trouppen sich noch so stark und dichte an unseren Grenzen zusammenziehn, campiren oder auch cantoniren«[52].

Währenddessen scheint Brühl auch aus Regierungskreisen zum Handeln gedrängt worden zu sein, denn der erwähnte Rat von Saul schrieb ihm am 23. August von einem Beschluss, demzufolge »die Ordres [...] wohl dahin gestellt werden könnten, denen entferntesten Regimentern [...] ein paar Märsche nach den bereits entworfenen Routen näher an die anderen thun zu lassen, sobald die Preußischen Truppen sich en corps dicht an die sächsische Grentze zusammenziehen«[53]. Der Dresdner Hof gab den eindringlichen Vorstellungen von verschiedenen Seiten nun

---

48 Vitzthum von Eckstädt, Die Geheimnisse des sächsischen Cabinets, T. I, S. 384.
49 SHStA, Loc. 10989: »Die wegen ...« (wie Anm. 45).
50 Ebd.
51 Ebd.
52 Ebd.
53 Zit. nach Aster, Beleuchtung der Kriegswirren, S. 109; Vitzthum von Eckstädt, Die Geheimnisse des sächsischen Cabinets, T. I, S. 384 f.

offenbar nach, denn Rutowski informierte die grenznahen Regimenter, dass sich der König nun »anderweit zu declariren geruhet«[54]. Erstmals wurden auch Angaben zur Verpflegung gemacht. Der Feldmarschall schrieb, »daß zwar nach dem öffnen alles zur wörtlichen Exekution zu bringen, jedoch was die mitzunehmende Fourage [= Pferdefutter] und Mundprovision anbelange, darinnen seinen Abfall leide, daß weiter nichts als auf 1 Monat Hartfutter und auf 4 Tage Brodt mit zu führen sey«.

Die Mitnahme einer solch geringen Menge an Verpflegung machte die Beschaffung von Nahrungsmitteln und Futter am Ankunftsort, also in unmittelbarer Nähe des Lagers, natürlich umso wichtiger. Diese war jedoch noch keinesfalls sichergestellt. Erst am 24. August wurde der General und Geheime Kriegsrat August Siegmund von Zeutzsch vom Premierminister mit der Aufgabe betraut, in Abstimmung mit dem Feldmarschall die Versorgung der Armee sicherzustellen[55]. Gerade bei dieser Aufgabe sollte sich der Mangel an Magazinbeständen mit der allgemeinen Finanznot Sachsens zum Desaster addieren. Der König-Kurfürst musste schließlich Gelder aus seinem Privatvermögen zur Verfügung stellen, um die Vorbereitungen und die Besoldung der Mannschaften zumindest einigermaßen zu gewährleisten. Durch den Verzicht auf die Verteidigung Dresdens konnten aus den dortigen Beständen noch etwa je 1000 Scheffel Hafer und Korn freigesetzt und nach Pirna geschafft werden[56].

Es sei nochmals darauf hingewiesen, dass bis zu diesem Zeitpunkt den Kommandeuren der noch verstreut liegenden Regimenter der Plan von ihrer Zusammenziehung bei Pirna nicht bekannt war. Ebenfalls am 24. August erwähnte Rutowski in einem Brief an General Karl Siegmund von Arnim[57], dass es »wohl geschehen könnte, daß [...] unser allergnädigster Herrscher dero Armee en Corps zusammen ziehen liesen«. Anbei befand sich eine Liste der inzwischen vom König-Kurfürsten ernannten kommandierenden Generäle[58].

Spätestens am selben Tage scheint auch das Gelände zwischen Pirna und der Festung Königstein definitiv als Ort der Truppenkonzentration beschlossen worden zu sein, da ebenfalls am 24. ein 24 Mann starkes Ingenieurkorps in diese Ge-

---

54   SHStA, Loc. 10989: »Die wegen ...« (wie Anm. 45).
55   Weisung Brühls an das Geheime Kabinett vom 24.8.1756. SHStA, Geh. Kriegsratskollegium, Nr. 1332: »Dispositiones, so wegen der Ausgangs Augusti 1756 erfolgten Zusammenziehung der Armée von Seiten des Geheimen Kriegs-Rats-collegii in ein und dem andern gemacht wurden. Anno 1756«; Vitzthum von Eckstädt, Die Geheimnisse des sächsischen Cabinets, T. I, S. 385.
56   Vitzthum von Eckstädt, Die Geheimnisse des sächsischen Cabinets, T. I, S. 385.
57   SHStA, Loc. 10989: »Die wegen ...« (wie Anm. 45).
58   Diese waren bei der Kavallerie: die Generäle von Arnim und von Anhalt, die Generalleutnante Graf Vitzthum und Ploetz sowie die Generalmajore von Rechenberg, Vitzthum, Dalwitz (später General von Ronnow) und Reitzenstein. Die Infanterie befehligten: die Generäle von Rochow und Haxthausen, die Generalleutnante von Minckwitz, O'Meagher, der Graf von Stolberg-Roßla sowie die Generalmajore von Gersdorf, Bolberitz, Nischwitz, Crousatz und Dieden. Den Oberbefehl führte gemäß der »Ordre de bataille« Graf von Rutowski, ihm stand für die Kavallerie der »Chevalier de Saxe« zur Seite. Die Artillerie unterstand dem Generalleutnant von Wilster. SHStA, Loc. 10989: »Die wegen ...« (wie Anm. 45); Schuster/Francke, Geschichte der Sächsischen Armee, T. II, S. 82.

gend abgesandt wurde[59]. Ihre Aufgabe bestand – den Gepflogenheiten der Zeit entsprechend – in der genauen Erkundung des Lagerplatzes, dessen Besetzung und dem Abstecken desselben. Die Wege für die einzelnen Marschkolonnen wurden ausgeflaggt sowie ihre Gangbarkeit nötigenfalls verbessert. Die abgesteckten Reihen legten die Plätze der Zelte jedes einzelnen Regiments fest. Ihre Aufstellung entsprach in der Regel der »Ordre de bataille«. Dementsprechend wurden die Regimenter jedes Treffens auch nebeneinander angeordnet, sodass die Gesamtanlage in ihrem Grundriss ein weit auseinander gezogenes Rechteck bildete. Die Kavallerie lagerte bei Pirna jedoch nicht wie gemeinhin üblich auf den Flügeln der Armee, sondern nahm ihren Lagerplatz hinter den Infanterieregimentern[60]. Der Feldherr wurde abseits der Truppe in einem Gehöft – dem heute noch erhaltenen Rittergut Struppen – untergebracht. Die Armee bewohnte ansonsten ausnahmslos Zelte, womit ein rascher Abbau und Abmarsch gewährleistet war. Der Waffenplatz, auf dem sie sich bei Alarmierung in Schlachtformation stellte, befand sich in Feindrichtung vor der Front der Unterkünfte. Zahlreiche Wacht- und Feldposten, die stärksten zur Feindseite hin, sowie Kavalleriepatrouillen umgaben das Lager. Sie sollten es nicht nur vor feindlichen Überfällen schützen, sondern auch mögliche Deserteure an ihrer Fahnenflucht hindern[61].

Während die sächsische Armee ihr Lager noch für den Einmarsch präparierte, wurden die aus den Grenzregionen eingehenden Nachrichten immer präziser. Rochow schrieb am 25. August aus Naumburg[62], dass »die Nachrichten der Spione besagen, daß in Halle [...] nach und nach mehrere Trouppen einrücken und noch weyter Cavallerie und Husaren, auch schwere Artillerie nach kommen sollen, wie auch daß dort der Prinz von Braunschweig nebsten dem König selbst vermuthet werden«. Aufgrund der Dringlichkeit gab Rochow schließlich selbstständig seinen Regimentern den Befehl zum Öffnen der versiegelten Anweisungen. Ähnlich handelte General Anhalt, als er erfuhr, dass »einige Regimenter von Berlin herkommen und sich der Gräntze auf Jüterbog nähern«[63]. Ab dem 26. August ergingen dann von Rutowski offiziell die Befehle an die Regimenter zum Aufbruch.

Es gilt hier vorerst festzuhalten, dass der kursächsische Hof am Vorabend des Siebenjährigen Krieges durch ein weit verzweigtes Netzwerk verschiedenster Informanten über die Kriegsvorbereitungen in Preußen informiert war. Im Stadium der dem zwischenstaatlichen Konflikt gewöhnlich vorangehenden »Krise« nahm man auf der Ebene der politischen und militärischen Führung in Sachsen die Bedrohung durch die sich allgemein aufladende politische Atmosphäre gleichermaßen wahr. Da viele Hinweise auch seitens der lokalen Behörden eingingen, scheint die zivile Bevölkerung zumindest in den grenznahen Regionen die heraufziehende Kriegsgefahr ebenso erkannt zu haben. Während jedoch die oberste militärische

---

59 SHStA, Loc. 10989: »Die wegen ...« (wie Anm. 45); Schuster/Francke, Geschichte der Sächsischen Armee, T. II, S. 76.
60 R. Bleckwenn, Zelt und Lager, S. 162.
61 Ebd., S. 149–151.
62 SHStA, Loc. 10989: »Die wegen ...« (wie Anm. 45).
63 Schreiben des Fürsten v. Anhalt vom 25.8.1756 an Rutowski. SHStA, Loc. 10989: »Die wegen ...« (wie Anm. 45).

Führung Kursachsens seit dem Eintreffen der ersten beunruhigenden Nachrichten deutlich und unverzüglich auf die bekannten Unzulänglichkeiten bei der Armee aufmerksam machte sowie die dem zwanghaften Festhalten an einer Neutralitäts- politik innewohnenden Gefahren erkannte, verharrten der König-Kurfürst und sein Premierminister noch lange in einer verhängnisvollen Lethargie. Das vorge- schlagene Zusammenwirken mit Österreich erschien angesichts der Lageentwick- lung als logische Konsequenz, als einzige Option zur Kompensation der eigenen Schwächen. Fraglich bleibt jedoch, ob man in Dresden Kenntnis von der ebenfalls ungenügenden Rüstung des österreichischen Heeres besaß. Aufgrund der jahrelan- gen Vernachlässigung der Festungswerke erscheint die Aufgabe einer Verteidigung Dresdens ebenfalls sinnvoll. Damit vermied man zudem eine mögliche Zerstörung der Hauptstadt und ersparte ihrer Bevölkerung die zwangsläufige Not einer Belage- rung. Wie die Datierung der Briefe an die einzelnen Generäle belegt, war Rutowski stets um deren schnellstmögliche Information bemüht. Die letzte Entscheidung über die Ausführung der Zusammenziehung der Armee lag jedoch beim König- Kurfürsten und beim Premierminister, deren zögerliche Haltung die sächsische Ar- mee bereits binnen weniger Tage in preußische Hände geliefert hätte, da ein Verblei- ben in den Garnisonen dem feindlichen Operationsplan vollends entgegenge- kommen wäre. Wie aus den Quellen ersichtlich wird, ist die Verhinderung einer überraschenden einzelnen Gefangennahme der Regimenter dem selbstständigen Handeln des Feldmarschalls zu verdanken, der am Vorabend des Krieges vor dem Hintergrund einer entscheidungsschwachen Regierung als treibende Kraft fungierte.

2. Der preußische Einmarsch und die Zusammenziehung des sächsischen Heeres bei Pirna

Am 26. August sandte Friedrich II. die dritte und letzte Anfrage an Maria Theresia. Ohne die Antwort abzuwarten, setzte er sich am Morgen des 28. nach einer kurzen Exerzierübung mit seinen Garnisonstruppen in Richtung Sachsen in Marsch[64]. Der preußische Einfall erfolgte ohne Kriegserklärung in der Nacht vom 28. zum 29. August mit 47 817 Mann Infanterie, 14 495 Mann Kavallerie und 222 Ge- schützen[65]. Seinen Grundsätzen getreu hatte Friedrich II. erneut »mit einem gro- ßen Schlage begonnen«[66].

Gemäß dem preußischen Operationsplan stieß der rechte Flügel der Armee unter Ferdinand von Braunschweig in vier Kolonnen aus dem Raum Halle – Aschers- leben in südöstlicher Richtung über Leipzig und Chemnitz bis in den Raum Frei-

---

[64] Duffy, Friedrich der Große, S. 132 f.
[65] Groehler, Die Kriege Friedrichs II., S. 77. In einer Quelle des SHStA wird das preußische Heer hingegen auf 16 104 Mann Kavallerie und 47 760 Mann Infanterie beziffert. SHStA, General- feldmarschallamt, Loc. 10990: »Briefe und Listen den Siebenjährigen Krieg betreffend. 1756.«
[66] Zit. nach Schieder, Friedrich der Große, S. 136.

berg vor. Die kurfürstlichen Kassen in Leipzig wurden beschlagnahmt, die Magazine leergeräumt und Maschinen abtransportiert[67].

Die Mitte der Armee unter dem König marschierte ebenfalls in vier Kolonnen vom Raum Magdeburg aus entlang der Elbe über Dessau, Wittenberg und Torgau bis in die Gegend Lommatzsch und Döbeln[68]. Dieses Korps führte vor allem die Proviant- und Feldbäckereikolonnen sowie zahlreiche Pontons und Versorgungsschiffe auf der Elbe mit sich. Der Schiffszug soll dabei aus 308 Fahrzeugen bestanden haben, die zahlreiche Geschütze und einen Mehlvorrat für drei Monate mitführten[69]. Die Versorgung der Armeekorps und Magazine auf dem Wasser war ohnehin die geläufigste jener Zeit, Wasserwege konnten geradezu das »Rückgrat« der Kriegführung bilden. So konnte ein Lastschiff aufgrund seiner größeren Transportkapazität zwischen 13 und 26, in Ausnahmefällen sogar bis zu 70 Pferdewagen ersetzen[70].

In den sächsischen Garnisonsstädten – beispielsweise in Wittenberg – trafen die Preußen nur noch auf die Bürgerwehren, da dort nach Ausmarsch der Garnisontruppen »zu Besetzung der Vestung und Thore mit der Bürgerschafft unverzüglich Anstalt getroffen« worden war[71]. Die Befestigungen Torgaus wurden verstärkt, die Stadt als Lazarett und vorläufiger Sitz des Feldkriegsdirektoriums bestimmt, das die Verwaltung der in Sachsen ausgeschriebenen Kriegssteuer übernehmen sollte[72]. Sächsische Offiziere setzte man sofort gefangen, egal wo sie angetroffen wurden[73]. Sie konnten jedoch auf ihr Ehrenwort, sich »wohl an Ort und Stelle dahin es verlanget wird zu gestellen und [...] keinen Dienst wieder Se. Königl. Preußisch. Majest. zu thun«, vorerst nach Hause gehen[74].

Der linke, weit auseinander gezogene Flügel der Armee unter dem Herzog August Wilhelm von Bevern zog aus dem Raume Beeskow–Guben–Bunzlau über Kamenz, Bautzen und Stolpen bis Fischbach.

Auch während des Vormarsches wurden die preußischen Bewegungen nach Dresden gemeldet. Am 29. August schrieb General Anhalt an Rutowski, dass er »gestern die schleunige Nachricht aus [...] nahe bey Wittenberg gelegenen Orthen

---

67 Dabei stellten die Preußen beispielsweise eine Maschine sicher, die in einer Manufaktur bei Leipzig Seide 600-mal schneller als ein Handzwirner Zwirnen und Doublieren konnte. Groß, Kurfürst Friedrich August II., S. 9.

68 Schuster/Francke, Geschichte der Sächsischen Armee, T. II, S. 77 f.

69 Jany, Die Armee Friedrichs des Großen, S. 357.

70 Die Nutzung der Elbe als Nachschubweg wurde für Preußen umso wichtiger, nachdem die Mehrheit der dreispännigen Wagen aufgrund mangelnder Erfahrung der Kutscher mit diesem Transportmittel beim Einmarsch nach Sachsen Schaden genommen hatte. Aufgrund dieser Erfahrung gingen die Preußen zum Gebrauch vierspänniger Fuhrwerke über. Luh, Kriegskunst in Europa, S. 25, 42, 45. Im April 1778, am Vorabend des Bayerischen Erbfolgekrieges, ließ Sachsen daher von Beginn an alle größeren Elbkähne für seine eigenen Bedürfnisse in Beschlag nehmen. Mielsch, Die kursächsische Armee, S. 86.

71 Schreiben des Wittenberger Bürgermeisters vom 10.7.1756. SHStA, Nr. 1332 (wie Anm. 55).

72 Die Kriege Friedrichs des Großen, 3. T., Bd 1, S. 207.

73 Schuster/Francke, Geschichte der Sächsischen Armee, T. II, S. 78.

74 Schreiben eines sächsischen Generals an Rutowski vom 2.9.1756. SHStA, Generalfeldmarschallamt, Loc. 10989: »Concepte von Ordres des Generalfeldmarschalls Grafen Rutowski pro Septembri 1756 im Lager bey Struppen«.

erhalten, wie einige preußische Regimenter sich alda hindurchzögen und gerade auf Wittenberg ihren March fortsetzten«[75]. Ähnliches sei ihm auch aus Leipzig gemeldet worden. Dort hätten sich preußische Offiziere »sehen lassen und die Felder durchstrichen und abgeschritten, auch nach unterschiedlichen Gegenden gewiesen [...] Man vermuthet dahero, daß ihre Absicht gewesen, die Gegend zu erkunden, um ein Lager zu formiren«[76].

Aufgrund dieser Nachrichten erging von Rutowski am selben Tage die »Generalordre an die Cavallerie«, die den Kürassieren vom »Leibregiment«, Kgl. Prinz, »Arnim« sowie »Fürst Anhalt« für den 2. September das Einrücken ins Pirnaer Lager befahl[77]. Eine ähnliche Weisung legte für die Infanterieregimenter »Garde z.F.«, »Prinz Friedrich«, »Prinz Maximilian«, »Prinz Xaver«, »Prinz Clemens« und »Lubomirski« das Sammeln in einem Lager bei Meißen bis zum 31. August fest[78]. Spätestens bis zum 2. September waren auch diese Regimenter ins Lager bei Pirna marschiert.

Zwischen dem 5. und 6. September trafen die drei preußischen Korps nach insgesamt reibungslosem Vormarsch in den genannten Räumen um Dresden ein und bezogen dort vorerst ein Lager. Den preußischen Soldaten war diese Marschpause sicher willkommen, denn »jeder war bebündelt wie ein Esel«. Waffe, Patronen, Tornister und »Habersack mit Brot und andrer Fourage gestopft«, drückten auf die »enge gepresste Montur«. Hinzu kamen Feldflasche, Kessel und verschiedenes Schanzgerät, sodass »jeder glaubte, unter solcher Last ersticken zu müssen«. Ohnehin waren die Soldaten Friedrichs, die »Landeskinder« insbesondere, noch aufgewühlt von der Trauer des Abschieds von ihren Familien. Der in der heutigen Literatur häufig zitierte Schweizer Kriegsteilnehmer Ulrich Bräker, neben dem Kronprinzen Friedrich der wohl bekannteste Deserteur seines Jahrhunderts, beschreibt die Szenen beim Ausmarsch aus Berlin (wie auch die Wahrnehmungen eines einfachen Soldaten im Allgemeinen) eindringlich[79]. Unter der Last des Gepäcks wird man den »schwähren Marsch in dass Gebürge« umso beschwerlicher empfunden haben. Bereits jetzt hatten viele preußische Soldaten das Leben »manges mahl satt«[80]. Aber auch für die nach Pirna marschierenden Sachsen scheint die Belastung bei der herrschenden »Hundstagshitze«[81] sehr hoch gewesen zu sein. General Christoph Erdmann von Reitzenstein schrieb am 31. August aus seinem Marschquartier in Königshain an Rutowski, »daß das Regiment einen sehr starken March gehabt«[82].

---

[75] SHStA, Loc. 10989: »Die wegen ...« (wie Anm. 45).
[76] Schreiben des Premierleutnants Specht aus Skeuditz vom 28.8.1756. SHStA, Loc. 10989: »Die wegen ...« (wie Anm. 45).
[77] SHStA, Loc. 10989: »Die wegen ...« (wie Anm. 45).
[78] Ebd.
[79] Bericht des Schweizer Soldaten Bräker aus dem Regiment »Itzenplitz« über den Einmarsch in Sachsen, in: Bräker, Das Leben und die Abentheuer, S. 141 f.
[80] Brief eines preußischen Soldaten vom 12.9.1756. Zit. nach Schwarze, Der Siebenjährige Krieg, S. 54.
[81] Bräker, Das Leben und die Abentheuer, S. 142.
[82] SHStA, Loc. 10989: »Die wegen ...« (wie Anm. 45).

Beim Einmarsch nach Sachsen ließ Friedrich II. zur Rechtfertigung des Überfalls überall seine auf öffentliche Wirkung hin konzipierte »Declaratio derjenigen Gründe, welche Se. Königliche Majestät in Preußen bewogen, mit dero Armee in Sr. Königl. Majestät von Pohlen und Churfürstlichen Durchlaucht zu Sachsen Erblande einzurücken«, bekanntmachen[83]. Der König von Preußen verkündete darin unter anderem, er habe »nicht die allergeringsten offensiv Absichten zum Augenmerk«, er betrachte die Sachsen nicht als Feinde und werde mit seinem Heer auf »schärffste Mannszucht« achten. Einzig und allein der Wiener Hof hätte ihn gezwungen »zu präveniren«. Das Verhalten Maria Theresias während des Notenwechsels hatte ihm also die erhofften propagandistischen Argumentationsgrundlagen geliefert. Indem Preußen den Überfall zum bloßen Akt der Selbstverteidigung deklarierte und damit Österreich zum Hauptgegner erklärte, wurde die Aggression gegen Sachsen gleichsam propagandistisch heruntergespielt. Um einem österreichischen Überfall entsprechend begegnen zu können, sei es aus strategischen Gründen eben nötig, das Kurfürstentum Sachsen gewissermaßen »in Verwahrung« zu nehmen, so die preußische Propaganda. In der sich zwischen Preußen und Österreich zunehmend verschärfenden publizistischen Auseinandersetzung um Strategien, Geschlossenheit der Konfessionen und die Gültigkeit unterschiedlicher Vorstellungen vom »Vaterland« konnte Sachsen fortan nur versuchen, sich in der Rolle eines schutzbedürftigen, »bedrängten« Opfers zu präsentieren[84].

Ähnlich wie die offizielle preußische Propaganda argumentierte auch Dietrich von Maltzahn am 29. August gegenüber Brühl, als er dem sächsischen Hof die offiziellen Gründe seines Königs zum Einmarsch darlegte[85]. Seine Aussage, Friedrich II. wolle lediglich durch Sachsen nach Böhmen marschieren, nährte letztmalig die Hoffnungen des Dresdner Hofes auf die Vermeidung jeglicher Auseinandersetzungen auf sächsischem Gebiet. Die bezeichnende Tatsache, dass diese Erklärungen Maltzahns nur mündlich abgegeben wurden[86], ist in Anbetracht des weiteren Verhaltens der Preußen leicht verständlich[87].

Auf die Vorstellung Maltzahns reagierte August III. noch am selben Tage mit einer Note an den König von Preußen. Da dem König-Kurfürsten nun allmählich bewusst wurde, dass die preußischen Absichten erneut »auf etwas mehreres, als

---

83 SHStA, Loc. 10990: »Preußische Proklamation bei Beginn des Siebenjährigen Krieges 1756«. Zur Bedeutung von Kriegserklärung und -manifest im 18. Jahrhundert: Tischer, Offizielle Kriegsbegründungen.

84 Blitz, Aus Liebe zum Vaterland, S. 156 f.; Flugschrift »Das bedrängte Sachsen« von 1757. Zit. nach Höhne, Die Einstellung der sächsischen Regimenter in die preußische Armee, S. 135.

85 Vitzthum von Eckstädt, Die Geheimnisse des sächsischen Cabinets, T. I, S. 395.

86 Ebd.

87 Hier erscheint die These Höhnes, dass der preußische Durchmarsch durchaus in Brühls Interesse gelegen hätte, um dem Heer Friedrichs II. bei sich bietender Gelegenheit in den Rücken zu fallen, abwegig. Aus den bisherigen Darstellungen sollte hervorgegangen sein, dass zumindest die oberste militärische Führung Sachsens im Herbst 1756 durchaus ein klares Lagebild besaß und auch der Premierminister sich der eigenen Chancenlosigkeit in einer Feldschlacht gegen die Preußen wohl bewusst war. Es ist nur schwer vorstellbar, dass Brühl die einzige Armee Sachsens mit einer solchen Maßnahme der sicheren Vernichtung preisgegeben hätte. Die Sachsen hätten in der Folgezeit einzig den Nachschub oder kleinere Abteilungen der Preußen gefährlich bedrohen können, wie bereits dargelegt wurde. Höhne, Die Einstellung der sächsischen Regimenter in die preußische Armee, S. 22.

das bey einem freundschaftlichen Durch-Marche Reichsübliche abzielen möchten«[88], war er eifrig bemüht, den preußischen König von seinen Friedensabsichten zu überzeugen. Sachsen, so hieß es, werde den Durchmarsch der Preußen nicht im Geringsten behindern, Friedrich II. sollte dem Dresdner Hof einzig »Ort und Zeit, wo und wann, auch wie stark der Durchmarsch geschehen solle«, mitteilen sowie seine Soldaten »gute Disciplin« halten lassen. Der sächsische Monarch betonte nochmals, dass er am Konflikt zwischen Preußen und Österreich »nicht im Mindesten Theil nehmen« wolle und versicherte, dass sich die Ereignisse von 1744 nicht wiederholen würden[89]. Man ging so weit, den Preußen die Unterstützung durch Marschkommissare[90] anzubieten, welche die preußischen Truppen durch Sachsen leiten sollten. Zudem wurde General Thaddeus O'Meagher zum preußischen Stab kommandiert, um die hierfür nötigen Absprachen zu treffen[91]. Man erwog sogar, den preußischen König durch die Stellung von Geiseln sowie eine Neutralitätserklärung für die Festungen Torgau, Wittenberg und Pirna (nicht jedoch für Königstein!) von der sächsischen Friedfertigkeit zu überzeugen[92].

Unterdessen rückte das Armeekorps des preußischen Königs am 7. September nach Wilsdruff vor. Seine Spitzen besetzten am folgenden Tag die Residenzstadt, in der sich lediglich noch Bürgerwachen befanden und die von den Preußen erst 1759 wieder geräumt werden sollte[93]. Ab dem 9. September lagerte das gesamte Korps am Rand von Dresden im Bereich des heutigen Stadtteils Räcknitz mit Front gegen Pirna. Dort hatte Friedrich II. »bei Spießrutenlaufen« vorerst jegliches Schießen verboten[94]. General von Wylich wurde zum Stadtkommandanten und der preußische Minister von Borcke zum Chef des Generalkriegsdirektoriums ernannt[95]. Letzterer leitete bis zur Vereinigung von Feldkriegsdirektorium und -kommissariat 1759 die gesamten sächsischen Verwaltungs- und Einkommensangelegenheiten. Seine hierbei gewonnenen Einblicke in die Finanzwirtschaft und das Militärwesen Sachsens sollten Friedrich II., der die Geschicke des Landes auch weit über den bevorstehenden Krieg hinaus mit großem Interesse verfolgte, später noch von Nutzen sein[96].

Insgesamt unterstrichen die ergriffenen Maßnahmen die Wichtigkeit der Ressourcen der sächsischen Hauptstadt für die weitere preußische Kriegführung. Napoleon schrieb später dazu: »Die Erwerbung Dresdens war eine wichtige Eroberung für den König von Preußen; er fand dort alle Kriegsvorräte und das Arsenal des König-Kurfürsten. Der Platz war stark; er gewährte ihm einen nötigen Stütz-

---

88 Kurfürstlicher Erlass vom 31.8.1756. SHStA, Geheimes Kriegsratskollegium, Nr. 1333: »Acta, die Einrückung der Königl. Preußischen Armée in die Chur-Sächsischen Lande und was dem anhängig betr.«

89 Zit. nach Vitzthum von Eckstädt, Die Geheimnisse des sächsischen Cabinets, T. I, S. 396–398.

90 In der Regel wurden die adeligen Landräte dafür herangezogen. Sie waren in dieser Funktion für die Organisation der Truppenbewegungen zuständig. Büsch, Militärsystem und Sozialleben, S. 2.

91 Die politische Correspondenz Friedrichs des Grossen, Bd 13, Nr. 7955.

92 Schlechte, Das geheime politische Tagebuch des Kurprinzen, S. 54.

93 Bode, Dresden und seine Umgebung, S. 40.

94 Aster, Beleuchtung der Kriegswirren, S. 135.

95 Bode, Dresden und seine Umgebung, S. 40 f.

96 Hofmann, Die Kursächsische Armee, S. 17.

punkt und vervollständigte die Elbgrenze, die nun in ihrem ganzen Lauf von Magdeburg ab in seiner Macht war[97].«

Die von Friedrich II. versprochene »scharfe Mannszucht« wurde während des Marsches nach Dresden jedoch keineswegs eingehalten. Sofort nach dem Grenzübertritt hatten die preußischen Plünderungen eingesetzt, wobei besonders die als Marschquartiere bestimmten Orte in Mitleidenschaft gezogen wurden, wie ein Kriegsteilnehmer berichtete:

> »Potz Plunder, wie giengs da her! Ha! Da wurde gefressen! [...] Auf den Märschen stopfte jeder in seinen Habersack, was er – versteht sich in Feindesland – erhaschen konnte: Mähl, Rüben, Erdbirrn, Hühner [...] Was das vor ein Mordiogeschrey gab, wenn's durch ein Dorf gieng, von Weibern, Kindern, Gänsen, Spanferkeln [...] Da mußte alles mit, was sich tragen ließ. Husch! den Hals umgedreht und eingepackt [...] Da brach man in alle Ställe und Gärten ein, prügelte auf alle Bäume los und riß Äste mit den Früchten ab. Der Hände sind viel, hieß es da; was einer nicht kann, mag der ander. Da durfte keine Seel' Mux machen, wenn's nur der Offizier erlaubte, oder auch bloß halb erlaubte[98].«

Auch von den Marschkommissaren gingen zahlreiche Briefe in Dresden ein. Der Kommissar des damaligen »Gebürgischen Creyßes«, Carlowitz, berichtete den täglichen Bedarf des Korps des Prinzen von Braunschweig: »21 510 Portiones« und »11 715 Rationes«. Dem genannten Landkreis wurde durch den Prinzen nahe gelegt, diesen Bedarf »bey Vermeidung der allerschärffsten militairischen Execution« sicherzustellen[99].

Die Orte, an denen die Preußen während des Marsches ihre Lager aufschlugen, litten besonders. Im Falle solcher Einquartierungen im Feindesland erhielt der Bauer als »Wirt« in der Regel keinerlei Vergütungen. Jedoch verpflegte er die fremden Soldaten gern unentgeltlich, wenn ihm dafür nur der Hausfrieden und vor allem seine Gesundheit erhalten blieben[100]. Eine der wichtigsten Maßnahmen der Kommissare war zudem die rasche Organisation zahlreicher Fuhrwerke, um die für das preußische Heer notwendigen Versorgungsgüter weiter nach Sachsen, beziehungsweise aus den sächsischen Magazinen nach Böhmen transportieren zu können[101]. Ohne solche Vorspanndienste der Bauern und ihres Gesindes waren größere Bewegungen einer frühneuzeitlichen Armee kaum durchführbar[102]. So war Friedrich II. neben dem Wasserweg auch auf die sächsischen Gespanne angewiesen, deren Fuhren ihm den Transport von Futter, Soldaten und Kriegsmaterial ermöglichten. Das meist wochenlange Fernbleiben von Bauern und Fuhrknechten leitete bereits zu Anfang des Krieges den Niedergang der heimischen Wirtschaft ein, zumal die Bauern bei ihren Spanndiensten nicht selten Pferd und Wagen ruinierten. Die enormen Lieferungen, das »gäntzliche Ausfouragieren sowohl allen Boden-Getreydes als anderer Victualien auch Wegnehmung derer Pferdte und

---

97 Zit. nach Napoleon I. Darstellung der Kriege, S. 348.
98 Bräker, Das Leben und die Abentheuer, S. 147 f.
99 Schreiben v. Carlowitz an den Kurfürsten vom 3.9.1756. SHStA, Nr. 1333 (wie Anm. 88).
100 Büsch, Militärsystem und Sozialleben, S. 23.
101 Luh, Kriegskunst in Europa, S. 47.
102 Büsch, Militärsystem und Sozialleben, S. 25 f.

anderen Jung- und Zuchtviehs« führten dazu, dass viele dort, »wo die Lager gestanden, den Bettelstab als das äußerste und letzte Mittel des Hungers [...] ergriffen
und in den [...] preußischen Lagern Mitleiden und Erbarmung such[t]en«[103]. Während die sächsischen Kommissare angesichts solcher Notlagen beim preußischen
Feldkriegskommissariat um Erlaubnis baten, dass das »in Stücken zerbrochene«
und »etwas angelauffene Komißbrodt« den Bedürftigen überlassen werden soll[104],
vernichteten die preußischen Soldaten kurzerhand die Naturalien, die sie auf dem
weiteren Marsch nicht mit sich führen konnten[105]. Vor dem »Fouragieren« und den
Einquartierungen blieben selbst Pfarrhäuser nicht verschont[106].

Insgesamt ging es den preußischen Truppen nicht nur um die Erfüllung der typischen Soldatenbedürfnisse wie Essen und Ruhe, sondern sicher auch um nachhaltige Schädigung des besetzten Landes und seiner Einwohner. Hierzu ist allerdings anzumerken, dass die Armeen in jener Zeit generell recht rücksichtslos
vorgingen, wenn es um die Beschaffung der für sie lebenswichtigen Futter- und
Nahrungsmittel ging. Auch vom österreichischen Truppen ist aus dem weiteren
Verlauf des Siebenjährigen Krieges überliefert, dass sie bei ihren Beutezügen »weder des Landes schonte[n], noch auch eine gute Ordnung im fouragieren beobachtete[n]«[107]. Friedrich II. wollte aber offenbar nicht nur seine Truppen aus
Sachsen ernähren, sondern die Ressourcen des Kurfürstentums langfristig, über
die Dauer des begonnenen Konflikts hinaus, erschöpfen[108].

Was das sächsische Heer betrifft, so war die ab dem 26. August erteilte Erlaubnis Rutowskis zum Öffnen der Marschbefehle also gerade noch zeitgerecht erfolgt.
Besonders die grenznahen Garnisonen konnten so vor einer sofortigen Gefangennahme bewahrt werden. Dass sich die sächsischen Regimenter in etwa so schnell
zurückzogen, wie die Preußen einmarschierten, unterstreicht nochmals die Wichtigkeit des Vorsprungs ihrer von etwa drei Tagen durch die rechtzeitigen Anordnungen des Feldmarschalls. Seine Befehle enthielten jeweils eine detaillierte Marschroute. So sollte beispielsweise die Garde-Infanterie in vier Märschen, bei denen die
Zwischenziele jeweils genau benannt wurden, aus ihren Standquartieren im Raum
Zeitz–Merseburg–Borna bis in das Gebiet Döbeln–Roßwein–Nossen zurückweichen[109]. Dabei wurden Invalide, Kranke, Frauen und Kinder in den Standquartieren
zurückgelassen. Eine »Specifikation« vom Infanterieregiment »Rochow« gibt bezüglich deren Anzahl nähere Auskunft. Er schrieb von 107 »Weibern« und 155 Kindern, die in den Garnisonen um Zwickau, Plauen und Schneeberg verblieben. Wäh-

---

[103] Bericht Bünaus (Kommissar des »Neustädter Kreises«) aus Dittersbach an den Kurfürsten vom
24.9.1756. SHStA, Nr. 1333 (wie Anm. 88).

[104] Schreiben des G. A. Crusius an v. Bünau vom 28.9.1756. SHStA, Nr. 1333 (wie Anm. 88).

[105] »Relation von dem March der 1334 Preußischen Remonte-Pferde und Mannschafften im Leipziger Creyße« vom 30.9.1756. SHStA, Nr. 1333.

[106] Schreiben des J.F. Francke aus Belzig an den Kurfürsten vom 31.8.1756. SHStA, Nr. 1333 (wie Anm. 88).

[107] Eintrag vom 16.7.1759. SHStA, Generalfeldmarschallamt, Loc. 11002: »Ober Schlesisches Kriegs
Tage Buch, angefangen vom 20. April 1759.«

[108] Eine ähnliche Absicht verfolgte beispielsweise der schwedische König Karl VII. bei der Okkupation Sachsens zwischen 1706 und 1707 im Nordischen Krieg. Luh, Die schwedische Armee in
Sachsen, S. 60.

[109] SHStA, Loc. 10989: »Die wegen ...« (wie Anm. 45).

rend einige Regimenter zunächst in der Umgebung Dresdens konzentriert werden
sollten, wozu bei Meißen das erwähnte Lager abgesteckt worden war, erhielten
andere wiederum die Anweisung zum direkten Marsch ins Lager bei Pirna[110]. So
schrieb Rutowski am 27. August an Oberst Philipp Friedrich von der Brüggen in
Großenhain: »Es bricht also das Graff Brühlsche Infanterieregiment sogleich auf
und prosequiret den march nach der hirbey kommenden March-Route bis der
Gegend Pirna, passiret allda die Elbe auf der geschlagenen Brücke und campiret
zwischen der Vestung Sonnenstein und Postmeisters Garten auf der Höhe[111].«

Allerdings waren etliche Regimenter noch nach dem Ausmarsch mit der personellen Vervollständigung beschäftigt, da einige Kompaniechefs ihre Soldaten aus
finanziellen Gründen nach der Mobilmachung kurzfristig wieder beurlaubt hatten
und nun durch Rutowskis insgeheim vorbereiteten Marschbefehl überrascht wurden[112]. Während die Beurlaubten ihren Einheiten nacheilten, waren die Regimenter
bemüht, sich beim Ausmarsch aus den Garnisonen noch »mit Brod, Mehl, wie
auch Schauffeln, Schippen, Hacken und dergleichen [...] so viel immer möglich« zu
versehen[113]. Ins Lager brachten die Truppen allerdings nur wie befohlen »auf vier
Tage Brod und 1 Monath Hartfutter« mit[114]. Obwohl das Gerät auch während des
Marsches aus den Dörfern ergänzt wurde, war die Menge des mitgeführten
Schanzwerkzeuges letztendlich unzureichend[115]. Vom Obersten seines eigenen
Dragoner-Regiments erfuhr Rutowski am 31. August, dass »die nötigen Schauffeln
aber nicht durchgehend aufgebracht werden können«[116]. Zudem waren viele der
sächsischen Soldaten Ende August immer noch nicht ausreichend mit Munition
versorgt. Daher erging am 28. August an den Dresdner Oberzeugmeister die Wei-
sung, er solle »zur Ergänzung der scharffen Patrone [...] Pulver und Bley, nebst
Flinthen und Pistohlen-Steinen« herausgeben[117]. Einen Tag später meldeten die
Regimenter ihre Bestände an Pulver und Patronen. Dies bedeutete am Beispiel des
Infanterieregiments »Prinz Gotha« einen Gesamtbedarf von 53 364 Patronen.
Davon waren am Tag des preußischen Einmarsches 20 772 Stück vorhanden. Es
fehlte demnach weit über die Hälfte der Patronen[118]. Die vergleichende Betrachtung des Infanterieregiments »Minckwitz« zeigt, dass die Situation bei den anderen
Truppenteilen mindestens ebenso schlecht war. Der preußische Einfall erfolgte
also zu einem Zeitpunkt, an dem die sächsische Armee zwar nicht völlig unvorbe-
reitet, aber bei weitem noch nicht vollständig einsatzbereit war.

---

[110] Befehl Rutowskis an den Oberst v. Klingenberg vom Rgt. Prinz Maximilian vom 28.8.1756.
SHStA, Loc. 10989: »Die wegen ...« (wie Anm. 45).
[111] SHStA, Loc. 10989: »Die wegen ...« (wie Anm. 45).
[112] Tagebuch eines Preußischen Offiziers, S. 329 f.
[113] Bericht des Capitans F. W. v. Zschackewitz vom 4.12.1764. SHStA, Loc. 10989: »Die wegen ...«
(wie Anm. 45).
[114] Schreiben des Oberst Reitzenstein an Rutowski vom 31.8.1756. SHStA, Loc. 10989: »Die wegen
...« (wie Anm. 45).
[115] Tagebuch eines Preußischen Offiziers, S. 330.
[116] Schreiben des Oberst v. Schlieben an Rutowski vom 31.8.1756. SHStA, Loc. 10989: »Die wegen
...« (wie Anm. 45).
[117] SHStA, Loc. 10989: »Die wegen ...« (wie Anm. 45).
[118] Ebd.

Am 2. September befanden sich schließlich 3665 Mann Kavallerie und 14 599 Mann Infanterie im Lager zwischen Pirna und Struppen. Einschließlich Mineuren, Pontonieren, Ingenieuren, Artillerie, des Kadettenkorps, der Garnisonstruppen der Festungen Sonnenstein und Königstein sowie der Städte Wittenberg, Waldheim und Pleißenburg belief sich die Gesamtstärke auf 20 067 Mann mit 97 Geschützen[119].

Die Masse der benötigten Gerätschaften wurde unterdessen auf dem Wasserwege ins Lager gebracht. Egal ob für »eiserne Cuirasse und Schlaghauben«, Zeltdecken und »Beckerey-Geräthschafft« oder auch »das sämtliche Adeliche Korps Cadets«, für das »auf dem Schiffe Bäncke gemacht worden, worauf die Herrn Cadets ordentlich sizen können« – die Elbe diente stets als wichtiger Transportweg[120]. Jedoch scheint beispielsweise der Transport der Artillerie in das Lager nicht reibungslos funktioniert zu haben. Am 31. August schrieb der Artillerie-Offizier Hausmann an Rutowski, dass er bei seiner Ankunft am 30. »von Geschütz nur eine einzige halbe Carthaune ausgeschifft gefunden« habe[121]. Es muss hier auch in den folgenden Tagen zu erheblichen Verzögerungen gekommen sein, denn die Preußen erbeuteten bei ihrem Einmarsch in Dresden fast den gesamten Bestand des Hauptzeughauses, darunter 500 Geschütze, 14 821 Flinten, 12 273 Karabiner sowie 13 121 Paar Pistolen[122]. Trotz der erwähnten Weisungen des Feldmarschalls war auch der Munitionsbestand der Armee bis zum 31. August immer noch nicht komplettiert worden. Rutowskis Forderung, dass »jeder Mann 30 scharffe Patronen bey sich haben soll«, war keineswegs erfüllt. Im Regiment »Minckwitz« verfügten die Soldaten am Monatsende lediglich über nur sechs Patronen pro Mann[123]. Im Vergleich dazu führte der preußische Soldat bei seinem Marsch durch Sachsen hingegen etwa 60 Patronen mit sich[124]. Daher musste sich Rutowski auch in den folgenden Wochen unermüdlich um die Ausrüstung seiner Soldaten kümmern. Anfang September befahl er dem Kommandanten der Stadt Pirna, General Hans Julius von Kötzschau, er solle »auf die Fertigung der scharffen Patrone bey der unterhabenden Pirnischen Garnison bedacht seyn«. Auch hinsichtlich der Ge-

---

119 Schuster/Francke, Geschichte der Sächsischen Armee, T. II, S. 79. Beust beziffert die Truppen in Pirna auf 17 462 Mann, wobei jedoch die Garnisonstruppen, Ingenieure und Kadetten keine Berücksichtigung finden. Beust, Feldzüge, Tafel K.

120 Beilage zum Schreiben des Grafen v. Unruh (Präsident des Geheimen Kriegsrates) an das Generalkriegszahlamt vom 27.8.1756. Die Bezahlung der Schifftransporte erfolgte aus der Generalkriegskasse. SHStA, Nr. 1332 (wie Anm. 55).

121 SHStA, Loc. 10989: »Die wegen ...« (wie Anm. 45).

122 Aster schreibt hingegen, dass die Artillerie am 31. August in Pirna ausgeladen worden wäre. Außerdem hätten die Preußen in Dresden 40 000 Gewehre und 10 000 Karabiner erbeutet. Aster, Beleuchtung der Kriegswirren, S. 143, 233; Vollmer, Deutsche Militär- und Handfeuerwaffen, S. 37; Die Kriege Friedrichs des Großen, 3. T., Bd 1, S. 210. Hoyer berechnete in seiner späteren »Analisierung« einen Zeitansatz von etwa 14 Tagen für den Transport der gesamten Artillerie. Hoyer, Versuch, S. 58.

123 Schreiben des Generals v. Minckwitz aus Niederschöna an Rutowski vom 31.8.1756. Loc. 10989: »Die wegen ...« (wie Anm. 45). Hoyer hielt eine Zahl von 60 Patronen für jeden sächsischen Soldat für angemessen. Hoyer, Versuch, S. 58.

124 Die Hälfte davon führte das Regiment auf Munitionswagen mit sich. Tagebuch des Musketiers Dominicus, S. 2.

wehrkaliber scheint es Unterschiede in der Bewaffnung der Infanterie und der Garnisonstruppen gegeben zu haben, denn Kötzschau musste für seine Soldaten gesondert Kugeln gießen lassen[125].

Über die inzwischen bei der kurfürstlichen Regierung herrschenden Vorstellungen gibt ein Schreiben der Räte des »Geheimen Consiliums« vom 2. September an August III. Aufschluss. Hierzu muss zunächst noch festgehalten werden, dass am Morgen desselben Tages General O'Meagher mit einem Schreiben von Friedrich II. nach Dresden zurückkehrte, dessen Inhalt zwar voller freundlicher Versicherungen für den sächsischen Monarchen war, aber keine konkreten Aussagen zu den weiteren preußischen Plänen enthielt. Einzig die Anklage gegen Brühl, den Friedrich II. der nachweislich »bösen Gesinnung« gegen ihn beschuldigte, war auffällig[126]. Diese Schrift, die Ereignisse der Vortage und die Passivität von König-Kurfürst und Premierminister zeigten den Räten die dringende Notwendigkeit zum Handeln. Sie legten August III. nahe, »sich zu der Armee zu erheben«, da man einen Verbleib des Hofes in der Hauptstadt angesichts der »violanten Situation« für zu gefährlich hielt und die Generalität sich für die guten Verteidigungsmöglichkeiten des Lagers verbürgt hatte. August III. sollte jedoch nicht im Lager verbleiben, sondern baldmöglichst mit der Armee durch Böhmen nach Polen marschieren[127]. Dazu hatten bereits einige Grenadierkompanien den Erzgebirgspass bei Nollendorf nahe Peterswalde besetzt. Dieser strategisch wichtige Übergang nach Böhmen galt bereits im Mittelalter als bedeutendster Pass im Erzgebirge[128]. Der 679 m hohe und bewegungsgünstige Pass[129] führte auf böhmischer Seite zu den Städten Aussig, Budin[130] und Prag. Auch Tempelhoff weist in seinen »Betrachtungen des Kriegsschauplatzes« diesem Übergang eine Schlüsselfunktion zu, schreibt von »einer so vortheilhaften Stellung«, dass sie von einigen wenigen Bataillonen gegen eine ganze Armee verteidigt werden könne. Friedrich II. hatte 1744 diesen »vornehmsten Eingang nach Böhmen«[131] schon einmal als »Einfalltor« genutzt. Im Herbst 1756 sollte er auf demselben Wege noch ins erste große Gefecht dieses Krieges ziehen[132].

Die Möglichkeit eines Zusammengehens mit dem Heere Brownes hielten die sächsischen Räte für abwegig, weil durch diese offene Parteinahme der preußische König »ungemein aufgebracht« werden könne. Ein Marsch des sächsischen Heeres nach Polen war durch die zahlenmäßige Begrenzung der königlichen Garde auf 1200 Mann von vornherein eine kritische Angelegenheit. Bereits vor 1717, als August der Starke in der Adelsrepublik Reformen mit Hilfe der herbeigeholten

---

125 Schreiben vom 5.9.1756 aus dem Hauptquartier Struppen. SHStA, Geheimes Kriegsratskollegium, Nr. 1330 »Ordres, welche von dem Herrn General Feldmarschall Graffen Rutowski Excellenz an den General-Major v. Kötzschau als Comendanten der Stadt Pirna ergangen.«
126 Die politische Correspondenz Friedrichs des Grossen, Bd 13, Nr. 7955.
127 Zit. nach Aster, Beleuchtung der Kriegswirren, S. 163 ff.
128 Gräßler, Pässe über das Erzgebirge, S. 102.
129 A. Friedrich, Die Kämpfe an der Sächsisch-Böhmischen Grenze, S. 18.
130 Das heutige Budyně nad Ohří/Tschechien.
131 Tempelhoff, Geschichte des Siebenjährigen Krieges, S. 19, 22.
132 A. Friedrich, Die Kämpfe an der Sächsisch-Böhmischen Grenze, S. 18.

sächsischen Armee durchsetzen wollte und nebenbei versuchte, die Kosten für deren Unterhalt auf Polen abzuwälzen, führte dies zu erheblichen Protesten und schließlich zum Bürgerkrieg[133]. Die erzwungene Versorgung der ganzen Armee zu Lasten der polnischen Kassen hätte daher wahrscheinlich auch 1756 große Widerstände in Polen zur Folge gehabt. Dennoch wurde diese Möglichkeit zunächst favorisiert. Gleichzeitig mit diesem Beschluss wurde Maria Theresia in einem Schreiben über die gefassten Pläne informiert und um ihre Unterstützung beim Durchmarsch gebeten[134].

Am Morgen des 3. September begab sich August III. mit Teilen seines Gefolges, dem Premierminister sowie den Prinzen Xaver und Karl ins Lager nach Struppen. In Dresden blieben neben der Königin-Kurfürstin Maria Josepha vorerst der Kurprinz Friedrich Christian mit der Kurprinzessin sowie die Schlosswache zurück. Bis zu ihrem Tod im November 1757 erwarb sich die gebürtige Habsburgerin Maria Josepha als standhafte Vertreterin ihres Mannes die späte Zuneigung ihrer sächsischen Untertanen. Der Kreis um die Königin-Kurfürstin und den Kurprinzen sollte in der Folgezeit (auch im Münchener Exil) zu einem Zentrum des Widerstandes gegen die preußische Besatzung werden und einen regen Austausch von Kriegsnachrichten zwischen Preußens Gegnern fördern[135]. Die Regierungsgeschäfte in Dresden wurden dem »Geheimen Consilium« übertragen. Die Räte und Beamten ahnten zu diesem Zeitpunkt sicher nicht, dass sie die ihnen anvertrauten Staatsgeschäfte fast sieben Jahre würden führen müssen[136].

Das Hauptquartier in Struppen umfasste nun etwa 900 Personen und 700 Pferde, wovon allein der Bestand des königlichen Hofstaats jeweils etwa die Hälfte ausmachte[137]. Kurz vor seiner Abreise teilte August III. dem König von Preußen noch handschriftlich mit, dass er sich nun im Gefühl der Bedrohung zu seiner Armee begeben werde. Mit dem Wechsel des König-Kurfürsten ins Hauptquartier erlosch auch sein Glaube an die Wahrung der Neutralität[138]. Neben den obligatorischen Freundschaftsbekundungen an August III. offenbarte Friedrich II. in seinem Antwortschreiben vom 5. September erstmals seine Absichten: Er betonte die »üblen Gesinnungen« Brühls und verwies auf dessen »dem Dresdner Friedensschluss zuwiderlaufendes Betragen«[139]. Spätestens jetzt mussten der sächsische Monarch und sein Premierminister erkennen, dass Friedrichs Ziele nicht nur in Böhmen, Mähren oder Schlesien lagen, sondern dass er das Kurfürstentum Sachsen zur Koalition seiner Feinde rechnete.

Die Nachricht, dass sich die Sachsen bei Pirna verschanzten, erhielt Friedrich II. am 6. September[140]. Am 10. September war er mit etwa 14 000 Mann bis

---

[133] Staszewski, Polens Interessen und Ziele, S. 97; Gierowski, Ein Herrscher – zwei Staaten, S. 138, 140.
[134] Vitzthum von Eckstädt, Die Geheimnisse des sächsischen Cabinets, T. I, S. 416–418.
[135] Schlechte, Das geheime politische Tagebuch des Kurprinzen, S. 58.
[136] Groß, Die Restaurationskommission, S. 81.
[137] 725 Jahre Struppen, S. 34; Aster, Beleuchtung der Kriegswirren, Anhang, S. 20.
[138] Die politische Correspondenz Friedrichs des Grossen, Bd 13, Nr. 7981.
[139] Ebd.
[140] Aster, Beleuchtung der Kriegswirren, S. 133. Aus dem bei Hoyer zusammengefassten Werk Friedrichs II. zu den Feldzügen von 1756/57 geht jedoch hervor, dass der König im Nachhinein

Großsedlitz vorgerückt, wo er für die kommenden Wochen sein Hauptquartier aufschlug. Vom dortigen Barockschloss konnte er sogar einen Teil des Lagers einsehen. An den Prinzen Moritz von Anhalt-Dessau schrieb er: »Bruhl ist schon sehr confusse und wirdt es baldt mehr werden[141].«

Um den 5. September müssen auch die ersten preußischen Soldaten um das Lager geschwärmt sein: »Gleich jetzt komen drey weiter aus Hennersdorf durch hiesiges Städtlein und berichten mir, daß diesen Vormittag gegen 9. Uhr ein Trup Preußische Husaren kamen«, berichtete ein Offizier an Rutowski[142]. Das Herannahen des preußischen Heeres beeinträchtigte sofort die Kommunikation zwischen dem Dresdner Hof und dem Lager. Nach den Tagebuchaufzeichnungen des Kurprinzen Friedrich Christian blieb man am 7. und 8. September in Dresden erstmals in völliger Unkenntnis über die Vorgänge bei Pirna[143]. Daher ließ der zurückgebliebene Hof nun vom Turm des Dresdner Schlosses aus beobachten, ob es dort Anzeichen eines Gefechts gäbe[144].

Das schnelle Auftauchen der Preußen in der Umgebung des Lagers ließ das sächsische Hauptquartier nach längerer Beratung von jeglichen weiteren Operationen abrücken. Zu diesem Entschluss werden einmal Nachrichten aus Dresden vom Heranrücken der Preußen, die Gefährdung der Person Augusts III., das Scheitern eines Vermittlungsversuches zwischen dem Dresdner Hof und Friedrich II. durch den britischen Gesandten Lord Stormont[145] sowie die Antwort Maria Theresias beigetragen haben. Sie bekundete in ihrem Schreiben vom 3. September zwar ihre Anteilnahme, machte jedoch aufgrund der Schwierigkeiten bei der Mobilmachung ihrer eigenen Armee außer einem Subsidienangebot noch keine konkreten Vorschläge zur Hilfe für die Sachsen[146]. Der Wiener Hof war angesichts der Ereignisse ohnehin in »nicht geringer Verlegenheit«[147]. Bezeichnenderweise befand sich Kaiser Franz Stephan auf einem Jagdausflug, als ihn am 2. September die Meldung von der Eröffnung des Feldzuges durch Friedrich II. erreichte. Anfangs wertete er diese Nachrichten als Produkt der »Panikstimmung« seiner Generäle. Erst durch wiederholte und immer detailliertere Meldungen wurde das Ausmaß der Bedrohung sichtbar[148]. Vor dem Hintergrund dieser ungewissen Waffenhilfe schrieb Brühl an Karl Georg Friedrich Graf von Flemming in Wien, dass man es mittlerweile nicht mehr wagen könne, sich zu entfernen. »So muss es denn bei dem ersten Plane bleiben, nämlich, uns auf unserm Misthaufen zu halten, keine

---

vorgab, von Beginn an über die Absicht einer Zusammenziehung der sächsischen Armee bei Pirna informiert gewesen zu sein. Hoyer, Versuch, S. 9.

[141] Zit. nach Preitz, Prinz Moritz von Dessau, S. 12.

[142] Schreiben des Major Birnbaum vom 5.8.1756. SHStA, Loc. 10989: »Concepte von Ordres ...« (wie Anm. 74).

[143] Eintrag vom 7. und 8.9.1756. Schlechte, Das geheime politische Tagebuch des Kurprinzen, S. 270.

[144] Tagebucheintrag Friedrich Christians vom 11.9.1756. Schlechte, Das geheime politische Tagebuch des Kurprinzen, S. 277.

[145] Vitzthum von Eckstädt, Die Geheimnisse des sächsischen Cabinets, T. I, S. 407 f., 433 f.

[146] Aster, Beleuchtung der Kriegswirren, S. 175 f.

[147] Schreiben Kaunitz an Starhemberg vom 12. Juni 1756. Zit. nach Preussische und österreichische Acten zur Vorgeschichte des Siebenjährigen Krieges, S. 409.

[148] Duffy, Feldmarschall Browne, S. 274.

Feindseligkeiten zu unternehmen, aber uns bis auf den letzten Mann zu vertheidigen, wenn wir angegriffen werden[149].« Wie aus einem Brief an denselben Adressanten vom 5. September hervorgeht, wähnte sich der sächsische Hof zu diesem Zeitpunkt noch immer »in Ungewissheit« im Hinblick auf die preußischen Pläne[150]. Dazu trug sicher der Umstand bei, dass bisher alle Zusicherungen Friedrichs einzig der Person des sächsischen Monarchen galten und im Hinblick auf die Armee noch keinerlei Angaben gemacht worden waren. In diesem politischen wie militärischen Schwebezustand sollte also das Lager vorerst Schutz für beide gewähren. Hartnäckig hielt sich die Hoffnung, dass sich Friedrich II. angesichts der starken Verschanzung und der geografischen Hindernisse nicht mit der Belagerung aufhalten und direkt nach Böhmen marschieren würde. Ein undatierter, jedoch Anfang September anzusetzender Bericht beschreibt die Gefahr des Pirnaer Lagers für die preußischen Pläne treffend: »Er [= Friedrich II.] kann eine ziemliche Macht einsetzen, ohne zu seinem Ziele zu gelangen; er würde seine Armee schwächen und sich in seinen Operationen stark behindert finden, während er den besten Verteidigungsmaßnahmen der Kaiserin und Königin [...] viel Zeit übrig ließe[151].«

Am 12. September schrieb Friedrich II. an den Prinzen von Anhalt-Dessau: »Ich bin nun völlig um sie herum[152].« Die Einschließung der Sachsen war vollendet. Die preußische Belagerungsarmee bestand zu diesem Zeitpunkt aus etwa 39 500 Mann[153]. Das Korps des Prinzen von Braunschweig war inzwischen bis in die Gegend um Hermsdorf bei Altenberg vorgerückt, um von dort aus die Verbindungswege nach Böhmen durch Detachements zu überwachen[154]. Friedrichs Möglichkeiten, von der sächsischen Armee Besitz zu ergreifen, bestanden zum einen in gewaltsamen Methoden, wie z.B. der Eroberung oder dem Aushungern des Lagers, zum anderen in der Gewinnung der Sachsen als Bündnispartner durch Verhandlungen. Bei Ablehnung einer Allianz mit Preußen blieb dem sächsischen Hauptquartier nur die Wahl zwischen einem chancenlos erscheinenden Ausbruch, dem Standhalten und Hungern, oder einem Entsatz durch österreichische Truppen. Das Gelände, in dem sich die sächsische Armee verschanzte, sollte jedoch erheblichen Einfluss auf die Handlungsmöglichkeiten der Preußen ausüben.

3. Der Faktor »Raum« – geografische Gegebenheiten

Aus rein militärischer Sicht ist der »Raum« fester Bestandteil jeder Operation. Als »Gelände« bildet er gleichsam die ausstaffierte »Bühne« für die Szenerie eines jeden Gefechtes. Hierbei fungiert der »Raum« als derjenige geografische Ort, an dem

---

149 Schreiben vom 4.9.1756. Zit. nach Vitzthum von Eckstädt, Die Geheimnisse des sächsischen Cabinets, T. I, S. 431.
150 Schreiben vom 5.9.1756. Zit. nach Vitzthum von Eckstädt, Die Geheimnisse des sächsischen Cabinets, T. I, S. 431.
151 Zit. nach Höhne, Die Einstellung der sächsischen Regimenter in die preußische Armee, S. 24.
152 Die politische Correspondenz Friedrichs des Grossen, Bd 13, Nr. 8016.
153 Schuster/Francke, Geschichte der Sächsischen Armee, T. II, S. 84.
154 Ebd., S. 83.

Streitkräfte zum Einsatz kommen und dessen Charakteristik nicht ohne erhebliche Auswirkungen auf taktische, operative und strategische Planung und deren Durchführung bleibt. Während der »Raum« etwa im »Zeitalter der Weltkriege« integraler Bestandteil militärischen, politischen und militärhistorischen Denkens war, scheint dieser Faktor in seiner »harten Realität« heute allenfalls noch in der Welt des Militärs eine Rolle zu spielen. Unter wissenschaftlichen Gesichtspunkten wird – zumindest in Deutschland – lediglich der sozialen und kulturellen Raumkonstitution erhöhte Aufmerksamkeit geschenkt. Dies mag nicht zuletzt daran liegen, dass das Thema »Raum« seit der Zeit des Nationalsozialismus als »politisch vermint« gelten kann. Daher seien, so Rudolf Maresch, auch Begriffe wie etwa »Lebensraum« rasch durch unverfänglichere Termini wie (soziale) »Lebenswelten« ersetzt worden[155]. Jedoch zeigt allein schon ein Rückblick auf die eingangs geschilderte problematische »Mittellage« Kursachsens und ihre Auswirkungen auf die Politik, dass der Faktor »Raum« auch außerhalb von operationsgeschichtlichen Fragestellungen Beachtung verdient. Betrachtet man zudem die Prämissen, unter denen sich Großbritannien und Frankreich während des Siebenjährigen Krieges an den Kämpfen auf dem europäischen Kontinent beteiligten, so erweist sich die Geografie in vielerlei Hinsicht doch als handlungsleitender Faktor[156]. Für Moltke d.Ä. war die Örtlichkeit ohnehin »das von einer längst vergangenen Begebenheit übriggebliebene Stück Wirklichkeit«[157]. Will man Streitkräfte im Kriegseinsatz betrachten, so muss dabei stets beachtet werden, dass eine militärische Operation aus der untrennbaren und einander bedingenden Kombination von »Kräften, Raum und Zeit« besteht. Vor diesem Hintergrund erscheint es durchaus sinnvoll, auch denjenigen »Raum« näher zu beleuchten, dessen Gegebenheiten maßgeblichen Einfluss auf den Gang der Operationen im Herbst 1756 genommen haben.

Das von den Sachsen Anfang September bezogene Terrain kann als eine der »taktisch stärksten Stellungen Mitteleuropas« gelten[158]. Bereits August der Starke hatte dies erkannt und eine detaillierte taktische Konzeption für die Verteidigung des Abschnitts zwischen Königstein und Pirna entworfen[159].

Im Norden und Osten angelehnt an die Elbe, die in diesem Abschnitt etwa eine Breite von 150 Metern besitzt und sich besonders im nördlichen Bereich tief in das Gelände einschneidet, wird das Hochplateau im Nordwesten von der heute noch teilweise erhaltenen Festung Sonnenstein bei Pirna, im Südosten von der Festung Königstein und im Westen vom Lauf der Gottleuba und der Ortschaft Langenhennersdorf begrenzt. Im Ganzen bildete das Lager etwa ein Dreieck mit einer Seitenlänge zwischen neun und zehn Kilometern[160].

---

155 Maresch/Weber, Permanenzen des Raums, S. 12 f., 27.
156 Interessant ist in diesem Zusammenhang auch die Bedeutung des geopolitischen Denkens Friedrichs II., insbesondere in dessen späterer Regierungszeit. Althoff, Untersuchungen zum Gleichgewicht der Mächte, S. 268–281.
157 Zit. nach A. Friedrich, Die Kämpfe an der Sächsisch-Böhmischen Grenze, S. VI.
158 Duffy, Friedrich der Große, S. 149.
159 Schlechte, Das geheime politische Tagebuch des Kurprinzen, S. 57.
160 Schuster/Francke, Geschichte der Sächsischen Armee, T. II, S. 80.

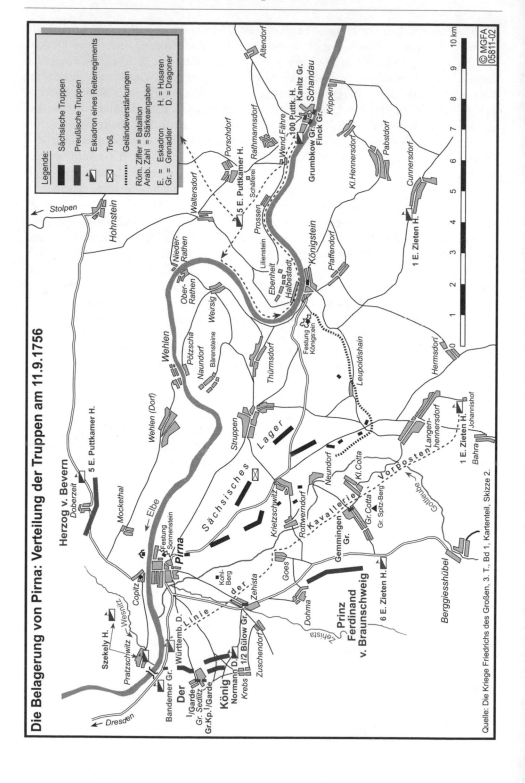

Die Belagerung von Pirna: Verteilung der Truppen am 11.9.1756

Legende:

Sächsische Truppen
Preußische Truppen
Eskadron eines Reiterregiments
Troß
Geländeverstärkungen

Röm. Ziffer = Bataillon
Arab. Zahl = Stärkeangaben

E. = Eskadron   H. = Husaren
Gr. = Grenadier   D. = Dragoner

Quelle: Die Kriege Friedrichs des Großen, 3. T., Bd 1, Kartenteil, Skizze 2.

© MGFA
05811-02

Der Festung Königstein gegenüber befindet sich auf einem Hochplateau, der sogenannten »Ebenheit«, der 412 Meter hohe Lilienstein, den die Elbe in einer Schleife umfließt. Vom Elbufer zur »Ebenheit« steigt das Gelände sehr steil an, ist zudem bewaldet und somit für großes und schweres Gerät nur unter Schwierigkeiten passierbar. Aufgrund der beinahe senkrecht abfallenden Felsen am nördlichen und nordöstlichen Rand des Lagers bietet sich einzig nahe der Ortschaft Thürmsdorf eine Übergangsmöglichkeit vom linken Elbufer zur Liliensteiner »Ebenheit«.

Sowohl für den Angreifer als auch für den Verteidiger musste die westliche Seite des Lagers von besonderem Interesse sein, da dieser Abschnitt im Bereich der Gottleuba noch am ehesten gangbar war. Daher verstärkten die Sachsen diese Seite durch »Verhacke«, »Wolfsgruben« und dahinter aufgeworfene Artilleriestellungen in bis zu drei Linien, besonders bei Krietzschwitz und Pirna, das ebenfalls stark befestigt wurde. »Vor der Fronte war so ein steiler Berg, dass niemand im Stande war, gerade herunter zu gehen, geschweige denn hinauf«, urteilte ein sächsischer Fahnenjunker über die gefährdetste Seite des Lagers[161].

Die Höhen des Elbsandsteingebirges am rechten Elbufer im Bereich des Ortes Wehlen und insbesondere der Gipfel des Liliensteins ermöglichten den Preußen einen Überblick über Teile des Plateaus und des Lagers auf dem jenseitigen Ufer, während die sächsische Armee ihrerseits von der hoch gelegenen Festung Königstein gute Beobachtungsmöglichkeiten besaß[162]. Diese Festung barg für die Sachsen zudem den Vorteil einer Rückzugsmöglichkeit oder auch der teilweisen Unterstützung eventueller Bewegungen durch ihre Festungsartillerie. Ähnliches galt für die kleinere Festung Sonnenstein bei Pirna.

Die Größe des Lagers barg Probleme für beide Parteien. Die Quellen sprechen einstimmig davon, dass die Stärke der sächsischen Armee für die Ausdehnung des Terrains zu gering war. Somit konnten nicht alle Stellungen und Verbindungspunkte ausreichend durch die Truppen besetzt werden. Zudem war in einem solchen Falle das Vorhalten einer taktischen Reserve unmöglich. Napoleon notierte später dazu: »Die [...] Sachsen waren zu schwach, um diese ausgedehnte Fläche zu besetzen«[163], und in einer Archivquelle findet sich in einem Bericht diesbezüglich die Aussage: »Die unsrige [Armee] hatte einen Teil von Pirna bis Hennersdorf zu besetzen, welches eine Front von mehr als einer großen Deutschen Meile ausmacht. Dieses ist mehr, als man von einer solchen Armee [...] erfordern kann[164].« Folglich waren auch die Schanzarbeiten zum Zeitpunkt der preußischen Einschließung am 10. September noch nicht abgeschlossen, was durch ein Schreiben des Generals Dyherrn vom selben Tage bestätigt wird. Der »Vortheil des Erdreichs«

---

161   Tagebuch eines Preußischen Offiziers, S. 332.
162   Die Kriege Friedrichs des Großen, 3. T., Bd 1, S. 218 f.
163   Zit. nach Napoleon. Darstellung der Kriege, S. 352. Friedrich II. beurteilte die Situation später ähnlich. Hoyer, Versuch, S. 13.
164   »Kurze und gegründete Nachricht von dem Auszug der Kgl. Chursächsischen Armee aus dem Laager bey Pirna«. SHStA, Loc. 10990: »Ein Fascicel ...« (wie Anm. 35).

werde tagtäglich vermehrt, heißt es darin[165]. Ein Teil der Schanzarbeit scheint auch durch die Bevölkerung geleistet worden zu sein[166]. Ein Bericht des Generals Pirch deutet an, »daß die [...] an dem Wege nach dem Städtgen Königstein ausgesteckte und [...] anbefohlene Redoute aus Mangel der hierzu nöthigen Arbeither ohnmöglich in einer determinierten Zeit fertig und in Stand gesetzet werden« könne. Darüber hinaus bat er den Feldmarschall um Abkommandierung von Soldaten zu diesem Zwecke, da »von denen hier gewesenen Berg-Leuthen ein großer Theil außen geblieben und heute nicht mehr als 64 Man davon zur Arbeith gekomen, die aber vertheilt werden müssen«[167]. Nach dem Siebenjährigen Krieg bilanzierte der »Chevalier de Saxe«, dass in den Geschützstellungen bei Pirna »wo 16 bis 18 Mann hätten stehen sollen, anstatt deren 3 bis 4 gestellt werden können, sodass man mit Recht sagen kann, wann es zur Extremitaet gekommen wäre, dieses Geschütz bey nahe so gut, als wie leer gestanden haben würde«[168]. Allerdings stellte sich angesichts des ausgedehnten und schwer gangbaren Geländes auch für die Preußen ein Problem, nämlich die Unmöglichkeit einer völligen Unterbrechung des Kontaktes der Sachsen zur Außenwelt[169].

Bei einer vergleichenden Betrachtung mit den natürlichen Gegebenheiten anderer bekannter Lager der Schlesischen Kriege, etwa demjenigen der Preußen bei Bunzelwitz 1761 oder der festen Stellung der Österreicher bei Burkersdorf 1762 erscheint das sächsische Lager vom taktischen Gesichtspunkt durchaus als ausgezeichnet gewählter Platz, einen überlegenen Gegner langfristig abzuwehren oder durch eine Belagerung zu binden. Von zwei Seiten durch hohe Felsen und den Lauf der Elbe unangreifbar und durch das Feuer und die – wenn auch mangelhaften – Vorräte zweier integrierter Festungen verstärkt, besaß der feste Platz bei Pirna bereits von Grund auf eine andere Qualität als etwa Friedrichs Lager bei Bunzelwitz. Dieser Platz war zwar ebenfalls geschickt gewählt, musste jedoch aufgrund der geografischen Gegebenheiten der schlesischen Ebene beinahe rundum durch künstlich angelegte Schanzen und Werke erheblich verstärkt werden. Bei Pirna brauchte die Kunst der Natur in wesentlich geringerem Maße die Hand zu reichen, wie es Clausewitz in seinen Betrachtungen über »verschanzte Lager« ausdrückte[170].

Prinz Heinrich von Preußen äußerte angesichts einer solchen, von der Natur begünstigten Verschanzung, man könnte »mit ebenso leichter Mühe den Himmel stürmen«[171], und Friedrich II. erkannte selbst, »daß es tatsächlich unmöglich ist, dieses verdammte Lager anzugreifen, ohne einige tausend brave Soldaten für ein

---

[165] Zit. nach Vitzthum von Eckstädt, Die Geheimnisse des sächsischen Cabinets, T. II, S. 51 f.; Höhne, Die Einstellung der sächsischen Regimenter in die preußische Armee, S. 31.

[166] Neben den bäuerlichen Diensten beim Vorspann war zudem die Heranziehung der Bevölkerung zu Schanzarbeiten und zum Festungsbau zeittypisch. Büsch, Militärsystem und Sozialleben, S. 71.

[167] Bericht vom 6.9.1756. SHStA, Loc. 10989: »Concepte von Ordres ...« (wie Anm. 74).

[168] Zit. nach Rudert, Die Reorganisation der Kursächsischen Armee, S. 28.

[169] Höhne, Die Einstellung der sächsischen Regimenter in die preußische Armee, S. 31.

[170] Clausewitz, Vom Kriege, S. 437, 604 f.

[171] Auszug aus dem Tagebuch eines Adjutanten im Stabe Prinz Heinrichs. Zit. nach Höhne, Die Einstellung der sächsischen Regimenter in die preußische Armee, S. 33.

noch ziemlich ungewisses Ziel zu opfern«[172]. Sein Feldmarschall Keith veran-schlagte für den Fall einer Erstürmung einen Verlust von etwa 20 000 preußischen Soldaten. Das »sächsische Piquet«, wie Friedrich II. die Sachsen spöttisch bezeich-nete, erwies sich als harte Nuss, die Behauptung seiner Soldaten, mit den Sachsen notfalls in zwei Stunden fertig zu sein, als maßlose Übertreibung[173].

Allerdings musste ein frühneuzeitliches Militärlager neben den taktischen Vor-zügen auch anderen Anforderungen genügen. Diese bezogen sich in erster Linie auf die Logistik. Die Platzwahl des Lagers musste die Versorgung der Truppen mit Proviant gewährleisten – vor allem dann, wenn das Lager aufgrund einer feindli-chen Umschließung von der äußeren Zufuhr abgeschnitten war. Gerade angesichts der drastischen Einschränkungen der persönlichen Lebensgestaltung, die das La-gerleben mit sich brachte, kam der Befriedigung der einfachsten Lebensbedürfnis-se des Soldaten eine umso höhere Bedeutung zu[174]. In diesen Bereichen hatte die taktisch sehr gut gewählte Position der Sachsen entscheidende Nachteile. Abgese-hen von der Stadt Pirna[175] war der Bereich des Lagers allgemein dünn besiedelt. Daraus ergaben sich für das Heer nur geringe Möglichkeiten für eine Versorgung aus den Dörfern. Hinzu kam das Fehlen von größeren Gewässern auf der Hoch-ebene, was sich für die Versorgung von Menschen und Tieren mit Wasser als nachteilig erweisen sollte. Somit war ein sich bei Pirna verschanzendes Heer ge-zwungen, zahlreiche Vorräte beim Einrücken in das Innere des Lagers mitzufüh-ren sowie angesichts des rasch anrückenden Gegners die Umgebung des Lagers möglichst schnell und gründlich »ausfouragieren« zu müssen. Sollte dies nicht gelingen, musste bereits binnen kurzer Zeit für die belagerte Armee eine Krise eintreten, in der sie einzig ein gewaltsamer Ausbruch vor dem Hungertod oder der Kapitulation bewahren konnte.

Jedoch verhinderte das Gelände, das den Feind gut abhalten konnte, auch für das sächsische Heer beinahe jegliche Ausbruchsmöglichkeit. Breite Lücken zwi-schen den künstlichen und natürlichen Geländeverstärkungen, die beispielsweise im preußischen Lager von Bunzelwitz den Verteidigern blitzschnelle Ausfälle und Gegenangriffe erlaubten, suchte man vergebens. Ein grundsätzlicher Fehler lag makablererweise also auch in den augenscheinlichen taktischen Vorteilen der Stel-lung: »So unzulänglich, wie sie war, so schwer konnte man auch aus ihr heraus, zumal da ein entschlossener und tatkräftiger, ein so wachsamer und beweglicher Feind davor lag«[176]. Mit Friedrichs Worten könnte man also urteilen: Der »Matz«[177] saß in der Falle!

---

172 Schreiben Friedrichs II. vom 18.9.1756 an Schwerin. Zit. nach Höhne, Die Einstellung der sächsi-schen Regimenter in die preußische Armee, S. 34.
173 Tagebucheintrag Friedrich Christians vom 15.9.1756. Zit. nach Schlechte, Das geheime politische Tagebuch des Kurprinzen, S. 281.
174 R. Bleckwenn, Zelt und Lager, S. 141 f.
175 Pirna verfügte um 1750 über 3030 Einwohner. Blaschke, Bevölkerungsgeschichte von Sachsen, S. 140.
176 Brabant, Die Sachsen in früheren Kriegen, S. 48.
177 Häufige Bezeichnung Friedrichs II. für die Sachsen. Die politische Correspondenz Friedrichs des Grossen, Bd 13, Nr. 8098, 8146; Brabant, Die Sachsen in früheren Kriegen, S. 48.

4. Die Vorgänge bis zur Schlacht bei Lobositz am 1. Oktober 1756

Noch bevor die Einschließung durch die Preußen vollendet war, wurde vom sächsischen Hauptquartier ein Plan zur Verteidigung erarbeitet[178]. Er konzentrierte sich vor allem auf die Abwehr von Infanterie, da der Einsatz feindlicher Kavallerie aufgrund des schwierigen Geländes unwahrscheinlich erschien. Er sah vor, bei einem preußischen Angriff das Lager per Kanonenschuss zu alarmieren und die Verteidigungswerke und die Gehöfte im Lager entsprechend ihrer Größe mit jeweils 30 bis 100 Mann zu besetzen. Der Rest der Regimenter sollte dahinter als Reserve bereitgehalten werden. Auch die Stadt Pirna, wo unter dem Schutz der Festung Sonnenstein eine sächsische Pontonbrücke über die Elbe geschlagen war, wurde zur Verteidigung vorbereitet. Die Soldaten der dortigen Garnison sollten sich allerdings im Notfall zusammen mit der kleinen Besatzung der Feste Sonnenstein nach Königstein zurückziehen[179]. Mit Beginn des Oktobers ließ Rutowski allerdings die Pirnaer Garnison auf den Königstein verlegen. Es verblieben lediglich 100 Mann der »Anhaltinischen Frey-Compagnie« (Soldaten der geräumten Wittenberger Garnison) in der Stadt[180].

Das Ersteigen der Hänge rings um das Lager sollte dem Gegner durch Artilleriefeuer erschwert und schließlich durch das Feuer der Infanterie aus nächster Nähe verhindert werden. Anschließend hatten die Sachsen durch einen Bajonettangriff den Feind hangabwärts zurückzuwerfen. Die Kavallerie sollte hinter der Infanterie in Reserve stehen, um gegebenenfalls unterstützend eingreifen zu können. Um auch gegen nächtliche Überfälle gerüstet zu sein, erging eine Weisung zur Beleuchtung der Hänge bei Dunkelheit. Denselben Zweck hatte das Verschießen so genannter »Feuertöpfe« in die nähere Umgebung des Lagers[181]. Die Schanzen und künstlichen Hindernisse wurden weiter ausgebaut und Mitte September fertiggestellt.

Was die eigentliche Dislozierung der sächsischen Truppen im Lager betrifft, so erfolgte deren Aufstellung mit Front gegen die Gottleuba zwischen Pirna und Langenhennersdorf. Die Kavallerie lagerte wie erwähnt aufgrund der geografischen Gegebenheiten hinter der Infanterie[182]. Ab dem 12. September waren beim

---

[178] »Disposition, wie sich bei einem feindlichen Angriff zu verhalten sei.« vom 7.9.1756. Aster, Beleuchtung der Kriegswirren, S. 218–221; Die Kriege Friedrichs des Großen, 3. T., Bd 1, S. 221 f.

[179] Weisung Rutowskis an Kötzschau vom 8.9.1756. SHStA, Nr. 1330 (wie Anm. 125).

[180] Weisung Rutowskis an Kötzschau vom 3.10.1756. SHStA, Nr. 1330 (wie Anm. 125).

[181] Tagebucheintrag Friedrich Christians vom 11.9.1756. Zit. nach Schlechte, Das geheime politische Tagebuch des Kurprinzen, S. 277 f.

[182] Den rechten Flügel der Infanterie unter General Rochow bildeten dabei die Regimenter »Kurprinzessin, Leibgrenadier-Garde, Königin, Prinz Maximilian, Prinz Clemens, Lubomirski« und »Minckwitz«. Auf dem linken Flügel standen unter General Haxthausen die Regimenter »Prinz Gotha, Rochow, Brühl, Prinz Xaver, Prinz Friedrich August« sowie die Garde. Die inzwischen in Bataillone zusammengefassten Grenadiere wurden noch vor der Front als erstes Treffen »an die gefährlichsten Oerter postirt«. Nur die sächsischen Vorposten standen noch näher am Feind. Die Kavallerieregimenter des »Chevalier de Saxe« waren auf der Linie Ebenheit-Langenhennersdorf aufgestellt, wobei das »Garde du Corps« äußerst rechts in der Nähe des Hauptquartiers stand. An diese schlossen sich die Regimenter »Rutowski, Königl. Prinz, Anhalt, Vitzthum, Plötz, Arnim«

»Retraiteschuß« alle sächsischen Befestigungswerke mit den entsprechenden Besatzungen versehen, die Soldaten blieben Tag und Nacht in Uniform und die Pferde gesattelt[183].

Hinsichtlich der Einbindung der beiden Festungen ins Verteidigungskonzept gilt es festzuhalten, dass sowohl »Königstein« als auch »Sonnenstein« als Versorgungsdepot nicht in Frage kamen, da aufgrund der unzureichenden Kriegsvorbereitungen dort nur wenige Nahrungsmittel vorhanden waren[184]. Über den baulichen Zustand der Werke des »Sonnenstein« berichtete General Rochow Anfang September, dass er »in der Vestung nicht das geringste Bombenfeste« habe, ebenso »kein Magazin noch Subsistenz vorhanden« sei. Zu seiner Besatzung führte er an, sie bestehe aus »70 alten, abgelebten Leuthen, und die ganze Artillerie Mannschafft in etwa 30 Canonirs und Feuerwerckern«[185]. Daher verbürgte sich Rochow auch nicht für eine effektive Feuerunterstützung: »So aber mit 70 Invaliden und 25 alten unbrauchbaren Canonirs, welche 9 Batterien zu besetzen und loßzufeuern haben nicht ausgemacht sein will, und eine langsame Feuerung werden dürffte«[186].

Auch General Pirch meldete als Kommandant vom »Königstein« an Rutowski, dass »die jetzige Garnison der Vestung aus mehr nicht als 160 Mann bestehet, die aber bey weiten nicht hinreichend, die alten und neuen Wercke der Vestung zu besetzen«[187]. Die zu Recht mehrfach angemeldeten Bedenken Rochows über die Einsatzbereitschaft der Festung wurden allerdings von Feldmarschall Rutowski als ungerechtfertigt abgetan, »da die armée in der Nähe stehet«[188].

Doch nicht nur bei den Festungswerken offenbarten sich gravierende Probleme, auch die Ausrüstung der Infanterie war noch immer unvollständig. So besaß das Regiment »Prinz Gotha« um die Mitte des Monats 244 Gewehre, wovon nur 182 brauchbar waren. Weitere 192 fehlten. Den Pirnaer Garnisonstruppen mangelte es noch an zwei Pistolen sowie »159 Flinten und Bajonetts«[189]. War mancherorts tatsächlich ausreichend Pulver vorhanden, so fehlte es nun wiederum an Pa-

---

und die Garde an. Der Artilleriepark wurde inmitten der Reiterei postiert und die Überwachung der Elbufer durch kleine Detachements sichergestellt. Die Kriege Friedrichs des Großen, 3. T., Bd 1, dort Karten zum Lager bei Pirna; Vitzthum von Eckstädt, Geheimnisse des sächsischen Cabinets. Lithographierte Beilagen: »Plan von dem Sächsischen und Preussischen Lager bey Pirna 1756«; Aster, Beleuchtung der Kriegswirren, S. 215–218; Tagebuch eines Preußischen Offiziers, S. 331 f.

183 Armeebefehl vom 12.9.1756. Aster, Beleuchtung der Kriegswirren, S. 249 f.; Tagebuch eines Preußischen Offiziers, S. 333.

184 Aster, Beleuchtung der Kriegswirren, S. 176.

185 Schreiben Rochows an Rutowski vom 7.9.1756. SHStA, Loc. 10989: »Concepte von Ordres ...« (wie Anm. 74).

186 Schreiben Rochows an Rutowski vom 9.9.1756. SHStA, Loc. 10989: »Concepte von Ordres ...« (wie Anm. 74).

187 Schreiben Pirchs an Rutowski vom 6.9.1756. SHStA, Loc. 10989: »Concepte von Ordres ...« (wie Anm. 74).

188 Befehl Rutowskis an Rochow vom 10.9.1756. SHStA, Loc. 10989: »Concepte von Ordres ...« (wie Anm. 74).

189 Schreiben Rutowskis an Pirch vom 14.9.1756. SHStA, Loc. 10989: »Concepte von Ordres ...« (wie Anm. 74).

pier, um aus Kugeln und Pulver Patronen herstellen zu können[190]. Angesichts der geschehenen preußischen Einschließung waren solche Engpässe in den folgenden Tagen und Wochen wohl kaum noch zu beheben. Deshalb versuchte man, »untüchtiges Feuer-Gewehr« nach Möglichkeit aus Magazinbeständen des Königstein zu ergänzen[191]. Auch die geplanten Verhaue konnten aus Mangel an Holz teilweise nicht angelegt werden. »Das Werck am Fuße des Berges [...] existirt zur Zeit noch gar nicht«, meldete ein Major an Rutowski[192]. Wenigstens wies man die Einwohner der Stadt Pirna vorsichtshalber an, sich »bey etwa erfolgender feindlicher attaque der Stadt [...] mit aller nöthigen Feuer-Geräthschafft zu versehen [...] das Feuer allenthalben zu löschen und sich übrigens ruhig und als getreue Unterthanen zu betragen«[193]. Damit solche Missstände und Engpässe dem Gegner möglichst verborgen blieben, erließ der Feldmarschall am 12. September eine Weisung, nach der Personen, die sich in der Pirnaschen Gegend des »Spionirens, Debauchirung der Soldaten oder sonst gefährlicher Unternehmungen« verdächtig machten, zur Vernehmung ins Hauptquartier zu bringen waren[194]. Dies schien angebracht, denn wie zahlreiche Verhörprotokolle bezeugen, lief die preußische Spionage auf Hochtouren. Dabei bedienten sich die Spitzel der verschiedensten Vorwände, um in die Nähe des Lagers zu gelangen. Man gab sich als ehemaliger Soldat, als Bruder eines im Heer Aktiven, oder einfach als interessierter »Studiosus« aus[195]. Einige ließen sich sogar vorsätzlich arretieren, um über die Wachsoldaten etwas über die Versorgungslage der sächsischen Armee zu erfahren[196].

Indessen war keine der beiden Parteien zunächst ernsthaft am Ausbruch eines Kampfes interessiert. Bereits am 5. September hatte Rutowski für seine Truppen den Befehl erlassen, gemäß dem der sächsische Soldat bei einem möglichen Geplänkel mit den Preußen »bey Lebens Strafe aber sich hüten solle, den ersten Schuß [...] zu thun«[197]. Angesichts dieser Weisung waren die Vorposten genötigt, sich bei Annäherung von preußischen »Detachements« zurückzuziehen. Ein in der Nähe der Stadt Königstein postiertes Kommando musste daher einem Trupp Husaren ausweichen, »da der Unterofficier keine ordre gehabt, Feuer zu geben«. Die Preußen sollten aus diesem Verhalten erkennen, wie stark man auf sächsischer Seite gewillt war, »keine Veranlassung zu Thätlichkeits zu geben«[198], ja gewissermaßen »mit Gewalt« neutral bleiben wollte[199]. Gleiches galt umgekehrt aber auch

---

[190] Bericht des Generals von Gersdorf über seine Sendung auf den Königstein vom 20.1.1757. SHStA, Loc. 10990: »Ein Fascicel ...« (wie Anm. 35).
[191] Befehle Rutowskis an Kötzschau vom 13.9. und 17.9.1756. SHStA, Nr. 1330 (wie Anm. 125).
[192] Schreiben Major Birnbaums vom 8.9.1756. SHStA, Loc. 10989: »Concepte von Ordres ...« (wie Anm. 74).
[193] Weisung vom 22.9.1756. SHStA, Loc. 10989: »Concepte von Ordres ...« (wie Anm. 74).
[194] Befehl aus dem Hauptquartier Struppen. SHStA, Nr. 1330 (wie Anm. 125).
[195] Schreiben Rutowskis an Kötzschau vom 3.10.1756. SHStA, Nr. 1330 (wie Anm. 125).
[196] Schreiben Kötzschaus an den Oberauditeur Helbig vom 16.9.1756. SHStA, Nr. 1330 (wie Anm. 125).
[197] Aster, Beleuchtung der Kriegswirren, S. 181; Schreiben Rochows an Rutowski vom 4.9.1756. SHStA, Loc. 10989: »Concepte von Ordres ...« (wie Anm. 74).
[198] Schreiben Spoerckens an Winterfeldt vom 20.9.1756. SHStA, Loc. 10989: »Concepte von Ordres ...« (wie Anm. 74).
[199] Tagebuch eines Preußischen Offiziers, S. 333 f.

für die Soldaten Friedrichs[200]. Während die Sachsen in erster Linie jegliche Provokation der Preußen vermeiden wollten, hofften jene darauf, vor allem ohne eigene Opfer mit der sächsischen Armee doch noch durch Verhandlungen oder rasche Kapitulation einig zu werden. Anders ist das ungewöhnlich abwartende Verhalten Friedrichs in den nächsten Wochen nicht zu erklären. Sein Bedarf an Soldaten kam den Sachsen zu diesem Zeitpunkt jedenfalls ebenso zugute wie sein Wissen um die noch ungenügende Rüstung der Österreicher.

Beide Seiten scheinen sich demzufolge streng an das Feuerverbot gehalten zu haben, da bis zum sächsischen Ausbruchsversuch nur auf preußischer Seite ein Toter zu beklagen war. Es handelte sich dabei um einen Husaren, der am 21. September bei einem Vorpostengeplänkel ums Leben kam. General Pirch wurde über diesen Vorfall gemeldet, »wie heute nach Mittag gegen 3 Uhr sich ein Troupe Preusische Husaren von ohngefehr 4 bis 5 Mann [...] ganz nahe, in einem Garten gehet, worauf der Lieutenant ihnen eine Patroulle von 3 Mann entgegen schicket um sie zu befragen, was sie wollten, worauf einer von denen Husaren nach dem Pistohl gegriffen und solches auf ihnen los brennen wollen, so aber versagt hätte, indem aber der Gefreyte von der Patroulle gewahr geworden, daß gedachter Husar Feuer geben wolle, hatte er angeschlagen und auf ihn gefeuert, auch ihn sogleich vom Pferde runter geschoßen«[201]. Dieser Zwischenfall hätte durchaus Anlass zu einer größeren Auseinandersetzung geben können. Friedrich II. hielt es jedoch in Anbetracht der Situation für das Beste, »man machet keinen Lärm davon«[202].

Wie bereits angedeutet, brachte die zwischen dem sächsischen Hauptquartier und Maria Theresia geführte Korrespondenz der eingeschlossenen Armee bisher zwar viel Anteilnahme, aber wenig konkrete Hilfe ein. Im Hinblick auf den Schriftverkehr soll hier lediglich noch darauf hingewiesen werden, dass das Schreiben von Feldmarschall Rutowski an Graf Browne vom 8. September einschließlich der entsprechenden Antwort interessanterweise die einzige direkte Korrespondenz zwischen beiden Heerführern während der gesamten Ereignisse um Pirna darstellt[203]. Es sei zudem noch angemerkt, dass der gesamte Schriftverkehr nur noch durch Kuriere und Melder erfolgen konnte, die den Einschließungsring unter Gefahr überwanden. So konnte man auch dem Dresdner Hof in diesen Tagen nur sporadisch Botschaften über den Zustand im Lager und das Befinden Augusts III. übermitteln[204].

Am 10. September beriet die Generalität der auf sich gestellten kursächsischen Armee in einem Kriegsrat über das weitere Vorgehen. Angesichts der Lageentwicklung boten sich inzwischen drei Möglichkeiten des Handelns: »Entweder die Sachsen mussten sich durch die Preußen, welche sich selbst mit Redouten befesti-

---

200 Höhne, Die Einstellung der sächsischen Regimenter in die preußische Armee, S. 26.
201 Pirch an Rutowski vom 21.9.1756. SHStA, Loc. 10989: »Concepte von Ordres ...« (wie Anm. 74).
202 Schreiben Friedrichs an den Prinzen v. Anhalt-Dessau vom 22.9.1756. Die politische Correspondenz Friedrichs des Grossen, Bd 13, Nr. 8094.
203 Vitzthum von Eckstädt, Die Geheimnisse des sächsischen Cabinets, T. II, S. 22 f.
204 Tagebucheinträge Friedrich Christians vom 11.9.1756 und 13.-14.9.1756. Schlechte, Das geheime politische Tagebuch des Kurprinzen, S. 277-281.

get und mit viel Artillerie versehen waren, vor der fronte des Pirnaischen Lagers durchschlagen und zurück in ihr Land marchiren, oder aber rückwärts über die Elbe gehen[205].« Die dritte Option war der Verbleib an Ort und Stelle. Man war sich dabei sicher bewusst, dass die Umschließung der Preußen aufgrund des unübersichtlichen Geländes vor allem auf der östlichen Seite einige Lücken besessen haben musste, wie das Durchkommen von Kurieren zeigte. Einen Ausfall und Abzug nach Böhmen mit der gesamten Armee hielten die Generäle jedoch weiterhin für nicht durchführbar. Da insgesamt die Meinung herrschte, dass man im unangreifbaren Lager »von einer Attaque nichts zu befahren habe«[206], wurde zugunsten eines weiteren Verbleibs bei Pirna entschieden. Dieser »pas«, so hoffte man, würde den König von Preußen »vor der ganzen Welt in tort [= ins Unrecht] setzen«[207]. Insgesamt änderte dieser Kriegsrat also nichts an der Situation der Armee[208].

Inzwischen rückte der am 4. Oktober in Warschau stattfindende Sejm (= Reichstag) immer näher. Der sächsische Monarch hegte dabei anscheinend keinerlei Zweifel an einer Erlaubnis zur bereits vorbereiteten Abreise, denn er ermahnte Rutowski nochmals vorsorglich zur Standhaftigkeit und ermächtigte ihn im voraus zur Kapitulation unter der Bedingung, dass die Generalität niemals »gegen Uns [August III.] und Unsere Freunde die Waffen führen« dürfe[209]. Dies erwies sich als voreilig, da der preußische König einer Abreise des sächsischen König-Kurfürsten zunächst nicht zustimmen mochte: »Ew. Majestät scheinen wegen der Reise nach Polen ziemlich eilfertig, erinnern sich aber nicht, daß ich es nicht minder bin. Angesichts der Situation, in der sich Dero Truppen befinden, scheint mir, sollten diese Dinge nicht voneinander zu trennen sein«, lautete die Antwort aus Großsedlitz[210].

August III., dessen Sorge zunehmend den polnischen Belangen galt, zeigte sich nicht nur gegenüber dem Schicksal seiner Armee erstaunlich gleichgültig, sondern unternahm auch sonst wenig zur Motivation seiner Truppen. Den Berichten des Generals Johann Friedrich Vitzthum von Eckstädt zufolge, der sich häufig in der Nähe des sächsischen Monarchen aufhielt, besichtigte dieser nur zweimal das Lager, wobei er mit niemandem gesprochen haben soll, nicht einmal mit Rutowski. Auch sonst vermittelte er das Bild eines wenig charismatischen Landesherrn, verließ das Struppener Schloss kaum, empfing nur Brühl regelmäßig[211]. Insofern kann

---

205 »Relation vom Schicksal der sächsischen Armee im Lager bei Pirna«. SHStA, Loc. 10990: »Ein Fascicel ...« (wie Anm. 35).

206 Zit. nach Vitzthum von Eckstädt, Die Geheimnisse des sächsischen Cabinets, T. II, S. 23.

207 Kriegsratprotokoll vom 10.9.1756. SHStA, Loc. 10990: »Ein Fascicel ...« (wie Anm. 35).

208 Der einzig von Höhne erwähnte Vorschlag des Generals von Haxthausen, das sächsische Heer gegen Subsidien an Preußen abzutreten und damit die sächsische Neutralität auf Kosten der Soldaten zu wahren, ist im vorhandenen Kriegsratsprotokoll jedoch nicht vermerkt. SHStA, Loc. 10990: »Ein Fascicel ...« (wie Anm. 35); Höhne, Die Einstellung der sächsischen Regimenter in die preußische Armee, S. 30; Aster, Beleuchtung der Kriegswirren, S. 237–240.

209 Zit. nach Höhne, Die Einstellung der sächsischen Regimenter in die preußische Armee, S. 47.

210 Schreiben vom 18.9.1756. Die politische Correspondenz Friedrichs des Grossen, Bd 13, Nr. 8069.

211 Vitzthum von Eckstädt, Die Geheimnisse des sächsischen Cabinets, T. II, S. 47–50.

bezweifelt werden, dass der König-Kurfürst in diesen Tagen ein ungetrübtes Bild von der Lage seiner Truppen besaß.

Ebenso wie die sächsische Generalität nach ihrem Kriegsrat weiterhin der natürlichen Qualität des Lagers vertraute, war Friedrich II. seinerseits fest überzeugt, dass sich die Sachsen bald »selbsten die Gurgel zuschnüren«[212] würden. »Er ist so gelassen und vergnügt, als wenn er in der größten Ruhe wäre«, schrieb Ewald von Kleist über seinen König[213]. Dieser äußerte selbst: »Die Herren Sachsen werden nicht so gefährlich sein; erstlich werden sie viel schreien, es wird sich aber alles geben[214].« Friedrichs Optimismus schien nicht unbegründet. Trotz fehlender Kriegserklärung hatte die Umschließung des sächsischen Lagers den Schwebezustand faktisch beendet. Aus dieser überlegenen Situation und in Erwartung der sicheren Kapitulation ließ der König von Preußen fortan keinen Zweifel mehr an seinen wahren Absichten. Bereits am 11. September schrieb er an August III., dass er sich den Lauf der Elbe sichern sowie keinesfalls abrücken und die sächsische Armee in seinem Rücken stehen lassen werde[215]. Sein Schreiben vom 13. September wird noch deutlicher: »Ihre Zukunft«, schrieb Friedrich II., »ist mit der meinen liiert [...] wenn das Pech mit mir ist, wird Sachsen dasselbe Unglück ereilen wie Preußen und den Rest meiner Staaten[216].« Gegenüber dem zu ihm entsandten sächsischen General Arnim erklärte er zwei Tage später schließlich: »Also muß ich die ganze Armee einstellen, aber das ist doch nicht schlimm; es gibt kein anderes Mittel; die Armee muß mit mir marschieren und mir den Eid der Treue leisten.« Auf die Bemerkung Arnims, dass ein solches Ereignis in der Kriegsgeschichte noch nie stattgefunden habe, entgegnete der König: »Ich schmeichle mir, originell zu sein«, und beendete die Unterredung mit den Worten: »Ich muß unbedingt ihre Truppen haben, so oder so[217].« Die geforderte Eidesleistung auf Friedrich II. ist bezeichnend für dessen Vorstellung über deren zukünftigen Status. Sie sollten ihm weder als Subsidien- noch als Hilfstruppen dienen, sondern Friedrich II. hatte mit deutlichen Worten seinen absoluten Besitzanspruch artikuliert.

Obwohl der preußische König die sächsische Kapitulation in Kürze erwartete, da es den Eingeschlossenen »an Brot und Fourage« mangelte[218], erging eine Weisung an den Herzog von Braunschweig, den Lauf der Elbe besonders überwachen zu lassen, »damit die Österreicher der sächsischen Armee keine Lebensmittel auf diesem Fluß zuschicken«[219]. Bereits die ersten Detachements der Preußen hatten sofort für eine Behinderung des Lieferverkehrs auf der Elbe gesorgt. Major Birnbaum berichtete in seinem bereits zitierten Schreiben, die ersten preußischen

212 Zit. nach Tagebuch des Musketiers Dominicus, S. 4.
213 Zit. nach Friedrich der Große im Spiegel seiner Zeit, Bd 2, S. 3 f.
214 Schreiben Friedrichs an den Minister Finckenstein vom 9.9.1756. Die politische Correspondenz Friedrichs des Grossen, Bd 13, Nr. 8001.
215 Die politische Correspondenz Friedrichs des Grossen, Bd 13, Nr. 8010.
216 Ebd., Nr. 8024.
217 Bericht Arnims über seine Sendung zu Friedrich II. Zit. nach Höhne, Die Einstellung der sächsischen Regimenter in die preußische Armee, S. 37 f.
218 Die politische Correspondenz Friedrichs des Grossen, Bd 13, Nr. 7995.
219 Das Schreiben ist nicht genau datiert, aber jedenfalls vor dem 10.9.1756 erlassen. Die politische Correspondenz Friedrichs des Grossen, Bd 13, Nr. 8004.

Husaren hätten »ein mit Korn beladenes böhmisches Fahrzeug [...] genöthiget anzulegen«[220].

Mit den letzten Auszügen ist ein ganz entscheidender Punkt im Zusammenhang mit dem Pirnaer Lager berührt worden: die völlig unzureichende Versorgung der Truppen. Schon Johann Wilhelm von Archenholz bemerkte dazu: »Man dachte aber bloß, sich gegen das Schwert der Preußen in Sicherheit zu setzen, und vergaß darüber einen weit fürchterlicheren Feind von dem Lager zu entfernen; einen Feind, der seit Jahrtausenden so viele Heere besiegt hat, so viele große Feldherrn zur Flucht gebracht, oft die größten Siege vereitelt, und die langwierigsten Kriege auf einmal geendigt hat[221].« In der »Kurzen und gegründeten Nachricht [...]« findet sich zur Versorgungssituation der Hinweis, »daß die königl. Armee wie sie das Lager bey Pirna bezog [...] an Mehl keinen weiteren Vorrath als bis zum 20ten September hatte, auch mit Hafer nur auf 14 Tage versehen war«[222]. Auch in der älteren Literatur ist zu lesen, dass die Truppen bis etwa zum 18. September mit Brot und Mehl versorgt waren und diese Vorräte bei sparsamster Einteilung vielleicht bis Ende des Monats reichen konnten. Pferdefutter sei hingegen nur bis Mitte September vorhanden gewesen[223]. Aufgrund dieser Aussagen wäre die sächsische Führung gezwungen gewesen, nach etwa drei Wochen eine Entscheidung herbeizuführen, wollte man die Soldaten nicht dem Hungertod preisgeben. Vor diesem Hintergrund ist das Durchhalten der Armee bis zum 16. Oktober natürlich umso höher einzuschätzen. Wie dies zunächst bis Monatsende ermöglicht wurde, soll im Folgenden gezeigt werden. Dafür erwiesen sich die erhalten gebliebenen Befehle des Feldmarschalls an General Zeutzsch sowie dessen Vorträge als äußerst aufschlussreich.

Zunächst gilt es festzuhalten, dass die mitgeführte Menge an Brot für einen Zeitraum von nur etwa vier Tagen keineswegs als organisatorisches Versäumnis anzusehen ist, sondern durchaus den Gepflogenheiten jener Zeit entsprach. Aufgrund seines schweren Gepäcks war der Infanterist lediglich in der Lage, Nahrungsmittel für eine vorübergehende Selbstversorgung von etwa drei bis fünf Tagen mitzuführen[224]. Daher kam der Organisation der logistischen Folgeversorgung eines Heeres nach seiner Zusammenziehung eine derart hohe Bedeutung zu. Aufgrund der sehr raschen Konzentration der Armee konnte allerdings kein ordentlicher Wagentross auf Heeresebene zusammengestellt werden, was die Situation von vornherein erheblich erschwerte.

Die sächsische Generalität rechnete beim Beziehen des Lagers damit, noch für fünf bis sechs Wochen Lebensmittel beschaffen zu können[225]. Dabei hofften sie auf eine Ergänzung der Bestände durch »Ausfouragieren« der Ortschaften in der Umgebung des Lagers. Sicher spekulierte man auch auf österreichische Hilfe, denn

---

220 SHStA, Loc. 10989: »Concepte von Ordres ...« (wie Anm. 74).
221 Archenholz, Geschichte des Siebenjährigen Krieges, S. 6.
222 SHStA, Loc. 10990: »Ein Fascicel ...« (wie Anm. 35).
223 Die Kriege Friedrichs des Großen, 3. T., Bd 1, S. 222 f.
224 Überdies wäre fertiges Brot ohne Konservierungsstoffe ohnehin nicht länger als neun Tage haltbar gewesen. Luh, Kriegskunst in Europa, S. 50 f.
225 Aster, Beleuchtung der Kriegswirren, S. 177.

am 7. September war von den Sachsen ein Proviant-Verwalter nach Leitmeritz entsandt worden, um mit den Österreichern über mögliche Lieferungen von Nahrungsmitteln zu verhandeln. Dieser forderte unter anderem 4000 Scheffel Hafer und 2000 Zentner Mehl für die sächsische Armee – lieferbar innerhalb von zwei Tagen. Die Waren sollten über den Peterswalder Pass auf versteckten Wegen ins Lager gelangen, die Bezahlung je nach Gewicht und Länge des Transportweges erfolgen. Auch alle »übrigen Lebens-Mittel, an Schlacht-Vieh, Butter, Käse, Thee [...] und andere dergleichen« sollten zum Verkauf im Lager aus Böhmen abgesandt werden[226]. Inwieweit das Unternehmen zur Ausführung gelangte, ist heute ungewiss. Anscheinend hielt man sich solange in Detailfragen auf, bis das schnelle Auftauchen der Preußen in der nächsten Umgebung des Lagers alle logistischen Pläne zunichte machte[227].

Ein weiteres Problem wird aus einem Schreiben des Generalquartiermeisters deutlich: »Uns fehlt es zu der Zeit noch an Reitpferden, offt hinaus zu kommen«[228]. Daraus lässt sich schließen, dass selbst an den Tagen, in denen das Lager noch nicht umschlossen war, zu wenige Pferde zum Herbeischaffen weiterer Vorräte aus der Umgebung vorhanden waren. Auch in einer Erklärung des zum Feldmarschall Browne entsandten Oberstleutnants Volpert Christian von Riedesel findet sich der Hinweis, »daß die Armee nicht mit dem gehörigen Fuhrwesen, Pferden und anderen Resquisits versehen war«[229]. Das geheime Tagebuch des sächsischen Kurprinzen berichtet ebenfalls von der Absendung von Pferden an einige Offiziere im Struppener Lager[230]. Da Rutowski seine Pläne von einer Zusammenziehung erst unmittelbar vor dem preußischen Einmarsch den Regimentern bekanntmachte, hatten sich zahlreiche Offiziere bis dato abwartend verhalten und nicht »auf Feldetat« gesetzt, also auch keine Transportpferde angekauft[231].

Die Gefährdung der »Fouragiertrupps« durch die preußischen Vorauskräfte erschwerte die Versorgung zusätzlich. So musste sich das Heer von Beginn an mit dem Wenigen begnügen, was die Soldaten mitbrachten und die Stadt Pirna sowie die wenigen Ortschaften im Lager hergaben, während man dem Gegner die meisten Vorräte der umliegenden Orte in die Hände spielte. So verwundert es nicht, dass die Preußen während der Belagerung keinen Mangel litten. Während die Sachsen ihre knappen Lebensmittel stark rationieren mussten, ging es im preußischen Lager zu, »wie in einer Stadt. Da gabs Marquetender und Feldschlächter zu Haufen. Den ganzen Tag, ganze lange Gassen durch, nichts als Sieden und Braten[232].«

---

226 Schreiben Scharfs an den Kurfürsten vom 20.12.1760. SHStA, Nr. 1332 (wie Anm. 55); Aster, Beleuchtung der Kriegswirren, S. 189.
227 Aster, Beleuchtung der Kriegswirren, S. 190, 196.
228 Undatiert, wahrscheinlich vom 4.9.1756. SHStA, Loc. 10989: »Concepte von Ordres ...« (wie Anm. 74).
229 Bericht von Riedesels vom 7.9.1756. Zit. nach Vitzthum von Eckstädt, Die Geheimnisse des sächsischen Cabinets, T. I, S. 445.
230 Eintrag vom 7. und 8.9.1756. Schlechte, Das geheime politische Tagebuch des Kurprinzen, S. 270.
231 Tagebuch eines Preußischen Offiziers, S. 330.
232 Bräker, Das Leben und die Abentheuer, S. 147.

Aus den Archivquellen geht hervor, dass die sächsischen Soldaten beim »foura-
gieren« im Lager gegen ihre Landsleute wenig Rücksicht zeigten. Die wenigen
Rittergüter seien von ihnen »fast gantz ruiniret« worden[233]. Aufgrund der »zur
Ernten-Zeit eingefallene[n] Nässe« erwies sich das gewaltsame Eintreiben von
Korn allerdings als wenig ertragreich[234]. Das mitgebrachte oder durch Eintreibung
gewonnene Korn konnte aufgrund der wenigen Mühlen im Lager wiederum nicht
schnell genug zu Mehl verarbeitet werden. Somit wurden auch extra angelegte
Backöfen überflüssig[235]. Durch die anhaltende Trockenheit, die hingegen Ende
September herrschte, liefen auch die wenigen mit Wasser betriebenen Mühlen
langsamer, was die Versorgung zusätzliche erschwerte[236].

Diese Umstände führten dazu, dass etwa ab dem 3. September die täglichen
Rationen für die eingeschlossenen Soldaten reduziert werden mussten[237]. General
Zeutzsch forderte deshalb dringende Provianthilfe beim Dresdner Stadtkommandanten an[238] und reichte zudem am 6. September ein Schreiben beim Feldmarschall ein, »weil es immer rathsamer zu seyn scheinet, daß eine zeitlang etwas mä-
ßiger die Verpflegung gerichtet, als endlich gar gedarbet werde«[239]. Auch die
Futterrationen für die Pferde wurden kontinuierlich heruntergesetzt, bis sich diese
schließlich von Moos ernähren mussten[240]. In der erwähnten »Kurzen und gegründeten Nachricht [...]« findet sich hierzu folgende Aussage:

> »Gleich anfangs, da man sich eingeschlossen sah, wurde die tägliche Portion Brodt [...]
> vermindert, die Cavallerie musste sich mit Heu und Stroh behelfen und deren Artillerie
> und Vorspannpferden wurde nichts als die Weide überlassen, so wie solche von der
> späten Jahreszeit zu erwarten stunde [...] und da das Mehl abgegangen war, fing man an,
> die Körner so man in der Stadt Pirna und in dem Bezirk des Lagers vorfand, zu mahlen,
> wiewohl diejenigen 9 Mühlen, derer wir mächtig waren, nicht im Stande waren, das völ-
> lige Bedürffniß an Mehl zu liefern, sondern fast 50 Zentner täglich davon fehlten[241].«

Die Armee befand sich somit von Beginn an in einer nahezu aussichtslosen Lage.
Mussten die Pferde zwangsläufig auf den Wiesen geweidet werden, stand deren
ernstliche Erkrankung und Erschöpfung zu befürchten, falls sie nicht rechtzeitig
an das Grünfutter gewöhnt wurden[242]. Diese Kürzungen der täglichen Rationen
änderten jedoch nichts an der grundlegenden Situation der sächsischen Armee,
sie konnten die Entscheidung lediglich verzögern. Am 14. September meldete
Zeutzsch dem Feldmarschall den gegenwärtigen Stand an Verpflegung, verbunden
mit folgender Bemerkung: »Vorstehende Quantität Korn und Mehl kan überhaupt,

---

[233] Anzeige um den 23.9.1756, anonym. SHStA, Generalfeldmarschallamt, Loc. 10989: »Concepte
       von Ordres an den Herrn Generalmajor und Geheimen Kriegsrath von Zeutzsch«.
[234] Bericht von Zeutzsch an Rutowski vom 30.9.1756. SHStA, Loc. 10989: »Concepte von Ordres ...
       an Zeutzsch« (wie Anm. 233).
[235] Aster, Beleuchtung der Kriegswirren, S. 189 f.
[236] Bericht von Zeutzsch an Rutowski vom 30.9.1756. SHStA, Loc. 10989: »Concepte von Ordres ...
       an Zeutzsch« (wie Anm. 233); Schirmer, Der Bevölkerungsrückgang in Sachsen, S. 38.
[237] Schuster/Francke, Geschichte der Sächsischen Armee, T. II, S. 83.
[238] Schlechte, Das geheime politische Tagebuch des Kurprinzen, S. 55.
[239] SHStA, Loc. 10989: »Concepte von Ordres ... an Zeutzsch« (wie Anm. 233).
[240] Tagebuch eines Preußischen Offiziers, S. 334 f.
[241] SHStA, Loc. 10990: »Ein Fascicel ...« (wie Anm. 35).
[242] Luh, Kriegskunst in Europa, S. 43.

wenn das Mahlen in denen Pirnischen Mühlen an der Gottleube so 24 Stunden 60 Scheffel Korn abmahlen, ohngehindert continuiret und die Bäckerey nicht gestöhret wird zu denen täglich erforderlichen 21 700 Portionen [...] annoch auf zehen Tage, folglich biß den 25. oder 26ten Sept. hinreichend seyn.« Durch weitere Maßnahmen, wie das »Strecken« der zweitägigen Ration Brot auf drei Tage, hielt Zeutzsch es für möglich, die Armee bis »ultimo Sept[ember]« verpflegen zu können. Was die Pferde betraf, sah er jedoch keine Möglichkeiten, über die Monatsmitte hinaus Futter zu beschaffen. Hoffnungen bestanden lediglich in Lieferungen von unausgedroschenem Hafer und Heu aus den Ortschaften[243].

Ein in Thürmsdorf abgefasster »Rapport« vom 20. September besagt, dass die Bewohner der Stadt Pirna in diesen Tagen nicht die befohlene Menge an Vorräten abgegeben hätten[244]. Daraufhin setzte allerorts erneut eine Überprüfung der Bestände an Nahrungsmitteln und Vieh ein. Rutowski wies den Stadtkommandanten von Pirna an, »einen geschickten Officier nebst einem Fourier zu commandiren, welcher in Pirna in der Stadt und Vorstadt alles vorhandene Vieh an Ochsen, Kühen und Kälber, auch Schöpsen, Schaafen und Lämmern und Schweinen aufzeichnen und solches alles in eine ordentliche Consignation mit Benennung der Wirthe, und wie viel bey einem jeden befindlich, bringen« sollte[245]. Das Ergebnis dieser »Visitationen« bestand darin, dass die Durchhaltefähigkeit der Armee nun maximal bis zum 3. Oktober sichergestellt werden konnte, »ohne Bürger und Bauern verhungern zu laßen«[246].

Dieses Zitat und eine Vielzahl anderer erhaltener Quellen belegen, dass die Sorge des Generals Zeutzsch nicht nur dem Überleben der Armee, sondern auch – mit Blick auf mögliche Folgen des überhandnehmenden Hungers – der Versorgung der Bevölkerung galt: »Sind zwar die Eigenthümer des Getreydes [...] herzugeben gantz willig und bereit, es ist aber die Menge derer so keinen eignen Zuwachs haben, und doch alle Tage eßen wollen, so groß, daß besonders in Pirna, wenn [...] nur vor die armée gedroschen, gemahlen und gebacken wird, in wenig Tagen die größte Noth und Unordnung, ja die schon ziemlich nahe scheinende gewaltsame Wegnehmung des Brodts [...] durch den Pöbel, mit welchem der gemeine Soldat gar bald gemeine Sache machen dürffte, ohnfehlbar zu besorgen«, berichtete er am Monatsende an Rutowski. Zeutzsch fügte auch hinzu, dass allerdings bei rücksichtslosem Durchgreifen »die armée noch bis auf den 12ten October die Subsistenz erlangen«, also ernährt werden könne[247]. Seine Bedenken schienen gerechtfertigt, denn bereits wenige Wochen nach dem Einrücken der Armee in das Lager regte sich in der Bevölkerung erster Widerstand. Mitte September sah ein sächsischer Stabsoffizier (vermutlich in Pirna) einen Bürger gegen einen Sol-

---

243 SHStA, Loc. 10989: »Concepte von Ordres an ... Zeutzsch« (wie Anm. 233).
244 Vermutlich von Zeutzsch verfasst. SHStA, Loc. 10989: »Concepte von Ordres an ... Zeutzsch« (wie Anm. 233).
245 Befehl Rutowskis an Kötzschau vom 29.9.1756. SHStA, Nr. 1330 (wie Anm. 125).
246 Bericht von Zeutzsch an Rutowski vom 22.9.1756. SHStA, Loc. 10989: »Concepte von Ordres an ... Zeutzsch« (wie Anm. 233).
247 Bericht von Zeutzsch an Rutowski vom 30.9.1756. SHStA, Loc. 10989: »Concepte von Ordres an ... Zeutzsch« (wie Anm. 233).

daten »auf so eine prutale Art, mit schmäh und schimpf-Worten herum zancken,
daß er den Schilder-Gast kurtz und lang hießen und sagte, er hätte hier einen
Dreck zu befehlen [...] bey welchem Allarm und Geschrey über 200 Menschen
zusammen lieffen und dem Spectacel mit zugehört haben [...] worauf ich den Bürger hernach mit auf die Wacht bringen ließ«[248].

Die Sorge des sächsischen Hauptquartiers galt jedoch ausschließlich den Belangen der Armee. Am 23. September antwortete Rutowski Zeutzsch, dass »es nunmehro im Nothfalle gar nicht darauf ankäme, ob die hier im Bezirck liegende
Herrschafften und Unterthanen etwas übrig behalten oder nicht, sondern nur daß
die armée erhalten werde«[249]. Noch drastischer äußerte er sich eine Woche später:
»Die einzige Vorsorge muß also dermahlen auf die armée gerichtet seyn [...] und
wann wir dieser rechtschaffen genüge gethan, so bleiben wir außer aller Verantwortung. Die unnützen Mäuler in der Stadt Pirna mag der Magistrat wegschaffen
oder selbige hungern laßen. Vor die Desordres des Pöbels, der Soldaten-Weiber
und dergl. Gesindel wird die generalitaet behörig sorge tragen[250].« Auch der sächsische Monarch und Brühl zeigten in dieser Situation kein Erbarmen. Der König
habe befohlen, »daß ein vor allemahl, auch durch die äußersten und gewaltsamsten
Mittel, die Proviantierung der armée mit Körnern bis den 12. hujus inclusive be-
wirket werden muß und in dieser Bewirkung nichts zu schonen und zurück zu
laßen sey«, schrieb der Premierminister dem Feldmarschall[251]. Für die Repressalien
durch das Militär revanchierten sich die Bauern und Anwohner in der Umgebung
des Lagers bald darauf in spontanen Abwehrreaktionen. Sie begannen, den Preußen sächsische Deserteure auszuliefern und verrieten ihnen die Lücken in der Einschließung, durch welche die Sachsen mit den Österreichern und dem Dresdner
Hof Nachrichten austauschen konnten[252]. Allerdings profitierten etliche Bauern
auch von der Not der eingeschlossenen Soldaten. Die zunehmende Verknappung
der Nahrung führte zu einer Vermehrung der Kontakte zwischen beiden Gruppen.
Mit dem allmählichen Zusammenbruch des logistischen Apparates der Armee
waren die Kavalleristen vermehrt für ihren Unterhalt eigenverantwortlich, was zur
Intensivierung des Handels mit der Zivilbevölkerung führte, zumal an die Reiter
an Stelle des Futters zunehmend Geld ausgegeben wurde[253]. Ähnliches muss auch
bei den Infanterieregimentern geschehen sein, denn im bereits genannten »Rapport« aus Thürmsdorf heißt es, »daß verschiedene dahiger Einwohner annoch
Hafer besitzen und nur damit ein unerlaubten Wucher zum Nachtheil der Königl.
Armée treiben suchen«[254]. Allerdings setzte der Geldmangel auch diesen Privatge-

---

248 Bericht vom 15.9.1756. SHStA, Nr. 1330 (wie Anm. 125).
249 Befehl Rutowskis an Zeutzsch vom 23.9.1756. SHStA, Loc. 10989: »Concepte von Ordres an ...
     Zeutzsch« (wie Anm. 233).
250 Befehl Rutowskis an Zeutzsch vom 1.10.1756. SHStA, Loc. 10989: »Concepte von Ordres an ...
     Zeutzsch« (wie Anm. 233).
251 Schreiben Brühls an Rutowski, undatiert, um den 1.10.1756 verfasst. SHStA, Loc. 10989:
     »Concepte von Ordres an ... Zeutzsch« (wie Anm. 233).
252 Tagebucheintrag Friedrich Christians vom 11.10.1756. Schlechte, Das geheime politische Tage-
     buch des Kurprinzen, S. 313 f.
253 Aster, Beleuchtung der Kriegswirren, S. 190.
254 SHStA, Loc. 10989: »Concepte von Ordres an ... Zeutzsch« (wie Anm. 233).

schäften rasch Grenzen. Spätestens mit Beginn des Monats Oktober konnten die Regimentskommandeure ihren Soldaten keinerlei Sold mehr auszahlen, da die dafür vorgesehenen Gelder mangels gefüllter Magazine bereits während der Zusammenziehung der Armee zur Anschaffung der mitzubringenden Menge an Brot und Futter verwendet werden mussten, die Armee »also auf dem marche von baaren Gelde ganz entblößt gewesen« ist[255]. Daher mehrten sich gegen Ende September auch die Bitten der Generäle an Rutowski um Zahlung der Gehälter. Wie der einfache Soldat diese beschwerliche Situation wahrnahm, schildert der sächsische Infanterist Gottfried Zahn vom Regiment »Prinz Xaver« in einem Brief an seine Eltern:

> »Wir [...] kamen Tag und Nacht nicht aus dem Dienst [...] Patronentasche und Seitengewehr kamen nicht vom Leibe und hatte der Mann 60 Patronen [...] aber gar wenig Brot [...] Das [...] Mehl kostete einen Dukaten, aber nicht mehr zu bekommen. Ich hatte doch immer ein bisschen Brot und Mehl verborgen im Tornister, das mußte man gar rar halten. Auf das Fest Michael [= Michaelistag, 29. September] da habe ich die ersten Krautstrünke gegessen, zuerst gekocht, nach diesem aßen wir sie so rein, ungekocht[256].«

Die geheimen Nachrichten aus dem Lager an den Dresdner Hof unterschieden sich zu diesem Zeitpunkt deutlich von solchen Erlebnisberichten – sicher auch, um die Zurückgebliebenen nicht zu beunruhigen. »Die Armee hat Lebensmittel für einen Monat und es fehlt an nichts«, ließ Rutowski Ende September der sächsischen Königin-Kurfürstin Maria Josepha bestellen. Einzig das Futter für die Pferde würde allmählich etwas knapp. Die Zahl der Kranken betrug seinen Angaben zufolge zu diesem Zeitpunkt nur etwa 140, wovon rund 60 Soldaten unter Geschlechtskrankheiten litten. Hauptsächlich waren nur die Mannschaften von Krankheiten betroffen[257].

Der königlich-sächsische Hofstaat teilte die Entbehrungen seiner Soldaten jedoch nicht: »Auf dem Hofe in Struppen ist inzwischen noch der meiste Vorrath«, schrieb Zeutzsch Anfang Oktober[258]. Um ein Zeichen seines Wohlwollens gegen die Person des sächsischen Monarchen zu setzen, erlaubte Friedrich II., dass die Vorräte für die königliche Tafel von Dresden durch die preußische Einschließung ins Lager geschickt werden durften. Dabei sollte allerdings der Wagen untersucht werden, um eine geheime Korrespondenz zwischen Dresden und dem Hauptquartier in Struppen zu verhindern[259]. Auch in den Befehlen des Feldmarschalls wurde der Hofstaat besonders bedacht. An General Pirch, den Kommandanten der Festung Königstein, schrieb Rutowski am 6. September, »daß der Proviant-Verwalter es an keiner Bemühung und Fleiße ermangeln lasse, vor das Königl. Hoflager [...] die anverlangte Provision baldmöglichst zu besorgen und herbey zu

---

255 Schreiben Rhoedens an Rutowski vom 25.9.1756. SHStA, Loc. 10989: »Concepte von Ordres an ... Zeutzsch« (wie Anm. 233).

256 Schreiben vom 27.10.1756. Zit. nach Kroll, Kursächsische Soldaten, S. 40; ders. Soldaten im 18. Jahrhundert, S. 354 f.

257 Tagebucheintrag Friedrich Christians vom 28.9.1756. Zit. nach Schlechte, Das geheime politische Tagebuch des Kurprinzen, S. 294.

258 Schreiben vom 6.10.1756 an Rutowski. SHStA, Loc. 10989: »Concepte von Ordres an ... Zeutzsch« (wie Anm. 233).

259 Die Kriege Friedrichs des Großen, 3. T., Bd 1, S. 222 f.

schaffen«[260]. In Anbetracht der Personal- und Pferdestärke des königlichen Hofes im Lager ist es leicht verständlich, dass »die consumtion durch so viele Personen von der Hofstatt [...] um ein großes vermehret«[261] wurde, der Hof also hinsichtlich der Verpflegung eine enorme Mehrbelastung für die Armee darstellte.

Die tieferliegenden Ursachen für den Mangel an Nahrungsmitteln im Lager sind jedoch nicht nur in übereilten und unkoordinierten Maßnahmen in den Tagen der Zusammenziehung der Armee zu sehen. Hier gilt es wiederum, den Vorabend des Krieges im Jahre 1756 und die Periode der allmählichen Reduzierung und Vernachlässigung der Armee zu betrachten. Nicht umsonst hatte Rutowski am 8. Juni die Füllung der Magazine – auf die kein kriegführender Staat des Ancien Régime verzichten konnte – angemahnt[262]. Aus einer beigefügten aktuellen Bestandsaufnahme der Magazine geht hervor, dass zur Versorgung der Armee täglich 530 Zentner Heu, für 20 Tage aber 556 Zentner Mehl, 508 Scheffel Korn, 10 396 Scheffel Hafer und 10 603 Zentner Heu fehlen würden. Auf einen Monat bedeutete dies einen Mangel von 3260 Zentner Mehl, 3000 Scheffel Korn, 17 961 Scheffel Hafer und 16 435 Zentner Heu[263]. Hinsichtlich der Logistik wird also eine völlig unzureichende langfristige Vorbereitung ersichtlich. Ein koordinierter Ankauf von Lebensmitteln und Futter hatte vor dem Siebenjährigen Krieg nicht mehr stattgefunden. Rutowski konstatierte im November 1756, dass ordentliche Magazinbestände »die Armee und den Staat würden gerettet haben«[264]. Jedenfalls waren die jahrelangen Versäumnisse der Brühlschen Misswirtschaft im Herbst 1756 nicht in kürzester Zeit aufzuholen, auch wenn sich der Premierminister angesichts des Scheiterns seiner Neutralitätspolitik und der unerwarteten Probleme mit der österreichischen Unterstützung nun persönlich um die Organisation des Nachschubs bemühte. In einem Briefwechsel mit Graf Flemming in Wien bat er um Lieferung von Nahrungs- und Futtermitteln aus Böhmen, allerdings – wohl in der Hoffnung auf baldigen Entsatz – zunächst noch mit wenig Nachdruck: »Heute übrigens fangen schon die Lebensmittel an, uns zu fehlen. Wenn das über einen Monat dauert, so würden wir wünschen, einigen Proviant aus Böhmen zu erhalten[265].« Die zwischenzeitliche Schließung des Belagerungsringes machte jedoch eine Herbeiführung der gewünschten Lebensmittel auf der Elbe oder über Land unmöglich.

Der in Böhmen stehende Feldmarschall Browne hatte sich nach Bekanntwerden des preußischen Einfalls mit seinen Truppen Anfang September bis in die Gegend von Budin vorgeschoben, um die Bewegungen der Preußen besser beob-

---

[260] SHStA, Loc. 10989: »Concepte von Ordres ...« (wie Anm. 74).

[261] Schreiben Rutowskis an Zeutzsch vom 30.9.1756. SHStA, Loc. 10989: »Concepte von Ordres an ... Zeutzsch« (wie Anm. 233).

[262] Zur Bedeutung der Magazinwirtschaft für die frühneuzeitlichen Heere: Luh, Kriegskunst in Europa, S. 22 ff.

[263] Vitzthum von Eckstädt, Die Geheimnisse des sächsischen Cabinets, T. II, S. 416–418.

[264] Schreiben Rutowskis an August III. vom 18.11.1756. Zit. nach Aster, Beleuchtung der Kriegswirren, Anhang, S. 40.

[265] Schreiben vom 5.9.1756. Zit. nach Vitzthum von Eckstädt, Die Geheimnisse des sächsischen Cabinets, T. I, S. 431 f.

achten und »die freie Überlieferung der Bedürfnisse und im äußersten Falle auch einen freien Rückzug nach Böhmen sichern« zu können[266]. Alle seine Forderungen wurden nun auf besonderes Drängen Maria Theresias erfüllt, Pulver und Blei »tonnenweise« zur Armee geliefert, Kanonen herbeigeschafft und Pferde angekauft oder beschlagnahmt[267]. Noch agierte er jedoch gemäß den Weisungen des Hofkriegsrates defensiv, da man auch in Wien den baldigen Weitermarsch Friedrichs nach Böhmen erwartete. Feldmarschall Wilhelm Reinhard Graf von Neipperg schrieb ihm, dass es bei dem gegenwärtigen Rüstungsstand der Browneschen Armee besser sei, »einigen strich landes zu exponiren, als sich durch einen allzuschwachen Gegenstand dem Hazard auszusetzen«. Sicher wird auch die Tatsache eine Rolle gespielt haben, dass zwischen Österreich und Preußen noch kein formaler Kriegszustand herrschte. Da ein Entsatz der Sachsen nicht mehr ohne Kampfhandlungen hätte erfolgen können, operierte man vorerst besser defensiv. Durch seine Agenten war Browne jedoch stets über die Vorgänge bei der preußischen Armee informiert[268].

Auf die durch Boten überbrachten Bitten Brühls ließ Browne um den 6. September zunächst »ein Corps von [...] 3000 Grenadieren zu Fuß und zu Pferd mit Husaren«[269] unter General Wied zur Eger vorrücken. Dem sollte noch weitere Verstärkung folgen, um die eingeschlossene Armee »auf alle Weise zu succuriren«[270]. Bemerkenswert ist, dass Browne von Beginn an vor einer Überschätzung der Uneinnehmbarkeit des Lagers warnte und das Verbleiben der Sachsen bei Pirna als schwerwiegenden Fehler bezeichnete[271]. Ein selbstständiger Ausbruch der sächsischen Armee wäre natürlich für Brownes Operationen günstig gewesen, da er seine noch im Aufwuchs begriffene Armee keinerlei Risiken hätte aussetzen müssen.

Das sächsische Hauptquartier scheint indessen die Bewegungen des österreichischen Heeres als nicht ausreichend empfunden zu haben. Brühl und Rutowski baten Browne, nicht nur das Detachement zu entsenden, sondern »mit der Armeé en force ein Mouvement näher an hiesige Grenze«[272] zu machen. Daraufhin ließ Browne aber lediglich die Avantgarde unter General Wied nach Aussig und schwache Kräfte unter Oberst Perroni bis an die sächsische Grenze vorrücken, um sich des Peterswalder Passes zu versichern. Als diese dort am Morgen des 13. September mit Husaren Ferdinands von Braunschweig zusammenstießen, fielen die ersten Schüsse zwischen Preußen und Österreichern im Siebenjährigen

---

266 Bericht des Grafen von Loos an Brühl vom 6.9.1756. Zit. nach Aster, Beleuchtung der Kriegswirren, S. 188.
267 Duffy, Feldmarschall Browne, S. 275 f.
268 Zit. nach Duffy, Feldmarschall Browne, S. 276.
269 Bericht des Major Accaris an Brühl. Zit. nach Vitzthum von Eckstädt, Die Geheimnisse des sächsischen Cabinets, T. II, S. 3.
270 Schreiben Brühls an Browne vom 7.9.1756. Zit. nach Vitzthum von Eckstädt, Die Geheimnisse des sächsischen Cabinets, T. II, S. 6.
271 Ebd., S. 3.
272 Schreiben Rutowskis an Browne vom 8.9.1756. Zit. nach Vitzthum von Eckstädt, Die Geheimnisse des sächsischen Cabinets, T. II, S. 22 f.

Krieg. Als Perroni dabei wieder bis Aussig zurückgedrängt wurde, plünderten seine Truppen den böhmischen Grenzstreifen völlig aus, nahmen Pferde, Futter und diensttaugliche Männer mit sich[273]. Die zu späte Entsendung von Truppen ins Grenzgebiet sollte sich als ein gravierender Fehler Brownes erweisen. Er hatte es versäumt, die wichtigsten Übergänge über das Gebirge zu besetzen, sodass ein Entsatzversuch auf der linken Elbseite nun unmöglich war. Ob nun eine Fehlbeurteilung der Lage, mangelnde Ausrüstung oder Verfügbarkeit von Truppen die Ursache war, man hatte jedenfalls den Preußen die wichtigen Pässe nach Böhmen, die zugleich ein möglicher österreichischer Anmarsch-, oder auch sächsischer Rückzugsweg waren, ohne größeren Widerstand in die Hände gespielt. Der strategische Teilerfolg Österreichs bestand allerdings im »Ausfouragieren« des Grenzgebietes. Hierdurch stand der Gegner nach Überschreiten der böhmischen Grenze sofort vor logistischen Schwierigkeiten[274]. Bereits Ende Oktober meldeten daher auch die zur Sicherung der Pässe entsandten preußischen Detachements, dass sie »nicht die allergeringste Subsistence« in der Grenzregion hätten[275].

Der ausbleibende Anmarsch der gesamten Browneschen Streitmacht löste im sächsischen Hauptquartier allmählich ernste Besorgnis aus: »Man will nicht, dass Feldmarschall Broune ausmarschire, um uns zu entsetzen [...] Wir werden versuchen, uns zu vertheidigen. Aber sollten wir auch das Glück haben, den Feind ein oder sogar zwei Mal zurückzuwerfen, wozu kann uns das führen gegen eine so überlegene Macht, die immer den Angriff erneuern kann, wenn Feldmarschall Broune uns nicht zu Hilfe kommt. Suchen Sie daher sobald als möglich ihm die nöthigen Befehle auszuwirken und versichern Sie, dass, wenn diess geschieht, wir uns mit ihm vereinigen und mit der Kaiserlichen Armee bis zum Ende des Krieges vereinigt bleiben werden«, schrieb ein nun weniger optimistischer Graf Brühl an Flemming nach Wien. Um den Entsatz zu beschleunigen, bot er den Österreichern die sächsischen Truppen sogar für die Zukunft als Hilfskorps an[276]. Vermutlich trug diese Ungewissheit gegenüber dem Verhalten Brownes mit zum besagten Entschluss des Kriegsrates vom 10. September bei.

Der österreichische Feldmarschall befand sich seinerseits jedoch in einem ähnlichen Dilemma. Der Hofkriegsrat wies ihn an, er solle neben der Hilfe für Sachsen »sein Haubthaugenmerckh dahin wenden, damit nicht umb willen dessen die disseithige trouppen oder das Landt exponiret würden«[277]. Gemeint ist hier die Bedrohung durch das erwähnte preußische Armeekorps unter Schwerin in Schlesien, das die Österreicher durch ihre zweite Armee unter Piccolomini beobachten ließen. Andererseits verschlechterte jeder Tag die Situation der eingeschlossenen Sachsen. Mitte September war deren Entsatz auf jeden Fall »eine Aufgabe für Ar-

---

[273] Duffy, Feldmarschall Browne, S. 280.
[274] Tagebucheintrag Friedrich Christians vom 21.–22.9.1756. Schlechte, Das geheime politische Tagebuch des Kurprinzen, S. 287–289.
[275] Schreiben Billerbecks an v. Manstein vom 28.10.1756. GStA, Rep. 96 Nr. 89 C1: »Acta des Kabinets König Friedrichs des Zweyten von Manstein, Christoph Herrmann 1756–57.«
[276] Schreiben vom 10.9.1756. Zit. nach Vitzthum von Eckstädt, Die Geheimnisse des sächsischen Cabinets, T. II, S. 65.
[277] Zit. nach Die Kriege Friedrichs des Großen, 3. T., Bd 1, S. 217.

meen« geworden, wie es Duffy treffend beschreibt[278]. Hinzu kam der Umstand, dass Brownes Heer sich noch immer im Aufwuchs befand und in seinem Lager die Ruhr grassierte[279]. Zudem wollte er sich nicht zu weit von seinem Magazin in Kolin entfernen[280], und ein Vorstoß in das bewegungsungünstige Terrain des Elbsandsteingebirges barg natürlich erhebliche Gefahren. Trotz all dieser Hindernisse entschloss sich Browne, die Hauptarmee näher an die sächsische Grenze heranzuschieben. Mit Zustimmung des Wiener Hofes brach er schließlich am 14. September in Richtung Budin auf[281]. Seinem Plan zufolge sollte die Vereinigung eines österreichischen Korps mit den Sachsen auf dem unwegsamen Ostufer der Elbe stattfinden, während seine Hauptkräfte zur Ablenkung auf dem Westufer anmarschierten. In Erwartung, den Gegner mit dieser Operation täuschen zu können, nahm Browne alle geografischen Erschwernisse in Kauf[282]. Etwa zehn Tage später erfolgte eine Absprache zwischen ihm und dem sächsischen Hauptquartier mittels eines sächsischen Offiziers. Verabredet wurde ein Ausbruchsversuch in der Nacht vom 11. zum 12. Oktober, wobei man die Möglichkeit eines Brückenschlags unterhalb der Festung Königstein favorisierte[283]. Hierzu sei hier nochmals die »Kurze und gegründete Nachricht [...]« zitiert. Darin werden drei mögliche Stellen für einen Ausbruch der Armee genannt, wovon zwei aber zu Recht als »gar schlimme Ausgänge« bezeichnet werden: »Nun war noch ein dritter Weg durchzukommen übrig, wann unter den Geschützen der Vestung Königstein eine neue Brücke über die Elbe geworffen würde«, heißt es dort[284]. Die Preußen sollten inzwischen durch Scheinausfälle an mehreren Stellen abgelenkt und die Schiffbrücke innerhalb 36 Stunden hergestellt werden. Man plante, die Einschließung am Lilienstein zu durchbrechen und am östlichen Elbufer Richtung Bad Schandau zu marschieren. Feldmarschall Browne sollte währenddessen bis zum 12. Oktober mit einem »fliegenden Korps« von 12 000 bis 18 000 Mann in diese Gegend vorgerückt sein und durch den Gefechtslärm beim Durchbruch Kenntnis vom sächsischen Angriff erhalten. »Unsere Entschließung ist unabänderlich, die Stunde bestimmt«, ist in dem Schreiben zu lesen[285].

Die Zusicherung Brownes, »die angetragende Retraite nach allen Kräften [zu] unterstützen«[286], scheint vor allem bei Brühl und beim König-Kurfürsten wieder Hoffnung geweckt zu haben, während die Generäle den Plan eher skeptisch beurteilten. Sie erkannten die enormen Schwierigkeiten, die sich bei einem Ausbruch auf diesem Wege ergaben: »Eine Brücke unter dem Königstein zu schlagen sey zwar nicht unmöglich; man möchte aber bedenken, daß die gefährlichen Wege,

---

278 Duffy, Feldmarschall Browne, S. 279.
279 Aster, Beleuchtung der Kriegswirren, S. 264 f.
280 Bericht Riedesels von einer Unterredung mit Browne vom 9.9.1756. Zit. nach Vitzthum von Eckstädt, Die Geheimnisse des sächsischen Cabinets, T. II, S. 41 f.
281 Die Kriege Friedrichs des Großen, 3. T., Bd 1, S. 235; Duffy, Feldmarschall Browne, S. 279.
282 Duffy, Feldmarschall Browne, S. 280 f.
283 Beschluss des Kriegsrates vom 25.9.1756. Zit. nach Vitzthum von Eckstädt, Die Geheimnisse des sächsischen Cabinets, T. II, S. 149–151.
284 SHStA, Loc. 10990: »Ein Fascicel ...« (wie Anm. 35).
285 Vitzthum von Eckstädt, Die Geheimnisse des sächsischen Cabinets, T. II, S. 149–151.
286 Zit. nach ebd., S. 170.

welche zur Elbe herunter führten; die Zeit, die zum Uebergange auf einer einzigen Brücke erfordert würde; die Beschwerlichkeit, das Geschütz auf die jenseitigen steilen Felsen hinauf zu ziehen; der sehr beschränkte Raum, den die sogenannte Ebenheit ihnen zu ihrer Bewegung verstatte; die Stärke der preußischen Verschanzungen oder Verhaue, so wie die engen Pässe, wo ein einziges Bataillon mit einigen Feldstücken im Stande sey, eine Armee aufzuhalten eben so viele erhebliche Hindernisse wären, deren man bei einer nur schwachen Hoffnung, Eins oder das Andere gehoben zu sehen, gewärtigen müsse«, urteilten sie[287]. Hinzu kam noch der Umstand, dass die Soldaten durch die Nahrungsknappheit sicher nicht mehr im Vollbesitz ihrer Kräfte waren. Gleiches galt besonders für die zum Ziehen der Feldartillerie und der »Bagage« notwendigen Pferde, auf die man angesichts der sehr steilen Elbufer angewiesen war. Letzten Endes zog die sächsische Generalität jedoch diesen Plan trotz aller Bedenken weiterer Passivität vor.

Gerade bei dieser äußerst wichtigen und für das Schicksal der Armee vielleicht entscheidenden Abstimmung erfolgten erneut alle Absprachen mit Browne nur durch den Premierminister. Mit dem sächsischen Feldmarschall fand hingegen keinerlei Korrespondenz mehr statt. Dies führte zu erheblichen Koordinationsproblemen. Als Browne auf seine mangelnde Kenntnis der Gegend um Pirna verwies, wurde ihm nicht etwa von fachkundigen Stabsoffizieren erstelltes Kartenmaterial zugesandt, sondern Brühl lieferte ihm persönlich eine kurze und ziemlich ungenaue Beschreibung der Umgebung[288].

Friedrich II. hatte nach dem Eintreffen der Antwort auf seine dritte Anfrage nach Wien am 12. September bereits erste Kräfte vom Einschließungsring abgezogen und unter dem Kommando von Feldmarschall Keith nach Böhmen verlegt, »da allen Nachrichten nach die Österreicher alle dero Forces in Böhmen zusammenziehen«[289]. Ein weiterer Grund war die Suche nach Futterplätzen für die Pferde[290]. Somit hatte spätestens in der zweiten Septemberhälfte der gnadenlose Kampf um die Gebietskontrolle im nordböhmischen Raum begonnen. Am 22. September nahmen die Preußen das strategisch wichtige Schloss Tetschen an der Elbe in Besitz, österreichische leichte Truppen setzten sich weiter elbaufwärts in der Burg Schreckenstein fest. Das Hauptaugenmerk beider Parteien galt der Stadt und dem Kreis Leitmeritz, aus welchem sich die Armee Brownes verpflegte[291].

Mitte des Monats wich auch Friedrichs Hoffnung auf eine rasche Kapitulation der Sachsen zwar nicht gänzlich, jedoch wurde der Faktor Zeit immer gewichtiger: »Vier Tage kann ich noch warten, will es alsdann nicht brechen, so muß man sehen, wie man so hereinkömmt«, schrieb er an Schwerin[292]. Kabinettsrat August Friedrich Eichel berichtete aus Großsedlitz: »Inzwischen die Zeit zu weiteren Ope-

287 Erklärung der sächsischen Generäle. Zit. nach Bode, 1756. Der Beginn des Siebenjährigen Krieges, S. 28.
288 Vitzthum von Eckstädt, Die Geheimnisse des sächsischen Cabinets, T. II, S. 172 f.
289 Schreiben Friedrichs II. an Graf Podewils vom 12.9.1756. Die politische Correspondenz Friedrichs des Grossen, Bd 13, Nr. 8017.
290 Duffy, Friedrich der Große, S. 150.
291 Duffy, Feldmarschall Browne, S. 282.
292 Schreiben vom 12.9.1756. Zit. nach Höhne, Die Einstellung der sächsischen Regimenter in die preußische Armee, S. 40.

rationen gegen den Hauptfeind vergehet und endlich dennoch zu der Force wird geschritten werden müssen, nachdem es nunmehro wohl einmal eine ohnmögliche Sache bleibt, dass des Königs Majestät die sächsischen Truppen hinter sich lassen können[293].« Man scheint daher im preußischen Hauptquartier zeitweise sogar wieder eine Erstürmung des Lagers erwogen zu haben. Für diesen Fall hatte Friedrich II. am 17. September in Dresden eine Vielzahl an Leitern bestellt und in diesen Tagen dreimal das Lager aus nächster Nähe inspiziert[294]. Zusätzlich wurde der noch in Dresden befindliche Teil der Artillerie nach Großsedlitz geschafft[295]. Die Nachricht »Heute giebts was! Heut setzts gewiß was ab!« kursierte zu jenem Zeitpunkt beständig unter den erfahrenen Soldaten Friedrichs. »Alle Stunden« sah man einem Sturm auf die Schanzen entgegen[296]. Auch dem Dresdner Hof blieben diese Aktivitäten nicht verborgen. Die geforderten 800 Leitern, das hektische Ausräumen von Geschützen aus den Dresdner Arsenalen sowie der überraschende Abmarsch des mit Äxten und anderem Schanzgerät ausgerüsteten Regiments »Wietersheim« gaben Anlass zu Spekulationen. Von einem kurz bevorstehenden Angriff von acht Seiten war die Rede, sechs davon würden Scheinangriffe sein. Maria Josepha entsandte vorsichtshalber Boten, um ihren Gatten im Lager zu warnen[297]. Aufgrund der Erkundungsergebnisse Friedrichs wurde der Plan von preußischer Seite jedoch letztlich wieder verworfen.

Unterdessen schickte sich Browne gegen Ende des Monats an, die Eger zu überschreiten, und bezog am 30. September eine Stellung südlich von Lobositz. Seine Armee war inzwischen »in einer besonders guten Verfassung. Offiziere und Soldaten sind von allerbestcn Willen erfüllt und voll Vertrauen auf ihren Chef [...] der ihre Achtung in jeder Beziehung verdient«[298]. Browne selbst war jedoch durch die Strapazen der letzten Wochen gesundheitlich angeschlagen. Wegen des ständigen Eintreffens von neuen Botschaften und Kurieren war er »drei Wochen hindurch nicht in dcr Lage, mehr als zwei Stunden ungestört zu schlafen[299].«

Aufgrund der Bewegungen der österreichischen Armee überließ Friedrich II. den Oberbefehl über die Belagerungsarmee bei Pirna dem Markgrafen Karl von Brandenburg-Schwedt und begab sich am 28. September ins Lager bei Johnsdorf. Die Stärke seiner bei Pirna zurückgelassenen Truppen kann nur noch maximal 11 000 Soldaten betragen haben, da die preußischen Truppen bei Lobositz 28 749 Mann umfassten[300] und vorher die Gesamtzahl der Belagerungsarmee mit 39 511

293 Schreiben an Graf Podewils vom 17.9.1756. Die politische Correspondenz Friedrichs des Grossen, Bd 13, Nr. 8062.
294 Die Kriege Friedrichs dcs Großen, 3. T., Bd 1, S. 226.
295 Aster, Beleuchtung der Kriegswirren, S. 268.
296 Bräker, Das Leben und die Abentheuer, S. 145, 149.
297 Tagebucheintrag Friedrich Christians vom 16.–17.9. und 18.–19.9.1756. Schlechte, Das geheime politische Tagebuch des Kurprinzen, S. 284 f.
298 Urteil eines französischen Offiziers über Feldmarschall Browne vom 21. September 1756. Zit. nach Duffy, Feldmarschall Browne, S. 284.
299 Schreiben Brownes an Franz Stephan vom 27.9.1756. Zit. nach ebd., S. 283.
300 Groehler, Die Kriege Friedrichs II., S. 78. Auch Kurprinz Friedrich Christian spricht in seinen Aufzeichnungen von etwa 12 000 vor Pirna verbliebenen Preußen. Tagebucheintrag vom 1.10.1756. Schlechte, Das geheime politische Tagebuch des Kurprinzen, S. 299 f.

Soldaten angegeben wurde. Daher ließen die Preußen ihre Stellungen nun durch Feldbefestigungen verstärken. So wurden auch die Zugänge zur »Ebenheit« beiderseits des Liliensteins auf der gegenüberliegenden Elbseite durch Verhaue versperrt, was sich für die Sachsen als verhängnisvoll erweisen sollte[301]. Im preußischen Lager ließ man beim Abmarsch die Zelte stehen, um dem Gegner noch die volle Truppenstärke vorzutäuschen[302]. Somit mussten Friedrichs Soldaten in Böhmen oftmals »untterm blauen Himmel liegen bleiben«[303]. Für das Gros der Belagerungsarmee bei Pirna verliefen die kommenden Tage jedoch überwiegend in gleichmäßiger Ruhe und Eintönigkeit: »Die Wachten ausgenommen, mochte jeder machen was ihm beliebte [...] Nur wenige hockten müssig in ihren Zelten: Der eine beschäftigte sich mit Gewehrputzen, der andre mit Waschen; der dritte kochte, der vierte stickte Hosen, der fünfte Schuhe, der sechste schnizelte was von Holz und verkauft'es den Bauern[304].«

Dieses häusliche Einrichten des Feldlagers war eine typische Erscheinung im Heerwesen jener Zeit. Die »Kameradschaft« des Zeltes[305], die einerseits Kampf-, aber vor allem auch Arbeitsgemeinschaft war, ersetzte die Wohngemeinschaft im Standort. Friedrich II. stellte seinen Soldaten Brot und Fleisch kostenlos zur Verfügung, die übrigen Waren mussten beim Marketender erworben werden[306]. Angesichts des relativen Müßigganges seiner Soldaten bedrohte Friedrich II. vorsichtshalber die Bevölkerung in der näheren Umgebung des Lagers: »Diejenigen, welche Unsre Soldaten zu Desertion verleiten«, befahl er noch in Großsedlitz, sollten »ohne alles Ansehen der Person mit der Strafe des Galgens beleget werden«. Jeder aufgegriffene preußische Deserteur war sofort wieder abzuliefern. Auf den Überbringer wartete »sofort ein Doceur Bier nebst Erstattung der deshalb verwandten Kosten«. Jeden, der einen Deserteur bei der Flucht unterstützte, erwartete der Galgen[307].

Den Einschließungsring schob man nun ganz eng an das Lager heran. Dies führte dazu, dass die Patrouillen beider Parteien sich oftmals sogar begegneten. Zwischenfälle blieben dabei natürlich nicht aus. Neben dem gefallenen preußischen Unteroffizier beinhalten die Archivquellen noch Unterlagen zu einem Militärgerichtsverfahren gegen den Unteroffizier Christoph Vogler vom Infanterieregiment »Prinz Xaver« wegen Verletzung mehrerer Dienstpflichten bei einer

---

[301] Die Kriege Friedrichs des Großen, 3. T., Bd 1, S. 229.

[302] Vitzthum von Eckstädt, Die Geheimnisse des sächsischen Cabinets, T. II, S. 166.

[303] Zit. nach Tagebuch des Musketiers Dominicus, S. 4.

[304] Zit. nach Bräker, Das Leben und die Abentheuer, S. 147.

[305] Den Gepflogenheiten der Zeit gemäß teilten sich im Felde gewöhnlich vier bis zwölf Soldaten ein Zelt. Luh, Kriegskunst in Europa, S. 63; R. Bleckwenn, Zelt und Lager, S. 204 f.

[306] Duffy, Friedrich der Große und seine Armee, S. 84.

[307] »Königl. Patent, wie mit Anhaltung der Deserteurs von der Königl. Preußischen Armée und Bestrafung der jenigen, so die Soldaten zur Desertion verleiten, oder die Deserteurs nicht zur nächsten Preußischen Garnison abliefern, in denen Chur-Sächßischen Landen verfahren werden soll«, Lager zu Sedlitz, 17.9.1756. SHStA, Geh. Kabinett, Loc. 1053/4: »Das Sammlungswesen der Chursächs. Revertenten nach dem Struppener Lager 1756, ferner die im Königreich Ungarn verquartierte Königl. Trouppen und deren Überlaßung in königl. französ. Sold betr. ingleichen die über vorerwehnte Trouppen zwischen des Königs v. Pohlen Augustus des 3ten und des Königs von Frankreich Ludwigs des XV.ten geschlossene Konvention betr. 1756–1759.«

Begegnung mit den Preußen. Der Vorfall zeigt, dass die sächsische Führung in dieser schwierigen Lage strengstens an der Aufrechterhaltung der Disziplin fest-hielt[308]. Diese muss insgesamt recht gut gewesen sein, denn mit Ausnahme des Falles »Vogler« sind keinerlei Hinweise auf etwaige Meutereien der hungrigen Mannschaften oder auf andere Vergehen überliefert. Lediglich fünf weitere sächsi-sche Soldaten wurden als Mitglieder einer Diebesbande enttarnt und den zivilen Behörden überantwortet[309].

Was nun den Unteroffizier Vogler betrifft, so sei dieser am 19. September abends »mit 12 Mann [...] detachirt gestanden« und habe sich vor einem plötzlich auftauchenden Trupp preußischer Husaren zurückgezogen. Diese Verwirrung scheinen einige seiner Soldaten zum Desertieren genutzt zu haben, denn es wird weiter berichtet, dass »an seinen gehabten 12 Mann 5 gefehlet und er nur 7 Mann zu dem Officier gebracht«. Weiterhin habe er sich mit dem Unteroffizier der preu-ßischen Husaren unterhalten und dabei »denen Purschen nichts gesaget, wie sie sich stellen oder wie sie das Gewehr halten sollen, und wären sie ohne Ordnung da gestanden«. Bereits am Nachmittag dieses Tages war Voglers Trupp einer preußi-schen Patrouille begegnet und hatte auch mit dieser gesprochen. Dabei hatte »der preußische Husaren Unterofficier, der ein Deserteur vom Xaverischen Regimente, nach diesem und jenen von dem Regimente u. Comp. [= Kompanie] gefraget« und einer der Husaren sich »so hoch als er gekont, auf dem Pferde in die Höhe gedeh-net um die Gegend und in specie die Stärcke ihres Postens zu recognosiren«. Das hierfür verhängte und von Rutowski unterzeichnete Urteil bestand in »achtmahli-gen Gaßenlauffen durch 300 Mann«[310]. Zieht man in Betracht, dass beispielsweise ein wieder aufgegriffener sächsischer Deserteur in Friedenszeiten mit der doppel-ten Anzahl an »Läufen« durch dieselbe Menge bestraft wurde, kann die Sanktionie-rung Voglers für dessen mehrfaches Dienstvergehen als durchaus noch milde an-gesehen werden[311].

Nachdem es bereits immer wieder zu kleineren Begegnungsgefechten zwischen den Vorauskräften beider Armeen gekommen war, trafen am 1. Oktober bei Lo-bositz die Heere Preußens und Österreichs in der ersten großen Schlacht des Sie-benjährigen Krieges aufeinander[312]. Ein »vergnügter«[313] Friedrich II. äußerte nach dem schwer errungenen und keineswegs eindeutigen Sieg seiner Truppen, die preußische Armee habe so gekämpft, »daß nichts in der Welt ihr unmöglich ist«[314],

308	Aster, Beleuchtung der Kriegswirren, S. 350.
309	Den Forschungen Stefan Krolls zufolge bestand ohnehin ein erheblicher Zusammenhang zwi-schen Militärdienst und Bandenkriminalität in Kursachsen im 18. Jahrhundert. Kroll, Kursächsi-sches Militär, S. 284.
310	SHStA, Geheimes Kriegsratskollegium, Nr. 1331: »Acta Judicialia Chr. Vogler«. Den Untersu-chungen Muths zufolge war »achtmaliges Laufen« in der Regel das Höchstmaß, das einem Solda-ten als Strafe täglich zugemutet werden konnte. Muth, Flucht aus dem militärischen Alltag, S. 110.
311	Kroll, Soldaten im 18. Jahrhundert, S. 103; Muth, Flucht aus dem militärischen Alltag, S. 67, 110.
312	Quadt, Die Schlacht bei Lobositz.
313	Schreiben des Soldaten Frantz Reiß vom Regiment Hülsen vom 6.10.1756. Zit. nach Briefe Preu-ßischer Soldaten, S. 31.
314	Schreiben Friedrichs II. an den Prinzen v. Anhalt. Die politische Correspondenz Friedrichs des Grossen, Bd 13, Nr. 8146.

und er hoffte hinsichtlich der weiteren Entwicklung bei Pirna »dass es allda in wenig Tagen wird vorbei sein«[315]. Die Kunde vom Sieg seiner Armee sollte »gross Schrecken beim sächsischen Lager verursachen«[316]. Moritz von Dessau notierte zum preußischen Sieg: »Ew. Königl. Majest. haben mit dero armée das Eis gebrochen, und durch Gewinnung der fürtrefflichen Bataille den Haupt-Coup gemachet. Also muß nunmehro das das 2te sey, daß kein Sachse davon komme, und sie alle zu Ew. Königl. Majest. dispositon verbleiben[317].«

Jedoch musste man im preußischen Hauptquartier trotz der Erleichterung angesichts des knappen Sieges konstatieren, dass der Gegner erhebliche militärische Fortschritte gemacht hatte und von Browne hervorragend geführt wurde[318]. Ähnlich wie zwei Jahre später bei der äußerst verlustreichen Schlacht bei Zorndorf gegen die russische Armee unter Graf Wilhelm von Fermor[319] hatte Friedrich II. trotz seines knappen Vorteils sein strategisches Ziel, die Zerschlagung der etwa 34 000 Mann zählenden österreichischen Armee, also die unbedingte Voraussetzung für ruhige Winterquartiere in Böhmen, nicht erreicht. Napoleon sollte es später als einen der Hauptfehler Friedrichs bezeichnen, dass dieser auf dem Schlachtfeld von Lobositz keine Konzentration seiner Kräfte, nämlich seiner Armee und des Schwerinschen Korps, herbeiführte und somit seine an sich vorhandene zahlenmäßige Überlegenheit auf dem sächsisch-schlesisch-böhmischen Kriegsschauplatz ungenutzt ließ[320]. Daher konnte ein keineswegs vernichtend geschlagener Browne nach Verlusten von knapp 3000 Mann mit seinem Heer »wegen Ausführung des vorhabend geheimen Entsazes der Sächsischen Armee« hinter die Eger zurückweichen[321]. Das Erleben der Grausamkeiten dieser Schlacht, von unvorstellbarem »Jammer und [...] Elend«[322] sollte die preußischen Soldaten lange beschäftigen. Noch Jahre später notierte ein Unteroffizier: »Vor Böhmen stehn uns schon alle Har wieder zu berge[323].«

Die eingeschlossenen Sachsen hörten zwar am 1. Oktober »ein terribles Kanoniren«, also den Donner der Schlacht, sie erfuhren vom preußischen Sieg aber erst durch das »Viktoriaschießen« der Belagerungsarmee am 3. Oktober: »Sobald sich nun die gegenseitige Armee gestellet, so geschahe oben auf dem Berge bey Cotta der erste Kanonenschuß, welches die Losung war, worauf denn aus allen

315 Schreiben Friedrichs II. an den Herzog v. Braunschweig-Bevern, undatiert, um den 5.10.1756. Die politische Correspondenz Friedrichs des Grossen, Bd 13, Nr. 8156.

316 Schreiben Friedrichs II. an Winterfeldt vom 3.10.1756. Die politische Correspondenz Friedrichs des Grossen, Bd 13, Nr. 8148.

317 Schreiben vom 8.10.1756. Zit. nach Höhne, Die Einstellung der sächsischen Regimenter in die preußische Armee, S. 50.

318 Am Wiener Hof wurde der Ausgang der Schlacht bei Lobositz durchaus positiv gewertet. Kaunitz sah den Ereignissen des Jahres 1757 mit großem Optimismus entgegen. Szabo, Kaunitz and enlightened absolutism, S. 263 f.

319 Groehler, Die Kriege Friedrichs II., S. 111 f.; Duffy, Friedrich der Große, S. 234 ff.

320 Napoleon I. Darstellung der Kriege, S. 353.

321 Zit. nach Duffy, Feldmarschall Browne, S. 299; Groehler, Die Kriege Friedrichs II., S. 79; Tempelhoff, Geschichte des Siebenjährigen Krieges, S. 88.

322 »Beschreibung der Lobositzer Bataille, datirt 1. Oktober 1756. Von einem Unteroffizier Anhaltischen Regiments«. Zit. nach Briefe Preußischer Soldaten, S. 6.

323 Schreiben des Corporal Binn an seine Familie, 15.3.1758. Zit. nach Preußische Soldatenbriefe, S. 14.

Kanonen eine dreymalige Salve, desgleichen mit dem kleinen Gewehr gegeben wurde. Da wir nun hieraus urtheilten, daß das Glück den Preußen in Böhmen müsse günstig gewesen seyn, so dachten wir, sie möchten uns etwa auch angreifen, daher blieben wir diese Nacht hindurch unter dem Gewehr stehen[324].« Am Dresdner Hofe blieb man hinsichtlich des Ausganges der Schlacht vorerst im Ungewissen. Die Kuriere machten teilweise widersprüchliche Angaben, die preußischen Soldaten waren nicht in Siegesfreude. Erst in den folgenden Tagen erfuhr man allmählich vom Ausgang des Lobositzer Treffens und der Tragweite dieses Ergebnisses. Am 3. Oktober sollten das in der Dresdner Kreuzkirche aufgeführte Tedeum und das Donnern der Kanonen von den Festungswällen offiziell den preußischen Sieg verkünden[325]. Die Propaganda Friedrichs II. war nun eifrig bemüht, den Ausgang der Schlacht überall im Reich als einen klaren Erfolg der preußischen Waffen zu deklarieren[326].

Feldmarschall Rutowski ist vor allem in der älteren Literatur viel gescholten worden, weil er angesichts der schwachen preußischen Einschließungskräfte und der bei Lobositz gebundenen Hauptarmee die eventuell günstige Gelegenheit zum Ausbruch ungenutzt habe verstreichen lassen. Es wäre »bei einiger Entschlossenheit der Führer« ein Leichtes gewesen, »die schwache Fessel auffliegen zu lassen«, brachte schon Max Preitz die Kritik auf den Punkt. Zugleich verwies er darauf, dass es selbst Friedrich II. als Verwegenheit bezeichnet hatte, die Sachsen nur mit einer so geringen Zahl an Soldaten zu belagern[327]. Betrachtet man nüchtern die Kräfteverhältnisse vor Pirna zu diesem Zeitpunkt, so scheint die Kritik durchaus berechtigt. Hinzu kommt, dass die Sachsen den sich nähernden Lärm der Schlacht hörten und daher einen Sieg Brownes vermuteten. Der Aufbruch der Masse des preußischen Heeres war im Lager keineswegs unbemerkt geblieben[328]. Angeblich war man auch durch Spione über die geringe Stärke der preußischen Belagerungstruppen informiert gewesen[329].

Jedoch sollte hinterfragt werden, ob und inwieweit man im sächsischen Hauptquartier wirklich Klarheit über die Vorgänge beim Gegner besaß. Hinsichtlich der mangelnden Überprüfbarkeit solcher Berichte ist es daher heute sehr schwierig, das wahre Lagebild der sächsischen Führung zu rekonstruieren und deren Verhalten zu diesem Zeitpunkt zu bewerten. Grundsätzlich erscheint aber die Sinnhaftigkeit eines Ausbruchs vor dem Hintergrund des ungewissen Ausganges der Lobositzer Schlacht fraglich. Denn aufgrund eines preußischen Sieges wäre eine erfolgreich ausgebrochene sächsische Armee binnen kurzer Frist erneut in eine chancenlose

---

324 Es erscheint durchaus möglich, dass der Lärm der Schlacht in der Gegend um Pirna zu hören war. Die Entfernung (Luftlinie) bis Lobositz beträgt etwa 50 Kilometer. Die Schlacht bei Lutternberg 1758 war ebenfalls bis in das 65 Kilometer entfernte Eisenach vernehmbar. Tagebuch eines Preußischen Offiziers, S. 335 f.; Aktennotiz, undatiert, anonym. ÖStA/KA, Alte Feldakten – 1758, Siebenjähriger Krieg, Französische Armee X 10.
325 Tagebucheinträge Friedrich Christians vom 1. und 2.10.1756. Schlechte, Das geheime politische Tagebuch des Kurprinzen, S. 299–302.
326 Kloosterhuis, Zwischen Garbeck und Lobositz, S. 91.
327 Preitz, Prinz Moritz von Dessau, S. 18 f.
328 Tagebuch eines Preußischen Offiziers, S. 335 f.
329 Vitzthum von Eckstädt, Die Geheimnisse des sächsischen Cabinets, T. II, S. 166 f.

Entscheidungssituation gezwungen worden, während im Falle eines österreichischen Erfolges die mit dem Einmarsch Brownes nach Sachsen einhergehende Befreiung der eingeschlossenen sächsischen Truppen sicher nur eine Frage der Zeit gewesen wäre. »Wenn die Sachsen vor der fronte ihres alten Lagers durchgedrungen, so konnten sie in keine anderen Gegenden kommen, als welche die Preußen bereits ausfouragirt«, urteilt die »Relation von dem Schicksal der Sächsischen Armee im Lager bey Pirna«[330] über die Erfolgsaussichten eines Ausbruchs ohne jegliche österreichische Unterstützung. In der »Kurzen und gegründeten Nachricht [...]« ist hierzu zu lesen: »Die zweyte Oefnung konnte gegen Sedlitz zu, durch die befestigte Pirnaische Vorstadt [...] gefunden werden [...] Hier hatten wir nicht die geringste Beyhülffe von jemanden zu gewartten[331].« Zu einem ähnlichen Schluss gelangte auch Tempelhoff:

> »Gesetzt, sie [= die Sachsen] hätten dieses Lager verlassen, so konnten sie doch in Sachsen keinen Unterhalt finden, weil sie darin weder Magazine, noch feste Plätze hatten, und von dem dort befindlichen Korps [= die Belagerungsarmee] überdies unaufhörlich beunruhigt und durch kleine Gefechte wären abgemattet worden. Noch weniger konnten sie sich nach Böhmen zurückziehn, um zu den Oesterreichern zu stoßen; denn dadurch würden sie, zwischen der Armee des Königs und dem Korps, eingeschlossen worden seyn, welches er in Sachsen gelassen hatte[332].«

Daher lässt sich festhalten, dass die Lage des sächsischen Heeres um den 2. Oktober hoffnungsloser denn je war. Die Preußen hatten gesiegt und wurden allem Anschein nach nicht mehr durch österreichische Truppen bedroht. Selbst im Falle eines gelungenen Ausbruchs hätte den Truppen Rutowskis hinter der Grenze nach Böhmen immer noch die preußische Hauptmacht gegenübergestanden. Die Sachsen mussten zudem fürchten, dass Friedrich II. nun seine gesamte Heeresmacht auf das Lager konzentrieren und die Entscheidung erzwingen würde. Sie wussten nichts über die Position Brownes und den Zustand seines Heeres. Der vereinbarte Plan schien somit gescheitert.

5. Hunger und Pläne zum Ausbruch

Während der preußische König noch in Böhmen operierte, spitzte sich die Situation im Lager dramatisch zu:

> »Es wurde von Tage zu Tage schlechter bey uns: denn die Pferde, so auf der Weide herum giengen, und nichts mehr zu fressen fanden, fielen um und krepirten für Hunger, welches erbärmlich anzusehen war: denn unter einer Menge von einigen tausend waren immer einige hundert, so umfielen, wovon einige gleich todt blieben, einige aber sich immer wälzten, und weder leben noch sterben konnten, einigemal standen sie wieder auf, fraßen vor Hunger die Erde, fielen wieder um, und schlugen und wälzten sich so lange, bis sie krepirten. Mit 4 Pfund Brod musste der Soldat auch nun 6 Tage auskommen[333].«

---

[330] SHStA, Loc. 10990: »Ein Fascicel ...« (wie Anm. 35).
[331] Ebd.
[332] Tempelhoff, Geschichte des Siebenjährigen Krieges, S. 54, 85.
[333] Zit. nach Tagebuch eines Preußischen Offiziers, S. 336 f.

Angesichts solcher Vorkommnisse, gepaart mit der nach Lobositz herrschenden Aussichtslosigkeit, musste dem sächsischen Soldaten die Lage nun noch trüber erscheinen. Preußischen Quellen zufolge konnte man aus abgefangenen Briefen entnehmen, dass die eingeschlossenen Soldaten ihr Elend beklagten, Testamente machten oder einfach auf die Preußen fluchten[334]. Es ist anzunehmen, dass die Zahl der dienstuntauglichen Soldaten aufgrund der herbstlichen Witterung in diesen Tagen stark zunahm[335]. Kurprinz Friedrich Christian berichtet von einer steigenden, aber dennoch relativ geringen Zahl von Deserteuren[336]. So hatten bis zur Schlacht bei Lobositz nur etwa 70 sächsische Soldaten Fahnenflucht begangen[337]. Dies ist umso erstaunlicher, als die Desertion erfahrungsgemäß gerade bei belagerten Truppen häufig stark anstieg: Aufgrund der »Unbeweglichkeit der angehäuften Soldaten«, der »Untätigkeit eines großen Teiles der Truppen«, der »schnell eintretenden Versorgungsschwierigkeiten wegen der hohen Konzentration von Menschen auf besonders engem Raum, den daraus entstehenden hygienischen Problemen« sowie »der Unsicherheit über den Entsatz [...] kam es hier zu Situationen, die für alle beteiligten Truppen zu einer überdurchschnittlich hohen Desertionsrate führte«[338].

Im Falle der eingeschlossenen sächsischen Armee scheint es nicht zu solchen Zerfallserscheinungen gekommen zu sein. Es muss daher auch in Zweifel gezogen werden, dass die sächsische Kavallerie ihre eigenen Infanteristen »bewachen« und an der Desertion hindern musste oder viele der sächsischen Offiziere große Freude über den preußischen Sieg bei Lobositz zeigten und nur noch die elitären Grenadiere treu zu ihrem Monarchen hielten, wie es Winterfeldt aufgrund angeblicher Aussagen von Überläufern seinem König meldete. Anscheinend nutzte der Generaladjutant des Königs von Preußen solche Argumente vor allem, um seinen ungeduldigen Monarchen zu beruhigen.

Rutowskis Armeebefehl vom 6. Oktober war ohnehin nicht dazu geeignet, etwaige Deserteure zur Fahnenflucht zu ermutigen. Er versprach den Posten eine Belohnung, falls diese einen Flüchtling »blessieren oder totschießen« sollten[339]. Den Archivquellen zufolge befanden sich kurz vor dem Ausbruch der Armee lediglich zwei sächsische Soldaten in Arrest[340]. Auch Gaudis Aufzeichnungen widerlegen Berichte über Zerfallserscheinungen des sächsischen Heeres in diesen Tagen: »Man wurde aber nicht gewahr, daß die Noth die Standhaftigkeit der Leute

---

334 Höhne, Die Einstellung der sächsischen Regimenter in die preußische Armee, S. 45.
335 Zu den Erkrankungen in den frühneuzeitlichen Heeren: Luh, Kriegskunst in Europa, S. 61–76. Luh verweist nebenbei darauf, dass die sächsische Armee seit dem ausgehenden 17. Jahrhundert als eine der Ersten in Deutschland ein Feldhospital unterhielt. Ebd., S. 69.
336 Tagebucheintrag vom 11.10.1756. Schlechte, Das geheime politische Tagebuch des Kurprinzen, S. 313 f.
337 Bode, 1756. Der Beginn des Siebenjährigen Krieges, S. 40.
338 Muth, Flucht aus dem militärischen Alltag, S. 103.
339 Höhne, Die Einstellung der sächsischen Regimenter in die preußische Armee, S. 54.
340 »Zehentägiger Rapport« über die Stärke der Armee vom 11.10.1756. SHStA, Loc. 10990: »Briefe und Listen ...« (wie Anm. 65).

vermindert hätte; denn sie fuhren noch fort, an ihren Verschanzungen Verschiedenes zu verbessern und neu anzulegen[341].«

Nachdem Mehlvorräte aus der Festung Königstein geholt und das letzte noch vorhandene Vieh der Bevölkerung weggenommen worden waren, hielt General Zeutzsch zunächst ein Durchhalten der Truppe bis zum 12. Oktober für möglich. Dem Hunger der Soldaten fiel jedoch auch das Zugvieh zum Opfer, was sich wiederum auf die Versorgung der Armee mit Brot auswirkte, denn es konnte nun weniger Getreide in die Mühlen und von dort zu den Bäckern transportiert werden[342]. Aus Furcht vor Repressalien war die Zivilbevölkerung im Bereich des sächsischen Lagers offenbar bis zuletzt bemüht, den Forderungen zur Versorgung des Heeres nachzukommen. Die Gemeinden, die keinerlei Großvieh mehr besaßen, verrichteten ihre Abgaben nun in »Victualien an Gänßen, Hünern, Brod, Butter, Käse, Honig ingleichen Hauss und andere Geräthschafften [...] auch Geld«. Dennoch wurden die Scheunen in den Dörfern von den Soldaten rücksichtslos aufgebrochen[343]. Nach den Schilderungen des schon bekannten Soldaten Gottfried Zahn war dies jedoch nicht verwunderlich. »Auf die letzte hatten wir kein Blatt, keinen Strunk, keinen Holzapfel nicht, da war gar kein Bleiben nicht mehr«, lautet sein Bericht über die letzten Tage im Lager[344].

Seitdem Friedrich II. nach Böhmen aufgebrochen war, gelangte offensichtlich auch der Proviant für den sächsischen Monarchen immer seltener durch die Umschließung. Dass um den 8. Oktober der Mangel schließlich auch im Hauptquartier spürbar wurde[345], zeigt, dass die einzelnen Dörfer spätestens in diesen Tagen restlos ausgeplündert waren. In dieser Situation wird der am 5. Oktober überraschend eingetroffene Brief Brownes sicher große Erleichterung hervorgerufen haben. »Solchemnach bleibt es bei der auf den 11. dieses concertirten Unternehmung«, schrieb der Feldmarschall. Er bat sich jedoch aufgrund des schlechten Wetters um einen eventuellen Aufschub des Entsatzes bis zum 15. aus[346]. Trotzdem wusste man jetzt in Struppen, dass doch noch Hilfe zu erwarten war. Dies löste etliche vorbereitende Aktivitäten aus, um den Ausbruch planmäßig durchführen zu können. Das wichtigste Augenmerk lag dabei auf dem Brückenschlag auf Höhe der Ortschaft Thürmsdorf zum jenseitigen Elbufer unterhalb des »Liliensteins«, denn »die Ebene unter dem Lilienstein stellte uns eine Oeffnung dar, die zwar nicht bequemlich, doch sicher war«. Dieses Vorhaben gestaltete sich allerdings äußerst schwierig. »Unsere blecherne Pontons waren zu Pirna, und da man nicht die Zeit noch Gelegenheit gehabt hatte, die Wagens auszubessern, die Wege zu Lande auch

---

341   Tagebucheintrag vom 1.10.1756. Zit. nach Höhne, Die Einstellung der sächsischen Regimenter in die preußische Armee, S. 53.

342   Bericht von Zeutzsch an Rutowski vom 9.10.1756. SHStA, Loc. 10989: »Concepte von Ordres an ... Zeutzsch« (wie Anm. 233).

343   Bericht von Zeutzsch an Rutowski vom 10.10.1756. SHStA, Loc. 10989: »Concepte von Ordres an ... Zeutzsch« (wie Anm. 233).

344   Zit. nach Kroll, Kursächsische Soldaten, S. 40.

345   Bericht von Zeutzschs an Rutowski vom 8.10.1756. SHStA, Loc. 10989: »Concepte von Ordres an ... Zeutzsch« (wie Anm. 233).

346   Schreiben Browne's an das sächsische Hauptquartier vom 3.10.1756. Zit. nach Vitzthum von Eckstädt, Die Geheimnisse des sächsischen Cabinets, T. II, S. 183–185.

sehr übel waren, so sahe man anfänglich die Transportirung dieser Pontons nicht vor möglich an[347].« Aufgrund der schwierigen geografischen Gegebenheiten des Lagers war das Gerät zur Schaffung künstlicher Übergangsstellen für die sächsische Armee geradezu lebenswichtig. Daher ist die Vernachlässigung der Pontons als einer der gravierendsten Fehler der sächsischen Führung anzusehen. Zwar waren von den Fachleuten lediglich »die Officiers, 1 Sergeant, 1 Corporal und 4 Ponntoniers« im Lager[348], jedoch hätten die noch vorhandenen 21 Handwerker im Verlaufe der langen Belagerung sicher etliche beschädigte Wagen und Pontons instandsetzen können[349].

Da die blechernen Pontons nicht von Pirna nach Thürmsdorf geschafft werden konnten, musste man auf die hölzernen Pontons der Schwimmbrücke zurückgreifen, die seit der Konzentration der Armee bei Pirna über die Elbe geschlagen war, und diese auf der Elbe stromaufwärts befördern. In der »Kurzen und gegründeten Nachricht [...]« heißt es dazu weiter: »In der Nacht vom 8. zum 9. October sollten unsere Brücken-Schiffe unter Bey-Hülffe des Canonen- und Flinten-Feuers, so gegen die Preußischen Posten über des Nachts anzubringen war, heraufgezogen werden.«

Es ist leicht nachvollziehbar, dass ein derart aufwendiges Vorhaben beim Gegner nicht lange unbemerkt bleiben konnte. Die Sachsen wurden bei ihren Arbeiten »vom Tag übereilt, ein großes Detachement Preußischer Trouppen bekam dadurch Zeit, mit Canonen auf die Höhen [...] heranzurücken und der folgende Tag vom 9. wurde zugebracht, uns mit fichirten Schützen zu canoniren, die es dennoch so weit brachten, daß sie 3 von unseren Brücken-Schiffen zu Grunde bohrten«. Dass man für das Ziehen der Pontons auf zivile Hilfskräfte zurückgriff, erwies sich als weiterer Fehler, da diese bei den einsetzenden Kanonaden zwischen den Preußen und der den Transport der Pontons deckenden sächsischen Artillerie sofort das Weite suchten und dabei auch »die Flucht der Steuer-Leute, die unsere Kähne wegen Mangel an Pontoniers regieren mußten, zu Wege brachten«[350]. Daher konnte in der ersten Nacht nur etwa die Hälfte der Strecke zurückgelegt werden.

In den folgenden Nächten spielten sich ähnliche Ereignisse ab und starker Wind erschwerte das Vorhaben zusätzlich. Mehrere hölzerne Pontons gingen verloren, sodass nun doch kurzerhand ein Teil der defekten Transportwagen repariert werden musste, um mehrere blecherne Brückenteile auch zu Lande auf regendurchweichten Wegen stromaufwärts zu schaffen. Daher konnte die Brücke aus 42 teilweise beschädigten Pontons erst in der Nacht vom 12. zum 13. Oktober, also 24 Stunden hinter dem Zeitplan, unter starker Bedeckung durch bereits überge-

---

[347] »Kurze und gegründete Nachricht ...« (wie Anm. 164); SHStA, Loc. 10990: »Ein Fascicel ...« (wie Anm. 35).

[348] SHStA, Loc. 10990: »Ein Fascicel ...« (wie Anm. 35).

[349] Der Großteil der sächsischen Pontoniere befand sich zur selben Zeit in Polen. »Zehentägiger Rapport« vom 1.10.1756. SHStA, Loc. 10990: »Briefe und Listen ...« (wie Anm. 65) und »Ein Fascicel ...« (wie Anm. 35). Das GenStW spricht von nur sechs Pontonieren. Die Kriege Friedrichs des Großen, 3. T., Bd 1, S. 291.

[350] »Kurze und gegründete Nachricht ...« (wie Anm. 164); SHStA, Loc. 10990: »Ein Fascicel ...« (wie Anm. 35).

setzte Grenadiere, aufgefahrene Artillerie und den Kanonen der Festung Königstein fertiggestellt werden[351].

Somit waren endlich alle Voraussetzungen für einen Ausbruch geschaffen,
wenngleich die beiderseitigen Kanonaden um die Pontons inzwischen auch den
Beginn der offiziellen Kampfhandlungen provoziert hatten. Nachdem sich das
sächsische Heer seit der Nachricht vom preußischen Sieg in erhöhter Bereitschaft
befunden hatte, wurden nun die endgültigen Vorbereitungen zum Aufbruch getroffen, wie etwa die Verladung der Zelte auf Packpferde zeigt[352]. Zudem wurde
am 12. Oktober abends das Hauptquartier von Struppen nach Thürmsdorf verlegt.
Zum Schutze des Monarchen war die adelige Kadettenkompanie von der Festung
Königstein ins Hauptquartier befohlen worden. Ein längeres Verbleiben war auch
nicht mehr möglich, denn Zeutzsch hatte bereits am 10. Oktober gemeldet, dass
aufgrund der aufgebrauchten Vorräte eine Versorgung der Armee über den
12. Oktober hinaus nicht mehr möglich sei[353]. Aus diesem Grunde drang Brühl in
seinen Briefen an Browne auf die baldmöglichste Ausführung des Unternehmens:
»Länger aber als [...] auf die Nacht vom 11. zum 12. kann es nicht verschoben
werden, indem wir auch nur bis dahin zu leben viel Noth haben werden«, schrieb
er bereits am 5. Oktober[354]. Er unterrichtete die Österreicher später auch über die
beim Brückenschlag entstandene eintägige Verzögerung und erbat in guter Vor-
aussicht die Mitführung von zusätzlicher Verpflegung und Pferden sowie das nähere Heranrücken bis zur Ortschaft Waltersdorf[355].

Browne war währenddessen mit einem Elitekorps von etwa 8000 Mann[356] wieder von Budin aufgebrochen. Die Soldaten dieses Korps hatte er »ohne jede äußerste Rücksicht auf den Rang, lediglich nach den Gesichtspunkten ihrer Leistungsfähigkeit und Begabung«[357] ausgewählt. Das Korps bestand aus dem
Infanterieregiment des Feldmarschalls[358] sowie den Regimentern »Kolowrath« und
»Durlach«[359]. Unterstützt durch je vier Grenadierkompanien zu Fuß und zu Pferde, 400 Husaren und 1600 Dragoner[360], führte es noch 20 Geschütze verschiedener Kaliber mit sich. Bei den Unterführern fanden sich Namen wie Gideon Ernst

---

[351] Die Kriege Friedrichs des Großen, 3. T., Bd 1, S. 298; »Kurze und gegründete Nachricht ...« (wie
    Anm. 164). SHStA, Loc. 10990: »Ein Fascicel ...« (wie Anm. 35); Schreiben vom 10.10.1756, ano-
    nym. ÖStA/KA, Alte Feldakten – 1756, Siebenjähriger Krieg, Armeen und Corps X 49.
[352] Aster, Beleuchtung der Kriegswirren, S. 352.
[353] Bericht von Zeutzsch an Rutowski vom 10.10.1756. SHStA, Loc. 10989: »Concepte von Ordres
    an ... Zeutzsch« (wie Anm. 233).
[354] Zit. nach Vitzthum von Eckstädt, Die Geheimnisse des sächsischen Cabinets, T. II, S. 187 f.
[355] Schreiben Brühls an Browne vom 10.10.1756. Vitzthum von Eckstädt, Die Geheimnisse des
    sächsischen Cabinets, T. II, S. 201 f.
[356] Groehler, Die Kriege Friedrichs II., S. 79.
[357] Schreiben Brownes an Franz Stephan vom 22.9.1756. Zit. nach Duffy, Feldmarschall Browne, S. 302.
[358] Infanterieregiment Nr. 36. Haythornthwaite, Die kaiserliche Armee Österreichs, S. 84.
[359] Infanterieregiment Nr. 17 und 27. Haythornthwaite, Die kaiserliche Armee Österreichs, S. 72, 82.
[360] Diese setzten sich aus 1200 Reitern des Husarenregiments Nr. 40 »Carlstadt« sowie je 200 Dra-
    gonern der Regimenter »Liechtenstein« (Nr. 6) und »Erzherzog Joseph« (Nr. 1) zusammen. Die
    Kriege Friedrichs des Großen, 3. T., Bd 1, S. 294; Haythornthwaite, Die kaiserliche Armee Öster-
    reichs, S. 11, 38.

von Laudon oder Andreas von Hadik[361]. Aus mangelndem Vertrauen in die Fähigkeiten seiner Generäle stellte sich Browne selbst an die Spitze dieser Abteilung, ungeachtet seiner stark angeschlagenen Gesundheit[362]. Der Feldmarschall beeindruckte durch seinen Diensteifer:

>Noch nie hat ein österreichisches Kriegsheer einen commandirenden General en chef an der Spitze eines fliegenden Corps eine so gefahrvolle Expedition unternehmen gesehen [...] Mancher Stabsoffizier würde es als unter seiner Würde gehalten haben, mit weniger als 200 bis 300 Mann eine Patrouille zu machen: Jetzt sah man den Feldmarschall selbst, den Chef unsrer gesammelten Kriegsheere, an der Spitze eines Detachements[363].«

Ähnlich wie vor Lobositz sollte sich Browne nun erneut als Meister des (zeituntypischen) enorm raschen Manövers und der geschickten Geländeausnutzung erweisen. Sein kleines Korps befand sich um den 10. Oktober etwa im Bereich der sächsisch-böhmischen Grenze ostwärts der Elbe und lagerte abends bei Zeidler[364].

Trotz Eisregens und einer Marschleistung von bis zu 18 Stunden täglich[365] durch die entlegensten und unwegsamen Gebiete des Elbsandsteingebirges waren die Soldaten Brownes »alle guten Mutes«[366]. Neben größter Geheimhaltung aller Absichten kam ihnen die Tatsache zugute, dass Friedrich II. mit seinen Truppen auch nach der Schlacht noch mehrere Tage bei Lobositz westlich der Elbe stehenblieb. Durch Boten mit den Sachsen in enger Verbindung stehend, hatte Browne am 9. Oktober geantwortet, dass er »übermorgen 7 Uhr Abends an dem bestimmten Ort [= die Gegend zwischen Bad Schandau und Waltersdorf] ohnfehlbar [...] eintreffen, allda aber erwarten werde, dass um obgedachte Stunde [...] in Dero Lager ein Retraiteschuß geschehe, um solchen in meinem Lager durch einen gleichen Schuss wiederholen [...] zu lassen, wo folglich selben als das Signal nehmen werde, wornach zur verabredeten Operation unverzüglich geschritten werden kann«[367]. Am 10. Oktober marschierte Browne mit seinen Truppen ohne größere Aufenthalte weiter, den Sachsen entgegen. Um sich schneller bewegen zu können, hatte das Korps fast alle Zelte an der Grenze zurückgelassen[368]. Bei anhaltendem Regen schliefen die Soldaten in ihre Mäntel gehüllt unter freiem Himmel auf der kalten Erde. Browne, der alle Strapazen mit ihnen teilte, sank an einem Abend »aus einer Entkräftung in Schlaf«[369].

---

361 »Relation von der auf Seithen der Kay. Königl. Armée unternohmenen Expedition zu Degagirung der bey Pirna und Königstein gelaagerten und eingespehrten Chur Sächsischen Armée. Budin, 22.10.1756«; SHStA, Geheimes Kriegsratskollegium, Nr. 1334: »Schriftstücke, den Siebenjährigen Krieg betr.«

362 Duffy, Feldmarschall Browne, S. 301 f.

363 Nach einem Bericht des Kriegsteilnehmers Cognazzo. Zit. nach Duffy, Feldmarschall Browne, S. 302 f.

364 Die Kriege Friedrichs des Großen, 3. T., Bd 1, S. 294.

365 »Relation von der auf Seithen der Kay. Königl. Armée unternohmenen Expedition zu Degagirung der bey Pirna und Königstein gelaagerten und eingespehrten Chur Sächsischen Armée. Budin, 22.10.1756«. SHStA, Nr. 1334 (wie Anm. 361).

366 Schreiben Brownes an Franz Stephan vom 9.19.1756. Zit. nach Duffy, Feldmarschall Browne, S. 304.

367 Zit. nach Vitzthum von Eckstädt, Die Geheimnisse des sächsischen Cabinets, T. II, S. 203.

368 Pro Regiment wurde lediglich ein »Zeltwagen« mitgeführt. »March-Zettul« Brownes. ÖStA/KA, Alte Feldakten – 1756, Siebenjähriger Krieg, Armeen und Korps X 12.

369 Bericht Cognazzos. Zit. nach Duffy, Feldmarschall Browne, S. 305.

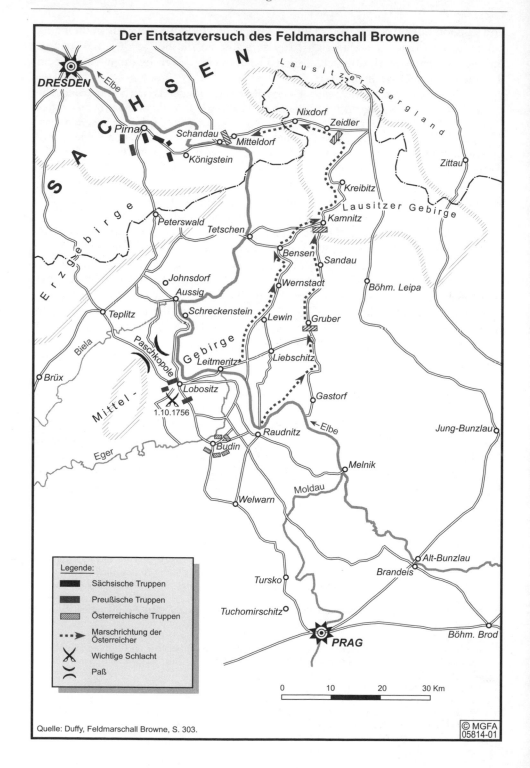

Der Entsatzversuch des Feldmarschall Browne

Legende:

▬	Sächsische Truppen
▬	Preußische Truppen
▨	Österreichische Truppen
┅►	Marschrichtung der Österreicher
✕	Wichtige Schlacht
‿	Paß

0   10   20   30 Km

Quelle: Duffy, Feldmarschall Browne, S. 303.

© MGFA
05814-01

Als seine Truppen am 11. Oktober bereits in unmittelbarer Nähe der Ortschaft Waltersdorf standen, erreichte Browne die erwähnte Nachricht Brühls, dass aufgrund der aufgetretenen Schwierigkeiten die »Execution der verabredeten Operationen um 24 Stunden verschoben werden müsse«[370]. Jedoch wussten die Sachsen von der Annäherung des Entsatzheeres, denn »vom Königstein hatte man an beiden vorhergegangenen Abenden, jenseit denen Höhen von Altendorff, zwey einander gegenüber stehende Läger wahrgenommen«[371]. Es muss sich hierbei um die Husaren und Kroaten gehandelt haben, die Browne schon gegen Altendorf vo-rausgeschickt hatte[372].

Die Preußen hatten indessen weniger mit Brownes Truppen gerechnet, konzentrierten sie sich doch aufgrund der Vorfälle mit den Pontons eher auf das Geschehen bei der sächsischen Armee. Aus dem Transport schloss man, dass der sächsische Abmarsch in Kürze erfolgen könnte. Deshalb bestand die Tätigkeit der Preußen »in peinlichster Vorsicht, angespanntester und allmählich nervenaufreibender Wachsamkeit, um für jeden feindlichen Durchbruchsversuch zur Stelle zu sein«[373]. Markgraf Karl von Schwedt vermutete in dem bei Thürmsdorf begonnenen Brückenschlag zunächst ein Ablenkungsmanöver und erwartete den wirklichen Ausbruch im Bereich der Ortschaft Langenhennersdorf, von wo aus der kürzeste Weg zum Nollendorfer Pass geführt hätte[374]. Die Chance für einen sächsischen Durchbruch am Lilienstein schätzte er aufgrund der dortigen Verhaue äußerst gering ein, denn man hatte vorsichtshalber in den vergangenen Tagen mehr Truppen auf das rechte Elbufer verlegt und die Verhaue links und rechts des Liliensteins durch Grenadierbataillone verstärkt[375]. Auch Winterfeldt berichtete seinem König, dass ihn die angefangene Brücke keineswegs beunruhige. Er hielt den von seinen Truppen angelegten Verhau für schlichtweg unüberwindbar: »So brauchen sie 48 Stunden ehe sie durchklettern können, wann auch niemand da wäre [...] so können sie gar nicht durch, sondern sind in dem Kessel auf einen Klumpen eingesperrt«, schrieb er weiter[376]. Moritz von Dessau sprach ebenfalls von einem möglichen Durchbruch beim Lilienstein als von der größten »Sotise« der Sachsen[377].

Beim überraschenden Erscheinen der Truppen Brownes in der Nähe von Schandau kam es um die Mittagszeit des 11. Oktober zu kleineren Gefechten zwischen dessen Voraustruppen und den verblüfften preußischen Feldposten, wobei letztere das österreichische Korps zunächst auf 12 000 Mann schätzten[378], die

---

370 Zit. nach Vitzthum von Eckstädt, Die Geheimnisse des sächsischen Cabinets, T. II, S. 205.
371 »Kurze und gegründete Nachricht ...« (wie Anm. 164). SHStA, Loc. 10990: »Ein Fascicel ...« (wie Anm. 35).
372 »Relation von der auf Seithen der Kay. Königl. Armée unternohmenen Expedition zu Degagirung der bey Pirna und Königstein gelagerten und eingespehrten Chur Sächsischen Armée. Budin, 22.10.1756«. SHStA, Nr. 1334 (wie Anm. 361).
373 Preitz, Prinz Moritz von Dessau, S. 19.
374 Die Kriege Friedrichs des Großen, 3. T., Bd 1, S. 295.
375 Ebd., S. 292 f.
376 Bericht vom 12.10.1756. Die politische Correspondenz Friedrichs des Grossen, Bd 13, Nr. 8202.
377 Zit. nach Preitz, Prinz Moritz von Dessau, S. 22.
378 Die Kriege Friedrichs des Großen, 3. T., Bd 1, S. 296.

Stärke des Gegners also gewaltig überbewerteten. Brownes Soldaten gaben die Stärke des Feindes bei diesem Begegnungsgefecht mit etwa 3000–4000 Mann an[379]. Als jedoch die Preußen im Laufe des Nachmittags noch stärkere Kräfte vor den österreichischen Truppen zusammenzogen, blieb Browne zunächst in seiner Position stehen. Von dort aus konnte er die Festung Königstein »so gut sehen, wie man Wien von den Höhen von Schönbrunn aus sieht«[380]. Somit konnten die Sachsen in den Nächten auch die Lagerfeuer beider Parteien erkennen. Die Entfernung zum österreichischen Korps betrug noch etwa vier Wegstunden[381]. Auf die deutlichen Zeichen von der Annäherung der Österreicher hin traf Rutowski schließlich die Anordnungen für den Abmarsch. Die marschbereite Armee sollte den Weg zur Brücke einschlagen. Um ihr Vorhaben zu verschleiern, waren dabei Rauchen, sonstiges Feuer sowie laute Geräusche bei Todesstrafe verboten. Die Lagerfeuer sollten weiter unterhalten werden, um das gewöhnliche Lagerleben vorzutäuschen. Auf der gegenüberliegenden Seite des Flusses würde sich die Armee dann in Schlachtordnung formiert ihren Weg mit den Bajonetten durch die feindlichen Verhaue bahnen[382]. Rutowskis komplizierter Plan setzte einen geradezu reibungslosen Verlauf der Operation voraus und stellte die nur noch sehr eingeschränkte Belastbarkeit der Truppen und Pferde sowie die problematische Manövrierbarkeit der Armee im schwierigen Gelände kaum in Rechnung. Daher soll es auch bei der Ausführung von Beginn an zu »Verwirrungen« in der Armee gekommen sein[383]. War der Ausbruch mit erholten Kräften schon beinahe unmöglich, so schien er mit einer halb verhungerten Streitmacht undurchführbar. Da beim geplanten Abzug der Armee die Besatzung der Festung Sonnenstein auf sich allein gestellt und das Fort nicht lange zu verteidigen gewesen wäre, erteilte der Feldmarschall dem Kommandanten, General Rochow, die Erlaubnis, »wegen der Vestung und Garnison die Capitulation so gut als möglich zu schließen und solchergestalt dieselbe zu übergeben«[384].

In einer letzten abendlichen Betstunde rüsteten sich die Soldaten mental für die Gefahren und Unwägbarkeiten des Kommenden[385]. Dabei könnte ihnen das traditionelle »Gebeth, welches ein ieglicher Offizier und Gemeiner vor der Batallie beten kan«, aus Flemings »Vollkommenem Teutschen Soldaten« als Vorlage gedient haben. Neben der Überantwortung der Seele in Gottes Hände und der Ver-

---

[379] »Relation von der auf Seithen der Kay. Königl. Armée unternohmenen Expetition zu Degagirung der bey Pirna und Königstein gelaagerten und eingespehrten Chur Sächsischen Armée. Budin, 22.10.1756«. SHStA, Nr. 1334 (wie Anm. 361).

[380] Schreiben Brownes an Franz Stephan vom 14.10.1756. Zit. nach Duffy, Feldmarschall Browne, S. 306.

[381] »Kurze und gegründete Nachricht ...« (wie Anm. 164). SHStA, Loc. 10990: »Ein Fascicel ...« (wie Anm. 35).

[382] Aster, Beleuchtung der Kriegswirren, S. 354–362; »Relation von der auf Seithen der Kay. Königl. Armée unternohmenen Expetition zu Degagirung der bey Pirna und Königstein gelaagerten und eingespehrten Chur Sächsischen Armée. Budin, 22.10.1756«. SHStA, Nr. 1334 (wie Anm. 361).

[383] Vitzthum von Eckstädt, Die Geheimnisse des sächsischen Cabinets, T. II, S. 205.

[384] Befehl vom 12.10.1756. SHStA, Loc. 10990: »Ein Fascicel ...« (wie Anm. 35).

[385] Eine viertelstündige »Betstunde« wurde im Feldlager vom Feldprediger morgens und abends abgehalten. Kroll, Soldaten im 18. Jahrhundert, S. 343 f.

gebung der Sünden erbat der fromme Soldat darin vor allem den Mut, sich ungeachtet dem »Knallen der Stücke«, dem »sausen der Kugeln«, oder dem »Blut der Blessirten« – kurz, der vielgestaltigen, schwer fassbaren Impressionen[386] der Schlacht – als »rechtschaffener Soldat« zu verhalten[387]. Dies lässt weder den gepressten Soldaten noch den Heroen, sondern vielmehr einen um schlichte Pflichterfüllung bemühten Menschen erkennen, der nach dem Ende des Gefechtes von seinen Kameraden schlichtweg nicht als »feiger Kerl« angesehen werden mochte. Welche Motivationsquelle das Gebet – neben dem Vertrauen in die eigenen Fähigkeiten und jene seiner militärischen Führung – für einen einfachen Soldaten darstellen konnte, belegt wiederum der Brief Zahns. Nach der Betstunde, in der anscheinend das zusätzlich bestärkende Gerücht gestreut wurde, dass August III. mit an der Spitze der Truppen stehen werde, waren »alle getrost und gar nicht verzagt«[388] – also psychisch für das Kommende gerüstet.

Während die Soldaten ihr Schicksal Gott anvertrauten, erwartete man auch in Dresden gespannt die Entwicklung der Ereignisse. Durch Boten grob über die Pläne informiert, wartete der Hof die gesamte kommende Nacht voller Hoffnung und ließ die Pirnaer Gegend vom Schlossturm aus beobachten[389]. Ein offenbar ebenfalls von dieser gespannten Situation angesteckter Friedrich II. schrieb treffend aus Lobositz, dass »anjetzo die Sache in's Kochen ist«[390].

6. Der Ausbruchsversuch

Mit dem »Retraiteschuß« begann am 12. Oktober 1756 um neun Uhr abends befehlsgemäß der Abmarsch der gesamten, zu diesem Zeitpunkt 18 558 Mann[391] zählenden Armee zur soeben fertiggestellten Brücke. Kurz vor dem Aufbruch war an die Soldaten noch eine geringe Portion Brot verteilt worden, die zumeist sofort verzehrt wurde und mit Sicherheit keinesfalls zur Kräftigung der ausgehungerten Männer dienen konnte. Beim Abmarsch bewegte sich die Armee in einer einzigen

---

386 Exemplarisch hierfür die Wahrnehmung der Lobositzer Schlacht durch preußische Soldaten: Bräker, Das Leben und die Abentheuer, S. 151-156; Briefe Preußischer Soldaten, S. 6.

387 Für die kursächsische Armee gibt das Werk zudem vor: »Gebeth, eines en Chef kommandirenden Generals um glücklichen Feldzug; eines großen Generals; bey der Churfl. Sächs. Armee; eines Officiers vor der Bataille; bey dem Angriff; wenn die Schlacht wohl abgelauffen; wenn man auf die Wache commandirt wird; wenn man auf Parthey kommandirt wird; wenn man auf die Vorwacht kommandirt wird; eines der auf der verlohrnen Schildwache stehet; um Erhaltung gesunden Leibes«. Es bietet somit dem Soldaten die Möglichkeit, sein Schicksal in beinahe jeglicher militärischen Lage Gottes Führung anzuvertrauen. Zit. nach Fleming, Der Vollkommene Teutsche Soldat, S. 293-300.

388 Zit. nach Kroll, Kursächsische Soldaten, S. 40.

389 Tagebucheintrag Friedrich Christians vom 12.-13.10.1756. Schlechte, Das geheime politische Tagebuch des Kurprinzen, S. 314-316.

390 Schreiben an Winterfeldt vom 11.10.1756. Die politische Correspondenz Friedrichs des Grossen, Bd 13, Nr. 8194.

391 Davon waren 379 Soldaten krank. »Zehentägiger Rapport« vom 11.10.1756. SHStA, Loc. 10990: »Briefe und Listen ...« (wie Anm. 65).

Kolonne zur Elbe, während durch zurückgebliebene kleinere Trupps beispielsweise die Feuer in den Schanzen noch unterhalten oder durch Tamboure »Zapfenstreich« und »Wecken« geschlagen wurden, um dem Feind ein noch besetztes Lager vorzutäuschen[392].

An der Spitze der Armee standen zwei Grenadierbrigaden mit 12 Geschützen, denen zwei Infanteriebrigaden und zwei Kavallerieregimenter folgten. Mit letzteren sollte der König-Kurfürst marschieren. An diese schlossen sich wiederum zwei Infanterie- und drei Kavalleriebrigaden wie auch die Arrieregarde an, die den Rückzug gegen den eventuell nachdrängenden Feind decken sollte[393]. 47 Geschütze wurden mit der zugehörigen Munition vernagelt zurückgelassen[394]. Man bediente sich für den Marsch zur Elbe des von Thürmsdorf heute noch dorthin führenden engen und stark abfallenden Hohlwegs. Da dieser durch Regen aufgeweicht und wegen des Transports der etwa je 3,5 bis 5 Tonnen schweren Pontons[395] bereits stark in Mitleidenschaft gezogen war, erwies sich der Abmarsch in der Dunkelheit wegen der mitzuführenden Artillerie als äußerst schwieriges Unterfangen. Er stellte sowohl an die Soldaten als auch an die Zugpferde von Beginn an höchste physische Anforderungen, an denen eine Armee in solcher Verfassung scheitern musste.

Ohnchin war der Aufbruch großer Heeresmassen und Wagenkolonnen zur damaligen Zeit ein heikles Unternehmen, zumal wenn die Zugpferde – wie im Falle der sächsischen Armee – erst wenige Wochen zuvor zusammengestellt worden und daher noch nicht aneinander gewöhnt waren. Bei der herrschenden Dunkelheit konnte es vorkommen, dass sie auf der ungewohnten Seite der Deichsel vorgespannt wurden und etliche Wagen somit problematisch zu fahren waren[396]. Hauptsächlich wurde die Situation jedoch durch die Passage des engen Weges zur Elbe erschwert. Gleich zu Beginn traten daher Stockungen auf, da wahrscheinlich das den Grenadierbataillonen mitgegebene Geschütz im engen Hohlweg nur sehr langsam vorankam. Einige zivile Fuhrknechte nutzten die Situation zur Flucht, weshalb die Soldaten nun selbst die Pferde führen mussten[397]. Zudem herrschte dichter Nebel, der zwar die Vorbereitungen der Sachsen verbarg, deren Orientierung aber sicher auch erschwerte[398]. Dies alles führte dazu, dass die Brücke erst kurz vor Mitternacht von den Spitzen der Armee erreicht wurde[399]. Anzumerken ist, dass die Wegstrecke von Thürmsdorf zur Elbe deutlich weniger als einen Kilometer betrug. Der Übergang selbst barg das nächste Problem. Die »Kurze und gegründete Nachricht [...]« beschreibt ihn wie folgt: »Man stelle sich eine Armee vor, die nicht anders als in einer Colonne und auf einer einzigen Brücke defiliren kan, die sich über dem gezwungen siehet, bald in schlüpfrigen und steinigen Wegen herabzusteigen, bald auf steile Berge [...] hinan zu klettern und dieses alles mit

---

[392] Tagebuch eines Preußischen Offiziers, S. 338.
[393] Bode, 1756. Der Beginn des Siebenjährigen Krieges, S. 28 f.
[394] Schuster/Francke, Geschichte der Sächsischen Armee, T. II, S. 86.
[395] Ortenburg, Waffe und Waffengebrauch, Koblenz 1986, S. 164.
[396] Luh, Kriegskunst in Europa, S. 49.
[397] Aster, Beleuchtung der Kriegswirren, S. 375.
[398] Tagebuch eines Preußischen Offiziers, S. 339.
[399] Aster, Beleuchtung der Kriegswirren, S. 375.

abgematteten Mannschafften und entkräffteten Pferden[400].« Das Fehlen einer
zweiten Brücke, deren Bau durch vollkommen intakte Transportwagen und ohne
die Missgeschicke mit den hölzernen Pontons sicher möglich gewesen wäre,
machte sich nun unmittelbar bemerkbar. Hinzu kam die Tatsache, dass sich auf
dem jenseitigen, steilen, wegelosen und bewaldeten Uferhängen das Hinaufbringen
der Geschütze auf die »Ebenheit« sicher als noch schwerer erwies als das Hinun-
terziehen zur Brücke. So musste beim Aufstieg zur »Ebenheit« jede Kanone von
acht, anstelle von zwei Pferden gezogen werden[401]. Aufgrund der Stockungen an
der Brücke überwanden die Kavalleristen die Elbe teilweise mit ihren Pferden
schwimmend[402]. Die erwähnten Einwände der Generalität gegen diese Art des
Ausbruchs erwiesen sich somit als vollkommen gerechtfertigt.

Die Langsamkeit und Unordnung im Vormarsch hatten zur Folge, dass bei Ta-
gesanbruch des 13. Oktobers erst die beiden Grenadierbrigaden mit nur zwei Geschützen auf der Ebenheit standen:

> »Ehe 7 Bat. Grenadiers sich dißeit des Liliensteins in Schlacht-Ordnung zu stellen ver-
> mochten, war es schon halben Tag und diese hatten auch nur 2 Canonen bey sich, alle
> übrigen waren in dem einzigen Wege, wo die Wagens fahren können, stecken geblieben.
> [...] Allein diese [Armee] war so wenig versammlet, daß die Cavallerie escadronweise mit
> der Artillerie vermengt, die ganze Nacht vom 13. zum 14. am Ufer der Elbe zubringen
> mußte und überdieß das Feuer-Gewehr, wegen deß häuffigen und den ganzen Tag dau-
> ernden Regens nicht zu gebrauchen war[403].«

Da die Truppen, welche die »Ebenheit« zuerst erklommen hatten, also im Moment
völlig auf sich allein gestellt waren, sah man vorerst von der sofortigen Attacke der
preußischen Verschanzungen ab. Indessen befand sich die gesamte Nachhut und
»Bagage« noch fast an gleicher Stelle wie am Abend zuvor[404]. Aufgrund des unplanmäßigen Verlaufs des Vormarschs hatte man den König-Kurfürsten samt
Premierminister und den Prinzen in den Morgenstunden zunächst auf die Festung
Königstein in Sicherheit gebracht. Dies erwies sich als zweckmäßig, denn am folgenden Vormittag kam es zum Gefecht.

Die Preußen hatten am 13. Oktober etwa ab zwei Uhr Nachts entdeckt, dass
die sächsischen Vorposten nicht mehr besetzt waren. Durch weitere Erkundungen
bis in die frühen Morgenstunden und Aussagen sächsischer Deserteure bestätigte
sich rasch ihre Vermutung, dass die Sachsen ihr Lager verlassen hatten. Daraufhin
rückte preußische Infanterie in zwei Kolonnen auf das Terrain vor, wobei das
Ersteigen der Hänge auch ohne sächsische Gegenwehr schwierig gewesen sein
muss[405].

---

400 SHStA, Loc. 10990: »Ein Fascicel ...« (wie Anm. 35).
401 Schreiben Brühls an Browne vom 13.10.1756. Vitzthum von Eckstädt, Die Geheimnisse des
     sächsischen Cabinets, T. II, S. 207.
402 Tagebuch eines Preußischen Offiziers, S. 339.
403 »Kurze und gegründete Nachricht ...« (wie Anm. 164). SHStA, Loc. 10990: »Ein Fascicel ...« (wie
     Anm. 35).
404 Bode, 1756. Der Beginn des Siebenjährigen Krieges, S. 29.
405 Schuster/Francke, Geschichte der Sächsischen Armee, T. II, S. 87; Die Kriege Friedrichs des
     Großen, 3. T., Bd 1, S. 299 f.

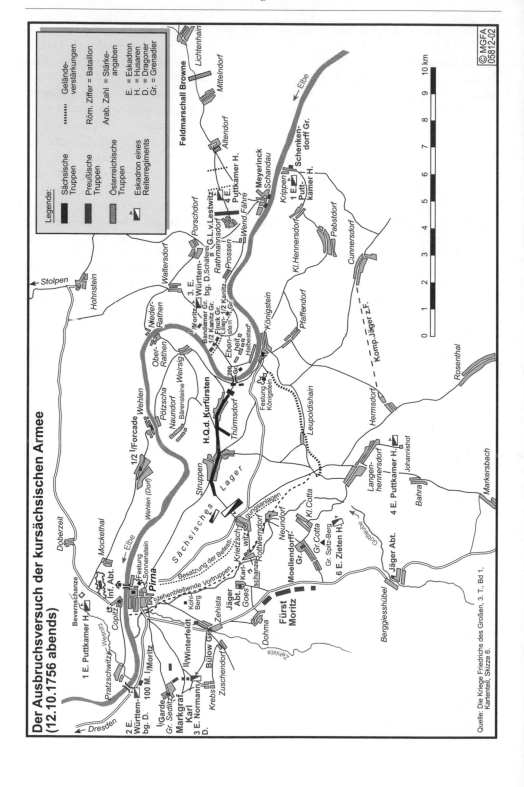

Der Ausbruchsversuch der kursächsischen Armee (12.10.1756 abends)

Legende:

Sächsische Truppen

Preußische Truppen

Österreichische Truppen

Eskadron eines Reiterregiments

········· Geländeverstärkungen

Röm. Ziffer = Bataillon

Arab. Zahl = Stärkeangaben

E. = Eskadron
H. = Husaren
D. = Dragoner
Gr. = Grenadier

Quelle: Die Kriege Friedrichs des Großen, 3. T., Bd 1, Kartenteil, Skizze 6.

© MGFA 05812-02

Dort formierte sie sich in Schlachtordnung und rückte gegen die zur Deckung der »Bagage« noch bei Struppen stehende und etwa 400 Mann Infanterie und drei bis vier Eskadronen Kavallerie starke sächsische Arrieregarde vor, während die »Zieten-Husaren« sich auf die Versorgungswagen konzentrierten. Dadurch setzte bei den sächsischen Truppen eine regelrechte Flucht zur Elbe ein, wobei sich die ausgehungerten Pferde meist als nicht schnell genug erwiesen und somit ein Großteil der Wagen (und damit auch der Munition) in preußische Hände fiel. Es scheint leicht nachvollziehbar, dass sich an der Brücke nun chaotische Szenen abspielten. Die bis nach Dresden vernehmbare[406] Festungsartillerie vom »Königstein« versuchte bis in den Nachmittag hinein, die Nachhut zu decken, was jedoch aufgrund des Nebels nur bedingt möglich war. Dadurch gefährdete das teilweise blind abgefeuerte Festungsgeschütz sogar die eigenen Truppen und hinderte die Arrieregarde an einer Verteidigung der »Bagage«[407]. Zudem minderte der weiche Boden die Wirkung der Geschosse. Dennoch muss sich der Übergang vor einer eindrucksvollen Kulisse vollzogen haben: »Der Donner rollte unausgesetzt in dem Elbthale und den Nebengründen fort [...] Als endlich Nebel-, Regen- und Pulverdampfwolken vom Sturm zerrissen und zerstreut wurden, erblickte man jenseits der Elbe die sächsische Nachhut, welche General von Arnim[408] befehligte, mit der preußischen Avantgarde im Gefechte und deren nachrückende Armee in Linie vorschreiten[409].«

All diese Umstände führten schließlich dazu, dass die gesamte Armee erst am 13. Oktober nachmittags auf dem rechten Elbufer angelangt war. Der Übergang hatte also insgesamt beinahe 19 Stunden gedauert. Etwa um 16 Uhr befand sich zumindest die ganze sächsische Infanterie auf dem Plateau vor dem Lilienstein, jedoch mit nur acht Geschützen. Dort erkannte man bei Tageslicht die Stärke der preußischen Sperren, gegen die man – so gut es der begrenzte Raum erlaubte – formiert vorrückte, aber nach kurzem Schusswechsel stehenblieb. Durch den anhaltenden Regen war der Großteil der Munition ohnehin unbrauchbar geworden[410].

Der sächsische Plan sah nun vor, nach dem Übergang der gesamten Armee die geschlagene Pontonbrücke am Ufer bei Thürmsdorf loszumachen und einzuschwenken, um ein Nachdrängen der Preußen auf diesem Wege zu verhindern. Da jedoch die letzten sächsischen Kräfte bei ihrem Übergang wahrscheinlich schon mit dem Feind verzahnt waren, unterliefen in der Eile Fehler beim Einschwenken. Die Brücke riss ab, trieb elbabwärts, wurde dort von den Preußen aufgefangen und bei Oberrathen als weiterer Übergang verwendet[411]. Somit war das sächsische Heer von der einen Einschließung in die nächste geraten. Die Preußen, denen bereits am

---

[406] Tagebucheintrag Friedrich Christians vom 12.–13.10.1756. Schlechte, Das geheime politische Tagebuch des Kurprinzen, S. 314–316.

[407] Tagebuch eines Preußischen Offiziers, S. 339 f.

[408] Schuster/Francke benennen General Rochow als Kommandierenden der Arrieregarde. Schuster/Francke, Geschichte der Sächsischen Armee, T. II, S. 87. Rutowskis Befehl für den Ausmarsch spricht jedoch in Pkt. 19 vom General v. Arnim. Aster, Beleuchtung der Kriegswirren, S. 360.

[409] Aster, Beleuchtung der Kriegswirren, S. 382 f.; Schuster/Francke, Geschichte der Sächsischen Armee, T. II, S. 87 f.

[410] Aster, Beleuchtung der Kriegswirren, S. 389.

[411] Bode, 1756. Der Beginn des Siebenjährigen Krieges, S. 29.

Morgen des 13. Oktober die Festung Sonnenstein in die Hände gefallen war[412], verhielten sich vorerst defensiv, obwohl es für sie leicht gewesen wäre, aus ihren starken Deckungen heraus das Feuer auf die ungeschützt stehenden Sachsen vernichtend zu eröffnen. Doch die Weisung des preußischen Königs lautete: Die »Hauptsache ist, sich der Leute Meister zu machen und, so viel möglich, ohne sonderlich viel Blutvergießen«[413]. Somit begnügten sie sich vorerst mit der Heranführung immer stärkerer Kräfte, sodass bei Anbruch der Nacht hinter den Verhauen noch ein zweites Treffen formiert werden konnte[414].

Was die Maßnahmen des Feldmarschalls Browne betrifft, so hatte ihm Graf Brühl noch am 13. Oktober vom Königstein aus mitgeteilt, dass es aufgrund der enormen Verzögerungen beim Übergang »heute unmöglich sein wird, die [...] Preussische Position zu forcieren [...] Wir beschwören Sie daher Geduld zu haben und unser Unternehmen auch von Ihrer Seite zu unterstützen [...] Ich muss Sie noch davon benachrichtigen, dass allem Anscheine nach die Preussische Armee sich in voller Stärke zwischen Waltersdorf und Schandau [also direkt zwischen beiden Heeren] befindet[415].« Der Gefechtslärm beim Elbübergang und besonders die stundenlange Kanonade vom »Königstein« konnten den Österreichern eigentlich nicht verborgen geblieben sein. Dennoch bemerkten die übergesetzten Sachsen keinerlei Anzeichen von einem Angriff Brownes in den Rücken der Preußen, sodass »durch die gantze Nacht und den gantzen Morgen in selbiger Gegend bemerktes Stillschweigen, und die Müdigkeit unsrer Infanterie, die bis zur Nacht des 13. schleppend sich fortzog, uns bewog, den Angriff von unsrer Seite zu verschieben«[416]. Rutowski befand sich somit in einer verzweifelten Lage. Seine Truppen standen völlig erschöpft und vom Dauerregen durchnässt auf der »Ebenheit«. Durch den preußischen Überfall auf die »Bagage« besaß die sächsische Armee keine Zelte und deren Soldaten ernährten sich von den letzten herumstehenden Krautstängeln oder gekochtem Puder und Pulver[417]. Vor ihnen standen die verschanzten Preußen, eine Möglichkeit zum Rückzug gab es durch den Verlust der Brücke nicht mehr. Mit jeder Stunde die verging, wurde die Umschließung stärker. Vom österreichischen Korps, an dem die letzten Hoffnungen der eingeschlossenen Armee hingen, gab es keinerlei Signale. Ein Angriff ohne dessen Hilfe hätte die sichere Vernichtung der Armee zur Folge gehabt, zumal er ohne nennenswerte Artillerieunterstützung erfolgen musste. Die verbliebenen Pferde waren ebenfalls nicht mehr einsetzbar. Der König-Kurfürst befand sich inzwischen auf der Festung, hatte also wiederum kein klares Bild von der Lage seiner Truppen vor Ort.

---

[412] Die formale Kapitulation erfolgte am 14.10. Bericht des Oberst v. Preuß an Rutowski vom 15.10.1756. SHStA, Loc. 10990: »Ein Fascicel ...« (wie Anm. 35).

[413] Befehl Friedrichs II. an Winterfeldt vom 11.10.1756. Die politische Correspondenz Friedrichs des Grossen, Bd 13, Nr. 8194.

[414] Die Kriege Friedrichs des Großen, 3. T., Bd 1, S. 303.

[415] Vitzthum von Eckstädt, Die Geheimnisse des sächsischen Cabinets, T. II, S. 207 f.

[416] »Kurze und gegründete Nachricht ...« (wie Anm. 164).

[417] Vitzthum von Eckstädt, Die Geheimnisse des sächsischen Cabinets, T. II, S. 209; Tagebuch eines Preußischen Offiziers, S. 342.

In dieser Situation entschloss sich der sächsische Oberkommandierende zu einer Beratung mit seiner Generalität über die Chancen einer Fortsetzung des Angriffes: »Der Schluss des Kriegs-Raths war einmuthig und alle Generals, ohne Ausnahme, hielten dafür, daß in einem solchen Unternehmen das Volck lediglich auf die Schlachtbank würde geführet werden[418].« Aufgrund dieser allgemeinen Einsicht verfasste man ein Schreiben an den Grafen Brühl, in dem die Aussichtslosigkeit der Lage dargestellt und die Möglichkeit einer Kapitulation erwogen wurde[419]. Der König-Kurfürst, der den Angriff bereits erwartet hatte, entgegnete auf den Vortrag dieses Beschlusses durch Brühl kurz nach Mitternacht:

> »Was würde Europa sagen, wenn eine Armee sich kriegsgefangen ergeben oder capituliren wollte; eine Armee von 18 000 Mann einer anderen schwächeren gegenüber? [...] Feldmarschall Broune ist – das kann nicht zweifelhaft sein – in Eurer Nähe. Er hat nur niemand durch die Preussen hindurch sehen können [...] Ich würde euer Schicksal gern geteilt haben [...] Aber um Gottes Willen habt Vertrauen in die Vorsehung; Ihr werdet sieggekrönt aus dem Kampfe hervorgehen. Jede solche Capitulation würde uns um Ehre und Reputation bringen [...] Ich sende Euch alle Pferde, die ich habe auftreiben können, um Eure Artillerie fortzuschaffen[420].«

Das Schreiben zeigt, dass August III., wie in den vorangegangenen Wochen auch, anscheinend mangels Kontakt mit seinen Soldaten über kein realistisches Lagebild verfügt haben konnte. Ob dies gezielter Vorenthaltung und Fehlinformation durch den Premierminister zuzuschreiben ist, kann heute nur vermutet werden. Durch die gesonderte Versorgung der königlichen Tafel war ihm der schlimme Zustand des Heeres offenbar verborgen geblieben.

Allerdings ist anzumerken, dass er von der Festung aus die Lage seiner Armee eigentlich hervorragend hätte überblicken können. Seine Weisungen an diesem und den folgenden Tagen erscheinen zwar recht energisch, deuten aber auf absolute Unkenntnis der Lage vor Ort hin. Die Verwirklichung seines Wunsches, das sächsische Heer beim Elbübergang anzuführen, hätte die Kampfmoral seiner treuen Soldaten in diesen schweren und entscheidenden Stunden sicher gehoben. Hier sei vergleichend auf die Schilderung der psychologischen Wirkung der Anwesenheit des preußischen Königs auf seine Truppen im Lager bei Bunzelwitz 1761 verwiesen. Friedrich II. war dort das charismatische Zentrum der Armee, stets wahrnehmbar und truppennah: »Der Soldat sah ihn alle Tage sich selbst gleich, und machte daraus den Schluss, daß die Gefahr eben noch nicht so groß seyn müsse. Wurde er durch starke Märsche hart angegriffen und darüber etwas missvergnügt, so durfte sich der König nur bei ihm ans Feuer hinsetzen oder ein paar Worte mit ihnen sprechen [...] so vergaß er gleich alles und geriet in Begeisterung«, beschreibt der bereits mehrfach zitierte Tempelhoff – trotz aller Verklärung – doch anschaulich die Wirkung des persönlichen Beispiels des obersten Feldherrn[421].

---

418 SHStA, Loc. 10990: »Kurze und gegründete Nachricht ...« (wie Anm. 164).
419 Aster, Beleuchtung der Kriegswirren, S. 397.
420 Zit. nach Vitzthum von Eckstädt, Die Geheimnisse des sächsischen Cabinets, T. II, S. 211 f.
421 Zit. nach Kunisch, Friedrich der Grosse, S. 424 f.

Hinsichtlich der Lage bei Feldmarschall Browne konnte der sächsische Monarch auch keine anderen Informationen besitzen als seine Generalität, denn von diesem erhielt das sächsische Hauptquartier erst in den frühen Morgenstunden des 14. Oktober wieder Nachricht. Browne bezog sich darin allerdings auf das Schreiben Brühls vom 11. Oktober. Er konnte also zu diesem Zeitpunkt nur Kenntnis über die verspätete Fertigstellung der Brücke besitzen. Auch Archivquellen belegen, dass der Feldmarschall durch Deserteure von der fertigen Übergangsstelle Kenntnis besaß. Den 13. Oktober schien er jedoch »bei übler Witterung« in Ungewissheit verbracht zu haben[422]. Dass ihn das letzte Schreiben des Premierministers trotz der kurzen Entfernung noch nicht erreicht hatte, belegt zudem die Dichte der preußischen Einschließung. Der österreichische Feldmarschall gab zu verstehen, dass er noch immer »mit derselben Ungeduld, mit der die Juden nach dem Kommen des Messias«[423] Ausschau hielten, auf das verabredete Signal warte und sich aufgrund des stärker werdenden Feindes nur noch bis zum 14. um neun Uhr werde aufhalten können. »Schlüsslich hoffe ich man wird erkennen, dass meines Orts All- und Jedes, so nur immer möglich war, gethan, diese Unternehmung zu befördern«, schrieb Browne[424]. Durch Deserteure und Kundschafter sollte er am Morgen des 14. Oktober vom Missgeschick der sächsischen Truppen erfahren[425].

Viel Nutzen hatte sein Anerbieten allerdings für die Sachsen nicht mehr, da das Schreiben um sieben Uhr bekannt wurde und Browne bereits um neun Uhr aufbrechen wollte. Ob er wirklich alles Mögliche unternommen hatte, um die Sachsen zu entsetzen, erscheint zunächst fraglich. Aus heutiger Sicht ergeben sich zwei Möglichkeiten: Entweder hatte Browne aufgrund der tatsächlich schlechten Witterungsverhältnisse den Geschützdonner beim Ausbruch nicht gehört, oder aber die Schonung seiner nach Lobositz angeschlagenen Truppen war ihm angesichts der sich ständig vermehrenden Preußen zu wichtig, als dass er sie für die Sachsen aufs Spiel setzen wollte. Dagegen spricht jedoch die Tatsache, dass die Österreicher den gefahrvollen Marsch in die Pirnaer Gegend überhaupt angetreten hatten und Browne entgegen seinem Plan am 14. Oktober sogar noch bis etwa 15 Uhr wartete, ehe er den gefahrvollen Rückzug befahl. Seit er auf die preußischen Feldwachen getroffen war, setzte er sein kleines Korps zudem permanent der Gefahr aus, abgeschnitten und gefangen genommen zu werden. Beim Rückzug musste sich seine die Absetzbewegung deckende Nachhut unter Hadik bei Lichtenhain bereits gegen die preußische Avantgarde behaupten, was auf österreichischer Seite noch 87 Tote und Verwundete forderte. Als Browne mit seiner Abteilung am 16. Oktober das

---

[422] »Relation von der auf Seithen der Kay. Königl. Armée unternohmenen Expedition zu Degagirung der bey Pirna und Königstein gelaagerten und eingespehrten Chur Sächsischen Armée. Budin, 22.10.1756«. SHStA, Nr. 1334 (wie Anm. 361).

[423] Schreiben Brownes an Franz Stephan vom 14.10.1756. Zit. nach Duffy, Feldmarschall Browne, S. 307.

[424] Zit. nach Vitzthum von Eckstädt, Die Geheimnisse des sächsischen Cabinets, T. II, S. 215 f.

[425] »Relation von der auf Seithen der Kay. Königl. Armée unternohmenen Expedition zu Degagirung der bey Pirna und Königstein gelaagerten und eingespehrten Chur Sächsischen Armée. Budin, 22.10.1756«. SHStA, Nr. 1334 (wie Anm. 361).

österreichische Lager bei Kaunitz erreichte, beliefen sich die Verluste dieser ergeb-
nislosen Operation auf etwa 300 Mann[426]. Da man im sächsischen Hauptquartier
jedoch mit dem österreichischen Abmarsch um neun Uhr rechnete, erfüllte das
längere Warten Brownes auch keinen unmittelbaren Sinn mehr. »Freudig und
hoffnungsvoll« war dieser zur Unterstützung der Sachsen ausgezogen und kehrte
jetzt »voll Traurigkeit« nach Böhmen zurück[427]. Dennoch brachte ihm das Unternehmen ein hohes Maß an Prestige ein. »Die Militärs, die Politiker, die Hofleute,
selbst die Frauen reden nur von ihm. Man [...] wünscht zu hören, daß er glücklich
nach seinem Lager zurückgekehrt sei[428].« Die schockierende Geschwindigkeit seines Vorgehens sollte hingegen Friedrich II. noch eine Weile beschäftigen[429].

Als nun Klarheit über das Vorgehen der Österreicher herrschte, trat Rutowski
nach Abhaltung eines weiteren Kriegsrates noch am 14. Oktober eigenverantwortlich in Unterhandlungen mit den Preußen[430]. Winterfeldt, der auf preußischer Seite
das Kommando am Verhau führte, stimmte dem Ansuchen um einen Waffenstillstand zu und zeigte dem sächsischen Feldmarschall bei dieser Gelegenheit die
preußischen Verschanzungen mit den Worten: »Sie haben nun meine ganze Stellung gesehen; machen Sie davon dem Grafen [= Brühl] eine genaue Beschreibung,
und sagen Sie ihm: ich überließe es seiner eigenen Beurtheilung, ob er sich noch
getraue, sich durchzuschlagen[431].« In gewisser Weise war es bezeichnend, dass man
auch auf preußischer Seite nicht von August III., sondern von seinem Premierminister die endgültige Entscheidung erwartete. Eine positive Auswirkung hatte der
Waffenstillstand sofort: Die sächsischen Generäle und Offiziere konnten in den
Folgetagen sich inner- und außerhalb der Umschließung bewegen und für das
hungernde Heer von den Preußen einige Lebensmittel empfangen[432].

Ein aufgrund des zweiten Kriegsrates an den sächsischen Monarchen verab-
schiedetes Schreiben lautete in Auszügen:

> »Die Armee hat der Ehre genügt. Wir haben uns gegen ein Corps, weit stärker als das
> unsere, gehalten, täglich des Angriffs gewärtig, haben wir den Feind bisher während
> dieser ganzen Zeit aufgehalten. Mit Muth und Festigkeit haben wir uns zurückgezogen
> auf einen Posten, von welchem aus, wäre unser Vorhaben gelungen, wir nun auch an-
> griffsweise hätten vorgehen können. Aber unüberwindliche Hindernisse, der Mangel
> der dringendsten Bedürfnisse verhindern uns daran [...] Das Corps des Feldmarschall
> Broune selbst [...] würde uns nichts helfen [...] die Cavallerie ist ausser Stande, sich mit
> anderer Cavallerie zu messen, ohne Brod seit zwei Tagen, ohne Munition, ohne Ge-

---

426 Die Kriege Friedrichs des Großen, 3. T., Bd 1, S. 307; »Relation von der auf Seithen der Kay. Königl.
     Armée unternohmenen Expedition zu Degagirung der bey Pirna und Königstein gelaagerten und
     eingespehrten Chur Sächsischen Armée. Budin, 22.10.1756«. SHStA, Nr. 1334 (wie Anm. 361).
427 Bericht eines französischen Offiziers vom 15.10.1756. Zit. nach Duffy, Feldmarschall Browne,
     S. 309.
428 Zit. nach Duffy, Feldmarschall Browne, S. 315.
429 Ebd., S. 310, 357.
430 Rechtfertigungsschreiben Rutowskis vom 18.11.1756. Aster, Beleuchtung der Kriegswirren,
     Anhang, S. 38.
431 Zit. nach Bode, 1756. Der Beginn des Siebenjährigen Krieges, S. 29.
432 Höhne, Die Einstellung der sächsischen Regimenter in die preußische Armee, S. 63; Schreiben
     des Soldaten Damian Friedmeyer vom Regiment Hülsen vom 17.10.1756. Briefe Preußischer Sol-
     daten, S. 36.

päck. Die Unglücksfälle, die uns in diese Lage gebracht haben, konnten weder vorher-gesehen, noch überwunden werden. An dem Könige ist es zu sprechen. Die Armee wird ihr Blut hergeben, aber vergeblich. Ihre Vernichtung, welche unvermeidlich, könnte weder die Waffenehre, noch den Staat retten und würde ein Corps von Gene-rälen, welche bisher in Ehren und in Treue gedient zu haben glauben, dem gerechten Vorwurfe der Unwissenheit und Verwegenheit aussetzen[433].«

Die Ansichten der Generalität waren aus dem Blickwinkel ihrer Verantwortlichkeit unzweifelhaft richtig. Sicher fiel ihr dieser Entschluss nicht leicht, denn welche Konsequenzen ein solches Verhalten für die verantwortlichen militärischen Führer haben konnte, zeigte drei Jahre später das Beispiel des preußischen Generals Friedrich August von Finck, der für seine Kapitulation mit 14 000 Mann bei Ma-xen nahe Dresden aus der Armee ausgestoßen und zu Festungshaft verurteilt wur-de[434]. Auch der Vorwurf einer kollektiv fehlenden Entschlossenheit zum Kampf kann nicht erhoben werden. Die Biografie Rutowskis zeigte bereits, dass dieser über genügend Kriegserfahrungen verfügte. Auch die übrige Generalität – bei-spielsweise General Rochow – hatte schon »Belagerungen ausgehalten und einer Menge von Belagerungen selbstlich bey gewohnet«. Rochow versicherte wenige Tage zuvor noch seinem Feldmarschall, dass er sich im Falle einer befohlenen Übergabe »seiner« Festung Sonnenstein lieber als »ehrhafter Mann [...] defendiren« und »eine Vestung nicht ohne Canonade oder Bombardement verlassen« würde[435]. Die sächsische Generalität zeigte sich geschlossen in pflichtbewusster Haltung. Von daher sind eher die »unvorhersehbaren Unglücksfälle« der kritikwürdige Punkt dieser Erklärung, wenn die Einwände der Generalität gegen den Ausbruch am Lilienstein in Betracht gezogen werden.

Wichtig für die Rekonstruktion des Lagebildes, das der König-Kurfürst und Brühl besaßen, ist zudem die Schilderung des Generals Karl August von Gersdorf. Er überbrachte den soeben erwähnten Beschluss des letzten Kriegsrates am selben Tage dem Monarchen[436]. Gersdorf berichtete, dass dessen erste Frage lautete: »Warum wir nicht attaquiren?«. Daraufhin legte der Offizier seinem König-Kur-fürsten nochmals die vier aus der Sicht der Generalität ausschlaggebenden Gründe dar:

»1. Das die Artillerie [...] noch größten Theils nicht auf der Ebenheit angelanget,
2. und das der Herr Generalfeldmarschall von Browne unsere attaque [...] unterstüt-zen müsste,
3. da er aber niemals näher als auf [...] 4 Stunden Weges vom Lilienstein gelegen ange-rücket wäre,
4. und nach dessen eigenen Brief diesen Morgen um 9 Uhr bereits wieder zurück, in nun noch größere Entfernung von denen Sachsen gegangen«.

Auf diese Punkte wandte Brühl ein, dass nach seiner Auffassung Feldmarschall Browne noch vor Ort sei. Allerdings traf Gersdorf »ohngefähr zwischen 9 und

433   Zit. nach Vitzthum von Eckstädt, Die Geheimnisse des sächsischen Cabinets, T. II, S. 222 f.
434   Groehler, Die Kriege Friedrichs II., S. 131.
435   Schreiben vom 9.9.1756. SHStA, Loc. 10989: »Concepte von Ordres ...« (wie Anm. 74).
436   Bericht Gersdorfs über seinen Vortrag beim Kurfürsten vom 20.1.1757. SHStA, Loc. 10990: »Ein Fascicel ...« (wie Anm. 35).

10 Uhr des Morgens« auf der Festung ein und Brühl hatte das Schreiben Brownes, in dem jener seinen Rückzug auf neun Uhr angekündigt hatte, bereits um fünf Uhr erhalten[437]. Insofern ist die Ansicht Brühls hier völlig unverständlich. Dessen ungeachtet stellten sich August III. und sein Premierminister gegen alle Argumente Gersdorfs taub. Jener wies nochmals ausdrücklich darauf hin, dass angesichts der sich ständig verstärkenden Preußen »die Munition bey dem ersten Gefechte, bey einem tentirten Durchbruch würde verschoßen seyn und das man alsdann ohne Munition noch vielerley Actiones würde zu verrichten haben. Das die Commandanten der Regimenter Cavallerie [...] declarirt, daß sie mit den hinfallenden Pferden keine Action unternehmen, sondern [...] zu Fuße fechten müßten.« Da der sächsische Monarch seinen Generälen sogar fehlenden Kampfesmut unterstellt hatte und auf einem Angriff beharrte, verlief diese Unterredung ergebnislos und es musste später ein weiterer General, Baron Dyherrn, zum König-Kurfürsten entsandt werden. Dyherrn wies nochmals gesondert auf die Gefahr hin, dass bei sicherer Zerschlagung der Armee in einem Gefecht auch für die Festung mitsamt dem König-Kurfürsten und dem Premierminister keinerlei Schutz mehr vorhanden sein würde und Friedrich II. somit seine Bedingungen nach Belieben stellen könnte. Die Existenz der Armee, so hoffte man im sächsischen Hauptquartier, könne eventuell doch zu einer besseren Verhandlungsposition verhelfen[438]. Schließlich willigte August III. ein, wie das daraufhin verfasste Schreiben an Rutowski zeigt. Neben dem nochmaligen Ausdruck seiner »äußersten Bekümmerniß« legte der sächsische Monarch das Schicksal seiner Armee in die Hände der Generalität: »Daß euer Kriegs-Rath einen Schluss fasse, ob ihr euch kriegsgefangen ergeben oder ob ihr durchs Schwert und Hunger umkommen wollt. Die Leutseeligkeit begleite Eure Berathschlagungen wann es möglich ist [...] ich habe nichts damit zu thun und daß wir nichts, als die so einzige Sache, die Waffen nicht wider uns und unsere Freunde zu führen, zu Eurer Verantwortung ausstellen werden«, schrieb er[439]. Dieser Erlass, verbunden mit 14 Punkten, die Rutowski bei einer Kapitulation unbedingt durchsetzen sollte und die vor allem die Freiheit Augusts III. und seines Hofstaates betrafen[440], ermöglichte dem Feldmarschall nun völlig freies Handeln. Die hauptsächliche Bedingung blieb jedoch die Vermeidung der Einstellung der sächsischen Soldaten in das preußische Heer, was durch Erlangung des Status der »Kriegsgefangenschaft« hätte erreicht werden sollen. Wichtig waren dem König-Kurfürsten, dass die Neutralität der Festung Königstein gewahrt blieb und dass seine Garde und die Kadetten von der Gefangenschaft ausgenommen wurden. All dies spiegelte sich auch im Entwurf der Kapitulationsurkunde wider, der am 15. Oktober durch General Arnim ins preußische Hauptquartier überbracht wurde. Er lautete in seinen wesentlichen Zügen:

»Demnach Sr. Königl. Majestät in Preußen durch des Herrn General-Lieutenants von Winterfeld Excellenz mich bedeuten lassen, welchergestalt Allerhöchst Selbte darauf

---

437 Vitzthum von Eckstädt, Die Geheimnisse des sächsischen Cabinets, T. II, S. 215.
438 Ebd., S. 227–230.
439 Schreiben an Rutowski vom 14.10.1756. SHStA, Loc. 10990: »Ein Fascicel ...« (wie Anm. 35).
440 Aster, Beleuchtung der Kriegswirren, S. 405 f.

beruheten, die Königl. Poln. und Churfürstl. Sächs. Dermahlen meinem Commando anvertraute Armée nichts anders, als Kriegs-Gefangene anzunehmen; Als werden Sr. Königl. Majestät in Preußen nach der mir darüber von Ihro Königl. Maj. meinem allergnädigsten Herrn gegebenen Vollmacht, und darauf mit sämmtlichen Generals gehaltenen Kriegs-Rath, folgende Capitulations-Punkte von mir Allerunterthänigst überreicht:

1. Die Königl. Poln. und Churfürstl. Sächs. Armée, wie sich solche dermahlen allhier in dem Posten Ebenheit unter dem Lilienstein befindet [...] ergiebt sich an Ihro Königl. Majestät in Preußen als Kriegs-Gefangene [...]

3. Ihro Königl. Majestät geruhen allergnädigst die Armée mit Vivres und Fourage des fördersamst versehen zu lassen, und darüber Dero gemessenste Ordres zu stellen.

4. Alle Generals, Staabs- und Oberofficiers [...] reversiren sich schriftlich gegen Ihro Maj. in Preußen, bis zu Herstellung der Ruhe gegen Allerhöchst Dieselben die Waffen nicht zu führen, dahingegen denenselben frey stehet, deren Aufenthalt [...] zu erwählen[441].

5. Die Garde du Corps und die Leib-Grénadiers-Garde [...] werden von dem Innhalt des ersten Articuls eximiret [...]

8. Ihro Königl. Maj. in Preußen versichern allergnädigst, dass weder Unter-Officiers noch Gemeine, wieder ihren Willen genöthiget werden sollen unter Deroselben Armée Dienste zu nehmen und das alle und iede, bey baldig zu hoffender hergestellter Ruhe an Ihro Königl. Maj. Pohlen zurückgegeben werden sollen[442].«

Da sich die sächsische Armee in einer Situation befand, in der sie eigentlich keinerlei Bedingungen mehr stellen konnte, erscheint der Kapitulationsentwurf Augusts III. kühn formuliert. Eine Einwilligung zu diesem Entwurf hätte den Preußen im Hinblick auf die Armee eigentlich keinerlei Nutzen gebracht. Friedrich II. wäre, nachdem er bei Lobositz die Österreicher nicht hatte vernichtend schlagen können, damit um einen weiteren Erfolg im Herbstfeldzug 1756 gebracht worden.

Der Dresdner Hof um die Königin-Kurfürstin und den Kurprinzen erlangte erst am 15. Oktober gesicherte Kenntnis von der Tragödie der sächsischen Armee. Manche sprachen dort von »unsterblichem Ruhm«, den sich das Heer in dieser aussichtslosen Situation erworben habe. Der Kurprinz notierte hingegen, dass »nie ein Tag unglücklicher als dieser gewesen« sei[443].

---

[441] Offenbar entsprach dieses Verhalten gegenüber Offizieren der üblichen Praxis. Auch Napoleon räumte den sächsischen Offizieren nach der Niederlage von Jena und Auerstedt 1806 die Möglichkeit ein, auf ihr Ehrenwort die Armee vorübergehend zu verlassen. Gülich, Die Sächsische Armee, S. 71.

[442] SHStA, Loc. 10990: »Ein Fascicel ...« (wie Anm. 35); Vitzthum von Eckstädt, Die Geheimnisse des sächsischen Cabinets, T. II, S. 239–248.

[443] Tagebucheintrag Friedrich Christians vom 15.10.1756. Zit. nach Schlechte, Das geheime politische Tagebuch des Kurprinzen, S. 317.

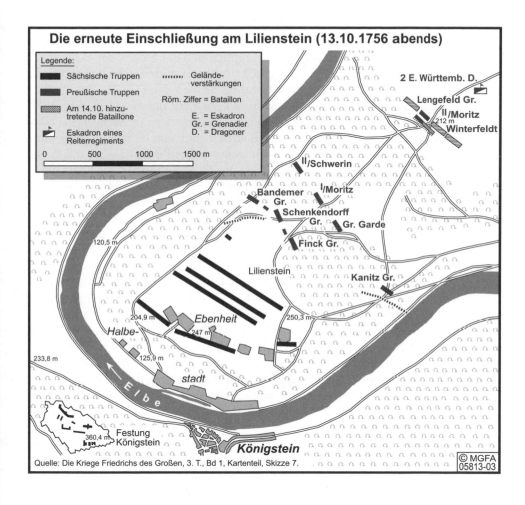

Die erneute Einschließung am Lilienstein (13.10.1756 abends)

Legende:

- ▬ Sächsische Truppen
- ▬ Preußische Truppen
- ▨ Am 14.10. hinzutretende Bataillone
- ⚐ Eskadron eines Reiterregiments
- ⋯⋯ Gelände-verstärkungen
- Röm. Ziffer = Bataillon
- E. = Eskadron
- Gr. = Grenadier
- D. = Dragoner

0   500   1000   1500 m

2 E. Württemb. D.

Lengefeld Gr.

II/Moritz
212 m
Winterfeldt

II/Schwerin

Bandemer Gr.   I/Moritz

Schenkendorff Gr.   Gr. Garde

Finck Gr.

Lilienstein

Kanitz Gr.

120,5 m

204,9 m   Ebenheit   250,3 m

Halbe-   247 m

233,8 m   125,9 m

stadt

E l b e

Festung
360,4 m   Königstein

Königstein

Quelle: Die Kriege Friedrichs des Großen, 3. T., Bd 1, Kartenteil, Skizze 7.

© MGFA
05813-03

7. Die Kapitulation am Lilienstein am 16. Oktober 1756

Wie bereits dargestellt, erfuhr Friedrich II. von den entscheidenden Vorgängen bei Pirna nur in schriftlicher Form, da er sich um den 12. Oktober noch in Böhmen aufhielt. Als ihn die Nachrichten der nahenden Kapitulation erreichten, kehrte er schließlich nach Sachsen zurück, traf am 14. Oktober in Struppen ein und bezog ebenfalls Quartier im dortigen Herrenhaus[444].

Seine Schreiben aus den Tagen nach der Schlacht bei Lobositz geben Zeugnis von einer beständig wachsenden Ungeduld hinsichtlich des Endes der Belagerung. Hauptgrund hierfür war die späte Jahreszeit, in der es immer schwieriger wurde, die Armee zu ernähren. Die Langeweile zehrte an den Nerven der preußischen Soldaten, Disziplinlosigkeiten häuften sich und die Zahl der Kranken stieg an[445]. Hinzu kam, dass sich durch die ungeplanten Verzögerungen in Sachsen die böhmischen Pläne Friedrichs nicht realisieren ließen und eine ständige Bedrohung durch die Österreicher bestehen blieb. »Ich wollte, lieber Prinz, dass Sie mit denen Sachsen fertig wären. Denn, dauert es noch acht Tage, so können wir nicht länger in diesem Lager subsistiren, und ein anderes ist bei jetzigen Umständen nicht zu nehmen«, schrieb der preußische König am 7. Oktober an den Prinzen Moritz von Anhalt-Dessau[446]. Noch deutlicher spiegelt ein Schreiben vom selben Tage an Winterfeldt die preußische Misere wieder: »Die Sachsen verderben mir die ganze Campagne [...] es wird spät im Jahr und Browne hat nun Zeit gehabt, sich seinen Posten hinter der Eger recht stark zu machen. Dieses Land ist schon sehr mitgenommen [...] dar kann man nicht stark genug seind, um im Fall einer Winterenterprise dem Feind zu resistiren[447].« Vor diesem unbefriedigenden Hintergrund schien Friedrich II. am 14. Oktober am Ende seiner Geduld und bemüht, die Übernahme des sächsischen Heeres schnellstmöglich herbeizuführen. Noch auf dem Marsch nach Struppen schrieb er an den gerade verhandelnden Winterfeldt: »Wann Er in 1 Stunde nicht fertig ist, so muss Er gleich zurücke nach Seinem Posten und die Hostilitäten [= Feindseligkeiten] wieder aufnehmen. Ich werde mir anjetzo von keinem Menschen mehr amusiren lassen[448].« Dies belegen auch die Abänderungen und Randbemerkungen, mit denen Friedrich II. den von Winterfeldt überbrachten sächsischen Entwurf der Kapitulationsurkunde versah.

Über den Verlauf der Kapitulationsverhandlungen sowie den Zeitpunkt der Ausfertigung des Entwurfs gehen die Aussagen in der Literatur etwas auseinander. Einmal wird der oben zitierte Entwurf auf die Morgenstunden des 15. und die Änderungen durch Friedrich II. auf den 16. Oktober datiert, während auch der Abend des 14. als Zeitpunkt der Erstellung des Entwurfs und der Änderungen

---

[444] Die Kriege Friedrichs des Großen, 3. T., Bd 1, S. 304 f.; Tagebucheintrag Friedrich Christians vom 15.10.1756. Schlechte, Das geheime politische Tagebuch des Kurprinzen, S. 317.
[445] Tagebucheintrag Friedrich Christians vom 16.–17.9.1756. Schlechte, Das geheime politische Tagebuch des Kurprinzen, S. 282–284.
[446] Die politische Correspondenz Friedrichs des Grossen, Bd 13, Nr. 8170.
[447] Ebd., Nr. 8171.
[448] Ebd., Nr. 8207.

angegeben wird[449]. Fest steht jedoch, dass Friedrich II. die einzelnen Punkte gemäß seinen Vorstellungen abänderte und diese in kurzer Form festhielt. Seine wesentlichen Kommentare zu diesem Entwurf lauteten:

Zu 1. »Will der König [= August III.] mir die Truppen geben, so haben sie nicht nötig, Kriegsgefangene zu sein.«

Zu 4. »Diejenigen, welche mir dienen wollen, haben von diesem Augenblicke an volle Freiheit.«

Zu 5. »Es findet keine Ausnahme statt [...] Mann müsste ein Narr sein, gefangene Truppen frei zu geben, um sie ein zweites Mal zu bekriegen.«

Zu 8. »Niemand hat sich hierin zu mischen. Man wird keinen General ohne seine Zustimmung zum Dienste zwingen. Das genügt[450].«

Auffällig ist vor allem die Randnotiz zum Punkt 8, in der keinerlei Angaben zu den Unteroffizieren und Mannschaften, also zum Gros der Armee, gemacht wurden. Anscheinend waren nach Friedrichs Auffassung die Begriffe »kriegsgefangen« und »unterstellt« hier gleichbedeutend. In den folgenden Tagen nutzte der preußische König seine überlegene Position rücksichtslos aus. Als nach Bekanntwerden seiner soeben zitierten Forderungen im sächsischen Hauptquartier General Arnim nochmals zu ihm entsandt wurde, fertigte Friedrich II. diesen kurz ab und sprach dabei ganz offen von der Einverleibung der Armee[451]. Er sandte daraufhin am 16. Oktober einen General ins sächsische Lager, um der Armee kurzerhand den Treueeid abzunehmen. Dass dies bei Rutowski auf Widerstand stieß, belegt folgendes Schreiben an den preußischen König:

»Ich bin autorisiret, der Armée das Gewehr strecken zu lassen: ich kann aber weder von dem Eide, den sie geschworen, dieselbe lossprechen, noch ihr einen andern Eid schwören lassen. Alles andere ist Sr. Königl. Maj. in Preussen Allerhöchsten Willens Meinung überlassen. Sr. Königl. Maj. in Preussen geruhen den Articul wegen des Königsteins, der daselbst befindlichen adeligen Compagnie Cadets, und der Grenadier-Garde, mit Ihro Königl. Maj. in Pohlen, da Solche dermahln auf der Festung Königstein befindlich, zu terminiren[452].«

Der letzte Teil des Schreibens bezog sich dabei auf die Verhandlungen zwischen den beiden Monarchen vom 16. und 17. Oktober, bei denen August III. unbedingt die Freilassung seiner Garde und des Kadettenkorps erwirken wollte, was ihm jedoch der preußische König strikt verweigerte.

Obwohl es keinerlei Hinweise darauf gibt, dass die Kapitulationsurkunde von den beiden Monarchen unterzeichnet wurde, betrachteten die Preußen sie ab dem 16. Oktober gemäß ihren Bedingungen als rechtskräftig, wobei Friedrich II. von der »Erlaubnis« sprach, die Sachsen in preußische Dienste treten zu lassen. Mit der Anerkennung der Vereinbarungen durch Rutowski am selben Tag gerieten über

---

449 Höhne, Die Einstellung der sächsischen Regimenter in die preußische Armee, S. 64; Vitzthum von Eckstädt, Die Geheimnisse des sächsischen Cabinets, T. II, S. 237.

450 Zit. nach Höhne, Die Einstellung der sächsischen Regimenter in die preußische Armee, S. 68 f.; Aster, Beleuchtung der Kriegswirren, S. 413 f.

451 Bericht des Adjutanten des Generals Arnim. Höhne, Die Einstellung der sächsischen Regimenter in die preußische Armee, S. 64 f.

452 SHStA, Loc. 10990: »Ein Fascicel ...« (wie Anm. 35); Vitzthum von Eckstädt, Die Geheimnisse des sächsischen Cabinets, T. II, S. 246 f.

18 000 sächsische Soldaten in preußische Gefangenschaft, wo sie zunächst einmal mit Lebensmitteln versorgt wurden. Leider gibt es keine Hinweise auf unmittelbare Reaktionen bei der sächsischen Generalität. Der bereits erwähnte Soldat Gottfried Zahn beschrieb das Ereignis aus seiner Sicht folgendermaßen: »Da schmissen wir alles weg und mußten das Gewehr strecken. Da hatte keiner weder Mut noch Sinn. Das ließ erbärmlich«[453]. Diese missmutige Feststellung verwundert nicht, standen die »Gemeinen« doch vor einer ungewissen, kriegerischen Zukunft in einem fremden Heer, während den Offizieren die Freiheit versprochen war. Anscheinend zeigten sich die sächsischen Soldaten vom Umstand der Niederlage auch persönlich betroffen. Zahns Aussage deutet auf eine emotionale Bindung der Soldaten an das Geschick von Heer und Heimat hin, ihre »soldatische Welt« schien im Augenblick der Kapitulation stark erschüttert. Anscheinend hatte sich das kollektive Durchleben der letzten Wochen festigend auf die Strukturen, auf das Zusammengehörigkeitsgefühl unter den Belagerten ausgewirkt. Das ruhmlose Ende der sächsischen Armee war für ihre Soldaten offensichtlich gleichbedeutend mit einer persönlichen Demütigung. Gefühle dieser Art entsprechen nicht dem Klischee des Soldaten des 18. Jahrhunderts, den angeblich nur Zwang und Gewalt bei den Fahnen hielten. Der Zusammenhalt der sächsischen Soldaten sowie ihre emotionale Bindung an den König-Kurfürsten, ihre Armee und das »Vaterland« sind Indizien für einen bereits stark ausgeprägten Landespatriotismus, auf den an späterer Stelle einzugehen sein wird.

Feldmarschall Rutowski hatte als letzte bedeutende Handlung seiner militärischen Karriere die traurige Pflicht, am 16. Oktober mittels Armeebefehl den Abmarsch aus der Umschließung für den nächsten Tag vorzubereiten. Er regelte die Marschroute und -reihenfolge der einzelnen Regimenter sowie die Überführung der Feldzeichen auf die Festung Königstein[454]. Der Verzicht der Preußen auf diese an sich begehrten Kriegstrophäen war eine der wenigen Zugeständnisse Friedrichs an Rutowski[455].

Am Morgen des 17. Oktober verließen die preußischen Einheiten die Verschanzungen am Lilienstein und bildeten ein Spalier, durch das die sächsische Armee mit der Generalität an der Spitze, gefolgt von den Infanterieregimentern, der Artillerie und der Kavallerie, über Waltersdorf an die Elbe bei Niederrathen marschierte, dort die in den letzten Tagen errichtete Pontonbrücke passierte und bei Oberrathen in einen offenen Kreis aus preußischen Soldaten einrücken musste.

Solche Kapitulations- und Übernahmezeremonien stellen einen von der Forschung bisher eher vernachlässigten Bereich des frühneuzeitlichen Heerwesens dar. Eine vergleichende Betrachtung der Kapitulationszeremonien im Amerikanischen Unabhängigkeitskrieg[456] und jener bei Pirna lässt den Rückschluss auf eine ungeschriebene »Kapitulationskultur« innerhalb der Armeen des 18. Jahrhunderts

---

453 Zit. nach Kroll, Kursächsische Soldaten, S. 40.
454 Erst nach dem Siebenjährigen Krieg wurden die Fahnen und Pauken den Regimentern wieder zugeführt. Rudert, Die Reorganisation der Kursächsischen Armee, S. 76; Schuster/Francke, Geschichte der Sächsischen Armee, T. II, S. 91.
455 Punkt 6 der Kapitulationsurkunde. SHStA, Loc. 10990: »Ein Fascicel ...« (wie Anm. 35).
456 Krebs, The Making of Prisoners of War, S. 1 f., 7 f.

zu, auf feste Rituale als unabänderliche Bestandteile im Umgang mit dem besiegten Gegner. Bei der Schilderung der Kapitulation Cornwallis' bei Yorktown 1781 berichtet ein Bayreuther Soldat von einem ähnlichen Ablauf wie in Pirna: »Wir marschierten [...] in Zügen mit geschultertem Gewehr durch die ganze feindliche Armee durch, wobei unsere Tambours Marsch schlugen [...] Wie wir nun die 2 Linien der beiden Armeen passiert hatten, kamen wir rechts auf einen ebenen Platz oder eine große Haide, wo ein Schwadron französischer Husaren einen Kreis geschlossen hatte. Zu diesem Kreis marschierte ein Regiment nach dem anderen, streckte das Gewehr und legte alle Waffen ab[457].« Auch bei der Kapitulation General Fincks 1759 bei Maxen formierten die Österreicher im Zuge der Übernahme der preußischen Truppen in die Kriegsgefangenschaft ein Karree, in das die Preußen einmarschieren mussten. Dort sahen sie sich vor allem dem Spott der österreichischen Soldaten ausgesetzt, wie der preußische Musketier Dominicus berichtet[458]. Wurde eine Kapitulation ausnahmsweise ohne die entsprechenden Zeremonien vollzogen, war dies meist auf schwerwiegende Gründe, etwa akuten Zeitmangel, zurückzuführen[459]. Am Beispiel von Pirna kann gezeigt werden, dass eine solche Zeremonie mehrere Funktionen besaß: Die feierliche Besiegelung der Niederlage, die Bestätigung des Siegers in seiner Rolle sowie die Übergabe des unterlegenen Heeres in die Hände des Gegners. Dieses Ritual bedeutete jedoch für den Soldaten gewöhnlich den Statuswechsel vom Kombattanten zum Kriegsgefangenen und nicht die Zwangseingliederung in ein bis dahin feindliches Heer.

Da zudem keine Überlieferungen bekannt sind, die andeuten, dass die sächsischen Mannschaften mit einer Übernahme in preußische Dienste rechneten, marschierten diese offenbar im Glauben aus, nur ihre Waffen abliefern und sich gefangen geben zu müssen[460]. Im genannten Armeebefehl vom 16. Oktober hatte Rutowski auch ausschließlich die Gefangenschaft erwähnt[461]. Umso überraschender muss es für die Soldaten gewesen sein, als sie regimentsweise in den Kreis einrücken und Prinz Moritz von Anhalt-Dessau, dem der Oberbefehl über die sächsischen Regimenter zugedacht war, den preußischen Kriegseid schwören sollten:»Wir schwören, daß Unserm allergnädigsten Könige und Kriegs-Herrn [...] wir getreu, gehorsam, willig und redlich dienen [...] allen Seiner königl. Maj. und Dero Landen Feinden, mit Leib und Blut, so lange wir in Dero Diensten seynd, [...] tapfern und männlichen Widerstand thun[462].« Rutowski beurteilte diese ungewöhnliche Maßnahme als hinterhältiges Verhalten Friedrichs II. und schrieb am selben Tage an den sächsischen Monarchen:

---

457 Zit. nach ebd., S. 7 f.
458 Tagebuch des Musketiers Dominicus, S. 77.
459 Aus diesem Grunde entfiel beispielsweise die Zeremonie nach der Schlacht bei Trenton 1776. Krebs, The Making of Prisoners of War, S. 22.
460 Höhne, Die Einstellung der sächsischen Regimenter in die preußische Armee, S. 73.
461 Punkt 5 und 6 des sächsischen Armeebefehls vom 16.10.1756. Aster, Beleuchtung der Kriegswirren, S. 427.
462 Auszug aus dem preußischen Kriegseid von 1713. Zit. nach Bode, 1756. Der Beginn des Siebenjährigen Krieges, S. 46.

»Nachdem der grösste Theil der Infanterie [...] die Schiffbrücke bei Oberrathen passirt, hat man Preussischer Seits successive, um jedes Regiment, nachdem man alle Stabs- und Oberoffiziere davon abgesondert, einen Kreis schliessen und dabei diese List gebrauchen lassen, als wenn Ew. Königl. Majestät an des Königs von Preussen Majestät Dero Truppen in Dero Dienste überlassen hätten und sie also dem König von Preussen getreu zu sein schwören sollten [...] dadurch dann der gemeine Mann, ob man gleich die Vorsicht im Voraus angewendet, ihn durch Offiziere avertiren zu lassen, dass er zwar kriegsgefangen wäre, jedoch nicht gezwungen werden könnte, Dienst zu nehmen, dennoch zum Theil den falschen Vorwand gebrauchte, dass die abgesonderten Offiziere bereits den Eid abgeleget, übereilet worden, zum Theil nicht gewusst, was er thäte. Wie dann von denen im Kreise befindlichen und sich melirten Preussen mehr als von den Kriegsgefangenen da Ja geantwortet und Vivat ausgeschrieen worden, auch man sich um die protestationes derjenigen Mannschaft, so gar nicht schwören und Dienst nehmen wollen, im Geringsten nicht gekehrt hat[463].«

Dass man die Soldaten vorher darauf hingewiesen hatte, dass sie als Kriegsgefangene nicht zu einer Eidesleistung gezwungen werden konnten, lässt vermuten, dass die sächsische Führung eine solche Absicht des preußischen Königs zumindest geahnt hatte. Als die Übernahmen begannen, befanden sich der Feldmarschall und seine Generäle bereits in Dresden. Sie erfuhren von der Vereinnahmung offenbar durch einen Boten. Dabei soll der »Chevalier de Saxe« geäußert haben: »Es ist erfolgt, wie ich im Voraus vermuthete und gesagt habe[464].« Das Schicksal der sächsischen Armee traf zumindest ihre Führer nicht überraschend.

Noch am Tage der Kapitulation hielten die preußischen Truppen ein Dankesfest und verkündeten am 18. Oktober ihren Triumph, indem »auß allen Canonen 3 mahl gefeuert« wurde[465]. Der sächsische Feldmarschall, der sich mit seinen Generälen dem König von Preußen als kriegsgefangen ergeben hatte, kehrte indessen unter Bezeigung aller militärischen Ehren durch die preußischen Soldaten nach Dresden zurück. Seine Wohnung wurde jedoch vorsichtshalber fortan von preußischen Grenadieren bewacht[466].

Über das Verhalten der Regimenter während der Eidesleistung auf den preußischen König gibt es unterschiedliche Aussagen. In der älteren sächsischen Literatur ist zu lesen, dass nur wenige Soldaten den ihnen vorgesprochenen Eidestext wiederholt hätten. Daher soll es zu »Stockschläge[n] und andere[n] gewaltsame[n] Mitteln« gegen die Sachsen gekommen sein[467]. Selbst Moritz von Anhalt-Dessau und der preußische König sollen an diesen Prügeleien beteiligt gewesen sein[468]. Obwohl auch aus Friedrichs Notiz vom 18. Oktober[469] hervorgeht, dass es bei der Übernahme der Truppen zu »verschiedene[n] Contraventiones« kam, kann man nicht davon ausgehen, dass sich die gesamte sächsische Armee geradezu märty-

---

[463]   Zit. nach Vitzthum von Eckstädt, Die Geheimnisse des sächsischen Cabinets, T. II, S. 249 f.
[464]   Zit. nach Aster, Beleuchtung der Kriegswirren, S. 433.
[465]   Zit. nach Tagebuch des Musketiers Dominicus, S. 6 f.
[466]   Tagebucheintrag Friedrich Christians vom 17.10.1756. Schlechte, Das geheime politische Tagebuch des Kurprinzen, S. 318 f.
[467]   Aster, Beleuchtung der Kriegswirren, S. 432.
[468]   Vitzthum von Eckstädt, Die Geheimnisse des sächsischen Cabinets, T. II, S. 252.
[469]   Die politische Correspondenz Friedrichs des Grossen, Bd 13, Nr. 8231.

rerhaft widersetzt hätte. Hierzu erscheint es notwendig, sich die Situation der Soldaten und Unteroffiziere nochmals zu vergegenwärtigen:

Nach wochenlanger Belagerung bei schlechter Witterung und Verpflegung waren die Soldaten trotz ihrer erstaunlich hohen Motivation völlig erschöpft. Der Ausbruchsversuch, für dessen Gelingen nochmals alle Reserven mobilisiert worden waren, hatte in einer Kapitulation geendet. Somit waren nicht nur die körperlichen Kräfte der Soldaten restlos aufgezehrt, sondern auch ihr soldatisches Ehrgefühl zumindest in diesem Moment stark angeschlagen. Für ihr Verhalten während der Übernahme wird somit die Gleichgültigkeit gegenüber äußeren Faktoren, welche die extremen körperlichen und psychischen Beanspruchungen meist mit sich bringen, sicher von großer Bedeutung gewesen sein. Die Sorge um das eigene Überleben, um Nahrung und Unterkunft, die nicht nur für den frühneuzeitlichen einfachen Soldaten im Moment der Konfrontation mit einer solchen Lage, die seinen Erfahrungshorizont weit überschritt, ohnehin im Vordergrund stand, war eine der Hauptursachen für freiwillige Ein- und Übertritte in und zwischen den damaligen Armeen[470]. Das Prestige des friderizianischen Heeres und seine angesichts der chronischen Mängel der sächsischen Armee grundsätzlich besseren Dienstbedingungen scheinen dagegen eine untergeordnete Rolle gespielt zu haben. Wie der »gemeine Mann«, der nach den entbehrungsreichen Wochen zunächst einmal um das eigene leibliche und materielle Wohl besorgt war, in dieser Situation dachte, verrät wiederum der Infanterist Zahn: »Da mußten wir dem König von Preußen schwören zu Wasser und zu Lande und kriegte man einen Thaler Handgeld. Hiernach wurden wir nach Berne [= Pirna] gebracht. Da hatten wir keine Not. Da ist auch die Kapitulation versprochen worden zu halten[471].« Jedem Regiment, das sogleich in preußische Dienste trat, winkte neben 1000 Talern auch die volle preußische Feldverpflegung[472]. Hinzu kamen weitere Zusicherungen an die Soldaten, die – wie etwa eine Heiratserlaubnis – teilweise individueller Natur waren. Zuweilen wurde den Regimentern auch versprochen, dass man sie trotz des Übertritts auch fernerhin ausschließlich auf »heimatlichem« Boden verwenden würde. Neben den materiellen Zusicherungen sollte dieses Versprechen mögliche Ängste der »heimattreuen« Sachsen vor dem Einsatz in einer neuen, unbekannten Umgebung zerstreuen[473]. Die Aussichten auf eine Mahlzeit, auf das Handgeld sowie auf Ruhe, also die Erfüllung der dringendsten Bedürfnisse, stellten den Anreiz dar, der die sächsischen Unteroffiziere und »Gemeinen« in dieser Extremsituation ihre bisher gezeigte Loyalität zunächst vergessen ließ. Dass die Ansichten Zahns tatsächlich der verbreiteten Meinung entsprachen, belegt ein weiteres »Journal«

---

470 Muth, Flucht aus dem militärischen Alltag, S. 42.
471 Zit. nach Kroll, Kursächsische Soldaten, S. 40.
472 Höhne, Die Einstellung der sächsischen Regimenter in die preußische Armee, S. 82.
473 So bemühte sich die preußische Propaganda auch während des Winters 1756/57, die europäischen Höfe über die weiteren Kriegspläne Friedrichs II. zu täuschen. Zu diesem Zwecke übte die preußische Besatzungsmacht auch in Sachsen eine strenge Zensur aus. Die provokante anonyme Schrift »Kurzer doch gründlicher Beweis, daß das Königreich Böhmen Sr. Königl. Majest. in Preussen zustehe« wurde beispielsweise im Januar 1757 in Dresden öffentlich verbrannt. Kobuch, Zensur und Aufklärung, S. 154.

über die Kapitulation: »Der größte Teil eines Regiments schwur gutwillig und taten alles, was man von ihnen verlangte. Man fand eben kein Murren und Widerspänstigkeit bei Ihnen [= den Soldaten]. Es waren zwar verschiedene Leute unter den Regimentern, die stille schwiegen und nicht mit schwuren, allein daran kehrte man sich nicht, weil die mehresten mit ihrem Schicksal vergnügt zu sein schienen und man die übrige durch ein in ihnen gesetztes Vertrauen, gütiges Bezeigen und richtige Verpflegung zu gewinnen hoffte[474].« Auch andere Quellen unterschiedlichster Herkunft lassen insgesamt erkennen, dass sicher in den jeweils schwörenden Regimentern zahlreiche Soldaten waren, die den Eidestext nicht wiederholten oder die Hand nicht erhoben. Auf diese wurde jedoch keinerlei Rücksicht genommen und sie gingen in der Masse unter. Eine breite Verweigerungshaltung innerhalb des sächsischen Heeres wäre sicher auch in Rutowskis Bericht nicht unerwähnt geblieben[475].

Als widerspenstig erwiesen sich jedoch die Soldaten der Garderegimenter, was mit ihrem elitären soldatischen Selbstverständnis und dem engeren Verhältnis zum Landesvater zu begründen ist. So verweigerten sich Rutowskis Leibgrenadiergarde, das »Garde du Corps«, das Grenadierbataillon »Kurprinzessin« sowie das Regiment »Königin« hartnäckig der Eidesleistung. Sie wollten »ohnerachtet des Zuredens des Fürsten Moritz weder die Finger aufheben noch den Eid nachsprechen, daher der Auditeur, der ihn verlas, und der Fürst allein schwuren und dieser unter dem Eide tausend Flüche gegen diese Leute, weil sie es nicht auch tun wollten, ausstieß. Diese Ceremonie hatte überhaupt dem Fürsten Moritz 15 Eide [= Wiederholungen von Eidesleistungen], die er mit überlauter Stimme mitgeschworen, gekostet[476].«

Während die Garden auf ihrem Standpunkt beharrten, zogen sich die übrigen Vereidigungen bis zum 19. Oktober hin, wobei durch die verweigerungsbedingten Wiederholungen des Eides Nerven und Stimme des Prinzen Moritz von Anhalt-Dessau stark in Mitleidenschaft gezogen wurden[477]. Der Prinz (interessanterweise Bruder des sächsischen Generals Friedrich Heinrich von Anhalt-Dessau[478]) war ohnehin aufgrund seiner derben und rücksichtslosen Art für die Durchführung einer solchen Eidesprozedur ungeeignet. Nie wählte er »aufgeschmückte, klug berechnete Worte«, sondern schimpfte und brüllte, um dem Eid Nachdruck zu verleihen[479]. Selbst Markgraf Karl von Schwedt soll angesichts der Durchführung der Übernahme, der offensichtlich »völligen Geringschätzung der Faktoren [= die Liebe zum »Vaterland« und die Treue zum Monarchen] beim gemeinen Mann« geäußert haben: »Ich habe Mitleid mit den Sachsen[480].«

---

474 »Journal« Scheelens. Zit. nach Jany, Die Armee Friedrichs des Großen, S. 371.
475 Höhne, Die Einstellung der sächsischen Regimenter in die preußische Armee, S. 78 f.
476 »Journal« Gaudis. Zit. nach Jany, Die Armee Friedrichs des Großen, S. 371.
477 Preitz, Prinz Moritz von Dessau, S. 28.
478 Stammregister und Chronik der Kur- und Königlich-Sächsischen Armee, S. 110.
479 Preitz, Prinz Moritz von Dessau, S. 28.
480 Auszug aus Petersdorff: Friedrich der Große, Berlin 1902. Zit. nach Höhne, Die Einstellung der sächsischen Regimenter in die preußische Armee, S. 97 f.

Währenddessen hatte Friedrich II. seine Bataillone zum Spalier aufmarschieren lassen. Durch diese Reihen mussten die gefangenen Sachsen nach der Ablegung des Schwurs defilieren[481]. Das einem »Spießrutenlauf« ähnelnde Zeremoniell manifestierte auch in psychologischer Sicht die Niederlage. Stand das Zusammengehen von Sachsen und Preußen aufgrund der Erfahrungen aus den ersten beiden Schlesischen Kriegen bereits von vornherein unter ungünstigen Vorzeichen, führten die demütigende Lage der Sachsen und der Spott der Preußen zu einer weiteren Vertiefung der Kluft[482]. Die übernommenen sächsischen Regimenter marschierten in das nun preußische Lager zwischen Pirna und Struppen, wo sie ihre Waffen abgeben mussten und preußische Wachen Desertionen verhindern sollten. Mehrfach täglich wurde anhand der Regimentslisten die Vollzähligkeit der Soldaten überprüft[483].

Mit den noch standhaften Garderegimentern verfuhren die Preußen geduldiger, waren sie sich doch offensichtlich der besonderen Qualität dieser Truppen bewusst. Die Internierung zwischen Pirna und Dresden schwächte jedoch allmählich auch deren Widerstand. So berichtet ein preußischer Grenadier, dass Friedrich II. – offenbar im Vertrauen auf seine charismatische Wirkung[484] – die renitenten Eskadronen des sächsischen »Garde du Corps« am 31. Oktober aufmarschieren ließ und ihnen persönlich den Dienst in der preußischen Leibgarde anbot, was als Zeichen der Hochachtung zu werten ist. Auf ihr anfangs entschlossenes »Nein!« ließ er ihnen das Seitengewehr abnehmen und drohte, sie unter die gewöhnlichen Regimenter zu stecken. Hierauf seien »ohngefehr 20 Mann« aus der Formation ausgetreten. Nachdem ein preußischer General ihnen weiter »aufs Beste« zugeredet hatte, »ließen [sie] sich dann endlich bereden [...] wie sie sahen, daß ihr hartes Schicksal nicht besser zu mildern war, und sagten, daß wen sie beysamen blieben, wo den der eine bliebe, wolte der andere auch bleiben, und gaben sich alle drein, schwuren den Eyd der Treue als Garde du Corps.« Hierauf erhielten die Soldaten vom preußischen König in freundlichen Gesten ihre neue Montur geschenkt und durften festlich speisen. Der dabei großzügig spendierte Alkohol, mit dem der Werber einen potenziellen Rekruten ebenso gefügig machte wie Friedrich II. in diesem Falle ein ganzes Regiment gestandener Soldaten, wird auch die letzten Vorbehalte beseitigt haben. Zumindest wurde dabei so manches laute »Vivat!« auf den preußischen König ausgebracht[485].

Bei der Schilderung fällt auf, dass der letztendlich entscheidende Faktor für den Übertritt das Versprechen war, die Soldaten des Regiments beisammen zu lassen, also die gewachsenen und vertrauten Strukturen der Kameradschaft und Kampfgemeinschaft nicht zu zerstören. Die Angst vor einer Auflösung der Einheiten und die Aufteilung der Soldaten in fremde, vielleicht rein preußische Regimenter –

---

481 Vitzthum von Eckstädt, Die Geheimnisse des sächsischen Cabinets, T. II, S. 251.
482 Muth, Flucht aus dem militärischen Alltag, S. 99.
483 Preitz, Prinz Moritz von Dessau, S. 29.
484 Nach Sikora gründete sich die Verehrung für Friedrich II. auf seine militärischen Erfolge, die »wundersame Folgenlosigkeit« seiner Niederlagen sowie seine Nähe zu den einfachen Soldaten. Sikora, Disziplin und Desertion, S. 310.
485 Kloosterhuis, Zwischen Garbeck und Lobositz, S. 94.

womöglich noch als Infanterist, auf den die Reiterei von jeher stolz herabzublicken pflegte – und vor allem die Aussicht, auch fernerhin einer »Elite« angehören zu dürfen, überwand im Falle der Garden letzten Endes doch den zähen Widerstand. Hierbei ist auch zu berücksichtigen, dass gerade die Garden hinsichtlich ihrer sozialen Zusammensetzung eher internationalen Charakter trugen[486], was eine Mobilität zwischen den Armeen sicher begünstigt haben wird. Ihre anfängliche Verweigerungshaltung ist zu einem großen Teil wohl eher einer gewissen Eitelkeit, einem elitären Einheiten zumeist innewohnendem Stolz, zuzuschreiben.

Auch andere zunächst widerspenstige Regimenter gaben angesichts ausgeschriebener Belohnungen und angedrohter Strafen rasch nach, so »Rochow« und »Prinz Xaver«. Mit den Regimentern »Königin«, »Leibgrenadiergarde«, »Churprinzessin« sowie der Artillerie verfuhr Friedrich II. weniger geduldig als mit dem »Garde du Corps«. Sich weigernde Soldaten aus diesen Einheiten wurden noch vor dem 26. Oktober kurzerhand unter die anderen sächsischen Regimenter verteilt[487]. Die Soldaten der Leibgrenadiergarde mischte man »bis auf 100 der schönsten Leute, die zu [...] der Garde kamen«[488], unter diejenigen Regimenter, die im Gefecht von Lobositz besonders starke Verluste erlitten hatten, so zum Beispiel »Kleist« oder »Itzenplitz«. Eine Liste der Gefangenen des Regiments »Prinz Heinrich« gibt Zeugnis von 98 »Gemeinen« aus Formationen, »die in Sachsen gestanden«[489]. Die sechs Kürassierregimenter der Kavallerie wurden unter mehreren preußischen Regimentern aufgeteilt. Im Ganzen befanden sich nun zehn neue, ehemals sächsische Infanterieregimenter in preußischen Diensten[490].

Nicht habhaft werden konnten die Preußen allerdings der vier Kavallerieregimenter und zwei Ulanenpulks, die während der Ereignisse um Pirna in Polen stationiert waren. Diese sollten – unter österreichischem Kommando – den Preußen in späteren Gefechten als erbitterte Feinde gegenüberstehen[491]. Das Material der sächsischen Artillerie wurde in den Festungen Sachsens eingelagert, die Kanoniere auf die in Sachsen stehenden Kompanien des 1. Feldartilleriebataillons verteilt. Diejenigen Artilleristen, die den Treueeid verweigerten, wurden zusammen mit den sächsischen Pontonieren gefangen nach Preußen geführt und später unter die preußischen Regimenter verteilt[492].

Am Morgen des 20. reisten der König von Polen und sein Hofstaat mit den besten Wünschen Friedrichs II. und einem rührenden Abschied von Kurprinz

---

[486] Kroll, Soldaten im 18. Jahrhundert, S. 168.
[487] Höhne, Die Einstellung der sächsischen Regimenter in die preußische Armee, S. 82–92.
[488] Jany, Die Armee Friedrichs des Großen, S. 372.
[489] SHStA, Geh. Kriegsratskollegium, Nr. 1329: »Liste derer unterm Prinz Heinrichschen Füsilier Rgt. befindlichen Kriegsgefangenen.«
[490] Bode, 1756. Der Beginn des Siebenjährigen Krieges, S. 37 f.
[491] Es handelte sich dabei um die »Garde-Karabiniers«, die Prinz Carl-, Prinz Albrecht- und Graf Brühl-Chevauxlegers, sowie die beiden genannten Ulanen-Pulks. Bredow-Wedel, Historische Rang- und Stammliste, S. 1359. Ihre Gesamtstärke wird mit etwa 2600 Mann beziffert. Schuster/ Francke, Geschichte der Sächsischen Armee, T. II, S. 99.
[492] Ebd., S. 95; Die Kriege Friedrichs des Großen, 3. T., Bd. 1, Anlagen, S. 86.

Friedrich Christian in Königsbrück nach Warschau ab, wo sie am 27. Oktober unter Salutschüssen eintrafen[493]. Der den Monarchen begleitende Hofstaat, die Räte, Kämmerer und Bediensteten, umfasste insgesamt 436 Personen[494]. Der König-Kurfürst ahnte sicher nicht, dass er seine Gemahlin nicht wiedersehen und erst am 30. April 1763 in die kriegsgeplagte Heimat zurückkehren würde, wo eine »Restaurationskommission« bereits seit längerer Zeit an der Überwindung der verheerenden Folgen der Brühlschen Misswirtschaft und des Krieges arbeitete[495]. Dort sollte August III. und seinem Premierminister jedoch nur noch ein halbes Lebensjahr in Frieden vergönnt sein. Ihre Soldaten blieben bis 1763 auf sich allein gestellt. Weder ihr Landesherr noch ihre vertrauten Generäle und Offiziere waren in diesem Augenblick bei ihnen. Die oberste politische und militärische Führung hatte sich zurückgezogen und verfolgte in den kommenden Jahren zumeist als Beobachter die Not und das Leid im Kurfürstentum Sachsen. Der einfache Soldat ahnte jedoch bereits in diesen tragischen Herbsttagen von 1756: »Der Krieg wird in sechs Jahren nicht aus sein[496].«

---

[493] Tagebucheintrag Friedrich Christians vom 20.10.1756. Schlechte, Das geheime politische Tagebuch des Kurprinzen, S. 320 f.
[494] Aster, Beleuchtung der Kriegswirren, Beilage Nr. 10.
[495] Groß, Die Restaurationskommission, S. 83.
[496] Aus dem Brief von G. Zahn. Zit. nach Kroll, Kursächsische Soldaten, S. 40.

IV. Sächsische Soldaten in preußischen Diensten –
Fahnenflucht und Zwangsrekrutierungen

1. Desertion aus dem preußischen Dienst

Der Feldzug von 1756 spielte Friedrich II. ein Finanz-, Wirtschafts- und Men-
schenreservoir in die Hände, dessen Besitz ihm sicherlich das Durchhalten gegen
die Koalition seiner Gegner in den kommenden schweren Jahren erst ermöglichte.
Wenngleich die brutale Okkupation des südlichen Nachbarn und von dessen Armee das Image des »Philosophen von Sanssouci« vor der europäischen Öffentlichkeit ähnlich erschüttert haben mag »wie später die Missachtung der belgischen Neutralität im Jahre 1914 die Lage des Deutschen Kaiserreichs«[1], so sah er sich doch
nun in einer geradezu idealen strategischen Ausgangsposition für das kommende
Kriegsjahr. Mit der Kapitulation des sächsischen Heeres brach nicht nur ein wichtiges Bindeglied aus den Reihen der feindlichen Armeen, vielmehr entfiel fortan
geradezu die wesentliche Stütze der noch nicht voll einsatzbereiten österreichischen Kriegsmaschinerie. Allein die Inbesitznahme Nordböhmens war dem preußischen König vorerst verwehrt geblieben. Aber die »Schachfiguren« waren aufgestellt, wie er es selbst formulierte[2]. Die Zeit bis zum nächsten »Zug« sollte nach
seinen Vorstellungen nicht nur zum Verfassen von Rechtfertigungsschriften gegen
die üblen Machenschaften des Dresdner Hofes, für Spaziergänge in der königlichen Gemäldegalerie oder zum Anhören von Johann Hasses Oratorien genutzt
werden, sondern – nachdem Friedrich II. Teile seiner Truppen an der böhmischen
Grenze stationiert hatte, um für die Wintermonate vor Überraschungen sicher und
im Besitz der strategisch wichtigen Übergänge zu sein – vor allem auch zur
»Verpreußung« des ehemals sächsischen Heeres und natürlich zur Gewinnung
neuer Rekruten.

Moritz von Anhalt-Dessau sah sich wiederum in der Pflicht, als es um die Ausbildung und Ausrüstung der Sachsen nach preußischem Muster ging[3]. In den Folgemonaten wurden die Formationen mit vielen ehemaligen sächsischen Soldaten
besonders hart ausgebildet. So berichtete beispielsweise General Manstein über
tägliches Exerzieren insbesondere der Sachsen während des Winters[4]. Verfuhr

---

1   Schieder, Friedrich der Große, S. 188.
2   Zit. nach ebd., S. 189.
3   Preitz, Prinz Moritz von Dessau, S. 33.
4   Schreiben aus Dippoldiswalde an Friedrich II. vom 2.11.1756. GStA, Rep. 96 Nr. 89 C1 (wie
     Kap. III, Anm. 275).

Moritz in seiner neuen Aufgabe anfangs noch engagiert, sollten ihm im Laufe der kommenden Monate die Widerspenstigkeit der Sachsen und die zunehmende Kritik seines Königs wegen der neuen Regimenter und Rekrutierungen rasch jegliche Freude rauben.

Schon ab dem 20. Oktober wurden die Regimenter unter preußischen Offizieren in der Umgebung von Dresden verteilt. Am 24. Oktober begann der Ausmarsch der sächsisch-preußischen Truppen in ihre elf neuen Standquartiere, von denen sich immerhin fünf auf sächsischem Boden, zum Beispiel in Halle und Torgau, befanden. Uniformiert wurden die neuen Regimenter alle einheitlich, nämlich mit blauen Röcken mit hellen Aufschlägen und ebensolchen Westen[5]. Durch die Unterstellung unter preußische Regimentskommandeure erinnerten ab sofort auch die Namen nicht mehr an die Herkunft dieser Truppen[6]. Bei der Infanterie wurden so aus den ehemals sächsischen Verbänden neue preußische Infanterieregimenter formiert, also die sächsischen Regimenter – entgegen aller Gewohnheit – nahezu geschlossen in den preußischen Heeresverband aufgenommen. Diese Maßnahme lag sicherlich im Optimismus Friedrichs II. begründet, der, beeinflusst durch die von Winterfeldt angenommene Preußenfreundlichkeit der Sachsen, auf eine problemlose Integration derselben in sein Heer hoffte. Zudem standen die Mannschaften im Dienst nun nicht mehr unter dem Einfluss ihrer sächsischen Offiziere. Weiterhin bedeutete die Übernahme eines geschlossenen Verbandes auch die Beibehaltung der gewachsenen Formationen und Kampfgemeinschaften, was sich in Ausbildung und Einsatz erfahrungsgemäß positiv auf die Leistung der ganzen Truppe auswirken konnte. Zudem muss auch auf einen geringeren organisatorischen und logistischen Aufwand verwiesen werden.

Obwohl die preußische Armee sicher »routiniert« war im Umgang mit unwilligen Rekruten, bereitete die Masse der sächsischen Mannschaften ihrem neuen Dienstherrn in den nächsten Monaten wenig Freude. Friedrich II. »war schlecht beraten, als er von der üblichen Methode abwich, die Gefangenen auf bestehende preußische Einheiten zu verteilen, und statt dessen [...] zehn komplette neue Regimenter aufstellte, die von zweitklassigen preußischen Offizieren befehligt wurden«[7]. Die Offiziere waren vielleicht nicht nur zweitklassig, sondern vor allem auch unerfahren, denn die neuen Einheiten mit ihren zahlreichen Vakanzen boten vor allem niederen Chargen willkommene Aufstiegsmöglichkeiten[8].

Bereits während des kurzen Aufenthaltes der Regimenter in der Umgebung von Dresden war es zu Desertionen[9] gekommen, die sich während des Marsches

---

[5]   Tagebuch eines Preußischen Offiziers, S. 352.
[6]   Zur Umbenennung der Regimenter und deren Schicksal siehe Anl. 1 der vorliegenden Arbeit.
[7]   Duffy, Friedrich der Große, S. 160.
[8]   Kloosterhuis, Zwischen Garbeck und Lobositz, S. 94.
[9]   Nach zeitgenössischem Verständnis mussten für den Tatbestand der »Desertion« vier unterschiedliche Voraussetzungen erfüllt sein: Das unerlaubte Verlassen der Truppe, die Absicht, sich dem Dienst zu entziehen, der Vorsatz, nicht zurückkehren zu wollen und letztlich musste sich der Deserteur zur »Tatzeit« im Dienst, also beim Regiment befinden. Ein beurlaubter »Gemeiner« galt als Deserteur, wenn er länger als drei Monate überfällig wurde. Kroll, Soldaten im 18. Jahrhundert, S. 505 f.

in die Standquartiere in noch verstärktem Maße fortsetzten. Hierbei muss beachtet werden, dass Moritz von Anhalt-Dessau vor allem gegen die zunächst bei Pirna bis Ende Oktober internierten standhaften Regimenter mit größter Härte vorgehen ließ. Gewalt und Hunger sollten diese Soldaten endlich zum Schwur bewegen[10]. Ein solcher Umgang kann bereits als erstes Motiv für die Desertion der sächsischen Soldaten gelten. Durch dieses brutale Vorgehen bewirkten die Preußen, dass beispielsweise das Regiment »Wietersheim« noch während des Aufenthaltes in der Nähe von Struppen einen unplanmäßigen Abgang von 858 Mann verzeichnen musste. Auf dem Marsch ins Quartier desertierten nochmals 486 Soldaten. Somit ist es nicht verwunderlich, dass viele Regimenter oftmals bis zur Hälfte vermindert in den Garnisonen ankamen, wo viele Sachsen nochmals jede Gelegenheit zur Flucht ergriffen[11].

Insgesamt lassen sich mehrere gewissermaßen aufeinander aufbauende Faktoren herausarbeiten, die für eine Fahnenflucht begünstigend wirkten[12]: Neben der falschen Hoffnung auf große Sympathien im sächsischen Heer scheinen die weiteren grundsätzlichen Fehler der Preußen nach der Kapitulation zunächst in ihrem recht sorglosen Umgang mit den Sachsen gelegen zu haben. Durch gütiges Verhalten versuchte man, das Vertrauen der inkorporierten Soldaten zu gewinnen. Dies führte zu schwerwiegenden organisatorischen Fehlern. Die preußischen Wachen während der »starke[n] Märche ohne Rast Tage«[13] bestanden anfangs nur aus wenigen Soldaten und die Zwischenquartiere wurden in sächsischen Dörfern genommen. Zudem war die Entfernung zur Landesgrenze nach Böhmen oder Polen oftmals gering und zahlreiche Soldaten verfügten über entsprechende Ortskenntnisse. Hinzu kam der Umstand, dass die Marschrouten zum Teil durch sächsische Behörden auszuarbeiten waren, deren Planung sicher auch die eine oder andere Desertion begünstigte. So quartierten die Magistrate der Städte die marschierenden Regimenter nicht wie von den Preußen nach den ersten Desertionen gefordert innerhalb der Stadtmauern ein, sondern wiesen ihnen Unterkünfte in den unbefestigten Vorstädten zu[14]. Diese Mängel in der Organisation waren zugleich eine wesentliche Voraussetzung für den folgenschweren Kontakt der ehemaligen sächsischen Soldaten mit ihren Landsleuten. Es liegt hierbei nahe, dass ihnen die Bevölkerung bei der Flucht half. Ein preußischer Leutnant berichtete, wie während der Märsche geradezu jeder sächsische »Bauer, Bürger, Edelmann und [...] officier sucht, die Leute auf der Seite zu schaffen«. Somit waren die Preußen gezwungen, auch auf die Zivilbevölkerung achtzugeben. Beim Durchmarsch oder Quartier in ehemaligen Garnisons- oder Heimatorten geschah es, dass den sächsischen Soldaten »ihre Weiber, Kinder, und Verwandte heulend entgegen gelauffen« kamen. Spätestens eine derart emotionale Begegnung mit den nächsten Angehörigen wird

---

10 Höhne, Die Einstellung der sächsischen Regimenter in die preußische Armee, S. 89.
11 Preitz, Prinz Moritz von Dessau, S. 30.
12 Höhne, Die Einstellung der sächsischen Regimenter in die preußische Armee, S. 92 ff.
13 »Journal« Scheelens vom 24.10.1756. Zit. nach Höhne, Die Einstellung der sächsischen Regimenter in die preußische Armee, S. 93.
14 Schreiben Moritz von Dessaus aus Dresden an Friedrich II. vom 11.12.1756. GStA, IV. HA, Rep. 15A, Nr. 641: »Quellensammlung, betrifft Desertion der sächsischen Regimenter 1757.«

so manchen wankelmütigen Sachsen in seinem Entschluss zur Flucht bestärkt haben. Zudem malte die Bevölkerung die Perspektiven der Soldaten in düsteren Farben. Außer Landes sollten sie eingesetzt werden, und nicht – wie verschiedentlich beim Übertritt versichert – ausschließlich auf heimischem Boden. Außer Landes – das konnte Preußen oder Schlesien meinen, aber vielleicht sogar bedeuten, als britische Subsidientruppe nach Amerika verschickt zu werden? Ähnlich abschreckend wirkte hier sicher auch die sächsische Propaganda: Antipreußische Flugschriften wurden verbreitet, die insbesondere vor dem »Geist der Sklaverei« warnten, welcher die Sachsen im preußischen Heer erwartete, und daher offen zur Desertion aufriefen[15]. Hinzu kam die steigende Unzufriedenheit unter den Soldaten über weitere, bisher nicht eingelöste Versprechen, mit denen vielen von ihnen der preußische Dienst schmackhaft gemacht worden war. Neben Genehmigungen zur Heirat[16] seien hier die Aussicht auf Urlaub, Versorgungsleistungen oder baldigen Abschied genannt – Zusicherungen, die vor den Erfordernissen der Kriegswirklichkeit geradezu unrealistisch erscheinen mussten. Die fehlende Einlösung dieser Versprechen wurde vor allem in sächsischen »Privatflugschriften«, die jedoch nicht selten von offizieller Seite lanciert wurden, nachhaltig thematisiert. Man appellierte nicht nur in moralischer Hinsicht an das Gewissen des sächsischen Soldaten, sondern diskutierte auch die gegenseitigen Verpflichtungen zwischen dem Eidnehmer und dem Schwörenden. Gemäß dem Prinzip »Versprechen gegen Versprechen« hätten die Soldaten den erzwungenen Schwur spätestens dann für nichtig zu erachten, wenn die Rahmenbedingungen, unter denen er geschlossen wurde, von der Seite des Eidnehmers nicht eingehalten würden. Hier wurde ein Verhalten propagiert, das zwar nicht in seiner Ursache, aber doch in seiner Methode stark an die Rechtswirklichkeit im Zeitalter der Landsknechte erinnert[17]. Dieser Fall war nun aus sächsischer Sicht durch die leeren Versprechungen von preußischer Seite eingetreten. Neben den Einwirkungen der Propaganda und dem abstoßenden preußischen Drill trugen auch die »ruhiggestellten« sächsischen Offiziere dazu bei, ihre ehemaligen Soldaten zur Fahnenflucht zu ermutigen. Da sie sich anfangs noch relativ frei in Sachsen bewegen konnten, suchten sie die Marsch- oder Winterquartiere der Regimenter auf und schürten die antipreußische Stimmung unter den Soldaten. Oftmals »hielten« es sogar die sächsischen Unteroffiziere, die durch den Übertritt in den preußischen Dienst in Offiziersränge aufgerückt waren und bei ihren bisherigen Regimentern verbleiben durften, insgeheim »mit ihnen«[18].

---

15 Flugschrift »Das System und Verfahren Preußens oder Briefe eines Sächsischen Generals an einen Schlesischen Edelmann, unter der preußischen Armee« 1757. Zit. nach Höhne, Die Einstellung der sächsischen Regimenter in die preußische Armee, S. 117, 131 f.

16 Zur Verweigerung der Heiratserlaubnis als die Desertion fördernder Faktor: Sikora, Disziplin und Desertion, S. 317 f.

17 Höhne, Die Einstellung der sächsischen Regimenter in die preußische Armee, S. 114. Im Falle der Landsknechte war zumeist materielle Unzufriedenheit die Ursache für solches Verhalten. Möller, Das Regiment der Landsknechte, S. 71 ff.

18 Zit. nach Tagebuch eines Preußischen Offiziers, S. 353 f.; Schreiben eines Leutnants des »Garde du Corps« vom 19.11.1756. GStA, IV. HA, Rep. 15A, Nr. 641 (wie Anm. 14).

Diese breit angelegte und von verschiedensten Seiten geschürte Verweigerungshaltung unter den neuen Regimentern forderte ihrerseits preußische Gegenmaßnahmen heraus. Bei der Truppe verstärkte man die Bewachungskräfte, sobald ein Regiment den Marsch in ein neues Quartier antrat. Dies führte schließlich zu einer Situation, dass ein marschierendes ehemals sächsisches Regiment oder eine Formation zwangsrekrutierter Sachsen enorme preußische Kräfte zur Bewachung band. So musste beispielsweise im Frühjahr 1757 ein Transport von 500 sächsischen Rekruten durch 300 Preußen bewacht werden. Aufgrund ihrer Verantwortlichkeit für die Vollzähligkeit scheuten sich die Kommandeure oftmals, ohne entsprechende Bewachung die Märsche überhaupt anzutreten[19]. Auch ging man mit der Zeit härter gegen die lokalen Behörden vor, falls diese fahnenflüchtige Soldaten unterstützten. Beispielsweise führte die Desertion des Großteils eines abmarschbereiten Rekrutentransports in Wurzen zur Inhaftierung der Stadträte, welche die Flucht angeblich begünstigt hatten[20]. Noch Ende Oktober 1756 ließ Friedrich II. über das preußische Feldkriegsdirektorium in Torgau öffentlich bekannt machen, er habe »höchstmissfällig vernommen, daß bey verschiedenen ehemaligen Sächßischen [...] Regimentern das Desertiren einreisset«. Die sächsischen Bürger wurden deshalb angewiesen, wenn »Sächßische Deserteurs in ihren Heymathen eintreffen, sie selbige so gleich arretiren, und zur nächsten Garnison abliefern sollen, auch das denen Entwichenen nicht das allergeringste von ihrem Vermögen [...] verabfolget werden solle, und wofern sich jemand unterstünde, und man in Erfahrung brächte, daß Sächßische Deserteurs verheelet oder gar durchgebracht würden, sollen die Heeler und welche dem Deserteur zu seinem Fortkommen behülflich gewesen, an derer Deserteurs Stelle an Leib, Leben und Vermögen, ohne alle Gnade bestraffet werden«[21]. Für die Suche nach den und das Einbringen der Flüchtigen stellte die preußische Administration den Bürgern finanzielle Anreize in Aussicht[22].

Das beständige Entweichen der Sachsen hatte zur Folge, dass sich im November 1756 nur noch 5190 Mann von ihnen in preußischen Diensten befanden[23]. Auch die Weisung des Prinzen von Dessau, den Sachsen die »Toupets« und »Seitenhaare« stutzen zu lassen, sodass die Wachen sie beim Verlassen einer Garnisonsstadt leichter als Deserteure erkennen konnten, verhinderte die Fahnenflucht nicht. Im Dezember waren etwa 8000 Sachsen auf der Flucht, im Januar des Folgejahres beinahe 9000. Doch es entliefen nicht nur die Soldaten, sondern mit ihnen verschwand oftmals auch ihre teure Ausrüstung. So fehlten bereits Ende Dezember 1756 unter anderem 2370 Gewehre, 2389 Bajonette, 4493 Säbel, 155 Zelte,

---

19 Schreiben Friedrichs II. an Oberstleutnant v. Breitenbach vom 16.4.1757. GStA, IV. HA, Rep. 15A, Nr. 641 (wie Anm. 14).
20 Schuster/Francke, Geschichte der Sächsischen Armee, T. II, S. 99.
21 Bekanntmachung vom 23.10.1756. SHStA, 1053/4 (wie Kap. III, Anm. 307).
22 Schreiben v. Wietersheim an Friedrich II. aus Torgau vom 5.4.1757. GStA, IV. HA, Rep. 15A, Nr. 641 (wie Anm. 14).
23 Bode gibt die Anzahl der bei Rathen unmittelbar nach der Kapitulation vereidigten Sachsen mit knapp 12 500 an (jedoch ohne Beleg). Bode, 1756. Der Beginn des Siebenjährigen Krieges, S. 40.

2580 Feldflaschen sowie sonstiges Gerät (beispielsweise Schaufeln, Äxte oder Trommeln)[24].

Eine zweite große Desertionswelle fand im Frühjahr 1757 statt. Obwohl selbst die preußische Geistlichkeit aufgerufen wurde, im Rahmen der Gottesdienste, die zunehmend »vaterländischen« Charakter trugen, die Soldaten nach der Beichte und vor Erteilung der Absolution an die Wichtigkeit ihres Schwures zu erinnern und Gottes mögliche Strafe für Meineid zu verdeutlichen[25], liefen die Sachsen angesichts der Vorbereitungen auf den nächsten Feldzug geradezu bataillonsweise davon. In einer Situation, in der ihnen die Mobilmachungsmaßnahmen die Ausweglosigkeit ihrer Situation verdeutlichten, versuchten sie, durch eigenes Handeln ihrem unentrinnbaren Schicksal, nämlich der erneuten Konfrontation mit dem Kriegsgeschehen, zu entkommen. Aus Angst vor den Gefahren des bevorstehenden Feldzugs scheinen viele kursächsische Soldaten gewissermaßen die letzte Chance ergriffen und sich ihre Flucht notfalls mit allen Mitteln erzwungen zu haben. Daher eskalierte nun auch die Gewalt gegenüber den preußischen Offizieren und Kommandeuren. Sicher verfügte dabei so mancher aufgrund individueller negativer Erfahrungen mit der preußischen Ausbildung auch über persönliche Motive zur Anwendung von Gewalt etwa gegen einen bestimmten Offizier. Wieder aufgegriffene sächsische Deserteure gaben nämlich beim Verhör vor allem die schlechte Menschenführung als einen wesentlichen Antrieb für ihre Fahnenflucht an. Sie seien von ihrem preußischen Leutnant nicht nur beständig als »sächsische Hunde« bezeichnet, sondern auch »beim Exerciren sehr scharf tractiret« worden. Auch die alten und erfahrenen Sachsen habe man dabei wie Rekruten behandelt[26].

Begünstigend wirkte für die Desertionswilligen der Umstand, dass die Regimenter angesichts des bevorstehenden Feldzugs bereits vollständig ausgerüstet waren, also die Soldaten beispielsweise über Gefechtsmunition verfügten. So entflohen im April 1757 sächsische Soldaten aus Nossen, kurz nachdem sie »scharfe« Patronen empfangen hatten[27].

Den Anfang der breit angelegten Flucht während des allgemeinen Aufbruchs der Regimenter nach Schlesien sollten Soldaten der »Rutowski-Dragoner« machen. Ihr Entkommen liefert heute ein anschauliches Beispiel, welche Möglichkeiten die Bewachung von Soldaten durch Soldaten einem damaligen Desertionswilligen eröffnen konnte. Während der Verlegung in den neuen Standort Bischofswerda entfernte sich der sächsische Wachtmeister Heissing mit 42 berittenen Getreuen nachts aus dem Marschquartier, um die nahe Grenze zu Böhmen zu erreichen. Unter den zur Verfolgung eingesetzten Soldaten befanden sich zahlreiche Sachsen, die sich der Truppe des Wachtmeisters gleich anschlossen und mit nach Böhmen ritten beziehungsweise durch absichtliche Fehlschüsse ihre Landsleute nicht ge-

---

24   Preitz, Prinz Moritz von Dessau, S. 31.
25   »Hirtenbrief« des Breslauer Fürstbischofs v. Schaffgotsch an die Geistlichkeit seiner Diözese vom 21.3.1757. SHStA, Loc. 1053/4 (wie Kap. III, Anm. 307); Sikora, Das 18. Jahrhundert, S. 86; Blitz, Aus Liebe zum Vaterland, S. 173.
26   Verhörprotokoll von Deserteuren, Küstrin, 18.4.1757. GStA, IV. HA, Rep. 15A, Nr. 641 (wie Anm. 14).
27   Schreiben v. Hauss an Friedrich II. aus Leipzig vom 5.4.1757. GStA, IV. HA, Rep. 15A, Nr. 641 (wie Anm. 14).

fährdeten. Von diesem Ereignis berichtete Wachtmeister Heissing seinem – wahrscheinlich nach der Kapitulation auf sein Ehrenwort in Sachsen verbliebenen – Hauptmann Smolinski. Eventuell hatte dieser seinen ehemaligen Wachtmeister sogar vorher zur Flucht ermutigt. Heissing schrieb, dass sein Regiment

> »Ordre erhalten und sogleich aus dem Winterquartir zu Forsta aufbrechen und in die Cantonir Quartire bey Bischoffswerda ein rücken müssen. Unsere Escadron ist [...] nur 2. Meilen von der Böhmischen Grentze gestanden, habe sogleich Anstalt unter den Leuten gemacht, den 22ten des Nachts nach Böhmen zu marchiren, welches mir auch dergestalt geglückt, daß ich [...] den 23. in Böhmen gottlob ohne Anstoß eingetroffen [...] Patronen hatten wir jeder Tages zuvor 30. erhalten und konnten uns praf wehren, wann wir attaquirct worden wären. Als Lerm geworden, hat der Obrist Lieutenant Pflugk alle Escadrons ausrücken lassen, mich zu verfolgen, wobey Großens [ein ebenfalls kriegsgefangener Sachse mit seinen Reitern; Anm.] Escadron [...] mir nachgejaget und in die Lufft gefeuert [...] von unseren aber sind noch 5. Mann mitgekommen, die in Gegenwart derer Officiers gesattelt und fortgejaget. Dieselben langten mit Großens bey mir an, von dieser Wachtmeister Ährigen, der Fourier, 60. Gemeine, sind wir also 132. Mann und 133. Pferde starck [...] Der Fähndrich Pflugk der mit dem Capitaine Großen nebst 60. Mann vor Ausrückung der Escadrons nachgeschicket worden, kam heute [...] auch hier an, hatte aber keinen Mann bey sich, ich bin schon längst mit ihm einerley Calibre gewesen.«

Diese kleine, bunt zusammengesetzte Truppe floh so lange vor weiteren Verfolgern, bis sie im böhmischen Hainspach[28] auf einen österreichischen Vorposten traf. Die dortige Verbindungsaufnahme war für die Sachsen nicht ohne Gefahr, da die österreichischen Truppen keineswegs mit solch raschem und umfangreichem Entweichen derselben rechneten und die Sachsen zudem die preußische Uniform trugen. So ließ Heissing beim Auftreffen auf die ersten österreichischen Husarenpatrouillen melden,

> »daß wir Sachsen und Deserteurs wären, allhier es kam ihnen [= den Österreichern] unglaublich für einen solchen Zug [...] Leute mit blauer Montur zu sehen, trauten also nicht [...] Vor Hanspach schickte wieder 1 Corp. und 2 Mann voraus, auf welche die Feldwacht ohne effect Feuer gab, alß nach Hanspach kam, jagten die Husaren mit aufgezogenem Hahn auf sie los, da ich aber mein Gewehr stecken ließ, wurden wir die besten Freunde. Die weißen Coquarden sind hier statt der schwartzen zum ersten mit einem frölingen vivat augustus rex aufgemachet worden, welches auch bei erlangung der Böhm. Grentze erschallete, auf unsern Degens stehet auch noch Augustus Rex.«

Letzlich konnte Heissing also über eine glückliche Flucht berichten. »Wir stehen hier bey den Husaren«, schrieb er weiter an Smolinski, »von denen wir Futter und Brodt erhalten, ist auch an die Generalité berichtet, erwartten morgen früh ordre weiter zu gehen, mein Verlangen ist nach Prag um mich bey dem allda seyenden Sächs. officier zu melden und unsern Dienst unserm allergnädigsten König zu offeriren[29].«

Das verborgene Aufbewahren militärischer Effekten als »Motivatoren« während der Monate im preußischen Dienst, wie etwa der alten sächsischen Kokarden, sowie die Gravur in den Waffen deuten hinsichtlich der Triebkräfte für eine derart

---

28 Das heutige Lipová/Tschechien im sogenannten Schluckenauer Zipfel.
29 Schreiben vom 24.3.1757. SHStA, Loc. 1053/4 (wie Kap. III, Anm. 307).

gefährliche Flucht wiederum auf den starken emotionalen Bezug der Unteroffiziere und Gemeinen zu ihrer ehemaligen Armee sowie zum Dienst für den Landesherrn und das »Vaterland« hin. Gleichsam »Ikonen« wurde hier sichtbare militärische Symbolik, mit der Traditionen und ein Gefühl von Ehre und Gemeinschaft
verknüpft sind, von den Soldaten gewissermaßen kollektiv »sakralisiert«[30]. Entsprechend galt ihr erstes Streben nach dem Erreichen der Grenze nicht etwa der
generellen Befreiung vom Militärdienst, was angesichts der unübersichtlichen Situation sicher leicht zu realisieren gewesen wäre und dem stereotypen Verhaltensmuster des frühneuzeitlichen gepressten Soldaten entsprechen würde, sondern
dem baldigen Wiedereintritt in den Dienst ihres Landesherrn.

Motiviert durch die geglückte Flucht ihrer Kameraden sollten rasch weitere
Soldaten des Regiments diesem Beispiel folgen. So wird einen Monat später die
Flucht weiterer 200 Mann der »Rutowski-Dragoner« erwähnt[31]. Bemerkenswert ist
insgesamt, dass die Trupps zwangsläufig von Wachtmeistern und anderen Unteroffizieren geführt werden mussten, da sich die Offiziere mit Ausnahme der freiwillig Übergetretenen seit der Kapitulation ja nicht mehr bei ihren Regimentern
befanden. Über die herausragenden Taten solcher Unteroffiziere wurde August III.
in Warschau umfassend in Kenntnis gesetzt, der die auffallende Loyalität seiner
Soldaten entsprechend honorierte[32]. Bereits kurz nach diesen Ereignissen wurden
daher zahlreiche Sergeanten durch ihn zu Premierleutnanten ernannt[33], die hervor-
ragendsten unter ihnen sogar zu »Capitains«, also zu Hauptleuten[34]. Die Durchbrechung der »quälenden Langsamkeit des Avancements«, etwa der enorme Sprung
vom Unteroffizier zum Hauptmann, bedeutete für diese Soldaten natürlich einen
erheblichen (und unter normalen Umständen fast unmöglichen) sozialen Aufstieg
durch die Verbesserung ihrer materiellen Situation[35]. Selbiges galt – wenn auch in
geringerem Maße – für »diejenigen Unterofficiers und Gemeinen, welche sich bey
dieser Enterprise [...] vorzügl[ich] distinguiret« und daher »theils zu Serg[eanten]
und Corporals« befördert wurden[36].

Auch bei verschiedenen Bataillonen des Regiments »Prinz Friedrich August«
spielten sich während der Flucht ähnlich turbulente Szenen ab. Die Soldaten marschierten nicht über die preußische Grenze, sondern geradewegs über die Oder
nach Polen. Sie verweigerten auf dem Marsch in die Berliner Garnison den Gehorsam, also zu einem Zeitpunkt, als sich das ihnen gegebene Versprechen, nur in
Sachsen zu dienen, als unwahr erwies und sie die vertraute Umgebung verließen.
Als das Regiment vor die Stadt kam, machte es »vor sich selbst halt, und sagte kein

---

[30]   Zur Bedeutung von »heiligen Ikonen« (etwa Bilder oder Flaggen) für den modernen Nationalismus: Hobsbawn, Nationen und Nationalismus, S. 63, 87 f.

[31]   Bericht an den Kurfürsten vom 7.4.1757. SHStA, Loc. 1053/4 (wie Kap. III, Anm. 307).

[32]   Bericht an den Kurfürsten vom 29.3.1757. SHStA, Loc. 1053/4 (wie Kap. III, Anm. 307).

[33]   Schreiben aus Cutno vom 26.4.1757. SHStA, Loc. 11006: »Protocoll, Die Verpflichtung der aus
Königl. Preuß. Kriegsgefangenschafft entwichenen Königl. Pohln. Churfürstl. Sächsischen Bataillons des Prinz Friedrich Augustischen und Prinz Xaverischen Infanterie Regiments betr.
1757.«

[34]   Schuster/Francke, Geschichte der Sächsischen Armee, T. II, S. 101 f.

[35]   Muth, Flucht aus dem militärischen Alltag, S. 93; Büsch, Militärsystem und Sozialleben, S. 113.

[36]   Schreiben aus Cutno vom 26.4.1757. SHStA, Loc. 11006: »Protocoll ...« (wie Anm. 33).

Teufel solle es dahin bringen [...] nicht lange darauf schlagen die Tambours Lermen, das Bataillon versammlet sich und marchiret zur Stadt hinaus«[37]. Ein anderes Bataillon dieses Regiments war sogar »in guter Ordnung« bis in die Berliner Neustadt marschiert, als plötzlich ein Soldat mit dem Kommando »Das Bajonett auf den Lauff!« die gewaltsame Meuterei einleitete. Die ehemals sächsischen Soldaten argumentierten, sie hätten »dem König von Preußen geschworen, in Sachsen zu dienen, aber nicht in seinem Lande, hierauf geben die officier gute Worte es hilfft aber nicht, der Capit. Busch will den Flügelmann prügeln, der Flügelmann stößt aber mit dem Bajonett nach ihm und der Capit.[ain] muß sich retiriren«[38]. Nach drei Tagen Eilmarsch mit geringer Verpflegung kamen diese Soldaten schließlich »sehr marode« in der Gegend von Blesen[39] an, wo sich der dortige Abt unverzüglich um ihre Versorgung kümmerte. Die der »Friedrich August«-Infanterie folgenden Soldaten des vormaligen Regiments »Prinz Xaver« hatten zudem in kurzer Zeit »alle diejenigen Sachsen mitgenommen und anhero gebracht, welche von den zwey erstern Bataillons wegen des forcirten Marches und aus Müdigkeit zurück geblieben«[40].

Insgesamt flohen im Zuge dieser ersten »Desertionswellen« mindestens etwa 2400 der bei Pirna gefangenen Sachsen aus dem preußischen Dienst. Zusätzlich liefen ungefähr 1300 in den Gefechten des Jahres 1757 zu den Österreichern über[41].

Die Ankunft der desertierten Truppen in Polen erregte bei dem in Warschau weilenden sächsischen Hof ebenfalls große Aufmerksamkeit. August III. wollte daher »künfftig zu aller Zeit zu dieser treuen Leuthe beßten gnädigst eingedenk seyn«, verkündete eine Deklaration[42]. So wurde der Kriegsrat und Generalauditeur Goetzen eigens nach Kutno entsandt, die Bataillone »auf das neue sowohl in Pflicht zu nehmen, als auch zu mustern«. Dazu wurde das zum vormaligen Regiment »Prinz Xaver« gehörende Bataillon erneut auf die sächsischen Kriegsartikel verpflichtet. Mit diesem Ritual, durch das die Deserteure rechtlich wieder in das sächsische Heer inkorporiert wurden, versicherte sich der sächsische Landesherr eilig seiner treuen Soldaten, bot ihnen eine »militärische Heimat« und verhinderte somit ein ziel- und rechtloses Umherstreifen der Deserteure. Die Stärke dieser Truppe betrug gemäß den anlässlich dieser Neuverpflichtung erstellten Listen jedoch nicht 600 Mann, wie der Abt von Blesen – wohl in anfänglicher Euphorie – berichtete[43], sondern etwa 400 Soldaten[44]. In derselben Form wurden an gleicher

---

37 »Extract« vom 26.3.1757. SHStA, Loc. 1053/4 (wie Kap. III, Anm. 307).
38 »Extract« aus einem Bericht vom 29.3.1757. SHStA, Loc. 1053/4 (wie Kap. III, Anm. 307).
39 Das heutige Bledzew/Polen.
40 Schreiben des Abts von Blesen an den Kurfürsten, undatiert; Schreiben des Kurfürsten an den Geheimen Rat v. Unruh vom 14.4.1757. SHStA, Loc. 1053/4 (wie Kap. III, Anm. 307).
41 Die Fahnenflucht Einzelner ist jedoch bei diesen Zahlen nicht berücksichtigt. Die Angaben beziehen sich ausschließlich auf die Desertion größerer Verbände aus den bei Pirna neu formierten Regimentern. Wie hoch später etwa der Anteil der in Sachsen inzwischen zwangsrekrutierten jungen Männer an der »Sammlung« war, lässt sich heute nicht mehr nachvollziehen. GStA, IV. HA, Rep. 15A, Nr. 641 (wie Anm. 14). Die Angaben von Schuster und Francke ergeben addiert etwa 2600 Deserteure. Schuster/Francke, Geschichte der Sächsischen Armee, T. II, S. 100 f.
42 Königliche Deklaration, undatiert. SHStA, Loc. 11006: »Protocoll ...« (wie Anm. 33).
43 Schreiben des Abts von Blesen an den Kurfürsten, undatiert. SHStA, Loc. 1053/4 (wie Kap. III, Anm. 307).
44 Schreiben aus Cutno vom 24.4.1757. SHStA, Loc. 11006: »Protocoll ...« (wie Anm. 33).

Stelle auch Teile des Regiments »Prinz Friedrich August« verpflichtet. Archivquellen sprechen hier von etwa 550 Soldaten. Die insgesamt 110 Kranken beider Regimenter sollten nachträglich neu vereidigt werden[45]. Für ihre mutige Tat wurden 19 Gemeine dieser Formationen durch August III. sofort zu Corporalen sowie 11 Corporale zu Sergeanten befördert[46].

An anderen Orten wandten sächsische Soldaten erheblich mehr Gewalt an, um den preußischen Dienst zu verlassen. Zu einem regelrechten Gefecht kam es bei Chemnitz, als etwa 100 Soldaten der ehemaligen »Garde z.F.« ihre Flucht erzwangen und sich vor den Toren der Stadt ihren Weg durch die Preußen bahnten[47]. Auch in Leipzig drangen etwa 60 Grenadiere »mit Gewalt« aus der Stadt hinaus[48]. Auf dem Marsch von Wittenberg nach Görlitz eröffneten die etwa 500 Meuterer vom Regiment »Flemming« sogar das Feuer auf ihre Offiziere, bevor sie die Flucht in Richtung Guben antraten[49]. Soldaten des Regiments »Jung Bevern« führten ihre Offiziere kurzerhand als Geiseln mit fort[50].

Die sächsische Zivilbevölkerung war an solchen gewaltsamen Aktionen offenbar nicht unbeteiligt. Dem Bericht eines preußischen Offiziers zufolge gestaltete sich der Abmarsch sächsischer Soldaten aus Leipzig zu einem öffentlichen Tumult. Laut wurde dabei »Es lebe der König von Polen« skandiert und die zur Bewachung der Sachsen eingesetzten Preußen mit Steinen beworfen. Die Aggression der Bevölkerung übertrug sich auf die sächsischen Grenadiere, die nach kurzer Zeit in die Rufe einstimmten und »mit gefälltem Bajonett und einigen gelößeten Schüssen« auf die Preußen losgingen. Einigen Soldaten gelang im allgemeinen Durcheinander die Flucht, während preußische Soldaten die Menge mit Stockschlägen und Warnschüssen vertrieben.

Auch in den Berichten anderer preußischer Offiziere werden Zivilisten als »Aufhetzer« bezeichnet[51]. Offenbar führten die unmittelbare Begegnung der sächsischen Bevölkerung mit ihren ins preußische Heer gepressten Landsleuten und das Erleben des Umgangs der Preußen mit ihnen dazu, dass sich der Unmut über die Besatzung im Allgemeinen sowie über das Fortführen ihrer Ehemänner, Söhne oder Väter auf die Kriegsschauplätze im Besonderen schlagartig in Gewalt entlud.

Jedoch folgten selbst bei den »geschlossen« entweichenden Einheiten und Verbänden nicht immer alle Soldaten ihren Anführern auf die riskante Flucht. Über das Regiment »Prinz Friedrich August« wurde berichtet, dass neben den »meisten officiers und unterofficiers« auch »einige Gemeine« zurückgeblieben waren, die offenbar die materielle Sicherheit des preußischen Dienstes dem Abenteuer der

---

45 Schreiben aus Cutno vom 26.4.1757. SHStA, Loc. 11006: »Protocoll ...« (wie Anm. 33).
46 »Allerunterthänigster Vortrag« des Generals v. Spoercken an den König vom 22.4.1757. SHStA, Loc. 11006: »Protocoll ...« (wie Anm. 33).
47 Schuster/Francke, Geschichte der Sächsischen Armee, T. II, S. 102.
48 Bericht aus Leipzig vom 13.4.1757. SHStA, Loc. 1053/4 (wie Kap. III, Anm. 307).
49 Schreiben v. Wietersheim aus Torgau an Friedrich II. vom 5.4.1757. GStA, IV. HA, Rep. 15A, Nr. 641 (wie Anm. 14).
50 Schreiben v. Diezelsky aus Cottbus an Friedrich II. vom 3.3.1757. GStA, IV. HA, Rep. 15A, Nr. 641 (wie Anm. 14).
51 Schreiben v. Lepels aus Zwickau vom 28.4.1757; Schreiben v. Hauss aus Leipzig an Friedrich II. vom 20.7.1757. GStA, IV. HA, Rep. 15A, Nr. 641 (wie Anm. 14).

Desertion vorzogen[52]. »Die hiesigen Sachsen und untermengten Preuß. Recrouten sind so ruhig und fromm, daß man sie nicht fühlet«, wurde über einen offenbar gemäßigten Teil der in Leipzig stationierten Soldaten berichtet[53]. Andererseits zogen etliche Unteroffiziere den Übergang in das zivile Leben einem möglichen Dienst unter fremdem Kommando vor. So suchten sie unmittelbar nach der geglückten Flucht bei ihrem Landesherrn um ihre Pensionierung an. Dabei handelte es sich jedoch in erster Linie um Soldaten mit einer Dienstzeit von etwa 20 bis 30 Jahren, also um vierzig- bis sechzigjährige Personen, die sich zwar angesichts der ungewissen Zukunft den Strapazen eines Feldzuges vermutlich nicht mehr aussetzen wollten, denen es aber aus ideellen Gründen offensichtlich wichtig erschien, als sächsischer und nicht als preußischer Soldat ihre militärische Laufbahn zu beenden[54].

Entsprechend der eskalierenden Gewalt seitens der Sachsen verschärften sich im späten Frühjahr 1757 auch die preußischen Zwangsmaßnahmen nochmals. Zur stetigen Verstärkung der Bewachung »unsicherer« Einheiten kam die Inhaftierung von besonders rebellischen Soldaten. So wurden auf dem allgemeinen Marsch der Regimenter nach Schlesien während einer Pause in Bautzen die ehemals sächsischen Soldaten im dortigen Schloss vorsorglich eingesperrt. Ähnlich verfuhr man zum Beispiel auch in Meißen[55]. General Manstein berichtete außerdem, man habe den Sachsen während der Märsche die Waffen wieder abnehmen lassen[56]. Zusätzlich beantragten zahlreiche Kommandeure, dass ihnen die Marschstrecken und -quartiere so vorgegeben wurden, dass sich ihre Regimenter in möglichst großer Entfernung zur polnischen Landesgrenze bewegen konnten[57]. Da die meisten Fahnenflüchtigen auf dem Weg nach Polen die Oder zwangsläufig mit den dortigen Fähren und der Hilfe ortskundiger Führer überquert hatten, ließ die preußische Militäradministration diese Fähren durch lokale Behörden, wie etwa Forstbedienstete, entweder unbrauchbar machen oder entsprechend durch eher notdürftig »bewehrte« Bürger bewachen[58]. Um die Strukturen innerhalb der »unsicheren« Einheiten zu festigen, ließ Friedrich II. zudem verstärkt altgediente preußische Soldaten »untermischen«[59]. Diese konnten durch ihre Erfahrung und den Rückhalt bei den preußischen Vorgesetzten nicht nur disziplinierend auf ihre sächsischen »Kameraden« einwirken, sondern auch die Stimmung innerhalb der Mannschaften

---

52 »Extract« vom 26.3.1757. SHStA, Loc. 1053/4 (wie Kap. III, Anm. 307).
53 Bericht aus Leipzig vom 13.4.1757. Ebd.
54 »Allerunterthänigster Vortrag« des Generals v. Spoercken an den König vom 22.4.1757. SHStA, Loc. 11006: »Protocoll ...« (wie Anm. 33).
55 Schreiben Friedrichs II. an v. Breitenbach vom 16.4.1757; Schreiben v. Flemming an Friedrich II. aus Torgau vom 10.7.1757. GStA, IV. HA, Rep. 15A, Nr. 641 (wie Anm. 14).
56 Schreiben v. Mansteins an Friedrich II. vom 8.4.1757. GStA, IV. HA, Rep. 96 Nr. 89 C1 (wie Kap. III, Anm. 275).
57 Schreiben v. Pflugk an Friedrich II. vom 23.3.1757. GStA, IV. HA, Rep. 15A, Nr. 641 (wie Anm. 14).
58 Schreiben der Neumärkischen Kriegs- und Domänenkammer an Friedrich II. vom 15.4.1757. GStA, I. HA, Rep. 41, Nr. 603: »Verstärkung der Posten an den Oderübergängen bei Schiedlo und Kloppitz zur Verminderung des Entkommens der nach Kursachsen geflüchteten Deserteure nach Polen.«
59 Befehl Friedrichs II. vom März 1757. GStA, IV. HA, Rep. 15A, Nr. 641 (wie Anm. 14).

beobachten und somit mögliche Fluchtvorhaben durch rechtzeitige Meldung vereiteln. Vermutlich wählte man dazu ältere Soldaten aus, weil diese aufgrund ihres Erfahrungshorizontes, der in militärischen Gemeinschaften meist mit einer gewissen Autorität verbunden ist, in der Lage waren, ihre Umgebung etwa durch Einschüchterung oder die Androhung von Denunziation bei der Stange zu halten. Die Vorbereitungen einer kollektiven Fahnenflucht waren unter solchen Umständen sicher schwerer geheim zu halten. Zudem wurden sächsische Soldaten in größerer Anzahl den alten und zuverlässigen preußischen Regimentern beigegeben. So erhielt das Armeekorps des Königs im Frühjahr 1110 Sachsen. In der Praxis waren diese Maßnahmen bei den Kommandeuren allerdings recht unbeliebt, da diese fürchteten, dass hierdurch die ansonsten zuverlässigen Leute auch noch zur Flucht verleitet werden könnten[60].

An der großen Zahl von Flüchtlingen änderten auch die baldigen »Generalpardons« des preußischen Königs nichts, die den entflohenen Soldaten bei freiwilliger Rückkehr zur Truppe Straffreiheit garantieren sollten. Bereits am 25. Oktober 1756 wandte sich ein preußisches Edikt an die Deserteure: »Wann dieselbe sich zwischen hier und dem I. Dec. c.a. zu denen Regimentern und Compagnien, wohin sie gehören, gestellen werden, ihnen so dann ihr begangenes Verbrechen, wegen der gethanen Desertion vor dieses mahl nachgesehen und denenselben hierdurch der Pardon ertheilet werden soll[61].« Später wurden diese Fristen nochmals auf den 1. Januar, danach wiederum bis zum 1. Februar 1757 verlängert[62]. Auch ist ein am 10. Mai 1757 vom preußischen Hauptquartier vor Prag erlassener, zehnwöchiger Pardon nachgewiesen[63]. Diese Aufschübe belegen den großen Bedarf an den zwar fremden, aber gut ausgebildeten sächsischen Soldaten für die preußische Armee vor Beginn des Feldzuges von 1757. Wollte Friedrich II. gemäß seinen Plänen in der kommenden Kampagne rasche und vor allem entscheidende, den siegreichen Frieden herbeiführende Erfolge gegen die sich bedrohlich zusammenschließende Koalition der Gegner erzielen, musste er nun an mehreren Fronten kampfkräftig auftreten. Ein fertig ausgebildeter, den Dienst im Felde gewohnter Soldat war hierbei natürlich von größerem Wert als ein Rekrut.

Als jedoch alle »Pardons« wenig Wirkung zeigten, fühlte sich Friedrich II. in seiner »bisher gebrauchten Indulgence zu sehr mißbrauchet« und wies Moritz von Anhalt-Dessau an, gegen die abtrünnigen sächsischen Soldaten »nach der größten rigueur« zu verfahren[64]. Den Sachsen war bekannt zu machen, »wie daß diejenigen von ihnen, so sich gelüsten lassen würden zu desertiren, nicht nur sein Haus und Hof und alle Hab und Guth [...] zugleich verlieren und solches confiscirt werden solte, sondern daß außerdem es noch an seinen Verwandten scharf geahndet wer-

---

[60]   Schreiben Schwerins an Friedrich II. aus Zittau vom 27.3.1757. GStA, IV. HA, Rep. 15A, Nr. 641 (wie Anm. 14).

[61]   »Declaration« des Feldkriegsdirektoriums Torgau. SHStA, Loc. 1053/4 (wie Kap. III, Anm. 307).

[62]   Schuster/Francke, Geschichte der Sächsischen Armee, T. II, S. 99 f.

[63]   GStA, IV. HA, Rep. 15A, Nr. 641 (wie Anm. 14).

[64]   Schreiben vom 31.3.1757. Zit. nach Preitz, Prinz Moritz von Dessau, S. 36 f.

den würde«[65]. Als Reaktion auf die um sich greifende Massenflucht verfügte der preußische König, »diesen meineydigen und treulosen Leuten« unverzüglich den Prozess zu machen, »um nur dahinter zu kommen, wer die Meuterey und das schändliche Complot angegeben und erreget hat«. Jeder 10. Deserteur sei zu erhängen, »die übrigen alsdan aber zu denen Regimentern von welchen sie entlaufen seyn gebracht, und bey solchen mit Spießruthen laufen bestraft werden«[66]. Um herauszufinden, wer unter der Zivilbevölkerung die gesuchten sächsischen Deserteure beherbergte oder unterstützte, wurden sogar preußische Soldaten in sächsische Uniformen gesteckt und als »sächsische Fahnenflüchtige« unters Volk gebracht[67]. Wer Fahnenflüchtige beherbergte oder auf sonstige Art unterstützte, sollte schließlich »sonder weitläuffigen Process, ohne Gnade und ohne Zulassung eines Geistlichen, neben dem Deserteur aufgehencket werden«. Die Behörden in der Provinz Schlesien und der Grafschaft Glatz wurden angewiesen, ähnlich streng zu verfahren[68].

Bei diesen Weisungen muss jedoch die zeittypische Diskrepanz zwischen Strafandrohung und der Rechtswirklichkeit beachtet werden. Obwohl die Desertion, wie die preußischen Kriegsartikel oder auch die von Rutowski gegen die Fahnenflucht im Pirnaer Lager ergriffenen Maßnahmen zeigen, generell mit dem Tode zu bestrafen war, erwiesen sich die Soldaten ihren Kommandeuren oftmals als zu wertvoll, um hingerichtet zu werden. Daher wurden die Todesurteile meist erst nach wiederholter Fahnenflucht vollstreckt[69]. In ähnlicher Weise müssen auch die Maßnahmen gegen die Zivilbevölkerung, wie die Bedrohung von Angehörigen und etwaigen Fluchthelfern sowie die angedrohte Wegnahme von Hab und Gut, eher als charakteristische Drohgebärden gesehen werden, die in Kriegszeiten sicher rigoroser angewandt wurden, im Frieden jedoch aufgrund der schwerfälligen Justiz und Verwaltung oftmals ohne Konsequenzen blieben[70].

Trotz aller Strenge bei der Ausbildung und Rekrutierung blieben die sächsischen Mannschaften im preußischen Heer stets als ein »fremder Sauerteig«[71] den unsicheren Truppen zugeordnet[72]. Bemerkenswert ist der Anteil der Unteroffiziere an der erfolgreichen Durchführung der Fahnenfluchten. Ungeachtet der unerwarteten Karrierechancen im preußischen Heer und ohne die Aufsicht durch sächsi-

---

[65] Schreiben Friedrichs II. an Moritz von Anhalt-Dessau vom 2.4.1757. Zit. nach Preitz, Prinz Moritz von Dessau, S. 32.

[66] Schreiben Friedrichs II. an Moritz von Dessau vom 14.4.1757. Zit. nach Preitz, Prinz Moritz von Dessau, S. 32.

[67] Tagebucheintrag Friedrich Christians vom 15. bis 16.11.1756. Schlechte, Das geheime politische Tagebuch des Kurprinzen, S. 333 f.

[68] »Erneuertes und geschärfftes Patent wegen Anhaltung und Verfolgung derer Deserteurs« vom 25.3.1757. SHStA, Loc. 1053/4 (wie Kap. III, Anm. 307).

[69] Noch im Ersten Weltkrieg wurden vor dem Hintergrund des Bedarfs an Soldaten etwa zwei Drittel aller im deutschen Heer gefällten Todesurteile nicht vollstreckt. Creveld, Kampfkraft, S. 134.

[70] Insgesamt unterschied sich das sächsische Militärstrafrecht hinsichtlich der Behandlung von Deserteuren nur wenig von der in Österreich oder Preußen üblichen Praxis. Kroll, Soldaten im 18. Jahrhundert, S. 507; Muth, Flucht aus dem militärischen Alltag, S. 104 ff.

[71] Urteil Heinrich von Berenhorsts. Zit. nach Preitz, Prinz Moritz von Dessau, S. 37.

[72] Muth, Flucht aus dem militärischen Alltag, S. 106.

sche Offiziere erfüllten sie ihre klassische Aufgabe als »Rückgrat des Heeres« innerhalb der Organisation Militär vollkommen. Sie initiierten die Massenflucht aus dem preußischen Dienst und hielten ihre Truppen auch auf dem Marsch und in den folgenden Monaten zusammen. Mit großem Selbstverständnis sprangen sie in die durch das Fehlen der Offiziere entstandenen Lücken und erfüllten die an diese neue Rolle gestellten Erwartungen. Die Briefe, mit denen sie die geglückte Flucht ganzer oder halber Bataillone nach Warschau meldeten, unterzeichneten sie zuweilen selbstbewusst mit »derzeitiger Commendant« und erbaten die weiteren Befehle des Monarchen[73]. Dies zeigt, wie weit sie ihre neuen Rollen in kurzer Zeit bereits internalisiert hatten[74]. Ihr Führungsverhalten war für den immanenten Korpsgeist ihrer Soldaten von großer Wichtigkeit. Es gelang ihnen, aus ihrer Bezugsgruppe, dem bei Pirna eilig zusammengezogenen sächsischen Heer, die Großgruppe »sächsische Revertenten«, eine kollektiv handlungsfähige Kampfgemeinschaft mit einem patriotischen Ziel, zu formen. Die landsmannschaftlich überwiegend homogene Zusammensetzung der Truppe wird den Unteroffizieren die Führung sicher erleichtert haben. Die Religion war dabei zwar nicht erstrangiges Motiv, aber dennoch eine große Hilfe, eine »Klammer [...] die anderen Faktoren eine sakrale Bedeutung gab«[75]. Sie war für den Soldaten Trost in schweren und gefährlichen Momenten, mahnte ihn an anderer Stelle zur Erfüllung seiner Pflichten und war für kollektive, dienstgradübergreifende Stimmungslagen verantwortlich.

Soziologisch betrachtet machte der »inhärente Korpsgeist ihrer noch intakten Gruppenstruktur« den Gegensatz zwischen den sächsischen Soldaten und den Preußen beinahe unüberwindlich. Letztere wurden durch ihr bedrohliches Handeln von den Sachsen, die sich als Mitglieder einer sozialen Gruppe über ein »Wir« definierten, kollektiv ausgegrenzt[76]. Während sich der einzelne, »allein kaum überlebensfähige«[77] Soldat durch die Zerstörung seiner gewohnten militärischen Sozialbeziehungen normalerweise anstandslos in ein anderes, ähnliches Gefüge integrieren ließ, erwies sich die Übernahme größerer und in sich homogener Verbände als problematisch[78]. Regimentsnamen und Uniformen konnten geändert werden, der kollektiven Stimmung der sächsischen Mannschaften und Unteroffiziere wurden die Preußen nicht Herr. Für die preußische Seite bedeutete dies das Konstatieren des Versagens ihrer herkömmlichen – und durchaus bewährten – »Behandlungsmethoden« von Neugeworbenen.

Die gängige Praxis, potenziellen Rekruten mit »Handgeld« und diversen Zusicherungen den Dienst vorab schmackhaft zu machen, erwies sich im Falle der sächsischen Soldaten auf Dauer nicht als zielführend. Lediglich im Moment der tiefen Krise der Kapitulation, in einer körperlichen und seelischen Ausnahmesitu-

---

[73] Kopie eines Schreibens des Sergeanten Christian August Richter an August III. vom 1.4.1757.
      ÖStA/KA, Alte Feldakten – 1757, Siebenjähriger Krieg, Armeen und Korps IV 93.
[74] Zu sozialen Rollen und ihrer Internalisierung: Bahrdt, Schlüsselbegriffe der Soziologie, S. 68 ff.
[75] Möbius, Die Kommunikation, S. 343.
[76] Demel, Landespatriotismus, S. 80 f.
[77] Kroener, Das Schwungrad an der Staatsmaschine?, S. 13.
[78] Kroener, Friedrich der Große, S. 18 f.

ation, vermochten materielle Zusicherungen die Standhaftigkeit der Sachsen sowie die damit verbundene Ergebenheit in den traditionalen Machtanspruch ihres Landesherrn – der nicht in der Lage war, das entstandene Vakuum etwa durch persönliches Charisma zu kompensieren – zu erschüttern. Nachdem die nötigsten Bedürfnisse des Einzelnen wieder sichergestellt waren, leitete ein Akt der »kollektiven Rückbesinnung« die umfassende Desertion ein. Die Formel »Belohnung + gute Behandlung = treue Gefolgschaft« erwies sich in diesem Falle als nicht tragfähig. Der preußische Versuch, geschlossene Formationen nach einem ihnen »übergestülpten« bewährten Erfolgsrezept zu »verwalten«, war gescheitert. Hierbei spielten auf sächsischer Seite politische Gründe, etwa das kollektive Empfinden des empfangenen Unrechts durch den preußischen Überfall, ebenso eine Rolle, wie das den Kindern eines »Vaterlandes« mit gleicher Sprache (beziehungsweise Regionalsprache)[79] und Geschichte innewohnende Zusammengehörigkeitsgefühl, bei dem neben der gemeinsamen religiösen Prägung insbesondere der Person des Landesvaters eine zentrale Rolle zukam[80]. Erstaunlich ist hierbei die absolute Fügung unter eine Herrschaft, die zwar traditionale, jedoch keinerlei charismatische Prägung erkennen lässt. Es genügte der hergebrachte Machtanspruch des Monarchen, seine Soldaten zu treuer Gefolgschaft zu motivieren. Der Landesherr und die Reputation des Staates nach außen waren dabei ebenso Bestandteil des in Sachsen offenbar territorial scharf umrissenen Begriffes vom »Vaterland«, wie die Wohlfahrt seiner Untertanen, des Heeres, oder etwa der Landesökonomie.

Die außergewöhnlichen Ereignisse im Herbst 1756 bei der sehr auf Ehre und Tradition bedachten sächsischen Armee intensivierten im Verbund mit der entwürdigenden Behandlung des Herrscherhauses durch die Preußen das Gemeinschaftsgefühl. Hierdurch wurde der Großteil der sächsischen Soldaten gegenüber der preußischen Propaganda, die, um den Einsatz der Sachsen »außer Landes« argumentativ zu stützen, anstelle einer Konkurrenz zweier »Vaterländer« ein höheres deutsch-nationales Interesse konstruierte, immun[81]. August III. wurde daher auch nicht im Reich zur kriegsgewaltig auftretenden »Sonne Deutschlands« stilisiert, wie dies von preußischer Seite mit Friedrich II. geschah, sondern er blieb eine der einfachen Vorstellungswelt des Soldaten entsprechende gütige Vaterfigur. Für seine patriotischen »Kinder« spielte auch ein sakralisierter und mystisch glorifizierter »Heldentod« für das »Vaterland« oder gar den König, der nur wenig später im Zuge von sich immer stärker durchsetzenden nationalistischen Strömungen elementar werden sollte, noch keine vordergründige Rolle[82]. Eher war das Gemeinwohl des »Vaterlandes«, also die Befreiung der besetzten Heimat, seiner unterdrückten Einwohner und die Reinstallation des Herrscherhauses ausschlag-

---

[79] Hobsbawn, Nationen und Nationalismus, S. 65, 75.
[80] Winkler, Der lange Weg nach Westen, S. 33 ff.
[81] Blitz, Aus Liebe zum Vaterland, S. 158, 176, 271.
[82] Planert, Wann beginnt der »moderne« deutsche Nationalismus?, S. 53; Blitz, Aus Liebe zum Vaterland, S. 262.

gebend für eine sächsisch-patriotische Geisteshaltung[83]. Dieses gemeinhin akzeptierte Ziel wirkte wenigstens so mobilisierend, dass hierdurch auch konfessionelle Gegensätze überwunden wurden. Im weiteren Verlauf des Siebenjährigen Krieges kämpfte der überwiegende Teil des ehemaligen sächsischen Heeres in den Diensten katholischer Höfe. Dies war insofern bedeutsam, da die preußische Propaganda im Verlaufe des Siebenjährigen Krieges nicht zuletzt auf die von jeher integrierende Wirkung des Protestantismus abzielte und die Auseinandersetzung mit Österreich gleichsam zu einem Religionskrieg stilisierte. So wurde nicht nur das im Reich nachhaltig wirksame Bild des »Russen« als unzivilisiertem »Barbaren« oder als jeglicher Erkenntnis Gottes entbehrendes, in Höhlen hausendes »Höllen-Wesen« propagiert, sondern der katholische Wiener Hof der »Ausländerei« ebenso bezichtigt, wie das französische Feindbild verfestigt[84]. Der österreichischen Propaganda kamen die protestantischen Sachsen wiederum gelegen, wollte Maria Theresia doch in diesem Krieg von Beginn an eine religiöse »Blockbildung« infolge der Unterstützung Preußens durch andere protestantische Staaten vermeiden[85]. Die Verwendung der protestantischen sächsischen Soldaten in überwiegend katholisch geprägten Heeren stellte angesichts des »Mobilisierungseffektes«[86] der Konfessionen, der auf religiöse Homogenität abzielte, eine Ausnahme dar. Sicher wird hierbei der Umstand begünstigend gewirkt haben, dass gerade die sächsischen Soldaten bereits seit vielen Jahrzehnten einem Herrscherhaus treu dienten, dessen konfessionelle Ausrichtung nicht der ihrigen entsprach. Insgesamt waren es die enge Bindung an den Territorialstaat und vor allem die Akzeptanz der traditionalen Herrschaft der Wettiner, ein im Sinne eines traditionellen Landespatriotismus[87] durchaus patriotisch zu nennender und mobilisierend wirkender Geist, der die meisten sächsischen Offiziere und Soldaten die Angst vor negativer Sanktionierung und einer ungewissen Zukunft, vor konfessionellen Schranken und sozialen Nöten überwinden ließ.

Das auch in heutigen Armeen noch häufig beschriebene Gefühl der Geborgenheit in der Kampfgemeinschaft, der »alte Haufen«, vom einfachen Soldaten ebenso geschätzt wie vom Truppenführer, bewies nicht nur während der Wochen bei Pirna seine bekannte Anziehungskraft: »Der alte Haufen [...] das ist eine ganze

---

[83] 1775 definierte der in Ulm erscheinende »Alte Deutsche« einen »Patrioten« nach den Auffassungen dieser Zeit als einen Mann, »der sein Vatterland liebt, das Land, worinnen er geboren und erzogen, oder in welchem Land er aufgenommen ist [...] Dem Patriot liegt das Wohl seiner Mitbürger am Herzen.« Zit. nach Vierhaus, Deutschland im 18. Jahrhundert, S. 98.

[84] Planert, Wann beginnt der »moderne« deutsche Nationalismus?, S. 38, 49 f., 53; Blitz, Aus Liebe zum Vaterland, S. 182. Interessant ist in diesem Zusammenhang die gegenseitige Wahrnehmung von Sachsen und Russen während der Jahre 1813/14. Hexelschneider, Kulturelle Begegnungen, S. 111 ff.

[85] Schreiben Maria Theresias an Starhemberg vom 9.6.1756. Preussische und österreichische Acten zur Vorgeschichte des Siebenjährigen Krieges, S. 400.

[86] Planert, Wann beginnt der »moderne« deutsche Nationalismus?, S. 49.

[87] Der »Landespatriotismus« der Menschen in der Frühen Neuzeit bezog sich vor allem auf die »überschaubaren« Bereiche der Familien-, Dorf- oder Stadtgemeinschaft. Das »Land« wurde als politische Einheit aufgefasst, die durch den Landesherrn, das »Landrecht« und die Landstände zusammengehalten wurden. Demel, Landespatriotismus, S. 82; Latzel, »Schlachtbank« oder »Feld der Ehre«?, S. 81.

Welt«, ist ein auch heute noch gültiger Grundsatz der Truppenführung[88]. Eine »Mentalität der Pflichterfüllung«, wie sie Friedrich II. etwa bei seinen Soldaten aus den preußischen Westprovinzen im Siebenjährigen Krieg vorfand, ließ sich ihm gegenüber bei den sächsischen Soldaten nicht konstatieren[89]. Das »riskante psychologische Experiment«[90] des preußischen Königs war letztendlich durch die erwähnte Geringschätzung dieser »Faktoren des gemeinen Mannes« gescheitert.

Zusammenfassend bietet das Verhalten der sächsischen Soldaten gemeinsam mit den preußischen Zwangsmaßnahmen ein geradezu typisches und äußerst anschauliches Bild von der Desertionsproblematik der Heere des 18. Jahrhunderts. Es lassen sich ähnliche Erkenntnisse ableiten, wie sie Michael Sikora über dieses Jahrhundert als die »Zeit der Deserteure« herausgearbeitet hat. Hinsichtlich der marschierenden – und somit schwerer überschaubaren – Armeen hält er fest: »Krieg bedeutete zunächst, daß die Armee in Bewegung kam, und dadurch wurde die Kontrolle über die eigenen Truppen wesentlich schwieriger, die Desertion leichter [...] Garnisonen und Marschquartiere legten die Kommandeure wenn möglich in umfriedete Städte, am besten in Festungen [...] Besondere Aufmerksamkeit verlangte schließlich eine Armee im freien Feld[91].« Charakteristisch war zudem die Bewachung während der Märsche, die jedoch im Falle der sächsischen Regimenter unverhältnismäßige Formen annahm. Angesichts der in den Regimentern dienenden Sachsen erwies sich auch die Verfolgung der Deserteure als heikel, da sich ihre Landsleute bei passender Gelegenheit den Verfolgten gleich anschlossen oder bei der »Jagd« wenig engagiert verfuhren. Hinzu kam die »neue staatsbürgerliche Pflicht [...] Deserteure zu verfolgen«[92]. Bürger und Bauern sollten Tag und Nacht bereit sein, Fahnenflüchtige wieder einzufangen[93].

Im preußischen Regiment sah sich der gepresste Sachse dann dem gesamten Spektrum von entehrenden Behandlungen und Zwangsmaßnahmen, von List und Überredung über permanente Überwachung bis hin zu tätlicher Gewalt gegenüber[94]. Die Begegnung mit dem berüchtigten preußischen Drill und dem meist auf körperlicher Gewalt basierendem System der Disziplinierung, das im Heere Friedrichs II. sicher stärker ausgeprägt war als im sächsischen, ließ viele Soldaten aus Furcht vor übertriebener Härte desertieren. Hinzu kam der bereits durch die Kapitulationszeremonie verletzte Stolz der Sachsen, wozu sich die beleidigenden Vorkommnisse in der Ausbildung gesellten. Dennoch konnten die Sorge um die Stärke des Heeres und die Tatsache, dass viele junge Männer aus Angst vor dem Militärdienst das Land verließen, Grund genug sein für die Aufhebung der »Logik der Disziplinierung«[95], für die – auch in den Jahren 1756 und 1757 erlebten – »Generalpardons«. Mit ihnen sollten jene Abtrünnigen wieder in die Armee gelockt

---

88 Einsatznah ausbilden, S. 150 f.; Creveld, Kampfkraft, S. 189 f.
89 Kloosterhuis, Zwischen Garbeck und Lobositz, S. 95.
90 Bleckwenn, Die friderizianischen Uniformen, Bd 4, S. 71.
91 Sikora, Das 18. Jahrhundert, S. 101, 88 f.
92 Kuczynski, Der Alltag des Soldaten, S. 71.
93 Büsch, Militärsystem und Sozialleben, S. 27 f., 88.
94 Sikora, Verzweiflung oder Leichtsinn?, S. 259.
95 Ebd., S. 261; Kroll, Soldaten im 18. Jahrhundert, S. 193–195.

werden, die nicht den Militärdienst von Grund auf ablehnten, sondern die vor allem aus Angst vor Bestrafung nicht zurückkommen wollten. Somit wurden auch reumütig zum preußischen Heer zurückkehrende Sachsen ein Teil des gewissen »Arrangements« zwischen Heeren und ihren Deserteuren im 18. Jahrhundert[96]. Die Tatsache, dass sich ein Großteil der zehn Generalpardons, die während des Siebenjährigen Krieges in Preußen verhängt wurden, auf Sachsen und seine Soldaten bezog, unterstreicht nochmals deren Wichtigkeit für die Kriegführung des preußischen Königs[97].

2. Gewaltsame Rekrutierungen

Im Winter 1756/57 standen die Preußen aufgrund der geschilderten Ereignisse nicht nur vor der Schwierigkeit, die ausgebildeten sächsischen Soldaten am Desertieren zu hindern, sondern sie mussten dadurch entstandene Lücken durch Neuaushebungen von Rekruten schließen. Diesbezüglich hatte die eigentlich lobenswerte Treue der kursächsischen Soldaten zu ihrer Heimat für die sächsische Bevölkerung spürbar negative Folgen. Allein um die Ausrüstungsgegenstände zu ersetzen, die von den Deserteuren mitgenommen worden waren, stellten die Preußen 66 842 Taler in Rechnung. Aufgrund der ungeplanten Abgänge ordnete man zum Jahreswechsel eine zweite Rekrutierung von 4332 Soldaten an[98] und schickte Kundschafter aus, um kriegstüchtige junge Burschen ohne Aufsehen aufzuspüren, die über 5 Fuß 6 Zoll, also überdurchschnittlich groß waren[99]. Die Männer mit der beschriebenen Größe waren dann in aller Vorsicht und »ohne Excesse« einzuziehen. »Schwere Nöther, Schwindsüchtige, faulfüßige [...] auch Leuthe so nicht 5 Fuß 4 Zoll [...] und nicht mehr wachsen«, sollte man jedoch laufen lassen[100]. Beinahe ebenso wichtig wie die allgemeine Verfassung erschien auch die Gesundheit der Zähne, damit die Betreffenden in der Lage waren, beim Laden der Gewehre die papiernen Patronen aufzubeißen[101].

Doch nicht nur durch Werbung und gewaltsame Werbung ergänzte sich das preußische Heer in Sachsen. Auch in den sächsischen Strafanstalten wurde rekrutiert, wie 1757 in Dresden, wo neun von 73 freigelassenen Festungshäftlingen sofort in das preußische Heer übernommen wurden[102]. Vor allem aber wurden die

---

[96]   Sikora, Das 18. Jahrhundert, S. 105 f.
[97]   Muth, Flucht aus dem militärischen Alltag, S. 111. Die Anzahl derjenigen Deserteure, die aufgrund der »Generalpardons« in das preußische Heer zurückkehrten, kann heute nicht mehr nachvollzogen werden.
[98]   Schuster/Francke, Geschichte der Sächsischen Armee, T. II, S. 99, 102.
[99]   Dies entspricht – zumindest nach preußischem Maß – einer Körpergröße von knapp 1,73 m (1 Zoll = 2,615 cm; 1 Fuß = 12 Zoll). Im Vergleich dazu setzte etwa das kursächsische Heer um 1730 die Mindestgröße für einen Rekruten auf 1,70 m fest. Selbst bei diesem Maß fiel es schwer, geeignete Soldaten mit einer entsprechenden Körpergröße zu finden. Kroll, Soldaten im 18. Jahrhundert, S. 115, 167.
[100] Zit. nach Preitz, Prinz Moritz von Dessau, S. 34.
[101] Muth, Flucht aus dem militärischen Alltag, S. 41, 49.
[102] Kroll, Kursächsisches Militär, S. 287.

sächsischen Landkreise angewiesen, abhängig von ihrer Bevölkerungsdichte eine entsprechende Anzahl von Rekruten zu stellen. So hatte das Amt Chemnitz 102 Rekruten zu »liefern«, das Amt Langensalza 141 und das Amt Belzig 55 Mann[103]. In einem Schreiben an die Königin-Kurfürstin Maria Josepha vom 13. November 1756 berichtete der Präsident des »Geheimen Kriegsratskollegiums«, Christoph Graf von Unruh, über die dabei angewandten Methoden der Preußen: Die Kreiskommissare hatten die geforderte Anzahl von Rekruten »unter Bedrohung [...] mit der schärffsten militairischen Execution[104], Personal-Arrest und schweren Festungs-Strafe« zu liefern. Die jungen Männer sollten nicht älter als 28 Jahre und nicht kleiner als 5 Fuß, 5 Zoll sein[105]. Nach dem Erlass des preußischen Feldkriegsdirektoriums in Torgau vom 30. Oktober 1756 waren insgesamt 9275 Rekruten aufzubringen[106]. Da die Regimenter anfänglich noch sehr auf ihr ästhetisches Erscheinungsbild, was im konkreten Falle die einheitliche Körpergröße der Soldaten meinte, bedacht waren, gingen die Rekrutierungen allerdings recht langsam vonstatten. General Manstein beklagte im Januar 1757 die zu eng gesteckten Auswahlkriterien durch die Regimenter und forderte, auch kleinere Leute anzunehmen, wenn sie »sonst gesund und stark sind«. Als die Eröffnung des Frühjahrsfeldzuges 1757 näher rückte, genügte dem preußischen König jedoch auch eine Körpergröße von 5 Fuß 5, 4 und auch 3 Zoll für die Aufnahme ins preußische Heer, sofern der Mann ansonsten bei guter körperlicher Konstitution war, denn es blieb nur noch wenig Zeit, um die Leute zu »prepariren«. Die Feststellung Mansteins, dass es in seiner sächsischen Umgebung »keine großen Leute gibt, die man zu Recruten nehmen könnte«, lässt auch darauf schließen, dass gerade die jungen Männer mit einer stattlichen Körpergröße und guten Konstitution das Land verlassen hatten oder sich absichtlich vor den Preußen verbargen[107].

»Da die junge Mannschafft aus dem Lande gegangen und sich jetzo niemand nach denen vorgeschriebenen Eigenschaften mehr daselbst befindet«[108], war nicht nur die Arbeit der preußischen Werber erschwert, sondern auch die Gestellung der geforderten Anzahl an Rekruten durch die Städte und Gemeinden. Weil die Regimenter ohnehin immer die stärksten und größten Leute rekrutierten, deren sie

---

103 Anzeige des Grafen v. Unruh an die Königin vom 29.11. bis 4.12.1756. SHStA, Geheimes Kriegsratskollegium, Nr. 677: »An Ihro Majest. die Königin v. Geheimen Kriegs-Raths-Collegio seit der Preußischen Invasion erstattete wöchentliche Anzeigen.«

104 Die Androhung der »Exekution« – der empfindlichen Zwangseinquartierung von Soldaten je nach Größe des Ortes als Repressalie gegen die lokalen Behörden und die Bevölkerung – ist hierbei nicht als typisch preußische, sondern als eine durchaus gemeinhin übliche Maßnahme im Falle zu schwacher Rekrutengestellungen anzusehen. Die »Exekutionen« wurden neben dem »Ausspielen« der Gemeinden oder Behörden gegen ihre Bürger zur Durchsetzung königlicher Befehle zur Heeresergänzung auch seitens der sächsischen Armee angewendet. »Rohe Gewalttaten« der Soldaten gegenüber der Zivilbevölkerung waren hierbei ebenfalls keine Seltenheit. Thum, Die Rekrutierung der sächsischen Armee, S. 59 ff., 62 f.

105 SHStA, Nr. 677 (wie Anm. 103).

106 Preitz, Prinz Moritz von Dessau, S. 35; Schuster/Francke, Geschichte der Sächsischen Armee, T. II, S. 96.

107 Schreiben Mansteins an Friedrich II. vom 25.1. und 28.1.1757 aus Dippoldiswalde. GStA, Rep. 96 Nr. 89 C1 (wie Kap. III, Anm. 275).

108 Anzeige an die Königin vom 29.11. bis 4.12.1756. SHStA, Nr. 677 (wie Anm. 103).

habhaft werden konnten, musste die Arbeit im Handwerk oder auf den Gütern oftmals von den Schwächeren geleistet werden[109]. So sah sich etwa der Stadtrat von Borna gezwungen, für die geforderten 131 Rekruten »so gar die ansäßigen Bürger mit auszuheben, weil die übrige ledige tüchtige Mannschafft entwichen, die noch vorhandene junge Mannschafft aber sonst nicht die erforderte Beschaffenheit habe«. Und der Rat von Freiberg, der 51½ Männer liefern sollte, hatte »in den Häusern nicht mehr als 29 Mann angetroffen [...] es wären aber auch hiervon nicht mehr als 10 Mann angenommen worden, die übrigen 41½ Mann sey er zu gestellen umso weniger im Standte, weil das Ober-Berg-Amt nicht geschehen lassen wolle, daß die Bergleute [...] mit recrutirt werden«. Hierzu ist anzumerken, dass bereits 1702 »die wirklich aktiven Steiger und Häuer« als »Unentbehrliche« in der Stadt Freiberg von den Rekrutierungen der sächsischen Armee ausgenommen waren[110]. Als der Rat mit seinen Vorstellungen selbst beim König von Preußen »keine Moderation« erzielen konnte, musste er »entweder die angedrohte Execution abwarten, oder Leute von anderen Orten [...] suchen, oder [...] die Bergleute mit zur Werbung ziehen«[111]. Daher besetzten preußische Husaren kurzerhand im Morgengrauen alle Freiberger Stadttore, hielten die Bergleute auf dem Arbeitsweg an und nahmen »60 ansehnliche Kerle« als Rekruten mit nach Dresden[112]. Zahlreiche Archivquellen belegen ähnliche Ereignisse an anderen Orten. Laut Bericht des »Amts-Verwesers« zu Belzig hatten die Preußen »bereits schon verschiedene angesehene Bürger zu recruten genommen«[113]. In Wittenberg sind sie bei »der anbefohlenen Recrutirung in der Kirchen- und Schuldiener Häußer mit Gewalt eingefallen« und haben »deren Knechte und Söhne wegnehmen wollen«. Zumindest die »Pfarrknechte« wurden meist kurz darauf wieder freigelassen[114]. Allerdings galten nach altem Recht die Schulbediensteten ebenso als »Eximierte«, wie die Pfarrknechte oder Bergleute[115].

Das Vorgehen der Preußen zeigt die Unzulänglichkeit der Festlegung einer Gruppe von »Unentbehrlichen« in Kriegszeiten und das Zurücktreten solcher in Friedenszeiten vorgenommener Abgrenzungen hinter die Bedürfnisse der Kriegswirklichkeit. Es belegt weiterhin, dass vor dem Hintergrund des von Preußen angestrebten geschlossenen Kampfes der protestantischen Mächte gegen den katholischen Feind einzig die Bediensteten der sächsischen Geistlichkeit vor den

---

[109] Büsch, Militärsystem und Sozialleben, S. 33 f.

[110] Thum, Die Rekrutierung der sächsischen Armee, S. 50, 71. Hinter der hier geforderten Gestellung des »halben Mannes« verbirgt sich das so genannte »Äquivalentgeld«, die finanzielle Entschädigung in Höhe der Hälfte des für einen Rekruten festgesetzten Geldbetrages, welcher im Falle der Nichterfüllung der geforderten Rekrutenquote durch die entsprechende Gemeinde zu zahlen war. Bei der Rekrutenstellung in Sachsen im Jahre 1768 betrug das Äquivalentgeld pro Mann 50 Taler. Es konnte auch vorkommen, dass etwa mehrere Gemeinden zusammen einen Rekruten stellen mussten. Dann entfiel auf ein Dorf bspw. ½ Rekrut. Rudert, Die Reorganisation der Kursächsischen Armee, S. 99; Kroll, Soldaten im 18. Jahrhundert, S. 121.

[111] Anzeige an die Königin vom 12. bis 18.12.1756. SHStA, Nr. 677 (wie Anm. 103); Thum, Die Rekrutierung der sächsischen Armee, S. 50, 71.

[112] Kästner, Generalmajor von Mayr, S. 65.

[113] Anzeige an die Königin vom 23. bis 29.1.1757. SHStA, Nr. 677 (wie Anm. 103).

[114] Anzeige an die Königin vom 9. bis 15.1.1757. SHStA, Nr. 677 (wie Anm. 103).

[115] Thum, Die Rekrutierung der sächsischen Armee, S. 71 f.

Rekrutierungen einigermaßen sicher sein konnten, während auf die sonstigen, von jeher »eximierten« Berufsgruppen keine Rücksicht genommen wurde.

Angesichts solcher brutalen Maßnahmen und des offensichtlich fehlenden Respekts der Preußen vor den sächsischen Obrigkeiten und der Privatsphäre der Bürger und Bauern kam es vereinzelt auch zur bewaffneten Gegenwehr durch die Zivilbevölkerung. Schon bald nach Beginn der Rekrutierungen wollten sie »so bald dergleichen Einfälle sich ereignen würden mit denen Glocken leuten, und so viel wie möglich sich zu precauiren [= vorsehen]«[116]. Die Folge waren »blutige Auftritte«, ein Zusammenschließen der Bauern, um einen jungen Burschen aus dem Dorfe zu verteidigen oder wieder aus den Händen der Preußen zu befreien[117]. Nach heutigen Erkenntnissen war ein solches Verhalten in jener Zeit durchaus nicht ungewöhnlich, es hatte jedoch meist nur ein noch rücksichtsloseres Vorgehen der Obrigkeit zur Folge. Bereits zur Zeit, als Herzog Johann Adolf II. von Weißenfels das Kommando über die sächsische Armee führte, widersetzten sich beispielsweise auch sächsische Untertanen mit »frevelhaften Tätlichkeiten« und »tollsten Abenteuern« der Rekrutengestellung für das sächsische Heer. So wurde »tumultiert«, »Feuer gerufen«, »Sturm geläutet« oder die Männer scharten sich »mit Spieß und Stangen« gegen die Werber zusammen[118]. Geschah im Falle der preußischen Besatzung die Rekrutengestellung nicht pünktlich oder in zu geringer Zahl, wurde diese durch »ein Executions-Commando Preußischer Cavallerie [...] forciret«, wie in Weißenfels geschehen, als »die Stände des Thüringischen Creyßes [...] die angesonnene Gestellung von 905 Recruten auf alle mögliche Weise abzulehnen gesuchet«[119]. An solchen Aktionen waren teilweise auch ehemalige sächsische Soldaten beteiligt, die anscheinend inzwischen restlos von den Vorzügen des preußischen Dienstes überzeugt waren[120]. Offenbar versuchten diese, ihren neuen preußischen Kameraden durch besonders hartes Vorgehen gegen ihre ehemaligen Landsleute zu imponieren und damit gleichsam ihre innere Abkehr, das Wegbrechen jeglicher emotionalen Bindungen gegen dieselben zu signalisieren. Bei der Suche nach sächsischen Deserteuren kamen ihnen ihre Personen- und Ortskenntnis zugute. Wie brutal das Vorgehen solcher Trupps sein konnte, schildert ein Amtmann aus Weißensee. Seinem Bericht zufolge haben

»am 21 Dec. [...] nächtlicher Zeit 2 bey einem königl. Preuß. Commando gestandene Lieutenants [...] davon letzterer ein Chur Sächs. Unter Officier geweßen [...] einen vor halber Jahres Frist verabschiedeten Sächs. Grenadier Poggen aufheben wollen, und weil dieser bey Seite getreten, deßen Frau und Kinder nicht nur durch Schläge und auf andere Art bedrohet, sondern auch ihnen übel begegnet, um des Grenadiers Aufenthalt zu erfahren, und als damit nichts auszurichten geweßen, des Grenadiers Weib mit in die Schenke [...] genommen, ihr Wein, Bier, Brandtwein zu trinken gegeben, wovon sie je-

116 Bericht des Amtsverwesers aus Belzig. Anzeige an die Königin vom 23. bis 29.1.1757. SHStA, Nr. 677 (wie Anm. 103).
117 Zit. nach Preitz, Prinz Moritz von Dessau, S. 33. Zu ähnlichen Vorgängen in Preußen: Sikora, Das 18. Jahrhundert, S. 93.
118 Thum, Die Rekrutierung der sächsischen Armee, S. 78 ff.
119 Anzeige an die Königin vom 6. bis 11.12.1756. SHStA, Nr. 677 (wie Anm. 103).
120 Anzeige an die Königin vom 27. bis 31.12.1756. SHStA, Nr. 677 (wie Anm. 103).

> doch nicht betrunken war, so dann um Mitternacht [...] die Poggin mit Gewalt aufs
> Bette gezogen [...] den Morgen drauf aber sie wieder gehen lassen[121].«

Erwies sich eine so eventuell herbeigeführte außereheliche Schwangerschaft gesell-
schaftlich grundsätzlich als höchst problematisch, konnte die Tatsache, wie im
angeführten Beispiel von Soldaten vergewaltigt worden zu sein, die betroffene
Frau vor Gericht durchaus entlasten. Dies wurde – nebenbei bemerkt – allerdings
zuweilen auch vorgegeben, um etwaige Untreue zu verheimlichen. Dass das Gericht den Betroffenen in den überwiegenden Fällen jedoch Glauben schenkte,
zeigt, dass solche Erfahrungen anscheinend häufiger gemacht und deshalb in ein
zeittypisches gesellschaftliches Wahrnehmungsbild des Militärs eingeordnet wurden[122]. Insgesamt scheint eine gewaltsame Auflehnung gegen das brutale Vorgehen
des preußischen Militärs nur in wenigen Fällen stattgefunden zu haben, hatte sie
doch zumeist den Tod oder die Verwundung der Widerständler zur Folge[123].

Auch die Soldaten der preußischen Freibataillone machten auf der Suche nach
Deserteuren und Rekruten durch derartige Exzesse von sich reden. Der folgende
Fall belegt wiederum die Geringschätzung der sächsischen Behörden durch die
preußischen Soldaten, die anscheinend nur die Institutionen ihrer Armee und der
in Sachsen errichteten Militäradministration respektierten. Zudem scheint der
Generalverdacht, unter den die hohen preußischen Militärs die sächsische Bevölkerung im Zusammenhang mit den Massendesertionen stellten, auch im Kreise der
preußischen Mannschaften und Unteroffiziere zu Argwohn und Aggression gegenüber der einheimischen Bevölkerung geführt zu haben. Am 11. Februar 1757
berichtete Caspar Christian Gutbier dem preußischen König von einem Vorfall in
Lißdorf. Dort seien sechs oder sieben Soldaten des preußischen Freibataillons »Le
Noble« am 30. Januar nachts in das Haus seines Nachbarn Christoph Meyer eingefallen. Sie hätten vorgegeben,

> »wie sie preußische Deserteurs suchten, jedoch anderwärts sich verlauten laßen, das al-
> les auf bemelten Meyers Sohn und deßen Anwerbung abgezielet. So bald nun obge-
> dachte Soldaten in das Meyerische Hauß, welches sie mit Gewalt aufgerennet, gekom-
> men, sind selbige mit bloßen Pallaschen, und aufgesteckten Bajonetten in die Stube
> getreten, haben darinnen geschoßen [...] darüber Christian Meyer vor Angst zum Fens-
> ter hinausgesprungen und zum Richter des Ortes, Adam Christian Seydler, gegangen
> [...] Alß nun dieser Dorf Richter Seydler in Christoph Meyers Hauß gekommen, und
> mit aller Bescheidenheit nach der Ursache des Lermens, ingleichen nach den Pässen
> gefraget, einer auch von denen Soldaten dergleichen, so jedoch nur auf eine Person ge-
> lautet, produciret, der Richter hingegen auch von denen übrigen solche Legitimation
> verlanget, und wenn sie Deserteurs suchten, seine und seiner Nachbarn Hülffe ange-
> bothen, so haben die Soldaten denselben bey Durchlesung des Paßes mit denen Wor-
> ten: Leset nicht so lange Canaille, nicht nur zu überreichen, sondern auch ihn von wei-
> terer Abforderung einiger Paesse [...] abzuschrecken gesucht, und ihn [...] mit denen
> entblößten Pallaschen geschlagen [...] und endlich der Richter um Hülffe und arretirung
> derer Soldaten rufen müssen, und so dann die Nachbarn deren überhaupt etwa 10. dar-
> zu gekommen, die Soldaten arretiren wollen, der Sergeant Gillert aber schießet doch,

---

121 Anzeige an die Königin vom 16. bis 22.12.1757. SHStA, Nr. 677 (wie Anm. 103).
122 Frevert, Die kasernierte Nation, S. 24.
123 Kroll, Soldaten im 18. Jahrhundert, S. 396.

schießet in Teufels Nahmen zugeruffen und hierauf die Soldaten auf diejenigen, die den Angriff gethan, mit denen Flinten Kolben blind zugeschlagen, gehauen und geschoßen, und besonders durch das Schießen der Richter Seydler, Andreas Wiegand, und Christoph Meyer und zwar der letztere dergestalt verwundet worden, daß er den 8ten Tag darauf verstorben, nach dem Schießen hingegen, da die Bauern die Glocke geschlagen, die Soldaten allons nun ist es Zeit gesagt, auch wir wollen das Nest anstecken und in Asche legen sich vernehmen lassen und fortgegangen[124].«

Die preußische Seite wies die Hauptschuld an solchen Ausschreitungen meist den Einheimischen zu, da diese grundsätzlich verdächtig waren, ihre Landsleute bei der Fahnenflucht zu unterstützen. Franziskus de le Noble, Kommandeur des gleichnamigen Freibataillons, begründete das Verhalten seiner Soldaten während des geschilderten Vorfalls damit, dass bei der starken Desertion in seinem Verband »keiner wiederum eingeliefert worden, folglich durch die Nachlässigkeit der Bauern, Schenkwirthe und Richter in denen Dörfern an deren Durchkommen dieser Deserteurs« die Bevölkerung »zu mehresten Theil schuld« sei. »Denn man hat viel mehr wahrgenommen, dass einige Bauern sich noch dazu unterstanden, die Preuß. Deserteurs durch und fort zu helffen[125].« Allerdings wurde zumindest dieser Vorfall durch den König von Preußen untersucht und die Schuldigen wurden »behörig bestraft«[126].

Dazu ist anzumerken, dass gerade le Noble als zuverlässiger und pflichtbewusster Offizier galt, der sehr auf das Ansehen seiner Truppen bedacht war. Gegen deren Gleichsetzung mit »Panduren« wehrte er sich mit Nachdruck. Auch von Friedrich II. sind Bemerkungen überliefert, die auf ein grundsätzlich hartes Durchgreifen gegenüber einzelnen Kompaniechefs oder den Soldaten der Freitruppen im Falle verübter Straftaten schließen lassen. In der Praxis wurde jedoch die Durchsetzung solcher Weisungen durch entsprechende Disziplinierung gerade in den Freibataillonen häufig milder gehandhabt als bei den regulären Regimentern. Verfehlungen, die gemäß dem Reglement mit »Gassenlaufen« oder gar dem Tode hätten geahndet werden müssen, wurden in vielen Fällen »nur« mit Stockschlägen bestraft. Das niedrigere Ansehen der Freibataillone schlug sich demnach auch in einer lockereren Rechtswirklichkeit und einem größeren Freiraum der Militärgerichtsbarkeit nieder[127]. Daher bleibt es fraglich, ob die am zuletzt beschriebenen Exzess beteiligten Soldaten tatsächlich mit ernsthaften Konsequenzen rechnen mussten.

Es waren aber keineswegs nur die preußischen Freitruppen, die solche Exzesse und Gewaltakte in Sachsen verübten. Archivquellen berichten ebenfalls von Ausschreitungen der Reichsarmee und des österreichischen Heeres gegenüber der sächsischen Bevölkerung. Solche Begebenheiten fanden zum Beispiel Ende des Jahres 1759 statt, als die Reichstruppen, die österreichische Armee und das preußische Heer in der Umgebung von Dresden ihre Winterlager bezogen hatten. So

---

[124] SHStA, Geh. Kriegsratskollegium, Nr. 1348 »Exzess Preußischer Soldaten vom Freybataillon le Noble in Lissdorf 1757.«
[125] Schreiben le Nobles an den Kommandanten von Naumburg vom 7.2.1757. Ebd.
[126] Anzeige an die Königin vom 26.2. bis 4.3.1757. SHStA, Nr. 677 (wie Anm. 103).
[127] Wernitz, Die preußischen Freitruppen, S. 23 f., 91 f.; Büsch, Militärsystem und Sozialleben, S. 37.

wurde im November 1759 in Pirna eine »Wöchnerin« von österreichischen Soldaten »aus dem Bette geworffen«, um beim Abtransport kranker und verwundeter
Soldaten auf der Elbe nach Böhmen zu helfen[128]. Weiterhin raubten Kroaten, also
leichte österreichische Reiter, in einem Dorf in der Nähe von Radeberg bei Nacht
Bienenstöcke und Vieh. Der sich zur Wehr setzende Besitzer wurde »sogleich todt
geschoßen«, einem anderen Bauern wurden »aus gleichmäßiger Ursache mit der
Flinte die Zähne zum Halße hineingestoßen«. Diesen Berichten zufolge fanden
solche Tumulte zu dieser Zeit beinahe jede Nacht statt[129]. Im Dorf Lochau nahe
Halle arretierten Soldaten der Reichsarmee den Pfarrer, nahmen Vieh und Naturalien weg und pressten alles verfügbare Geld aus dem Ort heraus[130]. Nicht immer
standen also Gewalttaten im Zusammenhang mit der Suche nach Deserteuren.
Oftmals waren solche Übergriffe auch konfessionell motiviert und dienten daher
als »Zündstoff« für die Propaganda der Kriegsparteien[131].

3. »Gefürchtet wie der Satan« – die Errichtung preußischer Freitruppen in Sachsen am Beispiel des Bataillons »von Mayr«

Für die wegen der beschriebenen Gewaltexzesse berüchtigten preußischen Freibataillone war Sachsen im Herbst 1756 und den Folgejahren ein bedeutendes Rek-
rutierungsgebiet. Es hat heute den Anschein, als wären etliche dieser Formationen
ohne die Annexion Sachsens gar nicht entstanden. Zum erwähnten Bataillon Frei-
Infanterie »Le Noble« (Wittenberg) kamen zunächst noch »von Mayr« (Zwickau),
»von Kalben« (Reichenbach i.V. und Leipzig) und die Frei-Dragoner »von
Gschray« (Merseburg) hinzu[132]. Im Dezember 1756 ließ Friedrich II. den aus holländischen Diensten übergetretenen Offizier de Angelelli in Merseburg ein weiteres Frei-Infanterie-Bataillon errichten[133]. Der gängigen Praxis folgend bekamen die
Freitruppenführer jeweils ein oder zwei Städte als Werbeplätze zugewiesen. Die
geplante Stärke eines Freibataillons sollte zunächst aus 450 Musketieren, 16 Offizieren, 35 Unteroffizieren sowie fünf Tambours bestehen[134].
    Bereits kurz nach der von Friedrich II. befohlenen Errichtung der Freibataillone
in Sachsen trafen im preußischen Hauptquartier ausschließlich positive Meldungen
über den Fortgang der Personalwerbung ein. Anfang Oktober, also zu einem
Zeitpunkt, als die reguläre sächsische Armee noch bei Pirna eingeschlossen war,

---

[128] Bericht des Amtmannes Crusius aus Pirna vom 11.11.1759. SHStA, Geh. Kriegsratskollegium,
       Nr. 1354: »Die Exzesse der kais. königl. Truppen in Sachsen betr.«
[129] Bericht des Gerichts zu Hermsdorf über den Vorfall vom 12.11.1759. Ebd.
[130] Lück, »... die Sachsen in daß gebürge jaget ...«, S. 299 f.
[131] Kroll, Soldaten im 18. Jahrhundert, S. 349 f.
[132] Werbepatent Friedrichs II. für von Gschray vom 23.9.1756; Befehl vom 21.9.1756. GStA, IV.
       HA, Rep. 15A, Nr. 641 (wie Anm. 14); Luh, Sachsens Bedeutung, S. 32.
[133] Werbepatent Friedrichs II. für de Angelelli vom 5.12.1756. GStA, IV. HA, Rep. 15A, Nr. 641
       (wie Anm. 14); Bleckwenn, Die friderizianischen Uniformen, Bd 4, S. 82 ff.
[134] 1758 wurde die Soll-Stärke auf 750 Musketiere und 21 Offiziere erhöht. Wernitz, Die preußischen
       Freitruppen, S. 64.

Offizier des kursächsischen Inf.-Rgts. Graf Stollberg 1748, Musketier des Inf.-Rgts. von Minckwitz 1748, Musketier des Inf.-Rgts. von Haxthausen 1735–1738

Gemälde von Gustav Otto Müller, Deutsche Fotothek

Friedrich August II., Kurfürst von Sachsen
Kupferstich von Zucchi, Deutsche Fotothek

Johann Georg, Chevalier de Saxe
Gemälde von Gregorio Guglielmi,
Deutsche Fotothek

Generalfeldmarschall Friedrich August
Graf von Rutowski
Gemälde von Louis de Silvestre,
Deutsche Fotothek

»Friedrich am Lilienstein mit der sächsischen Armee«

Stich von Ringck, Aus: Gustav B. Volz, Friedrich der Große im Spiegel seiner Zeit, Bd 2: Siebenjähriger Krieg und Folgezeit bis 1778, Berlin 1901

Angriff des sächsischen Chevauxlegers-Regiments Prinz Karl am 18. Juni 1757 bei Kolin

Gemälde von v. Götz, MGFA

Prinz Xaver von Sachsen
Stich von Johannes E. Nilson, MHM

begann le Noble bereits mit der Anwerbung Freiwilliger und kündigte gar die baldige Vollzähligkeit seines Regiments an. Das Offizierkorps war erstaunlicherweise
angeblich schon bis auf einen Premierleutnant komplett. Es konnte sich dabei
jedoch nicht um aktive Offiziere der sächsischen Armee handeln, sondern möglicherweise um in den regulären Regimentern wenig geduldete »Ausländer« und
zwischenzeitlich aus dem aktiven Dienst ausgeschiedene Soldaten. Einen Teil
machten etwas später auch jene sächsischen Offiziere aus, die nach der Liliensteï-
ner Kapitulation freiwillig in preußische Dienste getreten waren, denen man aber
in den Offizierkorps der preußischen Regimenter als »Fremden« mit viel Misstrau-
en begegnete. Die auch für nichtadelige Offiziere recht durchlässigen Freiformationen boten ihnen hingegen gute Karriereaussichten. Nachdem auch Johann von
Mayr im November aus Freiberg berichtet hatte, schon 496 Mannschaften rekrutiert zu haben[135], verwundert es nicht, dass er und le Noble ihre Bataillone bereits
Ende November beinahe vollzählig melden und diese auch zur Rückführung sächsischer Deserteure einsetzen konnten[136].

Im Hinblick auf die landsmannschaftliche Zusammensetzung dieser Bataillone
fällt auf, dass der Anteil von Sachsen in diesen Formationen ungefähr dem der
preußischen und schweizerischen Landeskinder entsprach, die Sachsen also mit die
größten Teile der Mannschaft stellten. Man kann diesen Formationen insgesamt
eine ähnliche Anziehungskraft attestieren, wie sie etwa die Husaren auf die ländliche Bevölkerung in Preußen ausübten[137]. Arbeitslosigkeit und materielle Not,
preußische Pardons, die Aussicht auf rascheren Aufstieg als in den regulären Regimentern sowie die lockerere Rechtswirklichkeit und beinahe garantierte persönliche Bereicherung bei den oftmals geduldeten Plünderungen riefen vor allem die
Sachsen aus unteren sozialen Schichten zu den preußischen Fahnen. Sie hatten
somit an der problemlosen Entstehungsphase der leichten Truppen in den Jahren
1756/57 einen maßgeblichen Anteil und scheinen sich im Dienst durch große
Loyalität ausgezeichnet zu haben, denn sie wurden auch 1763 nach Abschluss des
Friedens weder ausgetauscht noch entlassen, als alle Freiformationen von Friedrich II. aufgelöst wurden[138].

Die Kommandeure le Noble und Mayr befanden sich vor dem Siebenjährigen
Krieg unter anderem auch im sächsischen Militärdienst[139]. Ähnlich wie bei vielen
anderen talentierten Offizieren war Johann von Mayrs Karriere nach 1745 aufgrund der Verminderung des sächsischen Heeres ins Stocken geraten. Mangelnde
Perspektiven als Offizier und die Folgen eines Duells mit einem Mitglied der Familie Vitzthum von Eckstädt waren die Motive, die den ehrgeizigen Soldaten vor
Ausbruch des Siebenjährigen Krieges in das Heer Friedrichs II. überwechseln

---

135 Schreiben an Friedrich II. vom 10.11.1756. GStA, IV. HA, Rep. 15A, Nr. 641 (wie Anm. 14);
     Wernitz, Die preußischen Freitruppen, S. 48.
136 Zur Kampfweise der »leichten Truppen« und deren moralischer Wirkung: Wernitz, Soldateska
     oder Soldaten? S. 18; Wernitz, Die preußischen Freitruppen, S. 24.
137 Büsch, Militärsystem und Sozialleben, S. 35; Wernitz, Die preußischen Freitruppen, S. 21.
138 Wernitz, Die preußischen Freitruppen, S. 24, 28.
139 Ebd., S. 45; Bleckwenn, Die friderizianischen Uniformen, Bd 4, S. 88.

ließen[140]. Im Gefolge des preußischen Königs erlebte er den Überfall auf Sachsen und erhielt aufgrund seiner bisherigen Kriegserfahrungen die Erlaubnis zur Aufstellung und Führung eines Freibataillons. »Des dort vermuteten müßigen und zahlreichen Bergvolkes wegen«[141] wurde ihm von September bis November 1756 gerade Freiberg als Werbeplatz zugewiesen. Aufgrund seiner rücksichtslosen Rekrutenforderungen schickte ihm der Freiberger Stadtrat zunächst »einiges müßiges, liederliches und nichtsnutziges Gesindel [...] um das gemeine Wesen von diesen Subjekten zu befreien [...] Einige andere, wie ein ganz versoffener Posamentierer, seien selbst nachgefolgt[142].« Dies zeigt, dass die lokalen Behörden zunächst versuchten, die preußischen Forderungen vor allem durch die Abgabe von unbequemen Einwohnern und Unruhestiftern zu erfüllen. Da diese Klientel anfangs wohl beinahe überall vorhanden war und auf die Qualität der Leute offenbar wenig geachtet wurde, konnten die Freitruppen im Herbst 1756 auch zahlenmäßig derart stark anwachsen. Mayr berichtete im November 1756, er habe die genannten 496 Leute interessanterweise ohne »Handgeld« geworben. Hieraus ist aber keineswegs zu folgern, dass sich ihm die Sachsen aus reiner Begeisterung für den Dienst in einem preußischen Freibataillon anschlossen. Anscheinend war es Mayr gelungen, sie durch die Aussicht auf persönliche Bereicherung im kommenden Feldzug zu motivieren. In Gottleuba gingen hingegen die Freiwilligen einfach wieder auseinander, als ihnen kein Geld aus der preußischen Kasse gezahlt wurde[143]. Dies deutet stark auf rein materielle Interessen als treibende Kraft etlicher Sachsen für den Dienst in den Freibataillonen hin. Während viele junge Männer aus solideren sozialen Verhältnissen teilweise in Frauen- oder Bergmannskleidung vor den Werbern flohen, fanden sich aufgrund der zunehmenden Verelendung Sachsens und seiner Einwohner auch später immer wieder Arbeitslose, Abenteurer und »alles mögliche Gesindel« bei den Freischaren ein[144]. So konnten sich im weiteren Verlauf des Siebenjährigen Krieges noch andere Freikorps zu erheblichen Teilen in und aus Sachsen rekrutieren: Chossignon, später Wunsch (1757, Dresden), Quintus (1759, Oschatz), Lüderitz (1759, Wittenberg) sowie die Frei-Husaren Kleist (1759, Leipzig) und die Frei-Dragoner Glasenapp (1760, Leipzig)[145].

Auch Deserteure, die sich der strengen Disziplinierung in den regulären Regimentern nicht mehr aussetzen wollten und deren Hauptmotiv für einen weiteren Militärdienst vor allem die persönliche Bereicherung war, meldeten sich zum Dienst in den Freikorps. Da die Soldaten der Freitruppen nach den Worten Friedrichs »nicht wie die anderen S.M. Regimenter exerziert werden«[146], sondern vor

---

[140] Nach 1747 wurde er als Rittmeister aus dem sächsischen Heer verabschiedet. Die Tötung des Grafen Vitzthum von Eckstädt im Duell hatte die Ausweisung von Mayrs aus Sachsen zur Folge. Kästner, Generalmajor von Mayr, S. 9 f.
[141] Kästner, Generalmajor von Mayr, S. 13.
[142] Ebd., S. 15 f.
[143] Schreiben des Majors Hartwig aus Gottleuba vom 23.12.1756. GStA, IV. HA, Rep. 15A, Nr. 641 (wie Anm. 14).
[144] Wernitz, Die preußischen Freitruppen, S. 20, 24; Bleckwenn, Die friderizianischen Uniformen, Bd 4, S. 85.
[145] Die Kriege Friedrichs des Großen, 3. T., Bd 1, Anhang, S. 34 f.
[146] Schreiben an den Major v. Kalben vom 24.9.1756. Zit. nach Wernitz, Die preußischen Freitruppen, S. 27.

allem das Gefecht der leichten Truppen nach den Grundsätzen des kleinen Krieges zu erlernen hatten, hofften die Neuankömmlinge für die Zukunft auf eine weniger harte Ausbildung. Aufgrund ihrer mitgebrachten Waffen und sonstigen Ausrüstungsgegenstände dürften insbesondere solche Rückkehrer besonders willkommen gewesen sein[147].

Daher trafen bereits im November 1756 an den Werbeplätzen auch etliche sächsische Fahnenflüchtige ein, die anscheinend den preußischen Dienst nicht generell ablehnten, sich jedoch dem bevorstehenden harten Drill in den Regimentern von vornherein nicht aussetzen wollten. Dabei spekulierten sie angesichts der erwähnten preußischen »Pardons« auf Straffreiheit und hofften insbesondere in der Aufbauphase der neuen Freibataillone auf Anstellung in einem höheren Dienstgrad. So rechnete ein desertierter sächsischer Unteroffizier mit seiner Erhebung in den Leutnantsrang, als er sich im März 1757 bei Mayr erneut in preußische Dienste meldete[148]. Da gerade in den ersten Wochen nach der Zwangsübernahme der kursächsischen Armee in das preußische Heer noch keine organisierte Sammlung der sächsischen Deserteure erfolgte, sahen viele von ihnen offenbar im Dienst bei den Freibataillonen die naheliegendste Möglichkeit zur Sicherung ihrer Existenz im weiteren Verlauf des Krieges und zogen diese Option der bis dato ungewissen Zukunft als sächsischer Deserteur vor. Ihr Ansuchen bei den Freibataillonen erwies sich für die im Herbst 1756 desertierten Sachsen jedoch als Fehler, denn Friedrich II. ließ alle Zurückkehrenden unverzüglich wieder in ihre ursprünglichen Regimenter einreihen[149]. Dies zeigt, dass deren strukturelle Festigung und Ausbildung zu diesem Zeitpunkt oberste Priorität genoss, während man auf preußischer Seite offenbar damit rechnete, die Freibataillone aufgrund des Zulaufes aus den unteren sozialen Bevölkerungsschichten auch ohne die sächsischen Deserteure komplettieren zu können. Daher wurde Mayr auch die Anwerbung des genannten sächsischen Unteroffiziers verboten. Im Vergleich zu den regulären Regimentern nahm man auf preußischer Seite also hier bewusst Qualitätsunterschiede in Kauf.

Insbesondere das Mayersche Freikorps betrieb nach der sächsischen Kapitulation die Verfolgung und Einbringung von Deserteuren mit Akribie, sodass entlaufene sächsische Soldaten in der Erzgebirgsregion keinen ruhigen Aufenthalt hatten[150]. Mayr, so Manstein, herrsche in der Gegend »wie ein kleiner Tyran« und sei »gehaßt und gefürchtet erger wie der Satan [...] Alle Leute in der Nachbarschaft beschweren sich über seine Grobheit[151].« Dieses harte Vorgehen forderte natürlich die Opposition der Bevölkerung heraus. Die Angehörigen der Freibataillone wurden nicht nur im Allgemeinen als Soldaten »zweiter Klasse« betrachtet – ihr Kombattantenstatus also zumindest angezweifelt –, sondern beispielsweise auch von

---

147 Wernitz, Die preußischen Freitruppen, S. 87.
148 Schreiben von Mansteins an Friedrich II. aus Dippoldiswalde vom 30.3.1757. GStA, Rep. 96 Nr. 89 C1 (wie Kap. III, Anm. 275).
149 Befehl vom 19.11.1756. GStA, IV. HA, Rep. 15A, Nr. 641 (wie Anm. 14).
150 Kästner, Generalmajor von Mayr, S. 21.
151 Schreiben an Friedrich II. aus Dippoldiswalde vom 21.1.1757. GStA, Rep. 96 Nr. 89 C1 (wie Kap. III, Anm. 275).

den Österreichern öffentlich als »Mordbrenner« bezeichnet, weshalb im weiteren Verlauf des Krieges sogar Kopfgelder auf einige Führer ausgesetzt wurden[152]. Sachsen, von denen bekannt wurde, dass sie sich den Freischaren freiwillig angeschlossen hatten, wurden von ihren Landsleuten gelegentlich als »preußische Hunde« verprügelt[153]. Durch Mayrs Anwesenheit in Freiberg und später in Plauen befand sich die Bevölkerung im sächsisch-böhmischen Grenzgebiet fortan in einem Dilemma: Drohte Mayr den Dörfern in diesem Bereich mit härtesten Vergeltungsmaßnahmen, falls deren Bewohner sächsische Deserteure unterstützen sollten, kündigten die während des Winters 1756/57 von Böhmen aus mit ihren Pandurenstreifen häufig über die Landesgrenze operierenden Österreicher den Ortschaften Ähnliches an, falls diese Mayrs Anordnungen befolgen und die Deserteure den Preußen ausliefern würden[154]. Die Tatsache, dass die österreichischen Streifen von der Bevölkerung häufig an die Preußen verraten wurden, zeigt, dass sich die Einwohner trotz ihrer grundsätzlich ablehnenden Haltung dennoch bis zu einem gewissen Maße mit der gerade im Lande herrschenden Besatzungsmacht arrangierten.

4. Das Schicksal der sächsischen Offiziere

Dass der überwiegende Teil der sächsischen Offiziere, die während der Übernahmezeremonie von ihren Regimentern separiert worden waren, den von Moritz von Anhalt-Dessau angebotenen Übertritt in die Dienste des preußischen Königs rundheraus ablehnte, war sicher aus preußischer Sicht eine große Enttäuschung. Nach den erwähnten Reisen Winterfeldts hatte man doch insbesondere im sächsischen Offizierkorps auf große Sympathien gehofft.

Da die sächsischen Offiziere mit dem Personal und dem inneren Gefüge der zwangseingestellten Regimenter vertraut waren, musste es natürlich im preußischen Interesse liegen, möglichst viele von ihnen zum Seitenwechsel zu bewegen. Nach Rutowskis Berichten versuchte man daher, die gefangenen sächsischen Offiziere durch »Glimpf, inductiones und grosse Versprechungen, ja selbst durch Drohungen zu bewegen, Preussische Dienste zu nehmen«[155]. Dabei muss allerdings berücksichtigt werden, dass sich der Feldmarschall zum Zeitpunkt der Kapitulation nicht mehr bei seinem Heer befand. Folglich können seine Berichte über angebliche preußische Zwangsmaßnahmen also lediglich auf Schilderungen Dritter basieren.

Zu den genannten Versprechungen gehörten auf jeden Fall die Garantie der ordentlichen Besoldung sowie mindestens der Beibehaltung des Dienstgrades. Angesichts der chronischen Mängel des sächsischen Heeres am Vorabend des

---

152 Wernitz, Die preußischen Freitruppen, S. 27.
153 Ebd., S. 20.
154 Kästner, Generalmajor von Mayr, S. 21.
155 Zit. nach Vitzthum von Eckstädt, Die Geheimnisse des sächsischen Cabinets, T. II, S. 250 f.

Siebenjährigen Krieges hofften die Preußen sicher, gerade durch materielle Anreize[156] und Karrierechancen Sympathien bei den sächsischen Offizieren zu erzeugen.

Unterschiedlichen Quellen zufolge sollen 34–37 Offiziere sowie 6–12 Fähnriche übergetreten sein[157]. Da die Stärke des vor Pirna gefangenen sächsischen Offizierkorps mit etwa 600 Mann angegeben wird[158], betrug der Anteil der übergetretenen Offiziere somit im Höchstfall[159] knapp 9 Prozent.

In den zehn »neuen« Regimentern erhielten 41 Offiziere und Offizieranwärter eine neue Anstellung[160]. Darunter befanden sich zwei Oberste, vier Majore, acht Hauptleute[161], zwanzig Leutnante[162], sechs Fähnriche und ein Kadett. Hierbei ist insbesondere der hohe Anteil der Leutnantsränge auffällig. Während die übergetretenen Hauptleute/Kapitäne den bedeutenden Schritt zum Stabsoffizier (Major) und die Fähnriche den Eintritt in die Offiziersränge (Leutnant) vollziehen konnten, bot die mit dem Übertritt einhergehende Aussicht auf Beförderung vor allem den Subalternoffizieren die Möglichkeit zum unerwartet raschen Aufstieg in die Dienstgradgruppe der Hauptleute. Dies bedeutete nicht nur ein ungleich größeres Prestige, sondern auch ein viel höheres Maß an materieller Sicherheit. Gemeinhin gewährten auf der »Karriereleiter« erst der Dienstgrad eines Hauptmannes oder Rittmeisters in Verbindung mit einer Verwendung als Kompanie- oder Schwadronchef ein gewisses Maß an materieller Solidität[163]. Daher bildeten die sächsischen Leutnante gewissermaßen die primäre »Zielgruppe« preußischer Lockungen.

Tatsächlich hielt man auf preußischer Seite die Zusicherungen hinsichtlich des »Avancements« auch ein. Nach dem Übertritt wurden 19 Leutnante zu Hauptleuten, fünf Hauptleute zum Major sowie sechs Fähnriche zum »Premier-Leutnant« ernannt. Die übergetretenen Stabsoffiziere behielten ihren militärischen Rang bei, nur in einem Fall ist die Übernahme eines Majors als Hauptmann nachgewiesen[164].

---

[156] Hierbei sollte auch der Aspekt der finanziellen Absicherung im Alter in Betracht gezogen werden. Sikora, Disziplin und Desertion, S. 267 f.

[157] Vitzthum von Eckstädt spricht von 35 Offizieren, Aster und Höhne geben 53 an (wovon 37 »wirkliche« Offiziere sind, die Übrigen Fähnriche und Cornets). Die Angabe der preußischen »Liste derer officiers, von den aus den sächsischen Gefangenen errichteten 10 neuen Regimentern« beläuft sich wiederum auf 34 Offiziere und 6 Fähnriche. Vitzthum von Eckstädt, Die Geheimnisse des sächsischen Cabinets, T. II, S. 251; Höhne, Die Einstellung der sächsischen Regimenter in die preußische Armee, S. 86; Aster, Beleuchtung der Kriegswirren, Beilage Nr. 14; GStA, BPH, Rep. 47 König Friedrich II., Nr. 653: »Liste derer officiers, von den aus den Sächs. Gefangenen errichteten 10 neuen Regimentern.«

[158] Aster, Beleuchtung der Kriegswirren, Beilage Nr. 15, Höhne, Die Einstellung der sächsischen Regimenter in die preußische Armee, S. 86.

[159] 53 Übertritte.

[160] Über die wahrscheinliche Anstellung übergetretener sächsischer Offiziere im preußischen Heer außerhalb der zehn Regimenter konnten keinerlei Hinweise gefunden werden. GStA, BPH, Rep. 47 König Friedrich II., Nr. 653 (wie Anm. 157).

[161] Hierbei sind die Kapitäne und Stabskapitäne zusammengefasst.

[162] Hierzu zählen sowohl die »Premier-« als auch die »Seconde-Leutnante«.

[163] Zur Übernahme einer Kompanie als materielle und soziale »Chance« Groehler, Das Heerwesen, S. 52, 59, 62; Bleckwenn, Unter dem Preußen-Adler, S. 152 ff.; R. Bleckwenn, Zelt und Lager, S. 223; Büsch, Militärsystem und Sozialleben, S. 86.

[164] GStA, BPH, Rep. 47 König Friedrich II., Nr. 653 (wie Anm. 157).

Im Hinblick auf den Bedarf an Führerpersonal in den zehn Regimentern[165] lässt sich für die Gruppe der Offiziere und -anwärter wiederum vereinfacht festhalten, dass das Offizierkorps dieser Verbände nach der Übernahme in preußische Dienste zu etwa 7–11 Prozent aus ehemals in sächsischen Diensten befindlichen Offizieren[166] bestand. Hinsichtlich ihrer regionalen Herkunft befanden sich unter den Übergetretenen jedoch nur 25–32 Prozent gebürtige Sachsen und etwa 50 Prozent Preußen. Hinzu kamen noch etliche Offiziere aus anderen Staaten[167].

Die Preußen konnten natürlich mit den wenigen sächsischen Offizieren nicht alle entsprechenden Stellen in den übernommenen Regimentern besetzen. Jedes Regiment erhielt daher auch preußische Offiziere zugeteilt[168]. Zum Zwecke der Auffüllung der vakanten Dienstposten ernannte Friedrich II. noch am 18. Oktober ohne Rücksicht auf Adelszugehörigkeit und Herkunft alle zwangsrekrutierten sächsischen Unteroffiziere zu Subalternoffizieren auf Bewährung sowie die Fahnenjunker zu Fähnrichen und ließ sie auf preußische Kosten entsprechend ausstatten[169]. Zum »Seconde-Leutnant« wurden 183 Unteroffiziere, zum Fähnrich 29 Unteroffiziere und 56 Korporale ernannt.

Den Unteroffizieren eröffnete die Heeresvermehrung somit auch in Zukunft gute Aufstiegschancen als Offizier innerhalb der neuen Regimenter[170]. Dies hatte ähnlich positive Auswirkungen auf Karriere und sozialen Status, wie es bereits hinsichtlich der Sergeanten beschrieben wurde, welche die sächsischen Bataillone aus dem preußischen Dienst nach Polen führten. Wem es als übergetretenem oder neu befördertem sächsischen Offizier jedoch nicht gelingen sollte, in den Regimentern die Gunst und das Vertrauen seiner Vorgesetzten zu erwerben, dem blieb die bereits erwähnte Möglichkeit des Dienstes in den Freibataillonen. Dort wurden »Ausländer« gern angenommen und ihnen oftmals raschere Aufstiegsmöglichkeiten geboten als in den regulären Regimentern. Hatte ein preußischer Stabsoffizier in der Regel das fünfzigste Dienstjahr bereits überschritten, konnte ein fähiger Offizier in den Freiformationen durchaus in einem Alter von 42 Jahren in die Generalität erhoben werden. Gerade diese Verbände verzeichneten in den folgenden Jahren einen relativ hohen Anteil ehemals sächsischer Offiziere[171].

Eine zukünftige Rückkehr in kursächsische Dienste war für die »Überzeugungstäter«, wie Hans Bleckwenn die freiwillig in den preußischen Dienst gewechselten Offiziere bezeichnet, aufgrund der geschlossenen Haltung des sächsischen

---

[165] Pro Regiment wurden benötigt: 1 General (von der preußischen Armee gestellt), 4 Stabsoffiziere, 9 Hauptleute, 19–32 Leutnante (3–8 »Premier-Leutnante«, 16–24 »Seconde-Leutnante«), 10–14 Fähnriche. GStA, BPH, Rep. 47 König Friedrich II., Nr. 653 (wie Anm. 157).

[166] Die in die Offiziersränge beförderten sächsischen Unteroffiziere sind hier nicht mit berücksichtigt.

[167] Höhne erwähnt 17 Sachsen, 1 Polen, 27 Preußen, 2 Kurländer, 1 Schweizer sowie 1 Holsteiner. Höhne, Die Einstellung der sächsischen Regimenter in die preußische Armee, S. 86.

[168] Schuster/Francke, Geschichte der Sächsischen Armee, T. II, S. 94.

[169] Höhne, Die Einstellung der sächsischen Regimenter in die preußische Armee, S. 87; Tagebuch eines Preußischen Offiziers, S. 346 f.; Schreiben Friedrichs II. aus Dresden vom 27.11.1756 an Wobersnow. GStA, IV. HA, Rep. 15A, Nr. 641 (wie Anm. 14).

[170] GStA, BPH, Rep. 47 König Friedrich II., Nr. 653 (wie Anm. 157); Büsch, Militärsystem und Sozialleben, S. 94.

[171] Wernitz, Die preußischen Freitruppen, S. 45 ff., 48.

Offizierkorps sicher nicht ohne Konsequenzen für die persönliche Ehre möglich. Eine Flugschrift betonte im Hinblick auf die Überläufer, man würde sie in Sachsen genau »anmerken« und bei einer eventuellen Rückkehr müssten sie »erst den Schandfleck ihrer Niederträchtigkeit abzuwehren haben, ehe wir sie für Landsleute erkennen«[172]. Entsprechend waren sie gezwungen, den Dienst im preußischen Heer, wo sie durchaus Karrierechancen besaßen, mit großem Engagement zu versehen. Überzeugt von der »absoluten Vorrangigkeit des preußischen Dienstes« avancierten beispielsweise die ehemals sächsischen Offiziere Carl Friedrich von Wolfersdorf und Ernst Julius von Koschembahr später zu preußischen Regimentschefs[173]. Wolfersdorf wird im Zusammenhang mit seiner späteren Rolle als Chef als eine überragende Persönlichkeit beschrieben. Demzufolge muss er seinen Dienst mit großer Hingabe versehen haben[174].

Friedrichs besonderes Augenmerk galt von Beginn an dem Offiziernachwuchs. Die sächsische Kadettenkompanie besaß bereits seit der Kommandantur des Feldmarschalls Graf von Wackerbarth (1718–1734) einen europaweiten Ruf, den sein Nachfolger Kurprinz Friedrich Christian durch straffe Führung weiter zu festigen suchte. Während des Zeithainer Lagers hatte folglich auch einer der ersten Besichtigungswünsche des »Soldatenkönigs« den sächsischen Kadetten gegolten. Auch der »Alte Dessauer« hatte nach dem Sieg bei Kesselsdorf und der Einnahme Dresdens 26 sächsische Kadetten nach Berlin bringen und in preußische Truppenteile »unterstecken« lassen[175]. Friedrich II. sah nun seinerseits die Möglichkeit, dieses zukünftigen Führerpersonals habhaft zu werden. Wie bereits erwähnt, sollte das Kadettenkorps ursprünglich von der Kapitulation ausgenommen werden. In Verhandlungen am 18. Oktober 1756 zwischen den Generälen Moritz August von Spoercken und Winterfeldt wurde zunächst die Neutralität der Festung Königstein vereinbart, wo sich die Kadetten zu diesem Zeitpunkt befanden. Da sie jedoch nicht zu den eigentlichen Garnisonstruppen gehörten, beharrte die preußische Seite hartnäckig auf einer Auslieferung der Offizieranwärter, die in der Neutralitätskonvention beschlossen worden war[176]. Allerdings gelang es den sächsischen Offizieren offenbar, einen Großteil der Kadetten dem Zugriff des preußischen Königs zu entziehen. Dieser fand lediglich noch etwa die Hälfte der Kadettenkompanie auf dem Königstein vor und war über die sächsische List geradezu »rasend«[177]. Ein Protestschreiben Friedrich Christians bewirkte schließlich, dass von

---

[172] Flugschrift »Das System und Verfahren Preußens oder Briefe eines Sächsischen Generals an einen Schlesischen Edelmann, unter der preußischen Armee.« 1757. Zit. nach Höhne, Die Einstellung der sächsischen Regimenter in die preußische Armee, S. 131 f.

[173] Bleckwenn, Die friderizianischen Uniformen, Bd 4, S. 74. Carl Friedrich von Wolfersdorf war von 1763 bis 1782 Chef des Infanterieregiments Nr. 9, Ernst Julius von Koschembahr kommandierte das Infanterieregiment Nr. 1 zwischen 1768 und 1776. Dorn/Engelmann, Die Infanterieregimenter, S. 14, 30; Kloosterhuis, Zwischen Garbeck und Lobositz, S. 87.

[174] Dorn/Engelmann, Die Infanterieregimenter, S. 30.

[175] Heckner, Geschichte des Königlich Sächsischen Kadettenkorps, S. 150.

[176] Punkt 2 der Neutralitätskonvention vom Königstein. SHStA, Loc. 10990: »Ein Fascicel ...« (wie Kap. III, Anm. 35).

[177] Tagebucheintrag Friedrich Christians vom 18.–19.10.1756. Zit. nach Schlechte, Das geheime politische Tagebuch des Kurprinzen, S. 319 f.

diesen noch die 30 Jüngsten freigelassen wurden. Acht Kadetten polnischer Herkunft wurden ebenfalls nicht in das preußische Heer übernommen. Insgesamt behielten die Preußen von ursprünglich zwischen 150 und 155 Kadetten weniger als ein Drittel[178]. Auch wenn er nicht aller Kadetten habhaft werden konnte, hatte der König von Preußen durch die Auflösung des Kadettenkorps eines erreicht: das Fehlen einer Generation aufwendig ausgebildeter militärischer Führer in einer zukünftigen sächsischen Armee. Dieser Mangel an älteren Kadetten, welche die jüngeren Kameraden anleiten konnten, machte sich nach 1763 erwartungsgemäß bemerkbar.

Die 30 jüngsten Kadetten konnten im weiteren Verlaufe des Krieges nur unter äußerst unbefriedigenden Lernbedingungen und auf private Kosten des Kurprinzen in Dresden notdürftig unterrichtet werden[179]. Den Kadetten, die sich der Zwangsübernahme entzogen hatten, blieben in den kommenden Jahren lediglich als Möglichkeiten, sich auch fernerhin verborgen zu halten oder sich dem sächsischen »Sammlungswerk« anzuschließen. Dazu sollten die älteren Kadetten auf Drängen Rutowskis möglichst rasch in den Leutnantsrang erhoben werden, um dann mit Hilfe des erwähnten »Revers« zumindest nicht mehr dem König von Preußen, sondern allenfalls seinen Gegnern zur Verfügung zu stehen. »Um ihn vor der preußischen Werbung sicher zu stellen«, wurde daher beispielsweise einem Fahnenjunker »ohngeachtet um derselben kein officiers Patent hat [...] erlaubet, eine officiers montur und porte epée zu tragen, wodurch er die Gelegenheit erhalten, vor einen officier zu passiren und in dieser qualität oesterreichische Dienste zu erhalten«[180].

Während er auch Mitte Dezember 1756 noch immer auf der Suche nach 41 sächsischen Kadetten war[181], schenkte Friedrich II. den wenigen übernommenen Offizieranwärtern seine besondere Aufmerksamkeit. Sie sollten rasch zu tüchtigen Offizieren erzogen und der »sächsische Schlendrian«[182] sollte endgültig ausgemerzt werden. Schon bald nach der Kapitulation hatte sich der König mit Prinz Heinrich »in denen Casernen eingefunden und die Soldaten Knaben vor sich paradiren und exerciren lassen, auch die Schlaff-Kammern derenselben und die übrige Einrichtung in Augenschein genommen, über die ganze Institution aber ein besonderes Wohlgefallen bezeiget«[183].

Alle übrigen sächsischen Offiziere, die einen Übertritt in das preußische Heer verweigerten, mussten eine Erklärung unterzeichnen, die lautete:

»Ich engagire mich hiermit auf das verbindlichste und auf meine Parole d'honneur, daß auf Ihro Königl. Maj. in Preußen allergnädigste Ordre ich mich allermahl wenn und wohin höchstdieselben es befehlen werden zu stellen, ins besondere aber mich in kei-

---

[178] Höhne spricht von 39, Friedrich Christian in seinem Tagebuch von 36 Kadetten. Eintrag vom 18.–19.10.1756. Schlechte, Das geheime politische Tagebuch des Kurprinzen, S. 319 f.; Höhne, Die Einstellung der sächsischen Regimenter in die preußische Armee, S. 87.

[179] Heckner, Geschichte des Königlich Sächsischen Kadettenkorps, S. 152 ff.

[180] Schreiben vom 3.7.1760 an Rutowski. SHStA, Generalfeldmarschallamt, Loc. 10990: »An Sr. des Herrn Premier-Ministre Graffen Brühl Excellenz 1747–1760«.

[181] Aktennotiz. GStA, IV. HA, Rep. 15A, Nr. 641 (wie Anm. 14).

[182] Höhne, Die Einstellung der sächsischen Regimenter in die preußische Armee, S. 88.

[183] Anzeige an die Königin vom 29.11. bis 4.12.1756. SHStA, Nr. 677 (wie Anm. 103).

nen andern Militair- und Civil-Dienste oder Negotiation sie habe Nahmen wie sie wolle, weder directement noch indirectement gebrauchen laßen, sondern mich viel mehr an dem mir angewiesenen Orte ruhig halten will, bis höchstgedachte Ihro Königl. Majestät in Preußen über mich anderweit allergnädiglich disponiren werden und will mich allemahl einstellen, wo ich hingefordert werde[184].«

Diesen Offizieren war mit Unterzeichnung prinzipiell jeglicher militärische und zivile Staatsdienst verboten. Ähnlich wie ihre Soldaten wechselten sie hierdurch jedoch nicht in den Status von Kriegsgefangenen, sondern gaben lediglich ihr Ehrenwort, keine für Preußen nachteiligen Dienste anzunehmen. Folglich war Friedrich II. auch nicht für die Versorgung dieser Offiziere zuständig, weil sich diese juristisch gesehen auch fortan noch in sächsischen Diensten befanden. Da die sächsische Seite aber noch weniger zu ihrem Unterhalt beitragen konnte, bestanden die Perspektiven vor allem für die weniger vermögenden Offiziere lediglich im unehrenhaften Übertritt in die preußische Armee, in dem Bruch ihres Eides gegenüber Friedrich II. durch die Flucht aus Sachsen beziehungsweise durch die Annahme fremder Dienste oder aber in einem Leben in Armut[185]. Sicher waren es daher nicht zuletzt Perspektivlosigkeit und Zukunftsängste, die einige der Offiziere unmittelbar nach der Kapitulation in preußische Dienste treten ließen.

Doch nicht nur die Sorgen um existenzielle Grundlagen lasteten in den Monaten nach der Kapitulation auf den sächsischen Offizieren. Hinzu kamen Beschuldigungen und Verdächtigungen gegen die sächsische Generalität aus dem »Publikum«, den höheren gesellschaftlichen Kreisen. Besonders der in Dresden verbliebene »junge Hof« um den Kurprinzen ging in den Tagen der Kapitulation hart mit den hohen Militärs ins Gericht. Das Heer hätte, gut geführt, »Wunder vollbracht«, es wäre mutig und stark genug zum Ausbruch gewesen, wurde dort gemunkelt[186]. Allein die zaudernden Generäle hätten einen sächsischen Erfolg verhindert[187]. Worte wie »Entsetzen« und »Hochverrat« machten schnell die Runde[188]. Von seinem Generalstab im Stich gelassen, habe sich einzig sein Vater, der König-Kurfürst, »in einer ihm würdigen Weise« benommen, so die Meinung Friedrich Christians[189]. Auch ein Empfang der gesamten Generalität und eine Unterredung mit Rutowski konnten ihn nicht umstimmen. Die vom Feldmarschall in einem langen Gespräch vorgestellten Punkte der Kapitulation bezeichnete er sinngemäß als »kurz und schwach«. Das zögerliche Handeln des Feldmarschalls, seine Offenheit gegenüber den Ratschlägen der ihm unterstellten Generäle, insbesondere des »Chevalier de Saxe« und des Barons von Dyherrn, sah Friedrich Christian in seinen Misserfolgen in den vorangegangenen Kriegen, vor allem wohl in der Katastrophe

---

184 SHStA, Loc. 10990: »Ein Fascicel ...« (wie Kap. III, Anm. 35).
185 Höhne, Die Einstellung der sächsischen Regimenter in die preußische Armee, S. 128.
186 Tagebucheintrag Friedrich Christians vom 17.10.1756. Zit. nach Schlechte, Das geheime politische Tagebuch des Kurprinzen, S. 318 f.
187 Vitzthum von Eckstädt, Die Geheimnisse des sächsischen Cabinets, T. II, S. 280 ff.
188 Tagebucheintrag Friedrich Christians vom 29.–30.10.1756. Zit. nach Schlechte, Das geheime politische Tagebuch des Kurprinzen, S. 326.
189 Tagebucheintrag Friedrich Christians vom 16.10.1756. Zit. nach Schlechte, Das geheime politische Tagebuch des Kurprinzen, S. 318.

von Kesselsdorf, begründet[190]. Es war sicher auch eine Anspielung auf das Verhalten der sächsischen Generäle, wenn Kurprinz Friedrich Christian später den Tod des preußischen Feldmarschalls Schwerin vor Prag den eines »wahren Helden« bezeichnete[191]. Auch entspann sich zwischen Graf Brühl in Warschau und dem sehr um seine Reputation bedachten Rutowski ein reger, stark emotional geprägter Briefwechsel. Diskutiert wurde darin erwartungsgemäß die Frage der Verantwortung für die sächsische Kapitulation. Brühl erhob im Namen seines Landesherrn harte Vorwürfe gegen die militärische Führung und sprach gar von einer »schändlichen Kapitulation«[192]. Rutowski verwies in seinen Rechtfertigungen nochmals auf die Aussichtslosigkeit des Kampfes, auf die tieferliegenden logistischen Ursachen der Niederlage. »Ich bekenne«, schrieb er, »dass die Vorwürfe [...] mir das Herz zerreißen. Wenn es etwas gäbe, was mich in meinem Unglück trösten könnte, so ist es die Ueberzeugung von der Unmöglichkeit, in der ich mich befunden, den Naturgesetzen, der Uebermacht und dem Hunger zu widerstehen[193].« Außerdem erschien im Dezember 1756 im damals dänischen »Altonaer Post-Reuter« und im »Hamburger Correspondenten« wahrscheinlich auf Initiative Brühls[194] eine angebliche Anzeige des Königs von Polen, in der er sich zu den Umständen der Kapitulation am Lilienstein äußerte[195].

Dazu gilt es zunächst festzuhalten, dass der Siebenjährige Krieg stark zur Nachfrage nach Informationen und Presseerzeugnissen beitrug. Die »Zeitungssucht« war wesentlicher Bestandteil des Herausbildens einer politischen Öffentlichkeit. Untersuchungen haben ergeben, dass Meldungen über die kriegführenden Mächte die Berichterstattung dominierten. Mit Abstand folgten Nachrichten von den eigentlichen Kriegsschauplätzen. Als ein nur oberflächlich neutrales Medium spielten die Tageszeitungen in der Propaganda der Höfe eine große Rolle[196]. Auch die beiden genannten Tageszeitungen, die später zu den am meisten verbreiteten Periodika[197] gehörten und die man eigentlich aufgrund ihrer »Unparteilichkeit« sowie der Qualität der enthaltenen Beiträge gern in den gelehrten oder höfischen Kreisen Europas las, wurden anscheinend für propagandistische Zwecke instrumentalisiert.

---

[190] Tagebucheintrag Friedrich Christians vom 20.10.1756. Zit. nach Schlechte, Das geheime politische Tagebuch des Kurprinzen, S. 320 f.

[191] Tagebucheintrag vom 8.5.1757. Zit. nach Schlechte, Das geheime politische Tagebuch des Kurprinzen, S. 67.

[192] Königliches Reskript vom 3.11.1756. Zit. nach Vitzthum von Eckstädt, Die Geheimnisse des sächsischen Cabinets, T. II, S. 284.

[193] Schreiben Rutowskis an Brühl vom 15.11.1756. Zit. nach Schlechte, Das geheime politische Tagebuch des Kurprinzen, S. 283 ff.

[194] Vitzthum von Eckstädt, Die Geheimnisse des sächsischen Cabinets, T. II, S. 297 f.

[195] Der Inhalt der Zeitungsartikel wurde zudem in der Schrift »Beschwerden Sr. Königl. Maj. in Polen über das Betragen der sächsischen Generalität bey der Übergabe der Armee« wiedergegeben. Von den in Leipzig verkauften Exemplaren konnten 49 ermittelt werden, welche »auf höchste Veranlassung« im Februar 1757 durch die Bücherkommission wieder eingezogen wurden. Kobuch, Zensur und Aufklärung, S. 153 f.

[196] Gestrich, Das Wienerische Diarium, S. 73 ff.

[197] 1806 war der »Hamburgische Correspondent« größte europäische Zeitung. Demel, Reich, S. 154.

So erfuhr ein großes und einflussreiches Publikum aus den genannten Artikeln von der wahren »Großmuth und Standhaftigkeit« des sächsischen Monarchen sowie der »Zaghafft- und Nachlässigkeit« seiner Generäle[198]. Das Bekanntwerden dieses Artikels löste innerhalb der Generalität größte Empörung aus. Diese Nachrichten »wecken in mir die äußerste Betrübnis und Empfindlichkeit, mit der Entschließung, diese Sache aufs äußerste zu treiben, und unsere Ehre und conduite [= Betragen] vor einem unpartheyischen Kriegs-Rechte zu retten«, schrieb Rutowski am 10. Januar 1757 an Generalleutnant Minckwitz[199]. Die übrigen Generäle reagierten ähnlich gekränkt[200]. Aufgrund der Beschwerden Rutowskis wurde schließlich »auf höchstgedachter Ihro Königl. Majestät ausdrücklichen Befehl [...] declarirt, daß besagter ganzer Articul wider Deroselben Wissen und Willen denen Zeitungen einverleibet worden«. Interessanterweise wurde damit zwar eine weitere Veröffentlichung verboten, inhaltlich distanzierte sich der sächsische König-Kurfürst jedoch nicht von den Artikeln. So blieb für sämtliche sächsischen Generäle der unangenehme Eindruck bestehen, dass ihr Herrscher unter dem Einfluss eines »böswilligen Wesens«[201] stand, das gegen die militärische Führung hetzte. Rutowski vermutete, der ganze Vorgang sei »auf Befehl« geschehen, August III. selbst erschien ihm allerdings als »viel zu gerecht«, um eine derartige Kampagne zu lancieren[202]. Generalmajor Heinrich Vitzthum von Eckstädt mutmaßte gar, dass der sächsische König-Kurfürst so lange kein realistisches Bild von der Situation am Lilienstein besitzen werde,

»so lange der mündliche Vortrag immediate nicht dem alle Zeit zugestanden wird, dem er zu thun gebühret. Ich will nicht sagen, dass der Verfasser der [...] Relation die begangenen Fehler, durch Beschuldigung der Generalität Ihro Majestät aus den Augen ziehen will. Es scheint aber doch, dass derselbe gewünscht, dass Niemand von der Armee übrig sein möchte, welcher die unnatürlichen Bewegungsgründe, warum von Jahr zu Jahr die Armee verringert, denen Offizieren die verdienten Besoldungen entzogen, und mit nie erhörten Auflagen erschweret, die Magazine verkaufen heissen, und Ihro Majestät dem König alle Mittel aus den Händen gewunden, womit Allerhöchst sich selbst Ihro famille und Ihro Erblande beschützen und vertheidigen können, beleuchten möge[203].«

Waren die Umstände der Kapitulation bereits tragisch, so stellte für die gegenüber ihrem wenig charismatischen Monarchen sehr loyal erscheinenden und auch beinahe geschlossen im sächsischen Dienst verbliebenen Generäle der drohende Verlust der königlich-kurfürstlichen Gunst und Gnade, mehr aber noch der der persönlichen Ehre das größte Unglück dar. Der Briefwechsel untereinander und

---

198 »Copia eines Schreibens des Grafen Rutowski an den Graf v. Brühl 8. Jan. 1757«. ÖStA/KA, Alte Feldakten – 1757, Siebenjähriger Krieg, Hauptarmee I 26; SHStA, Loc. 10990: »Ein Fascicel ...« (wie Kap. III, Anm. 35).

199 SHStA, Loc. 10990: »Ein Fascicel ...« (wie Kap. III, Anm. 35).

200 Vitzthum von Eckstädt, Die Geheimnisse des sächsischen Cabinets, T. II, S. 297 ff.

201 Schreiben Rochows vom 25.2.1757. Zit. nach Vitzthum von Eckstädt, Die Geheimnisse des sächsischen Cabinets, T. II, S. 306 f.

202 »Copia eines Schreibens des Grafen Rutowski an den Graf v. Brühl 8. Jan. 1757«. ÖStA/KA, Alte Feldakten – 1757, Siebenjähriger Krieg, Hauptarmee I 26.

203 Schreiben vom 24.1.1757. Zit. nach Vitzthum von Eckstädt, Die Geheimnisse des sächsischen Cabinets, T. II, S. 313 f.

die Absendung von Rechtfertigungsschreiben nach Warschau zogen sich bis weit in das Jahr 1757 hin. Ob August III. von Brühl über alle diese Schreiben in Kenntnis gesetzt wurde, erscheint fraglich. Fest steht, dass es etwa seit Mitte 1757 wieder zu einer allmählichen Verbesserung des Verhältnisses zwischen dem Hof in Warschau und den sächsischen Generälen kam. Dies war nötig, denn bereits Ende des Jahres 1756 wurde auch die Versorgung der sächsischen Generalität aus preußischen Geldern, die eigentlich in der Kapitulationsurkunde vereinbart worden war, eingestellt. Friedrich II. begründete diesen Schritt mit den ersten Übertritten sächsischer Soldaten in das österreichische Heer. Demzufolge sollte August III. von den Subsidien Maria Theresias nun auch seine Generäle selbst entlohnen. Obwohl sich Rutowski noch mehrfach persönlich für sie einsetzte, erhielten diese vorerst überhaupt kein Geld mehr. In Warschau verwies man beständig auf die eigene Zahlungsunfähigkeit, während Friedrich II. die Artikel der Kapitulation zu seinen Gunsten auslegte. Nicht die Offiziere, die »fortan dienen« würden, sollten seiner Meinung nach weiter entlohnt werden, sondern diejenigen, die »ihm fortan dienen« würden[204]. Im Endergebnis erhielten die sächsischen Generäle auch weiterhin kein Geld. Im Übrigen wurden sie verpflichtet, den »Revers«, der eigentlich nur für die Offiziere gelten sollte, ebenfalls zu unterzeichnen[205]. Hierdurch verblieben sie jedoch wie die übrigen Offiziere formal in sächsischen Diensten, weshalb ihre Versorgung auch weiterhin nicht in preußischer Verantwortung lag. Erst nach Abschluss des Subsidienvertrages mit Frankreich konnte ihnen von den monatlichen 100 000 Livres, die für die Gestellung des Xaverschen Korps in die leeren Dresdner Kassen flossen, eine bescheidene Entlohnung gewährt werden[206]. Als Alternative stellte sich einzig der Anschluss an das »Sammlungswerk« dar.

Da diejenigen Offiziere unterhalb der Generalsränge, die in sächsischen Diensten verblieben und von Friedrich II. gewissermaßen »ruhiggestellt« wurden, während der Winterquartiere oftmals den Kontakt zu ihren ehemaligen Soldaten suchten und sie dem preußischen Dienst abspenstig machten, ließ der preußische König im Frühjahr 1757 ihre Bewegungsfreiheit erheblich beschränken. Er befahl Moritz von Anhalt-Dessau, alle sächsischen Offiziere für die Dauer des Krieges »sonder Unterscheidt [...] nach einem von den folgenden 4 Orthen, nemlich 1 Eisleben, 2 Lübben, 3 Guben, 4 Wittenberg« gehen zu lassen, und sich »alda sodan beständig aufhalten, auch sonder Meine speciale schriftliche permission von dar nicht rühren noch weg gehen sollen«[207]. Später sollten die in Wittenberg konzentrierten Offiziere noch nach Niemegk und Gommern verlegt werden[208]. Mit dem Aufenthalt in den genannten Orten rückten die Offiziere nicht nur geografisch an die Peripherie Sachsens oder in eine seiner Exklaven wie etwa die Grafschaften Barby (Gommern) und Mansfeld (Eisleben). Auch im Hinblick auf die ehemalige sächsische Armee gerieten sie damit gewissermaßen aus dem Mittelpunkt des Ge-

---

[204] Vitzthum von Eckstädt, Die Geheimnisse des sächsischen Cabinets, T. II, S. 287–289.
[205] Schuster/Francke, Geschichte der Sächsischen Armee, T. II, S. 97.
[206] Große, Prinz Xaver von Sachsen, S. 67.
[207] Befehl vom 24.2.1757. Zit. nach Preitz, Prinz Moritz von Dessau, S. 38 f.
[208] Aktennotiz vom 9.4.1757. GStA, IV. HA, Rep. 15A, Nr. 641 (wie Anm. 14).

schehens, wodurch ihre Einflussnahme unterbunden wurde. Die Folge der Weisung war zunächst eine wahre Flut an Entschuldigungen, die einerseits die ernste soziale Situation vieler Offiziere andeuten, andererseits jedoch auch ihre Opposition und Gleichgültigkeit gegenüber den Angelegenheiten der preußischen Besatzung belegen. Zumeist mussten materielle Nöte oder Kinderreichtum als Vorwand für ihre Dienstunfähigkeit dienen; viele Offiziere litten aber plötzlich auch an »schwächlicher Konstitution«, »schwerer Luftschöpfung«, »entzündetem Fuß« oder bezeichneten sich als »Hectici«. Teilweise wollten sie auch einfach nur die begonnene Kur nicht abbrechen oder »gern bei Schwiegervater und Familie bleiben«[209]. Selbst die Offiziere griffen hier also auf ein Verhaltensmuster zurück, das bis heute als typisches Phänomen (nicht nur) in Streitkräften gilt – das Vortäuschen einer Erkrankung, um sich unbeliebter Dienstverrichtungen zu entziehen oder aber sich dem Dienst gänzlich zu verweigern.

Nach einem sehr emotionalen Abschied durch die Königin-Kurfürstin[210] waren dennoch bis Mitte März etwa 500 Offiziere aller Ränge, also der überwiegende Teil des Offizierkorps, an den befohlenen Orten eingetroffen[211]. Dass sie sich trotz ihrer anfänglichen Verweigerungshaltung dem preußischen Befehl nicht dauerhaft entziehen konnten, ist ein Hinweis auf die Effizienz des preußischen Besatzungsapparates. An den befohlenen Orten wurde ihre nötigste Versorgung zunächst durch die preußische Armee sichergestellt: »Man läßt nunmehro an Ortern uns an Geld zu kommen, was wir vorher in natura genoßen und Großmuth und Vorsorge haben so gar unsere Reise Kosten darzu gezahlet«, berichtete ein sächsischer Offizier von einem der Sammelplätze[212].

Dauerhaft änderte sich hierdurch jedoch nichts am sozialen Elend zahlreicher suspendierter sächsischer Offiziere, auch wenn sich Feldmarschall Rutowski während der folgenden Kriegsjahre beständig bei Brühl für ihre Belange einsetzte. So bat er beim Premierminister um einen Ersatz für den »bey feindlichem Überfall [...] in Zwickau durch Husaren Raub Begierde erlittenen Verlust an Baarschafft und Effecten« für den Premierleutnant von Heimreich[213]. Insgesamt klagten viele »wohlmeritirte« Offiziere bei Rutowski über die »betrübte Situation«, in welche sie ohne Verschulden »aus der Dienstleistung bey der armée gesetzt wurden«[214].

Einblick in die Nöte der sächsischen Offiziere sowie die Konsequenzen einer etwaigen Missachtung des preußischen Befehls zur Sammlung gewährt der Briefwechsel des inzwischen bekannten sächsischen Generals Rochow mit dem preußischen Oberst Robert Freiherr von Lentulus. Noch etwa ein Jahr nach der Kapitu-

209 Zit. nach Preitz, Prinz Moritz von Dessau, S. 40.
210 »Extract. Schreiben eines sächsischen Offiziers an seinen Freund nach Pohlen d. d. Guben, den 12ten Mart. 1757«. SHStA, Loc. 1053/4 (wie Kap. III, Anm. 307).
211 Schuster/Francke, Geschichte der Sächsischen Armee, T. II, S. 100.
212 »Extract. Schreiben eines sächsischen Offiziers an seinen Freund nach Pohlen d. d. Guben, den 12ten Mart. 1757«. SHStA, Loc. 1053/4 (wie Kap. III, Anm. 307).
213 Schreiben des Oberst v. Graffen an Rutowski vom 16.6.1760. SHStA, Generalfeldmarschallamt, Loc. 10990: »An Sr. des Herrn ...« (wie Anm. 180).
214 Schreiben Rutowskis an Brühl vom 15.8.1756. SHStA, Loc. 10990: »An Sr. des Herrn ...« (wie Anm. 180).

lation hielt sich Rochow illegal in Naumburg auf. Dort hatte er »alle ersinnliche Vorsicht gebrauchet, um an des Königs von Preußen Mt. keine Gelegenheit zu geben, mich zu beunruhigen und diese Vorsicht ist so weit gangen, daß [...] ich nicht einemahl nach Warschau oder Dresden jemahlen geschrieben, und man meinen Nahmen in nirgend einiger Correspondence während dieser Troublen antreffen wird«. Als er in Naumburg ständig Gefahr lief, durch preußische Kommandos entdeckt zu werden und seit etwa einem Jahr »nicht das mindeste von [...] Gehalt und Tractement« erhalten hatte[215], musste sich Rochow schließlich gezwungenermaßen an Bekannte in Hessen wenden: »Ich habe mich also in Heßen [...] aufgehalten, wo ich denn nicht ermangeln können, meine Bekannten als des Prinzen von Hildburghausen Durchl.; den Prinzen Soubise und andere Generals zu sehen [...] und als den 20ten vorigen Monaths ein kleiner Rencontro bey Gotha vorgefallen, welchen ich mit zugesehen.« Dabei gerieten seine Pferde durch Unachtsamkeit in preußische Hände und seine Identität wurde bekannt. Oberst Lentulus und Moritz von Anhalt-Dessau forderten Rochow daraufhin unter Androhung des Galgens mehrfach zur Rückkehr nach Sachsen auf. In Naumburg wurde sein Portrait, wie damals üblich, an das Gebäude der Militärjustizbehörde angeschlagen. Der preußische König, so Rochow, wolle ihn »in effigie [= bildlich] aufhenken laßen«, wenn er dem Befehl nicht Folge leisten würde[216]. Joseph Friedrich, Herzog zu Sachsen-Hildburghausen und Oberbefehlshaber der Reichsarmee, protestierte nach Bekanntwerden des »Scandalums« beim Deutschen Kaiser, verurteilte das Vorgehen gegen den sächsischen General als »illegales, allen Gesetzen der Menschlichkeit und Societate zu wieder laufendes Verfahren« und befahl dem Magistrat von Naumburg »die Umhauung, Ausrottung, Zerhackung und Verbrennung des, bey der dortigen Haupt-Wacht stehenden Galgens«[217]. Den Preußen blieb daraufhin wenig Gelegenheit, den Fall Rochow weiter zu verfolgen, da dieser noch im Herbst 1757 von Brühl mit dem Oberkommando über die in österreichischen Diensten stehenden Sachsen betraut wurde[218]. Das Anschlagen von Bildern oder Namen von Deserteuren, deren man nicht habhaft werden konnte, war eine in den damaligen Armeen durchaus übliche Praxis. Der Fahnenflüchtige galt durch diesen stellvertretenden Akt gewissermaßen als vogelfrei[219].

Der Bericht des Premierleutnants von Liebenroth vom ehemaligen Regiment »Prinz Clemens« gibt ebenfalls Zeugnis von der damaligen Situation und dem Schicksal sächsischer Offiziere. Nach Unterzeichnung des »Revers« begab sich

---

[215] Schreiben Rochows an die Kurprinzessin vom 28.12.1757. SHStA, Geheimes Kriegsratskollegium, Nr. 1335 »Berichte vom geheimen Kriegsratskollegio an Ihro Königl. Majth. in Pohlen, ingleichen Anzeigen an den Churprinzen nach der Preußischen Invasion in Sachsen. Anno 1756/67«.

[216] Muth, Flucht aus dem militärischen Alltag, S. 108; Schreiben vom 14.10.1757 an Brühl aus Langensalza. SHStA, Generalfeldmarschallamt, Loc. 11005: »Correspondenz des Herrn General Baron von Rochow Excellenz mit dem Preuß. Obristen von Lentulus und die dißfalls weiter ergangenen Expeditiones wegen deßen Übernehmung des Commandos in Ungarn«.

[217] Schreiben vom 22.10.1757. SHStA, Loc. 11005 (wie Anm. 216).

[218] Schreiben Brühls an Rochow vom 30.11.1757. SHStA, Loc. 11005 (wie Anm. 216).

[219] Artikel 44 der österreichischen Kriegsartikel von 1729. Zit. nach Muth, Flucht aus dem militärischen Alltag, S. 37.

Liebenroth nach Weimar ins »Gothaische« zu seiner Familie. Kurz darauf erfolgte jedoch seine Weiterreise nach Langensalza, »wo sich viele von unsren Staabs- und Oberofficiers [wie General Rochow] während ihrer Gefangenschafft aufzuhalten entschlossen hatten«. Anscheinend begaben sich diese Offiziere in der Hoffnung auf eine baldige Verwendung bei der im Aufwuchs befindlichen Reichsarmee in den »Thüringischen Kreis« an die westliche Peripherie Sachsens oder verließen sogar das Kurfürstentum. Am 7. März 1757 ereilte Liebenroth der preußische Befehl, sich in Leipzig zu versammeln. Unmittelbar darauf ging jedoch die Weisung ein, sich in Eisleben, Wittenberg, Bautzen oder Görlitz einzufinden. »Die Bedenklichkeiten bey dem meisten Theile dieser Officiers, welche zeithero von dem König in Preußen als Kriegsgefangene nichts zu ihrer Unterhaltung bekommen hatten«, schildert Liebenroth die tiefgreifende Wirkung dieses Befehls auf die Mehrheit der sächsischen Offiziere, »waren gar nicht geringe und machten auch bey mir so einen starcken Eindruck, daß ich mich entschloß, mit Zurücklaßung von Frau und Kind [...] in die oesterreich. Lande zu reißen, allwo wir durch ferner Dienste unsren Lands-Herrn bey der dortig angestellten Sammlung der Chursächs. Trouppen unsre Treue und Eiffer beweißen konnten[220].« Liebenroth soll an späterer Stelle nochmals Zeugnis über seine geglückte »Flucht« vor den Preußen und über seine Erlebnisse in Österreich geben.

Die Treue, die der sächsische Generalstab und die Mehrheit des Offizierkorps trotz aller Entbehrungen in den Jahren des Krieges ihrem König-Kurfürsten und Herrn bewahrten, belegt durchaus einen besonderen »Esprit« der militärischen Führung Sachsens. Auf dem »nunmehro für Ehr-und ruhmbegierige Soldaten so prächtig eröfneten Schauplatze« nicht »unter dem Nahmen unsers großen Monarchen die Treue und Eyfer zeigen zu können«, empfanden viele sächsische Offiziere als tragisch:

> »Wir empfinden die Größe des Unglücks in seinem völligen Umfange in der Stärcke, wie Leute von Ehre, es nur empfinden können, wir fühlen aber auch in allen diesen Wiederwärtigkeiten einen Trost, einen Trost des ehrlichen Mannes in unserer Seele, den nichts niederschlagen und nichts rauben kann, wann wir betrachten, daß wir mit unserer Freyheit nicht unsere Treue verliehren können[221].«

So verwundert es nicht, dass viele Offiziere bereits kurze Zeit nach der Kapitulation beim königlichen Hof in Warschau anfragen ließen, »ob es die allerhöchste Aprobation Ihro Königl. Maj. [...] finden möchte, wenn selbige, des an den König von Preußen ausgestellten verhaßten Revers ohngeachtet, sich zu dem in Böhmen wieder gesammleten Sächs. Heer begeben«[222]. Brühl zerstreute jegliche moralischen Bedenken und merkte an, dass dieser erzwungene Eid angesichts der

---

[220] »Fragment meines eigenen Schicksahls nach der Gefangennehmung bey dem Lilienstein und Ankunft in Oesterreich«. SHStA, Geheimes Kriegsratskollegium, Nr. 1347: »Journale, den Siebenjährigen Krieg betr.«

[221] »Extract. Schreiben eines sächsischen Offiziers an seinen Freund nach Pohlen d. d. Guben, den 12ten Mart. 1757«. SHStA, Loc. 1053/1 (wie Kap. III, Anm. 307).

[222] Schreiben August Wilhelm Marschalls aus Erfurt an Brühl vom 22.1.1757. SHStA, Loc. 1053/4 (wie Kap. III, Anm. 307).

»Preuß. Contravenienz wider die Capitulation von Rechtswegen in keine weitere Consideration gezogen zu werden verdienet«[223].

Im März 1758, als die sächsischen Deserteure in Ungarn auf österreichische Kosten inzwischen wieder zu einem etwa 10 000 Mann starken Korps formiert waren, belief sich die Zahl der dort dienstleistenden sächsischen Offiziere auf etwa 350 bis 400[224]. Das Korps war also »mit officieren auf das reichlichste versehn«[225]. Durch den dabei in Kauf genommenen Personalüberhang mussten viele höhere Offiziere auch Tätigkeiten ausüben, die dem Aufgabenbereich ihres Dienstgrades nicht entsprachen. So erfüllten Oberstleutnante die Aufgaben von Hauptleuten, indem sie Kompanien führten. Für die Zurückgebliebenen konnte Prinz Xaver von Sachsen als Führer des Korps später zumindest teilweise eine Anstellung bei seinen Truppen oder ein Wartegeld aus österreichischen Kassen erwirken[226]. Feldmarschall Neipperg informierte im Mai 1758 den sächsischen Gesandten zu Wien, »daß die von dem marchirenden [...] Corps zurück verbleibende Supernume-rari officiers anstatt zu Cremß in Lintz untergebracht, auch zu deren Verpflegung [...] monathlich 3000 Thaler, wovon dersoselben die repartition vollkommen ü-berlassen ist [...] verabfolget werden sollen, daß nach Maaß, als diese officiers in Abgang kommen, auch die diesfällige Verpflegungs-Gebühr hin wiederum ver-mindert werde«[227]. Bemerkenswert ist in diesem Zusammenhang, dass sich nach Bekanntwerden des sächsisch-französisch-österreichischen Subsidienvertrages anscheinend noch weitere erwerbslose, von Existenznöten geplagte sächsische Offiziere, Unteroffiziere und einige Kadetten in der Hoffnung auf Anstellung aus Sachsen auf den Weg zum Korps nach Österreich machten. In die recht gefahr-volle Reise investierten sie oftmals ihr letztes Geld. Als Motivatoren spielten aber auch überzogene Erwartungen eine Rolle, die durch kursierende Gerüchte genährt wurden: »Es ist übrigens ihnen allen bey Formirung des Corps in Ungarn die Hoffnung zu officiers Plätzen gemacht [...] worden«, schilderte Xaver das Problem am Beispiel der Unteroffiziere und Kadetten[228]. Bereits Anfang April schrieb auch Flemming diesbezüglich von »unvermutheten imitationes« und bat den sächsischen Hof um Hilfe. Viele der »in Sachßen bisher zurück gebliebene officiers« seien

> »von da ausgegangen, um sich hierher [= nach Österreich] zu begeben [...] Hier langen
> vor selbigen über Böhmen und Regenspurg täglich immer mehr an. Allein die Verpfle-
> gung und Versorgung so man ihnen bey ihrem Aufbruch aus Sachßen versichert, nicht
> vor sich finden, das wenige aber so sie gehabt kaum zu den Reise Kosten zu gelangt; so
> läßt sich nicht genug beschreiben wie [...] halb verzweifelnd sie sich beklagen [...] sie
> sich auf die Arth um so mehr vollends gantz trost-und hülfflos sähen, weil sie nicht
> einmahl nach Sachßen zurück zu kehren nun mehr weiter wagen dürffen.«

---

[223] Schreiben Brühls an Rochow vom 30.11.1757. SHStA, Loc. 11005 (wie Anm. 216).
[224] Großes Angaben ergeben addiert eine Summe von etwa 350 Offizieren, eine Archivquelle spricht hingegen von einem ca. 400 Mann starken Offizierskorps. Große, S. 32; »Etat« der in französi-schen Dienst übernommenen Truppen. SHStA, Loc. 1053/4 (wie Kap. III, Anm. 307).
[225] Schreiben Flemmings an Brühl aus Wien vom 7.4.1758. SHStA, Loc. 1053/4 (wie Kap. III, Anm. 307).
[226] Große, Prinz Xaver von Sachsen, S. 32 f.; Schimpff, Das Sammlungswerk, S. 50.
[227] Schreiben an Flemming vom 24.5.1758. SHStA, Loc. 1053/4 (wie Kap. III, Anm. 307).
[228] Schreiben an den König vom 30.1.1759 aus Versailles. SHStA, Loc. 1053/4 (wie Kap. III, Anm. 307).

Gemäß Brühls Anweisungen sollten diese Offiziere nach Möglichkeit auch aus den französischen Subsidien notdürftig besoldet werden und »sich an Orthe, wo sie am wohlfeilsten sich zu erhalten gedenken, verfügen«[229]. Trotz der weiterhin bestehenden materiellen Probleme bot das Korps des Prinzen Xaver in französischen Diensten vielen Offizieren zumindest wieder eine Perspektive und eine sinnvolle Verwendung. Während der Einsätze dieser Truppe im weiteren Verlauf des Siebenjährigen Krieges gelang es etlichen von ihnen, die oftmals durch Verluste in Gefechten frei gewordenen Stellen zu besetzen.

Ungeachtet der entbehrungsreichen sozialen Situation, in die wohl vor allem die Offiziere der niedrigen Ränge nach der Kapitulation gerieten, scheint der sächsische Offizier des Siebenjährigen Krieges in einem Spannungsfeld aus verletzter Ehre, Loyalität sowie der Verantwortung für den Unterhalt seiner Familie der Verpflichtung gegenüber seinem Landesvater und Dienstherrn die größte Bedeutung beigemessen zu haben. Nach der Vernachlässigung der Zahlungspflicht durch die Preußen geschah seine Dienstnahme beim »Sammlungswerk« oder in Prinz Xavers Korps sicher auch, um das eigene Überleben oder das der Familie sicherzustellen. Ähnlich geschlossen, wie sich das Offizierkorps dem Übertritt in die preußische Armee verweigerte, suchte es jedoch in einem neuen Dienstverhältnis nicht nur materielle Sicherheiten, sondern – stets eingedenk des Schicksals der geplagten Heimat – gewissermaßen auch einen Ort der »Revanche« und der Teilhabe am Kampfgeschehen. Man diente tatsächlich – wie es General Wilster formulierte – nicht nur »par Interesse«, sondern durchaus »par ambition«[230].

---

[229] Schreiben Brühls an Flemming vom 15.4.1758 aus Warschau. SHStA, Loc. 1053/4 (wie Kap. III, Anm. 307).

[230] Schreiben Wilsters an Rutowski vom 17.3.1757. Zit. nach Vitzthum von Eckstädt, Die Geheimnisse des sächsischen Cabinets, T. II, S. 317.

V. Das »Sammlungswerk« –
Ziele der sächsischen Flüchtlinge

1. Organisatorische Grundzüge

Ein großer Vorteil für die sächsischen Deserteure bestand darin, dass ihre Flucht in den meisten Fällen ein klares Ziel hatte: die zum Zwecke der Sammlung und Neuformierung sowohl fahnenflüchtiger sächsischer Soldaten als auch Freiwilliger eingerichteten Punkte in relativ grenznahen Städten. Leitgedanke des als Reaktion auf die im Herbst 1756 einsetzende Massendesertion zu verstehenden »Sammlungswerkes« war dabei das Verhindern eines perspektivlosen Umherstreifens der aus preußischen Diensten desertierten Sachsen als marodierende Soldateska[1]. Aus Furcht, die Deserteure früher oder später erneut an die preußischen Regimenter oder Freibataillone zu verlieren, entschloss sich die sächsische Führung daher zu einer insgeheim organisierten Zusammenführung.

Da die Fahnenflucht schon kurze Zeit nach der sächsischen Kapitulation begann, gab es bereits gegen Ende des Jahres 1756 erste Überlegungen der sächsischen Regierung hinsichtlich der weiteren Verwendung ihrer treuen Untertanen und deren Organisation in neuen Verbänden. Hierüber verständigte sich der sächsische Hof sowohl mit Feldmarschall Browne, als auch mit den österreichischen und französischen Gesandten. Dabei wurde auch festgelegt, dass die zu sammelnden Deserteure ihren Status als »sächsische Truppen« beibehalten sollten. Mit Blick auf ihre Leistungsfähigkeit und Motivation bestand insbesondere der sächsische König-Kurfürst auf einer Verwendung »im ungetrennten Corps«[2], war es doch die starke Kohäsion innerhalb der Regimenter, die zunächst den geschlossenen Übertritt, später jedoch die Fahnenflucht in besonderem Maße beeinflusst hatte. Die obersten Kommandostellen sollten durch zwei österreichische Obersten und einen französischen General besetzt werden[3].

Natürlich hatte man am sächsischen Hof ebensowenig mit einer derart massiven Desertion der Soldaten gerechnet, wie auf preußischer oder österreichischer

---

[1] Im 18. Jahrhundert stellte die Gruppe der abgedankten Soldaten bereits in Friedenszeiten ein erhebliches gesellschaftliches und soziales Problem dar. Abgedankte Soldaten ohne berufliche Perspektive im Zivilleben rutschten häufig in die Nichtsesshaftigkeit ab und führten ein Vagantendasein. Kroll, Kursächsisches Militär, S. 282, 284.

[2] »Königliche Declaration«, undatiert. SHStA, Loc. 11006: »Protocoll ...« (wie Kap. IV, Anm. 33).

[3] Schreiben des Geheimen Kriegsrats v. Unruh aus Warschau vom 11.11.1756. SHStA, Loc. 1053/4 (wie Kap. III, Anm. 307); Schuster/Francke, Geschichte der Sächsischen Armee, T. II, S. 97.

Seite[4]. Folglich wurde man auch in Warschau und Dresden von den Ereignissen überrascht. Die organisatorischen Maßnahmen zum Auffangen und zur Neuformierung der ankommenden »treuen Deserteure« können daher als Versuch gelten, den Großteil einer schon verloren geglaubten Armee zu konsolidieren, um ihn danach möglichst rasch gegen Subsidien auf Kosten der Alliierten – allerdings unter Inkaufnahme eingeschränkter eigener Verfügungsgewalt – im Kampf gegen Preußen zu verwenden. Nach dem Scheitern des ursprünglichen Neutralitätskonzepts und der Unterwerfung unter die preußische Besatzung konnte sich das Kurfürstentum Sachsen somit doch noch aktiv am Krieg beteiligen und hatte dabei aufgrund der quantitativen Überlegenheit der Gegner Friedrichs II. zu diesem Zeitpunkt durchaus berechtigte Aussichten, auch an der Beute eines eventuellen Sieges teilhaben zu können. Da der begonnene Krieg in zeitlicher Perspektive an den europäischen Höfen sicher anders erwartet wurde, als er in der Realität später stattfand, bestand für den sächsischen Hof außerdem die reelle Chance auf baldige Zurückgewinnung eines ausbaufähigen »Grundstocks« seines Heeres. Dieser gewisse »Egoismus« des sächsischen Hofes sei beispielsweise dadurch belegt, dass die zur Sammlung angestellten Offiziere angehalten wurden, die Deserteure möglichst vollzählig abzufangen, um sie »nicht der Willkühr des Gen. Braun zu überlassen, um sie in seiner Armee zu employieren«[5].

Das auf der Basis dieser politischen Überlegungen entstehende »Sammlungswerk« sollte daher in seinen Grundzügen folgendermaßen organisiert werden:

> »1. Damit diejenigen Leute so nach Böhmen kommen so wohl aufgenommen als auch verpfleget, und in der Disciplin erhalten werden, wäre nöthig, ein öffentlich rendezvous zu machen in Egra[6], Saatz[7] oder der Orthen.
>
> 2. An diesem Orte wäre dienlich daß 2. oder 3. Staabs-officiers hingeschickt würden, welche ein jeder seine bekannte Officiers zu sich zu ziehen hätte, deren sich eine hinlängliche Anzahl finden würden, sowohl von denen welche dem Revers entgangen, als auch [...] zurück gebliebenen, auch solchen, so aus freyem Willen Ihrem Herren zu dienen sich werden gebrauchen lassen.«

Wie am Beispiel der Flucht des Wachtmeisters Heissing gezeigt wurde, sollten die sächsischen Offiziere die Ankommenden auf böhmischem Territorium möglichst grenznah in Empfang nehmen und danach zu einem tiefer im Landesinneren tätigen sächsischen Stabsoffizier geleiten, der für die Neuorganisation der Deserteure verantwortlich war. Der gesamten Organisation lag somit eine militärisch-hierarchische Struktur zugrunde. Dass prinzipiell jedem Offizier der Dienst beim »Sammlungswerk« angeboten wurde, unterstreicht nochmals die geringe moralische Wertigkeit, die man auf sächsischer Seite dem »Revers«, dem den Preußen gegebenen Versprechen, beimaß. Der grenznahe Einsatz barg natürlich auch das Risiko für

---

[4]   Anfangs plante man daher in Wien, die allenfalls vereinzelt erwarteten sächsischen Deserteure bei der österreichischen Armee zu belassen. ÖStA/KA, Alte Feldakten – 1756, Hofkriegsrat, Siebenjähriger Krieg, XI 11.

[5]   Schreiben v. Unruhs an Brühl aus Karge (heute Kargowa/Polen) vom 2.11.1756. SHStA, Loc. 1053/4 (wie Kap. III, Anm. 307).

[6]   Das heutige Cheb/Tschechien.

[7]   Das heutige Žatec/Tschechien.

die betroffenen Offiziere, bei ihrer Arbeit durch preußische Streifkommandos mitsamt den Deserteuren entdeckt und erneut gefangengenommen zu werden, woraus sich wiederum Gefahren für die gesamte Organisation ergaben.

Ähnlich wie die preußischen Freibataillone rechnete auch das sächsische »Sammlungswerk« damit, dass die meisten ankommenden Soldaten ihre Ausrüstung noch bei sich tragen würden. Da der sächsische Hof zudem über das in Polen stehende Kavalleriekorps aus vier Regimentern verfügte, war das »Sammlungswerk« von vornherein auf die Formierung von Infanterieeinheiten angelegt, wobei sicher auch die Kosten eine entscheidende Rolle spielten. Die zumindest den Kavalleriesoldaten fehlende Ausstattung der Infanteristen sollte aus österreichischen Magazinen beschafft oder aus der Ausrüstung preußischer Kriegsgefangener von Feldmarschall Browne bereitgestellt werden. Wie die geschilderte Flucht der Soldaten des Regiments »Prinz Xaver« belegt, galt zudem eine der ersten Sorgen der Neuverpflichtung der »Revertenten«, wie die Fahnenflüchtigen zur Vermeidung des Begriffes »Deserteure« gemeinhin bezeichnet wurden. Mit diesem Akt entband man sie juristisch aus dem preußischen Dienst und manifestierte ihre Zugehörigkeit zum kursächsischen Heer. Während ihrer Sammlung im Landesinneren sollten die Soldaten zudem »zusammen exercirt, und in ihrer Garnison zu Zug und Wachten gebraucht« werden. Da die zeitliche Perspektive der Sammlung nicht absehbar war, sollte durch militärische Ausbildung und geregelten Dienst offenbar jeglicher Müßiggang, der sich gemeinhin negativ auf die Disziplin auswirkt, unterbunden werden. Aufgrund des starken Zulaufs an Soldaten hoffte man, mit der Zeit ein Infanteriekorps aus zwei Regimentern zu je vier Bataillonen aufstellen zu können[8]. Als realistische Gesamtstärke wurden hierfür 7000 Mann veranschlagt. Im Verbund mit den etwa 2600 Reitern der vier in Polen stehenden Kavallerieregimenter hätte somit auf jeden Fall ein zumindest zu kleineren selbstständigen Operationen befähigtes Korps formiert werden können[9]. Bei dreien dieser Regimenter handelte es sich um Chevauxlegers, um leichte Reiter, die im weiteren Verlauf des Krieges ohnehin an Bedeutung gewinnen sollten[10].

Hinsichtlich der praktischen Durchführung ist festzuhalten, dass »die erste Sammlung derer aus Preußischen Diensten sich selbst ranzionirten [= aus der Kriegsgefangenschaft geflüchteten und zur alten Truppe zurückgekehrten] Chursächs. Soldaten in Prag geschahe, wie sich da schon viele anfangs Dec. 1756 dahin gewendet, sie wurden auf dem Ratschin einquartirt und auf Kosten der Kayßerin

---

[8]   Die Soldaten sollten den Bataillonen durch das Los zugeteilt werden. Hinsichtlich der Uniformierung sollten sich die Bataillone wiederum durch die Farben der Uniformaufschläge (der sogenannten »Dublüre«), nämlich blau, grün, gelb und rot, unterscheiden. Schuster/Francke, Geschichte der Sächsischen Armee, T. II, S. 98; zur endgültigen Uniformierung der Regimenter: W. Friedrich, Die Uniformen der Kurfürstlich Sächsischen Armee, S. 4, 27 f.

[9]   »Gedanken, wie mit wenigen Kosten und in kurtzer Zeit Regimenter zu Ihro Königl. Majt. Dienst, von denen in Böhmen sich hergestellten Sächsischen Gefangenen könnten formiret werden, als auch zu den übrigen Leuten, so sich von ihrer Gefangenschaft zu befreien Lust haben, ein Avertisement zu geben, wo sie sich zu versammeln Gelegenheit finden.« Undatiert, verfasst von L. S. de Petersdorff. SHStA, Loc. 1053/4 (wie Kap. III, Anm. 307); Schimpff, Das Sammlungswerk, S. 45 f.; Schuster/Francke, Geschichte der Sächsischen Armee, T. II, S. 99.

[10] Duffy, Sieben Jahre Krieg, S. 274 f.; Ottenfeld/Teuber, Die Österreichische Armee, S. 96.

Königin ordentlich verpfleget. Den 12. Dec. 1756 ging schon ein Transport von
455 Mann [...] ab [...] der March ging nach Crembs«, berichtete ein Kriegsteilnehmer
über die Anfänge der Sammlung in Böhmen[11]. Dort wählte man als weitere Sammelplätze die Städte Saaz, Komotau, Eger, Brüx[12] und Budin, in Thüringen den
Raum um die Stadt Erfurt. Die in die südlichen Territorien des Reiches geflüchteten Soldaten sollten in München zusammengeführt werden, wo sich zwischen
1759 und 1762 auch der »junge Hof« um Kurprinz Friedrich Christian aufhielt.
Hierzu ergingen entsprechende Weisungen an die sächsischen Gesandten in
Frankfurt a.M., Mannheim oder Regensburg. Später wurden die in Böhmen ver-
sammelten Sachsen tiefer in das Habsburger Territorium in die Städte Krems,
Stein, Ybbs, Mautern, Langenlois sowie Pressburg verlegt, um sie bei einem im
Frühjahr 1757 zu erwartenden Vorstoß der Preußen nicht sofort wieder an den
Feind zu verlieren[13]. Dort konnte das sächsische Korps weitab des Kriegsgesche-
hens ungestört wieder zu einer schlagkräftigen Truppe formiert werden.

Zur Leitung der Organisation vor Ort wurde bereits Ende Oktober der aus
französischen Diensten wieder nach Sachsen zurückgekehrte Generalmajor Louis
de Galbert[14] nach Böhmen gesandt. Unter seinem Kommando sollten in Abstimmung mit Feldmarschall Browne die »sächsischen in Böhmen versammelten
Trouppen zu stehen kommen«[15]. Dazu trat der in Warschau befindliche Hof erneut in enge Korrespondenz mit dem österreichischen Feldmarschall. »Unsrer
Deserteurs halber habe bereits an den Feldmarschall Gr. von Brown, ingleich an
den bey deßen Armée befindlichen Obristen von Riedesel[16] geschrieben, um dahin
zu sehen, daß sie beysammen, in guter Disciplin gehalten, und nach Befinden in
kleine Corps formiret werden mögen«, berichtete man diesbezüglich aus Warschau
an den Dresdner Hof[17]. Browne sollte die Deserteure mit Pässen und »Handgeld«
ausstatten und auf vorgeschriebenen Routen ins Hinterland leiten[18]. Da Maria
Theresia aufgrund ihrer maßgeblichen Unterstützung der Sammlung auch entscheidende Mitspracherechte bei der zukünftigen Verwendung des Korps besaß,

---

[11] »Fragment meines eigenen Schicksahls nach der Gefangennehmung bey dem Lilienstein und
Ankunft in Oesterreich«. SHStA, Geheimes Kriegsratskollegium, Nr. 1347: »Journale ...« (wie
Kap. IV, Anm. 220).

[12] Das heute Most/Tschechien.

[13] »Von denen in dem Jahr 1758 bis 1762 bey der Königl. Franz. Armee gemachte Campagnen des
Sächs. Auxiliar Corps«. SHStA, Geheimes Kriegsratskollegium, Nr. 1347: »Journale ...« (wie
Kap. IV, Anm. 220); Schuster/Francke, Geschichte der Sächsischen Armee, T. II, S. 98, 125;
Ernstberger, Johann Georg von Schill, S. 27.

[14] Louis de Galbert (1696–1772). Stammregister und Chronik der Kur- und Königlich-Sächsischen
Armee, S. 231.

[15] Schreiben aus Cutno vom 14.4.1757. SHStA, Loc. 11006: »Protocoll ...« (wie Kap. IV, Anm. 33);
Schuster/Francke, Geschichte der Sächsischen Armee, T. II, S. 97.

[16] Christian Volpert v. Riedesel (1710–1798) war zunächst mit dem Kommando über die zuerst
zusammengestellten Regimenter betraut. Stammregister und Chronik der Kur- und Königlich-
Sächsischen Armee, S. 434; Schuster/Francke, Geschichte der Sächsischen Armee, T. II, S. 97.

[17] Schreiben an den Geheimen Kriegsrat v. Unruh aus Warschau vom 11.11.1756. SHStA,
Loc. 1053/4 (wie Kap. III, Anm. 307).

[18] Schreiben Neippergs an Browne vom 24.4.1757. ÖStA/KA, Alte Feldakten – 1757, Hofkriegsrat,
Siebenjähriger Krieg, IV 32.

verfügte August III. von Beginn an für seine Soldaten, dass sie nicht nur auf heimatlichem Boden, sondern »aller Orten, wo Ihro König. Maj. es nöthig finden [...] auch in denen Landen Ihro König. Maj. allerhöchsten Bundes-Genoßin, der Kaiserin Königin von Ungarn«, eingesetzt werden würden. Im Gegensatz zu den Preußen machte er also die Bedingungen und Konsequenzen einer erneuten Dienstnahme für seine Soldaten deutlich. Überdies versprach er, nach besten Kräften für »Unterhalt und Unterkommen« der beim »Sammlungswerk« eintreffenden Truppen zu sorgen. Hierzu wurden den sächsischen Kreisen »Revertentengelder« abverlangt, die jedoch aufgrund der Belastungen durch die preußische Besatzung recht spärlich flossen[19]. Es scheint heute, als hätte insbesondere die Treue der Soldaten beim kursächsischen Hof in einer Situation des völligen Scheiterns seiner sächsischen Politik und der totalen Niederlage starke Emotionen und eine damit verbundene späte Einsicht in die gebotenen militärischen Belange und Notwendigkeiten geweckt. Der Anhänglichkeit seiner Soldaten wollte August III. jedenfalls zu »aller Zeit zu dieser treuen Leuthe beßten gnädigst eingedenk seyn«[20].

Weitere Unterstützung erfuhr die Sammlung aus Dresden. Als sich abzeichnete, dass nicht alle Soldaten mit entsprechenden Gewehren und der erwarteten Ausrüstung an den Sammelplätzen eintrafen, wurde die »neutrale« Festung Königstein auf Initiative der Königin-Kurfürstin für ein Jahr mit den nötigen Vorräten versehen. Überlegungen, die fehlende Bewaffnung von dort nach Böhmen zu liefern, scheiterten jedoch aufgrund der Dichte der preußischen Grenzposten[21]. Einen Ausweg sah man hier nur in einer Waffenlieferung aus Suhl, die mit einem Beamtenpass über Lübeck nach Danzig geleitet werden sollte. Bis Ostern 1757 sicherten die Suhler Gewehrfabriken, die im Siebenjährigen Krieg auch Waffen für die preußische und österreichische Armee produzierten, die Lieferung von 4000 Gewehren zu[22]. Die auf solche Weise angelegten Bestände an Waffen und Ausrüstung sollten im weiteren Kriegsverlauf – auch im Zusammenhang mit der Ausstattung des sächsischen Korps bei der französischen Armee – von entscheidender Bedeutung sein[23]. Beutewaffen und -ausrüstung unterschiedlichster Herkunft spielten ebenfalls eine wichtige Rolle[24].

2. Die Sammlung – sächsische Soldaten als Spielball der Mächte

Die aufgezeigten organisatorischen Rahmenbedingungen machten zunächst die Anstellung von Offizieren notwendig, um die Sammlung in Böhmen, Thüringen

---

19 Ernstberger, Johann Georg von Schill, S. 28 f.
20 »Königliche Declaration«, undatiert. SHStA, Loc. 11006: »Protocoll ...« (wie Kap. IV, Anm. 33).
21 Schreiben v. Unruhs an Brühl aus Karge vom 2.11.1756. SHStA, Loc. 1053/4 (wie Kap. III, Anm. 307).
22 Ebd. Allein für das preußische Heer wurden in Suhl in den ersten vier Kriegsjahren etwa 20 000–25 000 Gewehre produziert. Zusätzlich wurde eine große Anzahl von Waffen durch einquartierte preußische Truppen konfisziert. Vollmer, Deutsche Militär- und Handfeuerwaffen, S. 65; Rotschky, Die Waffenindustrie, S. 31 f.; Anschütz, Die Gewehrfabrik, S. 24 f.
23 Große, Prinz Xaver von Sachsen, S. 50; Schimpff, Das Sammlungswerk, S. 56.
24 W. Friedrich, Die Uniformen der Kurfürstlich Sächsischen Armee, S. 28.

und Polen durchzuführen und zu koordinieren. Hierbei handelte es sich um solche Offiziere, die entweder der Unterzeichnung des »Revers« entgangen waren oder das darin geleistete Versprechen als nicht mehr bindend betrachteten. Grundsätzlich blieb ja der Eid der sächsischen Offiziere auf ihren Kurfürsten trotz der Ereignisse während und nach der Kapitulation unangetastet.

Die Auslastung der Sammelplätze erforderte zunächst den Einsatz von insgesamt etwa 80 Offizieren[25], die sich wiederum zum großen Teil selbst über das »Sammlungswerk« rekrutierten: »Biß anjetzo sind 43. officiers [...] nach Eger glücklich passiret«, wurde im März 1757 an Brühl gemeldet[26].

Durch die vor Ort zwischen den Offizieren und den lokalen Behörden installierten Netzwerke konnten den sächsischen Deserteuren entsprechende Anlaufpunkte geboten werden. Im thüringischen Raum fanden sich beispielsweise im Januar 1757 zahlreiche »Revertenten« ein. »Die hiesige Werbung gehet noch immer gut von statten, und melden sich täglich sächsische Soldaten an«, wurde daher aus Erfurt an Brühl berichtet. Das dortige »Sammlungswerk« unter Leitung des Oberst Ernst Friedrich von Carlsburg[27], später der Familie des Majors Karl Friedrich von Eberstein, erfuhr zudem auch seitens der Zivilbevölkerung etliche Unterstützung. So wurde ein sächsischer Korporal, der sich mit etwa 50 Mann in einem Wald der Grafschaft Stolberg am Harz vor den Preußen verbarg und ungeachtet kleinerer Scharmützel mit preußischen Suchtrupps weitere Deserteure um sich scharte, aus den benachbarten Dörfern mit Lebensmitteln versorgt[28].

Jedoch erfuhr die Sammlung der Sachsen im thüringischen Raum nicht von allen Seiten die nötige Förderung. Als wenig kooperativ erwiesen sich oftmals die lokalen Behörden, die bei Unterstützung des »Sammlungswerkes« wiederum Strafaktionen der Preußen zu fürchten hatten. So war mit den örtlichen thüringischen Behörden vereinbart worden, die von den »Sammeloffizieren« für die nötigste Ausrüstung der Revertenten geforderten Gelder aus den Steuerkassen gegen Quittung auszuzahlen. Aber gerade durch die Nähe zum Feind waren die Behörden oftmals nur unter Gefahr erreichbar oder sie weigerten sich ängstlich, die nötigen Gelder bereitzustellen[29]. Auch die Höfe der Herzogtümer Sachsen-Gotha

---

[25] Schimpff, Das Sammlungswerk, S. 46.

[26] Bericht Carl v. Obernitz aus Erfurt an Brühl vom 24.3.1757. SHStA, Loc. 1053/4 (wie Kap. III, Anm. 307).

[27] Stammregister und Chronik der Kur- und Königlich-Sächsischen Armee, S. 175, 193; Schimpff, Das Sammlungswerk, S. 56, 47; Ernstberger, Johann Georg von Schill, S. 28.

[28] Bericht August Wilhelm Marschalls aus Erfurt an Brühl vom 22.1.1757. SHStA, Loc. 1053/4 (wie Kap. III, Anm. 307). In den Jahren 1730 und 1737 war es aufgrund verschiedener Zwistigkeiten zwischen den Grafen von Stolberg und dem Dresdner Hof jeweils zur Besetzung Stolbergs durch kursächsische Truppen gekommen. 1738 unterzeichnete Graf Christoph Friedrich zu Stolberg-Stolberg jedoch einen Unterwerfungsvertrag, in dem er die Hoheit des sächsischen Kurfürsten anerkannte. Dies bedeutete unter anderem auch die Einräumung des Einquartierungs-, Musterungs- und Werbungsrechtes für die Wettiner. Das Verhältnis entspannte sich daraufhin, war aber auch fortan nicht ohne Differenzen. 1755 erkannte der sächsische Kurfürst die Teilung der Grafschaft Stolberg in zwei Hälften an. Dem bereits erwähnten Grafen Friedrich Botho von Stolberg-Roßla (1714–1768) räumte er die gleichen Rechte ein wie der Linie Stolberg-Stolberg. Es liegt nahe, dass Graf Friedrich Botho von Stolberg-Roßla als kursächsischer General die Sammlung in seinem Herrschaftsgebiet förderte. Brückner, Zwischen Reichsstandschaft und Standesherrschaft, S. 293–315.

[29] Schimpff, Das Sammlungswerk, S. 56 f.

und Sachsen-Weimar wirkten den Dresdner Plänen entschieden entgegen, obwohl sie selbst durch Gestellung ihrer entsprechenden Kontingente an die »Reichsarmee« am Kampf gegen Friedrich II. beteiligt waren[30]. Mit dem Ziel der Verhinderung eines thüringischen »Deserteurswinkels« ergingen seitens dieser Höfe geheime Weisungen an die Beamten, etwaige sächsische Deserteure von den Grenzen abzuweisen, zu arretieren und danach an das preußische Heer auszuliefern. Die Ursache für dieses Verhalten lag in den Neutralitätsbestrebungen der Herzogtümer. Ähnlich wie Sachsen war ihr Territorium beständiges Durchmarschgebiet für fremde Truppen: Reichsarmee, Preußen oder Franzosen. Entsprechend der jeweiligen Besatzungsmacht änderten die Landesbehörden ihr Vorgehen. Das erwähnte Kontingent des Herzogtums Sachsen-Weimar für die Reichsarmee wurde erst 1758 gestellt, als diese Armee wieder in das thüringische Gebiet vordrang. Nach der Schlacht bei Roßbach 1757 waren die Preußen die »Herren« im Lande, womit sich die aufgezeigte Haltung der Landesfürsten zur Desertionsproblematik begründen lässt. Generell galten beide Herzogtümer im Reich jedoch zumindest als »fritzisch« gesinnt[31].

Die vertraglichen, flächendeckenden Übereinkommen zur Auslieferung von Deserteuren, die so genannten zeittypischen »Cartelle«, sollten fahnenflüchtigen Soldaten etwaige Aufenthaltsmöglichkeiten entziehen[32]. Dies betraf im genannten Fall jedoch nicht nur die sächsischen Deserteure, sondern auch die aus Sachsen in die thüringischen Gebiete geflüchtete Zivilbevölkerung, insbesondere die jungen, dienstfähigen Männer[33]. Dessen ungeachtet wurden unter Gefahr auch im weiteren Kriegsverlauf entwichene Sachsen in Thüringen zusammengeführt. »Über 230. Sächs. Deserteurs aus Wittenberg und Leipzig sind seithalb Merseburg glücklich über die Saale und durch Thüringen nach Erfurth gekommen; einen eintzigen brachten die so genandten Preuß. Panduren Recrouten in Merseburg ein, die denen Sachsen nachgesetzt«, wurde im Frühjahr 1757 von der dortigen Sammlung berichtet[34].

Einen Erlebnisbericht über den durchaus abenteuerlichen Hergang einer solchen Zusammenführung lieferte wiederum der bereits erwähnte Premierleutnant Liebenroth. Nach seiner Entscheidung, trotz aller familiären Bindungen fern der Heimat auch zukünftig aktiv am Kriegsgeschehen teilzunehmen, suchte er den raschen Anschluss an das »Sammlungswerk«. Die Verbindungsaufnahme mit dem beauftragten Oberstleutnant musste jedoch bereits »mit vieler Praecaution« statt-

---

[30] Sachsen-Weimar stellte ein Kontingent von 5 Kompanien mit 666 Soldaten an die Reichsarmee. H. Müller, Das Heerwesen, S. 86 f.; Schuster/Francke, Geschichte der Sächsischen Armee, T. II, S. 98; Schimpff, Das Sammlungswerk, S. 57.

[31] »Unterthänigster Bericht, das Betragen einiger Fürstl. Höfe bey dermahliger Kriegs Unruh in Sachsen betr.« Undatiert. SHStA, Loc. 1053/4 (wie Kap. III, Anm. 307); H. Müller, Das Heerwesen, S. 86 f.; Neuhaus, Das Reich im Kampf, S. 230.

[32] Hofmann verweist beispielsweise auf solche Kartelle zwischen Sachsen und Braunschweig um 1770 sowie zwischen Sachsen und Preußen im Bayerischen Erbfolgekrieg. Hofmann, Die Kursächsische Armee, S. 119; Muth, Flucht aus dem militärischen Alltag, S. 105.

[33] »Unterthänigster Bericht, das Betragen einiger Fürstl. Höfe bey dermahliger Kriegs Unruh in Sachsen betr.«, Undatiert. SHStA, Loc. 1053/4 (wie Kap. III, Anm. 307).

[34] Bericht aus Merseburg vom 13.4.1757. SHStA, Loc. 1053/4 (wie Kap. III, Anm. 307).

finden, da sich in Langensalza etliche preußische Soldaten aufhielten, worunter
sich auch ehemalige Sachsen befanden, denen Liebenroth wiederum persönlich
bekannt war. Nachdem er sich der Sammlung angeschlossen hatte, organisierte der
Stabsoffizier seinen abenteuerlichen Weitermarsch Richtung österreichisches Gebiet. Als Stationen nennt Liebenroth dabei die Städte Hildburghausen, Coburg,
Bamberg sowie Regensburg, wo sie sich insgeheim beim sächsischen Gesandten
meldeten. Dieser stellte wiederum einen Kontakt mit der Fürstenfamilie von
Thurn und Taxis her[35]. Dort erhielten der Leutnant und seine vier Begleiter Unterstützung für die Weiterreise, die per Schiff auf der Donau über Passau nach Österreich führen sollte. Nach zweiwöchiger Reise kam der Trupp schließlich Ende
März 1757 »gesund und wohl in der ersten von den sächsischen revertenten besetzten Orthe, wel. zu Ypps, an. Der Herr Obriste von Bennigsen commandirte
diese Trouppen, welche das 2te Corps genannt wurden, bey welchem wir uns also
meldeten [...] So nun von Zeit dergleichen Transporte immer mehr ankamen, und
die Mannschafft sich schon auf einige taußend Mann vermehret, folglich nicht alle
in Crembs Platz haben konnten, so wurden darauf solchermahlen sie in Compagnien oder divisons formirt und 3. Corps daraus gemacht[36].«

Während die »Revertenten« beständig den österreichischen Städten zugeführt
wurden, waren im November 1756 auch die vier Kavallerieregimenter und Ulanen-
Pulks, die sich während des preußischen Überfalls in Polen befunden hatten, unter
dem Kommando des sächsischen Generals Georg Ludwig Graf von Nostitz aufgrund einer Vereinbarung zwischen Maria Theresia und dem sächsischen Monarchen von Krakau aufgebrochen und in die Gegend um Pressburg marschiert[37].
Von Beginn an hatte sich der General vehement gegen eine Teilung seines Reiterkorps eingesetzt, wobei seine Sorge jedoch eher den sächsischen Reitern als den
polnischen Ulanen galt[38]. Mitte Dezember 1756 meldete der bekannte Generalmajor Wolf Kaspar von Zezschwitz schließlich an Brühl, »daß die Carabinier Garde allhier in Ungern in ihre Neutraer Comitate an den Maehrischen Grenzen in
Cantonirungsquartiere eingerücket ist«[39]. Neben der sächsischen Kavallerie waren
zum Ende des ersten Quartals des Jahres 1757 bereits 180 sächsische Offiziere
und 2426 Mannschaften auf österreichischem Territorium versammelt, die man –
entgegen der ursprünglich beabsichtigten reinen Infanteriegliederung – zunächst

---

35 Bereits zu Zeiten Karls V. hatte das Haus Thurn und Taxis dem Haus Habsburg durch den
    Aufbau des Postwesens wichtige Dienste geleistet. 1754 setzte Kaunitz die Introduktion des
    Fürsten von Thurn und Taxis in den Reichsfürstenrat gegen den Widerstand der altfürstlichen
    Häuser durch. Offenbar ist daher in der Unterstützung der sächsischen »Sammlung« eine Gefäl-
    ligkeit gegenüber dem Wiener Hof zu sehen. Kulenkampff, Österreich und das Alte Reich,
    S. 33–37.
36 »Fragment meines eigenen Schicksahls nach der Gefangennehmung bey dem Lilienstein und
    Ankunft in Oesterreich«. SHStA, Geheimes Kriegsratskollegium, Nr. 1347: »Journale ...« (wie
    Kap. IV, Anm. 220).
37 Schuster/Francke, Geschichte der Sächsischen Armee, T. II, S. 98 f.
38 Anmerkungen Neippergs vom 7.4.1757. ÖStA/KA, Alte Feldakten – 1757, Cabinettsakten,
    Siebenjähriger Krieg IV 1.
39 Schreiben vom 12.12.1756 aus dem Stabsquartier Mjava (heutige Slowakei). SHStA, Generalfeld-
    marschallamt, Loc. 10998: »Zezschwitzische Vorträge de ao. 1757, 1758, 1759, 1760 und 1761
    betr.«

ihrer Herkunft nach in ein Infanterie-, Kavallerie-, Artillerie- und Kadettenkorps unterteilte. Innerhalb dieser Truppenkörper sollte zunächst auch die alte Regimentszugehörigkeit gewahrt bleiben[40].

Diese Formationen wurden zwar anfangs auf österreichische Kosten ausreichend untergebracht und verpflegt, jedoch gewährte der Wiener Hof darüber hinaus keinerlei Subsidien, die für Werbe- und Mobilmachungsmaßnahmen unerlässlich waren[41]. Hieraus ergaben sich auch für die anfangs wohl nicht ganz vollzähligen Kavallerieregimenter des Generals Zezschwitz Schwierigkeiten. Ihnen fiel es naturgemäß schwerer, geeignetes Personal zu finden, und sie ergänzten sich daher gewöhnlich hauptsächlich durch Anwerbung Freiwilliger[42].

Zezschwitz erbat deshalb finanzielle Unterstützung durch den in Warschau weilenden Hof: »Wir seyn auch hier ratione der natural Verpflegung ziemlich versorget [...] Die größte Sorge, so wir haben, ist uns an Mannschafft complettiren zu können [...] So fehlen anjetzo dem Regimente effective 27. Mann. Da aber diese hier zu ersetzen keine Möglichkeit ist, hingegen sich in Warschau die Gelegenheit gefunden, daß der Major Ziesky verschiedene aus Sachsen gekommene Leuthe werben könne, alls habe Eur Excellenz ganz unterthänigst bitten sollen, die hohe Gnade zu haben, dieser Werbung vor das Corps zu favorisieren«, schrieb Zezschwitz daher weiter an Brühl[43]. Da jedoch aufgrund der äußerst knappen sächsischen Finanzen an kostspielige Werbung von Kavalleristen nicht zu denken war, kam dem »Sammlungswerk« natürlich eine umso größere Bedeutung zu. Daher standen die Kavallerieregimenter zur Komplettierung in enger Verbindung zum übrigen Teil des entstehenden sächsischen Korps[44].

»Der nach Crems und Ybbs commandirt gewesene officier von der Carabinier-Garde, hat von denen [...] Mannschaften von der Cavallerie Drey und zwanzig Mann, welche freywillig Dienst genommen, anher zum Regimente gebracht, alß das solches durch diese Leuthe nach seinem zeitherigen Fuße complett wird. Desgleichen ist es auch nun mehro an Pferden [...] complett. Da aber solche theils bey dem Ausmarche aus Warschau in Eyl aufgekauffet, theils hier zu Lande einzeln zusammen geführt werden müßen, sey sie freylich zu unserm ordinairen Schlage nicht egal, ob wohl zum Dienst im Feld brauchbar.«

So schildert Zezschwitz die Situation der Kavallerie vor Beginn des Feldzuges 1757[45]. Bis zu dessen Eröffnung befanden sich diese vier Regimenter schließlich in feldverwendungsfähigem Zustand. Nach der Anschaffung von Packpferden auf sächsische Kosten zum Transport der Regimentszelte[46] wurden die Regimenter

40 Große, Prinz Xaver von Sachsen, S. 12; Schuster/Francke, Geschichte der Sächsischen Armee, T. II, S. 125.
41 Große, Prinz Xaver von Sachsen, S. 13.
42 Kroll, Soldaten im 18. Jahrhundert, S. 148.
43 Schreiben vom 12.12.1756. SHStA, Loc. 10998 (wie Anm. 39).
44 Daher sollte Nostitz vor allem die aus dem preußischen Dienst desertierten sächsischen Kavalleristen in seine Dienste nehmen. ÖStA/KA, Alte Feldakten – 1757, Hofkriegsrat, Siebenjähriger Krieg, IV 7.
45 Schreiben an Brühl vom 5.3.1757. SHStA, Loc. 10998 (wie Anm. 39).
46 Schreiben von Zezschwitz an Brühl vom 28.3.1757. SHStA, Generalfeldmarschallamt, Loc. 10944: »Allerhöchste ertheilte Königl. Rescripta an den Grafen Brühl 1757–63«.

Anfang Mai in die Gegend von Olmütz verlegt[47], wo sie sich in der kaiserlichen Armee unter dem Oberkommando des Grafen Leopold Joseph von Daun alsbald hervorragend bewähren sollten, wie noch zu zeigen sein wird.

Die preußische Reaktion auf die erfolgreiche Sammlung der desertierten Sachsen war in den ersten Monaten nach der Kapitulation von ähnlichen Fehleinschätzungen geprägt wie der anfängliche Umgang mit den übernommenen Regimentern. So wie sie die Gefahr einer Desertion der neu eingegliederten Soldaten im irrigen Vertrauen auf bewährte »Rezepte« gering erachtet hatte, maß die preußische Seite dem entstehenden »Sammlungswerk« zu Beginn ebenfalls eine eher untergeordnete Bedeutung bei. Ende Dezember vermuteten die Preußen die davongelaufenen Soldaten im Dienst der österreichischen Armee. Daher rechneten sie mit einer baldigen und reumütigen Rückkehr der Deserteure: »Der Gemeine Mann haßet die Österreicher zu sehr«, schrieb General Manstein an Friedrich II., »und alle Nachrichten die aus Böhmen kommen, sagen, daß [...] sie nur auf Gelegenheit warten um wieder zurück zu kommen.« Zudem konnte er sich kaum vorstellen, dass die Deserteure außer von dem einen oder anderen sächsischen Offizier, »der nichts zu verlieren hat«, Unterstützung auf ihrer Flucht erfahren würden[48]. Eine organisierte Sammlung scheint den Preußen demnach zu diesem Zeitpunkt nicht bekannt gewesen zu sein. Da ihr Aktionsradius im Winter 1756/57 auf den sächsischen Raum beschränkt blieb, hatten sie zudem wenige Möglichkeiten, die sächsischen Deserteure über die Landesgrenzen zu verfolgen oder entsprechende Informationen von der Zivilbevölkerung einzuziehen, zumal der starke Schneefall in diesem Winter die Bewegungen der Streifkorps über die Grenzen zusätzlich behinderte[49].

Jedoch besaß Friedrich II. spätestens Mitte des Jahres 1757 – nicht zuletzt durch die Verhöre von Deserteuren – detailliertere Kenntnisse über die Stärke und Zusammensetzung der Armee des Herzogs Karl von Lothringen und des Korps von General Nádasdy. Zu letzterem gehörten zu diesem Zeitpunkt auch die sächsischen Reiter[50]. Daher muss davon ausgegangen werden, dass dem preußischen König auch die Zusammenziehung mehrerer tausend Sachsen auf österreichischem Territorium nicht verborgen blieb. Spätestens mit der aktiven Beteiligung dieser Truppe an den Kampfhandlungen auf dem westlichen Kriegsschauplatz besaß man auf preußischer Seite ein klares Bild. Dies sei mit dem Pardon belegt, den Friedrich II. im Dezember 1758 speziell für die sächsischen Offiziere erließ, die in das inzwischen für Frankreich fechtende sächsische Korps eingetreten waren[51]. Die für die Sammlung verantwortlichen Offiziere führten in den kommen-

---

47 Schuster/Francke, Geschichte der Sächsischen Armee, T. II, S. 103.
48 Schreiben vom 28.12.1756. GStA, Rep. 96 Nr. 89 C1 (wie Kap. III, Anm. 275).
49 Schreiben v. Mansteins an Friedrich II. aus Dippoldiswalde vom 5.2.1757. GStA, Rep. 96 Nr. 89 C1 (wie Kap. III, Anm. 275); Sikora, Das 18. Jahrhundert, S. 103; Kennett, French Military Intelligence, S. 202.
50 GStA, IV. HA, Rep. 15A, Nr. 838: »Sächsisches Prinzenjournal 1757«.
51 Dieser wurde auch in französischer Sprache bekanntgemacht. GStA, I. HA, Rep. 41, Nr. 604: »Preußische Abberufungsbefehle für die in französische und andere Dienste getretenen auf Ehrenwort verpflichteten kriegsgefangenen kursächsischen Offiziere Dez. 1758.«

den Jahren ihre geheime Arbeit flexibel je nach dem Verlauf der »Front« aus, zogen sich also beispielsweise bei einem Vordringen der Preußen entsprechend zurück. Daher konnte das »Sammlungswerk« durch den Gegner allenfalls lokal, aufgrund seiner überregionalen und umfassenden Anlage jedoch niemals in seiner
Gesamtheit gefährdet werden.

Während sich Teile der sächsischen Kavallerie bereits wieder aktiv an den
Kampfhandlungen beteiligten, schritt die Sammlung der sächsischen Soldaten an
der Donau weiter voran. Ende Juni 1757 wurden die unter dem Kommando des
Generals de Galbert vereinigten sächsischen Truppen aus Niederösterreich ins
nördliche Ungarn verlegt. Die Ursache hierfür waren offenbar Befürchtungen des
Wiener Hofes, die bei Prag siegreiche preußische Armee könnte weiter nach Mähren vorstoßen und somit auch die Sammlung gefährden. Zudem ging das Gerücht
um, dass Friedrich II. – für den einzig der ihm geschworene Eid zählte – gedroht
habe, wieder aufgefundene Sachsen nicht als Kriegsgefangene, sondern als Deserteure ansehen und aufhängen zu lassen[52]. Erhaltene Tagebücher beteiligter Regimenter berichten über den Marsch von Ybbs über Pressburg und Pest nach
Ofen. Weitere Quartiere befanden sich unter anderem in der Umgebung von
Raab[53], Esseg[54], Stuhlweißenburg[55] sowie von Eisenstadt, also zum Teil auch in der
Nähe der Militärgrenze[56]. Mitte des Jahres war die Zahl der dort vereinigten sächsischen »Revertenten« auf 5359 gestiegen, die Stärke im Oktober 1757 wurde bereits
mit 7331 angegeben. In diesen Orten versahen die Sachsen mit ihrer Zustimmung
zunächst Garnisonsdienste. Ihre Versorgung sollte den jeweiligen Stadtkommandanten obliegen[57]. Hierdurch konnten weitere österreichische Truppen, insbesondere »Grenzer«, die als Reserve für die Feldregimenter dienten und bisher mit
der Besetzung ungarischer Garnisonen beauftragt waren, aus dieser Aufgabe her-
ausgelöst und der kaiserlichen Armee im Felde zur Verfügung gestellt werden[58].

Mit zunehmender Entfernung von Wien erschwerte sich jedoch die Situation
der sächsischen Regimenter. Dies wurde nicht nur durch Stockungen bei den ver-
sprochenen österreichischen Unterhaltszahlungen spürbar, sondern auch durch
das für sie ungewohnte Klima. Die Feldzüge in Südosteuropa galten zu jener Zeit
– neben den Winterkampagnen – ohnehin als äußerst verlustreich. Bereits im Tür-
kenkrieg von 1737, als die sächsischen Truppen in Ungarn operierten, verlor der
»Chevalier de Saxe« aufgrund der klimatischen Bedingungen über die Hälfte seines

---

52 ÖStA/KA, Alte Feldakten – 1757, Hofkriegsrat, Siebenjähriger Krieg, X 21b.
53 Das heutige Győr/Ungarn.
54 Das heutige Osijek/Kroatien.
55 Das heutige Székesfehérvár/Ungarn.
56 »Von denen in dem Jahr 1758 bis 1762 bey der Königl. Franz. Armee gemachte Campagnen des
    Sächs. Auxiliar Corps«. SHStA, Geheimes Kriegsratskollegium, Nr. 1347: »Journale ...« (wie
    Kap. IV, Anm. 220); Schuster/Francke, Geschichte der Sächsischen Armee, T. II, S. 128.
57 ÖStA/KA, Alte Feldakten – 1757, Hofkriegsrat, Siebenjähriger Krieg, X 21.
58 Schuster/Francke, Geschichte der Sächsischen Armee, T. II, S. 125 f.; Große, Prinz Xaver von
    Sachsen, S. 12; Schreiben Maria Theresias an Starhemberg vom 24.7.1756. Preussische und öster-
    reichische Acten zur Vorgeschichte des Siebenjährigen Krieges, S. 485; Rink, Die Wiederkehr des
    kleinen Krieges, S. 62 f. Zu Begrifflichkeit und Wesen des kleinen Krieges in der zweiten Hälfte
    des 18. Jahrhunderts; ders., Der kleine Krieg.

Dragonerregiments durch Ruhr, Fieber und Erschöpfung. Ein ähnliches Schicksal ereilte die Regimenter »Rochow« und »Haxthausen« sowie bereits 1692 das bayerische Regiment »Zacco« vor Ofen, dessen Stärke innerhalb eines halben Jahres von etwa 2100 Soldaten auf 305 Mann gesunken war.

Die sächsischen »Revertenten« sahen sich vor ähnliche Probleme gestellt. Sie mussten sich unterwegs nicht nur bei »großer Hitze [...] mit Gewalt« einlogieren, sondern wurden teilweise sogar in die »Pest-Häuser« einquartiert. Esseg erschien ihnen als einer der »ungesundesten Orter in ganz Ungarn«[59]. Entsprechend klagten auch mehrere sächsische Denkschriften über die »bedauernswerten Umstände, in welchen sich das zu Esseg liegende Bataillon durch das denen Leuten augenscheinlich zu wieder seyende Clima versetzet siehet, indem es nach letztern von daher erhaltenen Rapport bereits 4. officiers durch absterben verlohren und noch nebst dem commandirenden Obrist-Lieutenant 13. officiers, 12. cadets, 498. Unter-officiers und Gemeine an Kranken zehlen, so daß es seine Garnisons-Dienste fast gar nicht weiter thun kann«. Als Ersatz schlug man die Besetzung der Garnisonen »mit gebohrenen Sclawoniern« vor[60]. Auch der sächsische Hof zeigte sich mit der Verlegung und den Lebensumständen seiner Soldaten keinesfalls zufrieden, worauf ihm der Hofkriegsrat eine Untersuchung der Vorgänge zusicherte[61].

Sicher waren die Sachsen mit zunehmender räumlicher Distanz von den Hauptschauplätzen des Krieges in Schlesien, Böhmen und Sachsen sowie durch ihren routinemäßigen Garnisonsdienst etwas aus dem Fokus des Wiener Hofes gerückt. Ein Blick auf die strategische Gesamtlage im Sommer 1757 lässt jedoch vor allem die Folgerung zu, dass zu diesem Zeitpunkt gar kein schlüssiges Konzept für ihre Verwendung auf den Kriegsschauplätzen vorhanden war. Waren sie nach der Schlacht bei Prag zunächst vorsorglich verlegt worden, entsprach die Erwartung einer baldigen völligen Niederlage Friedrichs II. nach den preußischen Debakeln bei Kolin und Groß-Jägersdorf, dem Beginn der aktiven Kriegsbeteiligung der Franzosen, ihrem Sieg bei Hastenbeck und ihrem Vorrücken nach Osten zur Vereinigung mit der Reichsarmee durchaus der Realität[62]. Angesichts dieser hoffnungsvollen Situation war aus Sicht des Wiener Hofes der Einsatz zusätzlicher teurer Subsidientruppen nicht zwingend erforderlich. Da die militärische Kooperation in den vorangegangenen Kriegen nicht immer reibungslos verlaufen und die mangelhafte Ausführung des Ausbruchsversuchs am Lilienstein noch in guter Erinnerung war, kann zusätzlich eine gewisse Skepsis gegenüber den militärischen Fähigkeiten der Sachsen vermutet werden.

---

[59]   ÖStA/KA, Alte Feldakten – Hofkriegsrat, 1757, Siebenjähriger Krieg, X 21b.

[60]   Slawoniern. »Pro Memoria« Riedesels an Kaunitz vom 24.9.1757, Schreiben Flemmings nach Warschau vom 20.6.1758. SHStA, Loc. 1053/4 (wie Kap. III, Anm. 307); Luh, Kriegskunst in Europa, S. 13, 56 ff.; Schuster/Francke, Geschichte der Sächsischen Armee, T. II, S. 126.

[61]   »Nota« der Geheimen Hofkriegs-Kanzlei vom 12.10.1757. ÖStA/KA, Alte Feldakten – Hofkriegsrat, 1757, Siebenjähriger Krieg, X 21.

[62]   Kunisch, Friedrich der Grosse, S. 368–374; Buddruss, Die französische Deutschlandpolitik, S. 103.

Dem sich ausweitenden Geldmangel versuchte General de Galbert nach Möglichkeit durch Aufnahme privater Darlehen zu begegnen. Unter all diesen äußerli-
chen Erschwernissen, gepaart mit der Eintönigkeit des Garnisonsdienstes, begannen jedoch auch die Ordnung und Disziplin in den sächsischen Truppen
allmählich zu leiden. Eine Denkschrift Riedesels an Kaunitz gibt Zeugnis von den
sich verschlechternden Zuständen im sächsischen Korps:

> »Wenn demselben die nöthigen Verpflegungs-Gelder noch fernerhin in so geringen und
> wegen des alltäglichen Zuwachses sowohl, als der vor Zeit zu Zeit höchst nothwendigen
> Anschaffung der [...] mundur [= Montur] niemals zu reichenden Summen gereichet
> werden sollten, gantz gehorsamst vorzustellen [...] daß der Herr General Major von
> Galbert [...] mit so viel Geld, als er jeden Monath nöthig zu haben angiebt, in Zukunft
> secundiret werden möchte, immaßen es sich bereits ereignet hat daß das Corps [...] oh-
> ne Verpflegung gewesen seyn würde, wenn nicht besagter Herr General-Major noch das
> Glück gehabt, 5200 Th. gegen 12 pro Cent auf seinen eigenen Credit zu finden[63].«

Doch bevor Verfallserscheinungen den Erfolg des »Sammlungswerkes« ernsthaft
gefährden konnten, drängte auch der sächsische Hof aufgrund der hoffnungsvollen Entwicklung der Gesamtlage energisch auf eine sinnvolle Verwendung seiner
Soldaten bei der zu erwartenden Befreiung Kursachsens und auf die sofortige
Verbesserung ihrer »dringende[n] Bedürffnisse« angesichts des bevorstehenden
Winters. »Die Umstände zeigen bereits, wie höchst nöthig [...] eine unverzügliche
remendur [= Abhilfe] sey«, schrieb Flemming an Kaunitz. Eine Rückführung nach
Sachsen sei jedoch unmöglich, wenn »die Trouppen nicht von Stund an mit Klei-
dung und Waffen vollends versehen werden sollten [...]. So wie glücklicherweise
die Sachen nunmehr gehen, kann die Befreyung der dortigen Lande nicht lange
mehr ausbleiben, und wenn auch allenfalls die Preußen vors erste noch einen Theil
davon besetzt halten, werden doch die erwehnte Sächs. Trouppen allemahl genug-
same Wege vor sich sehn und finden um zu der frantzösischen armée zu stoßen
und mit solcher die Sächsischen Lande vollends gantz befreyen zu helffen [...] Da
sie von den Orthen, wo sie dermahlen in Ungarn sich befinden ohnedem unter
6. Wochen an der Sächsischen Gräntze nicht anlangen können«, forderte Flemming zudem einen raschen Abmarsch aus den ungarischen Quartieren, um die
Armee in eine günstigere Ausgangslage für die geplanten Operationen zu bringen,
deren erstes Augenmerk der Besetzung der Dresdner Residenz gelten sollte[64].

Um für kommende Operationen weiterhin eine straffe, einheitliche Führung
über alle sich in Ungarn vereinigenden sächsischen Truppen zu gewährleisten,
beauftragte Graf Brühl im November 1757 – offenbar unzufrieden mit de Gal-
berts Führung – General Rochow, den vormaligen tapferen Verteidiger der Pirnaer
Festung »Sonnenstein«, sich »sobald möglich selbst nach Ungarn zu begeben und
das Commando über die dortigen versammelten Sächs. Trouppen zu übernehmen«[65].

---

63 »Pro Memoria« Riedesels an Kaunitz vom 24.9.1757; Schreiben Flemmings an Warschau vom
    20.6.1758. SHStA, Loc. 1053/4 (wie Kap. III, Anm. 307).
64 »Pro Memoria« Flemmings an Kaunitz vom 24.9.1757. SHStA, Loc. 1053/4 (wie Kap. III, Anm. 307).
65 Schreiben Brühls an Rochow vom 30.11.1757. SHStA, Loc. 11005 (wie Kap. IV, Anm. 216).

Angesichts der aufgezeigten Missstände sah Rochow zunächst seine drin-
gendste Aufgabe in der Beschaffung der nötigen »fonds« zur »Zusammenhaltung,
Bezahlung und möglichsten Vermehrung dieser trouppen«, in der Ausrüstung der
Mannschaften und Unteroffiziere sowie der Bewaffnung des Corps. Einen zweiten
Schwerpunkt legte er auf die »Herstellung der Ordnung und Mannszucht und der
höchstnöthigen Harmonie unter denen commandirenden officiers«, denn »eines
wie das andre soll [...] in einem gar schlechten und betrübten Zustand verfallen
und das Mißvergnügen ohne Ende seyn«[66]. Die engagierten Vorschläge Rochows
erregten anscheinend große Aufmerksamkeit bei Brühl, denn dieser versicherte
ihm, dass zukünftig auch der sächsische Hof für das bisher lediglich auf österreichische Kosten verpflegte Korps »ohngeachtet jetziger dürfftiger Umstände aus
eigener Cassa die Mondirung besorgen läßt [...] und nichts verabsäumt wird, es
völlig nach Möglichkeit zustande zu bringen [...] die Mondirungen theils in Wien,
theils bey denen Regimentern selbst verferttigen zu lassen. In Löhnung und Tractement ist denen officiers, Unterofficiers und Gemeinen, nach den disfalls geferf-
tigten Auswurff zur Zeit noch nichts abgegangen; die ferner richtige Bezahlung
wird nothwendiger Weise ein Hauptaugenmerk unsers Hofes seyn.« Zur Erleichterung der Abrechnung wurde Rochow beauftragt, die Listen über den effektiven
Bestand in Wien und beim sächsischen Hof einzureichen. Für die gesamten finanziellen Angelegenheiten des Korps ließ Brühl zudem eine Kommission unter Generalmajor von Klingenberg einsetzen, die sich vor allem um die Auszahlung der
Transportgelder an die Offiziere des »Sammlungswerkes« für die von ihnen geworbenen Soldaten zu kümmern hatte. Dabei sollte die Sammlung weiterhin mit
aller Konsequenz durchgeführt werden, da noch eine »ziemliche Anzahl derjenigen
unsrigen Soldaten [...] mithin noch hier und da allenthalben zerstreuet sind«. Der
zukünftige Oberkommandierende des sächsischen Korps hatte dafür Sorge zu
tragen, sie schnellstmöglich seiner Truppe zuzuführen.

Die Entscheidung über die Beförderung von Offizieren des Korps, über deren
»avancement« und »Caracters-Erhöhung«, behielt sich der Premierminister jedoch
selbst vor. Dem Oberkommandierenden sollte hier lediglich ein Vorschlagsrecht
eingeräumt werden. Ebenso blieb der in Warschau weilende Hof letzte Instanz bei
einer eventuellen kriegsgerichtlichen Entscheidung über die Verhängung der Todesstrafe.

Die Durchführung des Dienstes hatte sich ungeachtet der Situation des Korps
auch weiterhin streng an den sächsischen Reglements zu orientieren: »Werdet ihr
vor allem ein wachsames Auge dahin zu richten haben«, wies Brühl General Rochow an, »daß unser ganzer Dienst in allen Stücken und bey jeder Gelegenheit
eintzig und allein nach Vorschrifft unseres publicirten Dienst Reglements, auf das
genauste verrichtet, die Exercitia und manoevres darnach angewiesen und executi-
ret und davon durchaus von keinem Menschen abgegangen werden möge«[67]. Ähnlich wie unter der Prämisse der Verwendung im »ungetrennten Korps« wollte sich
die sächsische Regierung hier ein Maximum an Unabhängigkeit bewahren und – in

---

[66]   Schreiben Rochows an Brühl vom 9.1.1758. SHStA, Loc. 11005 (wie Kap. IV, Anm. 216).
[67]   Schreiben vom 11.2.1758. SHStA, Loc. 11005 (wie Kap. IV, Anm. 216).

Erwartung einer baldigen Vertreibung der Preußen aus Sachsen – etwaige österreichische Einflüsse auf ihr Korps weitestgehend beschränken. Für den Fall einer Fortdauer des Krieges war eine solche Vorgabe jedoch recht unrealistisch, wollte man ein reibungsloses Zusammenwirken der Soldaten beider Heere gewährleisten. Welchen Stellenwert eine einheitliche Befehlssprache und gleichlautende Begriffe besaßen, belegt das sofortige Exerzieren der vor Pirna gefangenen Sachsen, also bereits ausgebildeten Soldaten, die dessen ungeachtet von den Preußen nach deren Grundsätzen gedrillt worden waren.

Während Brühl seine Bemühungen um das Wohlergehen des Korps unverdrossen fortsetzte – sogar der »Inegaliteet des Calibre« der Beutewaffen nahm er sich persönlich an – und dies »an der Basis« durchaus auch spürbar wurde, begrub Friedrichs militärisches Genie jedoch spätestens am 5. Dezember 1757 in Leuthen alle Hoffnungen auf eine baldige Befreiung Sachsens[68]. Gelangten hinsichtlich der weiteren Verwendung des Korps auch bis zum Frühjahr 1758 keine neuen Weisungen nach Ungarn, zeigte der Wiener Hof nun ein vermehrtes Interesse an den sächsischen Soldaten – wohl zur Ergänzung seines arg dezimierten Heeres[69]. In Warschau verhielt man sich angesichts dieser neuen Lage nun wiederum abwartend: »Der Endzweck«, taktierte Brühl im Auftrag Augusts III. weiter, sei vorerst »einzig und allein auf Conservation und das Beste unserer gesamten getreuen Trouppen gerichtet«[70]. Da es Graf Flemming nicht gelang, den Wiener Hof von der Beibehaltung des Status des sächsischen Korps als »freie Soldaten« im Falle einer zukünftigen Unterstellung unter österreichischen Oberbefehl zu überzeugen[71], sondierte man in Warschau zunehmend auch in französische Richtung. Am Pariser Hof konnte sich Brühl der Unterstützung seines Anliegens durch die sächsische Prinzessin Maria Josepha, Schwiegertochter Ludwigs XV., gewiss sein. Sie war – ähnlich wie ihre Mutter, die sächsische Kurfürstin – sehr um die Belange der sächsischen Soldaten nach der Kapitulation besorgt. Während des Vorstoßes der Franzosen und Reichstruppen nach Sachsen im September und Oktober 1757[72] verpflichtete sie beispielsweise Marschall Charles de Rohan, Prinz von Soubise, den Kommandeur des französischen Kontingents, zu absoluter Disziplin bei Eintritt seiner Truppen in ihr »Heimatland«. Soubise sollte ihr »nicht wieder unter die Augen kommen, wenn er was fehlen ließe, so zum besten des Landes wäre«[73].

Neben den einflussreichen familiären Beziehungen waren es jedoch auch nüchterne politische Erwägungen, die das französische Interesse am Erhalt der kursächsischen Armee begründeten. Hierbei spielte Frankreichs Osteuropapolitik eine entscheidende Rolle. Seit Ludwig XIV. bestand in Paris lebhaftes Interesse an

68 »Von denen in dem Jahr 1758 bis 1762 bey der Königl. Franz. Armee gemachte Campagnen des Sächs. Auxiliar Corps«. SHStA, Geheimes Kriegsratskollegium, Nr. 1347: »Journale ...« (wie Kap. IV, Anm. 220).

69 Groehler, Die Kriege Friedrichs II., S. 105; Große, Prinz Xaver von Sachsen, S. 13 f.

70 Schreiben Brühls an Rochow vom 11.2.1758. SHStA, Loc. 11005 (wie Kap. IV, Anm. 216).

71 Große, Prinz Xaver von Sachsen, S. 13.

72 Groehler, Die Kriege Friedrichs II., S. 96 f.

73 Schreiben des Oberstleutnant v. Obernitz an Brühl vom 29.12.1757 aus Erfurt. SHStA, Loc. 1053/4 (wie Kap. III, Anm. 307).

der Schaffung einer stabilen »Barrière de l'Est«, einer sich von Schweden über Polen bis in das Osmanische Reich erstreckenden Einflusssphäre zur Eindämmung russischer und österreichischer Expansionen. Da Russland seinerseits erfolgreich versuchte, die Geschicke der außenpolitisch passiven polnischen Adelsrepublik durch seine »negative Polen-Politik« zu lenken, war Frankreich daran gelegen, die russischen Einflüsse in Polen zurückzudrängen und den sächsischen Kurfürsten als polnischen König im Sinne des »Barrieregedankens« gegen die russischen Einmischungen zu unterstützen. Im Zeichen dieser Politik trat auch Frankreich für eine Kontinuität der Wettinerherrschaft in Polen nach dem Tode Augusts III. 1763 in der Person des Prinzen Xaver[74] ein. Ein funktionsfähiges sächsisches Heer war jedoch nicht nur für die französischen Polenpläne von Bedeutung. Bereits vor Beginn des Krieges wurde seine Rolle als französische Subsidientruppe in den Verhandlungen zwischen Wien und Paris diskutiert. Während Maria Theresia die protestantischen Sachsen nicht nur aus propagandistischen Erwägungen, sondern wohl vor allem – mit Blick auf den sächsischen »Frontenwechsel« von 1741 – auch aus einem gewissen Misstrauen gegenüber dem sächsischen Neutralitätskonzept heraus in die Koalition gegen Preußen einbinden wollte, sollte ursprünglich das Engagement Frankreichs auf dem europäischen Schauplatz nur auf Subsidientruppen beruhen. Erst im Laufe der Verhandlungen mit Österreich entschied man sich in Paris zu einem großangelegten, offensiven Vorgehen gegen Preußen – nicht nur, um den Krieg auf dem Kontinent rasch zu beenden, sondern um auch bei möglichen Friedensverhandlungen nach Russland und Österreich nicht nur die »zweite Geige« spielen zu müssen. Trotz der Aufstellung eines gewaltigen Heeres von über 100 000 Mann erfüllte Paris seine Subsidienpflichten durch Militärkonventionen mit Württemberg und Bayern. Nachdem die Niederlage bei Roßbach beinahe zu einem Ausscheiden der Franzosen aus der Koalition geführt hatte, entschloss sich Ludwig XV. aufgrund der festen Haltung Maria Theresias im Februar 1758 zu einer Fortführung des Krieges, wobei das französische Engagement zukünftig in einem mit den Interessen des Staates kaum mehr vertretbaren Ausmaß stehen sollte[75]. Erstaunlich ist – und hierbei scheinen die familiären Beziehungen des sächsischen Hofes eine enorme Rolle gespielt zu haben –, dass man in Paris ungeachtet der großen Zahlungsschwierigkeiten im

---

[74] Wyczański, Polen als Adelsrepublik, S. 361; Zernack, Polen und Rußland, S. 234, 259; Demel, Reich, S. 266 f.; Staszewski, August III., S. 249; Duchhardt, Balance of Power und Pentarchie, S. 370 f.

[75] Frankreich verpflichtete sich im 1. Versailler Vertrag zur Indienstnahme von 25 000–30 000 Mann an Subsidientruppen sowie zur Zahlung von jährlich 12 Millionen Gulden an Subsidiengeldern. Nach der Verpflichtung von 6000 kurpfälzischen und 1800 kurkölnischen Auxiliartruppen wurden 1757 noch 6000 Württemberger und 4000 Bayern in französischen Sold genommen. Weitere Zahlungen erfolgten ab September 1757 an Schweden für die Entsendung eines 20 000 Mann starken Korps. Da sich die Rückstände in den Subsidienzahlungen bereits im Oktober 1758 auf 21 Millionen Livres beliefen, wurden bis auf die sächsischen Truppen alle von Frankreich finanzierten Auxiliarkorps entlassen. Buddruss, Die französische Deutschlandpolitik, S. 87, 96, 100 f. und 109–114; Schreiben Maria Theresias an Starhemberg vom 9.6.1756 und 24.7.1756. Preussische und österreichische Acten zur Vorgeschichte des Siebenjährigen Krieges, S. 404 f., 487; Externbrink, Friedrich der Große, Maria Theresia und das Alte Reich, S. 192–210.

Rahmen der Verhandlungen über die Fortsetzung des Krieges auch der Übernahme des sächsischen Korps und dessen Finanzierung zustimmte.

Mit diesem hoffnungsvollen politischen und familiären Hintergrund trat Graf Flemming in die Unterhandlungen mit Etienne-François Comte de Stainville ein, dem französischen Gesandten am Wiener Hofe, da man in Warschau »schon längst nichts mehr gewünscht als erwennte Trouppen an den frantzösischen Hof zu überlassen und sie dadurch wieder würklich brauchbar zu machen [...] In Betracht der Bedenklichkeiten, welche die mehr gemeldte Trouppen wieder den König v. Preußen anzuführen nicht gestatteten, die Meynung dahin gehe, sie zu weiter nichts als bloß zu Besetzung von Communications-Linien und Plätzen statt eigener miliz zu gebrauchen, um sie auf die arth während Kriege in Ansehung der Preußen keiner Gefahr auszustellen, nach Endigung deßselben aber sie desto wohlbehaltener wieder zurück geben zu können«, berichtete Flemming in Februar 1758 über die angedachten Verwendungsmöglichkeiten des Korps in französischen Diensten[76]. Brühls Hauptziel, die »Conservation« der Truppen, konnte so erreicht werden. Die zusätzliche Hoffnung auf regelmäßigere Besoldung sollte vollends den Ausschlag für einen Vertrag mit Frankreich geben[77]. Um dessen Abschluss nicht zu gefährden, wollte Flemming die »Bedingungen nicht zu weit treiben, sondern solche nach dem Gebrauch, welche der Frantzösische Hoff von den zu übernehmenden Trouppen [...] machen will, abmeßen«[78]. Schließlich unterzeichnete August III. mit Zustimmung Maria Theresias am 21. März 1758 »zum Wohle der allgemeinen Sache und der kursächsischen Truppen«[79] das Subsidienabkommen für ein Jahr. Darin verpflichtete sich Frankreich, zunächst 8000 Sachsen in seinen Dienst zu übernehmen, entsprechend zu besolden und auszurüsten. Später sollte das Korps auf etwa 10 000 Soldaten anwachsen. Die Kosten teilten sich Österreich und Frankreich je zur Hälfte, wobei die Auszahlung ausschließlich aus französischen Kassen erfolgen sollte. Im Gegenzug wollte der Wiener Hof von nun an lediglich für die vier Kavallerieregimenter sorgen, die bereits seit Monaten aktiven Dienst im kaiserlichen Heer leisteten. »Neuankömmlinge« aus preußischen Diensten sollten nur dann entlohnt werden, wenn sie auch im österreichischen Heer weiter dienen würden. Da Flemming eine solche Regelung ablehnte, einigte man sich auf den zukünftigen Einsatz von »Sammeloffizieren« bei den Korps der österreichischen und russischen Armee, zu welchen die ankommenden »Revertenten« geleitet werden sollten und deren Besoldung aus sächsischen Kassen zu leisten war[80].

Zur Verpflegung der Sachsen sollte Frankreich die Naturalien (wie Brot, Fleisch, Zucker und Futter) in gleicher Menge liefern, wie sie die eigenen Soldaten erhielten. Für den Fall von Nachschubschwierigkeiten wurde eine entsprechende

---

76 »Pro Memoria« Flemmings an den Grafen Brühl vom 3.2.1758 aus Wien. SHStA, Loc. 1053/4 (wie Kap. III, Anm. 307).

77 Große, Prinz Xaver von Sachsen, S. 14.

78 »Pro Memoria« Flemmings an den Grafen Brühl vom 3.2.1758 aus Wien. SHStA, Loc. 1053/4 (wie Kap. III, Anm. 307).

79 Zit. nach Schultz-Trinius, Die Sächsische Armee, S. 34.

80 Ernstberger, Johann Georg von Schill, S. 27.

Geldentschädigung vereinbart. Um Kompetenzstreitigkeiten hinsichtlich der Führung des Korps zu vermeiden, sollte bei eventueller Gleichheit der Dienstgrade zwischen den sächsischen und den französischen Offizieren immer der Franzose den Befehl führen. Ebenso wie die Versailler Günstlingswirtschaft Nachbesetzungen im französischen Oberkommando erschwerte, verkam auch die Vergabe des Kommandos über die Sachsen zu einem »Politikum«[81].

Angesichts der herausragenden Stellung Rochows als »General der Infanterie« forderte der französische Gesandte mit Blick auf dessen Besoldung und vor allem unter Berücksichtigung der Rangverhältnisse innerhalb des französischen Offizierskorps eine Änderung im Oberkommando. Um das Vertragswerk nicht in Gefahr zu bringen, wurde Rochow daher noch am Tage des Abschlusses darüber informiert, dass der König-Kurfürst durch »erhebliche Ursachen« bewogen wurde, das Kommando nunmehr dem Generalleutnant Baron von Dyherrn zu übertragen[82]. Schon Moritz von Sachsen hatte wenige Jahre zuvor erfahren müssen, mit welcher Eifersucht, ja Verbissenheit, viele der höheren französischen Militärs Stand und Revier gegen ambitionierte Ausländer verteidigten. Versailles fungierte als »Schaltstelle ihres sozialen Auf- und Abstiegs«[83]. Als später Prinz Xaver von Sachsen das Kommando über das Korps im Range eines Generalleutnants übernahm, forderten französische Prinzen ebenfalls diesen Rang für sich ein[84].

Die personelle Wahl des sächsischen Hofes zeugte jedoch in beiden Fällen von einer gewissen Rehabilitierung der sächsischen Generalität. Noch wenige Monate zuvor hatte der bisher überwiegend kritisch erschienene Rochow als herausragende Persönlichkeit innerhalb von Rutowskis Generalstab ebenso im Zentrum der öffentlichen Kritik gestanden wie Dyherrn als damaliger Mittler zwischen Feldmarschall und König-Kurfürst. Vor diesem Hintergrund kann ihre erneute Berufung zu verantwortungsvollen Führungsaufgaben, in deren Ausübung sie keineswegs eng an den sächsischen Hof gebunden sein würden, durchaus als Zeichen einer Wiederherstellung des Vertrauens des sächsischen Monarchen in die Fähigkeiten seiner militärischen Führer angesehen werden.

Neben Dyherrn gestand Frankreich dem Korps noch zwei weitere Generäle zu, deren Posten durch die Generalmajore Klingenberg und de Galbert besetzt wurden[85]. Letzteren ersetzte man nach seinem Abschied noch im Dezember 1758 durch General Philipp Friedrich von der Brüggen[86]. Insgesamt behielten sich die vertragschließenden Mächte das Recht der Benennung der Generäle vor[87].

---

81   Kennett, The French Armies, S. 17, 24.
82   »Registratura« in Warschau vom 21.3.1758. SHStA, Loc. 11005 (wie Kap. IV, Anm. 216).
83   Kroener, Wirtschaft und Rüstung, S. 163. Zu den Binnenstrukturen im französischen Offizierskorps in der 2. Hälfte des 18. Jahrhunderts siehe auch Claudia Opitz-Belakhal, Militärreformen.
84   Eine besonders herausgehobene Stellung verlieh Xaver dieser hohe Dienstgrad aber nicht, denn im Jahre 1758 gab es in der französischen Armee nicht weniger als 172 Generalleutnante. Kennett, The French Armies, S. 61, 64 f.; Treffer, Moritz von Sachsen, S. 246.
85   Schreiben Xavers an den König aus dem Lager bei Unna vom 7.9.1758; Weisung des Königs an Xaver vom 27.9.1758. SHStA, Loc. 1053/4 (wie Kap. III, Anm. 307).
86   »Königl. Patent« vom 9.3.1759. SHStA, Loc. 1053/4 (wie Kap. III, Anm. 307).
87   Große, Prinz Xaver von Sachsen, S. 30 f.

Mit der Ratifizierung des Vertragswerkes war 16 Monate nach der Kapitulation am Lilienstein das Schicksal des Großteils der sächsischen Armee für die kommenden Kriegsjahre besiegelt. Insgesamt 9879 sächsische Soldaten, gegliedert in 12 Regimenter, traten in den Dienst Ludwigs XV. über[88]. Ob dabei angesichts des bevorstehenden Dienstes bei der französischen Armee tatsächlich eine allgemeine Freude herrschte, soll an späterer Stelle untersucht werden[89].

Die gesammelten Kavalleristen überließ man später größtenteils den vier Reiterregimentern zu deren Verstärkung[90]. Ohne eigene Kavallerie war das Xaversche Korps in Zukunft nicht zu selbstständigen Operationen befähigt und verfügte nur über einen eingeschränkten Aktionsradius. Neben den Nachteilen im Gefecht, ergaben sich natürlich auch große taktische und logistische Abhängigkeiten von den Entscheidungen der französischen Heerführer. So mussten die Sachsen beispielsweise beim »Fouragieren« stets durch französische Reiterei gesichert werden. Dies lässt bereits etliche Komplikationen im Zusammenspiel beider Truppen erahnen.

3. Der Abmarsch nach Wien und die Übernahme des Kommandos durch Prinz Xaver

Eine Denkschrift vom März 1758 forderte den baldigen Abmarsch des Korps über Regensburg in den Westen des Reiches. Dabei sollte Wien passiert und »im Vorbey march das noch benöthigte Feuer und Seiten Gewehr, Lederwerck und andere Requisita ingl[eichen] neue Fahnen empfangen« werden. Die Kranken ließ man vorerst im bisherigen Hauptquartier in Raab zurück. Ebenso blieben etliche der »gesammelten« Offiziere dort, da nicht alle eine Anstellung beim Korps erlangen konnten[91].

---

[88] Drei der zwölf (zuweilen auch als Bataillone bezeichneten) Regimenter besaßen neben einer Grenadier- acht Musketierkompanien und verfügten über eine Stärke von 1227 Mann. Es handelte sich hierbei um die Regimenter »Kurprinzessin«, »Prinz Friedrich August« und »Prinz Xaver«. »Graf Brühl« sowie »Fürst Lubomirski«, »von Rochow«, »von Minckwitz«, »Prinz Gotha«, »Garde z. F.«, »Prinz Joseph« (ehem. »Königin«), »Prinz Maximilian« und »Prinz Clemens« waren hingegen in vier Musketierkompanien und eine Grenadierkompanie gegliedert. Die Kampfkraft der fünf erstgenannten Regimenter betrug dem noch erhaltenen »Etat« vom März 1758 zufolge jeweils 684 Soldaten, die Stärke der übrigen vier wird aufgrund ihres etwas größeren Stabes mit je 690 angegeben. »Etat« der in französischen Dienst übernommenen Truppen. SHStA, Loc. 1053/4 (wie Kap. III, Anm. 307).

[89] Große, Prinz Xaver von Sachsen, S. 83.

[90] Da die desertierten sächsischen Reiter bei Zezschwitz' Truppen direkt gegen das Heer Friedrichs II. Verwendung finden würden, befürchtete der sächsische Hof, dass sie im Falle ihrer erneuten Gefangennahme von den Preußen als Deserteure »am Leben« gestraft werden könnten. Daher sollten sie vorsichtshalber anfänglich auf dem westlichen Kriegsschauplatz Verwendung finden, während sich die vier Reiterregimenter zunächst durch Freiwillige ergänzten. Im Laufe des Krieges wurde die Trennung jedoch unschärfer. Das Sächsisch-Polnische Cavalleriecorps, S. 49 f.; Schimpff, Das Sammlungswerk, S. 83; Große, Prinz Xaver von Sachsen, S. 46 f.

[91] »Pro Memoria« aus Wien, undatiert. SHStA, Loc. 1053/4 (wie Kap. III, Anm. 307); Große, Prinz Xaver von Sachsen, S. 32.

In der österreichischen Hauptstadt angekommen, war das Korps bis zu seinem Weitermarsch zunächst dazu bestimmt, die Wiener Garnison zu besetzen. Hierzu wurden die Truppen »theils in Linz in Casernen, theils in den Bretter Buden, die auf der Donau Insel erbaut« untergebracht und »täglich exercirt«[92]. Dabei achtete man unter Dyherrns Kommando auf die Einhaltung strengster Disziplin, um die erwähnten Verfallserscheinungen auszumerzen, die während des langen und müßigen Aufenthaltes in Ungarn Zustand und Geist der Truppe bedroht hatten. Dyherrn habe wieder eine »genaue Ordnung« beim Korps hergestellt, schrieb Flemming, und »alle die privat Vortheil und willkührlich interessierte Veranstaltungen mit einmahl abgeschnitten, wozu während das Corps in Ungarn gestanden, so mancherley Gelegenheit gewesen«[93].

Nach dem Abmarsch aus den Quartieren im Königreich Ungarn erhielten die zwölf Regimenter in Wien, wie erwähnt, »alles zur Campagne nöthige«[94]. Anlässlich ihrer erneuten Vereidigung auf Maria Theresia und den französischen König – ein Zeichen der gemeinsamen Verfügungsgewalt der verbündeten Höfe über diese Truppen und eine der wenigen abgestimmten militärischen Maßnahmen Frankreichs und Österreichs in diesem Krieg – durften Teile des Korps in Schönbrunn vor Maria Theresia ebenso paradieren wie »vor I.K.H. des Printz Xavier u. frantz. Gesandten u. andren hohen Herrschaften«. Im Mai 1758 kantonierten die Regimenter noch bei Linz an der Donau. Am 21. dieses Monats »langte I.K. Hoheit Pr. Xavier um Mitternacht in Linz an, früh 5. Uhr paradirten [...] 6 Regimenter, so ihre 4000 Mann starck waren, vor dieselben auf dem Margte, nach der Parade gingen dieselbe weiter nach Minden u. von da nach Paris«.

Das Korps trat unterdessen im Juni geschlossen den Marsch von Linz in den Westen des Reiches über die Städte Braunau und Freising an[95]. Ende Juli lagerte es bei Straßburg, setzte seinen Marsch jedoch bald darauf durch das Elsass in die Gegend von Andernach fort[96]. Die »Mutter« des Korps, die Prinzessin von Frankreich, übersandte »ihren« Soldaten am 14. August dorthin 24 französische Kanonen als Geschenk[97]. In Anbetracht des zu geringen Umfanges der französischen

---

[92] »Von denen in dem Jahr 1758 bis 1762 bey der Königl. Franz. Armee gemachte Campagnen des Sächs. Auxiliar Corps«. SHStA, Geheimes Kriegsratskollegium, Nr. 1347: »Journale ...« (wie Kap. IV, Anm. 220).

[93] Schreiben nach Warschau vom 20.6.1758. SHStA, Loc. 1053/4 (wie Kap. III, Anm. 307).

[94] »Von denen in dem Jahr 1758 bis 1762 bey der Königl. Franz. Armee gemachte Campagnen des Sächs. Auxiliar Corps«. SHStA, Geheimes Kriegsratskollegium, Nr. 1347: »Journale ...« (wie Kap. IV, Anm. 220).

[95] »Von denen in dem Jahr 1758 bis 1762 bey der Königl. Franz. Armee gemachte Campagnen des Sächs. Auxiliar Corps«. SHStA, Geheimes Kriegsratskollegium, Nr. 1347: »Journale ...« (wie Kap. IV, Anm. 220); Schimpff, Das Sammlungswerk, S. 47.

[96] In der ersten Julihälfte waren die Sachsen außer in Straßburg in Hagenau (Haguenau), Weißenburg (Wissenbourg) und Landau einquartiert. Danach marschierten sie in die Gegend um Köln. ÖStA/KA, Alte Feldakten – 1758, Siebenjähriger Krieg, Französische Armee VIII 1. Über die Rolle von »étrangers« am Beispiel von Fremden in Straßburg im 18. Jahrhundert: Sonkajärvi, Soldaten als Fremde, S. 8–19.

[97] Zit. nach Große, Prinz Xaver von Sachsen, S. 23; Eine Archivquelle spricht von nur 20 Geschützen. ÖStA/KA, Alte Feldakten – 1758, Siebenjähriger Krieg, Französische Armee VIII 1; Nieper,

Feldartillerie im Siebenjährigen Krieg ist diese Gabe als sehr hochwertig einzuschätzen[98]. Danach erfolgte der Weitermarsch in zwei Kolonnen unter Dyherrn und de Galbert nach Soest in der Grafschaft Mark. Die dortige Vereinigung mit den französischen Truppen unter Generalleutnant François de Chevert am 29. August beendete den beinahe sechsmonatigen Marsch der Sachsen aus den ungarischen Garnisonen zum westlichen Kriegsschauplatz.

Die Person des sächsischen Prinzen Franz Xaver Ludwig sollte für die weiteren Geschicke des sächsischen »Auxiliarkorps« in den folgenden fünf Jahren sowie für die Reform des kursächsischen Staates und Heerwesens nach 1763 von großer Bedeutung sein. Ähnlich wie die Biografie Rutowskis stellt die Lebensgeschichte des 1730 geborenen Sohnes Friedrich Augusts II. ebenfalls ein Forschungsdesiderat dar[99]. Daher verdienen seine Vorgeschichte bis 1758 und vor allem seine militärische Vorprägung sowie familiären Beziehungen hier zumindest eine skizzenhafte Betrachtung.

Von Kindheit an zeichnete sich Xaver durch militärisches Interesse und eine dem entsprechende Begabung aus. August III. ließ ihn zusammen mit seinem Bruder Karl durch Joseph Anton Graf von Wackerbarth-Salmour sowie den Hauptmann der Schweizergarde, François Joseph de Fôrel, auf eine militärische Laufbahn vorbereiten[100]. Der Ausbruch des Siebenjährigen Krieges bot Xaver erstmals Gelegenheit zur Bewährung im Felde. Dessen Beginn erlebte er bekanntermaßen im königlichen Hauptquartier Struppen. Im weiteren Kriegsverlauf konnte Prinz Xaver vor allem im ereignisreichen Kriegsjahr 1757 in den Stäben der kaiserlichen Feldmarschälle Browne, Daun sowie des Prinzen Karl von Lothringen in den Schlachten von Prag, Kolin, Moys und Leuthen reiche Erfahrungen im Feld- und Belagerungskrieg sammeln[101]. Sein dabei »rühmlichst erwiesene[s] Wohlverhalten«[102] hatte die Beförderung zum Generalleutnant im Dezember 1757 zur Folge. Seinem berühmten Onkel, dem Grafen Moritz von Sachsen, nacheifernd, bemühte sich Xaver schließlich Anfang 1758 mit Einwilligung seines Vaters und mit Unterstützung seiner Schwester um Eintritt in französische Dienste. Die Tatsache, dass Louis, Dauphin von Frankreich, als eine der wenigen Personen am Versailler Hof seine Ansichten gegenüber dem König oftmals energisch vertrat, sollte in den folgenden Jahren von äußerster Wichtigkeit für den Fortbestand des sächsischen Korps sein. Neben dem Drängen Maria Josephas genügte allein die herablassende Behandlung seiner Schwiegereltern während der Besetzung Sachsens im Herbst 1756, um ihn zu einem Verfechter der Belange von Xavers Trup-

---

300 Jahre sächsische Artillerie, S. 139; Schimpff, Das Sammlungswerk, S. 50; Schuster/Francke, Geschichte der Sächsischen Armee, T. II, S. 129.

[98] Kroener, Wirtschaft und Rüstung, S. 165.

[99] Daher ist es besonders zu begrüßen, dass sich ein internationales Kolloquium vom 3. bis 5. Juli 2008 in Chemnitz unter dem Titel »Dynastie, Rétablissement, Revolution. Xaver von Sachsen (1730–1806) und das albertinische Fürstenhaus in Europa« der Person Xavers eingehend widmete.

[100] Staszewski, August III., S. 172–174.

[101] Allgemeine Deutsche Biographie, Bd 24, S. 578–580; Schierbrand, Prinz Xaver, S. 149 ff.; Große, Prinz Xaver von Sachsen, S. 16–19.

[102] Zit. nach Große, Prinz Xaver von Sachsen, S. 17.

pen werden zu lassen, ohne dabei jedoch die grundlegenden französischen Interessen in diesem Krieg aus den Augen zu verlieren[103]. Weiterhin wurden Xavers Anliegen vom sächsischen »jungen Hof« um Kurprinz Friedrich Christian und Prinzessin Maria Antonia unterstützt. Sie schenkten den Belangen des sächsischen Korps auch im Münchener Exil Gehör und pflegten ein vertrautes Verhältnis zu Prinz Xaver. Die gemeinsame Antipathie gegen Brühl war dabei von verbindender Wirkung. Maria Antonia verfolgte die Geschicke »ihres« Regiments »Kurprinzessin« mit großem Interesse und nahm ihre Pflichten als Chefin durchaus ernst[104]. Auch diese Hilfsquelle war in der Folgezeit von großer Bedeutung. In beiden Fällen wirkte sich die »Politik dynastischer Verbindungen« des sächsischen Monarchen also tatsächlich fruchtbringend aus.

Prinz Xavers Reise über Wien, wo er erstmals mit seinen zukünftigen Truppen zusammentraf, und München führte ihn im Juni als »Comte de Lusace«, also als »Graf von der Lausitz«, nach Versailles[105]. In der Folgezeit begleitete der Prinz die französische Armee im Felde, wurde so Zeuge der für die Franzosen unglücklichen Schlacht bei Krefeld am 23. Juni 1758[106] und galt fortan »als unermüdlich im Rekognoszieren des Geländes, in der Besichtigung von Festungen und Schlachtfeldern, er beobachtete den Verpflegungsapparat, er besuchte die Hospitäler in Cöln und leistete werktätige Hilfe [...] Alle die mit dem Prinzen in Berührung kamen, äußerten – vielfach enthusiastisch – ihre Zufriedenheit mit ihm. Allgemein erwartete man, daß er sich an die Spitze des sächsischen Korps stellen werde[107].« Dieser Erwartung entsprach schließlich Prinz Xavers Ernennung zum Nachfolger von General Dyherrn, dem Oberkommandierenden der etwa 10 000 Sachsen bei der französischen Armee. Hierzu erreichte ihn der am 13. September 1758 verfasste Befehl aus Warschau, in dem sein Vater mit Zustimmung Maria Theresias ihm in »Ansehung dersoselben zeither bey allen Gelegenheiten erwiesenen ausnehmenden Fleißes, Kriegs Erfahrung, und vor Unsers Königl. Chur-Hauß dargelegten besondern Eifers, das General-Commando über Unser an die Cron Franckreich überlaßenes Infanterie-Corps zu übergeben gnädigst entschlossen« war[108]. Neben der militärischen Kompetenz Xavers spielten sicher auch Prestigegründe bei der Ernennung eine Rolle. Ähnlich wie dies bei General Rutowski oder Graf Moritz der Fall gewesen war, stand nun wieder ein populäres Mitglied der königlich-kurfürstlichen Familie an der Spitze der sächsischen Truppen. Xaver fungierte gewissermaßen als Stellvertreter des Landesherrn. Er hatte die Entbehrungen des Pirnaer Lagers erlebt und sich danach am Kampf gegen Friedrich II. beteiligt.

---

[103] Buddruss, Die französische Deutschlandpolitik, S. 82, 124, 186; Externbrink, Friedrich der Große, Maria Theresia und das Alte Reich, S. 179 f., 198.

[104] Schimpff, Das Sammlungswerk, S. 49; Große, Prinz Xaver von Sachsen, S. 24, 50. Offenbar aufgrund dieses engen Verhältnisses hielt sich Xaver auch nach dem Ende seiner Administratur und der anschließenden »Reisezeit« zwischen 1771 und 1791 in Frankreich (Chaumont, bzw. Pont-sur-Seine) auf. Allgemeine Deutsche Biographie (wie Anm. 101), S. 580.

[105] Auch sein Vater hatte während seiner »Kavalierstour« dieses Pseudonym benutzt. Staszewski, August III., S. 42.

[106] Groehler, Die Kriege Friedrichs II., S. 115 f.

[107] Große, Prinz Xaver von Sachsen, S. 19.

[108] Weisung des Königs an v. Dyherrn vom 13.9.1758. SHStA, Loc. 1053/4 (wie Kap. III, Anm. 307).

Diese Faktoren sowie seine stattliche Erscheinung und der noch beinahe jugendliche Eifer verliehen ihm sicher ein gewisses Charisma[109]. Hiervon war eine zusätzliche motivierende und integrative Wirkung auf die sächsischen Soldaten zu erwarten. Als junger, ehrgeiziger Prinz befand sich Xaver – abgesehen vom Status seiner Geburt – in einer ähnlichen Situation wie sein Onkel Moritz viele Jahre zuvor. Ohne realistische Chance auf den sächsischen Thron eröffnete ihm der Dienst im Militär die Möglichkeit, seine Begabung unter Beweis zu stellen.

Die »Conservation« seiner Truppen sowie »die Erhaltung der Subordination und einer exacten Disziplin« als »Seele des Dienstes«[110] wurden ihm ebenso wie Rochow und Dyherrn ans Herz gelegt. Der König-Kurfürst räumte Xaver aber zusätzlich die »Oberjurisdiction« über alle Mannschaften, Unteroffiziere und Offiziere bis zum Dienstgrad Oberstleutnant ein[111]. Auch was die Verwaltung des Korps betraf, erhielt der Prinz größere Freiheiten als seine Vorgänger. Er war berechtigt, das Regelwerk in »nicht vorauszusehenden Fällen [...] nach eigenen Gutachten zu modificiren, oder hinzuzufügen, und die Ursachen sothaner Aenderung durch ohngesäumte Berichts-Erstattung geziemend anzuzeigen«. Zudem oblag Xaver die Pflicht, persönlich jeden Monat über sein Handeln und die Vorgänge beim Korps nach Warschau zu berichten[112]. Aus Gründen, die vermutlich ähnlichen Ursprungs waren wie diejenigen, die zur Absetzung Rochows im Oberbefehl geführt hatten, musste Xaver zukünftig sein Inkognito »Graf von der Lausitz« zwar beibehalten. Allerdings wurden ihm die volle Ehrenerweisung sowie der Rang eines französischen Generalleutnants gewährt[113].

Mit der Vereidigung auf Maria Theresia und Ludwig XV. vollzog sich nicht nur der offizielle Übergang des sächsischen Korps in die Heere der Gegner Friedrichs II. Sie bedeutete auch das Ende der aufwendigen Sammlung und Zusammenführung in Ungarn. Ihr Schwerpunkt lag in der Folgezeit vor allem in Thüringen, wo die geringere Präsenz der preußischen Armee eine gut organisierte Zusammenführung der Revertenten ermöglichte[114]. Hier seien die Städte Erfurt, Saalfeld und Schleusingen genannt[115]. Weiterhin wurden die »hin und wieder sich selbst zu ranzioniren« suchenden sächsischen Soldaten in Zukunft noch in den Städten Eger, Karlsbad, Prag, Regensburg und Frankfurt a.M. gesammelt und von dort aus zum sächsischen Korps abgesandt. Eine Denkschrift erwähnt den Einsatz von sächsischen Offizieren zum Zwecke der Sammlung bei den jeweiligen Armeen der Österreicher in Böhmen und Schlesien. So sollten »ein oder ein Paar geschickte, mit

---

109 Schierbrand, Prinz Xaver, S. 152.
110 Weisung des Königs an v. Dyherrn vom 18.3.1758. SHStA, Loc. 1053/4 (wie Kap. III, Anm. 307).
111 Bereits im März 1758 war vom König die Errichtung eines »militair-Consistorii« für »alle Ober-, Unterofficiers und Gemeinen« beim Korps angeordnet worden. Weisung des Königs an Xaver vom 27.9.1758. SHStA, Loc. 1053/4 (wie Kap. III, Anm. 307).
112 Weisung des Königs an Xaver vom 13.9.1758. SHStA, Loc. 1053/4 (wie Kap. III, Anm. 307); Große, Prinz Xaver von Sachsen, S. 21 f.
113 Große, Prinz Xaver von Sachsen, S. 15–19.
114 Schimpff, Das Sammlungswerk, S. 46.
115 Nach Auskunft der Stadtarchive in Erfurt, Bad Langensalza und Schleusingen sind dort keinerlei Akten zur »Sammlung« vorhanden.

Beglaubigungs-Schreiben versehene officiers, welche die An- und Aufnahme so wohl, als die weitere Fortschaffung der gleichen Mannschaft besorgen«, dorthin entsandt werden. Durch sie sollten zudem »diejenigen offiziers, welche [...] von hier [= aus Sachsen] weggegangen und vielleicht bey dem überlaßenen Corps kein Employ mehr finden möchten, anderweit placirt oder angewiesen werden«. So führte beispielsweise in Prag ein zuverlässiger Stabsoffizier das Kommando über die Sammlung und verwaltete die notwendigen Gelder[116].

Riedesel, ab 1759 General und sächsischer Verbindungsoffizier beim russischen Hauptquartier, kümmerte sich ebenfalls um die Belange der Sammlung. Für ihn galt es besonders aufmerksam zu sein, da vor allem die russische Armee mit den übrigen Kriegsgefangenen oftmals auch die sächsischen Revertenten ins Hinterland des Operationsgebietes abführte. Die »Sammeloffiziere« fungierten jedoch auch als Informanten für den sächsischen Hof. So sollte der dem Laudonschen Korps in Schlesien zugeteilte Leutnant Selmer nicht nur desertierte Sachsen einsammeln, sondern nebenbei auch regelmäßig über die Pläne und Bewegungen der Österreicher berichten[117].

In den folgenden Jahren sollte sich – neben dem Feldmarschall Rutowski, der sich im Hintergrund oftmals um organisatorische Belange der Sammlung kümmerte[118] – insbesondere Kurprinz Friedrich Christian als großer Förderer des »Sammlungswerkes« erweisen, da unter anderem die von ihm verwalteten Landeskassen wesentlich zu dessen Finanzierung beitrugen[119]. Ebenso bot sich der Herzog von Sachsen-Hildburghausen als Führer der Reichsarmee an, die Vereinigung weiterer Revertenten zu unterstützen[120].

Zusammenfassend belegt die beachtliche Stärke des Frankreich unterstellten Korps vor allem die Beständigkeit der sächsischen Sammlung als einer für den zeitgenössischen Heeresersatz ungewöhnlichen Organisation, die sich in ihrer Existenz einzig auf das anhaltende Entweichen sächsischer Soldaten gründete. Eine prinzipiell bereits verlorene Armee auf solche Weise zu reorganisieren, kann durchaus als bemerkenswert bezeichnet werden. Hinsichtlich ihrer Effizienz profitierte die Sammlung jedoch insbesondere zu Beginn von der geradezu naiven Fehlinterpretation sächsischer Loyalität durch die preußische Armee, während für die Fortdauer des Krieges das geschickte Verhalten der »Sammeloffiziere« sowie deren Unterstützung durch den sächsischen Hof und die alliierten Armeen ausschlaggebend sein sollten.

Der sächsische Prinz übernahm ein Kommando, das von immerwährendem Geldmangel sowie den unterschwelligen Interessenkonflikten und der mangelnden Kohäsion zwischen dem Warschauer, Wiener sowie dem Versailler Hof begleitet sein sollte. Ein gehöriger Egoismus, der das sächsische Korps zum politischen

---

[116] »Pro Memoria« aus Dresden vom 10.4.1758, anonym. SHStA, Loc. 1053/4 (wie Kap. III, Anm. 307).
[117] Zur Freilassung der gefangenen Sachsen bedurfte es erheblicher diplomatischer Bemühungen. Eelking, Correspondenz, S. 21, 177, 181 und 255.
[118] »Pro Memoria« aus Dresden vom 10.4.1758, anonym. SHStA, Loc. 1053/4 (wie Kap. III, Anm. 307).
[119] Große, Prinz Xaver von Sachsen, S. 36–39.
[120] Schreiben des Oberstleutnant Carl von Obernitz an Graf Bühl vom 29.12.1757. SHStA, Loc. 1053/4 (wie Kap. III, Anm. 307).

»Spielball« werden ließ, muss in diesem Zusammenhang jedoch allen beteiligten
Mächten unterstellt werden. Während Brühl hoffte, seine zerstreute Armee auf
größtenteils fremde Kosten wieder zu einem schlagkräftigen Heer »sanieren« und
ohne Rücksicht auf die Ziele seiner Alliierten eigennützig zur Befreiung Kursachsens verwenden zu können, ließ insbesondere der Wiener Hof eine aktive sächsische Kriegsbeteiligung und damit gegebenenfalls auch die Teilhabe an einer
eventuellen Siegesbeute erst dann zu, als die Hoffnungen auf eine rasche Niederwerfung Preußens schwanden. Für Frankreich, dessen territoriale Integrität im
Verlaufe des Siebenjährigen Krieges zu keinem Zeitpunkt bedroht war, stand neben der ursprünglichen vertraglichen Verpflichtung zur Indienstnahme von Subsidientruppen vor allem die Schwächung Großbritanniens durch einen Angriff auf
Hannover im Vordergrund. Im Rahmen des Konzepts der raschen Erzwingung
dieses Ziels durch verhältnismäßig gigantische Armeen sollte, wie noch zu zeigen
sein wird, auf die »Conservation« des sächsischen Korps keinerlei Rücksicht genommen werden.

Prinz Xavers Dilemma bestand nun darin, diese unterschiedlichen Interessen
aller Parteien im Auge zu behalten. Ordnete Brühl nach seiner »Liliensteiner Erfahrung« vor allem die Schonung des Korps an, musste Xaver andererseits dem
Versailler Hof die Fähigkeiten der Sachsen im Gefecht deutlich demonstrieren, um
dort eine gewisse Einsicht für die dafür gezahlten Subsidien zu erzeugen. Sollte die
antipreußische Koalition einen Sieg über Friedrich II. davontragen, so war auch
das Kurfürstentum Sachsen durch die Existenz des Xaverschen Korps und der
Reiterregimenter bei einem etwaigen Friedensdiktat nicht mehr in der passiven
Position des überfallenen und ausgebeuteten Opfers, das – wenn überhaupt – nur
geringe Entschädigungen zu erwarten hatte. Als aktiver Kriegsteilnehmer hingegen
konnte Sachsen durchaus zu einem der Nutznießer der geplanten territorialen
Aufteilung Preußens werden. Obwohl bereits eine Abfindung mit Magdeburg als
Entschädigung für die Kriegslasten in Aussicht stand[121] und die Ansprüche auf
Schlesien natürlich in erster Linie von Österreich erhoben wurden, schien auch ein
neuerlicher Gedanke an eine Verhandlung über die lange ersehnte Landbrücke
nach Polen als Kriegsentschädigung nicht unrealistisch. Für die Wiederherstellung
und Bewahrung eines im Sinne der augusteischen Tradition innen- und außenpolitisch soliden Nachkriegszustandes war ein schlagkräftiges Heer von Vorteil.

Vor diesem Hintergrund erscheint die von Brühl priorisierte Erhaltung der
Truppen in einem möglichst guten Zustand durchaus plausibel. Zudem war angesichts des fortgeschrittenen Alters des sächsischen Monarchen in naher Zukunft
auch ein personeller Wechsel an der Spitze des Staates denkbar. Wollte man in
diesem Falle eine kontinuierliche Politik hinsichtlich der polnischen Krone betrei-
ben, so war ein starkes sächsisches Heer in Anbetracht der Ereignisse von 1733
auch in diesem Fall nützlich. Inmitten dieses Dilemmas sollte Prinz Xaver in den
kommenden Jahren einen Weg wählen, der sowohl seinem militärischen Naturell
als auch seinen eigenen, mit den französischen Interessen kompatiblen politischen

---

121 Buddruss, Die französische Deutschlandpolitik, S. 98; Carl, Okkupation und Regionalismus,
   S. 53.

Ambitionen entsprach[122]. Aufgrund der familiären Entwicklungen in der wettinischen Dynastie konnte Xaver sich ähnlich wie sein Onkel Moritz allenfalls noch außerhalb des Kurfürstentums politisch verwirklichen, wie seine spätere Bewerbung um die polnische Krone nach dem Tode Friedrich Christians, der seinem 1763 verstorbenen Vater August III. als Kurfürst nachfolgte, jedoch im selben Jahr bereits starb, zeigt[123].

Neben diesen vermuteten persönlichen Ehrgeiz traten jedoch nüchterne Erwägungen als das vielleicht entscheidendere Moment. Gerade im Hinblick auf das wiederholt unvermeidliche Schicksal Sachsens als Kriegsschauplatz musste die Erhaltung einer ausbaufähigen Armee aus realpolitischer Sicht zukünftig zu den vitalen Interessen des sächsischen Herrscherhauses gehören. Nachdem das Neutralitätskonzept Brühls erneut gescheitert war, konnte Sachsen in einer zukünftigen Friedensordnung nur dann eine gewichtigere und aktivere Rolle spielen, wenn es sich dabei auf ein schlagkräftigeres Heer als im Jahre 1756 stützen konnte. Solche Ansichten lassen auch die vom »Chevalier de Saxe« nach 1763 im Zuge der Heeresreform aufgestellten Leitlinien erkennen, die vermutlich von Xaver mitgestaltet wurden[124].

Obwohl der Prinz in den kommenden Jahren nie davor zurückschreckte, sein Korps in die Schlacht zu führen, galten in einem solchen Fall seine nächsten Anstrengungen unverzüglich der Wiederherstellung und Verbesserung der Kampfkraft seiner Truppen und somit deren Erhalt und Ausbau. Benötigte er hierfür dringend das französische Geld, so blieben doch trotzdem das Wohl der Heimat und der Armee das hauptsächliche Ziel seines Handelns. Sein Verdienst in den Folgejahren lag daher nicht nur in seiner erfolgreichen persönlichen Führerschaft, sondern vor allem im unermüdlichen Bemühen um den Bestand des Korps als Grundlage für die Übereinkunft kollektiver und individuell-sächsischer Interessen.

4. Kursächsische Soldaten im Dienste der französischen und österreichischen Armee

a) Allons Saxons! Das Korps des Prinzen Xaver auf dem westlichen Kriegsschauplatz

Der Ausmarsch aus Ungarn und der in Wien geleistete Eid leiteten ein neues Kapitel in der facettenreichen Geschichte der kursächsischen Soldaten im Siebenjährigen Krieg ein. Dieses lenkt den Fokus der Untersuchung vom böhmisch-sächsisch-schlesischen Raum, in welchem die noch aufzuzeigenden Operationen der kursächsischen Reiterei unter dem Kommando des Generals von Nostitz stattfanden, auf das westfälisch-hessisch-thüringische Gebiet. Wie eingangs erwähnt,

---

[122] Staszewski, August III., S. 249.
[123] Althoff, Untersuchungen zum Gleichgewicht der Mächte, S. 37.
[124] Rudert, Die Reorganisation, S. 30 f.; Kötzschke/Kretzschmar, Sächsische Geschichte, S. 286; Demel, Reich, S. 220.

wurden die Ereignisse auf diesem Schauplatz zwischen 1756 und 1763 bisher von der Forschung weniger berücksichtigt, obgleich zumindest die militärischen Vorgänge als gut dokumentiert gelten können[125]. Eine der wesentlichen Ursachen hierfür lag sicher darin, dass die Länder Nordwestdeutschlands – wie beispielsweise »Kurhannover« (Braunschweig-Lüneburg), die preußischen Westprovinzen oder auch die geistlichen Fürstentümer in Westfalen – zur Zeit des Siebenjährigen Krieges meist von anderen Mächten abhängige Herrschaftsgebiete waren. Durch den »Umsturz der Bündnisse« von 1756 gerieten sie jedoch aus strategischer Sicht in eine ähnliche Rolle wie Sachsen. Sie fungierten fortan als Puffer zwischen den verfeindeten Parteien, zwischen Preußen-Hannover und Frankreich. Analog zum Kurfürstentum Sachsen waren sie somit Kriegsschauplatz und litten vergleichbar[126] unter der Besatzung der jeweiligen Heere. Obgleich dieser Raum nicht die »erdrückende Dominanz«[127] des Hauptkriegsschauplatzes der Auseinandersetzungen zwischen Preußen und Österreich hatte, banden die dort stattfindenden zahlreichen Operationen und Gefechte jedoch stets starke Kräfte beider Parteien und wirkten somit direkt auf die vermeintlichen Hauptkriegsschauplätze zurück. Sicher sind für den westlichen Kriegsschauplatz auch gewisse Eigengesetzlichkeiten zu konstatieren, ein »Nebenkriegsschauplatz« war die Region jedoch keinesfalls[128].

Den für Großbritannien und Preußen unter dem Herzog Ferdinand von Braunschweig-Lüneburg kämpfenden »Alliierten«, einer aus hannoverschen und britischen Verbänden sowie den Truppen einiger Reichsfürsten[129] zusammengesetzten und größtenteils mit britischen Geldern finanzierten[130] Armee, fiel eine schwierige Aufgabe zu. Sie sollte nicht nur Hannover beschützen, sondern durch Bindung der französischen Armeen Preußen vor einem Mehrfrontenkrieg bewahren sowie Großbritanniens überseeischen Besitz sichern helfen[131]. Dieser Armee standen ab 1757 das an Zahl überlegene Heer Frankreichs sowie die aus den Kontingenten der mit Österreich und Frankreich verbündeten kleineren Fürstentümer gebildete »Reichsexekutionsarmee«[132] gegenüber. 1757 stießen zwei französische Armeen vom Mittelrhein aus rasch in Richtung Hannover beziehungsweise Thüringen vor. Die Ziele der Hauptarmee waren zunächst die »Wegnahme« der Weser

---

125 Hierzu umfassend für die alliierte Seite: Geschichte der Feldzüge; Die Kriege Friedrichs des Großen, 3. T., Bd 7, 8, 9.
126 Zur Effizienz finanzieller Ausbeutung am vergleichenden Beispiel von Sachsen und Kleve-Mark: Carl, Okkupation und Regionalismus, S. 195–201.
127 Lindner, Die Peripetie des Siebenjährigen Krieges, S. 4.
128 Ebd., S. 1; Buddruss, Die französische Deutschlandpolitik, S. 108.
129 Im Jahre 1759 verfügte Herzog Ferdinand beispielsweise über rund 70 000 Soldaten, davon waren 18 000 Briten. Zudem dienten in seiner Armee vor allem noch Hessen und Braunschweiger. Insgesamt setzte sich das Heer Ferdinands aus Kontingenten von sieben Staaten zusammen, in der Armee wurden drei verschiedene Sprachen gesprochen. Simms, Hannover in British Policy, S. 329; Groehler, Die Kriege Friedrichs II., S. 115; Lindner, Die Peripetie des Siebenjährigen Krieges, S. 242.
130 Kroener, Wirtschaft und Rüstung, S. 168.
131 Lindner, Die Peripetie des Siebenjährigen Krieges, S. 242.
132 Sie bestand aus nicht weniger als 231 Kontingenten. Duffy, Friedrich der Große, S. 195. Zu den Problemen der Führung des Reichskrieges: Stollberg-Rilinger, Das Heilige Römische Reich Deutscher Nation, S. 105.

und die Zerschlagung der »Observationsarmee« unter dem Herzog Wilhelm August von Cumberland, die zu diesem Zeitpunkt mit der Verteidigung Hannovers betraut war[133]. Nachdem die »Observationsarmee« am 26. Juli 1757 bei Hastenbeck gegen die Franzosen unter dem Oberbefehl von Marschall Louis Charles d'Estrées eine – keineswegs eindeutige – Niederlage hatte verbuchen müssen, wurde am 10. September in der Konvention von Kloster Zeven ihre Auflösung beschlossen. Ganz Norddeutschland stand den Franzosen nun offen und der Weg über Magdeburg nach Berlin schien geebnet. Mit der Besetzung Halberstadts im September war ein wesentliches Ziel des französischen Feldzugsplanes für das Jahr 1757 erreicht. Der rasche Vormarsch hatte die Truppen jedoch stark erschöpft. In den Winterquartieren machten sie vor allem durch ihre Disziplinlosigkeit auf sich aufmerksam[134]. Hierzu ist anzumerken, dass Frankreich als Garantiemacht des Westfälischen Friedens für die Versorgung seiner Armeen auf dem Territorium des Reiches keine beliebigen Zwangsmaßnahmen durchführen konnte. Lediglich die Herrschaftsgebiete des »Reichsfeindes« Preußen und seiner Verbündeten standen hierfür offen. Somit mussten Versorgungsmaßnahmen in der Regel immer in Absprache mit dem jeweiligen Landesherrn erfolgen, was jedoch keineswegs reibungslos funktionierte[135].

Neben der bis Halberstadt vorgedrungenen Hauptarmee sollte 1757 jedoch noch der französische Marschall Prinz von Soubise mit einem zweiten Heer und im Verbund mit der Reichsarmee unter dem Herzog von Sachsen-Hildburghausen einen weiteren entscheidenden Schlag gegen Preußen führen[136]. Friedrich II. besiegte jedoch den zahlenmäßig überlegenen Gegner im November bei Roßbach in Sachsen. Damit verhinderte er dessen weiteres Vordringen nach Osten und die Vereinigung des französischen und österreichischen Heeres[137]. Neben der Erörterung der Rolle Hannovers als »Achillesferse« Großbritanniens sind es meist gerade diese Schlacht, ihre Wirkung auf die Öffentlichkeit[138] und die diesbezüglichen operativen Untersuchungen, die in vielen Überblickswerken zum Siebenjährigen Krieg den Blick in geraffter Form auf den westlichen Schauplatz lenken.

Im Sommer 1758 soll der Weg des sächsischen Korps in der vorliegenden Darstellung wieder aufgenommen werden. Zu diesem Zeitpunkt operierten die etwa 30 500 »Verbündeten« im Bereich des Ruhrgebietes unter Herzog Ferdinand von

---

133 Kennett, The French Armies, S. XV; Siebenjähriger Krieg in Fulda, S. 11; Lindner, Die Peripetie des Siebenjährigen Krieges, S. 170.
134 Trotz wiederholter Aufforderungen Maria Theresias an die französischen Truppen zur Rücksichtnahme gegenüber den deutschen Reichsständen kam es im Laufe des Krieges immer wieder zu Zwischenfällen und Übergriffen. Kulenkampff, Österreich und das Alte Reich, S. 45 f.
135 Externbrink, Frankreich und die Reichexekution gegen Friedrich II., S. 228.
136 Carl, Okkupation und Regionalismus, S. 56; Buddruss, Die französische Deutschlandpolitik, S. 105–108.
137 Duffy, Friedrich der Große, S. 199–209.
138 Nicht nur im Reich, sondern auch in Großbritannien wurde Friedrich II. durch seinen Sieg bei Roßbach gewissermaßen ein »Nationalheld«. Die Schlacht war zudem das letzte Aufeinandertreffen französischer und preußischer Armeen im Zeitalter des Ancien Régime. Buddruss, Die französische Deutschlandpolitik, S. 108.

Braunschweig-Lüneburg. Dieser hatte nach der Aufkündigung der Konvention von Kloster Zeven durch den britischen König im November 1757 den Oberbefehl über die »Verbündeten« und damit die Flanken- und Rückendeckung der preußischen Hauptkräfte übernommen. Ihm standen zwei französische Armeen unter den Marschällen Louis Georges de Contades beziehungsweise Prinz von Soubise gegenüber[139].

Ausgestattet mit seiner schwierigen Aufgabe stieß Prinz Xaver von Sachsen bei Castrop in der preußischen Grafschaft Mark zu seinem Korps, dem es inzwischen »wohl [er]ginge«[140]. Die Kommandoübernahme erfolgte mit einer feierlichen Parade. Danach nutzte der neue Oberkommandierende jede Gelegenheit, seine Truppen exerzieren zu lassen. Hierbei sollte »die noch recht ungefügige, mit unberittenen Kavalleristen und einigen neugeworbenen untermischte Infanterie«[141] feldverwendungsfähig gemacht und an ihre neuen Führer gewöhnt werden. Bei diesen Manövern band Xaver die ihm zugeteilte französische Kavallerie mit ein, um die sächsischen Soldaten auch im Verbund mit den zukünftigen Waffenbrüdern zu schulen. Dies erwies sich als sinnvoll, denn nach französischen Vorstellungen sollte das sächsische Korps keineswegs nur »zu Besetzung von Communications-Linien und Plätzen« verwendet werden. Die bei Abschluss des Subsidienvertrages vereinbarte Konservation der Truppen Augusts III. trat vor der Realität der Kriegsgeschehnisse rasch in den Hintergrund. Frankreich reihte das Xaversche Korps unmittelbar nach dessen Eintreffen bei den Truppen des Grafen Chevert unter Berufung auf sein alleiniges Verwendungsrecht rücksichtslos in sein Feldheer ein. In Warschau zeigte man sich darüber zwar unzufrieden, jedoch spielte Brühls leidenschaftlicher Wunsch nach einer Verwendung der Sachsen zur Befreiung des »Vaterlandes« offenbar eine so große Rolle, dass der sächsische Hof diese Änderung in Kauf nahm, um seinen Plan doch noch verwirklicht zu sehen. Eine Zurückdrängung oder gar Zerschlagung der preußischen Armee war jedoch seit dem Debakel bei Roßbach in weite Ferne gerückt. Die Brühlschen Pläne betrachtete daher der sächsische Geheime Rat Thomas von Fritsch bereits im November 1758 aus realpolitischer Sicht als gescheitert: »Sachsen in Sachsen zu befreyen hat allen ohne Passion und Übereilung die Sache Erwegenden eine nicht thuliche [...] Sache geschienen.« Während Kaiserin Maria Theresia fortfahren würde, auch im weiteren Kriegsverlauf »auf Sachsens Ruin ihre Lande zu decken«, sei für das Kurfürstentum in absehbarer Zeit keine Rettung zu erwarten[142]. Trotz ihrer offensichtlichen Aussichtslosigkeit ließ sich Brühl auch in den kommenden Kriegsjahren immer wieder von seinen Wunschvorstellungen leiten und versuchte, die Operationen der Gegner Preußens entsprechend zu beeinflussen[143].

---

139   Groehler, Die Kriege Friedrichs II., S. 115 f.; Buddruss, Die französische Deutschlandpolitik, S. 104, 107 f.
140   Bericht eines sächsischen Offiziers. »Nota« vom 23.9.1758. ÖStA/KA, Alte Feldakten – 1758, Siebenjähriger Krieg, Französische Armee IX 1.
141   Schuster/Francke, Geschichte der Sächsischen Armee, T. II, S. 129 f.
142   Denkschrift Fritzschs vom 16.11.1758. Zit. nach Die Staatsreform in Kursachsen, S. 170.
143   Große, Prinz Xaver von Sachsen, S. 20. Zu den Versuchen der Einflussnahme Brühls auf die russische und österreichische Operationsführung: Eelking, Correspondenz, S. 58, 89, 123 und 136.

Der französische Oberbefehlshaber Marschall Contades entsandte noch am 30. September das Korps des Grafen Chevert zur Verstärkung der 36 000 Mann starken Armee von Soubise in die Gegend von Kassel, wo es kurz darauf in der Schlacht bei Lutternberg gegen die 16 000 »Verbündeten« erstmals eingesetzt wurde: »Den 10. oct. 1758 hatte sich der Feind auf die Gebürge [...] gesetzt. Das Corps des Glt. Cevert ging rechter Hand durch die Waltengen u[nd] überaus beschwerliche Berge, die armée des Pr[inzen] v. Soubise nahm seines zur linken Hand. Es geschahe hierauf die action zu Lutterberg, in welcher 24. canons 3. Fahnen und 2. Estandarts erobert und 995. Mann gefangen gemacht wurden [...] Der Feind hatte 2000. Tote und blessirte, dem Cevert-Corps, welches die Bataille allein gewonnen, hat es 500. Männer gekostet«, berichtet eine Archivquelle über dieses Gefecht[144]. Folglich konnte Prinz Xaver in Warschau »von dem Erfolg der Bataille bey Luttersberg« Meldung machen. Seinem Schreiben zufolge hat »das gantze Sächsische Corps seine Schuldigkeit in allen Stücken beobachtet, zu dem Succes ein weites bey getragen, und sich dadurch Dero Huld und Gnade würdig gemacht«. Xaver rühmte weiterhin nicht nur Dyherrns militärische Fähigkeiten, sondern bat zudem um Geldprämien für zahlreiche verdiente Offiziere, die von August III. auch gewährt wurden[145]. Den Soldaten sollte außerdem seine »besondere Zufriedenheit« über ihre »unverbesserliche Tapfferkeit« bekanntgemacht werden[146].

Der älteren Literatur zufolge schlugen sich die sächsischen Soldaten in dieser Schlacht tapfer und Prinz Xaver spornte sie in kritischen Situationen wiederholt durch sein persönliches Beispiel an[147]. Archivquellen geben freilich Aufschluss über die ungeheure Wirkung dieses Sieges auf die Kampfmoral der sächsischen Soldaten, weshalb die Schlacht bei Lutternberg gewissermaßen als eine »Initialzündung« für die kommenden Jahre erscheint: »En fin, Gott hat uns geholffen, daß wir auch einmahl gesieget haben, wofür wir ihm auch nochmahls danken müssen.« Dieser überlieferte Satz eines kursächsischen Offiziers birgt gleichsam das Dilemma der sächsischen Soldaten in den gesamten Schlesischen Kriegen in sich. Aus ihm spricht neben der Dankbarkeit gegenüber Gott vor allem eine ungeheure Erleichterung. Die soldatische Ehre dieses Offiziers, die so viele Demütigungen erfahren hatte, scheint endlich wiederhergestellt. Die Art und Weise, wie die Sachsen ihre militärischen Fähigkeiten unter Beweis gestellt haben, löste bei ihm Begeisterung aus: »Die Dispositiones bey unsern Leuten waren unvergleichlich.« Xaver erscheint ihm als truppennaher Anführer, als tapferes Vorbild und als Integrationsfigur: »Unser [!] Printz hat sich entsetzlich hazardiret.« Folglich hatte auch »der

---

144 Der sächsische Verlust wird mit über 100 Toten angegeben. »Von denen in dem Jahr 1758 bis 1762 bey der Königl. Franz. Armee gemachte Campagnen des Sächs. Auxiliar Corps«. SHStA, Geheimes Kriegsratskollegium, Nr. 1347: »Journale ...« (wie Kap. IV, Anm. 220); ÖStA/KA, Alte Feldakten – 1758, Siebenjähriger Krieg, Französische Armee, X 10.

145 Die Gewährung von Geldgeschenken für »brave Conduite« im Gefecht war eine durchaus übliche Praxis. Büsch, S. 130. Schreiben Xavers an den König vom 21.10.1758. SHStA, Loc. 1053/4 (wie Kap. III, Anm. 307).

146 Schreiben des Königs an Xaver vom 11.11.1758. SHStA, Loc. 1053/4 (wie Kap. III, Anm. 307).

147 Geschichte der Feldzüge, Bd 1, S. 672 f.; Schuster/Francke, Geschichte der Sächsischen Armee, T. II, S. 131 f.; Schimpff, Das Sammlungswerk, S. 53.

Prinz Soubise uns [= den Sachsen] ein großes Lob beygelegt, daß er nächst Gott die glückl. Bataille nicht anders zu zuschreiben hätte als der Sächs. Infanterie und Französischen Cavallerie und dieses ist wahr«. Die Sachsen scheinen sich demnach gleich zu Beginn die Hochachtung der französischen Armee verdient zu haben. In verschiedenen Aktennotizen ist von den »ehrlichen Sachsen« zu lesen: »Les Saxons se font beaucoup distingué à cette affaire.« Folglich sprach man auf französischer Seite auch von »notre ami Mr. de Lusac«[148].

Nach diesem Treffen strebte die französische Armee den Winterquartieren zu. Die »Delogirung des Sächs. Corps in Hessen in die Cantonquartire 1758« berichtet von dessen Aufteilung entlang der Lahn im Raum Katzenelnbogen–Limburg–Marburg[149]. Ähnlich wie über die grundsätzliche Verwendung des Korps offenbarten sich auch hierbei rasch Differenzen zwischen den sächsischen und französischen Interessen. Während die Franzosen die fremden Truppen zur Deckung der gefährdeten Flanken ihrer Quartiere nutzen wollten, wünschte Brühl eine weitere Annäherung des Korps an die sächsische Grenze. Somit können die Quartiere bei Limburg als eine Art Kompromiss angesehen werden, da die französische Armee ursprünglich Winterquartiere für das Xaversche Korps im Bergischen Land vorgesehen hatte[150].

Auch über die Qualität der Winterquartiere sollte es in den Folgejahren beinahe regelmäßig zu Auseinandersetzungen kommen. Die halbzivilen Angehörigen der französischen Militäradministration, die mit Kontrollfunktionen ausgestatteten und dem Kriegsministerium direkt unterstellten Armeeintendanten und Kriegskommissare, besaßen im französischen Heer eine derart privilegierte Position, dass eine Auflehnung gegen ihre Entscheidungen für Militärangehörige zu negativen Sanktionen führen konnte[151]. Da bereits die Zusammenarbeit zwischen den französischen Generälen und den Intendanten nicht ohne Zwistigkeiten verlief, waren Streitigkeiten mit fremden – und noch dazu protestantischen Truppen – erst recht zu erwarten.

Mit dem Beziehen der Quartiere begann gewöhnlich auch die Zeit für Verwaltungs- und Ausbaumaßnahmen, für die während der Feldzüge kaum Freiräume blieben[152]. Daher begab sich Prinz Xaver – wie in den Folgejahren auch – Ende November nach Versailles. Zwar standen die Belange des Korps im Mittelpunkt dieser Reisen, die Vorzüge des Hoflebens blieben jedoch auch nicht ohne Einfluss auf den Prinzen[153]. Jedenfalls setzte er sich dort mit Hilfe seiner einflussreichen Schwester für die Anliegen der kursächsischen Soldaten ein. Wie erwähnt, bereitete

148 Aktennotiz vom 14.10.1758, anonym; Aktennotiz undatiert, anonym; Aktennotiz vom 13.10.1758, anonym. ÖStA/KA, Alte Feldakten – 1758, Siebenjähriger Krieg, Französische Armee X 10; »Schreiben eines ChurSächsischen Officiers de dato, Lager bey Cassel den 11ten October 1758«, Ebd. XIII 13.

149 »Von denen in dem Jahr 1758 bis 1762 bey der Königl. Franz. Armee gemachte Campagnen des Sächs. Auxiliar Corps«. SHStA, Geheimes Kriegsratskollegium, Nr. 1347: »Journale ...« (wie Kap. IV, Anm. 220).

150 Große, Prinz Xaver von Sachsen, S. 55.

151 Carl, Okkupation und Regionalismus, S. 154–161.

152 Kessel, Das Ende des Siebenjährigen Krieges, S. 98.

153 Allgemeine Deutsche Biographie, Bd 24 (wie Anm. 101), S. 578.

die Erfüllung der Subsidienverpflichtungen der defizitären französischen Staats-
kasse große Schwierigkeiten. Während die übrigen Auxiliartruppen aus dem französischen Sold entlassen wurden, räumte man in Versailles dem Unterhalt der
schwedischen Truppen zukünftige Priorität ein. Neben der Aufrechterhaltung
einer zusätzlichen Bedrohung Preußens aus dem Norden spielten hierbei vor allem
konfessionelle Gründe eine Rolle. Das Hinzuziehen Schwedens sollte dem Eindruck eines geschlossenen Kampfes der katholischen Mächte gegen das protestantische Preußen entgegenwirken[154].

Die Erhaltung des sächsischen Korps im französischen Sold verdankte Xaver –
neben ähnlichen propagandistischen Gründen wie im Falle Schwedens – sicher
zum größten Teil wiederum nur seinen familiären Beziehungen. Die finanzielle
Situation des Korps war von Beginn an sehr labil. Bereits die Einkleidung hatte
entgegen der vertraglichen Vereinbarung aufgrund organisatorischer Versäumnisse
aus eigenen Geldern bestritten werden müssen. Somit begann die Truppe ihren
ersten Feldzug bereits mit Schulden. Hinzu kam die unerwartete Verwendung der
Sachsen im Felde, wodurch unvorhergesehene Kosten durch den höheren Bedarf
an Soldaten und Ausrüstung entstanden.

Prinz Xaver hatte in der Folgezeit nicht nur mit äußerst knappen Geldern wenigstens die Existenz seiner Truppe sicherzustellen, sondern diese zudem in feldverwendungsfähigem Zustand zu erhalten. Die von Frankreich an Sachsen gezahlten monatlichen Subsidien in Höhe von 100 000 Livres flossen nur zu einem
Bruchteil zum Korps zurück. Infolge der durch die preußische Besatzung ge-
schwundenen Steuereinnahmen wurde dieses Geld hauptsächlich für die notwen-
digsten Bedürfnisse des sächsischen Hofes und der Beamtenschaft benötigt. Dabei
stand die Höhe der für Sachsen gezahlten Subsidiengelder mit der Besoldung anderer Truppensteller aus dem Reich in einem durchaus vergleichbaren Verhältnis.
Einem kurpfälzischen Korps, dessen Stärke etwa 6000 Mann betrug, stellte man
1759 Zahlungen von 600 000 Livres pro Jahr in Aussicht. Lediglich die Schweden
erhielten für ihre 20 000 Soldaten ab 1758 mit jährlich 3,2 Millionen Livres eine
etwas bessere Besoldung[155].

Die Verhandlungen Xavers über die Verlängerung des Subsidienvertrages um
ein Jahr führten schließlich Anfang April 1759 zu einem für ihn günstigen Ergebnis. Es gelang ihm, 72 zusätzliche Offiziersstellen zu schaffen[156]. Somit konnte er
denjenigen, die »größtentheils bereits freywillig bey dem Corps angeschloßen gewesen«, zumindest wieder eine Existenzgrundlage bieten. Dabei wurden auch zahlreiche Unteroffiziere als »Sous-Lieutenants« oder Fähnriche eingestellt und etliche
Soldaten aus der ehemaligen Kadettenkompanie, die der Vereinnahmung auf dem

---

154 Bisher hatten Österreich und Frankreich die Finanzierung der schwedischen Truppen gemeinsam
     übernommen. Gemäß den abgeschlossenen Konventionen nahm Frankreich 6000 bayerische,
     4000 württembergische sowie 6000 kurpfälzische und 1800 kurkölnische Soldaten ab 1757 in sei-
     nen Sold. Buddruss, Die französische Deutschlandpolitik, S. 100 f.
155 Ende 1759 verhandelte man erneut mit dem Herzog von Württemberg und der Kurpfalz über die
     Stellung von Truppen. Das Herzogtum Württemberg stellte daraufhin ein Korps von 8670 Mann.
     Buddruss, Die französische Deutschlandpolitik, S. 100 f., 111.
156 Schuster/Francke, Geschichte der Sächsischen Armee, T. II, S. 133.

Königstein entgangen waren, zum Fähnrich befördert[157]. Weiterhin erhielten Xavers Truppen Personalersatz durch »Überkomplette« bei den in Schlesien operierenden sächsischen Reitern, wo aufgrund der größeren militärischen Interaktionsdichte sicher ein höheres Aufkommen an Deserteuren zu verzeichnen war. »Da die in französischem Sold stehende Infanterie Leute nöthig brauchet«, bat der Kommandant der Kavallerie, General Zezschwitz, bei Brühl um Erlaubnis, »daß obgedachte conditionirte Leute, auch diejenigen, so bey der Infanterie gedienet haben, und dergleichen zu mir gekommen sind, an den zu Sammlung solcher Infanterie in Brünn commandirt stehenden Hauptmann [...] übersenden solle«[158].

Das Korps nutzte die Winterzeit indessen zu weiteren Übungen. Die von Brühl wiederum geforderte strenge Orientierung an das sächsische Reglement wurde dabei zwar nach Kräften verfolgt. Gewisse Modifikationen in Anlehnung an die französischen Vorschriften erwiesen sich jedoch schon allein aufgrund der sprachlichen Barriere mit der Zeit als unvermeidbar, wollte man ein reibungsloses Operieren des Korps im Verbund mit dem Heer Ludwigs XV. gewährleisten[159].

Nachdem die Armee des Herzogs von Braunschweig bereits im März die Operationen auf dem westlichen Kriegsschauplatz eröffnet hatte, brach am 3. April mit dem Ausmarsch aus den hessischen Winterquartieren auch für das sächsische Korps der Feldzug des Jahres 1759 an[160]. In dessen Verlauf sollte sich das Kriegsgeschehen in nordsüdlicher Richtung im Bereich der hessischen Beckenlandschaft entwickeln[161]. Der vereinigten französischen Armee unter dem Herzog Victor de Broglie unterstellt und durch französische Kavallerie verstärkt, war das Korps bereits am 13. April in der Schlacht bei Bergen auf dem linken Flügel eingesetzt. Obwohl sich in diesem Gefecht erstmals auf sich gestellte französische Truppen erfolgreich gegen die »Verbündeten« behaupteten, war der Anteil der Sachsen hier eher unbedeutend[162]. Dennoch gibt das »Tagebuch« des Korps einen großen Verlust in dieser Schlacht an: »Am 13. April 1759 wurde der General Lieut. v. Dyherrn bey Bergen im Unterleib blessirt und starb den 24. april zu Franckfurth«, heißt es dort[163]. Prinz Xaver, der aufgrund seiner Verhandlungen in Paris erst am 14. April bei seinem Korps eintraf, soll dem schwerverwundeten Dyherrn, dessen Fähigkeiten für das Korps von großer Bedeutung waren und den wohl ein Verhältnis gro-

---

[157] Schreiben Xavers an den König vom 30.1.1759 aus Versailles. SHStA, Loc. 1053/4 (wie Kap. III, Anm. 307).

[158] Bericht vom 24.11.1758. SHStA, Loc. 10998 (wie Anm. 39).

[159] Große, Prinz Xaver von Sachsen, S. 48.

[160] »Von denen in dem Jahr 1758 bis 1762 bey der Königl. Franz. Armee gemachte Campagnen des Sächs. Auxiliar Corps«. SHStA, Geheimes Kriegsratskollegium, Nr. 1347: »Journale ...« (wie Kap. IV, Anm. 220).

[161] Siebenjähriger Krieg in Fulda, S. 9.

[162] Die Stärke der Franzosen betrug etwa 30 000, die der Verbündeten ca. 24 000 Mann. Groehler, Die Kriege Friedrichs II., S. 132 f.; Lindner, Die Peripetie des Siebenjährigen Krieges, S. 131; Schuster/Francke, Geschichte der Sächsischen Armee, T. II, S. 133 f.; Geschichte der Feldzüge, Bd 3, S. 216–230.

[163] »Von denen in dem Jahr 1758 bis 1762 bey der Königl. Franz. Armee gemachte Campagnen des Sächs. Auxiliar Corps«. SHStA, Geheimes Kriegsratskollegium, Nr. 1347: »Journale ...« (wie Kap. IV, Anm. 220); Stammregister und Chronik der Kur- und Königlich-Sächsischen Armee, S. 192.

ßen Vertrauens mit dem sächsischen Prinzen verband, bis zu dessen Tod beige-
standen haben[164].

Bei der Frage des personellen Ersatzes für Dyherrn zeigte sich zum wiederholten Male die Kompliziertheit des Subsidienvertrages. Theoretisch bestimmten alle
Verbündeten über die Besetzung der Generalsstellen, in der Praxis jedoch legte
Frankreich fest, wer Dyherrns Nachfolger werden sollte. In Paris wünschte man
sich den Freiherrn von Glaubitz[165], in Österreich den General Franz de Crousatz.
Prinz Xaver lehnte Glaubitz wohl aus persönlichen Motiven energisch ab, konnte
den als befähigt geltenden Crousatz jedoch nicht gewinnen und schlug schließlich
den noch relativ jungen, aber mit den Gegebenheiten des Korps vertrauten Generalmajor Friedrich Christoph Graf Solms, seinen bisherigen Adjutanten, vor[166]. Mit
Unterstützung Maria Josephas und mit Zustimmung des Warschauer Hofes
konnte Graf Solms im Mai 1759 als Generalleutnant die Nachfolge Dyherrns antreten[167]. Prinz Xavers Drängen auf eine rasche Entscheidung über die Neubeset-
zung dieses Postens war angesichts des laufenden Feldzugs mehr als berechtigt.
Dieser forderte durch das ununterbrochene Manövrieren der Truppen auch ohne
Gefechte zahlreiche Opfer. So war im Juni »der March so beschwerlich und die
Hitze so groß, das vom Corps 3 Mann [...] umfielen und todt blieben«[168]. Auch
scheint es um die Logistik der französischen Armee nicht zum Besten gestanden
zu haben. Zwei sächsische Deserteure, die vor der Schlacht bei Minden bei den
Truppen des Herzogs Ferdinand eintrafen, berichteten von schlechtem Brot und
dem allgemeinen Mangel an Lebensmitteln[169].

Im Juli 1759 hatten sich 61 000 Mann der französischen Armee unter Marschall
Contades der Stadt Minden im Handstreich bemächtigt[170]. Damit war ihr der Übergang über die Weser sicher und sie bedrohte Hannover unmittelbar. Bis zu diesem
Zeitpunkt hatte sich die Lage für die Sachsen und Franzosen also durchaus günstig
gestaltet. Ferdinand von Braunschweig ging ihnen jedoch mit etwa 41 000 »Verbündeten« entgegen und stellte sich am 1. August bei Minden zur Schlacht. Als
geschickter Heerführer friderizianischer Schule, der innerhalb eines von Friedrich II. vorgegebenen Rahmens auf eigene Initiative operierte und seine Entschlüsse gegenüber dem preußischen König auch selbstbewusst vertrat, hatte er ein zu-
kunftsweisendes Element der Kriegführung verinnerlicht: das Erzwingen einer

---

164 Große, Prinz Xaver von Sachsen, S. 24 f.
165 Johann Friedrich Wilhelm von Glaubitz. Stammregister und Chronik der Kur- und Königlich-
     Sächsischen Armee, S. 240.
166 Friedrich Christoph Graf von Solms-Wildenfels (1712–1792). Stammregister und Chronik der
     Kur- und Königlich-Sächsischen Armee, S. 492.
167 Große, Prinz Xaver von Sachsen, S. 25, 31; Weisung des Königs an Xaver vom 8.3.1759. SHStA,
     Loc. 1053/4 (wie Kap. III, Anm. 307).
168 »Von denen in dem Jahr 1758 bis 1762 bey der Königl. Franz. Armee gemachte Campagnen des
     Sächs. Auxiliar Corps«. SHStA, Geheimes Kriegsratskollegium, Nr. 1347: »Journale ...« (wie
     Kap. IV, Anm. 220).
169 Schreiben Derenthals an Herzog Ferdinand vom 25.7.1759. Geschichte der Feldzüge, Bd 3,
     S. 399 f.
170 Über den Anmarsch der Sachsen und Franzosen: Schreiben des Kammer-Präsidenten v. Massow
     aus Minden an Herzog Ferdinand vom 7. und 8.7.1759. Geschichte der Feldzüge, Bd 3, S. 354 ff.

grundlegenden Lageänderung in der Krise durch einen konzentrierten, offensiven Schlag[171]. Sein zahlenmäßig unterlegenes Korps siegte über die in die Gegend von Gießen und Marburg zurückweichenden Franzosen und rückte zum nördlichen Ufer der Lahn vor. Später konnte Ferdinand mit der gelungenen »Ueberrumpelung von Fulda« noch einen weiteren Erfolg im Feldzug von 1759 verzeichnen[172]. Über die »Bataille bei Minden« und die anschließende Verfolgung durch Ferdinands Truppen gibt das Tagebuch aus sächsischer Sicht folgendes Zeugnis:

> »Den 1. Aug. 1759 früh um 5. Uhr ging die Canonade bei Pr. Minden an, die Bataille dauerte biß gegen Mittag, da sich die frantz. armee zurückgez[ogen]; das S[ächsische] Corps ins alte Lager zurück [...] brach daselbst wieder auf, ging des 2. Aug[ust] über die Weser u. die Schiffbrücke wurde alsdann angestecket [...] Den 7ten Aug. canonirte der Feind von der Anhöhe bey Limbeck auf die marchirende frantz. armee u[nd] attaquirte die arriergarde, wobey der Feind viel einbüßte[173].«

Während des Gefechts waren die sächsischen Truppen im zweiten Treffen des linken Flügels eingesetzt. Xaver war jedoch rasch gezwungen, die bedrängten französischen Regimenter des ersten Treffens zu unterstützen. Als sich das Feuer mehrerer feindlicher Regimenter auf die Sachsen konzentrierte, mussten sie sich zurückziehen und dabei »Quaree« formieren. Später deckte das Xaversche Korps noch den Rückzug der Franzosen. Hierbei »litten« die sächsischen Regimenter mit am meisten und verloren nahezu ein Drittel ihrer Gesamtstärke. Auch Prinz Xaver trug eine Verwundung davon[174]. Bemerkenswert ist die mehrfache Erwähnung der ausgesprochen tapferen und aufopferungsvollen Kampfweise der Truppen des »Comte de Lusace« durch den Gegner[175].

In den Tagen nach der Schlacht gerieten bei Detmold fast die gesamte sächsische »Bagage« und die Korpskasse in Feindeshand. Im erbeuteten Xaverschen Privatbesitz befand sich auch dessen politische Korrespondenz mit zahlreichen europäischen Höfen. Interessant erscheinen die dabei entdeckten Pläne, wonach Xaver als Nachfolger für den polnischen Königsthron vorgesehen war. Bis zum Thronwechsel sollte er mit dem Fürstentum Neuchâtel abgefunden werden[176].

---

[171] Lindner, Die Peripetie des Siebenjährigen Krieges, S. 3, 242; Duffy, Friedrich der Große, S. 224, 472.

[172] Siebenjähriger Krieg in Fulda, S. 15 f.; Schwarzenbeck, Graf Luckner, S. 35; Groehler, Die Kriege Friedrichs II., S. 133; Lindner, Die Peripetie des Siebenjährigen Krieges, S. 131.

[173] »Von denen in dem Jahr 1758 bis 1762 bey der Königl. Franz. Armee gemachte Campagnen des Sächs. Auxiliar Corps«. SHStA, Geheimes Kriegsratskollegium, Nr. 1347: »Journale ...« (wie Kap. IV, Anm. 220).

[174] Die französische Arme verlor in dieser Schlacht 5000–7000 Mann. In Dresden und bei der österreichischen Armee wurde längere Zeit von einem französischen Sieg gesprochen. Geschichte der Feldzüge, Bd 3, S. 425, 445–460, 496 f., 513; Eintrag vom 10.8.1759. SHStA, Generalfeldmarschallamt, Loc. 11002: »Ober Schlesisches Kriegs Tage Buch, angefangen vom 20. April 1759.«; Groehler, Die Kriege Friedrichs II., S. 133.

[175] Geschichte der Feldzüge, Bd 3, S. 480 f., 486.

[176] Anscheinend plante man in Frankreich, August III. zu einem Verzicht auf den polnischen Thron zu bewegen. Dafür sollte er mit dem Herzogtum Magdeburg und der Erhebung Sachsens zum Königreich »abgefunden« werden. Diese Aufzeichnungen wurden von den Preußen weitergeleitet und gelangten bis nach Warschau, wo der sächsische Kurfürst stark verärgert reagiert und sogar mit seinem Sohn gebrochen haben soll. Das Mitgefühl, was er zumindest gegenüber dem Korps seines Sohnes auch fortan zeigte, lässt diese Behauptung allerdings zweifelhaft erscheinen. Auf ei-

Nach der unglücklichen Schlacht bei Minden bezog die gesamte Armee zunächst das »refraichierungs quartier [= Erholungsquartier] zu Hanau«. Ohne weitere Operationen durchgeführt zu haben, wurde das sächsische Korps im Dezember schließlich in seine endgültigen Winterquartiere in der Gegend von Würzburg verlegt[177]. Beim Einmarsch in die Quartiere kam es wiederum zu Streitigkeiten innerhalb der Armee über die dortige Aufteilung der Truppen. Für die sächsischen Soldaten bestimmte Dörfer waren teilweise bereits durch Reichstruppen und Soldaten des Herzogs von Württemberg besetzt worden. Marschall Broglie entschied schließlich zugunsten Xavers, um »dem Herzog von Württemberg keinen Vorzug vor dem Grafen von der Lausitz, Bruder der Dauphine, einzuräumen, und außerdem habe sich der letztere durch seinen Eifer und durch das Beispiel, was er gäbe, stets so ausgezeichnet, so daß es augenscheinlich wäre, daß der Besitz dieses so wichtigen Punktes von Würzburg in den Händen der Sachsen sicherer wäre als in denen der Württemberger, die sich bis jetzt solches Vertrauen nicht erworben hätten«[178]. Es scheint, dass Xaver tatsächlich nicht nur wegen seiner einflussreichen Beziehungen, sondern auch aufgrund seiner Qualitäten als militärischer Führer sowie der Leistungen seiner Soldaten respektiert wurde. Die Sachsen bezogen auf diese Weise die besten Winterquartiere des gesamten Krieges und wurden vorrangig zum Dienst in der Würzburger Garnison herangezogen[179].

Den Subsidienvertrag konnte Prinz Xaver in Versailles währenddessen erneut um ein Jahr verlängern[180]. Allerdings wurde ihm nur die Anstellung einiger weniger Stabsoffiziere gewährt. Um die im vergangenen Feldzuge entstanden großen Lücken zu füllen, forderte Xaver eine Steigerung der Tätigkeit der »Sammeloffiziere«. Zu ihrer Unterstützung entsandte er den erwähnten Oberst Carlsburg mit mehreren Offizieren in das thüringische, vogtländische und Leipziger Gebiet[181]. Zur weiteren personellen Ergänzung des Korps wurde dem sächsischen König-Kurfürsten durch die Geheimen Räte aus dem wieder befreiten Dresden inzwischen die »auswärtige Werbung« angeraten, da »ferner die Recroutirung mit lauter Landes-Kindern das Land nur noch mehr entvölckern« würde und die anfallenden Kosten »sich schwerlich so hoch belauffen würden, als selbige bey der Recroutierung mit lauter Landes-Kindern, neben Depentierung des Landes, bereits anstei-

---

ne Verstimmung des Kurfürsten könnte aber die Tatsache hinweisen, dass Prinz Xaver nach 1763 für den Posten des neuen Oberkommandierenden der sächsischen Armee anscheinend überhaupt nicht in Betracht gezogen wurde. Vielleicht erschien es dem Kurfürsten nicht ratsam, ein solches Machtinstrument in des Prinzen Hände zu legen. Schmidt, Kursächsische Streifzüge, Bd 3, S. 252 f.; Rudert, Die Reorganisation, S. 15; Geschichte der Feldzüge, Bd 3, S. 644, 655; Staszewski, Polens Interessen und Ziele, S. 100.

[177] »Von denen in dem Jahr 1758 bis 1762 bey der Königl. Franz. Armee gemachte Campagnen des Sächs. Auxiliar Corps«. SHStA, Geheimes Kriegsratskollegium, Nr. 1347: »Journale ...« (wie Kap. IV, Anm. 220); Schuster/Francke, Geschichte der Sächsischen Armee, T. II, S. 136.

[178] Zit. nach Große, Prinz Xaver von Sachsen, S. 61; Buddruss, Die französische Deutschlandpolitik, S. 111.

[179] Große, Prinz Xaver von Sachsen, S. 60.

[180] Die Ratifizierung erfolgte am 31.3.1760. Schuster/Francke, Geschichte der Sächsischen Armee, T. II, S. 136; Große, Prinz Xaver von Sachsen, S. 27–29.

[181] Große, Prinz Xaver von Sachsen, S. 33, 36; Schimpff, Das Sammlungswerk, S. 56; Geschichte der Feldzüge, Bd 3, S. 831 f.

gen«. Xavers Truppen sollten deshalb »in ihren nunmehro bezogenen Winterquartieren und sonst im Reiche um tüchtige Recrouten mittelst eigener freywiller Anwerbung zu bemühen angewiesen werden«[182]. Ungeachtet seines Misstrauens, das der König-Kurfürst der Anwerbung von Fremden entgegenbrachte, überließ er eine diesbezügliche Entscheidung dem Korps. Der über Winter das Kommando führende Graf Solms sah ebenfalls in fremden Rekruten eher »anzunehmende Herumstreicher« als tüchtige Soldaten und hielt vor allem angesichts der dadurch anfallenden hohen Kosten in Übereinstimmung mit Kurprinz Friedrich Christian an der bisherigen Sammlung fest[183]. Vom Ende des vergangenen Feldzuges bis zum Frühjahr 1760 erbrachte sie aufgrund all dieser Bemühungen 3657 Mann, zu denen die Rekruten des Oberst Carlsburg und des erwähnten Majors Eberstein mit einer Stärke von etwa 2000 hinzuzurechnen sind[184]. Somit erhielt das Xaversche Korps ausreichende Ergänzung und konnte seine Stärke ungefähr beibehalten[185].

In einer Situation, wo »in ganz Thüringen kein Pferd mehr zu finden« war[186], erfuhr Prinz Xaver zusätzliche Unterstützung von einem böhmischen »Kriegsunternehmer«. Über Major Eberstein erhielt er Kontakt zu Johann Georg Schill, der als »Volontär« mit einer kleinen Schar Husaren in Diensten der Reichsarmee stand. Dieser versicherte ihm, gegen die Übernahme als Hauptmann in kursächsische Dienste eine auf eigene Kosten ausgerüstete und berittene Abteilung »Freihusaren« von etwa 40 Mann zur Verfügung zu stellen. Schill, dessen Sohn zwischen 1806 und 1809 im Kampf gegen die napoleonische Fremdherrschaft zu Berühmtheit gelangen sollte[187], ergänzte in den kommenden Jahren seine »Leibjäger« bis auf eine Stärke von bis zu 100 Reitern und avancierte dafür im sächsischen Heer zum Rittmeister[188]. Seine leichten Reiter fanden in der Folgezeit vor allem bei der Gefechtsaufklärung und im Patrouillendienst Verwendung.

Anfang Juni 1760 erfolgte schließlich der erneute Aufbruch aus den Winterquartieren. Das vorangegangene Jahr hatte für Frankreich einen katastrophalen Verlauf genommen, während die Bündnispartner Russland und Österreich erst-

---

182 Vortrag der »Geheimen Räte« an den Kurfürsten vom 16.2.1760. SHStA, Geheimes Kabinett, Loc. 1053/5: »Das Sammlungswesen der Chursächs. Revertenten nach dem Struppener Lager 1756, ferner die im Königreich Ungarn verquartierte Königl. Trouppen und deren Überlaßung in königl. französ. Sold betr. ingleichen die über vorerwähnte Trouppen zwischen des Königs v. Pohlen Augustus des 3ten und des Königs von Frankreich Ludwigs des XV.ten geschlossene Konvention betr. 1760–1763«.

183 Große, Prinz Xaver von Sachsen, S. 37 f.

184 »Extract« zum Vortrag der »Geheimen Räte« an den Kurfürsten vom 16.2.1760. SHStA, Loc. 1053/5 (wie Anm. 182); Große, Prinz Xaver von Sachsen, S. 37.

185 Gemäß dem entsprechenden »Etat du Corps Saxon« betrug die Stärke des Korps im März 1760: 9867 Mann mit 24 Geschützen, im Juni: 9587 Mann mit 30 Geschützen. Die Sollstärke wird mit 10 366 Soldaten angegeben. SHStA, Geh. Kriegsratskollegium, Nr. 1352: »Nachrichten aus den französischen Feldzügen«.

186 Schreiben Ebersteins an v. Rex vom 13.3.1760. Zit. nach Ernstberger, Johann Georg von Schill, S. 29.

187 Ferdinand von Schill, geb. 1776 in Wilmsdorf bei Dresden, gefallen 1809 in Stralsund.

188 Schimpff, Das Sammlungswerk, S. 58 f.; Schuster/Francke, Geschichte der Sächsischen Armee, T. II, S. 146; Schreiben Solms' an Rutowski vom 26.2.1763. SHStA, Loc. 10990: »Concepte, den Aufbruch ...« (wie Kap. II, Anm. 173); Stammregister und Chronik der Kur- und Königlich-Sächsischen Armee, S. 451.

mals große Erfolge gegen Friedrich II. hatten verbuchen können. Nach der Kapitulation Quebecs und der Eroberung der unbestrittenen Seeherrschaft durch die Briten waren für die Franzosen in dem nun beginnenden Feldzug nur noch auf dem deutschen Kriegsschauplatz Erfolge zu erwarten[189]. Daher konzentrierten sich die französischen Anstrengungen nun auf die westlichen Gebiete des Reiches. Zwei Armeen mit einer Stärke von 100 000 Mann unter Marschall Broglie und 30 000 Soldaten unter den Generälen du Muy und Saint-Germain sollten unter erneuter Wegnahme Hessens endlich den Zugang nach Hannover erzwingen[190]. Dazu operierte Xavers Korps zunächst im Verbund mit der Armee des Marschalls von Broglie. Durch französische Truppen auf 22 210 Mann verstärkt, deckten die Sachsen im Reservekorps die rechte Flanke der Armee im Raum Lohr am Main und Schlüchtern. Gegen Ende Juni standen sie mit der sich vereinigenden französischen Armee bei Homberg auf dem Westufer der Ohm und operierten danach im Raum Gemünden. Obwohl am französischen Erfolg bei Korbach am 10. Juli nicht unmittelbar beteiligt, trugen die zahlreichen Manöver von Xavers Korps in den Folgetagen dazu bei, den Herzog von Braunschweig zum Rückzug nach Kassel zu nötigen[191]. Während die Sachsen auch in den größeren Kämpfen bei Emsdorf (16. Juli)[192] und Warburg (31. Juli) nicht ins hauptsächliche Kampfgeschehen eingriffen, stießen sie in der ersten Phase dieses Feldzuges doch des Öfteren in kleineren Gefechten mit den »Alliierten« zusammen[193]. So wird zunächst von Gefechten bei Merlau und Wildungen berichtet[194]. Das bei Wildungen am 13. Juli ausgetragene Gefecht verlief für die Sachsen erfolgreich und führte zur raschen Besetzung der Stadt Fritzlar mit dem darin befindlichen bedeutenden preußischen Magazin nebst Feldbäckerei sowie zur Vertreibung der Truppen des Herzogs von Braunschweig aus Kassel[195]. Am 31. Juli nahm Xaver mit überlegenen Truppen die Stadt ein. Da man jedoch zur weiteren Verfolgung des Feindes nicht in der Lage

---

[189] Kortmann, Der Siebenjährige Krieg als globaler Konflikt, S. 65.

[190] Lindner, Die Peripetie des Siebenjährigen Krieges, S. 131; Buddruss, Die französische Deutschlandpolitik, S. 112 f.; Groehler, Die Kriege Friedrichs II., S. 143; »Von denen in dem Jahr 1758 bis 1762 bey der Königl. Franz. Armee gemachte Campagnen des Sächs. Auxiliar Corps«. SHStA, Geheimes Kriegsratskollegium, Nr. 1347: »Journale ...« (wie Kap. IV, Anm. 220).

[191] Schreiben Solms aus dem Hauptquartier bei Corbach vom 14.7.1760. SHStA, Loc. 1053/5 (wie Anm. 182); »Von denen in dem Jahr 1758 bis 1762 bey der Königl. Franz. Armee gemachte Campagnen des Sächs. Auxiliar Corps«. SHStA, Geheimes Kriegsratskollegium, Nr. 1347: »Journale ...« (wie Kap. IV, Anm. 220); Lindner, Die Peripetie des Siebenjährigen Krieges, S. 133.

[192] Bei Emsdorf geriet allerdings der sächsische General Glaubitz mit über 2600 überwiegend französischen Truppen in Kriegsgefangenschaft. Geschichte der Feldzüge, Bd 4, S. 345–355.

[193] In beiden Gefechten verbuchte die französische Armee schwere Niederlagen. Groehler, Die Kriege Friedrichs II., S. 143; Lindner, Die Peripetie des Siebenjährigen Krieges, S. 132–136.

[194] »Von denen in dem Jahr 1758 bis 1762 bey der Königl. Franz. Armee gemachte Campagnen des Sächs. Auxiliar Corps«. SHStA, Geheimes Kriegsratskollegium, Nr. 1347: »Journale ...« (wie Kap. IV, Anm. 220).

[195] Im Zuge dieser Operation stieß Xavers Korps bei Wolfhagen westlich von Kassel auf die hannoverschen Truppen des Generals von Spörcken, worüber die »Relation von der am 24. July 1760 ohnweit Arolsen [...] vorgefallenen Affaire« Auskunft gibt. Schuster/Francke, Geschichte der Sächsischen Armee, T. II, S. 136 f.; »Von denen in dem Jahr 1758 bis 1762 bey der Königl. Franz. Armee gemachte Campagnen des Sächs. Auxiliar Corps«. SHStA, Geheimes Kriegsratskollegium, Nr. 1347: »Journale ...« (wie Kap. IV, Anm. 220); Schwarzenbeck, Graf Luckner, S. 42 f.

war, beschränkten sich die folgenden Operationen bis in den September hinein auf den kleinen Krieg. Die einzige größere Unternehmung blieb der erfolgreiche Überfall der Truppen Xavers unter Führung von Marschall Broglie auf das Korps des Generals von Wangenheim bei Uslar am 19. September[196]. Ansonsten lagerten die Sachsen bei Deiderode nahe Göttingen[197].

In den Folgemonaten kontrollierte die Armee des Marschalls Broglie Hessen und bedrohte Hannover durch das sächsische Korps, während sich der Herzog von Braunschweig mit seinen Truppen auf einer Linie entlang des Flusses Diemel behauptete. Das mit dem Entsatz von Wesel einhergehende Gefecht bei Kloster Kamp am 16. Oktober sollte – abgesehen vom kleinen Krieg – als letzte entscheidende Kampfhandlung den Feldzug des Jahres 1760 in diesem Raum beschließen. Nicht zuletzt aufgrund des Erfolges in dieser Schlacht konnten sich die Franzosen nun erstmals bei Ende eines Feldzuges fest im rechtsrheinischen, hessischen und thüringischen Gebiet bis in das Eichsfeld behaupten[198].

Dieser Raum, der von ihnen im Verlaufe des Jahres zusammen mit dem Xaverschen Korps genommen wurde, glich jedoch »einer Wüste, und obwohl gerade Erntezeit gewesen war, fehlte es an Fourage in jeder Form. Heu, Stroh und Futtergetreide waren kaum noch aufzutreiben, und wenn sich doch noch etwas fand, fehlten die Fahrzeuge zum Transport. Größere Truppenbewegungen waren unter diesen Umständen nur nach langwierigen Vorbereitungen möglich.« Ähnlich düster wie das Lagebild des Landes stellte sich auch die Situation der französischen Armee dar: »Kommandierungen, Krankheiten, Desertionen und andere Verluste hatten die Iststärke in manchen Kompanien auf bescheidene 20 Mann absinken lassen, so daß die Gesamtzahl der Dienstfähigen kaum 80 000 Mann überstieg. Mit einer solchen Armee waren nur schwerlich entscheidende Schläge zu führen[199].« Zusätzlich unter der schwierigen Witterung leidend, bezogen die französischen Truppen schließlich im November ihr Winterquartier. Dabei zogen die Sachsen längs der Werra in den Raum Herleshausen-Treffurt[200]. Hatten sie im vorigen Winter noch gute Quartiere zugewiesen bekommen, waren die des Jahres 1760 die schlechtesten des gesamten Krieges.

Aufgrund der »Armut der Bevölkerung [...] die den Soldaten weder Betten noch Decken geben konnte«, versuchte Prinz Xaver, die Quartiere etwas weiter in den Thüringer Raum zu verlegen. Nach zahlreichen Auseinandersetzungen mit Marschall Broglie gelang es schließlich, den Generalstab des Korps nach Eisenach und einen Teil der Truppen später in den Raum Langensalza-Gerstungen und bis an

[196] Geschichte der Feldzüge, Bd 4, S. 451 f.; Lindner, Die Peripetie des Siebenjährigen Krieges, S. 134; Schuster/Francke, Geschichte der Sächsischen Armee, T. II, S. 136 f.

[197] Kessel, S. 89; »Von denen in dem Jahr 1758 bis 1762 bey der Königl. Franz. Armee gemachte Campagnen des Sächs. Auxiliar Corps«. SHStA, Geheimes Kriegsratskollegium, Nr. 1347: »Journale ...« (wie Kap. IV, Anm. 220).

[198] Groehler, Die Kriege Friedrichs II., S. 143; Lindner, Die Peripetie des Siebenjährigen Krieges, S. 154-157; Buddruss, Die französische Deutschlandpolitik, S. 113.

[199] Lindner, Die Peripetie des Siebenjährigen Krieges, S. 137, 171.

[200] »Von denen in dem Jahr 1758 bis 1762 bey der Königl. Franz. Armee gemachte Campagnen des Sächs. Auxiliar Corps«. SHStA, Geheimes Kriegsratskollegium, Nr. 1347: »Journale ...« (wie Kap. IV, Anm. 220).

die Unstrut umzuquartieren. Durch die vorgeschobene Lage konnte zwar der Schulterschluss mit dem linken Flügel der Reichsarmee hergestellt werden, jedoch erwuchsen den Sachsen auch erhebliche strategische Nachteile. Mit der Lage der Quartiere ging der durch den winterlichen »Kleinkrieg« erschwerte Dienst als Vorposten einher, wodurch auch die Feldzugspausen für die Soldaten keine vollkommene Ruhe bedeuteten[201].

Das beständige Manövrieren, Kanonieren und Kantonieren im Laufe des Jahres 1760 hatte die Truppen beider Seiten stark erschöpft. Die Ergänzung der Heere gelang inzwischen nur noch unter großen Mühen. Insbesondere Frankreich, dass den Feldzug 1760 eigentlich als den Letzten betrachtet hatte, fühlte in diesem Winter mit Hilfe Spaniens an den europäischen Höfen intensiver nach Möglichkeiten eines Friedensschlusses vor[202]. Auch unter den Soldaten fragte sicher so mancher nach dem Sinn seines Handelns in einem schier nicht enden wollenden Kampf. Bei den Sachsen, die für eine fremde Macht und andere Konfession bis dahin durchaus loyal fochten, war im Jahre 1760 erstmals eine offene Auflehnung gegen den französischen Dienst erkennbar. Diese äußerte sich zwar nicht im Korps selbst, jedoch wurde beim »Sammlungswerk« ein starker Widerstand gegen den Dienst für Frankreich spürbar.

Schon während des Marsches zur französischen Armee 1758 hatten die protestantischen Einwohner Schwabens versucht, die sächsischen Soldaten durch einen Appell an ihr »konfessionelles Gewissen« in ihrem Sinne zu beeinflussen. Offenbar herrschte bereits seit Beginn des Krieges unter der dortigen Bevölkerung eine durch die konfessionelle preußische Propaganda besonders aufgeladene Stimmung, die sich zuweilen in Tätlichkeiten entlud. Daher wurde auch den Soldaten des in französischen Diensten stehenden württembergischen Kontingents unterstellt, nicht ohne religiöse Gewissenskonflikte gegen die Preußen fechten zu können[203]. Ebenso wurden die Sachsen von der Bevölkerung und der protestantischen Geistlichkeit beschuldigt, im Dienste Frankreichs gegen das Evangelium zu kämpfen. Die Angehörigen des Mutterlandes der Reformation fühlten sich hierdurch sicher tief in ihrem konfessionellen Selbstverständnis berührt. Zusätzlich wurde – ähnlich wie beim geschilderten Leipziger Tumult vom Frühjahr 1757 – die Angst vor einer Verwendung in den französischen Kolonien geschürt. Ein punktuelles Ansteigen der Desertion war die Folge[204]. Dies deutet darauf hin, dass sich ein Teil von Xavers Soldaten durchaus von solchen konfessionell-propagandistisch motivierten Appellen der Bevölkerung beeinflussen ließ.

---

[201] Die Sachsen führten während der Winterquartiere mehrere kleinere Unternehmungen gegen die Alliierten in Thüringen aus. Kessel, Das Ende des Siebenjährigen Krieges, S. 103, 105.

[202] Kessel, Das Ende des Siebenjährigen Krieges, S. 163–170; Buddruss, Die französische Deutschlandpolitik, S. 127; Kunisch, Friedrich der Grosse, S. 422; Duchhardt, Balance of Power und Pentarchie, S. 367. Auch in Wien rechnete man damit, dass 1760 der letzte Feldzug des Krieges stattfinden würde. Kaunitz machte daher Laudon mehrfach deutlich, dass dieser Feldzug für Österreich gewissermaßen die letzte Chance auf eine Verbesserung der militärischen Gesamtlage bedeutete. Szabo, Kaunitz and enlightened absolutism, S. 272 f.

[203] Sikora, Disziplin und Desertion, S. 286 f.

[204] Große, Prinz Xaver von Sachsen, S. 82.

Beim Großteil des Korps vermochten diese Argumente jedoch die patriotische Motivation der Soldaten nicht zu überlagern. Seit der Sammlung in Ungarn wurden die Sachsen ohnehin vom Feldprediger aus pragmatischen Gründen zu religiöser Toleranz ermahnt[205]. Außerdem ist zu beachten, dass das sächsische Korps nach langer Untätigkeit in Ungarn nun endlich einen – im Sinne der Befreiung Sachsens – zielführenden Auftrag erhalten hatte und sich dem Kriegsschauplatz als dem Ort seiner Erfüllung näherte. Dies motivierte, zerstreute die Bedenken und wirkte auch in Momenten der Anfechtung desertionshemmend. Unbeirrt folgte deshalb die überwiegende Mehrheit der Soldaten ihren Offizieren zur französischen Armee.

Ende 1760 lagen die Dinge jedoch anders. Die anfängliche Motivation durch die Erfolge von Lutternberg oder Bergen war verflogen und es zeichnete sich bereits seit langem ein mühsamer »Parteigängerkrieg« gegen einen im Vergleich zur Armee Friedrichs II. eher »unpopulären« Gegner ab. Trotz der immer gewaltigeren Rüstungsanstrengungen Frankreichs waren dabei bisher keine entscheidenden Erfolge zu verzeichnen. Gerade den stark mit ihrer Heimat verbundenen Sachsen fiel es sicher schwer, gegen die Soldaten des Herzogs von Braunschweig ein tiefgründiges, zum ausdauernden Kampf motivierendes Feindbild zu entwickeln und daran festzuhalten. Für die Desertion aus dem preußischen Dienst und den Anschluss an das »Sammlungswerk« hatten viele von ihnen große persönliche Risiken auf sich genommen. Während sie nun für die ihnen schwer vermittelbaren Kriegsziele Frankreichs unter großen Verlusten fochten, scheiterten seit fast drei Jahren alle Pläne zur Befreiung des »Vaterlandes«. Nachrichten von der zunehmenden Verheerung ihres Heimatlandes drückten zusätzlich die Kampfmoral. Obwohl etliche Soldatenfrauen und Kinder ihren Männern im Tross des Korps folgten, kamen für viele Soldaten als zusätzliche Belastungen die Trennung von der Familie sowie die Konfiskation des Eigentums in der Heimat hinzu[206].

Weiterhin gilt es, die geringe Reputation der französischen Armee im Reich zu beachten. Hier sei nur auf die antifranzösische Polemik nach dem preußischen Sieg bei Roßbach verwiesen[207]. Auch die Tatsache, dass es beispielsweise den Franzosen trotz ihrer verlockenden finanziellen Angebote kaum gelang, deutsche Spione anzuwerben, während Ferdinand von Braunschweig regelmäßig mit Informationen über den Gegner versorgt wurde, zeigt, wie ablehnend sich weite Kreise der Bevölkerung im Reich gegenüber den Franzosen verhielten[208]. Dass diese Abneigung auch den Verbündeten Frankreichs galt, spürte das sächsische Korps schon im Oktober 1758, als es erst wenige Wochen mit der französischen Armee operierte. Nach der Schlacht bei Lutternberg kam es in Soest zu bewaffneten Übergriffen der

---

[205] Kroll, Soldaten im 18. Jahrhundert, S. 344.
[206] Bei Deserteuren, die sich außer Landes begaben, wurde in vielen Fällen die Konfiskation des privaten Vermögens beschlossen. Schreiben Friedrichs II. an den Herzog von Braunschweig-Bevern vom 2.4.1757. GStA, IV. HA, Rep. 15A, Nr. 641 (wie Kap. IV, Anm. 14); Büsch, Militärsystem und Sozialleben, S. 40, 88; Große, Prinz Xaver von Sachsen, S. 83.
[207] Zum »Mythos« des Sieges bei Roßbach: Blitz, Aus Liebe zum Vaterland, S. 163–171, 277 f.
[208] Kennett, French Military Intelligence, S. 201–204.

Stadtbevölkerung gegen die Sachsen, weshalb den Soestern eine hohe Geldstrafe auferlegt wurde[209].

Hinsichtlich der Frage nach der inneren Einstellung der sächsischen Soldaten gegenüber dem französischen Dienst ist zumindest für die Offiziere eine von Beginn an durchaus unterschwellig ablehnende Haltung zu konstatieren. Bereits im Rahmen der Neuvereidigung des Korps in Wien hatte sich Graf Flemming über die »härtesten Beschuldigungen« beschwert, die einige sächsische Offiziere gegen ihn und General Dyherrn wegen des Subsidienvertrages vorgebracht hatten. Beide hätten »wegen sothanen Corps in der mit Frankreich verrichteten Convention so elende Bedingungen angenommen«. Weiterhin hätten die Offiziere »ungescheut bezeugt«, dass »sie ohnedem allemahl sich lieber wieder als vor das Hauß Oesterreich würden gebrauchen laßen«. Maria Theresia zeigte sich nach der Vereidigung sehr ungehalten über solche Meldungen, da sie »statt verhofften Danckes von Seiten dieser Leuthe so gar feindselige Gesinnungen vernehmen müsse«[210]. Österreichische Offiziere hatten daher teilweise »kein Bedenken uns zu beschuldigen, daß wir preußisch gesinnt wären«, klagte einige Zeit später ein sächsischer Soldat[211]. Die bei der Vereidigung herrschende »Freude«[212] wird deshalb weniger dem bevorstehenden Dienst im französischen Heer gegolten haben. Sie gründete – wie erwähnt – eher auf einer allgemeinen »Aufbruchsstimmung«. Der französische Dienst erscheint hier eher als ein Umweg, der in Kauf genommen werden musste, weil die sächsischen Soldaten nur so die Befreiung der Heimat so rasch wie möglich zu erreichen glaubten. Eine Identifikation mit dem österreichischen und insbesondere dem französischen Heer und ihren Kriegszielen ist somit von vornherein nicht erkennbar. Das Feindbild der Sachsen war in erster Linie durch die preußischen »Besatzer« dominiert. Ein kollektiver Kampf der gegen Preußen verbündeten Höfe zum Wohle einer »allgemeinen Sache« und im Sinne einer Durchsetzung höherer politischer Interessen war dem sächsischen Soldaten hingegen schwer zu vermitteln.

Überwog die anfängliche Motivation noch die Gegensätze, die sich während der Vereidigung und des Marsches durch Schwaben bereits andeuteten, führten die genannten Ursachen 1760 zur Krise. Prinz Xaver gelang es jedoch, den Ausbruch offener Revolten bei seinem Korps, also im ihm unmittelbar unterstellten Bereich, zu verhindern. Er war offensichtlich aufgrund seiner persönlichen Aus-

---

[209] Menneking, Victoria by Vellinghausen, S. 8.
[210] Schreiben Flemmings an den Hof in Warschau vom 20.6.1758. SHStA, Loc. 1053/4 (wie Kap. III, Anm. 307).
[211] Um die Übernahme des Korps in französische Dienste nicht durch die genannten Vorfälle zu gefährden, erhielt General Dyherrn den Befehl zur rigorosen Durchsetzung der Disziplin. Das loyale Verhalten der vier Kavallerieregimenter im österreichischen Heer wurde hierbei als vorbildlich bezeichnet. Schreiben Brühls an Flemming aus Warschau vom 27.6.1758. SHStA, Loc. 1053/4 (wie Kap. III, Anm. 307); Schreiben vom 29.12.1760, anonym. SHStA, Loc. 1053/5 (wie Anm. 182).
[212] Große, Prinz Xaver von Sachsen, S. 82.

strahlung und seiner Führungsqualitäten, durch Charisma, in der Lage, die Masse seiner Soldaten weiterhin zum Dienst in seinem Korps zu motivieren[213].

Unter den ihm nach wie vor zugeführten »Revertenten« begegnete man dem Dienst bei der französischen Armee jedoch mittlerweile mit starken Vorbehalten. Bei den neu gesammelten und zur französischen Armee abgesandten – also nicht oder nach jahrelangem preußischen Dienst nicht mehr in die feste Struktur ihrer ehemaligen Regimenter integrierten – Soldaten brachen im April 1760 erste Meutereien aus. Während in Hessen etliche Soldaten von den Transporten zur französischen Armee desertierten[214], kam es bei der Sammlung des Majors Karl Friedrich von Eberstein in Saalfeld zu einer Revolte während eines Transportes von 300 Mann. Hinsichtlich ihres Verlaufs ähnelte sie stark den gewaltsamen Desertionen der sächsischen Verbände aus dem preußischen Dienst 1756/57. Als die Sachsen unter Führung eines Hauptmanns zur französischen Armee abmarschieren sollten, rief der Grenadier Böttger, welcher der ehemaligen »Leibgrenadiergarde« angehört hatte: »Halt! Vivat der König in Polen! Wer ein rechtschaffener Kerl und Sachse ist, bleibt hier! Wir marschiren nicht zu den Franzosen. Im Lande wollen wir dienen, aber mit den Franzosen nicht[215]!« Die Offiziere konnten den etwa 160 Meuterern weder mit guten Worten noch mit Gewaltandrohung Herr werden. Ein Teil der Meuterer marschierte zum Stadttor hinaus und hielt sich fortan in der Umgebung von Saalfeld auf. Von dort aus schrieben sie an Major Eberstein, dass ihnen von den »Sammeloffizieren« versprochen wurde, nicht in französischen Diensten eingesetzt zu werden. Xaver befahl daraufhin die Begnadigung und Neuvereidigung der meuternden Soldaten. Zur Aufrechterhaltung der allgemeinen Disziplin hielt er aber an ihrer beabsichtigten Überführung zum sächsischen Korps fest. Da ihn auch eine Botschaft von den etwa 900 in preußischen Diensten stehenden Sachsen aus der Wittenberger Garnison erreichte, wonach sie bei Zusicherung einer Verwendung im Lande ebenfalls desertieren würden[216], wählte Xaver in Absprache mit Friedrich Christian und dem Prinzen von Zweibrücken, dem Oberbefehlshaber der Reichsarmee, kurzfristig einen »Mittelweg«. Die meuternden Soldaten von Saalfeld wurden zunächst in zwei Kompanien unter Eberstein und dem Hauptmann vom Winckel zur Reichsarmee kommandiert. Gegen Ende des Jahres, als man auf eine Besserung der Gesinnung dieser Männer hoffte und bereits einen besonders aufsässigen Deserteur als abschreckendes Beispiel zum Tode durch den Strang verurteilt und hingerichtet hatte[217], sollten diese schließlich zum Korps abmarschieren. Im Falle der Ebersteinschen Kompanie wiederholten sich jedoch beim Ausmarsch aus Gera am 22. November die Szenen des Frühjahrs. Die Kompanie »declarirte zugleich, daß sie nicht aus dem Lande marchiren würde«, während

---

213 Die Desertionsrate lag über die Jahre bei überdurchschnittlichen zehn Prozent, durch die fortwährende Sammlung konnte jedoch eine dauernde Korpsstärke von rund 10 000 Mann aufrechterhalten werden. Kroll, Soldaten im 18. Jahrhundert, S. 365.
214 Kroll, Soldaten im 18. Jahrhundert, S. 362.
215 Zit. nach Schimpff, Das Sammlungswerk, S. 70.
216 Die Fluchtabsichten der Wittenberger Garnison wurden von den Preußen vereitelt. Schimpff, Das Sammlungswerk, S. 74 f.
217 Ebd., S. 72.

hingegen die Kompanie des Hauptmanns Winckel dessen Befehle willig befolgte. Dieser hielt weiter fest:

> »Da ich aber vor das Thor kam, kehrte [die Ebersteinsche] Kompanie um, und alles war untereinander auf einen Klumpen, ich [...] redete diesen Leuten auf alle mögliche Art zu, dem Haupt-Rebellen Johann Christopf Pörsch, Mousquetier von der Garde zu Fuß, brachte zwar zum stehen, und wie ich ihn wollte zu Gemüthe führen, was er beginge [...] so gab er mir aber zur Antwort, er hätte mit mir nichts zu thun, und befahl seinem Complot, so in 19. Mann bestand, March! alles zureden half nicht, befahl denen Leuten, die um mich waren, Feuer zu geben, man gehorsamte mir aber nicht, sondern stellte mir hingegen vor, die Compagnie würde gantz entlaufen.«

Winckel versuchte es weiter »durch Vorstellungen und Erinnerungen ihrer Pflichten« und »brachte es dahin, daß sämtliche Mannschafft Thränen vergossen, und allen Gehorsam und Treue angelobten, ohngeachtet deßen allen desertirten mir heimlich diesen Tag noch viele Mannschafft, daß ich also in allem einen Verlust von 57 Mann gehabt habe, mit der übrigen Mannschafft habe meinen March [...] nach Eisenach fortsetzen wollen«[218]. Ähnlich wie bei den Desertionen aus dem preußischen Dienst 1756/57 war die Gehorsamsverweigerung in erster Linie wieder patriotisch motiviert. Im Mittelpunkt stand für die »Revertenten« die Frage, wie sie als sächsische Soldaten der drangsalierten Heimat am zweckmäßigsten Hilfe leisten konnten. Die Figur des »Landesvaters« wirkte dabei unverändert mobilisierend. Da der Dienst im französischen Heer von den Meuterern nicht aus religiösen Gründen abgelehnt wurde, spielten konfessionelle Motive hier eine untergeordnete Rolle. Allenfalls fürchteten die Sachsen ein – im protestantischen Sinne – »anonymes« Begräbnis fernab der Heimat[219].

Auslöser der Unruhen waren wiederum nicht eingehaltene Versprechungen. In gleicher Weise wie die Preußen bei Pirna 1756 versprachen inzwischen auch sächsische »Sammeloffiziere« den Soldaten, nicht »außer Landes« eingesetzt zu werden. In der Situation des bevorstehenden Abmarschs erkannte der sächsische Soldat den Missbrauch seines Vertrauens in das Wort der Offiziere. Die Enttäuschung muss im Falle der Saalfelder Meutereien noch schwerer gewogen haben, da sich der Sachse mit dem Anschluss an das »Sammlungswerk« doch in die Hände seiner Landsleute begab. Wie die Untersuchung der Vorfälle ergab, hatte insbesondere Major Eberstein den »Revertenten« unberechtigterweise eine Wahlmöglichkeit zwischen dem Dienst auf sächsischem Boden oder im Korps in Aussicht gestellt. Durch dieses Befragen, »wo sie dienen wollen?«, habe Eberstein »die alten gedienten [...] Soldaten, nebst denen Sächs. Landes-Kindern [...] in ihrer Schuldigkeit irr gemacht«, klagte der Geheime Kabinettsminister Karl August von Rex. »Die einzige Absicht des Sammlungs-Wercks kann und muß solchergestalt auf Complethaltung und Augmentierung des bey der Französischen Armée stehenden Sächs.

---

218 Schreiben an den Geheimen Kabinettsminister Grafen v. Rex aus Königsee vom 28.11.1760. SHStA, Loc. 1053/5 (wie Anm. 182); Große, Prinz Xaver von Sachsen, S. 40 f.
219 Mit dem vorübergehenden Dienst in der Reichsarmee zeigten sich die Meuterer einverstanden. Kroll, Soldaten im 18. Jahrhundert, S. 364.

Corps gerichtet bleiben«, forderte er weiter[220]. Entsprechend groß war auch das Missfallen Xavers und des sächsischen Hofes über diese Vorgänge. So befürchtete August III. von diesen Vorfällen für die übrige Armee »die gefährlichsten Folgen«. Wegen ihrer Anstellung aufgrund des unbefugten Versprechens zeigte er sich letztendlich jedoch mit den Soldaten gnädig, um diese nicht an die Truppen des Herzogs von Braunschweig zu verlieren beziehungsweise um ein drohendes Marodieren ehemaliger sächsischer Soldaten in Thüringen zu verhindern[221]. Gerade das Marodieren scheint unter den »Revertenten«, die sich dem französischen Dienst verweigerten, zunehmende Verbreitung gefunden zu haben. So wurden Unternehmungen nach den Grundsätzen des kleinen Krieges – etwa gegen preußische Vorposten – nicht mehr nur von den »Sammeloffizieren« und ihren Soldaten ausgeführt. Nicht ins »Sammlungswerk« integrierte und sich herumtreibende Soldaten führten inzwischen ihre eigenen Aktionen durch. So wird von zwölf sächsischen Infanteristen berichtet, die in Thüringen einen preußischen Husarenposten überfielen. Weitere 200 Mann machten den Preußen im Raum Nordhausen zu schaffen[222]. Aus ihrer patriotischen Sichtweise dienten solche Aktionen gegen »ihren Feind« eher dem Wohl der nahen Heimat als eine Beteiligung an den entfernten Kämpfen im Westen für die Ziele fremder Mächte[223].

Wie bereits angedeutet, handelte es sich bei den Meuterern überwiegend nicht um Neugeworbene. Die Kompanien von Eberstein und Winckel bestanden zwar »größtentheils aus gedienten Leuten«[224]. Jedoch können sich gerade die älteren Soldaten auch bereits seit vier Jahren in preußischen Diensten befunden haben. Hierin sah man beim Korps ohnehin die Hauptursache für das »Ausarten« dieser Leute[225]. Wie bei der Desertion aus dem preußischen Dienst waren es auch in Saalfeld offenbar ältere und erfahrene Soldaten wie der Grenadier Böttger, die an den Patriotismus ihrer vermutlich jüngeren Kameraden appellierten und sie zur Verweigerung aufriefen. Durch die anhaltenden Rekrutierungen der Preußen in Sachsen waren im Jahre 1760 auch längst nicht mehr alle »Revertenten« ehemalige Angehörige der zehn übernommenen Regimenter und somit auch nicht mehr in deren gewachsene Strukturen integriert. Während sich Prinz Xaver beim Korps noch weitestgehend auf den Zusammenhalt der »alten« Sachsen stützen konnte, hatte inzwischen nur noch jeder vierte der ankommenden »Revertenten« die Entbehrungen des Pirnaer Lagers erlebt[226]. Entsprechend lockerer war die Bindung dieser Soldaten an den Rest des Heeres.

Die Ursache für die falschen Zusagen der »Sammeloffiziere« ist vor allem in der immer schwierigeren Ergänzung der Heere zu sehen. Um ausreichend Nachwuchs

---

[220] Schreiben v. Rex an v. Zeutzsch aus München vom 13.12.1760. SHStA, Loc. 1053/5 (wie Anm. 182); Schimpff, Das Sammlungswerk, S. 72.
[221] Schreiben Brühls an v. Rex aus Warschau vom 31.12.1760. SHStA, Loc. 1053/5 (wie Anm. 182).
[222] Schimpff, Das Sammlungswerk, S. 72 f., 76.
[223] Kroll, Soldaten im 18. Jahrhundert, S. 362–365, Zit. S. 363.
[224] Exakte Angaben zur Dienstzeit werden jedoch nicht gemacht. Schreiben v. Zeutzsch's an v. Rex aus Dresden vom 30.11.1760. SHStA, Loc. 1053/5 (wie Anm. 182).
[225] Zit. nach Schimpff, Das Sammlungswerk, S. 71.
[226] Ebd., S. 74.

zu werben, verfuhren zahlreiche »Sammeloffiziere« ähnlich wie Eberstein und lockten die Soldaten mit unrealistischen Versprechungen zurück in sächsische Dienste. So wie mit zunehmendem Verlauf eines Krieges typischerweise die Qualität des Heeresersatzes absinkt, konturierten sich auch die vom sächsischen »Sammlungswerk« angelegten Maßstäbe mit den Jahren unschärfer. Die Anforderungen an die Qualität der Rekruten traten stärker hinter die Erfüllung des entsprechenden Bedarfs zurück. Brühl forderte daher eine genaue Instruktion, an welche sich die »Sammeloffiziere« zu halten hatten[227].

Ungeachtet dieser Unruhen gelang Xaver am 31. März 1761 in Paris die Verlängerung des Subsidienvertrages mit Frankreich, die »Ratification de la Convention renouvellé«. Am 4. Mai unterzeichnete auch August III. das Vertragswerk[228]. Wesentlich war dabei die Errichtung eines 654 Mann starken Kavallerieregiments, womit die bisher als Infanteristen verwendeten ehemaligen sächsischen Reiter – vor allem Kürassiere und Angehörige des »Garde du Corps« – wieder ihrer eigentlichen Bestimmung zugeführt wurden. Das neue Regiment wurde von Oberst Kaspar von Schlieben, dem vormaligen Kommandeur der »Rutowski-Dragoner« geführt. Die Neuerrichtung erforderte eine entsprechende Vergrößerung des Verpflegungsetats. Prinz Xaver versuchte dabei vor allem eine Verbesserung der Qualität des Brotes zu erreichen, da das für die sächsischen Soldaten ungewohnte Weizenbrot oftmals Ursache zahlreicher Krankheiten unter den Soldaten war[229]. Für die Ausrüstung des Korps erhielt der Prinz sowohl von Dresden und aus Suhl[230] als auch auf heimlichen Wegen aus den erwähnten Beständen des »neutralen« Königstein die geforderte Unterstützung[231]. Die neue Kavallerie steigerte natürlich die operative Unabhängigkeit und Beweglichkeit des Korps, wenngleich diese immer noch sehr ungenügend war, wie das bevorstehende Gefecht bei Langensalza zeigen sollte. Aber grundsätzlich war die Reiterei angesichts der immer größeren Wichtigkeit und der Erfolge leichter Truppen auf dem westlichen Kriegsschauplatz von enormer Bedeutung[232]. Während die »Verbündeten« – beispielsweise General Luckner – hier geschickt und erfolgreich operierten, agierten die Franzosen auf

---

227 Schreiben an v. Rex aus Warschau vom 17.1.1761. SHStA, Loc. 1053/5 (wie Anm. 182).

228 »Journal des Sächß. Corps vom 10. Febr. bis zum 4. Marty 1761«. SHStA, Loc. 1053/5 (wie Anm. 182); »Von denen in dem Jahr 1758 bis 1762 bey der Königl. Franz. Armee gemachte Campagnen des Sächs. Auxiliar Corps«. SHStA, Geheimes Kriegsratskollegium, Nr. 1347: »Journale ...« (wie Kap. IV, Anm. 220).

229 Große, Prinz Xaver von Sachsen, S. 52 f.

230 Die genauen Lieferanten können heute nicht mehr exakt bestimmt werden.

231 Große, Prinz Xaver von Sachsen, S. 50; Schimpff, Das Sammlungswerk, S. 56.

232 Bereits 1758 hatte Georg II. von Großbritannien auf die Notwendigkeit einer Verstärkung der leichten Truppen im Westen hingewiesen. Ihre hohe Bedeutung hatte nicht selten den raschen Aufstieg von Offizieren bürgerlicher Herkunft zur Folge, die sich als »Meister des kleinen Krieges« erwiesen, wie das Beispiel Luckners belegt. Die Zusammensetzung, Rekrutierung sowie den Einsatzwert dieser »unentbehrlich gewordenen« Waffe stellt Wernitz am Beispiel der 1759 auf Initiative Ferdinands von Braunschweig aufgestellten »Légion Britannique«, einem britisch-hannoverschen Freikorps, anschaulich dar. Wernitz, Soldateska oder Soldaten?, S. 18 ff.; Schwarzenbeck, Graf Luckner, S. 29 f.

dem Gebiet des kleinen Krieges gerade wegen des Mangels an solchen Truppen weitgehend glücklos[233].

Was die Kampfhandlungen des Feldzuges von 1761 anbelangt, so erhöhte Frankreich die Stärke seiner Armee in Deutschland nochmals auf 160 000 Mann, nachdem die Friedensbemühungen vorerst zu keinen Ergebnissen geführt hatten. Durch eine Erweiterung der Erfolge von 1760 erhoffte man sich in Paris eine Verbesserung der eigenen Verhandlungsposition im Falle des Eintritts eines allgemeinen Friedens oder eines Separatabkommens mit Großbritannien[234].

Prinz Xaver hatte bereits im Januar 1761 vor seiner Abreise nach Versailles zur Beunruhigung der preußischen Vorposten während der Winterquartiere ein erfolgreiches Unternehmen vorbereitet. Um die Versorgungslage aufzubessern, brach ein Korps von über 2500 Mann sächsischer Infanterie und 1800 französischen Reitern[235] unter dem Befehl des Grafen Stainville Ende Januar aus dem Raum Eisenach nach Osten auf, überfiel die preußischen Vorposten und nahm dabei über 600 Mann gefangen. Hierbei konnte das Korps erhebliche Fouragierungen bis in den Raum Sondershausen durchführen. Unter den Gefangenen waren 200 Soldaten des preußischen Freibataillons »von Wunsch«, das dem sächsischen General Georg von Klingenberg nahezu vollzählig in die Hände gefallen war[236].

Ferdinand von Braunschweig wollte seinerseits die im letzten Feldzug errungenen Erfolge des Gegners wettmachen und entschied sich – nicht zuletzt auf Drängen des ungeduldigen preußischen Königs – noch mitten im Winter zu einer überraschenden Offensive auf Kassel, gewissermaßen als »Nachlese« des eigentlich beendeten Feldzuges von 1760. War Friedrich II. im November 1760 mit dem Erfolg bei Torgau ein Befreiungsschlag auf dem östlichen Schauplatz gelungen, drängte Ferdinand mit Eröffnung des Winterfeldzuges in Hessen ebenfalls auf eine große Entscheidung. Der preußische König hoffte, das kriegsmüde Frankreich durch diese plötzliche Operation aus der Koalition seiner Gegner brechen und zu separaten Verhandlungen zwingen zu können[237].

Nachdem die überraschten Franzosen den seit Anfang Februar nach Westen vorrückenden »Verbündeten« beständig unter kleineren Verzögerungsgefechten ausgewichen waren[238], trafen die Korps der verbündeten Generäle Spörken und Syburg am 15. Februar bei Langensalza an der über die Ufer getretenen Unstrut auf die französischen Truppen des Generals Stainville. Ihm unterstanden 3500 Sachsen unter Graf Solms. Aufgrund der Stärke des anmarschierenden Feindes

---

233 Schwarzenbeck, Graf Luckner, S. 36, 39; Kennett, French Military Intelligence, S. 49. Zur Rolle Luckners im Siebenjährigen Krieg: Generallieutenant Johann Nicolaus von Luckner und seine Husaren.

234 Buddruss, Die französische Deutschlandpolitik, S. 114.

235 Die Stärkeangaben hierzu schwanken erheblich. Lindner, Die Peripetie des Siebenjährigen Krieges, S. 165 f.; Schuster/Francke, Geschichte der Sächsischen Armee, T. II, S. 138.

236 Lindner, Die Peripetie des Siebenjährigen Krieges, S. 165–168 und 232–237; Schimpff, Das Sammlungswerk, S. 83 f.

237 Lindner, Die Peripetie des Siebenjährigen Krieges, S. 238 f.; Kessel, Das Ende des Siebenjährigen Krieges, S. 166 f.

238 Bereits Ende Dezember kam es bei Langensalza zu ersten Vorpostengefechten. Schreiben v. Solms vom 3.1.1761. SHStA, Loc. 1053/5 (wie Anm. 182).

erging von Marschall Broglie der Rückzugsbefehl an Stainville, der wiederum die Sachsen benachrichtigte. Allerdings traf diese Nachricht erst bei Solms ein, als der Abmarsch Stainvilles bereits vollzogen war. Daher konzentrierte sich die Kavallerie des Feindes auf die als Letzte abmarschierenden sächsischen Truppen und fügten ihnen schwere Verluste zu. Der Mangel an Kavallerie erschwerte Solms sowohl die Aufklärung und Verbindung als auch das Gefecht selbst. Beim Rückzugsgefecht geriet seine Infanterie in sumpfige Wälder und überschwemmte Wiesen, wo die Kanonen stecken blieben und einige Soldaten sogar ertranken. Erst die von Stainville abgesandte französische Kavallerie verhinderte die völlige Vernichtung der Regimenter. Nachdem das Regiment »Prinz Anton« hatte kapitulieren müssen, wurden die den Rückzug deckenden sächsischen Grenadiere von preußischen Reitern zum größten Teil gefangengenommen. Neueren Angaben zufolge verloren die Sachsen bei diesem Treffen etwa 300 Mann an Toten und Verwundeten. Zwischen 1700 und 2000 sächsische Soldaten gerieten in Gefangenschaft, von denen der überwiegende Teil nicht in alliierte, sondern in preußische Hände fiel[239]. Viele dieser Gefangenen wurden später jedoch wieder gegen preußische Kriegsgefangene ausgetauscht. Die materiellen Verluste konnte das Xaversche Korps durch eine Ergänzung im Eisenacher Zeughaus am 17. Februar zumindest teilweise ausgleichen[240]. Trotz energischen Nachstoßens überstieg eine weitere Verfolgung der Franzosen schließlich die Kräfte der Armee Herzog Ferdinands. Daher zog er sich rechtzeitig wieder in seine Ausgangsstellung hinter die Diemel zurück.

Ähnlich wie der Gegner brauchten die Franzosen nach diesem ungewöhnlichen Feldzug nun ebenfalls eine ausgedehnte Ruhepause. Prinz Xaver, der von den Pariser Verhandlungen nach der schweren Niederlage von Langensalza eilig zum Korps zurückkehrte, traf Anfang März wieder bei diesem ein[241]. Zu diesem Zeitpunkt standen die Sachsen bei Gießen und wurden im Folgemonat in den Raum Aschaffenburg–Würzburg verlegt, wo sie zur Regeneration bis Ende Mai verblieben[242]. Von dort aus drängte Xaver schließlich auf den erneuten Abschluss der Konvention in Paris. Das damit verbundene Geld hatte das Korps bitter nötig,

---

[239] Die Angaben der gefangengenommenen sächsischen Regimenter zwischen Schuster/Francke und Lindner differieren stark. Übereinstimmend wird die Gefangennahme eines Großteils der Regimenter »Prinz Anton« und »Prinz Karl« erwähnt. Basierend auf den Darstellungen Tempelhoffs nennt Lindner zudem die Regimenter »Leibgarde«, »Prinz Xaver«, »Prinz Friedrich« sowie »Kurprinzessin«. Bei Schuster/Francke und Kessel ist hingegen nur noch die Gefangennahme eines Teils des Regiments »Prinz Joseph« erwähnt. Beides hätte Einfluss auf die Verlustzahlen dieses Gefechts, deren Unterschiedlichkeit Lindner herausstellt. Große gibt die Zahl der sächsischen Verluste mit etwa 3000 an. Große, Prinz Xaver von Sachsen, S. 47; Lindner, Die Peripetie des Siebenjährigen Krieges, S. 183–185; Schuster/Francke, Geschichte der Sächsischen Armee, T. II, S. 139–143; Geschichte der Feldzüge, Bd 5, S. 83; Kessel, Das Ende des Siebenjährigen Krieges, S. 114–120.

[240] »Journal des Sächß. Corps vom 10. Febr. bis zum 4. Marty 1761«. SHStA, Loc. 1053/5 (wie Anm. 182).

[241] Große, Prinz Xaver von Sachsen, S. 29.

[242] »Von denen in dem Jahr 1758 bis 1762 bey der Königl. Franz. Armee gemachte Campagnen des Sächs. Auxiliar Corps«. SHStA, Geheimes Kriegsratskollegium, Nr. 1347: »Journale ...« (wie Kap. IV, Anm. 220); Kessel, Das Ende des Siebenjährigen Krieges, S. 149.

drohte doch durch die erforderlichen Ausgaben nach den hohen Verlusten bei Langensalza und den folgenden kräftezehrenden Eilmärschen erneut der finanzielle Zusammenbruch. Unglücklicherweise waren viele Ausrüstungsgegenstände kurz vor der Schlacht neu beschafft worden und mussten nun zum zweiten Mal angekauft werden. Die neu aufgestellte Kavallerie ermöglichte allerdings eine größere Unabhängigkeit hinsichtlich der Versorgung des Korps. Daher wurde das neue Regiment im Jahre 1761 auch ausschließlich zur Eintreibung von Kontributionen und Lieferungen verwendet[243]. Es verursachte aber zusammen mit den Offizieren, die Xaver beim Korps versammelte, um die erlittenen Verluste zu ersetzen, zusätzliche Kosten. Diese hätten eigentlich aus den französischen Kassen bestritten werden müssen. Da allerdings der französische Hof trotz des inzwischen erneuerten Vertrags die Auszahlung der Gelder aufgrund eigener finanzieller Engpässe verzögerte oder nur teilweise leistete, geriet das Korps angesichts des für den 10. Juni festgesetzten Aufbruchs aus den Quartieren in eine verzweifelte Lage.

In mehreren Denkschriften schilderte Prinz Xaver im Frühjahr 1761 eindringlich die Krise: »Man siehet sich also gezwungen [...] von Zeit zu Zeit sich mit Credit zu helffen. Im verwichenen Jahre hätte die Mundirung des Corps, ohne 10 000 Thlr, die der Banquier Serge vorgeschossen, nicht bestritten werden können [...] Aus all diesem ergibt sich, daß dieses Corps, ohne eine [...] Beyhülffe, in die Länge nicht bestehen kann[244].« Weiterhin beklagte er die Tatsache, dass Frankreich von ihm – entgegen der vertraglichen Vereinbarung – stets den vollen Verpflegungssatz nach französischer Vorschrift einforderte und sich nicht am sächsischen Reglement orientierte, nach welchem die Verpflegungskosten deutlich niedriger waren. Bei seinen Berechnungen orientierte sich Frankreich zudem nicht am »effectiven Fuß, wie solchen der frantz. Muster-Commissarius bestimmt«, also an der Ist-Stärke, sondern legte beständig die Soll-Stärke der Regimenter zu Grunde. Dies führte zu einer zusätzlichen Mehrbelastung der ohnehin fast leeren Kasse[245].

Einige Hilfe erhielt Prinz Xaver, welcher der herrschenden Not sogar durch Veräußerung seiner eigenen Diamanten entgegensteuern wollte, aus Sachsen-Eisenach. Der dortige Kanzler gewährte den lagernden Truppen aufgrund der bewiesenen Disziplin, Tapferkeit und hohen Ehrauffassung sowie der »guten Gesinnung gegen des Chur-Hauß Sachßen« eine finanzielle Unterstützung[246]. Sicher haben dabei in gewissem Maße auch ähnliche Ursachen eine Rolle gespielt, wie sie im Falle der Höfe Sachsen-Weimar und Sachsen-Gotha dargestellt wurden. Aufgrund der drohenden Besetzung durch die Preußen kann eine solche Hilfe zudem nur insgeheim erfolgt sein[247]. Auch im Folgejahr wurde Xaver durch seiner Sache

243 Kessel, Das Ende des Siebenjährigen Krieges, S. 183.
244 »Pro Memoria« vom 30.5.1761. SHStA, Nr. 1352 (wie Anm. 185).
245 »Pro Memoria« vom 31.3.1761. SHStA, Nr. 1352 (wie Anm. 185).
246 »Pro Memoria« des Kanzlers des Hofes Sachsen-Eisenach vom Januar 1761. SHStA, Nr. 1352 (wie Anm. 185).
247 1741 wurde das Herzogtum Sachsen-Eisenach vom Haus Sachsen-Weimar ererbt. Wegen der preußenfreundlichen Haltung Sachsen-Weimars kann die Hilfe für Xaver auch ohne Wissen des Hofes erfolgt sein.

wohl aufrichtig freundlich gesinnte Thüringer Landstände unterstützt, die »aus eigener Bewegniß einen Beytrag von 150 000 Tlr«[248] für die Bedürfnisse des Korps zu geben bereit waren. Sie informierten den Prinzen über die aktuellen Inhalte ihrer Kassen und baten ihn gewissermaßen, diese »gewaltsam« wegnehmen zu lassen, um bei den Preußen keinerlei Verdacht zu erregen[249]. Nur solchen Schenkungen und der Aufnahme von privaten Darlehen war der Fortbestand des Korps in den kommenden Kriegsjahren größtenteils zu verdanken.

Nachdem die laufenden Friedensbemühungen den Aufbruch bis Juni verzögert hatten, operierte das durch französische Infanterie, Dragoner sowie Kürassiere verstärkte Reservekorps unter Xavers Befehl zunächst im Raum Eisenach und stand im folgenden Monat im Lager bei Paderborn[250]. Die sehr späte Eröffnung des Feldzuges gibt Zeugnis von der Erschöpfung beider Kriegsparteien, die immer größerer Regenerationsphasen bedurften. Im Hauptquartier der Alliierten fragte man sich, ob seitens des Gegners in diesem Jahr überhaupt noch größere Operationen zu erwarten seien. So schrieb Graf Luckner an Herzog Ferdinand: »Ich bin curieus, ob der Brintz von Soubise unt Duc de Broglie, so seine Compagnie wie nunmhero will halten, noch vier Wochen stihle, so sehe keine avantage vor sie, massen Ew. Durchl. in selbiger Zeit in nembliche Position stehen wir voriges Jahr unt vor zwei Jahren[251].«

Nachdem es nach Eröffnung der Kampagne dem ungeduldigen Luckner bereits Anfang Juli mehrfach gelungen war, »die Paderbörnschen« zu »Chiganieren«[252], trafen seine Truppen am 17. Juli bei Neuhaus auch auf Xavers Korps, das unter anderem zum Schutz der Feldbäckerei am rechten Flügel der französischen Armee Lager bezogen hatte. Prinz Xaver brach sofort sein Lager ab, verwehrte Luckner in dem beinahe ganztägigen Gefecht bei Neuhaus[253] ein weiteres Vordringen und drängte danach mit überlegenen Kräften den Feind zurück. Trotz der erfolgreich verlaufenden Offensive ließ Xaver – sicher mit Rücksicht auf seine Truppen – dabei jedoch eine gewisse Vorsicht walten. Luckner beschrieb die Situation am 17. Juli:

»Ew. Durchl. können sich nit vorstellen, wie der Feint hier manoeuvriret, bald rechts, bald linkhs, und doch resolviret derselbe nicht gerad aus«. Zwei Tage später berichtete er erneut und etwas spöttisch: »Ich möchte einstens ein solches corps, wie Xaver gehabt, so in 36 Pathalion und 34 Escadron bestanden, gegen ein corps von 10 Escadron

[248] Schreiben Xavers an Brühl vom 3.2.1762. SHStA, Nr. 1352 (wie Anm. 185).
[249] Große, Prinz Xaver von Sachsen, S. 72–76; Kessel, Das Ende des Siebenjährigen Krieges, S. 421.
[250] »Von denen in dem Jahr 1758 bis 1762 bey der Königl. Franz. Armee gemachte Campagnen des Sächs. Auxiliar Corps«. SHStA, Geheimes Kriegsratskollegium, Nr. 1347: »Journale ...« (wie Kap. IV, Anm. 220); Kessel, Das Ende des Siebenjährigen Krieges, S. 169, 432, 591 f.
[251] Schreiben vom 15.6.1761. Zit. nach Schwarzenbeck, Graf Luckner, S. 56.
[252] Zit. nach Schwarzenbeck, Graf Luckner, S. 59. Am 15./16.7.1761 erlitten 90 000 Franzosen unter Soubise gegen 53 000 Alliierte eine empfindliche Niederlage in der Schlacht bei Vellinghausen. Buddruss, Die französische Deutschlandpolitik, S. 114; Kessel, Das Ende des Siebenjährigen Krieges, S. 447.
[253] »Von denen in dem Jahr 1758 bis 1762 bey der Königl. Franz. Armee gemachte Campagnen des Sächs. Auxiliar Corps«. SHStA, Geheimes Kriegsratskollegium, Nr. 1347: »Journale ...« (wie Kap. IV, Anm. 220); Luckner gibt den Verlust der Sachsen mit etwa 150 Gefangenen und 50 Toten an. Geschichte der Feldzüge, Bd 5, S. 651 f.; Kessel, Das Ende des Siebenjährigen Krieges, S. 449 f.

und 3 Pathalion haben so wie das meinige, und bin dem Feint damit in den 3ten Tag vor ihren Gesicht stehen geblieben; alles müßte ja mein sein, oder in die gantze Welt versbrengt sein[254]!«

Nach dieser halbherzigen Aktion Xavers verließen die Franzosen und Sachsen Ende Juli Paderborn, stets beunruhigt von Luckners Truppen. »Ich ataquire, was ich fünte«, schrieb dieser über seine Unternehmungen und zeichnete zudem ein düsteres Bild von der Versorgungslage des französischen Heeres: »Deserteure sagen mir, dass sie kein brot mehr bekommen, sondern nichts als Zwiback; fouragieren müssen sie 5 á 6 stunt zurückwerts, es waar alles desperat und gästernt sein 15 Dragoner und reiter mit ihrigen pferten ankommen[255].«

Trotz aller Entbehrungen rückte das Xaversche Korps im August im Verbund mit der französischen Hauptarmee in Richtung Holzminden vor und erzwang nach kurzer Kanonade mit Luckners Truppen in der Nacht vom 17. zum 18. August mit Überschreitung der Weser den Zugang zum hannoverschen Territorium[256]. Später, im Zuge weiterer Operationen, schloss Xaver ab dem 12. Oktober die Stadt Braunschweig ein. Bereits am Vortag hatte er Wolfenbüttel nach kurzer Belagerung und Beschießung zur Kapitulation gezwungen. Aufgrund des Mangels an ausreichendem schwerem Belagerungsgerät, der hartnäckigen Verteidigung der Stadt und des schnellen Heranrückens starker Entsatztruppen war er jedoch gezwungen, die Belagerung von Braunschweig abzubrechen, Wolfenbüttel zu räumen und zunächst ein Lager bei Gandersheim zu beziehen[257]. Aus diesem rückte Xaver mit seinen Truppen im Dezember in die Winterquartiere bei Eisenach, wo sie bis in die Mitte des folgenden Jahres stehenblieben[258]. Die »monathl. Tabella« über die Stärke des sächsischen Korps Ende Dezember 1761 berichtet von 9318 Mann Infanterie, 638 Kavalleristen mit 605 Pferden sowie 20 Kanonen und 19 Proviantwagen. Der Generalstab zählte 27 Mann, beim Heere waren 724 Frauen und 298 Kinder »präsent«[259]. Es zeugt von einer recht hohen Aktivität des »Sammlungswerkes« und den guten Absprachen zwischen dem Korps und dem Dresdner Hof, dass selbst nach diesem verlustreichen Kriegsjahr im Vergleich zur »Sollstärke« nur 332 Infanteristen, 21 Kavalleristen sowie 16 Pferde fehlten.

---

254 Schreiben an den Herzog Ferdinand. Zit. nach Schwarzenbeck, Graf Luckner, S. 61.

255 Schreiben an v. Riedesel, undatiert. Zit. nach Schwarzenbeck, Graf Luckner, S. 62 f.

256 Schwarzenbeck datiert das Scharmützel um den Weserübergang auf Mitte September 1761. Schwarzenbeck, Graf Luckner, S. 68 f.; Schuster/Francke, Geschichte der Sächsischen Armee, T. II, S. 142.

257 »Von denen in dem Jahr 1758 bis 1762 bey der Königl. Franz. Armee gemachte Campagnen des Sächs. Auxiliar Corps«. SHStA, Geheimes Kriegsratskollegium, Nr. 1347: »Journale ...« (wie Kap. IV, Anm. 220); Schuster/Francke, Geschichte der Sächsischen Armee, T. II, S. 143; Schwarzenbeck, Graf Luckner, S. 85–88; Geschichte der Feldzüge, Bd 5, S. 1034, 1045, 1049. Xavers Verluste bei den Belagerungen betrugen insgesamt etwa 500 Mann. Kessel, Das Ende des Siebenjährigen Krieges, S. 462 f., 492 f.

258 »Von denen in dem Jahr 1758 bis 1762 bey der Königl. Franz. Armee gemachte Campagnen des Sächs. Auxiliar Corps«. SHStA, Geheimes Kriegsratskollegium, Nr. 1347: »Journale ...« (wie Kap. IV, Anm. 220).

259 SHStA, Loc. 1053/5 (wie Anm. 182); Die Stärke des Trosses scheint sich über die Kriegsjahre nur gering geändert zu haben. In einem von Große zitierten Schreiben von 1759 wird von etwa 600 Weibern und 300 Kindern berichtet. Große, Prinz Xaver von Sachsen, S. 83.

Hierzu ist anzumerken, dass sich insbesondere das »Sammlungswerk« entlang des Kordons zwischen den Heeren mit dem jeweiligen Vordringen oder Zurückweichen einer Partei in ständiger Veränderung befand, teilweise zersprengt wurde und für eine gewisse Zeit auch ganz zum Erliegen kam[260]. Erhaltene Weisungen Xavers belegen allerdings ein zunehmend härteres Vorgehen gegen die thüringischen Kreise bezüglich fahnenflüchtiger Sachsen. Aufgrund des steigenden Personalbedarfes infolge der erlittenen Verluste und der Schwierigkeiten bei der Sammlung bedrohte der sächsische Prinz die dortigen Gemeinden nun mit Geiselnahme der Verantwortlichen, falls sächsische Deserteure nicht unverzüglich wieder ausgeliefert würden. Neben diesen Zwangsmaßnahmen, die sich von den geschilderten preußischen Gewaltmitteln kaum unterschieden, versuchte Xaver auch, entlaufener Soldaten mit Hilfe der typischen Kartelle wieder habhaft zu werden. Hier seien beispielsweise sein Antrag auf entsprechende »Conventionen« an das Fürstentum Meiningen sowie sein Schreiben ähnlichen Inhalts nach Erfurt genannt[261]. Weiterhin hatten ihm die Gemeinden an allen Tagen geraden Datums etwaige Neuigkeiten hinsichtlich des Feindes in sein Eisenacher Hauptquartier zu melden[262].

Zu Beginn des Jahres 1762 lag Preußen, wie sich Friedrich II. eingestehen musste, »in der Agonie und erwartete die letzte Ölung«[263]. Der Wegfall der britischen Subsidien nach dem Sturz des britischen Staatssekretärs des Auswärtigen William Pitt d.Ä. sowie die nicht mehr zu ersetzenden Verluste an Soldaten und Ausrüstung für das Heer ließen seine Lage katastrophal erscheinen. Das Scheitern des in Aussicht genommenen Friedenskongresses ließ bereits jede Hoffnung auf eine baldige Kriegsbeendigung schwinden. Da führte der Tod der Zarin Elisabeth die unerwartete Wende herbei. Dem Friedensschluss mit Russland am 5. Mai folgten im selben Monat die erfolgreichen Friedensverhandlungen mit Schweden. Diese verschoben auch das Kräfteverhältnis zwischen den Kriegsparteien überraschend wieder zugunsten Preußens[264].

Nachdem es 1761 Herzog von Braunschweig gelungen war, sich unerwartet erfolgreich gegen die französische Übermacht zu behaupten, bot Frankreich gegen die etwa 279 000 Mann starken Alliierten noch einmal 125 000 Soldaten unter dem Oberkommando der Marschälle Soubise und d'Estrées auf[265]. Der Wechsel in der Führung der Armee und die veränderten politischen Rahmenbedingungen bewirkten zunächst eine gewisse Passivität der Franzosen. Erst im Mai wurden detaillierte Operationspläne erarbeitet; bis dahin verblieb man im Winterquartier und beschränkte sich auf gewaltsames Rekrutieren und kleinere Vorpostengefechte[266].

---

[260] Schimpff, Das Sammlungswerk, S. 46.
[261] Weisung Xavers an den Thüringischen Kreis vom 26.12.1761, Weisung Xavers an das Fürstentum Meiningen vom 3.1.1762, Weisung an den »Chur Mayntz. Director in Erfurth« vom 3.1.1762. SHStA, Loc. 1053/5 (wie Anm. 182).
[262] Weisung an den Kreiskommissar des Thüringischen Kreises vom 4.1.1762. SHStA, Loc. 1053/5 (wie Anm. 182).
[263] Zit. nach Groehler, Die Kriege Friedrichs II., S. 149.
[264] Kessel, Das Ende des Siebenjährigen Krieges, S. 593, 597–600.
[265] Groehler, Die Kriege Friedrichs II., S. 152; Buddruss, Die französische Deutschlandpolitik, S. 114.
[266] Schwarzenbeck, Graf Luckner, S. 91–93.

Somit stand auch das sächsische Korps bis in den Mai hinein im Raum Eisenach[267]. Dort traf Prinz Xaver im Juni wieder von seiner jährlichen Reise nach Paris ein. Neben der Verlängerung des Subsidienvertrages am 31. März hatte er wiederum eine Vermehrung seines Korps erreicht[268]. Jedoch gestand man ihm statt der angedachten Einstellung von 1000 »Überzähligen« nur 375 neue Soldaten zu. Auch hierzu hatte es erneut des Eingreifens seiner Schwester bedurft[269]. Schwierigkeiten bereiteten einmal mehr die enormen finanziellen Nöte. Frankreich war zu diesem Zeitpunkt nicht mehr in der Lage, dem Korps die im Feldzug des Jahres 1761 erlittenen materiellen Verluste zu ersetzen[270]. »Die [...] geschehene Errichtung eines in vollkommen Stand gesetzten neuen Cavallerie-Regiments hat unsere Dürfftigkeit um ein großes vermehrt. Auf die von Frankreich gemachte Hoffnung zu Vorschießung der erforderlichen Kosten wurde das Werck mit Macht angefangen, mußte aber hernach, da Frankreich zurück trat auf eigene Kosten ausgeführt und hierzu verschiedene Darlehen aufgenommen werden, deren Wiederbezahlungszeit in kurtzem da sey wird«, schrieb Xaver an Brühl. Dabei wies er nochmals nachdrücklich und beinahe verzweifelt darauf hin, dass das Korps »mit so großen Kosten und unbeschreiblicher Mühe zusammengebracht worden« sei. Vor den »betrübtesten Folgen«, die er befürchtete, blieb es jedoch in den folgenden Monaten verschont[271]. Hier waren beispielsweise die erwähnten Gelder der Thüringer Landstände von unschätzbarem Wert für den Fortbestand des sächsischen Korps.

Zur Armee zurückgekehrt, wurde der sächsische Prinz erneut mit der Führung eines durch zwei französische Kavalleriebrigaden sowie leichte französische Truppen verstärkten Reservekorps beauftragt. An diesem Feldzug nahm auch das sächsische Reiterregiment aktiv teil. Im Juni operierte Xaver mit diesen Truppen nahe Kassel zwischen Werra und Fulda[272]. Am 14. Juli bedrohte ihn Graf Luckner bei Melsungen, musste jedoch angesichts der Stärke von Xavers Korps wieder ausweichen[273]. Dennoch gefährdete er die Franzosen durch Zerstörung ihrer Magazine und Nachschublinien im Raum Fulda erheblich. Am 23. Juli wurde Xavers Korps in einer Stellung bei Lutterberg von 11 500 Alliierten angegriffen. Diese für die Sachsen verlustreiche »affaire« stellt das letzte große Gefecht des Siebenjährigen Krieges auf seinem westlichen Schauplatz dar. Das Erzwingen des Überganges über die Fulda sowie die Durchbrechung der französischen Verteidigungslinie durch die Alliierten nötigte die Sachsen zum Rückzug, obwohl sie sich – nach

---

[267] »Von denen in dem Jahr 1758 bis 1762 bey der Königl. Franz. Armee gemachte Campagnen des Sächs. Auxiliar Corps«. SHStA, Geheimes Kriegsratskollegium, Nr. 1347: »Journale ...« (wie Kap. IV, Anm. 220).

[268] »Convention du 31. Mars 1762. Pour le Corps des Troupes Saxonnes«. SHStA, Loc. 1053/5 (wie Anm. 182).

[269] Große, Prinz Xaver von Sachsen, S. 30, 48.

[270] »Pro Memoria« an General v. Bennigsen vom 22.10.1762. SHStA, Nr. 1352 (wie Anm. 185).

[271] Schreiben Xavers an Brühl vom 3.2.1762. SHStA, Nr. 1352 (wie Anm. 185).

[272] Am 14. Juni erlitt die französische Armee bei Wilhelmsthal eine Niederlage gegen Ferdinand von Braunschweig, mit welcher der generelle Rückzug der Franzosen eingeleitet wurde. Die 23 000 Mann starke Reserve unter Prinz Xaver war an dieser Schlacht nicht beteiligt. Buddruss, Die französische Deutschlandpolitik, S. 117; Geschichte der Feldzüge, Bd 6, S. 96, 109 f., 124–130.

[273] Geschichte der Feldzüge, Bd 6, S. 278 f.; Schwarzenbeck, Graf Luckner, S. 96 f.

eigenen Angaben – »als brave Leute defendiret« hatten[274]. Vor allem das neu errichtete Reiterregiment verzeichnete hohe Ausfälle, unter anderem fiel der Kommandeur von Schlieben. Insgesamt verloren die Sachsen hier nochmals zwischen
800 und 1300 Mann an Toten, Verwundeten und Gefangenen[275]. In den kommenden Wochen deckten sie weiter die Fuldaübergänge, um schließlich – stets von den
leichten Truppen der Alliierten bedroht – im August auf eine Stellung an der Ohm
auszuweichen.

Mit der Einnahme der Stadt Kassel durch Ferdinands Truppen am 1. November endeten auch die Kampfhandlungen des Jahres 1762. Die Friedensvorver-
handlungen von Fontainebleau deuteten kurz darauf das Ende des Krieges im
Westen an – am 15. November schlossen Großbritannien, Frankreich und Spanien
den ersehnten Waffenstillstand[276]. Die sächsischen Truppen rückten daraufhin
Ende November in die Winterquartiere nach Würzburg[277]. In den kommenden
Wochen und Monaten begann Großbritannien bereits mit der Demobilisierung
seiner alliierten Armee und der Reduzierung der hannoverschen Truppen auf ihre
Friedensstärke[278]. Für Frankreich hatte sich der beendete Krieg in finanzieller und
militärischer Hinsicht verheerend ausgewirkt. Neben den angehäuften Schulden
war vor allem das Ansehen des Landes in Europa nicht zuletzt durch die teilweise
blamablen Vorstellungen der französischen Armee gegen einen meist zahlenmäßig
unterlegenen Gegner gesunken. Dieser Niedergang hatte auch einen schwindenden
Einfluss Frankreichs auf die Reichspolitik zur Folge[279].

Für die Folgezeit hoffte Prinz Xaver dennoch auf die Fortsetzung der militärischen Kooperation zwischen Frankreich und Sachsen in Form eines langfristigen
Subsidienvertrages. Dieser sollte eine Reorganisation des sächsischen Heeres er-
möglichen, ohne die stark zerrütteten Finanzen seines Heimatlandes allzu sehr zu
belasten. Das Korps bedurfte dringend der Ruhe und einer neuen Ausrüstung,
waren doch die Uniformen im gesamten Kriegsverlauf nur einmal – und unter
enormen Mühen – erneuert worden. Angesichts der leeren Kasse des Korps und
einer ähnlichen finanziellen Lage in Dresden waren französische Gelder die einzige
Hoffnung, den Soldaten die »zerißene[n] Kittels, so auf die nicht mehr zu flickende
Montierungen gehefftet [waren], die Blöße des armen Soldatens [zu] decken«, zu
ersetzen. Selbst die Offiziere besaßen vor Einbruch des letzten Kriegswinters keinerlei warme Bekleidung mehr und ernährten sich von trockenem Brot[280].

---

[274] »Kurtze Relation der Affaire vom 23. July 1762«. SHStA, Loc. 1053/5 (wie Anm. 182).
[275] Schuster/Francke, Geschichte der Sächsischen Armee, T. II, S. 144 f.; Geschichte der Feldzüge,
      Bd 6, S. 325–331 und 341–350; Kessel, Das Ende des Siebenjährigen Krieges, S. 858–862.
[276] Buddruss, Die französische Deutschlandpolitik, S. 117.
[277] »Von denen in dem Jahr 1758 bis 1762 bey der Königl. Franz. Armee gemachte Campagnen des
      Sächs. Auxiliar Corps«. SHStA, Geheimes Kriegsratskollegium, Nr. 1347: »Journale ...« (wie
      Kap. IV, Anm. 220).
[278] Wernitz, Soldateska oder Soldaten?, S. 22; Schwarzenbeck, Graf Luckner, S. 112–116.
[279] Buddruss, Die französische Deutschlandpolitik, S. 119; Kennett, The French Armies, S. 93 f.;
      Althoff, Untersuchungen zum Gleichgewicht der Mächte, S. 35.
[280] »Pro Memoria« Xavers an General Bennigsen vom 17.10.1762. SHStA, Loc. 1053/5 (wie
      Anm. 182).

Aus diesem Grunde widersetzte sich Xaver energisch den nach dem Waffenstillstand zunächst bekanntgewordenen Absichten des Grafen Brühl und des Wiener Hofes, das freigewordene sächsische Korps im Verbund mit der Reichsarmee
zur Besetzung der preußischen Besitzungen in Westfalen zu verwenden. Zwar
gelang es, diese Pläne zu durchkreuzen. Weitere finanzielle Unterstützung wurde
dem Korps seitens Frankreichs jedoch nur noch bis zum März 1763 gewährt, da
auch im zukünftigen französischen Friedensheeresetat das sächsische Hilfskorps
nicht mehr berücksichtigt wurde. Obwohl der Gedanke eines Subsidienvertrages
die französisch-sächsische Diplomatie noch weitere Monate beschäftigen sollte,
gelangte er nie zur Ausführung[281]. Vor allem das »Geheime Konsilium« stellte in
seinen Analysen die Instabilität der allgemeinen politischen Lage zum Ende des
Krieges fest und riet daher dem Kurprinzen Friedrich Christian, dass Sachsen
gemäß dem Rat Friedrichs II. zunächst »allen Subsidien-Tractaten entübriget bleiben« sollte. Neben der Angst vor einer zu großen französischen Einmischung in
die sächsische Diplomatie bestanden am Dresdner Hof nach den mit dem Xaverschen Korps gemachten Erfahrungen zudem berechtigte Zweifel an der Zahlungs-
fähigkeit der Franzosen[282].

Der kurfürstliche Erlass vom 11. März 1763 leitete schließlich die Rückkehr der
sächsischen Truppen in die Heimat ein. Die Stärke des Korps hatte im Januar 1763
noch 9766 Infanteristen, 665 Kavalleristen, 376 Artilleristen und 9 Ingenieure
betragen[283]. Angesichts des »durch göttliche Direction nunmehro hergestellten
allgemeinen Friedens« sollten Xavers Soldaten aus ihren Würzburger Winterquartieren aufbrechen und nach beinahe sechs Jahren nach Sachsen zurückkehren.
Dabei sollte »auf möglichste Schonung Unserer, durch den bißherigen leidigen
Krieg, über alle Maaße entkräffteten Unterthanen, das vornehmste Augenmerck zu
richten sein«[284]. Da man allerdings befürchtete, die aus Sachsen abmarschierenden
Armeen der bisherigen Kriegsgegner, also vor allem die Heere Preußens und Österreichs, würden »eine Menge Marodeurs, Räuber, und ander liederlich Gesindel«
hinterlassen, bestand die weitere Absicht des sächsischen Monarchen zunächst
darin, Teile der zurückkehrenden Infanteristen und Kavalleristen zur »Wiederherstellung der Landessicherheit« zu verwenden[285].

Wie aus dem erhaltenen Vortrag eines an den Dresdner Hof abgesandten Offiziers hervorgeht, schien der Abmarsch aufgrund der herrschenden Geldnot beinahe unmöglich: »Da derer Offiziers ganzer Reichthum in ihren Pferden bestehet,
und sie in die traurigste Verfassung gesezt würden, wenn sie wegen Mangel der
Fourage solche um eine Spott-Geld verschleudern müssten«, schilderte jener Offizier dem Hof die schwierige Lage. Um dieser drohenden Verzögerung zu begegnen, veranlasste die Familie des Kurprinzen die Aufnahme einer »Assignation von
130 000 Livres in französischer Währung« bei Frankfurter Bankiers. Diese Gelder

---

[281] Große, Prinz Xaver von Sachsen, S. 79–81.
[282] Schreiben des Geheimen Konsiliums an Friedrich Christian, undatiert. SHStA, Loc. 1053/5 (wie
       Anm. 182).
[283] Stärketabelle vom Januar 1763. SHStA, Nr. 1352 (wie Anm. 185).
[284] Erlass des Kurfürsten, vermutlich vom 11.3.1763. SHStA, Nr. 1352 (wie Anm. 185).
[285] Befehl des Kurfürsten an Rutowski vom 22.2.1763. SHStA, Loc. 1053/5 (wie Anm. 182).

wurden dem Korps umgehend zugeführt und ermöglichten den verspäteten Rückmarsch[286]. Hierzu ist anzumerken, dass sich die Aufnahme von Darlehen für die Kriegskasse in den letzten Kriegsjahren für Xaver immer schwieriger gestaltet hatte. Mit dem fortschreitenden wirtschaftlichen Niedergang sank auch die Bereitschaft der Bankiers zur Gewährung von Krediten. Neben den erwähnten Höfen war es oftmals das Vermögen von Privatpersonen, wie das des Grafen Solms-Rödelheim, das dem Korps das Überleben sicherte[287].

Zur permanenten Finanznot bemerkte Prinz Xaver gegen Ende des Krieges: Die Frage sei nie gewesen, warum kein Geld in der Kasse sei, sondern wie es bei solchen Voraussetzungen über die Jahre überhaupt möglich war, dass »das Sächs. Corps annoch bis hierher habe können aufrecht und im Stande erhalten werden«. Die schlichte Antwort ist ein eindringliches Zeugnis von den unermüdlichen Anstrengungen des sächsischen Prinzen für den Fortbestand seiner Truppe: »Dieses zu bewürken hat allerdings Glück erfordert und unbeschreibliche Mühe gekostet[288].«

Große Schlachtensiege hatte Xaver seit 1758 nicht erfochten. Die Konstellation der Kräfte beider Parteien auf dem westlichen Schauplatz, die Aufgabenverteilung innerhalb der französischen Armee sowie die Art der Kriegführung gaben ihm dazu auch wenig Gelegenheit. Einen »Nachruhm« wie etwa die sächsischen Reiter erntete sein Korps folglich nicht. Bemerkenswert erscheint jedoch der jahrelange Erhalt seiner Truppe ungeachtet der leeren Kassen in Dresden und Versailles. Es war ihm sogar gelungen, deren personelle Stärke über die Jahre leicht zu vermehren sowie organisatorischen und taktischen Mängeln – etwa dem Fehlen von Kavallerie – entgegenzuwirken. Etliche sächsische Offiziere erhielten durch sein persönliches Engagement zudem wieder eine Anstellung. Neben den vorteilhaften familiären Beziehungen ist dies als Indiz für ein unermüdliches Bemühen des sächsischen Prinzen zu werten und erweckt den Eindruck eines guten Organisators. Xavers Tätigkeiten vermitteln ein anschauliches Bild von denjenigen Anforderungen, welche die Kriegführung jener Epoche an die unternehmerischen Fähigkeiten eines Heerführers und Offiziers stellen konnte. Beide Eigenschaften sollten sich nach dem Hubertusburger Frieden 1763 für das sächsische Heer als nützlich erweisen.

Die Tatsache, dass Prinz Xaver seine protestantischen Soldaten dauerhaft zum Dienst für eine keineswegs um das eigene Überleben kämpfende katholische Macht motivieren konnte – und dies unter dem Umstand, dass spätestens nach der

---

[286] »Extract aus der Instruction, so der Herr General Lieut. Graf zu Solms dem nach Dresden commandirten Obrist Lieut. v. Gaudi mitgegeben um darüber die Resolution gehorsamst zu suchen.« Generalfeldmarschallamt, Loc. 10990: »Concepte, den Aufbruch ...« (wie Kap. II, Anm. 173); Schultz-Trinius, Die Sächsische Armee, S. 35 f.

[287] Hierbei spielten offenbar enge familiäre Beziehungen zwischen den einzelnen Linien der Grafen Solms eine Rolle. Der im Zusammenhang mit dem Xaverschen Korps betrachtete Friedrich Christoph gehörte der sächsischen Familie der Solms-Wildenfels an und war mit einer Gräfin von Solms-Baruth verheiratet. Stammregister und Chronik der Kur- und Königlich-Sächsischen Armee, S. 492. Zu den Grafen von Solms-Wildenfels im kompakten Überblick: Brückner, Zwischen Reichsstandschaft und Standesherrschaft, S. 342.

[288] »Pro Memoria« an den General v. Bennigsen vom 22.10.1762. SHStA, Nr. 1352 (wie Anm. 185).

Schlacht bei Roßbach eine rasche Befreiung der sächsischen Heimat als unrealistisch angesehen werden musste –, lässt neben seinem traditionalen Führungsanspruch als sächsischer Prinz in ihm auch einen charismatischen Führer vermuten. Offenbar durch persönliches Geschick setzte er sich über Erschwernisse wie Konfessionsunterschiede und gezielte preußische Propaganda hinweg. Dies ist aber auch ein Hinweis auf Xavers Rückhalt in der Generalität und im Kreise der Unterführer. Auch bei seiner häufigen Abwesenheit fochten die sächsischen Regimenter daher nach besten Kräften. Außer den Berichten von etlichen Protesten der »Revertenten« bei der »Sammlung« gibt es hingegen keinerlei Hinweise etwa für Massendesertionen oder Meutereien von Unteroffizieren und Mannschaften des Korps.

Die Desertionsrate beim Korps lag zwar mit etwa 10 Prozent deutlich über dem Durchschnitt in Friedenszeiten, allerdings konnte das Korps durch die Arbeit des »Sammlungswerkes« seine personelle Stärke beibehalten. Bedenkt man, dass dem Soldaten des 18. Jahrhunderts durchaus eine klare Vorstellung von seinen Pflichten und dem Verhalten seiner Vorgesetzten unterstellt werden kann, gewinnt das Verhalten der Sachsen zusätzlich an Qualität[289]. Dienstgradgruppenübergreifende Kommunikation und vor allem patriotische – weniger konfessionelle – Motivation zur Erfüllung der Pflicht im »alten Haufen« verhinderten also eine »Abstimmung mit den Füßen«.

Am 23. März begann der Rückmarsch der zwölf Regimenter mit 10 237 sächsischen Soldaten, wovon zum Ende des Krieges 9330 der Infanterie, 880 der Kavallerie (davon waren wiederum 640 beritten) sowie 27 dem Generalstab angehörten. Das Korps führte insgesamt 27 Feldstücke mit sich[290]. Die »Suite und Equipage« des Prinzen Xaver betrug dabei allein 122 Pferde und Maultiere sowie zehn Wagen und weitere 77 »Officier-Pferde«[291]. Alle Kavalleristen wurden für den Marsch »in 6. gleiche Theile separiret [...] nach Anzahl der Regimenter, wo selbige vorher gestanden«[292]. Wie bereits erwähnt, war vor allem Feldmarschall Rutowski um die Organisation der Rückführung bemüht. Jedoch musste er am 17. März aufgrund seiner angegriffenen Gesundheit das Oberkommando über die sächsische Armee auf den »Chevalier de Saxe« übertragen[293].

Zum Zwecke des Rückmarsches wurde die Armee schließlich in drei Kolonnen geteilt. Die erste nahm unter Führung von Graf Solms den Weg von Würzburg über Kitzingen und Hof nach Plauen, die zweite marschierte unter dem Befehl des Generals Klingenberg von Gochsheim nach Saalfeld und die dritte Kolonne, be-

---

289 Kroll, Soldaten im 18. Jahrhundert, S. 364 f.; Möbius, Die Kommunikation, S. 348.
290 Schreiben Solms' an Rutowski vom 26.2.1763 und 8.3.1763. SHStA, Loc. 10990: »Concepte, den Aufbruch ...« (wie Kap. II, Anm. 173).
291 »Fourier-Zeddel von der sämtl. Suite und Equipage Sr. des Printz Xavery Königl. Hoheit«. SHStA, Loc. 10990: »Concepte, den Aufbruch ...« (wie Anm. 188).
292 Schreiben v. Gagerns vom 18.3.1763 aus Uffenheim. SHStA, Loc. 10990: »Concepte, den Aufbruch ...« (wie Kap. II, Anm. 173).
293 Schreiben Rutowskis an Solms vom 17.3.1763. SHStA, Loc. 10990: »Concepte, den Aufbruch ...« (wie Kap. II, Anm. 173).

fehligt von General von der Brüggen, von Wertheim in Richtung Langensalza[294]. Nach einer Darstellung des Grafen Solms benötigte dieses Heer täglich 10 029 Portionen Brot sowie 3298 Rationen Pferdefutter. Rutowski beauftragte daraufhin General Stolberg, »die Etappen-mäßige March- Verpflegung und Vorspannung durch das Reich bis an die Sächsische Grenze [...] zu besorgen«[295]. Die Behörden der in Sachsen liegenden Marschquartiere waren angehalten, die nötigen Mengen an Nahrung unentgeltlich zur Verfügung zu stellen[296]. Der Marsch selbst verlief ruhig: »Biß anjetzo ist auf dem Marche, außer einigen Deserteurs nichts veränderliches vorgefallen, und kann aus allen bey mir eingegangenen Rapports auch Meldungen der March-Commissarien die gute Mannszucht sämtlicher Regimenter Eur. Durchl. nicht genügsam erwähnen«, berichtete Graf Solms Ende März an den »Chevalier de Saxe«[297]. Mit den Worten: »Melde unterthänig, wie ich heute, den 6ten hujus in Plauen eingerücket bin«, verkündete Graf Solms im April 1763 dem Feldmarschall schließlich die Rückkehr seiner Truppe auf sächsischen Boden[298]. Nach Überschreitung der Grenze wurden den Regimentern sofort entsprechende Garnisonen zugewiesen[299]. »Zur Erleichterung des Landes und dero erschöpften Steuer« wies das Geheime Kriegsratskollegium den neuen sächsischen Feldmarschall an, dass »der sämtliche mobile Etat bey denen ins Land zu verlegenden Regimentern Cavallerie und Infanterie und besonders die Proviant und Packpferde, sogleich nach der Einrückung in die Standquartiere abgeschafft [...] werden solln«[300]. Mit dieser Rückführung auf den »Friedensfuß« ging die Weisung des Kurprinzen einher, dem einrückenden Corps »vor sämmtliche Unter Officiers und Gemeine« einen monatlichen »Brod-Gelder Zuschuß« auszuzahlen, »biß sich die Korn- und Victualien-Preiße so wie es von dem hergestellten guten Münz-Fuße zu erhoffen ist, wieder vermindern«[301].

Diese Punkte des Kurprinzen wiesen bereits auf die finanziellen Probleme hin, die bei der bevorstehenden Reorganisation des sächsischen Heeres, zu dessen Infanterie das aus Würzburg zurückkehrende Xaversche Korps gewissermaßen den »Grundstock« liefern sollte, zu berücksichtigen waren. Die finanziellen Leistungen Frankreichs für das sächsische Korps hatten insgesamt knapp 4,7 Millionen Gulden, also etwa 11,3 Millionen Livres betragen[302]. Somit beliefen sich die jährli-

---

[294] Schreiben v. Solms' an den »Chevalier de Saxe« vom 17.3.1763. SHStA, Loc. 10990: »Concepte, den Aufbruch ...« (wie Kap. II, Anm. 173).

[295] Schreiben Rutowskis an v. Stollberg vom 8.2.1763. SHStA, Loc. 10990: »Concepte, den Aufbruch ...« (wie Kap. II, Anm. 173).

[296] Weisung des Kurprinzen vom 12.4.1763 betr. »die noch anhaltende Theuerung des Korns«. SHStA, Loc. 10990: »Concepte, den Aufbruch ...« (wie Kap. II, Anm. 173).

[297] Schreiben vom 28.3.1763. SHStA, Loc. 10990: »Concepte, den Aufbruch ...« (wie Kap. II, Anm. 173).

[298] Schreiben vom 6.4.1763. SHStA, Loc. 10990: »Concepte, den Aufbruch ...« (wie Kap. II, Anm. 173).

[299] Schuster/Francke, Geschichte der Sächsischen Armee, T. II, S. 149.

[300] Schreiben vom 26.3.1763. SHStA, Loc. 10990: »Concepte, den Aufbruch ...« (wie Kap. II, Anm. 173).

[301] Weisung des Kurprinzen vom 12.4.1763 betr. »die noch anhaltende Theuerung des Korns«. SHStA, Loc. 10990: »Concepte, den Aufbruch ...« (wie Kap. II, Anm. 173).

[302] Große, Prinz Xaver von Sachsen, S. 64. Währungsparität ungefähr 1:2,4 nach Demel, Europäische Geschichte, S. 284.

chen Ausgaben für Xavers Truppen auf ungefähr 2,8 Million Livres. Veranschlagt man die gesamten Subsidienausgaben Frankreichs mit 55 Millionen Livres pro Jahr, dann betrug der Anteil der Zahlungen für das sächsische Korps 5,1 Prozent. Vor dem Hintergrund der Gesamtkosten des Krieges für Frankreich von über einer Milliarde Livres waren die für die Sachsen gezahlten Gelder also beinahe verschwindend gering[303]. Aufgrund der fehlenden Kreditwürdigkeit Frankreichs und der hohen Unterhaltskosten des Korps war Xaver in erheblichem Maße auf private Darlehen angewiesen[304].

Noch Jahre nach dem Hubertusburger Frieden beschäftigten Prinz Xaver daher die Gelder, die er unter anderem dem Dresdner oder auch dem Versailler Hof für über die Summe der Subsidien hinausführende Ausgaben schuldete[305]. Die sächsische Feldkriegskasse hatte ihm im Laufe des Krieges 345 172 Taler vorgeschossen[306]. Einem Schreiben an das »Geheime Kriegsratskollegium« zufolge waren auch Ende 1764 noch nicht alle Gelder an Frankreich bezahlt und nicht alle Kosten des Korps beglichen[307]. Die Gesamtschulden des Korps beliefen sich 1763 auf etwa eine Million Livres[308].

b) Die sächsischen Kavallerieregimenter im Heer Maria Theresias

Nach der Betrachtung der Ereignisse auf dem westlichen Kriegsschauplatz unter besonderer Berücksichtigung des Schicksals der sächsischen Infanterie soll im Folgenden die Verwendung der vier kurfürstlichen Reiterregimenter[309] unter dem Generalmajor Graf von Nostitz und seinem Generalquartiermeister Oberst Graf von Renard[310] im böhmisch-sächsisch-schlesischen Raum skizziert werden.

Wie bereits erwähnt, standen das Kürassierregiment »Karabiniers-Garde« und die Chevauxlegers-Regimenter »Prinz Karl« (1757 in »Herzog von Kurland« umbenannt), »Prinz Albrecht« und »Graf Brühl« sowie die Ulanenpulks »Wilczewski« (ab November 1756 »Schiebel«) und »Rudnicki« während der Belagerung von Pirna in Polen und entgingen so der Kapitulation. Daher konnte Sachsen diese Regimenter ohne Verzögerung dem österreichischen Heer unterstellen.

303 Die jährlichen Gesamtkosten Frankreichs werden heute auf 189–225 Millionen Livres geschätzt. Riley, The Seven Years War, S. 86, 160; Kennett, The French Armies, S. 88 ff.

304 Aufgrund seiner Ineffizienz in Heer und Verwaltung sowie der Ämterkäuflichkeit war Frankreich zu diesem Zeitpunkt das Land mit der höchsten Staatsverschuldung Europas. Die Aufnahme von Anleihen im Ausland während des Siebenjährigen Krieges erwies sich mangels Kreditwürdigkeit als unmöglich. Preußen etwa unterhielt ein quantitativ stärkeres Heer zur Hälfte der französischen Kosten. Kroener, Wirtschaft und Rüstung, S. 162–166.

305 Schreiben an Xaver vom 2.11.1763. SHStA, Nr. 1352 (wie Anm. 185).

306 »Extract« über die Vorschüsse der sächsischen Feldkriegskasse an das französische Korps vom 23.9.1763. SHStA, Nr. 1352 (wie Anm. 185). Große, Prinz Xaver von Sachsen, S. 67.

307 Schreiben vom 29.8.1764. SHStA, Nr. 1352 (wie Anm. 185).

308 »Pro Memoria« an General Bennigsen vom 22.19.1762. SHStA, Nr. 1352 (wie Anm. 185).

309 Duffy schreibt irrtümlich von sechs sächsischen Regimentern und benennt diese falsch. Duffy, Sieben Jahre Krieg, S. 82, 273.

310 Georg Ludwig Graf von Nostitz (1709–1758), Andreas Graf von Renard (1723–?). Stammregister und Chronik der Kur- und Königlich-Sächsischen Armee, S. 381, 431.

Obwohl sich Österreich zur Übernahme der Verpflegung und Besoldung des Korps verpflichtete, kam zwischen Wien und dem sächsischen Hof offenbar kein Vertrag hinsichtlich dieser Truppen zustande[311]. Dies lässt jedoch auch den Rückschluss zu, dass durch dieses »Entgegenkommen« die Möglichkeiten des sächsischen Hofes zu einem energischen Eintreten für die Belange seiner Regimenter von vornherein eingeschränkt waren[312]. Die Beteiligung am Krieg gegen Friedrich II. erschien dem sächsischen Hof aus denjenigen Gründen, wie sie im Zusammenhang mit dem Xaverschen Korps bereits erörtert wurden, dennoch vorteilhaft. Durch die Unterstellung seiner Kavallerieregimenter unter österreichischen Oberbefehl war Kursachsen bereits aktiver Kriegsteilnehmer, als der Umfang des »Sammlungswerkes« und das weitere Schicksal der Infanterie noch nicht in vollem Umfange absehbar waren.

Im Mai 1757 brachen die Regimenter aus ihren Winterquartieren in den Trentschiner und Neutraer Komitaten auf und stießen am 15. des Monats bei Olmütz zum österreichischen Hauptheer unter Graf Leopold von Daun. Dort wurden die Sachsen der Avantgarde unter General Franz Leopold Graf von Nádasdy unterstellt, die somit eine Stärke von etwa 16 000 Mann erreichte. Etwa zum selben Zeitpunkt war Friedrich II. mit einem Teil des Heeres von der Belagerung Prags aufgebrochen und marschierte der österreichischen Armee entgegen, die zum Entsatz der böhmischen Hauptstadt anrückte[313].

Die Aufzeichnungen der »Zezschwitzischen Vorträge«, mit denen General Zezschwitz regelmäßig und detailliert über die Vorgänge bei den Kavallerieregimentern − insbesondere bei seinen »Garde-Karabiniers« − nach Warschau berichtete, setzen Anfang Juni 1757 aus dem Lager bei Jenikau ein.

Wenige Tage vor dem Einrücken in dieses Lager hatten die sächsischen Reiter noch in der Umgebung von Kuttenberg bei »sehr üble[r] Witterung«[314] nahe der Elbe als Vorposten die Räumung etlicher kleinerer Magazine gedeckt[315]. Am 9. Juni meldete General Zezschwitz nach Warschau, dass sein Regiment bei den Österreichern »mit Haltung einer aparten beständigen Feld-Wacht und Bereitschafft zwar starke Dienste thun muß, jedoch ihr nichts angesonnen wird, so ihre Prerogativen nachtheilig seyn könnte«[316]. Bei kleineren Verzögerungsgefechten mit dem Beobachtungskorps des Herzogs von Braunschweig-Bevern gelangten die Sächsischen Chevauxlegers um den 14. Juni bei Kuttenberg erstmals ins Feuer. Vier Tage später standen die leichten sächsischen Reiter in der Schlacht bei Kolin

---

[311] Aus einer »Notiz« des Hofkriegsrates vom 23.12.1756 geht hervor, dass Maria Theresia beschlossen habe, die sächsischen Reiter nicht nur zu besolden, sondern auch bezüglich ihrer Verpflegung den österreichischen Regimentern gleichzustellen. ÖStA/KA, Alte Feldakten-Hofkriegsrat, 1756, Siebenjähriger Krieg, XII 12, 12a; Das Sächsisch-Polnische Cavalleriecorps, S. 47, 49.

[312] Ebd., S. 49.

[313] Kunisch, Friedrich der Grosse, S. 362 f.; Duffy, Friedrich der Große, S. 162−180; Groehler, Die Kriege Friedrichs II., S. 86 f.; Das Sächsisch-Polnische Cavalleriecorps, S. 51.

[314] Schreiben Zezschwitz' an Brühl vom 9.6.1757. SHStA, Loc. 10998 (wie Anm. 39).

[315] Schuster/Francke, Geschichte der Sächsischen Armee, T. II, S. 103 f.

[316] Schreiben v. Zezschwitz an Brühl. SHStA, Loc. 10998 (wie Anm. 39).

am rechten Flügel der österreichischen Armee[317]. In der Krise dieser Schlacht soll dann vor allem ein Angriff dieser drei Regimenter zusammen mit österreichischen Reitern, wozu der Oberstleutnant Ludwig Ernst von Benckendorf[318] vom Regiment »Prinz Karl« den Ausschlag gab, von entscheidender Bedeutung gewesen sein[319]. Jener Ritt Benckendorfs gilt daher bis heute als einer der berühmtesten Momente der sächsischen Militärgeschichte.

Am Tag nach der Schlacht berichtete General Zezschwitz über seine Eindrücke »von der gestrigen hießigen Batallie, welche victorieus, zu gleich aber auch sehr kostbar geweßen«. Mit seinem Regiment war er im ersten Treffen des rechten Flügels platziert gewesen:

> »Das Gefecht und insonderheit das Feuer war allda am hitzigsten, welches uns auch starcken Verlust gemacht [...] Durch die außerordentliche Canonade sind viele Pferde auf dem Plaz geblieben deß wegen sich die Fußgänger wohl auch noch finden werden. Von den drei Chevaux Legers Rgmtrn. habe Nachricht, daß sie theils glücklich, theils aber auch sehr scharff dran gewesen sey sollen [...] General Nostitz ist im Gesicht leicht plessirt[320].«

Später berichtete Zezschwitz weiter, dass »sehr viel blessirte wieder gesunden« und folglich »sich nicht über 20 Todte im ganzen 70 blessirte, worunter etwa nur 1 bis 5 als Invalides zu rechnen, an Pferden hingegen über 60 todt / fehlende und 30 blessirte befinden«. Als »größte fatalité« schilderte er den Verlust einer Standarte[321].

Während ein besonderes Engagement Benckendorfs gerade im sächsischen Feldzugsjournal oder in den Schilderungen von General Zezschwitz keine Erwähnung findet, wurde der sächsische Angriff auf österreichischer Seite überall hervorgehoben[322]. Nostitz habe sich bei Kolin »aller achtung würdig« erwiesen, heißt es in einem Vortrag an Maria Theresia. Ebenso bekannte man, dem »bey der armée stehenden [...] Carab.[inier]-Corps gedachter nation nebst ihrem G[ene]ral. v. Czeswitz ihres distinguirten Wohlverhaltens wegen alle attention schuldig zu seyn«[323].

---

317 Die Ulanen sind in der »Ordre de Bataille« nicht erwähnt. Werlhof, Geschichte des 1. Husaren-Regiments, S. 54.

318 Ludwig Ernst von Benkendorf (1711–1801) stieg nach dem Siebenjährigen Krieg bis zum General der Kavallerie und Chef des »Garde du Corps« auf. Stammregister und Chronik der Kur- und Königlich-Sächsischen Armee, S. 121; zur Biografie Benckendorfs: Das Sächsisch-Polnische Cavalleriecorps, S. 50 f.; Werlhof, Geschichte des 1. Husaren-Regiments, S. 48–50.

319 Werlhof, Geschichte des 1. Husaren-Regiments, S. 59–63.

320 Bericht aus dem »Champ de Bataille«. SHStA, Loc. 10998 (wie Anm. 39).

321 Bericht vom 24.7.1757. SHStA, Loc. 10998. In der älteren Literatur wird der Verlust der Sachsen bei Kolin mit etwa 60 Toten angegeben. Schuster/Francke, Geschichte der Sächsischen Armee, T. II, S. 106; Das Sächsisch-Polnische Cavalleriecorps, S. 57. Die Preußen verloren etwa 13 700 Mann, die Österreicher fast 9000. Groehler, Die Kriege Friedrichs II., S. 87.

322 ÖStA/KA, Alte Feldakten – 1757, Cabinettsakten, Siebenjähriger Krieg, VI 50b, 51; Schuster/Francke, Geschichte der Sächsischen Armee, T. II, S. 104–109; Eintrag vom 18.6.1757, »Fortgesetztes Journal der Kays. Königl. Haupt Armee unter Feld Marschall Daun 1757«, anonym. SHStA, Geheimes Kriegsratskollegium, Nr. 1347: »Journale ...« (wie Kap. IV, Anm. 220); Duffy, Friedrich der Große, Karte 18, S. 180–189.

323 Vortrag an die Kaiserin vom 19.6.1757. ÖStA/KA, Alte Feldakten – 1757, Cabinettsakten, Siebenjähriger Krieg, VI 28. Feldmarschall Daun, der die sächsischen Reiter offenbar von Beginn an

Ähnlich wie das Xaversche Korps hatte sich auch die von den Österreichern »Stutz-Schweif«[324] genannte sächsische Kavallerie gleich im ersten Gefecht die Anerkennung ihres Verbündeten verdient. Es scheint, als wären auch die Reiter nach Kräften bemüht gewesen, ihre Ehre wiederherzustellen und die Niederlagen vergangener Jahre vergessen zu machen. Dass sie sich im Gegensatz zu Xavers Truppen am eigentlichen Feind, den Preußen, »rächen« konnten, wird sie zusätzlich motiviert haben. An der Schlacht beteiligte sächsische Offiziere sagten hierzu aus, ihre Soldaten hätten den Feind derart attackiert, dass sie nicht mehr davon abgehalten werden konnten, keinen »Pardon zu geben«[325]. Angeblich soll dabei der Ruf »Dies ist für Striegau!« zu vernehmen gewesen sein[326].

Aus Freude über die Siegesnachricht und das Lob der österreichischen Heerführer nahm August III. mehrere Beförderungen vor[327]. Ähnlich wie bei den Massendesertionen oder der Sammlung sächsischer Soldaten in Ungarn nahm der Hof in Warschau auch hier anscheinend lebhaften Anteil am Schicksal seiner Soldaten.

In den folgenden Wochen beschränkte sich die Tätigkeit der Österreicher auf die langsame Verfolgung der in zwei Korps beiderseits der Elbe nach Sachsen zurückweichenden Preußen, wobei sie ihre Hauptkräfte auf das Korps des unerfahrenen Prinzen August Wilhelm von Preußen konzentrierten, das am östlichen Elbufer entlang in die Gegend um Zittau marschierte[328]. Im österreichischem Hauptquartier befanden sich auch die beiden sächsischen Prinzen Xaver und Karl, die vorher in Prag mit eingeschlossen gewesen waren[329]. Als Zezschwitz am 2. August 1757 meldete, in sein »Vaterland [!], die Oberlausitz eingerückt« zu sein, hatten die sächsischen Reiter wieder heimischen Boden betreten[330]. Der Vormarsch auf den Spuren der Preußen hatte sich teilweise beschwerlich gestaltet, da der zurückweichende Feind die Ortschaften und Magazine vor dem Eintreffen der Österreicher bereits »ausfouragiert« hatte. Die Vorträge von Zezschwitz bezeugen einen

---

schätzte, soll Benckendorf nach der Schlacht von Kolin als den »Retter in der Not« bezeichnet haben. Werlhof, Geschichte des 1. Husaren-Regiments, S. 50 f., 62.

[324] »Ganz gehorsamste Äusserung« verschiedener Offiziere zur Schlacht bei Lobositz vom 7.6.1757. ÖStA/KA, Alte Feldakten – 1757, Cabinettsakten, Siebenjähriger Krieg, VI 52.

[325] »Beschreibung der Action bey Colin« von mehreren Offizieren, undatiert. ÖStA/KA, Alte Feldakten – 1757, Cabinettsakten, Siebenjähriger Krieg, VI 73.

[326] Duffy, Friedrich der Große, S. 187; H.v.S. verweist hierbei darauf, dass die bei Kolin eingesetzten sächsischen Regimenter an der Schlacht von Hohenfriedeberg nicht beteiligt waren. Das Sächsisch-Polnische Cavalleriecorps, S. 56.

[327] Er ernannte unter anderem Generalmajor Nostitz zum Generalleutnant, Benckendorf zum Oberst sowie den Kommandeur des Regiments »Graf Brühl«, Oberst Gößnitz, zum Generalmajor. Schuster/Francke, Geschichte der Sächsischen Armee, T. II, S. 107; Szabo, Kaunitz and enlightened absolutism, S. 265 f.

[328] Während die leichten sächsischen Reiter erneut der Avantgarde zugeteilt waren, verblieb das Kürassierregiment bei der Hauptarmee. Das Sächsisch-Polnische Cavalleriecorps, S. 130 f. Über die Kritik Friedrichs II. an August Wilhelms Führung: Kunisch, Friedrich der Grosse, Friedrich Wilhelm II. und das Problem der dynastischen Kontinuität, S. 10 f.

[329] Das Sächsisch-Polnische Cavalleriecorps, S. 59.

[330] »Fortgesetztes Journal der Kays. Königl. Haupt Armee unter Feld Marschall Daun 1757«. SHStA, Geheimes Kriegsratskollegium, Nr. 1347: »Journale ...« (wie Kap. IV, Anm. 220); Schuster/Francke, Geschichte der Sächsischen Armee, T. II, S. 108 f.

Mangel an Futter während dieser Tage[331]. Zudem scheinen die sächsischen Kommandeure mit der Geschwindigkeit der österreichischen Operationsführung nicht einverstanden gewesen zu sein. Im Bestreben, der besetzten Heimat möglichst rasch zu Hilfe zu eilen, kritisierten sie in Warschau die Langsamkeit, mit der im österreichischen Hauptquartier Entschlüsse gefällt wurden[332].

Bei der anschließenden Eroberung von Zittau trafen die sächsischen Reiter dann auf ihre in preußische Dienste gepressten Landsleute. Hierbei liefen der größte Teil des 1756 aus Sachsen neu formierten Regiments »Wietersheim« sowie des Grenadierbataillons »Bähr« zu den Österreichern über. Dabei soll wiederum der Ruf »Es lebe der König von Polen!« zu hören gewesen sein[333]. »Wir haben bereits von denen überkommenen Preußen, so sächsische Landeskinder sind, unsern erlittenen Abgang fast völlig ersetzt; auch so viel in unserem Vermögen gewesen, von denen Beute-gemachten Pferden aufgekaufft«, berichtete Zezschwitz bereits wenige Wochen nach der Koliner Schlacht[334]. Da er zudem in Warschau um Gelder für sein Regiment bat, wo »viele Pferde theils in der Action geblieben, theils an Blessures noch werden todt geschossen werden müßen, ingleichen viele verlohrene Equipage und Mundirungs-Stücke« fehlen, ohne die das Regiment »sehr schwach« sei, ist davon auszugehen, dass die Österreicher ihren Zusagen zum Unterhalt des Korps offenbar von Beginn an eher schleppend nachkamen[335].

Mitte August vereinigte sich das Korps Nádasdys bei Zittau wieder mit der etwa 100 000 Mann starken österreichischen Hauptarmee. Als Friedrich II. Ende August aufbrach, um den Franzosen und der Reichsarmee das Debakel bei Roßbach zu bereiten, deckte ein Korps von 40 000 Soldaten unter dem Herzog von Bevern Schlesien gegen die österreichische Übermacht[336]. Dieser zog sich nach Breslau zurück und entsandte ein kleineres Korps unter der Führung von General Winterfeldt zur Beobachtung der Österreicher. Am 7. September wurde es bei Moys nahe Görlitz von Nádasdy mit überlegenen Kräften, worunter sich die vier sächsischen Regimenter befanden, erfolgreich attackiert. Zezschwitz berichtete am folgenden Tag von diesem Gefecht: »Die Carabiner-Garde hat hierbey an Mannschafft weder todte noch blessirte bekomen, hingegen seyn 3 Pferden die Beine mit Canonen Kugeln entzwey geschoßen [...] Der Verlust [...] Preußisch.[er] Seits« war jedoch »ungleich stärcker, zu mahlen der General Winterfeldt von allen Deserteurs todt gesagt wird[337].«

Während die österreichische Hauptarmee ihren Marsch in Richtung Breslau fortsetzte, wurde das Nádasdysche Korps nach diesem Zusammenstoß mit der

---

331 Bericht vom 2.8.1757 aus dem Feldlager bei Klein-Schönau. SHStA, Loc. 10998 (wie Anm. 39).
332 Das Sächsisch-Polnische Cavalleriecorps, S. 132 f.
333 Ebd., S. 131 f.; GStA, IV. HA, Rep. 15A, Nr. 641.
334 Bericht vom 24.7.1757. SHStA, Loc. 10998 (wie Anm. 39).
335 Bericht vom 28.7.1757. SHStA, Loc. 10998 (wie Anm. 39).
336 Duffy, Friedrich der Große, S. 194 f.
337 Bericht vom 8.9.1757. SHStA, Loc. 10998 (wie Anm. 39); Duffy, Friedrich der Große, S. 199. In dem innerhalb seiner Generalität umstrittenen Winterfeldt verlor Friedrich II. einen seiner loyalsten und verlässlichsten Mitstreiter, der insbesondere als »Triebkraft unter Vorgesetzten, die der König für ihrer Aufgabe nicht ganz gewachsen oder der permanenten Vergegenwärtigung seiner Intentionen bedürftig hielt« hohe Qualitäten hatte. Petter, Hans Karl von Winterfeldt, S. 80–83.

Belagerung von Schweidnitz beauftragt. Am 25. September notierte Zezschwitz jedoch, dass »die Carabinier-Garde nebst noch anderen [...] Regimentern [...] von der großen Armée separiret, bey Lauben [= Lauban] stehen geblieben«. Von diesen Truppen wurden wiederum »800 Pferde und 1200 Mann Infanterie nach der Gegend Dresden detachirt [...] um zu dem General Major Hadeck [= Andreas Hadik] welcher in Radeburg stehet, zu stoßen«[338]. Der Auftrag dieser kleinen Truppe bestand darin, nach Norden vorzustoßen und den Nachschub der nach Thüringen marschierenden Armee des preußischen Königs zu bedrohen. Von Elsterwerda aus drang Hadik mit etwa 3400 Mann, worunter sich auch 96 sächsische Kürassiere unter dem Rittmeister Johann Gottlieb von Bülow befanden, sogar bis nach Berlin vor[339]. Am 16. Oktober erschien Hadik vor den Toren der Stadt und drang in die Außenbezirke ein. »General Hadeck hat mit seinem leichten Corps bis Berlin gestreiffet, ist in die Stadt eingedrungen und hat [...] 400 Gefangene gemacht, 6 Fahnen und 4 Canonen erbeutet, auch 600 000 contribution ausgeschrieben, wo von er aber nur 200 000 erheben können«, berichtete Zezschwitz über dieses verwegene Unternehmen, das die Verwundbarkeit der preußischen Hauptstadt, aber auch die Aktionsmöglichkeiten kleiner leichter Reiterkorps deutlich vor Augen führte[340]. Hadiks Reiter zogen sich vor der anrückenden Armee Friedrichs rasch in Richtung Bautzen zurück. Zezschwitz schrieb von dort über die Einbringung von etwa 400 Gefangenen. Unter ihnen befand sich interessanterweise auch ein Major Lange, der »ehedem bey Ihro Majest. der Königin Regimente gestanden und preußische Dienste genommen«[341], also einer der wenigen übergetretenen sächsischen Offiziere.

Während des kühnen Unternehmens auf Berlin waren die übrigen leichten sächsischen Reiter im Verbund mit dem Korps Nádasdys im Oktober an der erfolgreichen Belagerung von Schweidnitz beteiligt. Als die Besatzung, zu der auch das aus Sachsen neu formierte Regiment »Jung Bevern« gehörte, entsprechend der bereits erörterten »Kapitulationskultur« ausmarschieren und dabei die Österreicher passieren musste, sollen die Tamboure einen sächsischen Marsch geschlagen haben, als sie die Prinzen Xaver und Karl erkannten[342]. Dass es sich dabei um Soldaten handelte, die sich bereits etwa ein Jahr in preußischem Dienst befanden, zeigt die Nachhaltigkeit und tiefe Verankerung des sächsischen Patriotismus. Offenbar war es einzig die Angst vor Zwangsmaßnahmen, die diese Sachsen bisher vom Zeigen ihrer Gesinnung durch Fahnenflucht abgehalten hatte. Durch den Wegfall des preußischen Zwangs und insbesondere durch die Begegnung mit ihrem Herr-

---

[338] Schreiben aus Lauban. SHStA, Loc. 10998 (wie Anm. 39).

[339] Schuster/Francke, Geschichte der Sächsischen Armee, T. II, S. 109 f.

[340] Bericht vom 20.10.1757 aus dem Lager bei Bautzen nach Warschau. SHStA, Loc. 10998; Groehler, Die Kriege Friedrichs II., S. 96; Kunisch, Friedrich der Grosse, S. 374; Das Sächsisch-Polnische Cavalleriecorps, S. 137.

[341] Hiermit ist vermutlich der Major Gottlob Erdmann von Langen-Münchhoff gemeint, der 1756 in preußische Dienste übertrat. Stammregister und Chronik der Kur- und Königlich-Sächsischen Armee, S. 321 f.; Aster, Beleuchtung der Kriegswirren, Beilage Nr. 14; Bericht vom 24.10.1757 aus dem Lager bei Bautzen. SHStA, Loc. 10998 (wie Anm. 39).

[342] Das Sächsisch-Polnische Cavalleriecorps, S. 139; Werlhof, Geschichte des 1. Husaren-Regiments, S. 67.

scherhaus in Person der beiden Prinzen brachen die alten Verhaltensmuster sofort wieder durch.

Über die Beteiligung der sächsischen Reiter an den Schlachten bei Breslau am 22. November und Leuthen am 5. Dezember 1757 sind in der älteren Literatur und in den Archivalien nur wenige Hinweise zu finden[343]. Von der Leuthener Schlacht sind vor allem die tödliche Verwundung und Gefangennahme von General Nostitz sowie die Verlustzahlen überliefert. Die sächsische Kavallerie war unter Nostitz am Reitergefecht bei Borne, das den hauptsächlichen Kampfhandlungen vorausging, sowie an den anschließenden Kämpfen auf dem linken österreichischen Flügel beteiligt[344]. Durch den Einsatz des auch aus zahlreichen geworbenen Sachsen bestehenden Freibataillons »Le Noble« kämpften hier sächsische Soldaten sogar gegen eigene Landsleute[345]. Zezschwitz berichtete erst wieder am 13. Dezember vom »cantoniren von dermahlen campagne in der Gegend bey Welfarn, zwey Stationen von Prag«[346]. Im weiteren Verlauf des Winters sollten die Kürassiere und Ulanenpulks zunächst in die Gegend von Eger verlegt, und schließlich in der Nähe von Olmütz stationiert werden. Die Chevauxlegers nahmen zusammen mit den Truppen Nádasdys bei Sternberg in Mähren ihr Quartier.

Nun begann die personelle und materielle Auffrischung der sächsischen Regimenter. War bereits durch die strenge Herbstwitterung bei den Pferden »hier und da was crepiret«[347], so betrugen die bei Leuthen erlittenen Verluste 418 Mann und 423 Pferde[348]. Die Ergänzung der Ausfälle brachte für die sächsischen Soldaten zahlreiche Probleme. Da fehlende Pferde und Gewehre nur schwer vor Ort beschafft werden konnten, mussten Offiziere nach Warschau abgesandt werden. Weiterhin erlitten die Truppen beider Seiten in diesem Winter hohe Verluste durch ein grassierendes Fieber, das in den engen Quartieren ausbrach. Anfang Februar waren von den drei Chevauxlegers-Regimentern 397 Mann erkrankt[349]. Neben diesen personellen und organisatorischen Problemen wurde am 25. Januar »des Grafen von Nostitz Tod unzweifelhaft gewiß«[350]. Der in Warschau weilende König-Kurfürst übertrug daher das Kommando über die vier Reiterregimenter an

---

[343] Ein kurzer Bericht zum Einsatz in der Schlacht bei Breslau findet sich bei Werlhof, Geschichte des 1. Husaren-Regiments, S. 70 f.

[344] Kunisch, Friedrich der Grosse, S. 379–384; Duffy, Friedrich der Große, S. 211–221; Werlhof, Geschichte des 1. Husaren-Regiments, S. 72–80; Schuster/Francke, Geschichte der Sächsischen Armee, T. II, S. 110 f.; Das Sächsisch-Polnische Cavalleriecorps, S. 139–144. Außer Nostitz fielen zumindest noch drei weitere sächsische Offiziere. ÖStA/KA, Alte Feldakten – 1757, Cabinettsakten, Siebenjähriger Krieg, XII 2.

[345] Die Kriege Friedrichs des Großen, 3. T., Bd 6, S. 18–25.

[346] Bericht vom 13.12.1757 aus Welwarn. SHStA, Loc. 10998 (wie Anm. 39).

[347] Bericht vom 24.10.1757 aus dem Lager bei Bautzen. SHStA, Loc. 10998 (wie Anm. 39).

[348] Schuster/Francke, Geschichte der Sächsischen Armee, T. II, S. 111; Das Sächsisch-Polnische Cavalleriecorps, S. 143.

[349] Bericht vom 1.2.1758 aus Raudnitz. SHStA, Loc. 10998 (wie Anm. 39); Duffy, Friedrich der Große, S. 223; Werlhof, Geschichte des 1. Husaren-Regiments, S. 78, 80 f.

[350] Bericht aus Raudnitz. SHStA, Loc. 10998 (wie Anm. 39). Nostitz war jedoch bereits am 7.1.1758 in preußischer Gefangenschaft verstorben. Stammregister und Chronik der Kur- und Königlich-Sächsischen Armee, S. 381.

Zezschwitz[351]. Der General begab sich im März 1758 nach Wien, um dort bei dem sächsischen Gesandten Flemming – ähnlich wie Prinz Xaver in Paris – wegen des Etats der sächsischen Reiter und deren Ausrüstung vorzusprechen, da Anfang des Monats etliche Offiziere immer noch keinen Ersatz für in der »letzteren fatalen Breslauer Bataille« beschädigte Ausrüstung erhalten hatten[352]. Ende März konnte Zezschwitz schließlich nach Warschau melden, dass die »Augmentation Geschäffte so weit genehmigt und versprochen worden«. Die bereitgestellten Gelder sollten jedoch »in ethlichen Terminen« gezahlt, »die Pferde der Garde Carabiniers sollen in der Gegend Presburg geliefert und vor die Chevaux Legers, welche alle aus Pohlen kommen [...] übernommen« werden. »Das Gewehr liefert der Fürst von Lichtenstein in Natura, es wird aber mit dem unsrigen nicht conform seyn [...] Die Leibes Mundirung so die Mannschafften kürtzlich bekommen ist nach der Uniform ihres Regiments[353].« Außerdem hatte Zezschwitz durchgesetzt, dass alle vier sächsischen Reiterregimenter und die Ulanen künftig in einem Korps zusammengefasst werden sollten[354]. Unterdessen hatten sich die Regimenter im März mit Zustimmung Österreichs durch »Revertenten« und »Selbstranzionierte« ergänzt.

Am 14. April konnte Zezschwitz für seine vier Regimenter vermelden, »daß das ganze Augmentationswerck« zwar gut vorankommen, »aber schwerlich vor Ausgang Maji« abgeschlossen sein würde[355]. Wenige Tage später erhielt er von Feldmarschall Graf Neipperg den Befehl, mit der gesamten sächsischen Kavallerie nach Krakau zu marschieren[356]. Der Grund für diesen überraschenden Auftrag waren die im Frühjahr 1758 gefassten Pläne des Wiener Hofes, wegen der Situation der eigenen Kassen alle sächsischen Reiter der russischen Armee unter General Wilhelm Graf von Fermor zu überlassen, der im Januar Ostpreußen überrannt hatte und nun in Richtung Oder vorrückte. Dieser Absicht hätte der sächsische Hof nur wenig widersprechen können, jedoch gelangte der Plan nicht zur Ausführung, da die preußische Armee im April den Feldzug erneut überraschend eröffnet hatte. Die Überschreitung der österreichischen Grenze durch die Preußen veranlasste Daun, der nicht vor Sommer mit einem Beginn der Kampfhandlungen gerechnet hatte, zur eiligen Konzentration seiner Truppen[357]. Daher wurde am 10. Mai für die sächsischen Kavallerieregimenter der Marschbefehl widerrufen. »Es bleibt mir in Verfolgung deßen also nur übrig, abzuwarten wozu man uns bey dem Fortgang dieser Campagne emploiren wird«, schrieb Zezschwitz über die ungewisse Situation seiner Reiter in diesen Wochen[358]. Diese wurden schließlich dem Korps des Generals Karl de Ville zugeteilt, das Ende Mai den Olmütz belagernden Preußen gegenüberstand. Die Zeit verging mit Manövrieren und zahlreichen Vor-

---

351 Königliches Reskript an Brühl vom 24.1.1758. SHStA, Loc. 10944 (wie Anm. 46).
352 Bericht vom 4.3.1758 aus Sternburg. SHStA, Loc. 10998 (wie Anm. 39).
353 Undatierter, Ende März 1758 anzusetzender Bericht. SHStA, Loc. 10998 (wie Anm. 39).
354 Das Sächsisch-Polnische Cavalleriecorps, S. 145.
355 Bericht vom 11.3.1758 aus Sternburg. SHStA, Loc. 10998 (wie Anm. 39).
356 Schreiben vom 19.4.1758. SHStA, Loc. 10998 (wie Anm. 39).
357 Das Sächsisch-Polnische Cavalleriecorps, S. 145 f.; Groehler, Die Kriege Friedrichs II., S. 109;
     Duffy, Friedrich der Große, S. 225–230; Werlhof, Geschichte des 1. Husaren-Regiments, S. 81.
358 Bericht vom 10.5.1758. SHStA, Loc. 10998 (wie Anm. 39).

postengefechten, wobei vor allem die Ulanen ihre Geschicklichkeit im kleinen
Krieg unter Beweis stellten. Unter der Führung Laudons waren sie zusammen mit
dem Regiment »Prinz Karl« auch am erfolgreichen Überfall vom 30. Juni auf einen
preußischen Versorgungskonvoi von etwa 3000 Wagen beteiligt, der zur Aufhebung der Belagerung von Olmütz und zum Rückzug Friedrichs nach Glatz führte[359]. Während Daun der Armee des Königs vorsichtig folgte, bezogen die Sachsen
unter de Ville ein Lager bei Troppau. Am 29. Juli erfolgte der Weitermarsch gegen
die bedeutende schlesische Festung Neisse[360]. Hierbei trafen vermehrt sächsische
Deserteure aus Neisse bei den Regimentern de Villes ein: »So gleich langen auch
zwei Sachsen [...] welche ehemals bey Sr. Königl. Hoheit des Prinzen Xaviers löbl.
Infanterie Regiment gestanden und bey dem Blanckenseeisch.[en] Reg. Dienst zu
nehmen gezwungen worden, allhier in Neiße an [...] Das blankenseeis. Regiment
bestünde bloß aus österr., sächsischen und mecklenburgischen zu preußischem
Dienst gezwungenen Trouppen«, berichtete Zezschwitz über die Zusammensetzung der feindlichen Formationen[361].
   Zur Regelung der personellen Ergänzung der Regimenter durch Deserteure
wies August III. seinen Premierminister an, die dafür nötige Mannschaft »von
Unsern aus der Preußischen Kriegsgefangenschafft entwichenen Cavalleristen« zu
nehmen. Offenbar hatte man in Warschau mittlerweile keine Bedenken mehr, die
aus dem preußischen Dienst desertierten Sachsen wieder gegen die preußische
Armee zu verwenden. Die Ausrüstung dieser Soldaten sollte vom kaiserlichen
Heer geliefert werden, während der sächsische Hof über 28 000 Taler für die »Bey-
Mondierungs- und Equipage-Stücken« an das Korps bezahlte. Allerdings befanden
sich in dieser Phase des Krieges unter den Deserteuren nicht mehr ausschließlich
altgediente Sachsen aus dem Pirnaer Lager. Der sächsische Oberkommandierende
wurde inzwischen auch mit den Opfern der preußischen Zwangsrekrutierungen in
Sachsen konfrontiert. So berichtete er am 10. September 1758 nach Warschau,
unter den Deserteuren würden sich

> »fast viel [...] befinden, welche wegen des schlechten exterieurs, auch sonst einiger ande-
> rer Umstände halber künftig bey denen Regimentern nicht wohl zu behalten sind. Die
> Preußen haben solche nur aus äußerster Noth aus Bauers-Diensten und von denen
> Werkstätten aus Sachsen weggenommen. Diese Leute haben sich nach ihrer eigenen
> Rancionnirung nicht wieder nach Sachsen zu gehen getraut, und sonst haben sie auch
> keinen Lebens-Unterhalt finden können, sondern geben vor, entweder in sächsischen
> Kriegsdiensten, oder sonst auf die Art wie vorhero, in Sachsen ihr Brodt wieder zu su-
> chen.«

Zudem merkte Zezschwitz an, dass man im dritten Kriegsjahr »unter denen Regimentern gar viele Invaliden finde«. Angesichts zahlreicher »Überkompletter«

---

[359] Der sächsische Verlust bei dieser Aktion betrug 12 Mann an Gefangenen. ÖStA/KA, Alte Feldakten – 1758, Siebenjähriger Krieg, Hauptarmee, VII 495c; Das Sächsisch-Polnische Cavalleriecorps, S. 148–152; Schuster/Francke, Geschichte der Sächsischen Armee, T. II, S. 112; Kunisch,
Friedrich der Grosse, S. 386 f. Als Beute blieben den Sachsen »ganze Mützen voll Ephraimiten«.
Werlhof, Geschichte des 1. Husaren-Regiments, S. 85.

[360] Bericht vom 29. und 30.7.1758 aus dem Lager bei Troppau. SHStA, Loc. 10998 (wie Anm. 39);
Bergner, Truppen und Garnisonen, S. 13 f.

[361] Bericht vom 25.8.1758. SHStA, Loc. 10998 (wie Anm. 39).

verwies er aber auf eine insgesamt recht gute Personallage seiner Truppen. Das Korps werde somit »diejenigen, so zu militair-Diensten nicht taugen, zur Arbeit wieder nach Sachsen [...] schicken können«[362]. Damit setzte man Überzählige allerdings der Gefahr einer erneuten Zwangsrekrutierung durch die Preußen aus, wodurch sie den typischen Kreislauf aus gewaltsamer Werbung, Desertion und erneuter Rekrutierung wiederum nicht durchbrechen konnten.

Ende August vereinigten sich die Truppen de Villes mit denen des Generals Ferdinand Philipp Graf von Harsch und belagerten ab September Neisse. Am 25. Oktober wurden dem Bericht von Zezschwitz zufolge »über 1000 Kugeln und heut mehr als 100 Bomben herauf geworffen«[363], und am 5. November wehrten die sächsischen Reiter einen Ausfall von etwa 500 Mann aus der Garnison erfolgreich ab[364].

Als Friedrich II. ungeachtet seiner Niederlage von Hochkirch zum Entsatz anrückte, hob General Harsch am 5. November die Belagerung von Neisse auf[365]. »Wir haben unsere Corps wieder separiret«, berichtete Zezschwitz nach Warschau[366]. Daraufhin zogen sich auch die Preußen wieder nach Sachsen zurück und das allmähliche Beziehen der Winterquartiere beendete den Feldzug des Jahres 1758 auf dem östlichen Kriegsschauplatz. In seinem Verlauf war »auf beiden Seiten nicht mehr herausgekommen als der Tod vieler ehrlicher Leute, das Elend vieler armen, für ihr ganzes Leben verstümmelten Soldaten, der Ruin einiger Provinzen [...] und Einäscherung einiger blühender Städte«[367].

Das Korps des General de Ville bezog zunächst ein Lager bei Hotzenplotz[368] und wurde durch Ende November einsetzendes »übles Schnee und Thauwetter« gezwungen, sich »in die um Ober-Glogau nächstliegenden Dörfer in die Cantonnirung zu begeben«[369]. Trotz der Abgabe etlicher »Überkompletter« an das »Sammlungswerk« nach Brünn zur Verwendung beim Xaverschen Korps befanden sich die sächsischen Reiterregimenter am Ende dieses Feldzuges »in so guten Umständen [...] als es bey nunmehro verhoffentlich baldiger Endigung der Campagnen nur immer sey kann«[370]. Den Winter verbrachten sie hauptsächlich in der Gegend um Teschen[371]. Während dieser Zeit gelang es Zezschwitz, die Zahl der für den kleinen Krieg so bedeutsamen Ulanen zu vergrößern. Daher trat das Korps bei Eröffnung des kommenden Feldzuges mit einer Stärke von 4471 Mann und 4245 Pferden an[372]. Zur finanziellen Unterstützung der angewachsenen Truppen stellte

---

[362] SHStA, Loc. 10998 (wie Anm. 39).
[363] Bericht vom 21.10.1758. SHStA, Loc. 10998 (wie Anm. 39).
[364] Berichte vom 5. und 9.11.1758. SHStA, Loc. 10998 (wie Anm. 39).
[365] Duffy, Friedrich der Große, S. 256; Kunisch, Friedrich der Grosse, S. 393 f.; Groehler, Die Kriege Friedrichs II., S. 114.
[366] Bericht vom 9.11.1758. SHStA, Loc. 10998 (wie Anm. 39).
[367] Schreiben Friedrichs II. an den Lord-Marschall Keith vom 23.11.1758. Zit. nach Pangels, Friedrich der Große, S. 251 f.
[368] Bericht vom 19.11.1758. SHStA, Loc. 10998 (wie Anm. 39).
[369] Bericht vom 23.11.1758. SHStA, Loc. 10998 (wie Anm. 39).
[370] Bericht vom 25.11.1758. SHStA, Loc. 10998 (wie Anm. 39).
[371] Schuster/Francke, Geschichte der Sächsischen Armee, T. II, S. 113.
[372] Das Sächsisch-Polnische Cavalleriecorps, S. 155.

August III. in Aussicht, den »Militair-Etat künftig so viel als möglich zu verstärken«, was erneut auf eine unzuverlässige Versorgung durch die Österreicher
schließen lässt[373].

Die Kampagnen des Jahres 1759 sollten von preußischer Seite aufgrund der im
Vorjahr erlittenen hohen Verluste eher defensiv gestaltet werden. Es begann der
Kampf auf der »inneren Linie«[374]. Friedrichs Absicht bestand darin, die Österrei-
cher, die es hinsichtlich defensiver Kriegführung zu hohem Können gebracht hatten, zum Verlassen ihrer oftmals an die Gebirge angelehnten, schwer einnehmba-
ren Stellungen zu bewegen, um sie in der Ebene zur Schlacht zu stellen. Seine
Gegner planten in diesem Jahr erneut eine Vereinigung ihrer ohnehin überlegenen
Kräfte zu einem entscheidenden Schlag gegen das preußische Heer. Allein die
Differenzen über die Ausführung dieser Absicht, die Angst eines jeden Hofes vor
einem zu hohen eigenen Blutzoll für die gemeinsame Sache, stellten den Erfolg des
kommenden Feldzuges wiederum von vornherein in Frage.

Nachdem Friedrich II. seine Armee bereits im April bei Landeshut vereinigt
hatte, rückte Daun mit seinen Truppen schließlich Anfang Mai aus den Winterquartieren heraus gegen die schlesische Grenze vor; sie blieben aber zunächst auf
böhmischer Seite stehen. Das etwa 28 000 Mann starke de Villesche Korps, dem
die sächsischen Reiter nach wie vor unterstellt waren, eröffnete am 17. April den
Feldzug und marschierte in die Gegend zwischen Troppau und Jägerndorf zum
Beziehen eines Lagers. Hier setzt das vollständig erhaltene »Ober Schlesische
Kriegs Tage Buch«[375] ein, das die Vorgänge beim Korps während des Jahres 1759
detailliert beschreibt. Sie sollten in besonders deutlicher Weise Züge des Schar-
mützelkrieges – also des kleinen Krieges – tragen, das heißt vor allem von kleineren Plänkeleien, Postengefechten und Überfällen geprägt sein.

Den Sachsen und Österreichern stand ein preußisches Korps von 30 000 Mann
unter dem Kommando des Generals Heinrich August de la Motte Fouqué gegenüber, das ihnen das Beziehen des Lagers verwehren sollte. Beim Vormarsch auf
Troppau »machte die sächsische Cavallerie die Arriergarde« und noch vor dem
Einrücken aller Kräfte war »das ganze feindliche Corps, dem unsrigen kaum 200
Schritte gegen über, aufmarchiret [...] beede Corps canonirten einander sehr heftig;
bey Vorrückung der Cavallerie aber hörte das Feuer auf. Die Nacht hindurch, in
welcher [...] die übelste Witterung fortdauerte, stunden die Truppen unter dem
Gewehr[376].« Nachdem in den folgenden Tagen einige Manöver der Preußen beobachtet worden waren, wobei sich wiederum die leichten sächsischen Ulanen in
verschiedensten Aufklärungstätigkeiten ausgezeichnet hatten[377], konnte Oberst
Renard »mit allen Ulanen, Husaren und Croaten« als Avantgarde des Korps einen
kleineren Erfolg verbuchen. Bei der Verfolgung des langsam auf Neisse zurückweichenden Feindes waren von seinen Soldaten »2. Escadrons gäntzlich über den

---

373 Schreiben August III. an Brühl vom 1.5.1759. SHStA, Loc. 10944 (wie Anm. 46).
374 Duffy, Friedrich der Große, S. 225, 257.
375 Anonym. SHStA, Loc. 11002 (wie Anm. 174).
376 Eintrag vom 18.4.1759. SHStA, Loc. 11002 (wie Anm. 174).
377 Eintrag vom 19.4.1759. SHStA, Loc. 11002 (wie Anm. 174); Werlhof, Geschichte des 1. Husaren-
    Regiments, S. 87.

Haufen geworffen und zerstreuet worden. Viele wurden niedergemacht und verwundet« sowie mehrere Offiziere »nebst 88. Husaren vom Wachtmeister an gefangen genommen.« Die eigenen Verluste bei dieser Aktion beliefen sich auf wenige
Verwundete[378]. Während die verfeindeten Korps in der Folgezeit im Wesentlichen
in ihren Stellungen verblieben und diese »durch Aufwerfung vieler Redouten und
Fléchen« verstärkten, wurden die sächsischen Reiter vor allem für den gefährlichen
und anstrengenden Vorpostendienst verwendet[379]. Bei den häufigen Plänkeleien
kam es zu zwar geringen, aber stetigen Verlusten. Hinsichtlich dieser Einsätze
zeigen sich Parallelen zu den Aufgaben der sächsischen Truppen im französischen
Sold. Die bevorzugte Verwendung fremder Soldaten für die gerade bei schlechter
Witterung ungeliebten Wach- und Sicherungsaufgaben zur Schonung oder schnel-
leren Regeneration eigener Kräfte erscheint im Rahmen dieser Untersuchungen als
charakteristisches Merkmal der betrachteten Armeen.

In den kommenden Wochen trugen die Sachsen durch kleinere Unternehmungen zur Versorgung des Korps bei. So ließ Renard am 29. Mai 1759 »100 Portionen Heu aus der Vorstadt der Festung Neiße wegnehmen«[380]. Ohne leichte Truppen waren solche Aktionen ebenso unmöglich wie ein Halten der Fühlung zum
Gegner, weiträumige Gefechtsaufklärung oder die unmittelbare Kavallerieunter-
stützung im Gefecht. Hieran wird nochmals deutlich, welche Nachteile gerade
Prinz Xaver hinsichtlich der Versorgung seines Korps in Kauf nehmen musste, da
er mangels leichter Reitertruppen gerade diese wichtigen kleinen Unternehmungen
nicht ausführen konnte.

Die generelle Untätigkeit und Gleichförmigkeit des Wachdienstes wirkten sich
negativ auf die Soldaten aus. Falsch, schlecht, oder gar nicht informiert fehlte den
niederen Führungsebenen oftmals gerade in diesen scheinbar ereignisarmen Pha-
sen eines Feldzuges der Einblick in die taktische Gesamtlage, das Verständnis für
das Hin- und Hermanövrieren im Bereich des mährisch-schlesischen Grenzgebirges. »Ich sehe, ich höre alles, aber ich kan es nicht in eine richtige Verbindung
zusammen bringen«, notierte der anonyme Verfasser des Kriegstagebuches über
seine »wenige Einsicht« in die Vorgänge beim Korps[381]. Der sächsische General
Wolf Heinrich von Gößnitz gewann zuweilen den Eindruck, die Österreicher
»hätten gar keine eigentliche Absicht«[382]. Die charakteristische Langsamkeit in
ihren Bewegungen stieß bei den Sachsen auf geringes Verständnis[383]. Wirklich
rasche Manöver »und dergl[eichen] forcirte märsche« traute man daher eigentlich
nur dem preußischen König zu[384]. Zur Eintönigkeit kam die schlechte Witterung:
»Wir stehen auch noch ohne Anschein eines baldigen Aufbruchs in diesen ver-
wünschten Pyreneen, und stehen eine unmenschliche Witterung aus [...] Gestern

---

378   Eintrag vom 26.4.1759. SHStA, Loc. 11002 (wie Anm. 174).
379   Eintrag vom 30.4.1759. SHStA, Loc. 11002 (wie Anm. 174).
380   Eintrag vom 29.5.1759. SHStA, Loc. 11002 (wie Anm. 174).
381   Eintrag vom 26.4.1759. SHStA, Loc. 11002 (wie Anm. 174).
382   Schreiben vom 18.5.1759. Zit. nach Das Sächsisch-Polnische Cavalleriecorps, S. 156.
383   Auch Kaunitz übte diesbezüglich mehrfach Kritik an den österreichischen Heerführern. Szabo,
      Kaunitz and enlightened absolutism, S. 269, 271.
384   Eintrag vom 26.4.1759. SHStA, Loc. 11002 (wie Anm. 174).

ist Schnee gefallen [...] Kein Baum blüth noch nicht, und nur im Thal ist es etwas grün« – so beschreibt ein erhaltener Bericht die trostlose Situation. Er bestätigt zwar die taktisch gute Wahl der Stellung, betont aber andererseits die fehlende Erkennbarkeit jeglicher weiterer Absicht der Korpsführung[385].

Unweigerlich drängt sich der Vergleich mit der trostlosen Lage Friedrichs an der Oberelbe im Bayerischen Erbfolgekrieg 1778 auf, als Untätigkeit zusammen mit schlechtem Wetter und der permanenten Anwesenheit des Feindes im gesamten Heer eine tiefe Verstimmung hervorrief, die Desertion einriss und sich Krankheiten ausbreiteten[386]. In ähnlicher Weise verzeichneten auch die Sachsen im Mai 1759 zahlreiche Kranke. Das gesamte Korps, vor allem aber die Infanterie, litt unter beginnender Desertion. »Verschiedene und ein ander so wiedersprechende Nachrichten von der Stärcke, Stellung und Absicht des Feindes« trugen zudem zur allgemeinen Unschlüssigkeit bei, die rigorose Verurteilung der Deserteure zum Strange passte ebenso in das düstere Lagebild[387]. Hinzu kamen auch noch Rückstände in der Besoldung, die jedoch die sächsischen und österreichischen Regimenter gleichermaßen betrafen[388].

Ein später im Jahr erlassener »General-Pardon« des sächsischen Monarchen belegt, dass die Zahl der Fahnenflüchtigen beim Korps zu dieser Zeit insgesamt nicht unerheblich gewesen sein muss. Der »Pardon« räumte den Soldaten der sächsischen Regimenter eine Begnadigung ein, falls diese innerhalb von drei Monaten zu ihren Regimentern zurückkehren würden[389]. Die Verurteilung zum Tode, meist vollstreckt durch den Strang, scheint freilich auch hier insgesamt recht inkonsequent angeordnet und umgesetzt worden zu sein. So konnte ein junger Fahnenflüchtiger, sofern er zudem gebürtiger Sachse war, durchaus von seinem Landesherrn an Stelle der Todesstrafe »nur« zum Gassenlaufen verurteilt werden[390].

Nach dieser langen Passivität werden die Vorbereitungen auf österreichischer Seite für den kommenden Feldzug eine willkommene Abwechslung gewesen sein. Zu diesem Zweck wurde die Hälfte des de Villeschen Korps zur Armee Dauns beordert, während die Sachsen mit dem anderen Teil des Korps am 9. Juni ein Lager bei Johannesberg in der Nähe von Neisse bezogen. Die Tätigkeiten beschränkten sich hier wiederum auf den kleinen Krieg: das Unterbinden der feindlichen Erkundungen und Streifzüge, das Eintreiben von Kontributionen, Überfälle auf Versorgungskonvois der Preußen sowie Vorpostengefechte, in die vor allem die Ulanen häufig verwickelt wurden[391]. Das Eintreiben der Kriegssteuer war allerdings eine durchaus gefährliche Angelegenheit, wie von einem solchen Unterneh-

---

385 »Auszug gewißer Berichte«. SHStA, Loc. 11002 (wie Anm. 174).
386 Kunisch, Friedrich der Grosse, S. 512 f.
387 »Auszug gewißer Berichte«. SHStA, Loc. 11002 (wie Anm. 174); Schreiben August III. an Brühl vom 11.5.1759. SHStA, Loc. 10944 (wie Anm. 46).
388 Schreiben aus dem Feldlager bei Hermannsdorf vom 17.5.1759, anonym. SHStA, Loc. 11002 (wie Anm. 174).
389 Schreiben August III. an Brühl vom 29.9.1757. SHStA, Loc. 10944 (wie Anm. 46).
390 Schreiben August III. an Brühl vom 22.7.1757 und 2.12.1757. SHStA, Loc. 10944 (wie Anm. 46).
391 Eintrag vom 5., 10., 12., 23., 24. und 30.6.1759. SHStA, Loc. 11002 (wie Anm. 174); Das Sächsisch-Polnische Cavalleriecorps, S. 156 f.

men nahe Cosel berichtet wird: Die sächsischen Reiter mussten als Drohung immer vor Ort bleiben, da »sonsten die Steuern vom Cosler Creyße nicht richtig abgeliefert würden«. Der in der Nähe stehende Feind erzwang permanente Aufmerksamkeit. Daher blieben die »Pferde Tag und Nacht gesattelt, und der Mann [musste] es in der Hand gezäumt halten [...] weil [er] nahe an Cosel liegend, leicht überfallen werden könnte«[392].

Ende Juni marschierte Daun endlich in Richtung Lausitz ab und strebte einer Vereinigung mit der russischen Armee entgegen. Während Friedrich II. diesen Heeren entgegenging, war der preußische General Karl Heinrich von Wedel Anfang Juli mit einem Korps in Böhmen eingedrungen, bis Trautenau vorgestoßen und hatte die Vorposten der in dieser Gegend befindlichen Truppen des österreichischen Grafen Harsch zurückgedrängt. Daher erging der Befehl an das Korps de Ville, schnellstmöglich zur Verstärkung Harschs nach Böhmen abzurücken. So marschierte auch die sächsische Kavallerie als Avantgarde ab dem 4. Juli über die »überaus schlimmen Wege« entlang des Grenzgebirges in die Gegend von Trautenau, wo sie am 12. Juli, mehrere Tage vor dem Gros des Korps, eintraf[393]. Zwischen den sich nahe gegenüberstehenden Armeen kam es erneut zu kleineren Scharmützeln. Ein begrenzter Vorstoß in die Umgebung von Landeshut musste Ende des Monats abgebrochen werden, da es »an Geld und Brod völlig mangelte« und das Korps »nicht die mindeste Bagage« bei sich hatte. So marschierte de Ville mit seinen Truppen ab dem 28. Juli in bis zu 18-stündigen Märschen über Friedland zurück ins böhmische Trautenau[394]. Hierbei folgten die Preußen dichtauf. Außer »einigen Flinten und Canonen-Schützen« kam es jedoch zu keinen größeren Kampfhandlungen. Allerdings fanden sich etliche sächsische Deserteure aus den preußischen Reihen bei den kaiserlichen Vorposten ein[395].

Die Nachrichten, dass in der sächsischen Heimat die Städte Halle und Leipzig durch die Reichsarmee zurückerobert worden wären[396], trafen schließlich Anfang August bei den Sachsen und Österreichern in Böhmen ein[397]. Waren die sächsischen Soldaten durch private Briefwechsel auch über die Meutereien ihrer Landsleute im preußischen Dienst informiert gewesen, erhielten sie außerdem Kenntnis von deren Schicksal beim französischen Heer in der Schlacht bei Minden. Zwar wurde von einer »sehr blutige[n] Bataille« berichtet, in der auch Prinz Xaver verwundet worden war, der Ausgang des Gefechts wurde anfangs jedoch fälschlicherweise als »der completeste Sieg« der französischen Armee dargestellt. Richtig war indessen die am 15. August beim de Villeschen Korps eintreffende Kunde vom »vollkommenen« Sieg der russischen und österreichischen Truppen über Fried-

---

[392] Bericht Renards an GFMLt v. Voghtern vom 11.10.1757. ÖStA/KA, Alte Feldakten-Hofkriegsrat, 1757, Siebenjähriger Krieg, X 32c.

[393] Tagebucheintrag vom 4., 5. und 12.7.1759. SHStA, Loc. 11002 (wie Anm. 174); Werlhof, Geschichte des 1. Husaren-Regiments, S. 88.

[394] Tagebucheintrag vom 18., 21., 22., 27. und 29.7.1759. SHStA, Loc. 11002 (wie Anm. 174).

[395] Eintrag vom 8., 9.8.1759. SHStA, Loc. 11002 (wie Anm. 174).

[396] Eintrag vom 8.8.1759. SHStA, Loc. 11002 (wie Anm. 174).

[397] Eintrag vom 2.8.1759. SHStA, Loc. 11002 (wie Anm. 174).

rich II. bei Kunersdorf, worauf am folgenden Tag im Lager das Tedeum gesungen wurde[398].

Die folgenden Wochen waren insgesamt wieder von Untätigkeit geprägt. Die Aufgabe der sächsischen Reiter bestand vor allem darin, »Contributiones einzutreiben, und zu beobachten, ob etwas vom Fouquetischen Corps nach Glatz oder Neisse geschickt werden möchte«, sowie Grenzpatrouillen durchzuführen und neue Lagerplätze in anderen Gegenden zu erkunden, falls das Korps überraschend aufbrechen musste[399].

Währenddessen gelang der Reichsarmee am 4. September 1759 die Eroberung Dresdens, dessen Besitz durch die Vereinigung der Reichsarmee mit dem österreichischen Haupttheer unter Daun zusätzlich gefestigt wurde. Den Abzug der preußischen Besatzung aus der Stadt nutzten wiederum etliche gepresste Sachsen zur Desertion[400]. Friedrich II., der in den Wochen nach der Schlacht bei Kunersdorf sein »Mirakel des Hauses Brandenburg« erlebt hatte, erschien schließlich am 13. November mit seiner Armee in Sachsen und vereinigte sie bei Meißen mit den Truppen des Prinzen Heinrich. Aufgrund der fortgeschrittenen Jahreszeit drängten die Truppen in die Winterquartiere, wobei der Besitz der sächsischen Hauptstadt und ihrer Ressourcen natürlich von grundlegender Bedeutung war. Um die Österreicher durch Bedrohung ihrer Nachschublinien nach Böhmen zum raschen Rückzug zu veranlassen, entsandte der preußische König General Finck in ihren Rücken. Über 30 Kilometer von der preußischen Hauptarmee entfernt operierend, wurde dieser bei Maxen von österreichischen Truppen eingeschlossen und kapitulierte mit über 13 000 Mann am 21. November. Ähnlich wie im Falle Rutowskis fast genau drei Jahre zuvor, gründete sich die überaus mutige Entscheidung Fincks in dieser aussichtslosen Situation nicht auf sinnlosem Opfermut, sondern auf einem hohen Maß an Realismus in der Beurteilung der eigenen Lage. Die Sanktionierung des preußischen Generals fiel jedoch wesentlich härter aus als die des sächsischen Feldmarschalls. Finck bezahlte für seinen Entschluss nicht nur mit dem Ruin seiner vielversprechenden militärischen Laufbahn, sondern vielmehr mit Kriegsgefangenschaft, Festungshaft und schließlich mit dem Ausschluss aus der preußischen Armee.

Die Opfer des »Finckenfanges«, die preußischen Kriegsgefangenen, verbrachte man – ähnlich wie die sächsischen »Revertenten« – bis nach Ungarn. Allerdings wurden diejenigen Soldaten, die bereits in österreichischen, russischen oder sächsischen Diensten gestanden hatten, von den übrigen Gefangenen abgesondert und es wurde ihnen bei einer freiwilligen Rückkehr zu ihren ehemaligen Dienstherren »Pardon« versprochen[401]. Weitab vom Kriegsgeschehen fristeten die übrigen Soldaten, oftmals von Seuchen und elenden Lebensbedingungen geplagt, bis Kriegsende ihr Dasein. Eine Zwangsübernahme von Soldaten in das österreichische Heer ist zwar nicht nachgewiesen, allerdings boten zahlreiche Werber den Gefangenen

---

[398] Eintrag vom 10., 15. und 16.8.1759. SHStA, Loc. 11002 (wie Anm. 174).
[399] Eintrag vom 25.8., 19.9.1759. SHStA, Loc. 11002 (wie Anm. 174).
[400] Duffy, Friedrich der Große, S. 276.
[401] Auch hier werden die Städte Langenlois, Mautern, Krems und Eisenstadt als Stationen erwähnt.

des Öfteren den Übertritt an. Hierbei lockten auch sie mit Handgeld und anderen Vergünstigungen. Vergleicht man die Lebensumstände der preußischen Kriegsgefangenen und der sächsischen »Revertenten«, so hätte auch ein Übergang der sächsischen Armee nach der Kapitulation bei Pirna in den Status der Kriegsgefangenschaft in dieser Hinsicht wohl zu keinen besseren Bedingungen geführt[402].

Der »Finckenfang« bei Maxen war die letzte größere Kampfhandlung des Kriegsjahres 1759, an dessen Ende trotz aller beiderseitigen Verluste keine der Kriegsparteien einen entscheidenden Vorteil verzeichnen konnte. Dresden blieb in den Händen der Österreicher und die Armeen beider Kriegsparteien bezogen in Sachsen ihre Winterquartiere. Um die Verluste des Feldzuges von 1759 zu ersetzen, wurden durch Friedrich II. sowohl die Rekrutierungen in den preußischen Stammlanden verschärft als auch in Sachsen weitere 6000 Rekruten ausgehoben. Durch weitere Verschlechterung der Qualität der sächsischen und polnischen Münzen sowie eine Verdoppelung der in Sachsen erpressten Kontributionsgelder gelang es dem preußischen König schließlich, seine Armee auch hinsichtlich ihrer Ausrüstung wieder in einen halbwegs brauchbaren Zustand zu versetzen[403].

Nicht nur in der Umgebung Dresdens, sondern auch im schlesisch-böhmischen Grenzgebiet gingen die Kampfhandlungen des Jahres 1759 zu Ende. Wie die Tagebucheinträge belegen, verfolgte man ab September bei den sächsischen und österreichischen Truppen gespannt die Ereignisse um Dresden. Die sächsischen Reiter, deren Stärke gegen Ende des Jahres 4471 Mann und 4202 Pferde betrug, erhielten Mitte November von Daun den Auftrag, baldmöglichst nach Sachsen zu marschieren. General Harschs hartnäckige Einwände gegen diesen Befehl zeugen von der Bedeutung der bewährten sächsischen Reiterei für das österreichische Korps[404].

Nachdem die Sachsen schließlich durch österreichische Kavallerie ersetzt wurden und sich auch der sächsische Gesandte Graf Flemming in Wien für ihren baldigen Abmarsch eingesetzt hatte, rückten sie ab dem 12. Dezember in Richtung Dresden ab. Zwischen Stolpen und Bischofswerda bezogen sie vorläufige Winterquartiere. Dort spürten die sächsischen Soldaten wohl erstmals, wie »ausgesogen« ihre Heimat inzwischen war[405]. Das Korps hatte ab Mitte Januar 1760 die Lausitz durch einen Kordon entlang des Zittauer Berglands von Radeberg über Bautzen bis Zittau gegen ein zwischen Lauban und Görlitz stehendes preußisches Korps zu sichern. Die sächsischen Ulanen fanden hierbei wiederum als äußerste Vorposten

---

[402] Bode, Dresden und seine Umgebung, S. 54–61; Kunisch datiert den Zeitpunkt der Gefangennahme Fincks auf den 19.11.1759. Kunisch, Friedrich der Grosse, S. 416 f.; Duffy, Friedrich der Große, S. 279–282. Zum Schicksal der bei Maxen gefangenen Preußen: Tagebuch des Musketiers Dominicus, S. 77–89.

[403] So wurden neun Millionen Taler aus der gleichen Menge Gold geprägt, aus der noch im Vorjahr etwa 6,5 Millionen gewonnen worden waren. Mit Berücksichtigung der Kontribution betrugen die Forderungen Friedrichs für das Jahr 1760 ungefähr 12,5 Millionen Taler. Groehler, Die Kriege Friedrichs II., S. 136–138.

[404] »Tagebuch von dem Feldzuge des Sächsischen Cavallerie Corps, deßen Abmarsch aus Böhmen von Trautenau im Winter 1760.«, anonym. SHStA, Geheimes Kriegsratskollegium, Nr. 1347: »Journale ...« (wie Kap. IV, Anm. 220).

[405] Das Sächsisch-Polnische Cavalleriecorps, S. 159 f.

des Sicherungsgürtels und für Erkundungen Verwendung. So wurden sie in die üblichen Scharmützel mit den preußischen Husaren verwickelt, die für die sächsischen Reiter jedoch überwiegend glücklich verliefen. Beispielsweise fielen von der Hand der Schiebelschen Ulanen[406] gleich nach Übernahme ihres Sicherungsauftrages 20 feindliche Husaren, weitere 30 wurden gefangengenommen und 40 Pferde erbeutet[407]. Unterdessen drangen die Preußen von Schlesien her nicht weiter nach Sachsen ein, sondern beschränkten sich auf das Fouragieren in der Gegend um Görlitz. Von der arg geplagten Stadt »ward eine Summa Geldes nach der andren erpresset«[408]. Friedrich II. hoffte, von Meißen aus, wo sich seine Hauptarmee befand, Sachsen, Schlesien und nötigenfalls auch Berlin decken zu können[409]. Aufgrund der Konzentration des Gegners um Meißen erging am 7. April an General Zezschwitz der Auftrag, mit seinen Reitern zur Verstärkung des Korps des österreichischen Generals Franz Moritz Graf von Lascy in die Gegend von Radeberg zu marschieren. Die folgenden Wochen wurden dominiert vom kleinen Krieg. Die Stärke der sächsischen Reiterregimenter war währenddessen auf 5288 Man und 5047 Pferde angewachsen, da sich August III. nach einer persönlichen Fürsprache von General Renard mit dem Wiener Hof über eine personelle Verstärkung der Ulanen-Pulks geeinigt hatte[410]. Diese Maßnahme betont erneut die Bedeutung und den steigenden Bedarf an solchen hoch beweglichen Truppen für den weiteren Kriegsverlauf, in welchem die Zahl der großen Schlachten zurückging und diejenige der kleineren Gefechte und Scharmützel zwischen einzelnen Detachements beständig zunahm. Ein Beispiel hierfür stellt unter anderem der Ende Mai 1760 begonnene Streifzug des sächsischen Obersten Adam Burkhardt von Schiebel dar, der in der Niederlausitz mit nur 240 Ulanen die dort umherstreifenden preußischen Detachements nachhaltig beunruhigen konnte[411].

Die Anwesenheit ihrer Truppen wurde vom in Dresden verbliebenen Teil des sächsischen Hofes und der Generalität mit großer Freude und Aufmerksamkeit zur Kenntnis genommen. So inspizierten die beiden sächsischen Prinzen Albert

---

[406] Adam Burkhardt Christoph von Schiebel (auch Schiebell, 1719–1779). Stammregister und Chronik der Kur- und Königlich-Sächsischen Armee, S. 450.

[407] Eintrag vom Januar 1760, »Tagebuch von dem Feldzuge des Sächsischen Cavallerie Corps, deßen Abmarsch aus Böhmen von Trautenau im Winter 1760.« SHStA, Geheimes Kriegsratskollegium, Nr. 1347: »Journale ...« (wie Kap. IV, Anm. 220).

[408] Eintrag vom 21.1.1760, »Tagebuch von dem Feldzuge des Sächsischen Cavallerie Corps, deßen Abmarsch aus Böhmen von Trautenau im Winter 1760.« SHStA, Geheimes Kriegsratskollegium, Nr. 1347: »Journale ...« (wie Kap. IV, Anm. 220).

[409] Duffy, Friedrich der Große, S. 283.

[410] Eintrag vom 27., 30.4., 8.5.1760, »Tagebuch von dem Feldzuge des Sächsischen Cavallerie Corps, deßen Abmarsch aus Böhmen von Trautenau im Winter 1760.« SHStA, Geheimes Kriegsratskollegium, Nr. 1347: »Journale ...« (wie Kap. IV, Anm. 220); Schuster/Francke, Geschichte der Sächsischen Armee, T. II, S. 116; Das Sächsisch-Polnische Cavalleriecorps, S. 238.

[411] Eintrag vom 25., 26., 28.5.1760, »Tagebuch von dem Feldzuge des Sächsischen Cavallerie Corps, deßen Abmarsch aus Böhmen von Trautenau im Winter 1760.« SHStA, Geheimes Kriegsratskollegium, Nr. 1347: »Journale ...« (wie Kap. IV, Anm. 220); Schuster/Francke datieren den Streifzug Schiebels auf Anfang Mai. Schuster/Francke, Geschichte der Sächsischen Armee, T. II, S. 116.

und Clemens[412] zusammen mit dem »Chevalier de Saxe« am 26. Mai die Reiterregimenter bei Berbisdorf in der Nähe des Schlosses Moritzburg und speisten anschließend mit Graf Lascy und anderen Generälen.

Anfang Juni endete für die sich in Sachsen gegenüberstehenden Armeen die Zeit des gegenseitigen Beobachtens und des Geplänkels. Von Bayern marschierte die Reichsarmee in Richtung Dresden, um sich mit den Truppen Dauns zu vereinigen. Dieser ergriff bei Dresden zuerst die Initiative. Durch Deserteure über den genauen Standort und die Stärke einer von Zieten befehligten preußischen Husarenabteilung bei Mühlberg informiert, wurde Zezschwitz mit seinem Korps mit einem Überfall auf dieselbe beauftragt. Da diese Abteilung nach der erhaltenen »Relation« aus dem »ganze[n] feindl. Husaren Reg. von Zieten nebst 2. Escad. v. Kleist und 1 feindl. Frey Bataillon« bestand, wurde ihm für diese geheim gehaltene Unternehmung zusätzlich das österreichische Husarenregiment »Liechtenstein« unterstellt. Nach der Versammlung der Truppen bei Großenhain marschierten diese in drei Kolonnen dem Feinde entgegen. Aufgrund einer Fehleinschätzung hinsichtlich der Gangbarkeit des Geländes kamen jedoch nicht alle Kräfte koordiniert zum Überfall und Zezschwitz konnte allenfalls einen Teilerfolg gegen den sich rasch zurückziehenden Zieten verzeichnen. Bei einem eigenen Verlust von neun Toten und 18 Gefangenen gelang es den Sachsen dennoch, vier preußische Offiziere und 130 Soldaten gefangenzunehmen[413].

Friedrich II. versuchte seinerseits am 19. Juni einen erfolglosen Angriff auf das etwas isoliert stehende Korps Lascys. Hierbei geriet lediglich die Arrieregarde der Österreicher, die teilweise durch sächsische Reiter gebildet wurde, mit den vordringenden Preußen aneinander, wobei allerdings »viele vom Feind todt geschoßen und bleßiret« wurden[414]. Das Eintreffen der Reichsarmee am 23. Juni vor Dresden stellte schließlich auf Seiten der Gegner Preußens ein klares Übergewicht her. Die nächste Zeit verging wiederum mit »scharmuziren zwischen denen leichten Trouppen« sowie gegenseitigen »Recognoscirungen« und Überfällen auf die Vorposten, die auch durch die sächsischen Reiter besetzt wurden. Die Nachricht über die parallel erfolgte Niederlage und Gefangennahme des etwa 10 000 Mann starken Korps Fouqués durch Laudon in Schlesien wurde im österreichischen Lager am 25. Juni 1760 »durch eine 3. mahlige Lösung der Artill[erie] und ein 3. faches Lauffeuer celebriret«[415].

---

[412] Prinz Albert von Sachsen (1738–1822), späterer Herzog von Teschen, Generalgouverneur in den Niederlanden und Oberbefehlshaber der Reichsarmee. Prinz Clemens von Sachsen (1739–1812), von 1768 bis 1803 Erzbischof von Trier. Groß, Geschichte Sachsens, S. 146 (vgl. Kap. II, Anm. 196).

[413] »Relation« zum Überfall Schiebels auf Zietens Regiment. »Tagebuch von dem Feldzuge des Sächsischen Cavallerie Corps, deßen Abmarsch aus Böhmen von Trautenau im Winter 1760.« SHStA, Geheimes Kriegsratskollegium, Nr. 1347: »Journale ...« (wie Kap. IV, Anm. 220); Werlhof, Geschichte des 1. Husaren-Regiments, S. 90.

[414] Eintrag vom 17.6.1760. »Tagebuch von dem Feldzuge des Sächsischen Cavallerie Corps, deßen Abmarsch aus Böhmen von Trautenau im Winter 1760.« SHStA, Geheimes Kriegsratskollegium, Nr. 1347: »Journale ...« (wie Kap. IV, Anm. 220).

[415] Eintrag vom 18., 20., 23., 25., 28., 30.6.1760, »Tagebuch von dem Feldzuge des Sächsischen Cavallerie Corps, deßen Abmarsch aus Böhmen von Trautenau im Winter 1760.« SHStA, Gehei-

Friedrich II. täuschte daraufhin einen Marsch nach Schlesien vor, um die Österreicher ebenfalls dorthin zu locken, schritt aber alsdann zur Belagerung Dresdens, der etliche größere Gefechte mit dem Korps Lascys vorausgingen. Hierbei erlitten auch die sächsischen Truppen Verluste. So fielen allein am 7. Juli bei Bautzen 142 Mann, als sie bei einem anfangs eher harmlos begonnenen Vorpostengefecht »das Musqueten Feuer von einem ganzen Bataill. Grenadiers empfingen«[416]. Auch in den folgenden Tagen entspannen sich zahlreiche Gefechte, als die preußische Hauptarmee mit großer Geschwindigkeit gegen Dresden vorrückte und sowohl die Reichsarmee als auch das Korps Lascys zum Rückzug in die südostwärts von Dresden gelegene Gegend zwang. Am 13. Juli fing die in Dresden zurückgelassene starke Besatzung von etwa 13 000 Österreichern gegen den sich nähernden Feind bereits »aus denen Außenwercken hefftig zu canoniren« an[417]. Die am 19. Juli einsetzende Beschießung der Stadt mit dem aus Torgau auf der Elbe herangeführten Belagerungsgeschütz, den »Brummern«, wurde nicht nur europaweit mit Entsetzen aufgenommen, sondern führte auch zu einer Zerstörung der Stadt in bisher unbekanntem Ausmaß. Die in der Nähe der Hauptstadt stehenden sächsischen Reiter vernahmen bereits am ersten Tag der Belagerung, wie der Feind »hefftig auf die Stadt feuerte« und »sowohl in den Vorstädten als auch innerhalb der Stadt verschiedene große Feuer aufgingen«. Allein an diesem Tag wurden 1400 Geschosse auf die Dresdner Altstadt abgefeuert. Auch am Folgetag wurde die Stadt »aufs hefftigste von dem Feind bombardiret und die Feuers-Brunst ward [...] allgemein[418].« Als besonders tragisch erwies sich die Zerstörung der Kreuzkirche.

Am 27. Juli musste Friedrich II. die Belagerung schließlich wegen der Annäherung der österreichischen Hauptmacht abbrechen[419]. Da es ihm nicht gelang, Daun zur Schlacht zu stellen, und Schlesien inzwischen durch eine russische Armee bedroht wurde, entschloss er sich zum Gewaltmarsch über Görlitz nach Schlesien. Mit der österreichischen Hauptarmee folgte auch das Korps Lascys mit den unterstellten Sachsen den preußischen Truppen dichtauf, was »beständig[en] Händel« mit ihnen zur Folge hatte[420]. An den Kampfhandlungen bei Liegnitz (15. August)

---

mes Kriegsratskollegium, Nr. 1347: »Journale ...« (wie Kap. IV, Anm. 220); Kunisch, Friedrich der Grosse, S. 417.

[416] Eintrag vom 7.7.1760, »Tagebuch von dem Feldzuge des Sächsischen Cavallerie Corps, deßen Abmarsch aus Böhmen von Trautenau im Winter 1760.« SHStA, Geheimes Kriegsratskollegium, Nr. 1347: »Journale ...« (wie Kap. IV, Anm. 220).

[417] Eintrag vom 13.7.1760, »Tagebuch von dem Feldzuge des Sächsischen Cavallerie Corps, deßen Abmarsch aus Böhmen von Trautenau im Winter 1760.« SHStA, Geheimes Kriegsratskollegium, Nr. 1347: »Journale ...« (wie Kap. IV, Anm. 220); Duffy, Friedrich der Große, S. 286-288.

[418] Eintrag vom 19., 20.7.1760, »Tagebuch von dem Feldzuge des Sächsischen Cavallerie Corps, deßen Abmarsch aus Böhmen von Trautenau im Winter 1760.« SHStA, Geheimes Kriegsratskollegium, Nr. 1347: »Journale ...« (wie Kap. IV, Anm. 220).

[419] In ihrem Verlauf wurden in Dresden 416 Gebäude und sechs Kirchen zerstört. Der den Dresdner Bürgern entstandene Schaden betrug über eine Million Taler. Bode, Dresden und seine Umgebung, S. 50 f.

[420] Eintrag vom 1., 6.8.1760, »Tagebuch von dem Feldzuge des Sächsischen Cavallerie Corps, deßen Abmarsch aus Böhmen von Trautenau im Winter 1760.« SHStA, Geheimes Kriegsratskollegium, Nr. 1347: »Journale ...« (wie Kap. IV, Anm. 220).

waren Lascys Truppen jedoch nicht beteiligt[421]. Sie folgten nach der Schlacht der Armee Dauns nach Südschlesien zur Belagerung der Festung Schweidnitz. Hier beteiligte sich unter anderem der sächsische Generalmajor Gößnitz mit 600 Mann an der Erkundung[422]. »Noch nie haben vielleicht zwei feindl[iche] Lager so nahe an einander gestanden«, wie in dem erneuten Stellungskrieg, der nach dem Eintreffen der Armee des preußischen Königs bei Schweidnitz am 30. August begonnen hatte[423]. In dieser Pattsituation entschlossen sich Friedrichs Gegner zu einer abgestimmten Aktion gegen Brandenburg und Berlin. Während zwei russische Korps von Schlesien aus dorthin vorstießen, erhielt auch Lascys Korps am 28. September den Befehl zum eiligen Marsch nach der Niederlausitz und zur anschließenden Unternehmung gegen Berlin[424]. Am 4. Oktober erreichte das Korps, das aus der gesamten sächsischen und polnischen Kavallerie, zwei österreichischen Dragoner- und einem Infanterieregiment bestand, die preußische Exklave Cottbus. Die Stadt musste die sächsischen und österreichischen Soldaten »mit Lebensmitteln versehen, und auch eine ansehnliche Contribution [...] geben«[425]. Ab dem 5. Oktober ritten die Generäle Zezschwitz und Lascy, die gemeinsam das Kommando führten, mit der österreichischen Kavallerie sowie den sächsischen Regimentern »Prinz Albrecht« und »Graf Brühl« voraus, während ihnen die übrigen Truppen unter General von Gößnitz im Abstand von einem Tagesmarsch folgten. Bereits am 7. Oktober fand dieses Korps südlich von Berlin den »Gen. Graff v. Tottleben mit dem feindl[ichen] Gen[eral] Hulsen in völligen charmuzel [...] die Ankunfft unserer Cavall. welche sich an den Rußischen lincken Flügel anschloss, machte den Feind stuzig, daß er sein Vorhaben nicht weiter auszuführen gedachte [...] und aufs schleinigste sich ans Gros de Corps [...] zurückzog«[426]. Noch am selben Tag wurde die preußische Hauptstadt zur Kapitulation aufgefordert.

Die preußische Bedeckung wich angesichts der starken feindlichen Kräfte zurück und gab Berlin somit der Kapitulation preis, die am 9. Oktober 1760 zwischen dem Stadtkommandanten und der russischen Generalität vereinbart wurde. Der Ausschluss der Österreicher und Sachsen war in einem Abkommen begründet, nach welchem »im Falle der Einnahme von Berlin alle und jede zu erlangende

---

[421] Duffy, Friedrich der Große, S. 289–297.

[422] Eintrag vom 28.8.1760, »Tagebuch von dem Feldzuge des Sächsischen Cavallerie Corps, deßen Abmarsch aus Böhmen von Trautenau im Winter 1760.« SHStA, Geheimes Kriegsratskollegium, Nr. 1347: »Journale ...« (wie Kap. IV, Anm. 220).

[423] Eintrag vom 30.8.1760, »Tagebuch von dem Feldzuge des Sächsischen Cavallerie Corps, deßen Abmarsch aus Böhmen von Trautenau im Winter 1760.« SHStA, Geheimes Kriegsratskollegium, Nr. 1347: »Journale ...« (wie Kap. IV, Anm. 220).

[424] Eintrag vom 28.9.1760, »Tagebuch von dem Feldzuge des Sächsischen Cavallerie Corps, deßen Abmarsch aus Böhmen von Trautenau im Winter 1760.« SHStA, Geheimes Kriegsratskollegium, Nr. 1347: »Journale ...« (wie Kap. IV, Anm. 220); Schuster/Francke, Geschichte der Sächsischen Armee, T. II, S. 119 f.

[425] Eintrag vom 4.10.1760, »Tagebuch von dem Feldzuge des Sächsischen Cavallerie Corps, deßen Abmarsch aus Böhmen von Trautenau im Winter 1760.« SHStA, Geheimes Kriegsratskollegium, Nr. 1347: »Journale ...« (wie Kap. IV, Anm. 220).

[426] Eintrag vom 7.10.1760, »Tagebuch von dem Feldzuge des Sächsischen Cavallerie Corps, deßen Abmarsch aus Böhmen von Trautenau im Winter 1760.« SHStA, Geheimes Kriegsratskollegium, Nr. 1347: »Journale ...« (wie Kap. IV, Anm. 220).

Vortheile lediglich der russischen Armée zufallen« sollten[427]. Demzufolge hielten die Russen »nicht nur 9. Thore von dieser Stadt besezet« und hatten »nur deren 2 uns [= den Österreichern und Sachsen] zu behaupten übrig gelassen, sondern sie nahmen auch alle Contributiones Gelder und alle Königl. Preuß. Effecten nachhero an sich und von der ganzen Summa wurden nur 50 000 Rt. als eine Gratification dem Lascyschen Corps ausgesezt«. Angesichts der erbeuteten Summe von 1,5 Millionen Talern an Kontribution wurden die österreichischen Truppen von den Russen also sehr sparsam für ihr Mitwirken entschädigt. Bereits am folgenden Tag begannen die Russen mit der rücksichtslosen Ausplünderung der Stadt. Zunächst wurden die Magazine und »alle Orter des soldatischen Bedürffnisses« ausgeräumt. Die vorgefundenen Bestände waren jedoch für den Abtransport zu umfangreich. Daher begannen die russischen Soldaten mit der Zerstörung oder dem Verkauf der Waren und Ausrüstungsgegenstände an die Einwohner Berlins oder das sächsisch-österreichische Korps: »Nachdem die Russen sich versorget hatten, ließen sie auch unsere Trouppen an dieser Beute Theil nehmen«, berichtet das sächsische Tagebuch. Ähnliche Szenen spielten sich in Potsdam ab, wo »alle daselbst befindliche militärische Faberiquen« völlig zerstört wurden. Die königlichen Schlösser in Potsdam wurden zwar geschont, das Schloss in Charlottenburg jedoch »ganz und gar ruiniret, und die ganze umherliegende Gegend völlig ausgeplündert«[428].

Am 12. Oktober verließen Zezschwitz und Lascy mit ihren Truppen Berlin, denn Friedrich II. war am 6. Oktober 1760 zum Entsatz seiner Hauptstadt von Schlesien aufgebrochen. Insgesamt hatte sich die Unternehmung gegen die preußische Hauptstadt als Erfolg erwiesen. Russische, sächsische und österreichische Truppen waren koordiniert wie selten in diesem Krieg zum Einsatz gekommen. Die den Preußen entstandenen materiellen Schäden stellten sich zwar als erheblich, jedoch nicht als irreparabel heraus. Bei Friedrich II. bewirkten die Plünderungen Rachegefühle, die letztendlich zur bewussten Zerstörung der sächsischen Residenz Hubertusburg führen sollten.

---

[427] Eintrag vom 9.10.1760, »Tagebuch von dem Feldzuge des Sächsischen Cavallerie Corps, deßen Abmarsch aus Böhmen von Trautenau im Winter 1760.« SHStA, Geheimes Kriegsratskollegium, Nr. 1347: »Journale ...« (wie Kap. IV, Anm. 220).

[428] Eintrag vom 11.10.1760, »Tagebuch von dem Feldzuge des Sächsischen Cavallerie Corps, deßen Abmarsch aus Böhmen von Trautenau im Winter 1760.« SHStA, Geheimes Kriegsratskollegium, Nr. 1347: »Journale ...« (wie Kap. IV, Anm. 220); Duffy, Friedrich der Große, S. 301; Schuster/Francke, Geschichte der Sächsischen Armee, T. II, S. 120. Es ist aus diesen Quellen nicht ersichtlich, ob sächsische Soldaten an der Plünderung Charlottenburgs beteiligt waren. Offenbar waren sie nur zur Besetzung Potsdams verwendet worden. Aus den dortigen Schlössern seien dabei von den Sachsen und Österreichern nur militärisch relevante Dinge weggenommen worden. Das Sächsisch-Polnische Cavalleriecorps, S. 250 f.; Werlhof, Geschichte des 1. Husaren-Regiments, S. 93 f. Kroll stellt heraus, dass allenfalls einzelne sächsische Soldaten an den Plünderungen beteiligt waren. Großangelegte Gewalttaten seitens der Sachsen waren daher wohl eher Bestandteil der preußischen Propaganda. Kroll, Soldaten im 18. Jahrhundert, S. 394 f. Lindner schreibt, die Bewohner Berlins wären bei dieser Unternehmung insgesamt »relativ glimpflich« davon gekommen. Schäden seien lediglich durch die Plünderung des Zeughauses und der Montierungskammern entstanden. Lindner, Die Peripetie des Siebenjährigen Krieges, S. 36.

Über Wittenberg, das am 14. Oktober vor der Reichsarmee kapituliert hatte, marschierte Lascys Korps in den folgenden Tagen elbabwärts, um sich wieder mit Feldmarschall Daun zu vereinigen, der dem preußischen König inzwischen bis Hoyerswerda gefolgt war[429]. Am 22. Oktober schloss sich das Korps bei Torgau wieder der Hauptarmee an. Aus den Bewegungen der Heere in den folgenden Tagen konnten beide Seiten schließen, dass sie »ohne Bataille nicht aus einander kommen werden«. Während der Schlacht bei Torgau am 3. November hatten die auf dem linken Flügel von Lascys Korps eingesetzten Reiter offenbar nur wenig Feindkontakt, weshalb keine ausführlicheren Berichte zu diesem Gefecht vorhanden sind. Der Feind – so Zezschwitz – hatte während seines Anmarsches »einen impracticablen Weg durch den Wald« genommen »und attaquirte die Daun. Armée welche [...] auf denen Anhöhen [= die »Süptitzer Höhen«] in Schlacht Ordnung stund. Das hefftigste Feuer, so noch jemahls aus Artill. und kleinen Gewehr gehört worden, nahm so fort seinen Anfang und dauerte bis gegen 6. Uhr ununterbrochen[430].« Erst in diesen Abendstunden gab der Angriff Zietens dem harten Ringen die entscheidende Wendung zugunsten der Preußen[431]. In den Tagen nach der Schlacht marschierten die sächsischen Reiter zusammen mit Lascys Korps in die Gegend von Meißen. Am 8. November trennten sie sich vom Korps, um das etwa 14 000 Mann starke Korps des Feldzugmeisters Johann Graf Macquire[432] zu verstärken, das bei Dippoldiswalde Winterquartiere bezogen hatte. Diese Zeit sollte aufgrund der allgemeinen Erschöpfung relativ ruhig verlaufen[433].

---

[429] Eintrag vom 17.10.1760, »Tagebuch von dem Feldzuge des Sächsischen Cavallerie Corps, deßen Abmarsch aus Böhmen von Trautenau im Winter 1760.« SHStA, Geheimes Kriegsratskollegium, Nr. 1347: »Journale ...« (wie Kap. IV, Anm. 220).

[430] Eintrag vom 3.11.1760, »Tagebuch von dem Feldzuge des Sächsischen Cavallerie Corps, deßen Abmarsch aus Böhmen von Trautenau im Winter 1760.« SHStA, Geheimes Kriegsratskollegium, Nr. 1347: »Journale ...« (wie Kap. IV, Anm. 220). Das 18 000 Mann starke Korps Lascy blieb während der gesamten Schlacht lange untätig und griff erst sehr spät ins Kampfgeschehen ein. Die sächsischen Verluste, offenbar vor allem durch feindliche Artillerie verursacht, betrugen 140 Mann. Das Sächsisch-Polnische Cavalleriecorps, S. 251–255; Werlhof, Geschichte des 1. Husaren-Regiments, S. 96; Kessel, Das Ende des Siebenjährigen Krieges, S. 42, 512; Lindner, Die Peripetie des Siebenjährigen Krieges, S. 60.

[431] Die Ereignisse dieser zweiten großen Schlacht des Siebenjährigen Krieges auf sächsischem Boden sind aufgrund ihrer außergewöhnlich knappen Überlieferungen bis heute schwer zu rekonstruieren. So wurden im Laufe der Jahrhunderte insbesondere die Intentionen Friedrichs vor und während der Schlacht recht unterschiedlich bewertet. Während der preußische König von Napoleon für seine riskante Aufteilung der Kräfte beim Anmarsch scharf kritisiert wurde, sah beispielsweise Hans Delbrück darin eine auf dem Genie des Königs basierende Fortentwicklung der schrägen Schlachtordnung. Aus heutiger Sicht gehört allerdings der Stoß in die Flanke oder den Rücken des Feindes bei zeitgleicher frontaler Bindung zur gängigen Angriffstaktik moderner Armeen. Auch hinsichtlich der erheblichen beiderseitigen Verluste in der Schlacht gehen die Angaben weit auseinander. Auf jeden Fall hatte Friedrich II., dessen Heer um mindestens 16 700 Mann dezimiert wurde, sein Ziel, nämlich die Verdrängung Dauns aus Sachsen, nicht erreicht. Kunisch, Friedrich der Grosse, S. 419–422; Duffy, Friedrich der Große, S. 313 f.; Delbrück, Geschichte der Kriegskunst. Die Neuzeit, S. 475 ff.

[432] Zur Person Macquires: Werlhof, Geschichte des 1. Husaren-Regiments, S. 97.

[433] Eintrag vom 8., 15., 18. und 22.11.1760, »Tagebuch von dem Feldzuge des Sächsischen Cavallerie Corps, deßen Abmarsch aus Böhmen von Trautenau im Winter 1760.« SHStA, Geheimes Kriegs-

Insgesamt hatte der Feldzug des Jahres 1760 wenige Veränderungen gebracht. Friedrich II. hatte sich in der ihm aufgezwungenen Defensive nur unter großen Verlusten behauptet und schien zu großen Schlägen nicht mehr in der Lage. Schlesien, der eigentliche »Zankapfel«, war erstmals Hauptkriegsschauplatz geworden. Dresden blieb in den Händen der zusehends entkräfteten Österreicher, das restliche Land wurde jedoch überwiegend von den Preußen kontrolliert. Somit hatte Sachsen in den folgenden Monaten wiederum die ungeheure Last von zwei Heeren zu tragen, die das Land »um die Wette ruinir[t]en«[434]. 19,5 Millionen Taler presste allein Friedrich II. aus dem Land heraus und rekrutierte nochmals über 1000 junge Sachsen, die neben den 6000 Kantonisten und anderen, zum Militärdienst immer weniger geeigneten Rekruten die Verluste des letzten Kriegsjahres einigermaßen ausgleichen sollten[435].

Während in Sachsen überwiegende Ruhe herrschte, verlagerte die Zusammenziehung einer zweiten österreichischen Armee unter Laudon den Schwerpunkt der Kampfhandlungen für das Jahr 1761 nach Schlesien[436]. Am 4. Mai 1761 brach Friedrich II. mit etwa 55 000 Mann dorthin auf. Angesichts einer Übermacht von etwa 130 000 vereinigten Österreichern und Russen verhielt er sich nach dem Vorbild seines Gegners Daun und bezog zum Schutz seiner Streitmacht das berühmt gewordene Lager von Bunzelwitz unweit Schweidnitz. Dadurch gelang es ihm, die Vernichtungspläne seiner Gegner zu durchkreuzen, bis schließlich die russische Armee am 14. September unter dem Vorwand von Verpflegungsengpässen ihrerseits die Belagerung aufhob[437].

Während dieser Ereignisse befanden sich die über Winter unweit von Dresden stationierten sächsischen Kavallerieregimenter beim Korps Macquires in relativer Ruhe. Jedoch erlag am 9. März 1761 überraschend der Kommandeur der sächsischen Kavallerie, Generalleutnant Zezschwitz, während der Rückkehr aus Wien in Prag einem Schlaganfall[438]. Daher wurde Generalmajor Gößnitz, der bisherige Kommandeur des Regiments »Graf Brühl«, von August III. als Generalleutnant zum neuen Oberkommandierenden der sächsischen und polnischen Reiter ernannt[439]. Seine Truppen verfügten laut Sollbestand zu diesem Zeitpunkt über 4475 Mann und 4249 Pferde, wovon etwa 4000 Mann wirklich Dienst taten[440]. Dieser Dienst bestand im Jahre 1761 im Wesentlichen aus kleineren Streifzügen, die das Korps von Dippoldiswalde aus teilweise bis in die Umgebung von Altenburg un-

---

ratskollegium, Nr. 1347: »Journale ...« (wie Kap. IV, Anm. 220); Das Sächsisch-Polnische Cavalleriecorps, S. 255; Kessel, Das Ende des Siebenjährigen Krieges, S. 46 f., 55 f.

[434]   Schreiben des sächsischen Ministers Graf Stubenberg vom 24.11.1760 aus Dresden an Brühl. Zit. nach Kessel, Das Ende des Siebenjährigen Krieges, S. 48.

[435]   Groehler, Die Kriege Friedrichs II., S. 145.

[436]   Zu den Feldzugsplänen für das Jahr 1761: Kessel, Das Ende des Siebenjährigen Krieges, S. 185-192; Duffy, Friedrich der Große, S. 315; Groehler, Die Kriege Friedrichs II., S. 145 f.

[437]   Kessel, Das Ende des Siebenjährigen Krieges, S. 240-257; Kunisch, Friedrich der Große, S. 424 f.; Duffy, Friedrich der Große, S. 318-323.

[438]   Stammregister und Chronik der Kur- und Königlich-Sächsischen Armee, S. 576.

[439]   Weisung des Kurfürsten vom 27.3.1761. SHStA, Loc. 10944 (wie Anm. 46).

[440]   Die beiden Ulanenpulks wurden auf sechs »Fahnen« mit je 600 Soldaten vermindert. Kessel, Das Ende des Siebenjährigen Krieges, S. 178.

ternahm. Hierbei kam es nur zu vereinzelten Scharmützeln und Kanonaden mit den preußischen Truppen, größere Kampfhandlungen blieben vollständig aus[441]. Der Eintritt des Winters beendete im November alle Operationen. Die Truppen von General Gößnitz wurden daraufhin in der Umgebung von Chemnitz untergebracht[442].

War es den Preußen gelungen, das Jahr 1761 ohne größere Verluste zu überstehen, brachte der Herbst dann doch etliche empfindliche militärische und diplomatische Rückschläge. Es kapitulierten nicht nur die wichtigen Festungen Schweidnitz und Kolberg, sondern das Bündnis mit Großbritannien stand, wie erwähnt, vor dem Aus. Somit musste Friedrich II. fortan vor allem auf eine wichtige Subsidienquelle verzichten, aus der ihm in den vergangenen Kriegsjahren insgesamt etwa 27,5 Millionen Taler zugeflossen waren. In den Jahren 1762/63 wurden zur Kompensation aus Sachsen nochmals beinahe 15 Millionen Taler herausgepresst[443]. Der Tod der Zarin Elisabeth am 5. Januar 1762 brachte schließlich die Rettung für den preußischen Staat. Ihr Nachfolger Peter III. ließ sofort alle Kampfhandlungen gegen den preußischen König einstellen und am 5. Mai 1762 einen Frieden schließen, in den auch Schweden einwilligte. Durch die Entlassung von Kriegsgefangenen aus Russland und Schweden sowie durch Rekrutierungen im bisher besetzten Vorpommern erfuhr das preußische Heer eine höchst nötige Verstärkung.

Die Kämpfe um Schlesien gingen indessen ab Juli 1762 weiter. Friedrichs Ziel musste darin bestehen, die Schlüsselfestung Schweidnitz zurückzuerobern, um Niederschlesien wieder kontrollieren zu können[444].

Die in ihrer Heimat stehenden sächsischen Reiter wurden bereits Anfang Januar geteilt. Während die Regimenter »Albrecht« und »Brühl« unter Renard zusammen mit österreichischer Kavallerie einen größeren Streifzug nach Altenburg unternahmen, stießen die beiden anderen Regimenter ebenfalls im Verbund mit den Österreichern gegen die bei Leipzig stehenden Preußen vor. Nach diesen Aktionen standen sie jedoch wieder beim Korps Macquires in der Gegend von Dippoldiswalde[445]. Von dort aus hatte die sächsische Kavallerie ab Juni die böhmische

---

[441] Am 8. Mai kam es zu einem kleineren Gefecht bei Freiberg, bei dem die Sachsen etwa 40 Mann einbüßten. Während einer Kanonade mit den Preußen am 15. Oktober bei Döbeln betrugen die Verluste nochmals etwa 30 Soldaten. Das Sächsisch-Polnische Cavalleriecorps, S. 257, 260; Kessel, Das Ende des Siebenjährigen Krieges, S. 284, 299, 311–318.

[442] Kessel, Das Ende des Siebenjährigen Krieges, S. 315 f.; Schuster/Francke, Geschichte der Sächsischen Armee, T. II, S. 122 f.

[443] Duffy, Friedrich der Große, S. 327; Groehler, Die Kriege Friedrichs II., S. 148 f.

[444] Zu den Feldzugsplänen für das Jahr 1762: Kessel, S. 613–619; Duffy, Friedrich der Große, S. 337.

[445] Bei einem Zusammenstoß mit den Truppen des Prinzen Heinrich am 13. Mai erlitt das Regiment »Prinz Albrecht« größere, jedoch nicht näher angegebene Verluste. Bei einem Überfall auf einen preußischen Vorposten am 1. Juni muss es besonders unter den Ulanen Verluste gegeben haben. Das Sächsisch-Polnische Cavalleriecorps, S. 261 f.; Kessel, Das Ende des Siebenjährigen Krieges, S. 581–589.

Grenze gegen preußische Streifzüge zu sichern[446]. Diese defensive Kriegführung stieß bei General Gößnitz und beim sächsischen Hof auf Unverständnis, hatte sie doch den Anschein, die Österreicher wären lediglich am Fernhalten der Preußen von ihren eigenen Landesgrenzen interessiert, während sie ihre Armee aus Sachsen ernähren konnten. Gößnitz klagte zudem in Wien über den zunehmenden Verfall seiner Truppen, wodurch ihr Einsatzwert gerade für den fordernden Vorpostendienst weitab der Magazine enorm sank. Die Pferde waren aufgrund Futtermangels sehr schwach, die Männer verarmten – wie die meisten Soldaten aller Parteien in diesem Stadium des Krieges – durch immer größere Rückstände in der Besoldung, die zudem in minderwertigem Geld oder in österreichischen Wertpapieren erfolgte, die sich außerhalb des Landes als nutzlos erwiesen[447]. Infolge des Mangels an Zelten lagerten viele Soldaten im Herbst 1762 unter freiem Himmel, die Uniformen und Ausrüstung waren in schlechtem Zustand. Allerdings war in die Operationen noch einmal Schwung gekommen. In ihrer letzten Unternehmung im Siebenjährigen Krieg unterstützte die sächsische Kavallerie im Oktober den Vormarsch der Österreicher und der Reichsarmee in Richtung Freiberg gegen die Truppen des Prinzen Heinrich. Hierbei »säuberten« sie vor allem das Tal der Freiberger Mulde erfolgreich von den leichten preußischen Truppen. Aufgrund der Erfolge bei diesem Vorstoß ließ General Hadik, unter dessen Oberkommando die Unternehmung stand, am 18. Oktober ein Tedeum abhalten. Von der Schlacht bei Freiberg am 29. Oktober, dem letzten großen Treffen des Siebenjährigen Krieges, sind bezüglich der sächsischen Reiter keine größeren Überlieferungen bekannt[448]. Durch Prinz Heinrichs Sieg in diesem Gefecht sowie Friedrichs Erfolg in Schlesien bei Burkersdorf und die Rückeroberung von Schweidnitz endete das Jahr

---

[446] Bei einem Überfall durch Oberst von Kleist bei Böhmisch-Einsiedel am 2. Juli wurde ein sächsisches Detachement aus 200 Reitern nahezu aufgerieben. Das Sächsisch-Polnische Cavalleriecorps, S. 264 f.

[447] Hiermit sind »Coupons« gemeint, für deren Wert die böhmischen Stände garantierten. Ihr Wert wurde in Österreich durch einen Zwangskurs aufrechterhalten, außerhalb des Landes jedoch insbesondere durch Fälschungen untergraben. Die Zahlungsrückstände an das Korps betrugen Mitte des Jahres 1762 etwa 170 000 Gulden. Für das Folgejahr stellten die Österreicher den sächsischen Reitern 40 000 Gulden in Aussicht, wovon 9000 Gulden in Wertpapieren wirklich ausgezahlt wurden. Im Winter 1761 musste Österreich aus finanziellen Gründen erstmals sein Heer leicht vermindern. Die Reduktion sollte in erster Linie die Grenztruppen betreffen. Hinsichtlich der Kriegführung versuchte der sächsische Hof vor allem, auf die Besetzung des Oberbefehls der in Sachsen verbliebenen Österreicher und der Reichsarmee Einfluss zu nehmen. Dem zum Kommandeur beider Heere berufenen zögerlichen Johann von Serbelloni wurde im Allgemeinen wenig Vertrauen entgegengebracht. Der nach Dresden zurückgekehrte »junge Hof« um den Kurprinzen ließ sogar vom »Chevalier de Saxe« entworfene Pläne für einen Angriff auf Prinz Heinrich an Maria Theresia senden. Erst als Hadik im September das Oberkommando übernahm, begann eine offensivere Operationsführung. Das Sächsisch-Polnische Cavalleriecorps, S. 266 f., 272; Werlhof, Geschichte des 1. Husaren-Regiments, S. 46, 101; Kessel, Das Ende des Siebenjährigen Krieges, S. 611, 619, 745 f.

[448] Bei den Gefechten um den 18. Oktober verzeichneten die Sachsen und Österreicher zusammen 29 Tote und Verwundete sowie 62 Gefangene. Zumindest die Regimenter »Prinz Carl« und »Graf Brühl« waren in der Schlacht bei Freiberg beim Korps des Generals Meyer eingesetzt. Es wird ein sächsischer Verlust von 25 Toten angegeben. Das Sächsisch-Polnische Cavalleriecorps, S. 271; Werlhof, Geschichte des 1. Husaren-Regiments, S. 103–108; Schuster/Francke, Geschichte der Sächsischen Armee, T. II, S. 124 f.; Kessel, Das Ende des Siebenjährigen Krieges, S. 798 f.

1762 für Preußen unerwartet erfolgreich. Die Kriegsmüdigkeit der Parteien und das Vorfühlen des sächsischen Rates Thomas von Fritsch[449] im Auftrag Maria Theresias um einen »billigen und anständigen Frieden« bewirkten am 24. November 1762 den Abschluss einer Konvention, die den in Sachsen stehenden Heeren die Winterruhe sichern sollte[450]. Der Lauf der Weißeritz trennte dabei die feindlichen Truppen. Dresden und die nähere Umgebung waren daher noch immer in österreichischen Händen. Die sächsischen Reiter kantonierten in diesem letzten Kriegswinter in Fischbach bei Stolpen, wo Friedrich II. sechs Jahre zuvor bei seinem Einmarsch in Sachsen ebenfalls ein Lager bezogen hatte, während Feldmarschall Rutowski seine Truppen eilig bei Pirna zusammenzog. In die Zeit der Winterquartiere fiel auch ein erneuter Wechsel im Oberkommando über die sächsischen Reiter. Wegen des Todes des Generalleutnants Gößnitz am 4. Januar 1763 übertrug August III. die Führung auf General Renard[451]. Diesem blieb jedoch ein weiterer Feldzug erspart.

Da die Unterhaltsverpflichtung für die sächsischen Verbände durch die Österreicher am 1. April 1763 erlöschen sollte, bestand nun das Ziel des sächsischen Monarchen in der schnellstmöglichen Wiederherstellung der Kampfkraft seiner Kavallerie, für die er fortan wieder allein verantwortlich sein würde. Deshalb sollten die Regimenter baldigst den Rückmarsch nach Polen antreten, um dort in Ruhe »die nöthige Remontir- und Completirung auf dem Fuß, wie die Regimenter vor dem Kriege gewesen«, durchzuführen. Mit diesem Unternehmen wurde Rutowski beauftragt[452]. Ähnlich wie Xavers Infanterie sollten die Regimenter einen Grundstock für die sächsische Kavallerie der zukünftigen Jahre bilden. Einzig die »Karabinier-Garde« sollte zunächst in Sachsen verbleiben und bis zur Neuaufstellung des »Garde du Corps«[453] in Dresden als Leibwache des zurückgekehrten Hofes fungieren. Um die Einwohner des Landes vor den sich nach Abzug der Armeen aus Sachsen »besorglich einfindenden Marodeurs, Räuber[n] und Vagabonds« zu schützen, sollten weiterhin kleinere berittene Detachements aus insgesamt etwa 200 Reitern im Land verbleiben. Wesentlicher Grund hierfür waren die Verzögerungen beim Ausmarsch des Xaverschen Korps aufgrund seiner finanziellen Schwierigkeiten[454]. Im Zuge der Demobilmachung waren auch »diejenigen Mannschafften, so unter währenden Krieges sich haben dabey engagiret oder unterhalten laßen, und theils zu andern Cavallerie Regimentern gehören, theils als ansäßige Landeskinder oder als Invalide zu den ihrigen zu entlaßen sind,

---

[449] Fritsch hatte bereits 1743 im Rahmen des Reichshofratsbeschlusses über die Introduktion der Familie von Thurn und Taxis in den Reichsfürstenrat die sächsischen Interessen vertreten. Kulenkampff, Österreich und das Alte Reich, S. 33.

[450] Zit. nach Duffy, Friedrich der Große, S. 347; Groß, Hubertusburg, S. 55 f.; Kessel, Das Ende des Siebenjährigen Krieges, S. 941–947.

[451] Weisung des Kurfürsten vom 24.1.1763. SHStA, Loc. 10944 (wie Anm. 46).

[452] Weisung des Kurfürsten am 14.3.1763. SHStA, Loc. 10944 (wie Anm. 46). Nach dem Tode Augusts III. kehrten diese Regimenter nach Sachsen zurück. Rudert, Die Reorganisation, S. 58 f.

[453] Dieses wurde jedoch erst 1770 neu formiert.

[454] Weisung des Kurfürsten vom 14.2. und 14.3.1761. SHStA, Loc. 10944 (wie Anm. 46).

davon abzusondern«[455]. Diejenigen Offiziere, die weder zum Stamm der Kavallerieregimenter gehörten, noch bei den Chevauxlegers eine weitere Verwendung
fanden, sollten sich bis zur Aufstellung eines neuen Militäretats gedulden[456]. Sollten die einzelnen Korps wieder zu einem taktisch, personell und materiell funktio-
nierenden sächsischen Heer formiert werden, bedurfte es einer umfassenden Reorganisation.

Auch wenn wir über die Gefühlswelt der sächsischen Soldaten in diesem Krieg
nur wenig wissen, dürfte für die meisten von ihnen gegolten haben, was ein sächsischer Offizier in den letzten Kriegsmonaten gewissermaßen als »persönliche Bilanz« niederschrieb:

»Vor mich könnte die Campagne schon am Ende seyn, denn unsere Partie des
plaisiers sind fatigue und die bonne chere Commissbrodt mit Kartoffeln, und bey
alledem depensirt man viel Geld, so ebenfalls immer angenehmer wird. Meiner
Zufriedenheit und aller redlichen Deutschen Patrioten, so kein falscher heroismus
belebet, kann nichts Anderes Genüge leisten, als ein baldiger Friede, denn der
Krieg nach ietziger façon hat mehr Böses und ruinantes vor Menschen und Länder, als sich Jemand zu imaginiren vermögend, der nicht in der Dauer desselben
gedienet[457].«

---

[455] Weisung des Kurfürsten an Rutowski vom 22.2.1763. SHStA, Loc. 1053/5 (wie Anm. 182). Die
    polnischen Ulanen wurden nach dem Tode August III. aus dem sächsischen Dienst entlassen.
    Werlhof, Geschichte des 1. Husaren-Regiments, S. 107.
[456] Weisung des Kurfürsten am 14.3.1763. SHStA, Loc. 10944 (wie Anm. 46).
[457] Schreiben des sächsischen Offiziers Wolff an den Herzog v. Braunschweig vom 29.9.1762. Zit.
    nach Geschichte der Feldzüge, Bd 6, S. 852.

VI. Kriegsende und Ansätze zum Neuaufbau des Heeres

1. Die politischen Rahmenbedingungen

Zu dem Zeitpunkt, als sich die sächsischen Regimenter auf ihren Rückmarsch in die Heimat begaben, waren die letzten Schüsse des Siebenjährigen Krieges längst verklungen. Im Zeichen der allgemeinen Erschöpfung hatte Großbritannien am 3. November 1762 in Fontainebleau mit Frankreich einen Vorfrieden geschlossen, am 10. Februar 1763 beendete der Pariser Friede den Krieg um die Weltherrschaft. Großbritannien ging aus diesem Konflikt als unangefochtene Weltmacht hervor, da es Frankreich praktisch aus Nordamerika verdrängt und auch in Indien die Hegemonie errungen hatte. Für Frankreich hatte der Siebenjährige Krieg hingegen nicht nur verheerende Folgen hinsichtlich seiner überseeischen Besitzungen und Staatsfinanzen, sondern auch hinsichtlich des Ansehens als Großmacht in Europa[1]. Russland und Schweden waren ebenfalls schon lange aus der antipreußischen Allianz ausgeschieden, als sich die Heere Preußens und Österreichs im Winter 1762/63 in Sachsen noch immer gegenüberstanden. Zumindest auf preußischer Seite betrieb man ungeachtet der Friedensverhandlungen Rüstungen für einen neuen Feldzug[2].

Da der sächsische Monarch und sein Premierminister seit den Ereignissen bei Pirna von Warschau aus versuchten, die sächsischen Geschicke notdürftig zu lenken, kam ihrer im Lande verbliebenen Beamtenschaft während der Kriegsjahre eine umso wichtigere Rolle zu. Sie hatte nicht nur die Forderungen des preußischen Kriegsdirektoriums zu erfüllen, sondern auch die Interessen der sächsischen Bevölkerung zu vertreten. Im Zuge dieser schwierigen Aufgabe gelangten etliche sächsische Beamte, die schon seit den 1740er Jahren in Opposition zu Brühls Innen- und Außenpolitik standen, zu politischem Einfluss. Zu ihnen gehörten unter anderem Georg Graf von Einsiedel und Thomas von Fritsch, der Sohn eines Leipziger Buchhändlers. Fritsch hatte bereits 1758 in einer Denkschrift auf die kritische Finanzlage Sachsens hingewiesen und zu einem baldigen Friedensschluss gemahnt, ganz gleich, wie »sauer« er dem Kurfürstentum ankäme[3]. Diese »Sächsische Partei«[4] erhielt Verstärkung durch die Rückkehr etlicher fähiger Staatsbeam-

---

[1] Kortmann, Der Siebenjährige Krieg, S. 70 f.; Buddruss, Die französische Deutschlandpolitik, S. 118 f.; Schilling, S. 469 f.
[2] Kessel, Das Ende des Siebenjährigen Krieges, S. 938–940.
[3] Zit. nach Groß, Die Restaurationskommission, S. 82.
[4] Sie erhielt den Namen aufgrund ihrer Ablehnung der »polnischen« Politik. Die Staatsreform in Kursachsen, S. 33.

ter, die – wie Fritsch – unter Brühl aus ihrem Dienst entfernt worden waren. Ihre Rückberufung setzte der im Januar 1762 aus München nach Dresden zurückgekehrte »junge Hof«, dessen Regentschaft das Land ab diesem Zeitpunkt faktisch unterstellt war, im selben Jahr in Warschau durch.

Im April 1762 vollbrachte August III. mit der Berufung einer »Restaurationskommission« unter Vorsitz ihres Inspirators Thomas von Fritsch seine »vielleicht wichtigste innenpolitische Tat«[5]. Hauptaufgabe der sieben Kommissionsmitglieder war nicht die Regierung des Kurfürstentums oder eine grundlegende Reform des Staates. Im Sinne einer »Restauration«, einer Orientierung am Vorkriegszustand, sollte sie nach Möglichkeiten suchen, wie die durch Brühls Misswirtschaft, ein kompromittiertes Verwaltungssystem und den Siebenjährigen Krieg verursachte Krise Sachsens überwunden werden konnte[6].

Im Zuge der sich abzeichnenden Beendigung der Kampfhandlungen konnte Sachsen eine katastrophale Bilanz der vergangenen Jahre ziehen. Der Glanz der Augusteischen Ära war inzwischen mehr als verblasst, das Land hatte im Verlauf der Schlesischen Kriege seine äußere Stellung eingebüßt und einen deutlichen Machtverlust erlitten. Die verheerende Kriegführung beider Parteien im Siebenjährigen Krieg kostete das Land etwa 100 900 Menschen, also ungefähr sechs Prozent seiner Gesamtbevölkerung[7]. Die Einwohnerzahl Dresdens hatte sich im Verlaufe des Krieges hingegen beinahe halbiert[8]. Die meisten Einwohner Sachsens hatten den Krieg jedoch weniger in Gestalt direkter militärischer Aktionen wie Schlachten oder Belagerungen erlebt, sondern eher in Form von Truppendurchzügen, Einquartierungen, Seuchen, Verarmung, gewaltsamer Eintreibung der Kontribution sowie Plünderungen und Steuererhöhungen. Viele Städte waren abgebrannt, andere »halb wüste«[9]. Nach Fritschs Schilderung waren die Untertanen »verwildert«, das landwirtschaftliche Gerät beschädigt oder nicht mehr vorhanden, das Nutzvieh »in dem schlechtesten Zustande«, die »Hölzer [...] ganz abgetrieben« sowie das Wegenetz völlig unbrauchbar[10]. Neben der verkommenen Infrastruktur führte zudem die von Friedrich II. – auch in Polen – forcierte staatliche Falschmünzerei[11] nicht

---

5   Groß, Kurfürst Friedrich August II., S. 9.
6   Groß, Geschichte Sachsens, S. 154; ders., Die Restaurationskommission, S. 83 f.; Blaschke, Sachsen zwischen den Reformen, S. 10; Matzerath, Adelsrecht und Ständegesellschaft, S. 37.
7   Ältere Angaben beziffern die Verluste noch höher. Schirmer, Der Bevölkerungsgang in Sachsen, S. 41, 57; Blaschke, Bevölkerungsgeschichte von Sachsen, S. 125 f.
8   Vor Ausbruch des Krieges betrug die Zahl der Einwohner Dresdens etwa 60 000, 1764 verzeichnete die Stadt nur noch 36 500. Rudert, Die Reorganisation, S. 14.
9   Zit. nach Rudert, Die Reorganisaiton, S. 14. Der Erzgebirgische und der Meißnische Kreis litten am meisten unter den Kriegslasten. Die Staatsreform in Kursachsen, S. 183.
10   Denkschrift Fritschs an Brühl vom November 1761. Zit. nach Die Staatsreform in Kursachsen, S. 178 ff.
11   Nachdem den Preußen die Prägestempel der Leipziger und Dresdner Münze in die Hände gefallen waren, setzte ab 1757 eine planmäßige Inflation sächsischer und polnischer Münzen ein. Allerdings hatte Friedrich II. bereits seit 1754 Fälschungen polnisch-sächsischer Silbermünzen mit geringerem Wert anfertigen lassen. Auch ein kaiserliches Verbot von 1759 konnte den preußischen Missbrauch des »jus monetandi« und die Verbreitung der so genannten »Ephraimiten« nicht unterbinden. Nach dem Hubertusburger Frieden dauerte es etwa 1½ Jahre, bis der Bargeld-

nur zur Teuerung, sondern sie schädigte auch das Handwerk, die Leipziger Messe sowie den sächsischen Landeskredit. Zahlreiche Einwohner hatten ihre Heimat im Laufe der Kriegsjahre nicht nur verlassen, um den preußischen Zwangsrekrutierungen zu entgehen, sondern auch um ihre Arbeit nicht länger in minderwertigem Geld entlohnt zu bekommen. Natürlich hatten einige Erwerbszweige in den Kriegsjahren auch Aufschwünge erfahren, wie beispielsweise die für Militärbedürfnisse wichtige Löffel- oder Waffenproduktion sowie der europaweite Handel oder der Wechselmarkt. Insgesamt wurde jedoch der Großteil der öffentlichen und privaten finanziellen Ressourcen in Sachsen durch die Gesamtheit der Zwangsmaßnahmen derart aufgezehrt, dass man 1763 im Kurfürstentum auf eine völlig zerrüttete Finanzlage blickte[12].

Kursachsen trug in der Summe Kriegskosten in einer geschätzten Höhe von 250 bis 300 Millionen Talern. Mit Hilfe der in Sachsen ausgeschriebenen Kontributionen, deren Höhe sich zusammen mit den Einnahmen aus Schwedisch-Vorpommern und Mecklenburg auf etwa 53 Millionen Reichstaler belief, und die der preußische König zu Kompensationen für die in den preußischen Westprovinzen von Frankreich erhobenen Abgaben deklarierte, deckte Friedrich II. etwa ein Drittel der 140 Millionen Reichstaler, die ihn der Siebenjährige Krieg insgesamt etwa kostete. Allerdings muss hierbei beachtet werden, dass durch die forcierte Münzverschlechterung ein großer Teil der aus Sachsen gepressten Gelder entsprechend auch in minderwertiger Münze gezahlt wurde, der Realwert der finanziellen Steuereinnahmen also deutlich geringer war als der Nominalwert. Aufgrund der Steuerausfälle durch die vorauszusehende Okkupation der schwer zu verteidigenden Provinz Ostpreußen sowie den Gebieten im Westen des Reiches durch die Gegner Preußens waren die sächsischen Gelder von Beginn an in die Kriegspläne Friedrichs II. einkalkuliert[13]. Durch die Durchdringung und Nutzung der vorhandenen sächsischen Verwaltungsstrukturen, eine nahezu flächendeckende Herrschaft und eine langfristige Präsenz weitete sich die Invasion vom September 1756 daher rasch zur Okkupation aus[14]. Die Behauptung des sächsischen Kurfürstentums war daher für den preußischen König in allen Kampagnen des Siebenjährigen Krieges von grundlegender Bedeutung.

Um sich endlich von solch hohen Kriegslasten zu befreien, fühlte im Winter 1762/63 die sächsische Seite in Wien wegen des Abschlusses eines allgemeinen

---

umlauf in Sachsen saniert war. Buck, Die Münzen, S. 31–40; Wyzcánski, Polen als Adelsrepublik, S. 361.

12 Keller, Der Siebenjährige Krieg und die Wirtschaft Kursachsens, S. 75 f.

13 Luh, Sachsens Bedeutung, S. 32 f. Zum Gesamtüberblick über die preußische Kriegsfinanzierung zwischen 1756 und 1763: Luh, Kriegskunst in Europa, S. 20 f. Schieder gibt zudem das jährliche Steueraufkommen Sachsens mit sechs Millionen Talern an, wovon fünf Millionen in preußische Kassen flossen. Schieder, Friedrich der Große, S. 188.

14 Die Kontributionsforderungen machte Friedrich II. – ähnlich wie die Schweden im Großen Nordischen Krieg – den Ständen auf einem jährlichen »Convent« in Leipzig bekannt. Hierbei wurden die Forderungen für die Kreise, Städte und vermögenden Familien präzisiert. Im Jahre 1758 forderte er zum Beispiel von der Stadt Dresden 500 000 Taler, von Leipzig 80 000 und von Graf Brühl 30 000. ÖStA/KA, Alte Feldakten – 1758, Siebenjähriger Krieg, Hauptarmee, II 255b; Carl, Militärische Okkupation, S. 353 f.; Luh, Die schwedische Armee in Sachsen, S. 63.

Friedens vor. Als man sich dort zu Verhandlungen geneigt zeigte, wurde Thomas von Fritsch aufgrund seiner Fähigkeiten, seines Ansehens sowie der persönlichen Bekanntschaft mit Friedrich II. durch den sächsischen König-Kurfürsten, Brühl sowie Friedrich Christian zum sächsischen Verhandlungsführer ernannt[15]. Über den Kurprinzen war Fritsch auch über die österreichischen Friedensbedingungen instruiert. Nachdem er den preußischen König in Vorverhandlungen von den ernsthaften Friedensabsichten Maria Theresias hatte überzeugen können, legte Friedrich II. den Beginn der Friedensgespräche auf den 31. Dezember 1762 fest. Ort der Verhandlungen sollte die arg geplünderte sächsische Residenz Hubertusburg werden, womit der preußische König seinen verbliebenen Gegnern die zerstörerische Kraft seines Militärapparates nochmals deutlich vor Augen führte. Trotz der völligen Niederwerfung des Kurfürstentums war das Verhältnis Friedrichs II. zu Sachsen auch zum Ende des Krieges noch nicht frei von Emotionen. Die Wahl des Ortes der Friedensverhandlungen zielte ähnlich stark auf eine psychologische Wirkung wie der Spiegelsaal von Versailles 1871 oder der Salonwagen von Compiègne 1918 und 1940. Schloss Hubertusburg sollte durch die sechswöchigen Friedensverhandlungen fortan eine bedeutende Zäsur der sächsischen Landesgeschichte symbolisieren. Sein Name steht bis heute für den barocken Glanz, den Niedergang und die Zerstörung des Kurfürstentums, aber auch für dessen viel beachteten Wiederaufbau.

Insgesamt wurden mit Abschluss des Friedens Ende Februar 1763[16] alle Ziele der antipreußischen Koalition verfehlt. In 21 Artikeln und zwei Geheimartikeln wurde vor allem in territorialer Hinsicht der status quo ante festgeschrieben. Österreich und Preußen verzichteten auf alle gegenseitigen Gebietsansprüche, Preußen wurde der Besitz der Grafschaft Glatz sowie Schlesiens bestätigt und die Friedensverträge von 1742 und 1745 wurden erneuert. Einziges Zugeständnis Preußens war die Zusicherung seiner Kurstimme bei der Wahl des österreichischen Erzherzogs Joseph zum Römischen König[17]. In Anbetracht der Möglichkeiten von etwaigen Friedensschlüssen, die Kaunitz im Oktober 1760 in einer Denkschrift aufgezeigt hatte, endete der Krieg für Wien mit dem denkbar »schlechtesten« Frieden. Die Kaiserin und ihre Verbündeten gingen nahezu leer aus und »der Besitzstand, wie er vor dem Krieg gewesen«, bildete die Grundlage des Vertrages. Somit standen insbesondere Wien und Versailles 1763 tatsächlich vor einem Scherbenhaufen[18]. Preußen hingegen hatte sich durch sein unerwartetes Überleben endgültig im Kreise der Großmächte etabliert, wenngleich dieser Stellung im Mächtekonzert nach wie vor die Begrenztheit der Ressourcen des Landes anhaftete.

---

15   Fritschs Verhältnis zu Friedrich II. war von großer Hochachtung geprägt. Groß, Hubertusburg, S. 56; Die Staatsreform in Kursachsen, S. 47; Kessel, Das Ende des Siebenjährigen Krieges, S. 941–947.

16   Am 15.2.1763 unterzeichneten die Unterhändler das Vertragswerk in Hubertusburg, am 24.2.1763 Maria Theresia sowie am 21.2.1763 Friedrich II. auf Schloss Dahlen. Der Kriegszustand mit Sachsen wurde am 15.2.1763 formal beendet. Groß, Geschichte Sachsens, S. 154 f.

17   Neuhaus, Zeitalter des Absolutismus, S. 317–326.

18   Zit. nach Buddruss, Die französische Deutschlandpolitik, S. 129.

Während sich Großbritannien und Frankreich nach 1763 vom europäischen Kontinent wegorientierten[19], galt die diplomatische Aufmerksamkeit Preußens in den folgenden Jahren der Reichspolitik und vor allem den Beziehungen zu Russland[20].

Das erste für Sachsen spürbare Ergebnis des geschlossenen Friedens war der vertragsgemäße Abzug der preußischen Truppen am 12. März 1763. Die Freude über das Ende des langen Krieges und die Befreiung von der Besatzung fand in der Bevölkerung vor allem durch Friedensfeste ihren Ausdruck. Vielerorts wurde die volkstümliche Erinnerung an dieses Ereignis in Gedichten, Kirchenbüchern oder Epitaphen ebenso verewigt wie zuvor die Wahrnehmung der Schrecken des Krieges[21].

Im August 1763 legte die Restaurationskommission den Abschlussbericht ihrer Arbeit vor, der vor allem konkrete Vorschläge hinsichtlich der Sanierung des Staatshaushaltes, der Neugestaltung der Verwaltung und der Wirtschaft enthielt[22]. Was die Neuausrichtung der gesamten sächsischen Politik betraf, warnte die gegenüber Brühl kritisch eingestellte Kommission grundsätzlich und nachdrücklich davor, dass sich der Landesherr künftig »bloß an einzelne Personen halte«[23].

Für eine zukünftige sächsische Außenpolitik postulierte man die vorläufige Abkehr von einer aktiven Rolle im europäischen Konzert der Mächte. Da das Kurfürstentum in den kommenden »20 bis 30 Jahre mit seinem Oeconomico zu tun haben« würde[24], war aus realpolitischer Sicht an hochfahrende Ambitionen und Mitsprache auf der internationalen Bühne nicht zu denken. Neben der Abkehr vom engen Bündnis mit Österreich sollte fortan ein gutes und vor allem offenes Verhältnis zu Preußen im Mittelpunkt der sächsischen Diplomatie stehen[25]. Ohne das Einvernehmen mit dem nördlichen Nachbarn waren ein ungestörter wirtschaftlicher Wiederaufbau und eine allmähliche Entschuldung Sachsens unmöglich. Die polnische Krone erschien nach dem Vorschlägen Fritschs angesichts des fortgeschrittenen Alters und der schlechten Gesundheit Augusts III. in Zukunft nur dann weiterhin begehrenswert, wenn durch einen neuerlichen Erwerb die Kräfte und die Sicherheit Sachsens, also die wahren Interessen des Landes, nicht gefährdet würden. Aufgrund der wirtschaftlichen und politischen Lage, in der sich

---

19 Im Zuge dieser Entwicklung rückte auch Sachsen spätestens mit dem Tod des Dauphins 1765 beziehungsweise der Dauphine 1767 zunehmend aus dem Fokus der französischen Außenpolitik. Diese konzentrierte ihre Bemühungen fortan auf die Wittelsbachischen Kurfürsten sowie deren Erben, den Herzog von Zweibrücken. Buddruss, Die französische Deutschlandpolitik, S. 186 f.

20 Zur Neuorientierung der preußischen Außenpolitik nach 1763: Althoff, Untersuchungen zum Gleichgewicht der Mächte, S. 33–40.

21 Seyffarth, Von Krieg und Not, S. 49–53.

22 Die Staatsreform in Kursachsen, S. 26.

23 Erklärung Gutschmids von 1762. Zit. nach Die Staatsreform in Kursachsen, S. 30.

24 Aus einer Denkschrift Wurmbs vom 27.2.1761. Zit. nach Die Staatsreform in Kursachsen, S. 175–177.

25 Zum Verhältnis zwischen Preußen und Sachsen nach 1763: Althoff, Untersuchungen zum Gleichgewicht der Mächte, S. 43 f.

das Kurfürstentum 1763 befand, konnte dies nach dem Tode des Monarchen nur den Verzicht auf die Königskrone bedeuten[26].

Eng mit dieser Notwendigkeit war auch der vorübergehende Verzicht auf eine starke Armee verknüpft[27]. Bei »itziger Erschöpfung« sei es für Sachsen »nicht möglich, dass selbiges an Wiederherstellung seines Militärs denken kann«[28]. Im Hinblick auf die wirtschaftliche Stärkung des Landes versprach sich die Restaurationskommission allerdings vom Vorhandensein einer den momentanen Verhältnissen des Landes angepassten Armee einen grundsätzlich positiven Nutzen. Um »zum Vorteile der künftigen Generation die Population zu vermehren«, schlug sie nicht nur eine Eheerleichterung für Soldaten vor, sondern – um die Landeskinder zu schonen – auch die Erhöhung des Ausländeranteils im Heer auf wenigstens zwei Drittel[29]. Insgesamt besaßen die Belange des Militärs in ihren umfangreichen Reformvorschlägen aber eine den wirtschaftlichen und finanziellen Belangen stark untergeordnete Rolle. Betrachtet man im Gegensatz dazu das Engagement, mit dem sich in den kommenden Jahren der Feldmarschall »Chevalier de Saxe« und vor allem auch Prinz Xaver als Vormund des noch minderjährigen Friedrich August III. der Reorganisation des Militärs widmeten, so zeichnete sich auf diesem Gebiet bereits großes Konfliktpotential ab.

Als August III. und sein Premierminister als letzte Repräsentanten der Augusteischen Ära und der sächsisch-polnischen Union im August 1763 aus Warschau in ihre Dresdner Residenz zurückkehrten, war dort durch die Restaurationskommission bereits ein Systemwechsel eingeleitet worden, dessen bald spürbare Folgen weit über Sachsen hinaus als »la surprise de l´Europe« bezeichnet wurden[30]. Die Effizienz der Reformen bewirkte die Blütezeit des sächsischen Manufakturwesens zwischen 1760 und dem beginnenden 19. Jahrhundert. Somit kann diese Zeit aus heutiger Sicht durchaus als die eines »Wirtschaftswunders« gelten. Die Maßnah-

---

[26] Kurprinz Friedrich Christian und Prinz Xaver kandidierten zwar nach dem Tode des Vaters kurzzeitig für die polnische Krone. 1764 zog Xaver seine Bewerbung jedoch zurück. Im Oktober 1765 leistete er den offiziellen Verzichtvertrag mit dem neuen polnischen König Stanislaus Poniatowski. Aus preußischer Sicht war hiermit ein weiterer entscheidender Schritt zum Abbau der sächsisch-polnischen Beziehungen vollzogen. Durch die 1772 folgende erste Teilung des ehemaligen Unionspartners sollte ein erneutes Zusammengehen endgültig verhindert werden. Czok, Ein Herrscher – zwei Staaten, S. 119; Althoff, Untersuchungen zum Gleichgewicht der Mächte, S. 37; Kötzschke/Kretzschmar, Sächsische Geschichte, S. 286.

[27] Groß, Geschichte Sachsens, S. 155; W. Müller, Der Siebenjährige Krieg, S. 10.

[28] Aus einer Denkschrift des Geheimen Rates Wurmb vom 27.2.1761. Zit. nach Die Staatsreform in Kursachsen, S. 175–177.

[29] Aus einem Vortrag der Reorganisationskommission vom 19.7.1762. Zit. nach Die Staatsreform in Kursachsen, S. 344 ff.

[30] Schreiben Fritschs an Saul vom 15.3.1763. Zit. nach Die Staatsreform in Kursachsen, S. 46. Das System der sächsischen Staatsschuldentilgung diente auch dem britischen Minister William Pitt d.J. als Vorbild bei der Abtragung der durch den amerikanischen Befreiungskrieg verursachten Schulden Großbritanniens. Weiterhin wurden mehreren der führenden Männer Sachsens von anderen europäischen Höfen Angebote zum Übertritt unterbreitet. So übernahm beispielsweise der Bergbaufachmann Friedrich Anton von Heynitz ab 1777 das preußische Berg- und Hüttendepartement. In dieser Funktion beeinflusste er mit seinen Auffassungen unter anderem die Freiherren von Stein und Hardenberg, die späteren preußischen Reformer. Groß, Geschichte Sachsens, S. 161 f.; Weber, Friedrich Anton von Heynitz, S. 129 f.

men der Reorganisationskommission legten nicht zuletzt den Grundstein für die rasche Entwicklung Sachsens zum Industriestaat in der ersten Hälfte des 19. Jahrhunderts[31].

Der baldige Tod Augusts III. und Brühls bedeuteten zusammen mit dem Rétablissement die endgültige Abkehr von der pompösen Repräsentation vergangener Jahre. Unter dem mit Friedrich II. sympathisierenden Thronfolger Friedrich Christian und seiner Frau Maria Antonia erfolgte im Sinne der aufgeklärten Staatstheorie die gründlich vorbereitete Konzentration der Politik auf das Wohl der Untertanen und der Wirtschaft, auf Rationalität und inneren Wohlstand[32]. Auch unter Friedrich August III., der 1768 mit nur 18 Jahren die Regierung übernahm, fand die auf Vermeidung von Risiken ausgerichtete und wenig machtorientierte Politik ihre Fortsetzung[33]. Die kurze Regierungszeit Friedrich Christians von nur 74 Tagen stellte somit den Beginn eines Zeitabschnittes »eigener Prägung« dar, der sich auch in »politisch-mentaler« Hinsicht nicht nur auf den engen Rahmen der Arbeit der Restaurationskommission in den Jahren 1762/63 beschränkte. Mit einer kontinuierlichen Politik verlieh er dem »Rétablissement« einen durchaus langfristigen Charakter[34].

2. Erste Ansätze zur Reorganisation des kursächsischen Heeres unter dem »Chevalier de Saxe« bis 1769

Angesichts des eng gefassten politischen und finanziellen Rahmens des Rétablissements war bereits vor dem Friedensschluss erkennbar, dass das sächsische Heer nicht binnen kurzer Zeit umfassend reformiert[35] werden konnte. Die Neuorgani-

---

31 In diese Phase fielen 30 Prozent aller Manufakturgründungen in Sachsen zwischen 1600 und 1825. Buck, Die Münzen, S. 18 f.; Karlsch/Schäfer, Wirtschaftsgeschichte Sachsens, S. 14-27.

32 Petschel, Sächsische Außenpolitik, S. 19. Der König-Kurfürst starb am 7. Oktober, Brühl am 28. Oktober 1763. Czok, August der Starke, S. 88. Zur Rolle der aufgeklärten Kurfürstin Maria Antonia als Stütze der propreußischen Kräfte am Dresdner Hof: Raschke, Aufklärung am sächsischen Hof.

33 Blaschke, Sachsen zwischen den Reformen, S. 12-23.

34 Für die Nachfolger Friedrichs Christians, Prinz Xaver und Friedrich August III., ist jedoch nur eine geringe Nähe zur Aufklärung auszumachen. Lässig betont in diesem Zusammenhang, dass vom Rétablissement kaum als von einem »Reformwerk im Geiste des Aufgeklärten Absolutismus« gesprochen werden kann. Zwar erwies sich die Förderung von Landwirtschaft, Handel und Gewerbe als fruchtbar, in den Bereichen des Bildungswesens, der Toleranzfrage, der Effizienz der Behörden sowie des Steuerwesens blieb Kursachsen aber hinter dem »Zeitgeist« zurück. Lässig, Reformpotential im »dritten Deutschland«?; Petschel, Sächsische Außenpolitik, S. 23; Blaschke, Sachsen zwischen den Reformen, S. 11. Zur Einordnung des Rétablissements in den Diskurs der Aufklärung: Stockinger, Die sächsische Aufklärung als Modell, S. 47.

35 Der Begriff »Reform« fand im 18. Jahrhundert zumeist als Kontrastbegriff zur »Revolution« Verwendung. Er meinte Veränderungen innerhalb eines bestehenden Systems durch dazu verfassungsmäßig legitimierte Organe. Im Rahmen seiner Untersuchungen über die Heeresreorganisation von 1859/60 sowie die preußischen Militärreformen hat Dierk Walter den allumfassenden Charakter der Heeresreform von 1807/13 hervorgehoben. Da sie »das ganze Militärwesen in allen seinen Bereichen« (Veränderung des Militärsystems in seinem »materiellen, sozialen und ideellen Kern«) grundlegend berührte, »übererfüllt« Scharnhorsts Reform geradezu den Idealtypus einer

sation musste in Abhängigkeit von den bewilligten Geldern daher in kleinen Schritten, als ein stetiger Prozess, erfolgen.

Von allen aufgezeigten Folgen des Krieges wirkte sich aus Sicht des Militärs neben der katastrophalen Situation der Staatsfinanzen vor allem der Verlust an Einwohnern von Beginn an negativ aus. Einer älteren Schätzung zufolge hatte das preußische Militär im Zuge der Kapitulation bei Pirna und der späteren Rekrutierungen etwa 35 000 Mann aus Sachsen fortgeführt. Etwa die Hälfte dieser Soldaten befand sich jedoch später als »Revertenten« wieder im Dienst des Landes[36]. Dennoch wirkte der große Mangel an potenziellen Soldaten keineswegs begünstigend für eine Heeresreorganisation. »Auf dem natürlichen Wege der Population«, so rechnete man, würde es »wenigstens eine ganze Generation hindurch noch währen, ehe hiesige Lande hierunter wiederum in den vorigen Stand kommen«[37]. Zwar war mit dem kampferprobten Xaverschen Korps und den Reiterregimentern eine ausbaufähige Basis für eine künftige Armee vorhanden, doch waren auch hier zunächst große Geldsummen nötig, um diese Truppen nach den zahlreichen Feldzügen wieder neu und einheitlich auszurüsten. Zudem setzte das eher innenpolitisch-ökonomisch orientierte Programm des Kurfürsten und der Reorganisationskommission dem Neuaufbau des Heeres enge Grenzen. Es fehlten weiterhin erfahrene, vertrauenswürdige und bereitwillige Spitzenmilitärs, die der Hof mit einem derart umfassenden Unternehmen, das unter so ungünstigen Vorzeichen stand, betrauen konnte. Da Rutowski sein Amt gänzlich niedergelegt hatte, galt die erste Maßnahme der sächsischen Regierung der personellen Besetzung des Oberkommandos. Prinz Xaver erwuchsen durch den frühen Tod Friedrich Christians aus der Administratur andere Aufgaben. Mitte des Jahres 1763 hatte Brühl noch versucht, den österreichischen Generalfeldzeugmeister Gideon Ernst von Laudon ungeachtet seiner hohen Gehaltsforderungen in sächsische Dienste zu locken. Dies erschien aus militärfachlicher Sicht zweifellos richtig. Allerdings war diese Maßnahme für das Vertrauen des Premierministers in die Fähigkeiten der eigenen Generäle bezeichnend und verlieh der Ernennung Johann Georgs von Sachsen zum Feldmarschall eher den Charakter einer »Notlösung«. Im Übrigen sollte Johann Georg, genannt »Chevalier de Saxe«, der letzte aktive sächsische Generalfeldmarschall sein[38].

Heeresreform und gilt demnach als Maßstab für alle weiteren militärischen Reformbemühungen. Die vom »Chevalier de Saxe« und Prinz Xaver vorgenommenen Veränderungen betrafen überwiegend quantitative, strukturelle und militärtechnische Aspekte. Die Grundlagen der Beziehung von Militär und Gesellschaft berührten sie kaum. Deshalb ist diesem Falle wohl eher von einer Reorganisation zu sprechen. Geschichtliche Grundbegriffe, Bd 5, S. 344 f.; Walter, Albrecht Graf von Roon und die Heeresreorganisation, S. 23 f., 34.

36   Rudert, Die Reorganisation, S. 14.
37   »Extract aus des Königl. Geheimen Consilii Bericht d.d. Dresden, den 11. Aug. 1763« an Brühl. SHStA, Loc. 11003 (wie Kap. II, Anm. 174).
38   Nach längeren Verhandlungen lehnte Laudon das sächsische Angebot im November 1763 ab. Rudert, Die Reorganisation, S. 17–21. Nach dem Tod des »Chevalier de Saxe« wurde General Eugen von Anhalt, einem Sohn des »Alten Dessauer«, 1775 der Titel eines Generalfeldmarschalls verliehen. Dieser leistete jedoch keinen aktiven Dienst mehr in der kursächsischen Armee. Schuster/Francke, Geschichte der Sächsischen Armee, T. II, S. 166; Stammregister und Chronik der Kur- und Königlichen Sächsischen Armee, S. 110.

Dessen ungeachtet arbeitete der »Chevalier de Saxe«, der die sächsische Armee nie hauptverantwortlich im Felde kommandiert hatte, rasch erste Pläne zu deren Neuformierung aus. Sie sollten die Armee ganzheitlich betreffen, die Zusammensetzung der Generalität ebenso wie die Struktur der Regimenter, und orientierten sich neben dem Vorbild der preußischen Armee auch an den Erkenntnissen aus dem gemeinsamen Dienst mit den Franzosen und Österreichern[39]. Seine grundlegenden Gedanken waren dabei sehr stark an den vergangenen Kriegen sowie den aktuellen Potenzialen des Kurfürstentums ausgerichtet. Die häufig gemachte Erfahrung der Geringschätzung des Reichsfriedens durch Preußen in den letzten Jahrzehnten spielte dabei die wohl zentralste Rolle. Sachsen hatte mehrfach erkennen müssen, wie rasch und rücksichtslos der nördliche Nachbar seine strategischen Pläne in militärische Aktionen umsetzte und welch ungenügenden Schutz es etwa seitens des Reiches erhoffen konnte. Die kursächsische Armee sollte daher in Zukunft schlagkräftig, auch im Frieden vollzählig und gut ausgebildet sein[40]. Der Feldmarschall plante insgesamt die Formierung eines Heeres, dessen Stärke dem neuen außenpolitischen Kurs Sachsens entsprach, das hinsichtlich der Unterhaltung dennoch kostengünstig war und daher die finanziellen Kräfte des Landes nicht überforderte. Diese Sparsamkeit sollte in Zukunft aber nicht mehr zu Lasten der Ausrüstung und Qualität der Truppe gehen. Auch Brühl riet unter dem Eindruck der vergangenen Jahre nun zum zügigen Aufbau eines starken Heeres. Hatte er am Vorabend des Siebenjährigen Krieges noch verzweifelt auf die Wahrung der Neutralität gehofft und zu diesem Zwecke militärischen Rüstungen als möglichen Provokationen nur zögerlich zugestimmt, so schien es nun, als habe er hinsichtlich des außenpolitischen Instruments Militär seine Meinung grundlegend geändert. Von einem starken Heer würde in Zukunft Sachsens »wieder zu erlangendes Ansehen [...] vorzüglich abhangen«, schrieb er an den »Chevalier de Saxe«[41].

Da sich die Verwendung des Inhalts der Kriegskasse für andere Zwecke in den Jahren vor dem Siebenjährigen Krieg als grundlegendes Übel erwiesen hatte, setzte sich Johann Georg in erster Linie für deren »Unantastbarkeit« ein. Um größtmögliche Ersparnisse zu erzielen, sollten zudem alle Institutionen des Militärs einer kritischen Prüfung unterzogen werden. Hierbei lag es im Interesse des Feldmarschalls, den Einfluss der Politik auf das Militär zurückzudrängen. Sicher wollte man damit in Zukunft die enorme Mitsprache und Entscheidungsbefugnis der Politik in militärischen Fragen, wie sie für die Ära Brühl charakteristisch waren, beschneiden. Durch die von Johann Georg beabsichtigte Umbildung des 139 Personen umfassenden »Kriegsratskollegiums« sollten daher nicht nur Beamtenstellen abgeschafft, sondern die verbliebenen aus Kompetenzgründen durch die sächsische Generalität besetzt werden[42]. Hierdurch erhoffte man sich an entscheidender

---

39 So wurde ein neues leichtes Infanteriegewehr nach französischem Vorbild gefertigt. Schuster/Francke, Geschichte der Sächsischen Armee, T. II, S. 153.
40 Rudert, Die Reorganisation, S. 24.
41 Schreiben aus Warschau vom 2.4.1763. Zit. nach Rudert, Die Reorganisation, S. 15.
42 Schuster/Francke, Geschichte der Sächsischen Armee, T. II, S. 151; Rudert, Die Reorganisation, S. 31.

Position die Abschwächung der zivil-militärischen »Nahtstelle«, an der es erfahrungsgemäß stets Reibungsverluste gab.

Hinsichtlich der Neuformierung der Regimenter plante Johann Georg im Wesentlichen, bis 1768 ein Heer mit einer Sollstärke von 30 610 Mann[43] aufzustellen. Dabei sollte die Personalstärke der einzelnen Regimenter schrittweise von Jahr zu Jahr angehoben werden, um dem Bevölkerungsmangel sowie den noch leeren Kassen Rechnung zu tragen. Die aus dem österreichischen und französischen Dienst zurückkehrenden Regimenter bildeten dabei eine kampferprobte Basis, auf der die zukünftige Armee durch neue Rekrutierungen ihre endgültige Stärke erreichen sollte[44]. Da gerade »der Teil der Nation von 18. bis 30. Jahren [...] durch den Krieg den meisten Abgang gelitten hat«[45], war beispielsweise geplant, ein Infanterieregiment, das 1763 mit einer Stärke von 938 Mann formiert wurde, in den beiden Folgejahren um jeweils 148 beziehungsweise 150 Mann zu verstärken. In den Jahren 1766 und 1767, wenn sich die Bevölkerung stärker von den Kriegsfolgen erholt haben würde, sollten dann nochmals jeweils 218 Soldaten hinzukommen. Dadurch würde dieses Regiment 1769 eine Stärke von 1672 Mann erreichen. An Mannschaften sollte »die Hälfte einer jeden Compagnie zu allen Zeiten in Ausländern bestehen«, die »Ausländerquote« sollte im sächsischen Heer zur Schonung der Landeskinder also deutlich angehoben werden[46]. Durch die Schaffung einer »Landreserve« sollten – ähnlich wie bei den 1756 aufgelösten »Kreisregimentern« – zusätzliche 7200 Infanteristen in Bereitschaft sein, um in unvorhergesehenen Fällen die reguläre Infanterie verstärken zu können[47]. Zur Überprüfung der Einsatzbereitschaft waren ab 1763 jährliche Musterungen auf Regimentsebene vorgesehen[48].

In taktischer Hinsicht galt ein besonderes Augenmerk der Artillerie. Ihre wachsende Bedeutung auf dem Schlachtfeld war eine wesentliche Erkenntnis des Siebenjährigen Krieges. »Die Kanone macht alles, und die Infanterie kommt nicht

---

[43] Dieses sollte sich in 20 064 Mann Infanterie (zwölf Regimenter sowie »Leibgrenadiergarde«) sowie zehn Regimenter Kavallerie (sechs Regimenter Kürassiere, vier Regimenter Chevauxlegers) und zwei Regimenter Garde (»Garde du Corps« und »Garde-Karabiniers«) gliedern. Zudem sollte das Ingenieurkorps neu formiert werden. Rudert, Die Reorganisation, S. 16, 22 – 33.

[44] Diese mussten jedoch wieder einheitlich ausgerüstet und uniformiert werden. Zur Uniformierung der kursächsischen Armee nach 1763: Schuster/Francke, Geschichte der Sächsischen Armee, T. II, S. 162 f.

[45] Die Altersgruppe der Männer zwischen 18 und 30 Jahren kam für die Rekrutengestellungen in Frage. »General-Ordre« vom 22.10.1763, »Extract aus des Königl. Geheimen Consilio Bericht d.d. Dresden, den 11. August 1763«. SHStA, Loc. 11003 (wie Kap. II, Anm. 174).

[46] »General-Ordre« vom 22.10.1763. SHStA, Loc. 11003 (wie Kap. II, Anm. 174).

[47] Sie dienten außerdem dazu, den personellen Abgang der Feldregimenter zu ersetzen. Hierdurch sollte in Zukunft die gewaltsame Werbung, die immer wieder Anlass für Beschwerden gegeben hatte, hinfällig werden. Die Reserve sollte nur einmal jährlich zu einer Übung eingezogen werden. Rudert, Die Reorganisation, S. 24 f., 38, 40 f.

[48] Mit Ausnahme der Jahre 1764, 1770, 1771 und 1772 erfolgte die Musterung zwischen 1763 und 1779 jährlich. Rudert, Die Reorganisation, S. 107 – 113.; Schreiben des »Chevalier de Saxe« an den Generalleutnant v. Nischwitz vom 22.7.1763, »Extract, die Formierung der Infanterie betreffend. Anno 1763«. SHStA, Loc. 11003 (wie Kap. II, Anm. 174).

mehr zum Kampf mit der blanken Waffe«[49], schrieb Friedrich II. 1768 in seinem Militärischen Testament. Im Bewusstsein der wachsenden Wirkung dieser Waffe schlug Johann Georg eine personelle und materielle Verstärkung des Artilleriekorps vor. Zudem setzte er sich für eine fundiertere Ausbildung der Artillerieoffiziere ein. Von den Landesfestungen, die sich im letzten Krieg als ineffizient erwiesen hatten, blieb einzig dem »Königstein« der Status als solche erhalten[50].

Aufgrund der negativen Erfahrungen mit der sozialen Situation der Offiziere in und zwischen den letzten Kriegen war es weiterhin eine vorrangige Fürsorgepflicht, keinen Offizier »mehr aus dem Brod zu sehen«, der sich in den letzten Kriegen bewährt hatte. Nicht zuletzt wollte man hierdurch auch die »Wartegelder« für angestellte, aber nicht diensttuende Offiziere einsparen. Die verdienten Offiziere sollten in ihrer »ehedeß gehabten ancienneté«, also dem Dienstgrad von 1756, wieder in ihre Regimenter eingegliedert werden. Ebenso plante der Feldmarschall, die Offiziersränge, in die im Laufe des Krieges auch zahlreiche Unteroffiziere bürgerlicher Herkunft aufgestiegen waren, aus Ersparnisgründen zukünftig nicht nach ihren »Charactéres«, sondern ihrem tatsächlichen Dienstgrad zu besolden[51].

Ohnehin sind im kursächsischen Heer 1763 zwei »Gruppen« von Offizieren auszumachen. Zum Einen sind die Offiziere zu nennen, die entsprechend dem 1756 unterzeichneten »Revers« im Verlauf des Siebenjährigen Krieges keinerlei Dienste mehr angenommen hatten. Im Gegensatz dazu standen diejenigen, die 1763 von den europäischen Kriegsschauplätzen nach Sachsen zurückgekehrt waren und wesentliche Erfahrungen hinsichtlich der modernen Kriegführung und der Einsatzgrundsätze anderer Armeen gesammelt hatten[52]. Sie hatten ihre Treue zum Monarchen und ihre enge Bindung zur kursächsischen Armee durch den Einsatz ihrer Gesundheit und ihres Lebens im Verlaufe der Feldzüge des Siebenjährigen Krieges dokumentiert. Dementsprechend waren bei den aktiv am Krieg beteiligten Formationen auch zahlreiche Beförderungen ausgesprochen worden.

Innerhalb der Regimenter boten sich den sächsischen Offizieren jedoch nur dann Aufstiegschancen, wenn höherwertige Dienstposten frei wurden – beispielsweise durch Verluste im Gefecht. Daher erfolgten Rangerhöhungen zumeist außerhalb der Regimentshierarchie. Dies hatte etwa im Regiment »Garde-

---

49 Aus dem militärischen Testament Friedrichs II. von 1768. Zit. nach Möbius, Die Kommunikation, S. 332.
50 1767 wurde in Dresden eine Artillerieschule errichtet. Zur Bewaffnung der Infanterie und Kavallerie wurden Verträge mit den Suhler Gewehrfabriken geschlossen. Die seit der Kapitulation von 1756 auf dem Königstein befindlichen Feldzeichen und Pauken der kursächsischen Armee wurden wieder an die Regimenter ausgegeben. Die Invalidenkompanie in Waldheim blieb bestehen. Zur Bewachung der Meißner Porzellanmanufaktur wurde eine Halbinvalidenkompanie errichtet. Schuster/Francke, Geschichte der Sächsischen Armee, T. II, S. 161 f.; Rudert, Die Reorganisation, S. 27 f., 60, 72–76, 110.
51 »General-Ordre« vom 1.8.1963. SHStA, Loc. 11003 (wie Kap. II, Anm. 174).
52 Eine ähnliche Situation kristallisierte sich beispielsweise auch im kurhessischen Offizierkorps nach 1813 heraus. Den älteren hessischen Offizieren, die sich dem westfälisch-französischen Dienst versagt hatten und dafür die Sympathien des Kurfürsten Wilhelm I. besaßen, standen die jungen, kriegserfahrenen, ehemals westfälischen Offiziere gegenüber, was zu tieferen Verwerfungen bei der Neuformierung des hessischen Offizierkorps führte. Arndt, Militär und Staat in Kurhessen, S. 28 f., 32.

Carabiniers« zur Folge, dass nicht nur die Eskadronchefs und Rittmeister, sondern selbst die Leutnante die Charaktere von Stabsoffizieren trugen[53]. Hieraus resultierten etliche Beschwerden. So klagten beispielsweise zwei Hauptleute vom Regiment »Churprinz«, die bereits 1746 zum »Capitain« befördert worden waren, dass ihnen »bey künfftigen avancement die ancienneté vor dem Major von Rezenberg wieder gegeben werde, welcher laut Patent erst [...] 1752 Capitaine worden«[54]. Mittels »General-Ordre« legte der Feldmarschall daher fest, dass die höheren »Charaktere« fortan zwar innerhalb der Armee und außerhalb des Dienstes, nicht aber im Regiment des jeweiligen Offiziers geführt werden durften[55].

Die Anfänge der Musterungen der einzelnen Regimenter Ende des Jahres 1763 zeigten, dass zahlreiche Angehörige des Offizierkorps von 1756 der zukünftigen sächsischen Armee nicht mehr zur Verfügung stehen würden. Zwar baten etliche Offiziere »wegen kränklicher Leibes-Constitution« um Pensionierung, vielen wurde jedoch der Abschied gewährt, weil mit ihnen »nicht mehr zu rechnen sey«. So wurde beim Regiment »Prinz Friedrich« von sechs zu verabschiedenden Offizieren nur einer wegen Krankheit entlassen. Von den Übrigen war der Aufenthaltsort nicht bekannt oder sie gingen inzwischen anderen Tätigkeiten nach, zu deren Aufnahme sie offenbar im Laufe des Krieges zur Sicherung ihrer Existenz gezwungen worden waren[56]. Insgesamt musste der Feldmarschall feststellen, dass »eine ziemliche Menge officiers bey der Musterung ihre Unvermögenheit zum Dienste angegeben und um Pensions oder anderweite Versorgung angesuchet« hatten. Offenbar trat er den Entlassungsgesuchen jedoch nicht entgegen, sondern forderte die betreffenden Offiziere angesichts der leeren Kassen nur zu etwas Geduld wegen ihrer Pensionen auf. Die Übergangsphase während der Neuformierung scheint also auch zu einer gewissen »Selbstreinigung« des Offizierkorps beigetragen zu haben, die beispielsweise in Preußen erst nach der Doppelschlacht von Jena und Auerstedt stattfinden konnte.

Insgesamt sollte nach den Plänen Johann Georgs schrittweise eine Armee aufgestellt werden, die an Umfang in etwa dem Heer Augusts des Starken gleichkam. Die Wirtschaft der neu formierten Infanterieregimenter sollte im Mai 1763 ihren Anfang nehmen[57]. Die Pläne des Feldmarschalls zielten nicht nur auf eine Erhöhung der personellen Stärke des Heeres bei gleichzeitiger Vereinfachung des gesamten Militärwesens, sondern auch auf eine höhere Priorität der Belange der Armee, auf eine Stärkung der Position der Militärs gegenüber den Politikern. Beinahe erwartungsgemäß erklärte sich das Kriegsratskollegium mit seiner geplanten

---

53 Das Sächsisch-Polnische Kavalleriekorps, S. 256.
54 Solche Beschwerden wurden vom Feldmarschall abgelehnt und den Offizieren der Abschied angeboten. »Specification derjenigen officiers, welche bey Musterung [...] umb Versorgung oder Beabschiedung sich gemeldet«, »Pro Memoria, die Placirung derer officirs bey der neuen Formirung betr.« SHStA, Loc. 11003 (wie Kap. II, Anm. 174); Rudert, Die Reorganisation, S. 62.
55 »General-Ordre« vom 1.8.1763. SHStA, Loc. 11003 (wie Kap. II, Anm. 174).
56 Beim Regiment »Prinz Anton« bat ebenfalls nur ein Offizier wegen Krankheit um Abschied, drei weitere wurden aus anderweitigen Gründen entlassen. »Specification derjenigen officiers, welche bey Musterung [...] umb Versorgung oder Beabschiedung sich gemeldet.« SHStA, Loc. 11003 (wie Kap. II, Anm. 174).
57 Alle bis dahin noch anstehenden Ausgaben sollten zu Lasten der französischen Kassen gehen.

Auflösung jedoch von Beginn an nicht einverstanden, was zu einem Kompromiss, einer gemischten Besetzung dieses Gremiums führte[58].

Nachdem August III. den Plänen des Feldmarschalls noch zugestimmt hatte, erfolgten auch in der kurzen Regierungszeit Friedrich Christians keine wesentlichen Änderungen. Hatte durch Augusts unnachgiebige Haltung gegenüber den Ständen ein tiefgreifender Konflikt gedroht, konnte sein Nachfolger die Finanzierung der Vorschläge des »Chevalier de Saxe« zumindest teilweise durchsetzen. In Verlaufe des Landtages von 1763 (des ersten seit 1749)[59] wurden jedoch die Schwierigkeiten deutlich, durch welche das Projekt in den Folgejahren seine Beschränkung finden sollte: Die zerrütteten Staatsfinanzen erlaubten es den Ständen nicht, die für eine Neuformierung des Militärs erforderlichen Summen in vollem Umfange aufzubringen, und verhinderten somit die angedachte Erhöhung des »Ausländeranteils« durch kostenintensivere auswärtige Werbung. Der allgemeine Mangel an jungen Männern ließ auch das Projekt der »Landreserve« gleich zu Beginn ganz zum Erliegen kommen[60]. Aus demselben Grund gestalteten sich auch Rekrutierung und Werbung schwierig, die durch den geringeren »Ausländeranteil« jedoch intensiviert werden mussten. Dennoch erreichte die sächsische Armee bereits 1764 einen effektiven Bestand von etwa 19 000 Soldaten, der bis zum Jahre 1768, in dem die größte Rekrutenstellung des 18. Jahrhunderts stattfand[61], nochmals um über 11 000 Mann erhöht wurde. Als Prinz Xaver am 15. September 1769 seine Administratur niederlegte, übergab er Friedrich August III. ein Heer mit einer Stärke von knapp 31 200 Mann[62]. So wie Xaver zwischen 1758 und 1763 unermüdlich um den Erhalt seines Korps gekämpft hatte, setzte er auch während seiner Administratur zusammen mit dem »Chevalier de Saxe« die Reorganisation

---

58 Der »Chevalier de Saxe« sollte den Vorsitz führen. Von militärischer Seite wurden zudem zwei Generäle zu Beisitzern mit Stimmrecht ernannt. Rudert, Die Reorganisation, S. 34.

59 Während unter August dem Starken die Stände alle zwei Jahre einberufen wurden, tagten sie unter seinem Sohn im Schnitt nur alle 5,8 Jahre und zwischen 1749 und 1763 überhaupt nicht. Matzerath, Adelsrecht und Ständegesellschaft, S. 28 f.

60 Die jährlichen Kosten des zukünftigen kursächsischen Heeres wurden mit etwa 1,67 Millionen Talern veranschlagt. Friedrich Christian gelang es, die Landstände wenigstens zur Zahlung von 850 000 Talern zu bewegen, 150 000 Taler steuerte er selbst bei. Daneben bestanden Forderungen der Armee in Höhe von etwa 3,18 Millionen Talern, die bis zum Jahre 1746 zurückreichten. Die fehlenden jährlichen Gelder versuchten der »Chevalier de Saxe« und Prinz Xaver durch Reduktion der Garderegimenter, Auflösung der »Schill-Husaren«, Verringerung der Gehälter der Generalität und Verschiebung von Anschaffungen für die Infanterie und Kavallerie zu kompensieren. Rudert, Die Reorganisation, S. 37, 40, 53 f.; Schuster/Francke, Geschichte der Sächsischen Armee, T. II, S. 151 f., 159.

61 Am 8. Februar 1768 sollten 8000 Rekruten gestellt werden. Da viele dienstfähige Männer aus den Städten und Dörfern flohen und auch die lokalen Behörden ihren Pflichten nicht überall gleichermaßen nachkamen, waren bis zum März nur 49 Prozent der Rekruten gestellt. Durch Verlängerung des Termins wurde bis zum Herbst die geforderte Stärke dennoch fast erreicht. Die fehlenden Rekruten sollten zur Hälfte durch die Werbung von In- und ausnahmsweise auch von Ausländern gestellt werden. Von den in den ersten Jahren nach 1763 geworbenen Ausländern desertierte jedoch ein erheblicher Teil nach kurzer Zeit wieder. Das Problem der gewaltsamen Werbung bestand in Kursachsen auch nach dem Siebenjährigen Krieg fort, wie immer wiederkehrende Beschwerden aus der Bevölkerung belegen. Kroll, Soldaten im 18. Jahrhundert, S. 116 f., 120, 133, 155, 157 f.

62 Hofmann, Die Kursächsische Armee, S. 3.

gegen den zunehmenden Widerstand der in Kursachsen selbstbewusst agierenden Stände[63] durch, was ihm den Vorwurf einer absolutistischen Regentschaft einbrachte[64]. Dass dieser rasche Neuaufbau auf einer immer ungesicherteren finanziellen und personellen Basis erfolgte, belegt seine stufenweise Umkehrung durch ein System der Vakanthaltung (langfristige Beurlaubungen) nach 1769 unter dem jungen und wenig machtbewussten Kurfürsten Friedrich August III. (dem »Gerechten«). In den Bayerischen Erbfolgekrieg trat Sachsen dann mit einer Heeresstärke von rund 23 400 Mann ein[65]. Dies zeigt, dass die Pläne des Heerführers Xaver in erster Linie strategischen Ursprungs gewesen waren und in der politischen und ökonomischen Realität langfristig ihre Beschränkung fanden.

Es waren jedoch nicht nur fehlende Geldmittel oder zu geringe Bevölkerungszahlen, wodurch der Sprung Kursachsens im ausgehenden 18. Jahrhundert in den Kreis hochgerüsteter Staaten verhindert wurde, sondern vor allem auch die fehlende Akzeptanz einer zunehmenden Militarisierung des gesamten Staatswesens nach preußischem Vorbild bei den die Bevölkerung repräsentierenden Ständen sowie innerhalb des wettinischen Herrscherhauses. Ungeachtet der bereits mehrfach gescheiterten Neutralitätspolitik und der jahrzehntelangen Verkennung der Bedeutung des Militärs als außenpolitisches Instrument rieten die Stände auch nach dem Siebenjährigen Krieg von allzu umfangreichen Rüstungen ab, um »bey

---

[63] Kursachsen gehörte innerhalb des Reiches zu den Staaten, in denen die Stände eine verhältnismäßig starke Stellung einnahmen. Ihr entschlossenes Auftreten setzte nicht nur Xavers Plänen immer engere Grenzen. Bereits 1749 zwangen die Stände den mächtigen Grafen Brühl zur Einberufung einer Sonderkommission, welche die Missstände in der Finanzpolitik offenlegte. Zudem verhinderten sie beispielsweise 1815 die Vereinigung der Oberlausitz als »Oberlausitzer Kreis« mit den übrigen Landesteilen und damit dessen Unterstellung unter die Dresdner Zentralverwaltung. Sie begünstigen also keineswegs die Schaffung einer für alle Landesteile gültigen Verfassung. Köpping, Sachsen gegen Napoleon, S. 118 f.; Kroll, Soldaten im 18. Jahrhundert, S. 57; Demel, Der aufgeklärte Absolutismus, S. 81, 85; Staszewski, August III., S. 210.

[64] Prinz Xaver geriet nicht nur wegen seiner Geldforderungen für den Heeresausbau, sondern auch aufgrund seiner gesamten Finanzpolitik in die Kritik der Stände und der Beamtenschaft. Diese sprachen sich nicht nur gegen die einzelne Gewerbe schädigende Quatembersteuer aus, sondern auch gegen eine Bestimmung, die ländliche Besitzteilung verbot, das »Bauernlegen« jedoch ermöglichte. Xaver nahm die für das Heer notwendigen Anleihen nicht wie üblich in Holland, sondern in Genua auf, nachdem anderweitige Versuche gescheitert waren. Noch 1773 standen bei den sächsischen Staatsausgaben die Heeresausgaben (28,5 %) und die Zinsen an die Staatsgläubiger (27,5 %) an erster und an zweiter Stelle. Zudem wurde Xaver der Vorwurf gemacht, »Ausländer« in seine Nähe zu ziehen. Hinzu kamen offenbar auch persönliche Motive. Kötzschke/ Kretzschmar, Sächsische Geschichte, S. 290. Interessant sind in diesem Zusammenhang die Parallelen zu Johann Christoph Gottscheds Tragödie *Agis, König von Sparta* (1745). Gottsched, »die zentrale Gestalt der sächsischen Variante von Aufklärung mit großer überregionaler Wirkung in der ersten Hälfte des 18. Jahrhunderts«, stellt dar, »wie der Versuch eines ideal gesinnten Monarchen, die politischen und wirtschaftlichen Verhältnisse in seinem Staat grundlegend zu reformieren, scheitert«. Er hat »deswegen keinen Erfolg, weil er seine idealen Ziele nicht mit einer realistischen Analyse der politischen Kräfte und Interessen verbindet [...] weil in Sparta wie in Sachsen die Monarchie mit einer Vertretung der Stände zu rechnen hat«. Stockinger, Die sächsische Aufklärung als Modell, S. 39 f.

[65] Erst nach dem Erbfolgekrieg kam es wieder zu einer allmählichen Anhebung der Heeresstärke. Kroll, Soldaten im 18. Jahrhundert, S. 72 f.; Blaschke, Sachsen zwischen den Reformen, S. 11, 13; Rudert, Die Reorganisation, S. 92; Hofmann, Die Kursächsische Armee, S. 2, 5, 131. Zur kursächsischen Armee im Bayerischen Erbfolgekrieg: Mielsch, Die kursächsische Armee.

mächtigen Nachbarn« keinerlei »Ombrage« zu verursachen und das Kurfürstentum nicht »in Unruhen« zu verwickeln[66]. Diese aus der Brühlschen Außenpolitik in die Nachkriegszeit herüberreichenden Kontinuitätslinien unterstreichen nochmals den Charakter des Rétablissements als überwiegend innenpolitisch orientierte Reform innerhalb unverrückbarer Rahmenbedingungen. Hierzu gehörte, dass sich Kursachsen auch zukünftig nicht zum Militärstaat entwickeln würde[67]. Gerade unter Friedrich August III., einem ordnungs- und friedliebenden Herrscher, der keinerlei Veränderungen wünschte und auf die strikte Neutralität Kursachsens bedacht war, musste ein in seinem Umfang begrenztes und den Grundsätzen des späteren 18. Jahrhunderts verhaftet bleibendes Heer den Vorstellungen des Regenten entsprechen[68].

Trotz der erneuten Zurückdrängung des militärischen Elements nach 1769 gelang es Friedrich August III., sein »Staatsschiff« sehr erfolgreich durch den Bayerischen Erbfolgekrieg zu steuern und seinem Land anhaltende Friedensperioden zu bescheren[69]. Das Fehlen herausragender sächsischer Politiker und Militärs machte sich jedoch am Ende des Jahrhunderts insbesondere in der selbst für das politisch zweitrangige Sachsen unausweichlichen Konfrontation mit Napoleon bemerkbar. Hier zeigte sich Friedrich August der »Gerechte« ähnlich wie Friedrich Wilhelm III. von Preußen persönlich und politisch überfordert. Im Gegensatz zur preußischen Armee erkannte das sächsische Heer seine Rückständigkeit jedoch weniger im Kampf gegen Napoleon. In erster Linie deckte der gemeinsame Einsatz mit dem französischen Heer die Schwachstellen der kursächsischen Armee auf. Es war auch nicht wie im Falle Preußens die Niederlage in der Doppelschlacht von Jena und Auerstedt, die im sächsischen Heer einen Reformdruck erzeugte, sondern das Gewissen und das Pflichtbewusstsein Friedrich Augusts III. (seit 1806 König Friedrich August I.), das ihm gebot, der Napoleon gelobten Treue nach besten Kräften nachzukommen. Nach 1742, 1745 und 1763 musste Sachsen jedoch auch am Beginn des 19. Jahrhunderts nochmals erkennen, dass sein geschichtlicher Auftrag »nicht in der Entfaltung militärischer Stärke und in der Teilnahme am Wettlauf und Macht beruht, sondern in der Entwicklung seiner inneren Kräfte und im Hervorbringen von Leistungen in den Bereichen von Wirtschaft, Wissenschaft und Kultur«[70].

---

66 »Extract aus des Königl. Geheimen Consilii Bericht d.d. Dresden, den 11. Aug. 1763« an Brühl. SHStA, Loc. 11003 (wie Kap. II, Anm. 174).
67 Blaschke, Albertinische Weltiner als Könige von Polen S. 70.
68 Gülich, Die Sächsische Armee, S. 23. Zur Person Friedrich Augusts III.: Petschel, Die Persönlichkeit Friedrich August.
69 Friedrich August III. nötigte den Kaiser zum Verzicht auf seine bayerischen Pläne sowie zur Aufgabe der böhmischen Lehenshoheit über die Schönburgischen Herrschaften. Als Entschädigung für die Ansprüche seiner Mutter Maria Antonia in Bayern erhielt er eine Entschädigung von 6 Mio. Gulden. Auch die Ablehnung der ihm 1791 angetragenen polnischen Königskrone war eine kluge politische Entscheidung, um Sachsen aus möglichen Konflikten mit Preußen, Russland und Österreich herauszuhalten. Petschel, Sächsische Außenpolitik, S. 48–61 und 121–143.
70 Blaschke, Sachsen zwischen den Reformen, S. 16, 22.

VII. Zusammenfassung

Angesichts der Charakteristik des Siebenjährigen Krieges als globaler Konflikt erscheinen die Ereignisse um den Einmarsch der preußischen Armee in Sachsen, die Belagerung von Pirna und das weitere Schicksal der kursächsischen Soldaten allenfalls als »Mikrokosmos«. Bei näherer Betrachtung der Ereignisse im Herbst 1756 ist jedoch eine ungleich größere Bedeutung derselben feststellbar. Der »Tiefpunkt« der sächsischen Armee im 18. Jahrhundert war zugleich Ausgangspunkt zahlreicher Entwicklungen, die sowohl von preußischer als auch von sächsischer Seite kurz vor dem Ausbruch des Siebenjährigen Krieges nicht vorhersehbar waren. Das Fallbeispiel des kursächsischen Heeres zeigt, dass Problemfelder, die im Frieden durch »des Dienstes ewig gleich gestellte Uhr« entweder nicht existent oder noch kalkulier- und überschaubar waren, sich im Krieg plötzlich verdichteten oder erweiterten. Somit sind es Streitkräfte nicht nur wert, im Friedens- oder Garnisonsalltag, sondern auch im Krieg, »im Einsatz«, betrachtet zu werden.

Hinsichtlich der Bedeutung des Pirnaer Lagers für die preußische Kriegführung zwischen 1756 und 1763 und die Folgen des Siebenjährigen Krieges für Kursachsen bleibt festzuhalten, dass sich Friedrich II. durch die Vereinnahmung des sächsischen Heeres selbst um die ihm vorschwebende kurze und dynamische Kriegführung brachte[1]. Im Verlauf des Herbstfeldzuges 1756, der einzigen länger geplanten Kampagne des Krieges[2], dachte der preußische König von Anfang an zu optimistisch, wenn er hoffte, die sächsischen Regimenter noch in ihren Quartieren vorfinden und dort gefangen nehmen zu können. Besonders als sich im Sommer der Ausmarsch seiner gerüsteten Armee mehrfach verzögerte, hätte er eigentlich angesichts der ihm bekannt gewordenen Benachrichtigung des Dresdner Hofes durch Spione und mit der Einleitung entsprechender Gegenmaßnahmen rechnen müssen. Auch erfolgte der Einmarsch der preußischen Truppen selbst nicht rasch genug, um eventuell die sächsischen Regimenter noch vor ihrer Zusammenziehung bei Pirna zu stellen. Überhaupt scheint man auf preußischer Seite mit einem solchen Verhalten der Sachsen gar nicht gerechnet zu haben, denn erst am 6. September traf die Nachricht von deren Verschanzung im preußischen Hauptquartier ein. Die Tatsache, dass General Winterfeldt mit den geografischen Schwierigkeiten in der Umgebung der Festung Königstein vertraut war, hätte die Preußen spätestens jetzt zur Eile mahnen müssen. Angesichts der immer stärker werdenden sächsischen Verteidigungswerke und der mangelnden Gangbarkeit des

---

[1]   Duffy, Friedrich der Große, S. 119.
[2]   Kroener, Friedrich der Große, S. 20.

Geländes stand Friedrich II. nun vor einer schwerwiegenden Entscheidung, entweder die politisch »unzuverlässigen« Sachsen bei einem eventuellen Weitermarsch nach Böhmen hinter sich – und noch dazu an der strategisch wichtigen Elbe – stehen zu lassen oder die sächsische Armee zu belagern, um deren Kapitulation zu erzwingen. Ersteres barg für den preußischen König zweifelsohne ein hohes Risiko[3].

Trotz ihrer relativ geringen Stärke hätten die Sachsen den Versorgungswegen des preußischen Heeres, der »Achillesferse« einer jeden Armee, gefährlich werden und somit Friedrichs glänzende Aussichten für militärische Operationen in Böhmen in Frage stellen können. Im Falle einer dortigen Niederlage gegen die Österreicher wären die etwa 20 000 Sachsen für eine zurückweichende und eventuell noch stark dezimierte preußische Armee zudem eine unkalkulierbare Bedrohung gewesen. »Eine starke Befestigung links liegen zu lassen und geradewegs auf das Ziel zuzugehen, war nicht möglich«, konstatiert Jürgen Luh dazu in seinen allgemeinen Betrachtungen über »Bollwerk und Belagerung«. Insofern scheint der preußische Entschluss zur Belagerung durchaus nachvollziehbar[4]. Die geringe Einsatzbereitschaft der sächsischen Soldaten, die wenigen Vorräte und die für einen Ausbruch ungünstigen geografischen Gegebenheiten der Pirnaer Defensivstellung werden Friedrich II. zusätzlich ermutigt haben, die sächsische Armee sozusagen »im Vorbeimarsch« zur Kapitulation zu zwingen.

Die Durchhaltefähigkeit des Gegners unterschätzte Friedrich II. jedoch gewaltig. Eine sechswöchige Belagerung kann für die Mitte des 18. Jahrhunderts als ungewöhnlich lange gelten[5]. Mit ihrem Standhalten nahmen die Sachsen einen erheblichen Einfluss auf die Fortdauer des Krieges. Der Militärhistoriker Hans Delbrück merkte bereits zum Verhalten Friedrichs II. vor Pirna an, dass dieser die einmalige Gelegenheit nicht wahrgenommen hätte, die unfertig gerüsteten Österreicher in Böhmen mit seiner Übermacht im September oder Oktober 1756 vernichtend zu schlagen. Voraussetzung dafür wäre, so Delbrück, eine konsequente Erstürmung des sächsischen Lagers gewesen. Indessen ließ der preußische König die Wochen in trügerischer Hoffnung auf baldige Kapitulation ungenutzt verstreichen und »ein Corps von nicht mehr als 18 000 Mann, die Sachsen bei Pirna, genügten, ihn für den ganzen Feldzug zu beschäftigen«[6]. Napoleon, mit dem Gelände bei Pirna vertraut, übte ebenfalls Kritik am preußischen König:

> »In Sachsen einfallen, Dresden erobern, die sächsische Armee entwaffnen, in Böhmen
> einrücken, Prag besetzen und hier überwintern, das war alles, was er beabsichtigen
> konnte und musste. Aber er operierte schlecht: [...] Der König [...] hätte dieses Lager in
> vier Wochen einnehmen, die Sachsen zum Strecken der Waffen zwingen und dann nur
> eine Besatzung von sechs Bataillonen und sechs Schwadronen in Dresden zurücklassen
> dürfen [...] Der König hätte neun Angriffe machen müssen, drei auf jeder Seite, davon

---

3   Kunisch, Friedrich der Große, S. 352.
4   Luh, Kriegskunst in Europa, S. 113.
5   Die Durchschnittsdauer einer Belagerung um die Mitte des 18. Jahrhunderts wird mit etwa zwölf
     Tagen angegeben, wobei sich diese Zahl allerdings auf Festungen oder Städte bezieht, die jedoch
     in der Regel noch besser befestigt waren als ein eilig bezogenes Lager. Luh, Kriegskunst in Europa, S. 109 f.
6   Delbrück, Friedrich, Napoleon, Moltke, S. 11.

nur einen ernsthaften. [...] Die Sachsen, unter die Mauern von Königstein zurückgeworfen, hätten kapituliert[7].«

Ähnlich urteilte auch Carl von Clausewitz über die Situation des preußischen Königs:

> »Was man auch bei dem üblen Ausgang der Sache [...] gesagt hat, so bleibt doch gewiss, dass 17 000 Sachsen niemals auf eine andere Art 40 000 Preußen hätten neutralisieren können. Wenn die österreichische Armee bei Lobositz keinen besseren Gebrauch von der dadurch erhaltenen Überlegenheit machte, so beweist das nur, wie schlecht die ganze Kriegführung und Kriegseinrichtung war, und es ist nicht zu bezweifeln, dass Friedrich der Große, wenn die Sachsen, anstatt in das Lager von Pirna zu gehen, nach Böhmen gegangen wären, Österreicher und Sachsen in demselben Feldzuge bis über Prag hinausgetrieben und diesen Ort genommen haben würde[8].«

Aus prominenter Feder wird also erkennbar, dass die eigentlich »aus der Not geborene« Zusammenziehung des sächsischen Heeres offenbar von Beginn an die Weichen für einen lange andauernden Krieg stellte. Es ist anzunehmen, dass Friedrich II. eine kombinierte Armee aus Sachsen und den unfertig gerüsteten Österreichern 1756 beizeiten aus dem Felde geschlagen und seinen Vormarsch tief auf österreichisches Territorium fortgesetzt hätte, so wie es ihm auch in den späteren Kriegsjahren noch vorschwebte[9]. Ob die fortgeschrittene Jahreszeit bei erfolgreicher, rascher Operationsführung hierfür ein Hindernis dargestellt hätte, ist zu bezweifeln. Der Siebenjährige Krieg sollte zeigen, dass der Grundsatz absolutistischer Kriegskunst, im Winter keine größeren Operationen durchzuführen, an Gültigkeit verlor[10]. Ob die ohnehin unharmonische antipreußische Koalition ohne ein besiegtes Österreich und ohne ihren »Fixpunkt« Kaunitz noch handlungsfähig und vor allem -willig gewesen wäre, erscheint höchst fraglich. Hier sei nur auf die zögerliche Haltung Frankreichs verwiesen. Aus dieser Perspektive betrachtet, bewirkte das »Aufopfern« der Sachsen im Pirnaer Lager eine nachhaltige Verschleppung der preußischen Operationen, für Friedrichs Gegner bedeutete dies einen Zeitgewinn für ihre eigenen Rüstungen und damit letztendlich die Festigung der antipreußischen Koalition. Friedrich II. hatte sich aus der Möglichkeit einer raschen Entscheidung in eine Situation manövriert, die er später als das »Aufstellen der Schachfiguren« bezeichnete[11]. Hinter diesem eleganten Ausdruck verbarg sich eine für ihn fast ausschließlich negative Entwicklung, nämlich das Anwachsen der feindlichen Koalition und ihrer Heere. Zugespitzt formuliert, würde daher ohne das Pirnaer Lager heute eventuell – zumindest was den europäischen Kriegsschauplatz betrifft – gar nicht von einem Siebenjährigen, sondern lediglich von einem nur ein- oder zweijährigen Dritten Schlesischen Krieg zu sprechen sein.

---

[7] Zit. nach Napoleon I., Darstellung der Kriege, S. 351 f.

[8] Clausewitz, Vom Kriege, S. 553, 699.

[9] Friedrich der Große. Gespräche mit Catt, S. 88.

[10] Bereits Friedrichs erster Feldzug 1740 begann im Winter. Groehler, Die Kriege Friedrichs II., S. 189. Weiterhin seien nur der Roßbach-Leuthen-Feldzug sowie der Winterfeldzug in Hessen 1760/61 als Beispiele angeführt.

[11] Schieder, Friedrich der Große, S. 189.

Der starke Einfluss, den der von den Sachsen gewählte geografische Ort auf die gegnerische Operationsführung ausübte, rechtfertigt nochmals und mit Nachdruck die Notwendigkeit, dem Faktor »Raum« nicht nur in sozialer oder kultureller, sondern auch in militärhistorischer Hinsicht wieder verstärkte Aufmerksamkeit zu widmen. Als Ort des Kampfgeschehens, des Krieges, an dem eine Armee ihren ureigensten Auftrag erfüllt, ist er doch ein erheblicher und in neuerer Zeit leider vernachlässigter Bestandteil der heute so vielfältig erforschten »Lebenswelt« des Soldaten.

Ungeachtet des äußerst geringen Nutzens, den die Einverleibung des sächsischen Heeres den Preußen bescherte, und des Tadels, den Friedrich II. wegen der Verzögerungen vor Pirna von späteren Heerführern und Historikern erhielt, konnte er in seinem Herbstfeldzug 1756 durch die Besetzung des Kurfürstentums Sachsen dennoch einen großen Erfolg verbuchen. Dieser sollte für den weiteren Verlauf des Krieges und den Erhalt des preußischen Staates in den nächsten Jahren mit ausschlaggebend sein. Napoleon fällte hier nochmals ein umfassendes Urteil: »Ohne Zweifel trug er [= Friedrich II.] in diesem Feldzug große Erfolge davon; jedoch er hätte noch viel größere davontragen können[12].« Einmarsch, Belagerung und Übernahme waren auf preußischer Seite beinahe ohne jegliche personellen Verluste erfolgt und spätestens nach der Kapitulation des sächsischen Heeres war Friedrich II. in Sachsen vorerst ohne jede ernsthafte Bedrohung. Die Pässe nach Böhmen und deren Vorland waren nach der Schlacht bei Lobositz in preußischer Hand, der schlesische Raum durch das Schwerinsche Korps gedeckt. Ein Vordringen des Gegners in das sächsische Gebiet war ohnehin durch die Topografie der Grenzgebirge erschwert und hätte diesen zudem gezwungen, in großer Entfernung von seinen Magazinen zu operieren. Somit konnte der preußische König ungehindert auf alle finanziellen, wirtschaftlichen und personellen Ressourcen seines Nachbarstaates zugreifen. Zudem befand sich die Elbe als äußerst wichtiger Versorgungsweg in seiner Hand. Nicht zuletzt aus diesem Grunde hatte er auch der Neutralität der ihren Lauf beherrschenden Festung Königstein sofort zugestimmt.

Wie wichtig dem preußischen König der Besitz des sächsischen Territoriums war, zeigt die sofortige Abstellung seiner halben Armee zu dessen Deckung nach der Niederlage bei Kolin[13]. Die Ressourcen Sachsens waren anscheinend von Beginn an in seine Kriegsplanung einbezogen, denn die preußischen Magazinvorräte waren von vornherein zu gering, um das preußische Heer ausreichend zu versorgen[14]. Nach Friedrichs Auffassung glich Sachsen einem »Mehlsack«, auf den man beliebig oft schlagen konnte und aus dem immer etwas dabei herauskam[15]. Sachsen erwies sich nicht nur als eine Haupteinnahmequelle für Preußens Kriegsfinanzen. Hinzu kamen das ausgiebige »Fouragieren« der preußischen Truppen, die Gestellung von Fuhrwerken, Pferden und Knechten sowie Einquartierungen, Kontribu-

---

[12]   Zit. nach Napoleon I. Darstellung der Kriege, S. 353.
[13]   Groehler, Die Kriege Friedrichs II., S. 87.
[14]   Luh, Sachsens Bedeutung, S. 29, 31.
[15]   Zit. nach Groehler, Die Kriege Friedrichs II., S. 76.

tionen und brutale Rekrutierungen, die wiederum den Fortgang der diensttauglichen Männer bewirkten.

Belastend für die Bevölkerung war jedoch nicht nur die Höhe der Abgaben, sondern auch die Praxis ihrer Eintreibung. Hier ist mit zunehmender Kriegsdauer wohl ausnahmslos für alle Parteien eine sich stetig steigernde »Verrohung« feststellbar. Johann Heinrich Gottlob von Justi, der sich noch vor Beginn des Krieges seiner »vernünftigen und gesitteten« Lebzeiten rühmte, in welchen die Menschen »die unselige Art Krieg zu führen einmal abgeleget haben«, bilanzierte gegen Ende des Krieges ernüchtert, dass er fast nicht glaube, »mit Wahrheit also schreiben« zu können[16].

War der Siebenjährige Krieg ein klassischer »Staatsbildungskrieg«, sofern er Preußens Eintritt in den Kreis der führenden Mächte Europas endgültig erzwang[17], so basierte dieser Erfolg größtenteils auf den Ressourcen Sachsens. Die nachhaltige Schädigung der sächsischen Volkswirtschaft machte nach 1763 eine Konsolidierungsphase notwendig, in deren Verlauf sich die sächsische Politik verstärkt den inneren Entwicklungen widmen musste, und, jeglicher Risiken müde, fortan in letztendlich kontraproduktiver außenpolitischer Passivität verharrte. Der endgültige Aufstieg Preußens besiegelte somit den Niedergang seines langjährigen Rivalen, er beschleunigte dessen Abstieg, der bereits in den vorangegangenen Kriegen seinen Anfang genommen hatte. Im Ergebnis des Wiener Kongresses sollte dieser schließlich seinen Tiefpunkt finden. 1815 erreichte Preußen, was Friedrich II. noch nicht gelungen war: die beinahe vollständige Niederwerfung und territoriale Zerstückelung Sachsens, verbunden mit der Einverleibung weiter Teile der »Konkursmasse« in das preußische Staatsgebiet[18].

Was nun das kursächsische Heer anbelangt, so wurde festgestellt, dass der Niedergang des sächsischen Heerwesens am Vorabend des Siebenjährigen Krieges zwar weder von Graf Brühl noch von August III. beabsichtigt, jedoch auch zu keiner Zeit von ihnen eingedämmt worden war. Im Gegenteil: Ein weniger bedrohliches Militär entsprach durchaus dem Neutralitätskonzept der Regierung – eine Kontinuitätslinie der sächsischen Außenpolitik, die noch weit in die nachaugusteische Ära hinüberreichen sollte. Feldmarschall Rutowski erscheint lediglich als ausführendes Organ immer neuer Sparpläne. Dass er innerhalb eines geringer werdenden Spielraumes und unverrückbarer Rahmenbedingungen trotzdem versuchte, die Schlagkraft des Heeres bestmöglich zu erhalten, lässt ihn als engagierten Organisator erscheinen. Zum Zeitpunkt der unmittelbaren Kriegsvorbereitungen Preußens drängte allein er nachhaltig auf Gegenmaßnahmen, während die Regierung nach wie vor an ihrem naiven Neutralitätskonzept festhielt.

Auch im 18. Jahrhundert »begann« ein Krieg nicht plötzlich, sondern er kündigte sich auch außerhalb der diplomatischen Ebene an. Die dem preußischen Überfall unmittelbar vorangegangenen Ereignisse machen die Art und Weise der

---

16 Zit. nach Carl, Unter fremder Herrschaft, S. 332.
17 Kunisch, Friedrich der Große, S. 438.
18 1815 verlor das Königreich Sachsen drei Fünftel seines Staatsgebietes mit rund 1 864 000 Einwohnern. Petschel, Sächsische Außenpolitik, S. 308.

Einbindung der Zivilbevölkerung zur Informationsgewinnung deutlich. Allerdings waren sich nur Rutowski, der sich mit seinem eigenmächtigen Handeln zeitweise am Rande seiner Kompetenzen bewegte, und seine Generalität des Ausmaßes der heraufziehenden Gefahr voll bewusst und schätzten auch Friedrichs Absichten im bevorstehenden Feldzug richtig ein. Angesichts der unfertig gerüsteten Österreicher erschien die Zusammenziehung der sächsischen Truppen bei Pirna als einzige Möglichkeit, die preußischen Operationen langfristig beeinflussen zu können, obgleich man damit den Zugriff von Friedrichs Truppen auf die Ressourcen Kursachsens nicht verhindern konnte.

Die schnelle, gut funktionierende Zusammenziehung der gesamten Armee stand jedoch in großem Gegensatz zum zögerlichen Handeln der militärischen und politischen Führung im Lager selbst. Jeder Tag verschlechterte die Chancen auf einen erfolgreichen Ausbruch. Die vielleicht größte Fehlentscheidung war sicher der Entschluss zum Transport der Pontonbrücke zu Wasser von Pirna nach Thürmsdorf, wodurch man dem Feind die Absicht zum Ausbruch verriet. Die fehlende Einsatzbereitschaft des restlichen Übergangsgerätes führte dann zu den Verzögerungen, durch welche der Ausbruch der eingeschlossenen sächsischen Armee von vornherein zum Scheitern verurteilt war. Der Zufall – das schlechte Wetter – spielte den Preußen zusätzlich in die Hände.

Hinter der wiederholten Abhaltung von Kriegsräten kann die Unentschlossenheit Rutowskis vermutet werden. Die Beratungen der sächsischen Generäle führten zu einem Ergebnis, das Friedrich II. in seinen »Generalprinzipien« beinahe jedem Kriegsrat vorhersagte: Es wurde auf ein Verbleiben an Ort und Stelle entschieden, also mehrheitlich für Nichthandeln plädiert[19]. Unvorstellbare Konfusion und mit »schwindligem Geist« gefasste Entschlüsse trugen in seinen Augen wesentlich zum Scheitern bei[20].

Waren die Beratungen ein Versuch Rutowskis, die Last der Verantwortung zu teilen, so kann er als erfolgreich gelten: In der anschließenden Medienkampagne stand die gesamte militärische Führung unter »Generalverdacht«, es wurde also nicht nur dem Feldmarschall fehlender Kampfesmut unterstellt. Offen bleibt indessen, warum der Oberkommandierende der sächsischen Armee die für sein Heer geradezu lebenswichtigen Absprachen mit dem Oberbefehlshaber der österreichischen Truppen in Böhmen, Feldmarschall Browne, dem sächsischen Premierminister Graf Brühl, überließ. Eventuell könnte der Grund hierfür in den bisherigen schlechten Erfahrungen mit den Österreichern zu suchen sein. Auch Kurprinz Friedrich Christian attestierte diesem militärischen Bündnis einmal die »traurig[sten] Folgen«[21]. Noch 1806 merkte das Geheime Konsilium rückblickend an, dass Sachsen »aus einer engeren Verbindung mit dem Haus Österreich, nie

---

[19] Aus den »Generalprinzipia vom Kriege« von 1748. Friedrich der Große. Gedanken und Erinnerungen, S. 98.

[20] Schreiben Friedrichs II. an Feldmarschall Keith vom 15.10.1756. Zit. nach Das geheime politische Tagebuch des Kurprinzen, S. 317. Vgl. Hoyer, Versuch, S. 29 f., 30.

[21] Tagebucheintrag vom 21.–22.9.1756. Zit. nach Das geheime politische Tagebuch des Kurprinzen, S. 287–289.

wahre Vorteile gezogen, sondern Schaden erlitten [...] habe«[22]. Browne erweckt hingegen bei seinen Entsatzversuchen den Eindruck aufrichtigen Bemühens. Das Nichtzustandekommen des »Rendezvous« beider Armeen basierte jedenfalls nicht auf gravierenden Fehlern in seiner Operationsführung.

Auffällig ist auch der geringe Kontakt Rutowskis zu seinem Halbbruder und König-Kurfürsten. Unverständlich bleibt vor allem die fehlende persönliche Abstimmung über die Bedingungen und Umstände der Kapitulation. Daher ist das noch im selben Jahr einsetzende öffentliche »Nachspiel« in den Zeitungen auch wenig verwunderlich. Es zeigt, dass der Untergang der sächsischen Armee von beiden Seiten – dem König-Kurfürsten und der sächsischen Generalität – nur schwer akzeptiert und erst nach längerer Zeit emotional »bewältigt« werden konnte. Mehr noch als eine Feldschlacht, in der eine Armee »ehrenvoll« unterging, verlangte eine beinahe kampflose Kapitulation nach Schuldigen. Friedrich Christians Schreiben zeigen, dass auch ein den sächsischen Hof kritisch beobachtender Geist offensichtlich weder Kritik am Verhalten Augusts III. aufkommen ließ noch die tieferen Ursachen der Katastrophe näher in Betracht zog. General Arnim stellte zu Recht fest, dass die sächsische Generalität beim König-Kurfürsten derart »angeschwärzt« worden war, »dass sie die Folgen auch in glücklicheren Zeiten noch empfinden« würde[23]. Die erhaltene Korrespondenz spiegelt aber durchweg die aufrichtige Betroffenheit von den öffentlichen Anschuldigungen wider. Die nicht nur für das Kriegsbild des Ancien Régime als sehr mutig einzustufende Entscheidung am Lilienstein rechtfertigt letztendlich die Beurteilung Rutowskis als einen menschlichen und verantwortungsvollen Heerführer mit tragischem Schicksal. Ungeachtet der äußerst widrigen Entwicklungen des sächsischen Heeres am Vorabend des Siebenjährigen Krieges war es der Generalität gelungen, mit ihrer Armee einem übermächtigen Gegner nachhaltigen Widerstand zu leisten. Sie kapitulierte letztendlich vor Hindernissen, die nicht durch Mut zu besiegen waren.

Die Gründe für die Standhaftigkeit der ungenügend gerüsteten Sachsen lagen zunächst in der immer rücksichtsloseren Beschaffung der Nahrungsmittel innerhalb des Lagers. Obwohl bereits August der Starke die Qualität des Platzes erkannt hatte, war dessen langfristige Präparierung versäumt worden[24]. War die Logistik vor Beginn der Belagerung in höchstem Maße unzulänglich gewesen, wurde sie nach Vollendung der Einschließung mit aller Konsequenz betrieben.

Abgesehen von organisatorischen Faktoren war die sich in den geringen Desertionszahlen und der guten Disziplin äußernde Treue der Sachsen zu ihrem nahezu unauffälligen Monarchen ein eher untypisches Verhalten für den Soldaten in absolutistischer Zeit. Sicher war mit der ständigen Hoffnung auf österreichischen Entsatz auch ein vordergründiges Motiv für das Ausharren der Soldaten vorhanden. Es erscheint aber gerade angesichts der zu geringen Stärke der sächsischen Armee für das ausgedehnte Terrain des Lagers bemerkenswert, dass nur so wenige

---

22 Konferenzprotokoll vom 23.8.1806. Zit. nach Petschel, Sächsische Außenpolitik, S. 277.
23 Schreiben Arnims vom 2.3.1757. Vitzthum von Eckstädt, Die Geheimnisse des sächsischen Kabinetts, T. II, S. 305 f.
24 Das geheime politische Tagebuch des Kurprinzen, S. 316.

Soldaten die sicher häufiger vorhandene Möglichkeit zur Flucht ergriffen haben. Ihr Verhalten deutet vor allem auf ungewöhnlich verfestigte soziale Strukturen innerhalb eines Heeres hin, das nach seinem Umfang und seiner Schlagkraft keineswegs in die erste Reihe der europäischen Armeen der Mitte des 18. Jahrhunderts eingeordnet werden konnte. Aufgrund ihrer persönlichen Beziehungen untereinander und der Vertrautheit mit den spezifischen Werten und Normen ihrer »Kerngruppe«, der überwiegenden Geschlossenheit hinsichtlich der konfessionellen und regionalen Herkunft und einer starken Beziehung zum Landesherrn, erwiesen sich die Sachsen als ausgesprochen treue und in der Defensive durchhaltefähige Soldaten.

Hierzu bedurfte es keiner charismatischen Führerfiguren, wie sie Feldmarschall Rutowski und August III. ohnehin nicht waren. Die Anwesenheit ihres »sakralisierten« Landesherrn, obwohl visuell kaum wahrnehmbar, genügte anscheinend, um die Soldaten »bei der Stange« zu halten. Mithin ist eine tiefgehende Fügung in die traditionalen Machtansprüche der Wettiner festzustellen. Dies war übrigens nicht nur im Siebenjährigen Krieg, sondern auch noch an der Schwelle zum 19. Jahrhundert der Fall: Obwohl Friedrich August III./I. notwendige Reformen ablehnte und das Bündnis mit Napoleon seinem Volk viel Opfer abverlangte, blieb die Verehrung des Monarchen ungebrochen.

Zudem wollte der sächsische »Gemeine« vor seiner »Kameradschaft« keinesfalls als »feiger Kerl« gelten und schien offenbar auch bereit, in einfacher Fügung in Gottes Hand sein »Vaterland« aus Einsicht zu verteidigen. Er präsentierte sich somit als »anteilnehmendes Mitglied des politischen Gemeinwesens, in dessen Dienst er stand«[25]. Als dieses »Gemeinwesen« durch die Kapitulation in eine tiefe Krise geriet und der Willkür des Überwinders schutzlos ausgeliefert war, zeigte sich der sächsische Soldat hiervon persönlich betroffen. Die Durchführung der Waffenstreckung deutet nicht nur auf eine ungeschriebene, epochenübergreifende »Kapitulationskultur« hin, wozu weitere Untersuchungen wünschenswert wären. Sie ist hinsichtlich der sächsischen Armee auch einer der wenigen Momente, in denen die Treue der einfachen Soldaten zu ihrem Landesherrn eine Krise erfuhr.

In einer hoffnungslosen Ausnahmesituation fügte sich der überwiegende Teil der Mannschaften und Unteroffiziere offenbar ohne Euphorie, aber auch ohne nennenswerten Widerstand den Anweisungen der Preußen – auch der erzwungenen und unerwarteten Übernahme in die gegnerische Armee. Waren sie beim Ausbruchsversuch nach wochenlanger Passivität dem möglichen Tod auf dem Schlachtfeld noch mutig und in mental-religiöser Hinsicht gut präpariert entgegen geschritten, so erschütterte die Angst vor einem erbärmlichen Hungertod ihre Loyalität temporär. Die Zusage der Preußen, die vertrauten sächsischen Regimentsstrukturen auch zukünftig zu erhalten, kann in ihrer Bedeutung kaum überschätzt werden.

In der Folgezeit wurden die Preußen jedoch mit der für sie ungewohnten landsmannschaftlichen Geschlossenheit und dem unerwarteten »Korpsgeist« der

---

25 Sikora, Verzweiflung oder Leichtsinn?, S. 244 f., 253.

sächsischen Armee konfrontiert[26]. Dies führte nicht nur dazu, dass bewährte Integrationsmethoden von »Neugeworbenen« und »Ausländern« weitgehend versagten, sondern dass auch das Charisma Friedrichs II. ohne die erhoffte Wirkung blieb. Zudem erlebten die Soldaten des preußischen Königs die Konsequenzen aus der Bewachung und Verfolgung der zwangsrekrutierten Sachsen durch deren eigene Landsleute. Eine erniedrigende Behandlung erfahrener sächsischer Soldaten durch preußische Ausbilder, nicht eingelöste materielle Versprechungen, mit denen der Übertritt in preußische Dienste schmackhaft gemacht worden war, sowie die Beeinflussung durch die Bevölkerung, der »Medienkrieg« und die politische Propaganda, waren nur einige Faktoren, welche die Sachsen spätestens am Vorabend des Frühjahrsfeldzuges 1757 zur Desertion verleiteten. Oftmals genügten auch eine günstige Gelegenheit oder das mitreißende Vorbild von Kameraden als Anstoß zur Flucht. Die »Abstimmung mit den Füßen« zeigte deutlich, wofür man zu kämpfen bereit war und wofür nicht. Der sächsische Soldat erscheint hierdurch nicht als eine lediglich durch Drill und Zwang disziplinierte »Maschine«, sondern als ein mit klaren Wertevorstellungen ausgestatteter Mensch. Er war sehr wohl zur Reflexion über den Endzweck und das Risiko des Einsatzes von Gesundheit und Leben befähigt und daher nicht ohne Weiteres in andere militärische Gefüge integrierbar.

Da sich die Offiziere nicht mehr bei ihren Regimentern befanden, kam den Unteroffizieren bei der Massenflucht eine tragende Rolle zu. Es erscheint bemerkenswert, dass viele von ihnen ein ungewisses Schicksal als »Deserteur« dem im preußischen Dienst beinahe sicheren Aufstieg in die sonst nur schwer erreichbaren Offiziersränge vorzogen. Gemeinsam mit herausragenden Mannschaftsdienstgraden hielten sie als »Korsettstangen« nicht nur ihre kleinen Kampfgemeinschaften während der Belagerung beisammen, sondern führten später wesentlich größere Formationen aus dem preußischen Dienst über die Landesgrenzen. Es gelang ihnen, die alten sächsischen Regimentsstrukturen über den preußischen Dienst zu »retten« und aus den Deserteuren die Großgruppe der »Revertenten« zu formen. Die Gefolgschaft ihrer Soldaten ist ein Beleg für ihre Autorität, aber auch für das Vertrauen, das die kursächsischen Soldaten gegenüber dem Handeln ihrer unmittelbaren Vorgesetzten empfanden. Mannschaften und Unteroffiziere verband dabei das gemeinsam empfundene Gefühl des erlebten Unrechts, die Zeit der »Bewährung« im Lager sowie ein kollektives Ziel, nämlich aktiv an der Befreiung des bedrängten »Vaterlandes« und an der Reinstallation der Herrschaft des Landes-

---

[26] Auch die Wehrmacht bildete nach den negativen Erfahrungen des Ersten Weltkrieges ihre Truppenteile abwärts der Divisionsebene wieder bewusst auf landsmannschaftlicher Basis. Da »ein Preuße unter Bayern (oder umgekehrt) möglicherweise solchen sozialen Schwierigkeiten begegnen würde, dass er zum Selbstmord getrieben werden könnte«, versuchte die Wehrmacht, den landsmannschaftlichen Charakter ihrer Truppen trotz administrativen Mehraufwands aufrechtzuerhalten. Gerade die gegen Ende des Zweiten Weltkrieges eilig aufgestellten Verbände ohne inneren Zusammenhalt verzeichneten die meisten Desertionen. Creveld, Kampfkraft, S. 62 f. Im Gegensatz dazu war die französische Armee um 1870 sehr vorsichtig im Umgang mit den als »unzuverlässig« geltenden Soldaten aus dem Süden des Landes. Im Wissen um deren landmannschaftlichen Zusammenhalt hütete man sich eher davor, diese in bestimmten Einheiten zu konzentrieren. Schmitt, Armee und staatliche Integration, S. 293.

herrn, der nach sächsischem Verständnis offenbar ein ganz entscheidender Bestandteil des Vaterlandsbegriffes war, mitzuwirken.

Obwohl sich der sächsische Monarch fern des Landes befand, war er als ein der einfachen Vorstellungswelt der kursächsischen Soldaten entsprechender »Landesvater« offenbar stets gegenwärtig. Militärische Effekten mit den Initialen seines Namens, wie etwa Mützenkokarden, überdauerten den preußischen Dienst und dienten den ins friderizianische Heer gepressten Sachsen als Identifikationssymbole. Selbstbewusst meldeten ihm die sächsischen Unteroffiziere ihre Flucht und erwarteten seine Befehle, forderten gewissermaßen »Treue um Treue«. Anscheinend akzeptierten sie ihn als obersten Kriegsherrn, obgleich er keineswegs dem Ideal des »König-Feldherrn« entsprach. August III. geriet hierdurch in eine Art »Bringschuld«, was sein engagiertes Bemühen um das beginnende »Sammlungswerk« zum Teil begründet. Somit entstand die eigentümliche Situation, dass er vom Warschauer »Exil« aus mehr Anteil am Schicksal seiner Soldaten nahm als in den ganzen Jahren zuvor. Der Treuebeweis seiner Soldaten scheint ihn regelrecht »aufgerüttelt« zu haben. War er schon vom Schicksal seiner Armee am Lilienstein persönlich tief betroffen, berührte ihn die großangelegte Fahnenflucht seiner an den Gegner verloren geglaubten »treuen Deserteure« umso mehr.

Insgesamt entsteht der Eindruck, als hätten die Kapitulation vom Lilienstein und der folgende patriotisch motivierte Treuebeweis der sächsischen Soldaten nach der jahrelangen Vernachlässigung des sächsischen Heerwesens, die unabhängig vom personellen Umfang der Armee zu sehen ist, ein gravierendes Umdenken der Staatsführung bewirkt. Nicht nur Brühl plädierte nach dem Hubertusburger Frieden plötzlich für ein gut gerüstetes Heer. Auch alle folgenden sächsischen Herrscher, welche die Katastrophe der Armee im Siebenjährigen Krieg noch erlebt hatten, setzten sich zumindest für ein intaktes Militär ein. Unter Friedrich August dem Gerechten wurde zwar das von Prinz Xaver zahlenmäßig stark aufgestellte Heer quantitativ wieder reduziert, eine Vernachlässigung desselben ist jedoch nicht feststellbar. »Lieben sie ihr Militaire und schätzen sie daßelbe als Stand [...] sehen sie es aber nicht als den Haupt Endzweck ihrer Staatsverwaltung an«, war ein wichtiger Ratschlag, den dieser Monarch seinem Nachfolger zu geben hatte[27].

Der sächsische Offizier geriet nach der Kapitulation in einen inneren Zwiespalt. Einerseits war er als »Ehrenmann« durchaus mit seinem Wort an den »Revers« gebunden, den er Friedrich II. unterzeichnet hatte. Durch den sächsischen König-Kurfürsten fand allerdings nie eine Entbindung seiner Offiziere hinsichtlich des ihm gegenüber geleisteten Eides statt. Es scheint, als habe August III. eigentlich nie akzeptiert, dass seine Armee im Oktober 1756 faktisch aufgehört hatte zu existieren. Daher ergab sich für die sächsischen Offiziere die seltsame Situation, dass sie zwar auch weiterhin ihrem König-Kurfürsten verpflichtet waren, ihr gegenüber dem preußischen Monarchen gegebenes Ehrenwort jedoch die Dienstleistung für ihren Landesherrn oder dessen Alliierte verbot. Den Status von »Kriegsgefangenen« hatten sie auch nicht inne, weshalb Friedrich II. – spätestens

---

27   Zit. nach Halder, Friedrich August III./I., S. 209.

nachdem sich die ersten sächsischen Offiziere dem »Sammlungswerk« angeschlossen hatten – ihnen auch keinerlei Versorgung gewährte.

Als »Berufskrieger« waren sie jedoch gezwungen, mit ihrer Tätigkeit sich und ihre Familien zu ernähren. Angesichts der ungewissen weiteren Entwicklung der Ereignisse hätte die sicherste Möglichkeit hierzu im Übertritt in preußische Dienste bestanden. Jedoch ist nur eine geringe Mobilität zwischen den Offizierkorps beider Armeen erkennbar. Das Friedrich II. in der ausweglosen Situation der Kapitulation gegebene Ehrenwort hatte im Wertekanon der meisten sächsischen Offiziere offenbar einen deutlich niedrigeren Stellenwert als der zuvor auf den Landesherrn geschworene Eid. So nahmen nur Wenige das Angebot auf eine Karriere in preußischen Diensten an. Wie festgestellt wurde, waren dies in erster Linie Nichtsachsen und niedrigere, auf Aufstieg hoffende Dienstgrade.

Das Ehrgefühl der Offiziere, bereits strapaziert durch die militärischen Misserfolge in den vorangegangenen Kriegen, muss unter der Kapitulation bei Pirna nochmals stark gelitten haben. Es waren das »Sammlungswerk« und der damit verbundene Dienst auf österreichischer bzw. französischer Seite, wodurch die sächsischen Soldaten nach einer Zeit der Niederlagen endlich das »Kainsmal« der Erfolglosigkeit gegen einen bislang scheinbar übermächtigen Gegner ablegen konnten. Dass sie in den Wochen nach der Kapitulation nicht in Passivität verfielen, sondern ihre ehemaligen Soldaten in ihren Standquartieren dem preußischen Dienst abspenstig zu machen versuchten, zeigt, dass die Offiziere sich nicht mit ihrer Rolle als »ruhiggestellte« Soldaten begnügen wollten und am Schicksal ihrer Mannschaften regen Anteil nahmen. Die Verwendung von sächsischen Offizieren und Generälen beim »Sammlungswerk« und im Kriegsdienst zeugt zudem von einer Rehabilitation des nach der Kapitulation vom kursächsischen Hof in Frage gestellten Führerkorps. Ihr Engagement im Krieg blieb grundsätzlich im Bereich der Freiwilligkeit jedes Einzelnen, wenngleich sich der sächsische Hof bemühte, moralische Bedenken wegen des Friedrich II. gegebenen Versprechens zu zerstreuen. Im Spannungsfeld zwischen der Sorge um seine Familie, seiner soldatischen Ehre und dem loyalen Empfinden gegenüber seinem Landesherrn fällte der kursächsische Offizier seine Entscheidung – im Vergleich etwa zu den Mannschaften – in weitaus höherem Maße allein, wenngleich eine gegenseitige Beeinflussung innerhalb des recht homogenen Offizierkorps nicht ausgeschlossen werden kann.

Wie gezeigt wurde, dienten oftmals Existenznöte als oberflächliches Motiv, um die sächsischen Offiziere wieder zu ihren Soldaten zurückkehren zu lassen. Es erscheint jedoch höchst fraglich, ob rein materielle Gründe so mobilisierend wirkten, dass ein junger sächsischer Offizier den gefahrvollen und in Stücken ungewissen Weg nach Ungarn auf sich nahm, dafür seine Familie im feindbesetzten Land zurückließ und sein Eigentum der Gefahr der Konfiskation aussetzte. Die Sammlung der Soldaten im Rahmen des »Sammlungswerkes« stellte die einzige Möglichkeit dar, dem Landesherrn und dem »Vaterland« weiterhin zu dienen und sich somit nicht in die Passivität der »Opferrolle« fügen zu müssen. Der Einsatz in den alliierten Heeren bot ihnen gewissermaßen ein »Rendezvous des Ruhmes«, einen Ort der »Revanche« und der Rehabilitation.

Nicht zu vernachlässigen ist jedoch auch der Einfluss der geflüchteten Mannschaften und Unteroffiziere auf das sächsische Offizierkorps. Es scheint, als resultierte aus ihrem Handeln ein unausgesprochener »Gruppenzwang«, eine Situation, der sich auch der sächsische Offizier, was seine eigene Positionierung betraf, kaum entziehen konnte. Ohnehin veränderte sich im Laufe des 18. Jahrhunderts die Sichtweise der militärischen Führungsschicht, der überwiegend adeligen Offiziere, auf ihre Untergebenen. Ein deutlicher Umschwung, der sich etwa in der erstmaligen Verleihung von Tapferkeitsauszeichnungen an Mannschaften äußerte, ist in der Zeit der Koalitionskriege feststellbar[28]. Die aus dem Verhalten der kursächsischen Soldaten im Siebenjährigen Krieg gewonnenen Erkenntnisse zeigen jedoch, dass bereits die Vorgänge zwischen 1756 und 1763 erheblich dazu beitrugen, Schranken zwischen Offizieren, Unterführern und Mannschaften abzubauen und demzufolge den Wandlungsprozess in der gegenseitigen Wahrnehmung der Dienstgrade im kursächsischen Heer im 18. Jahrhundert ganz entscheidend beschleunigten. Mit der Übernahme der Führung von ganzen Bataillonen waren sächsische Unteroffiziere in eine bis dato überwiegend dem Adel vorbehaltene Domäne eingebrochen und hatten die Erkenntnis erlangt, dass sie als Bürgerliche ebenso für militärische Führungsaufgaben geeignet waren[29]. In Preußen war es hingegen erst die Katastrophe von 1806, welche die exklusive Befähigung des Adels zu höheren Militärangelegenheiten in Frage stellen sollte[30].

Der Sammlung als Reaktion auf die Desertion der sächsischen Soldaten und deren Organisation als »Sammlungswerk« sind in erster Linie pragmatische Gründe zu attestieren. Den Anlass zu dieser außergewöhnlichen Form der Heeresergänzung lieferten die sächsischen Soldaten selbst. Ihre Massenflucht forderte eine Reaktion des sächsischen Hofes in Dresden und Warschau sowie seiner Verbündeten heraus. In erster Linie ging es darum, den »Revertenten« nach ihrer Flucht wieder eine militärische »Heimat« zu bieten und somit deren Umherirren als von den Preußen am Leben bedrohte »Deserteure« zu verhindern. Damit stand der sächsische Hof inoffiziell in Konkurrenz zu den Heeren der übrigen Gegner Preußens, denen ein fertig ausgerüsteter Fahnenflüchtling sicher ebenso willkommen

---

[28] Als äußeres Zeichen hierfür fungierte vor allem die 1796 eingeführte Militär-Verdienstmedaille für Unteroffiziere und Mannschaften, womit auch diesen Dienstgradgruppen soldatische »Ehre« zugestanden und ihre Einsatzbereitschaft honoriert wurde. Generell war die Situation der Unteroffiziere und einfachen Soldaten im Dienst und im zivilen Leben – z.B. Drill, Disziplinierung, Altersarmut und Invalidität – Kernstück der Debatte aufgeklärter Offiziere in Kursachsen im letzten Drittel des 18. Jahrhunderts. Dabei bestanden auch engere Kontakte zu den späteren preußischen Militärreformen. So fand zum Beispiel Scharnhorsts »Neues Militärisches Journal« auch im sächsischen Offizierskorps eine breitere Leserschaft. Kroll, Soldaten im 18. Jahrhundert, S. 187, 189 f., 575. Hierzu auch Wächtler, Die Königlich Sächsischen Mitglieder der Ehrenlegion.

[29] Wenn Creveld noch für die Zeit des Ersten Weltkrieges konstatiert, dass im deutschen Heer »der intelligente, selbständig denkende Unteroffizier 1914 noch eine Ausnahme war«, dann stellt dies die Tragweite des Handels der sächsischen Unteroffiziere doch deutlich heraus. Creveld, Kampfkraft, S. 144.

[30] Gembruch, Bürgerliche Publizistik und Heeresreform, S. 14.

war, während das preußische Heer seinerseits versuchte, die Entflohenen mit »Pardons« zurück zu locken. Die preußischen Freibataillone boten zudem gute Aufstiegschancen und erschienen etlichen sächsischen Deserteuren durchaus als Alternative.

Begünstigt durch die anfängliche preußische Arglosigkeit sowie das überregionale, flexible und damit überlebensfähige »Sammlungswerk«, gelang es dem sächsischen Hof, eine Vielzahl seiner Soldaten – zum Teil unter erheblichen Risiken – in den Dienst für die eigene Sache zu stellen. Dies bot die Möglichkeit, zumindest einen Teil des sächsischen Heeres zu konsolidieren und ihn neben den vier noch vorhandenen Reiterregimentern gegen Preußen zu verwenden. Das zumindest rudimentäre Fortbestehen des sächsischen Heeres stellte das einzige Instrument zur – wenn auch nur begrenzten – Einflussnahme Brühls auf die Operationsführung der verbündeten Höfe dar, die er im Sinne Kursachsens auch zu lenken versuchte.

Dass bei den Gegnern des preußischen Königs trotz ihres vereinbarten Zusammenwirkens eigennützige Motive vorherrschten, belegen ihre unterschiedlichen Absichten, was die Verwendung des sächsischen Korps betrifft. Im Glauben an eine rasche Beendigung des Krieges bestand man in Warschau auf den Einsatz der Soldaten in einem geschlossenen Korps, dem in erster Linie die Befreiung Kursachsens zufallen sollte. Fremde Einflüsse auf die sächsischen Soldaten, wie etwa eine Ausbildung nach österreichischem Reglement, sollten möglichst vermieden werden. Dies zeigt das hohe Selbstverständnis, mit dem der sächsische Souverän seinen gewohnten Anspruch hinsichtlich der absoluten Verfügungsgewalt über seine Soldaten erhob, sowie seine fehlende Bereitschaft, gewohnte Einflusssphären preiszugeben.

Aufgrund fehlender finanzieller Mittel war er jedoch von Beginn an auf die Unterstützung der alliierten Mächte angewiesen, in deren strategischen Konzepten die kursächsischen Truppen bereits vor Ausbruch des Krieges eine Rolle gespielt hatten. Dies erzwang Kompromisse, denn dort koppelte man die Unterstützung des »Sammlungswerkes« an ein erhebliches Mitspracherecht bei der Führung und Verwendung des Korps. Hierdurch wurden die »Revertenten« vorübergehend zu einem »Spielball der Mächte«, wie die Geschehnisse im Laufe des Jahres 1757 und Anfang 1758 belegen, als offenbar noch kein Konzept zu ihrer weiteren Verwendung existierte. Während des Aufenthaltes in Ungarn führte die Eintönigkeit des Dienstes, gepaart mit den ungünstigen klimatischen Bedingungen und einer sicher weit verbreiteten Enttäuschung über die ungewisse Situation, zu einer neuerlichen Krise unter den kursächsischen Soldaten, die sich vor allem in Disziplinlosigkeiten und der Verbesserung der Lebensqualität dienenden Eigenmächtigkeiten äußerte. Die Treue zu ihrem Landesherrn wurde dabei aber nicht in Frage gestellt.

Die Flucht aus dem preußischen Dienst muss ähnlich mobilisierend gewirkt haben wie der Ausbruch aus dem Pirnaer Lager. Die folgende Tatenlosigkeit und die Verlegung an die Peripherie des Habsburgerreiches waren den patriotisch motivierten Soldaten sicher schwer vermittelbar. Dass es in dieser Situation nicht zu Meutereien kam, spricht wiederum für deren Zusammenhalt und die Qualitäten

der militärischen Führer wie auch für die ungebrochene Treue zu ihrem Landesherrn. Allerdings muss auch erwähnt werden, dass die Verlegung des Korps nach
Wien und der anschließende Marsch durch Westdeutschland zur französischen
Armee hier auf jeden Fall schlimmere Folgen verhinderten. Zum wiederholten
Male wurden kritische Passivität und im speziellen Fall auch unterschwellig durchaus vorhandene Vorbehalte gegen den Dienst fern des »Vaterlandes« durch Mobilität überwunden.

Obwohl sich die »Effizienz« des »Sammlungswerks« nur schwerlich quantifizie-
ren lässt, belegt der Fortbestand der sächsischen Korps im Laufe des Krieges zwar
nicht die Problemfreiheit, zumindest aber die Funktionalität des Systems. Vor dem
Hintergrund der Erschwernisse des Kriegsalltages ist daher in Frage zu stellen, ob
die sächsischen Deserteure »ihre bewundernswerte Treue« wirklich an derart »de-
solate Verhältnisse verschwendeten«[31]. Das »Sammlungswerk« war sicher nicht in
der Lage, alle entflohenen sächsischen Soldaten zu erfassen und dauerhaft in die
neu aufgestellten Verbände zu integrieren, zumal der Anschluss an die Sammlung
in hohem Maße eine individuelle Entscheidung darstellte. Im Falle der »alten Regimenter« wurde diese durch kollektive Stimmungslagen meist überdeckt. Im weiteren Verlauf des Krieges behielten sich später entflohene Soldaten jedoch ein
höheres Maß an persönlicher Entscheidungsfreiheit vor, wie die Meutereien gegen
eine Verwendung im französischen Heer gezeigt haben. Hier ist Stefan Kroll nur
zuzustimmen, wenn er konstatiert, *den* sächsischen Soldaten habe es im 18. Jahrhundert – und demnach auch im speziellen Fall des Siebenjährigen Krieges – nicht
gegeben[32]. Jedoch war das »Sammlungswerk« in der Lage, denjenigen Umfang an
sächsischen »Hilfstruppen«, den die begrenzten finanziellen Möglichkeiten der
alliierten Höfe zuließen, jederzeit aufrechtzuerhalten. Besonders Prinz Xavers
jährliche Ansuchen um eine Anstellung weiterer Soldaten sind ein deutlicher Hinweis darauf, dass das »Sammlungswerk« vor allem in den ersten Jahren genügend
Potenzial besessen hätte, auch quantitativ umfangreichere sächsische Korps zu ergänzen.

Hinsichtlich der skizzierten Verwendung der sächsischen Infanterie und Reiter
in der französischen beziehungsweise österreichischen Armee ist zunächst einmal
das herausragende Engagement einzelner und offensichtlich charismatischer Füh-
rerpersönlichkeiten hervorzuheben. Ohne den unermüdlichen Einsatz Prinz Xavers, der ähnlich seinem Bruder Prinz Karl militärisch zumindest als befähigt gelten kann, oder von General Zezschwitz, wäre der Fortbestand der jeweiligen Korps
während des Krieges angesichts der knappen österreichischen und französischen
Staatskassen sehr ungewiss gewesen. Das bedeutsame Wirken insbesondere dieser
Personen würde es verdienen, im Spiegel moderner Biografik umfassender untersucht zu werden[33]. Die militärischen Fähigkeiten Xavers und anderer sächsischer

---

31 Bleckwenn, Die friederizianischen Uniformen, Bd 4, S. 74.
32 Kroll, Soldaten im 18. Jahrhundert, S. 587.
33 Dies gilt auch für die Person des »Chevalier de Saxe«, in dessen Handeln im Herbst 1756 etliche
    Parallelen und Berührungspunkte zu den Maßnahmen Rutowskis erkennbar sind. Jedoch befand
    sich Johann Georg nicht in der Entscheidungssituation des Feldmarschalls. Berichte und Bewer-
    tungen seinerseits zu den Ereignissen bei Pirna wären daher höchst interessant.

Offiziere führten auf beiden Kriegsschauplätzen zu den »Initialzündungen«, mit denen sich die sächsischen Soldaten trotz ihrer andersartigen Konfession die dauerhafte Anerkennung der alliierten Heere und Höfe erwarben. Auf dem westlichen Kriegsschauplatz war dies vor allem das tapfere Agieren der von Xaver persönlich geführten Sachsen in der Schlacht bei Lutternberg. Die Kavallerie erwarb sich ihren Ruhm in der Schlacht bei Kolin, trug mithin ganz entscheidend zum »Geburtstag« der Habsburgermonarchie[34] bei. In der Wahrnehmung der kursächsischen Soldaten stellten beide Ereignisse ebenfalls einen entscheidenden Wendepunkt dar. Es gelang ihnen endlich die lang ersehnte Revanche gegen den preußischen Gegner. Im Falle der Kavallerie wurde sogar eine Fehde auf dem Schlachtfeld ausgetragen, die ihren Ursprung in der Schlacht bei Hohenfriedeberg hatte. Beide »Schlüsselerlebnisse«, der Stolz auf die eigenen Leistungen sowie die zu diesem Zeitpunkt herrschende Hoffnung auf eine baldige Befreiung des »Vaterlandes« wirkten auf jeden Fall integrierend auf die sächsischen Infanteristen und Reiter, sodass ihr Zusammenhalt im weiteren Verlauf des Krieges auch schwierige Zeiten überstehen konnte.

Wie erwähnt, führten die Bemühungen der Führer beider Korps dazu, dass die teilweise spezifischen Belange der Sachsen an den jeweiligen Höfen in Warschau, Versailles und Wien entsprechend wahrgenommen wurden. Im Falle der sächsischen Reiter vermittelt die Kooperation mit den verbündeten Österreichern allerdings den Eindruck der größeren »Reibungslosigkeit«. Trotz der negativen Erfahrungen von Kesselsdorf und dem misslungenen Zusammenwirken bei Pirna scheinen die Kavalleristen von Beginn an voll in die österreichische Armee integriert gewesen zu sein, gravierende Probleme im Zusammenwirken sind jedenfalls nicht erkennbar. Hierbei könnte auch der Umstand eine Rolle gespielt haben, dass an der Spitze der Reiter kein Mitglied der kurfürstlichen Familie stand, dessen Behandlung und Forderungen besondere Rücksichten nötig gemacht hätten. Ein General, der nicht dem Herrscherhaus angehörte, ließ sich sicher unkomplizierter in die Hierarchien der österreichischen Armee integrieren.

Es entsteht dennoch der Eindruck, dass den Belangen des sächsischen Korps vom Hofkriegsrat ebensoviel Aufmerksamkeit geschenkt wurde wie den eigenen Truppen. Die Schwerfälligkeit in der Operationsführung, das Ausbleiben des Soldes und die allmähliche Verschlechterung der Ausrüstung waren kein spezifisch sächsisches Problem, sondern betrafen das österreichische Heer mit zunehmender Kriegsdauer im selben Ausmaß. Die Kavallerieregimenter hatten zwar die nachhaltige Erfahrung des Pirnaer Lagers nicht gemacht, ihre Strukturen können jedoch aufgrund des langen Dienstes im fremden Polen ebenfalls als gefestigt gelten. Der Umstand, zusammen mit der österreichischen Armee fast immer zumindest in der Nähe der zu befreienden Heimat und gegen den eigentlichen Gegner Preußen zu operieren, wird zusätzlich positiv auf die Motivation der Kavalleristen gewirkt haben. Dass sie trotz der Verminderung der österreichischen Armee im Jahre 1761

---

[34] Maria Theresia bezeichnete den Tag von Kolin angesichts der Überwindung von Friedrichs Nimbus der Unbesiegbarkeit auch als den »Geburtstag« ihrer Monarchie. Zit. nach Broucek, Der Geburtstag der Monarchie, S. 7.

nicht aufgelöst oder in die alleinige Verantwortung des sächsischen Monarchen zurückgegeben wurden, spricht in erster Linie für die Qualität der Kavallerieregimenter, in weiterer Hinsicht aber auch für die zunehmende Bedeutung leichter Reitertruppen für den kleinen Krieg.

Für das französische Korps ist eingangs die herausragende familiäre Beziehung Prinz Xavers zum Königshof hervorzuheben. Seine Tätigkeit, die er nicht zuletzt auch im Hinblick auf seine persönliche Zukunft engagiert ausübte, wäre ohne die Fürsprache des Thronfolgerpaares erheblich schwieriger gewesen. Sein persönlicher Status erforderte zudem von französischer Seite etliche Rücksichten. Eigengesetzlichkeiten des französischen Hofes und Eitelkeiten seiner Generalität machten die Situation noch komplizierter. Dennoch scheint es, als habe Xaver im Laufe der Jahre durch persönliche Fähigkeiten und die Leistungen seines Korps solche Barrieren zumindest teilweise aufgebrochen. Der Respekt von französischer Seite schien in immer geringerem Maße an die engen verwandtschaftlichen Beziehungen Xavers geknüpft. Hierin lag sicher auch eine langfristige Ursache für die Sympathien, die noch 1793 zwischen den Soldaten der »verfeindeten« Armeen Kursachsens und Frankreichs herrschten[35]. Trotz aller Unterstützung machten die desolaten französischen Finanzen Xavers Eigeninitiative erforderlich. Die Leistungen im Felde sowie sein persönliches Auftreten ermöglichten es, für sein Korps überlebenswichtige Verbindungen zu Geldgebern oder lokalen Behörden zu knüpfen.

Xavers Soldaten befanden sich im Vergleich zu den Truppen von General Zezschwitz von Beginn an in einer komplizierteren Lage. Auf das Leben in Ungewissheit in Ungarn folgte der Marsch durch das Reich, wo sie intensiv mit konfessioneller Propaganda konfrontiert wurden. Dass sich der Vorwurf, im Dienste katholischer Mächte den Protestantismus zu bekämpfen, als weitgehend wirkungslos erwies, zeigt die Immunität der sächsischen »Landeskinder« gegenüber derartigen Angriffen. Auch die von preußischer Seite propagierte Geschlossenheit des »protestantischen Deutschlands« im Kampf gegen die katholischen Mächte blieb ohne Folgen. Die Tatsache, dass die Sachsen in ihrem »Vaterland« bereits seit vielen Jahren einen katholischen Landesherrn toleriert hatten, wird zur Haltung der Soldaten erheblich beigetragen haben.

Als ebenso resistent erwiesen sie sich gegenüber einem von preußischer Seite konstruierten deutsch-nationalen Interesse sowie dem patriotisch verklärten Gedanken an einen »Heldentod«. Der sächsische Soldat orientierte sich im Siebenjährigen Krieg an den für ihn »überschaubaren« Bereichen der »Heimat« und des »Vaterlandes«, für deren Ansehen und Befreiung er zu kämpfen gewillt war. Ein nachhaltig wirksames Feindbild ist allenfalls gegenüber dem Aggressor Preußen erkennbar. Abgeleitet von der wenig machtbewussten, auf Neutralität bedachten sächsischen Politik haftet dem nach »innen«, auf das Wohl Kursachsens, gekehrten »Patriotismus« der Soldaten mithin noch eine gewisse »Beschaulichkeit« an. Er

---

[35] Um 1780 befanden sich interessanterweise im Regiment »Prinz Xaver« noch 177 Mannschaften und Unteroffiziere, die während des Siebenjährigen Krieges mit Xaver im französischen Dienst gestanden hatten. Kroll, Soldaten im 18. Jahrhundert, S. 165 f., 584.

trägt keinesfalls jene aggressiven Züge, die nur wenige Jahrzehnte später im Zuge der Revolutionskriege allgemein hervortreten sollten.

Gerade im Zusammenwirken mit der französischen Armee zeigte sich das unscharf konturierte und schwer zu vermittelnde Feindbild. Irgendwo in Hessen mit fremden Soldaten, deren Sprache sie größtenteils nicht einmal verstanden, gegen Hannoveraner oder Schotten kämpfen zu müssen, um ihr »Vaterland« zu befreien, erforderte von den sächsischen Soldaten schon ein hohes Maß an Hoffnung und Motivation. Den größten Teil dieser Soldaten hatten jedoch die Entbehrungen des Pirnaer Lagers und der anschließenden Ereignisse zusammengeschweißt. Ihr altes militärisches Umfeld gewährte ihnen Geborgenheit, Prinz Xaver an ihrer Spitze repräsentierte das Herrscherhaus. Für einige Sachsen, die durch das »Sammlungswerk« erst später zum Korps gelangten, erwiesen sich die dortigen Umstände des Dienstes jedoch als derart inakzeptabel, dass es im Zuge ihrer Überführung erstmals zu einer größeren und offenen Auflehnung gegen den Dienst in den fremden Heeren kam. Vom Korps selbst sind ähnliche Vorfälle jedoch nicht überliefert.

Mit Hilfe der alliierten Mächte gelang es dem kursächsischen Hof, einen Teil seines Militärs während der Wirren des Siebenjährigen Krieges zu erhalten. Dieser diente nach 1763 als kampferprobter personeller »Kern« des neu aufzustellenden Heeres. Die hierfür grundlegenden Pläne des Feldmarschalls »Chevalier de Saxe« und Prinz Xavers basierten auf den Erfahrungen der Kriegs- und Vorkriegsjahre. Die drei Schlesischen Kriege hatten gezeigt, in welche Abhängigkeiten Kursachsen mangels eigener militärischer Schlagkraft geraten konnte. Ziel der Reorganisation war es, das Militär aus seinem »Schattendasein« herauszuführen und wieder zu einem wirkungsvollen Instrument sächsischer Außenpolitik zu formen, gegenüber dem der Staat zur Fürsorge verpflichtet war. Die vorgenommenen Veränderungen waren in erster Linie organisatorischer und militärtechnischer Art, das Verhältnis zwischen Militär und Gesellschaft berührten sie nicht. Somit blieb das kursächsische Heer vor allem in seiner Verfasstheit auch fortan in den Grundsätzen der »alten Armee« verhaftet. Xavers Pläne, die auf einer zweifellos realistischen Bewertung der geostrategischen Situation des Staates beruhten, konkurrierten jedoch von Beginn an mit dem eher kameralistisch orientierten Programm des »Rétablissements«. Dabei spielte das Militär – anders als etwa in Preußen – weder als Instrument der wirtschaftlichen und sozialen Entwicklung noch zur Einnahme einer machtvollen Position unter den europäischen Mächten eine dominierende Rolle[36].

Vielleicht hätte die rasche Überwindung der Kriegsfolgen sogar ein größeres, den Plänen Xavers entsprechendes Heer erlaubt. Von Seiten der »politischen« Reformer und der emanzipierten Stände fehlte jedoch die Akzeptanz für eine »Verpreußung« Sachsens als einem Zentrum der Aufklärung, für eine stärkere Militarisierung und Disziplinierung der Untertanen sowie für die ungewohnt absolutistischen Tendenzen in der bis 1768 dauernden Regierung des »Soldaten« Xaver. Hierdurch wurde verhindert, das Land zu einer überlegten und zugleich machtbewussten Politik der »wehrhaften Neutralität« zu führen. Diese verkannte Chance bewirkte wiederum den Rückschritt zur außenpolitischen Initiativlosigkeit

---

[36] Büsch, Militärsystem und Sozialleben, S. 3.

– wobei das Militär erneut zu einem Faktor zweiter Ordnung herabsank –, die sich eine zeitlang als erfolgreich erwies, an deren Ende aber wiederum eine Zäsur stehen sollte, deren Ausmaß die Ergebnisse von 1763 noch übertraf.

Das sächsische Militär um die Mitte des 18. Jahrhunderts geht aus dieser Untersuchung als ein politisches Instrument nachrangiger Ordnung hervor, dessen größtes Potenzial nicht in begabten Heerführern oder fortschrittlichen Einsatzgrundsätzen bestand, sondern in der großen Opferbereitschaft und dem ungewöhnlichen Zusammenhalt seiner Soldaten und Unterführer. Seine bis heute vom Stereotyp der »Erfolglosigkeit« dominierte Wahrnehmung greift daher zumindest für den Siebenjährigen Krieg zu kurz und missachtet die unter schwierigsten Einsatzbedingungen unter Beweis gestellte militärische Qualität der kursächsischen Soldaten.

Anhang

Anlage 1: Zeittafel zu den Ereignissen um Pirna 1756

Anfang Juli	Erste Nachrichten von preußischen Kriegsrüstungen.
26. August	Beginn der Zusammenziehung der sächsischen Armee.
28./29. August	Preußischer Überfall auf Sachsen.
2. September	Einmarsch der sächsischen Regimenter in das Lager bei Pirna.
3. September	Ankunft des königlichen Hofstaates im Lager.
5. September	Vorauskräfte des preußischen Heeres erreichen Pirna.
12. September	Umschließung des Lagers durch die Preußen vollendet.
21. September	Erstes Vorpostengefecht.
1. Oktober	Schlacht bei Lobositz in Böhmen zwischen Preußen und Österreich.
12. Oktober	Bau der Schiffbrücke; Elbübergang der sächsischen Armee; erneute Einschließung am Lilienstein.
14. Oktober	Beginn der Kapitulationsverhandlungen.
16. Oktober	Kapitulation der sächsischen Armee.
17. Oktober	Beginn der Übernahme der Sachsen ins preußische Heer.
20. Oktober	Abreise des sächsischen Königshofes nach Warschau.
24. Oktober	Abmarsch der Regimenter in die neuen Standquartiere.

Anlage 2: Umbenennung und Schicksal der sächsischen Regimenter,
Bataillone, Kompanien und Garnisonen[1]

Name	Neubenennung	Schicksal
Infanterieregimenter		
Garde zu Fuß	Blanckensee	1757 aufgelöst und unter preußische Truppen verteilt.
Königin		Unter die zehn neuformierten Regimenter verteilt.
Prinz Friedrich August	Loën	Nach Massendesertion neu formiert und bis 1763 in Dienst.
Prinz Carl Maximilian	Prinz Friedrich Wilhelm von Preußen	1757 unter die Truppen des Feldmarschalls Keith verteilt.
Prinz Xaver	Herzog Jung Bevern	1757 in Kriegsgefangenschaft.
Prinz Clemens	Flemming	1758 unter preußische Truppen verteilt.
Graf Brühl	Wylich	1757 in Kriegsgefangenschaft, Teile unter die Truppen des Feldmarschalls Keith verteilt.
Rochow	Wietersheim	1757 Übergang zu den Österreichern, Teile unter preußische Truppen verteilt.
Minckwitz	Manstein	1757 in Kriegsgefangenschaft, Teile unter preußische Truppen verteilt.

---

[1]   GStA, IV. HA, Rep. 15A, Nr. 641.

Name	Neubenennung	Schicksal
Prinz Gotha	Saldern	Bis 1763 im Dienst.
Lubomirski	Hauss	Bis 1763 im Dienst.
Kurprinzessin		Unter die zehn neuformierten Regimenter verteilt.
Leibgrenadiergarde		Unter die zehn neuformierten Regimenter verteilt.
Fürst Anhalt-Freikompanie		Unter die zehn neuformierten Regimenter verteilt.
Kadettenkorps		Teile ins preußische Heer übernommen bzw. entlassen.

Grenadierkompanien der Regimenter

Name	Neubenennung	Schicksal
Garde zu Fuß Lubomirksi	} Kahlenberg	1757 unter preußische Truppen verteilt.
Rochow Prinz Clemens	} Bähr	1757 unter preußische Truppen verteilt.
Graf Brühl Prinz Carl Maximilian	} Bornstedt	1757 unter die Truppen des Feldmarschalls Keith verteilt.
Prinz Xaver Minckwitz	} Diezelsky	1757 in Kriegsgefangenschaft.
Prinz Gotha Prinz Friedrich August	} Köller	Bis 1763 im Dienst.

Kavallerieregimenter

Name	Neubenennung	Schicksal
Garde du Corps	Garde du Corps	1757 unter preußische Regimenter verteilt.
Rutowski	Prinz von Württemberg	Nach Massendesertion unter preußische Regimenter verteilt.

Name	*Neubenennung*	*Schicksal*
Leibkürassiere		
Königl. Prinz		
Arnim		Unter preußische
Anhalt	}	Kürassier- und Dragoner-
Plötz		regimenter verteilt.
Vitzthum		

Sonstige

Artilleriebataillon		
und Hauskompanie		
Mineurs		Unter preußische Artille-
Pontoniers	}	riekompanien verteilt.
Rosspartei		
Handwerker		
Ingenieurs		Unter preußische Truppen
		verteilt.

Garnisonen

Sonnenstein		Übernahme der Garni-
		sonstruppen in das preu-
		ßische Heer.
Königstein		Neutraler Status der Be-
		satzung für die Dauer des
		Krieges.

Quellen und Literatur

Ungedruckte Quellen

1. Geheimes Staatsarchiv Preußischer Kulturbesitz, Berlin (GStA)

BPH, Rep. 47 König Friedrich II.,
  Nr. 653: »Liste derer Officiers, von den aus den Sächs. Gefangenen errichteten 10 neuen Regimentern.«
I. HA, Rep. 41 Geheimer Rat/Beziehungen zu Kursachsen,
  Nr. 603: »Verstärkung der Posten an den Oderübergängen bei Schiedlo und Kloppitz zur Verhinderung des Entkommens der nach Kursachsen geflüchteten Deserteure nach Polen.«
  Nr. 604: »Preußische Abberufungsbefehle für die in französische und andere Dienste getretenen auf Ehrenwort verpflichteten kriegsgefangenen kursächsischen Offiziere. Dez. 1758.«
IV. HA, Rep. 15A Großer Generalstab, Kriegsarchiv der kriegsgeschichtlichen Abteilung,
  Nr. 641: »Quellensammlung, betrifft Desertion der sächsischen Regimenter 1757.«
  Nr. 838: »Sächsisches Prinzenjournal 1757.«
  Rep. 96 Nr. 89 C1: »Acta des Kabinets König Friedrichs des Zweiten von Manstein, Christoph Herrmann 1756–57.«

2. Sächsisches Hauptstaatsarchiv Dresden (SHStA)

Generalfeldmarschallamt

Loc. 10944: »Allerhöchste ertheilte Königl. Rescripta an den Grafen Brühl 1757–63.«
Loc. 10963: »Die von Sr. Excellenz den Herrn General en Chef Graffen von Baudissin geschehene Abdanckung und Übergebung des Commandos sowohl an des Herrn General von Bosen Excellenz als des Herrn General Gr. Rutowski Excell. betr. 1741.«
Loc. 10989: »Concepte von Ordres des Generalfeldmarschalls Grafen Rutowski pro Septem-bri 1756 im Lager bey Struppen.«

»Concepte von Ordres an den Herrn Generalmajor und Geheimen Kriegsrath von Zeutzsch. 1756.«

»Die wegen der preuß. Mouvements gestellten Ordres und genommene Präcautiones 1756. Von 21. biß 31. August.«

Loc. 10990: »An Sr. des Herrn Premier-Ministre Graffen Brühl Excellenz 1747–1760.«

»Briefe und Listen den Siebenjährigen Krieg betreffend. 1756.«

»Concepte, den Aufbruch des hiesigen Trouppen-Corps aus denen Würzburgischen Winterquartieren nach Sachsen betr.«

»Ein Fascicel, die Kapitulation von Ebenheit unter dem Lilienstein und was derselben anhängig betreffend. 1756.«

»Preußische Proklamation bei Beginn des Siebenjährigen Krieges 1756.«

Loc. 10998: »Zezschwitzische Vorträge de ao. 1757, 1758, 1759, 1760 und 1761 betr.«

Loc. 11002: »Ober Schlesisches Kriegs Tage Buch, angefangen vom 20. April 1759.«

Loc. 11003: »Acta, die Wiedererrichtung der Infanterie betreffend. Anno 1763.«

Loc. 11005: »Correspondenz des Herrn General Baron von Rochow Excellenz mit dem Preuß. Obristen von Lentulus und die dißfalls weiter ergangenen Expeditiones wegen deßen Übernehmung des Commandos in Ungarn.«

Loc. 11006: »Acta, die nach höchstseel. Ableben Ihro Königl. Maj. in Pohlen und Churfürstl. Durchl. zu Sachsen, Friedrich Augusti, glorwürdigsten Andenkens, vor Ihro Königl. Hoheit Friedrich Augustum, unseren gnädigsten Churfürsten und Herren zu bewerckstelligen anbefohlene neue Verpflichtung derer Regimenter und Auditeurs, sonst noch dem anhängig betr. Anno 1733.«

»Protocoll, Die Verpflichtung der aus Königl. Preuß. Kriegsgefangenschafft entwichenen Königl. Pohln. Churfürstl. Sächsischen Bataillons des Prinz Friedrich Augustischen und Prinz Xaverischen Infanterie Regiments betr. 1757.«

Nr. 229: »Campement der Königlichen Chursächsischen Armee ohnweit Dresden zwischen Übigau und dem Drachenberge. 1753.«

Geheimes Kriegsratskollegium

Nr. 677: »An Ihro Majest. die Königin vom Geheimen Kriegs-Raths-Collegio seit der Preußischen Invasion erstattete wöchentliche Anzeigen. Anno 1756, 1757.«

Nr. 1329: »Liste, derer unterm Prinz Heinrichschen Füsilierregiment befindl. Kriegsgefangenen.«

Nr. 1330: »Ordres, welche vom Herrn General Feldmarschall Graffen Rutowski Excellenz an den General-Major v. Kötzschau als Comendanten der Stadt Pirna ergangen.«

Nr. 1331: »Acta Judicialia Chr. Vogler.«

Nr. 1332: »Dispositiones, so wegen der Ausgangs Augusti 1756 erfolgten Zusammenziehung der Armée von Seiten des Geheimes Kriegs-Rats-collegii in ein und dem andern gemacht wurden. Anno 1756.«

Nr. 1333: »Acta, die Einrückung der Königl. Preußischen Armée in die Chur-Sächsischen Lande und was dem anhängig betr. Anno 1756.«

Nr. 1334: »Schriftstücke, den Siebenjährigen Krieg betreffend.«

Nr. 1335: »Berichte vom geheimen Kriegsratskollegio an Ihro Königl. Majth. in Pohlen, ingleichen Anzeigen an den Churprinzen nach der Preußischen Invasion in Sachsen. Anno 1756/67.«

Nr. 1347: »Journale, den Siebenjährigen Krieg betr.«

Nr. 1348: »Exzess Preußischer Soldaten vom Freybataillon Le Noble in Lissdorf 1757.«

Nr. 1352: »Nachrichten aus den französischen Feldzügen.«

Nr. 1354: »Die Exzesse der kais. königl. Truppen in Sachsen betr. Dez. 1759.«

Geheimes Kabinett

Loc. 1053/4: »Das Sammlungswesen der Chursächs. Revertenten nach dem Struppener Lager
1756, ferner die im Königreich Ungarn verquartierte Königl. Trouppen und deren Überlaßung in Königl. französ. Sold betr. ingleichen die über vorerwehnte Trouppen zwischen des Königs v. Pohlen Augustus des 3ten und des Königs von Frankreich Ludwigs des XV.ten geschlossene Konvention betr. 1756–1759.«

Loc. 1053/5: »Das Sammlungswesen der Chursächs. Revertenten nach dem Struppener Lager
1756, ferner die im Königreich Ungarn verquartierte Königl. Trouppen und deren Überlaßung in Königl. französ. Sold betr. ingleichen die über vorerwehnte Trouppen zwischen des Königs v. Pohlen Augustus des 3ten und des Königs von Frankreich Ludwigs des XV.ten geschlossene Konvention betr. 1760–1763.«

Oberhofmarschallamt

Vol. C, Nr. 37: »Leichen-Begängnisse von Adelichen und Bürgerl. Anno 1739 biß 1829.«

3. Österreichisches Staatsarchiv Wien/Kriegsarchiv (ÖStA/KA)

Alte Feldakten (AFA)
– 1756, Siebenjähriger Krieg, Armeen und Korps: IV, X
– 1757, Siebenjähriger Krieg, Hauptarmee: I
– 1758, Siebenjähriger Krieg, Hauptarmee: II, VII
– 1758, Siebenjähriger Krieg, Französische Armee: VIII, IX, X, XIII
– 1758, Siebenjähriger Krieg, Russische Armee: VIII, XIII
– 1756, Hofkriegsrat (HKR), Siebenjähriger Krieg: XI
– 1757, Hofkriegsrat, Siebenjähriger Krieg: IV, X, XI
– 1757, Cabinettsakten (CA), Siebenjähriger Krieg, Kampagne gegen Preußen: IV, VI, XII

Gedruckte Quellen

Archenholz, Johann W., Geschichte des Siebenjährigen Krieges in Deutschland, Leipzig 1793

Bräker, Ulrich, Das Leben und die Abentheuer des Armen Mannes im Tockenburg (Neudruck aus der Ausgabe Zürich 1788), Osnabrück 1980 (= Altpreussischer Kommiss. Offiziell, offiziös und privat, Heft 25)

Briefe Preußischer Soldaten aus den Feldzügen 1756 und 1757. Hrsg. vom Großen Generalstab (Neudruck der Ausgabe 1901). In: Altpreußische Soldatenbriefe, Osnabrück 1982 (= Altpreussischer Kommiss. Offiziell, offiziös und privat, Heft 19)

Dickmann, Fritz, Renaissance, Glaubenskämpfe, Absolutismus, München 1966 (= Geschichte in Quellen, Bd III)

Dreyer, J.F., Leben und Taten eines preussischen Regiments-Tambours, Osnabrück 1975 (Neudruck der Ausgabe Breslau 1810) (= Altpreussischer Kommiss. Offiziell, offiziös und privat, Heft 22)

Eelking, Max von, Correspondenz des Kurfürstlich Sächsischen Premier-Ministers Grafen von Brühl mit dem Sächsischen General-Lieutenant Freiherrn von Riedesel, Residenten bei der Russisch Kaiserlichen Armee. Als ein Beitrag zur Geschichte des 7jährigen Krieges 1760–1762, Leipzig 1854

Fleming, Hannss Friedrich von, Der Vollkommene Teutsche Soldat, Osnabrück 1967 (Neudruck der Ausgabe 1726) (= Quellen und Darstellungen zur Militärwissenschaft und Militärgeschichte, Bd 1)

Friedrich der Große. Gedanken und Erinnerungen. Hrsg. von Woldemar v. Seidlitz, Essen 1990

Friedrich der Große. Gespräche mit Catt. Hrsg. von Willy Schüßler, Leipzig 1940

Friedrich der Große im Spiegel seiner Zeit, Bd 2: Siebenjähriger Krieg und Folgezeit bis 1778. Hrsg. von Gustav B. Volz, Berlin 1926

Hoyer, Johann Gottfried von, Versuch junge Officiers zum Studium der Kriegsgeschichte aufzumuntern. Mit einem Plan des verschanzten Lagers bey Pirna, Tübingen 1809

Ihro Königl. Majestät in Pohlen und Chur-Fürstl. Durchl. zu Sachsen sc. Allergnädigst approbiertes Dienstreglement im Lande und im Felde vor dero Cavallerie- und Dragoner-Regimenter, Dresden 1753

Ihro Königl. Majestät in Pohlen und Chur-Fürstl. Durchl. zu Sachsen sc. Allergnädigst approbiertes Dienstreglement im Lande und im Felde vor dero Infanterie-Regimenter, Dresden 1753

Koch, Barthold, Kurze Kriegsgeschichte des siebenjährigen deutschen, des achtjährigen englisch-amerikanischen, der Begebenheiten zwischen Hessen und Bückeburg nebst anderen Vorfällen in Hessen und zuletzt des französisch-deutsch-russischen Krieges (1758–1815). Hrsg. von Uwe-Peter Boehm und Reinhard G. Koch, Kassel 2007 (= Hessische Forschungen zur geschichtlichen Landes- und Volkskunde, 43)

Pangels, Charlotte, Friedrich der Große. Bruder, Freund und König, München 2004

Die politische Correspondenz Friedrichs des Grossen, Bd 13. Hrsg. von Albert Naudé, Berlin 1885

Preußische Soldatenbriefe aus dem Gebiet der Provinz Sachsen im 18. Jahrhundert (Neudruck der Ausgabe 1912). Hrsg. von Georg Liebe. In: Altpreußische Soldatenbriefe, Osnabrück 1982 (= Altpreussischer Kommiss. Offiziell, offiziös und privat, Heft 19)

Preussische und österreichische Acten zur Vorgeschichte des Siebenjährigen Krieges. Hrsg. von Gustav B. Volz und Georg Küntzel, Leipzig 1899 (= Publicationen aus den K. Preussischen Staatsarchiven, Bd 74)

Schlechte, Horst, Das geheime politische Tagebuch des Kurprinzen Friedrich Christian 1751 bis 1757, Weimar 1992 (= Schriftenreihe des Staatsarchivs Dresden, Bd 13)

Die Staatsreform in Kursachsen 1762–1763. Quellen zum kursächsischen Rétablissement nach dem Siebenjährigen Kriege. Hrsg. von Horst Schlechte, Berlin 1958

Tagebuch des Musketiers Dominicus. Hrsg. von Dietrich Kerler, Osnabrück 1972 (Neudruck der Ausgabe 1891) (= Altpreussischer Kommiss. Offiziell, offiziös und privat, Heft 17)

Tagebuch eines Preußischen Offiziers über die Feldzüge von 1756 bis 1763 [anonym]. In: Sammlung ungedruckter Nachrichten, so die Geschichte der Feldzüge der Preußen von 1740 bis 1779 erläutern, Zweyter Theil, Bad Honnef 1983 (Neudruck der Ausgabe Dresden 1782–1785), S. 328–528

Vitzthum von Eckstädt, Carl F., Die Geheimnisse des sächsischen Cabinets. Ende 1745 bis Ende 1756. Archivalische Vorstudien für die Geschichte des Siebenjährigen Krieges, 2 Tle, Stuttgart 1866

Sekundärliteratur

Allgemeine Deutsche Biographie, Bd 24. Hrsg. von der Historischen Commission bei der Königl. Akademie der Wissenschaften, Berlin 1971 (Neudruck der Ausgabe 1898)

Allmayer-Beck, Joh. Christoph, und Erich Lessing, Das Heer unter dem Doppeladler. Habsburgs Armeen 1718–1848, München 1981

Althoff, Frank, Untersuchungen zum Gleichgewicht der Mächte in der Außenpolitik Friedrichs des Großen nach dem Siebenjährigen Krieg (1763–1786), Berlin 1995 (= Quellen und Forschungen zur Brandenburgischen und Preußischen Geschichte, Bd 10)

Anschütz, Heinrich, Die Gewehrfabrik in Suhl, Leipzig 1986 (Neudruck der Ausgabe 1811)

Der Antheil der kurfürstlich Sächsischen Truppen an der Erstürmung von Prag. 25./26. November 1741. Hrsg. vom Großen Generalstab, Abt. Kriegsgeschichte. In: Kriegsgeschichtliche Einzelschriften, Heft 7, Berlin 1886, S. 1-44

Arndt, Marco, Militär und Staat in Kurhessen 1813-1866. Das Offizierskorps im Spannungsfeld zwischen Monarchischem Prinzip und liberaler Bürgerwelt, Marburg 1996 (= Quellen und Forschungen zur hessischen Geschichte, Bd 102)

Asbach, Olaf, Sven Externbrink und Klaus Malettke, Das Alte Reich in Europa – historische, politische und philosophische Perspektiven. In: Altes Reich, Frankreich und Europa. Politische, philosophische und historische Aspekte des französischen Deutschlandbildes im 17. und 18. Jahrhundert. Hrsg. von Olaf Asbach [u.a.], Berlin 2001 (= Historische Forschungen, Bd 70), S. 11-22

Aster, Heinrich, Beleuchtung der Kriegswirren zwischen Preußen und Sachsen von Ende August bis Ende Oktober 1756. Mit einem Rückblick auf Zustand, Geist und Bildung beider Armeen, Dresden 1848

Bahrdt, Hans Paul, Schlüsselbegriffe der Soziologie. Eine Einführung mit Lehrbeispielen, München 2000

Baumgart, Winfried, Der Ausbruch des Siebenjährigen Krieges. Zum gegenwärtigen Forschungsstand. In: MGM, 11 (1972), 1, S. 157-165

Becker, Reinhold, Der Dresdener Friede und die Politik Brühls (1745-1746), Rudolstadt 1902

Bergner, Romuald, Truppen und Garnisonen in Schlesien 1740-1945, Friedberg 1987

Beschorner, Hans, Das Zeithainer Lager von 1730. In: Neues Archiv für Sächsische Geschichte, 28 (1907), S. 50-113 und 200-252

Die Bestände des Sächsischen Hauptstaatsarchivs und seiner Außenstellen Bautzen, Chemnitz und Freiberg, Bd 1/1: Die Bestände des Sächsischen Hauptstaatsarchis. Bearb. von Bärbel Förster, Reiner Groß und Michael Merchel, Leipzig 1994 (= Quellen und Forschungen zur Sächsischen Geschichte, Bd 12/1)

Beust, Friedrich von, Feld Züge der Kursächsischen Armee, Dritter Theil, Camburg 1803

Blaschke, Karlheinz, Albertinische Wettiner als Könige von Polen – ein Irrweg sächsischer Geschichte. In: Sachsen und Polen, Dresden 1998, S. 52-76

Blaschke, Karlheinz, Bevölkerungsgeschichte von Sachsen bis zur Industriellen Revolution, Weimar 1967

Blaschke, Karlheinz, Der Fürstenzug zu Dresden. Denkmal und Geschichte des Hauses Wettin, Leipzig 1991

Blaschke, Karlheinz, Sachsens Interessen und Ziele in der sächsisch-polnischen Personalunion. In: Die Personalunion, S. 67-86

Blaschke, Karlheinz, Sachsen zwischen den Reformen 1763 und 1831. In: Sachsen 1763-1832, S. 9-23

Bleckwenn, Hans, Altpreußische Offizierporträts. Studien aus dem Nachlaß. Hrsg. von Bernhard R. Kroener und Joachim Niemeyer, Osnabrück 2000

Bleckwenn, Hans, Die friderizianischen Uniformen 1756–1786, Bd 4: Technische Truppen, Rückwärtiger Dienst, Kriegsformationen, Osnabrück 1984

Bleckwenn, Hans, Unter dem Preußen-Adler. Das brandenburgisch-preußische Heer 1640–1807, München 1978

Bleckwenn, Ruth, Zelt und Lager im altpreussischen Heer, Osnabrück 1975 (= Das altpreussische Heer. Erscheinungsbild und Wesen 1713–1807, Teil IV, Bd IV)

Blitz, Hans-Martin, Aus Liebe zum Vaterland. Die deutsche Nation im 18. Jahrhundert, Hamburg 2000

Bode, Dietmar, Dresden und seine Umgebung in den Schlesischen Kriegen, Dresden 1992 (= Kursächsische Wanderungen, Bd 2)

Bode, Dietmar, 1756. Der Beginn des Siebenjährigen Krieges in Sachsen, Dresden 1996 (= Militärhistorische Schriften des Arbeitskreises Sächsische Militärgeschichte e.V., Heft 5)

Boroviczény, Aladár von, Graf von Brühl. Der Medici, Richelieu und Rothschild seiner Zeit, Leipzig 1930

Brabant, Artur, Die Sachsen in früheren Kriegen von 1740 bis 1871. In: Sachsen in großer Zeit. Gemeinverständliche sächsische Kriegsgeschichte und vaterländisches Gedenkwerk in Wort und Bild. Hrsg. von Johann E. Hottenroth und Arthur Baumgarten-Crusius, Bd 1, Leipzig 1923

Bredow, Claus von, und Ernst von Wedel, Historische Rang- und Stammliste des deutschen Heeres, Berlin 1905

Broucek, Peter, Der Geburtstag der Monarchie. Die Schlacht bei Kolin 1757, Wien 1982

Brückner, Jörg, Zwischen Reichsstandschaft und Standesherrschaft. Die Grafen zu Stolberg und ihr Verhältnis zu den Landgrafen von Thüringen und späteren Herzögen, Kurfürsten bzw. Königen von Sachsen (1210 bis 1815), Dößel 2005 (= Veröffentlichungen des Landesheimatbundes Sachsen-Anhalt e.V. zur Landes-, Regional- und Heimatgeschichte, Bd 2)

Buck, Lienhard, Die Münzen des Kurfürstentums Sachsen 1763 bis 1806, Berlin 1981

Buddruss, Eckhard, Die französische Deutschlandpolitik, Mainz 1995 (= Veröffentlichungen des Instituts für europäische Geschichte Mainz, Abt. Universalgeschichte, Bd 157)

Büsch, Otto, Militärsystem und Sozialleben im alten Preußen 1713–1807. Die Anfänge der sozialen Militarisierung der preußisch-deutschen Gesellschaft, Berlin 1981

Carl, Horst, Militärische Okkupation im 18. Jahrhundert – Anmerkungen zu einer spezifischen Situation. In: Die besetzte res publica. Zum Verhältnis von ziviler Obrigkeit und militärischer Herrschaft in besetzten Gebieten vom Spätmittelalter bis zum 18. Jahrhundert. Hrsg. von Markus Neumann und Jörg Rogge,

Berlin 2006 (= Herrschaft und soziale Systeme in der Frühen Neuzeit, Bd 3), S. 351–362

Carl, Horst, Okkupation und Regionalismus. Die preussischen Westprovinzen im Siebenjährigen Krieg, Mainz 1993 (= Veröffentlichungen der Instituts für europäische Geschichte Mainz, Abt. Universalgeschichte, Bd 150)

Carl, Horst, Unter fremder Herrschaft. Invasion und Okkupation im Siebenjährigen Krieg. In: Krieg und Frieden, S. 331–348

Childs, John, Armies and Warfare in Europe 1648–1789, New York 1982

Clausewitz, Carl von, Vom Kriege, München 2000 (Neudruck der Ausgabe Berlin 1832)

Creveld, Martin van, Kampfkraft. Militärische Organisation und Leistung der deutschen und amerikanischen Armee 1939–1945, Graz 2007

Czok, Karl, Am Hofe Augusts des Starken, Stuttgart 1990

Czok, Karl, August der Starke und seine Zeit. Kurfürst von Sachsen, König von Polen, Leipzig 2004

Czok, Karl, Ein Herrscher – zwei Staaten. Die sächsisch-polnische Personalunion als Problem des Monarchen aus sächsischer Sicht. In: Die Personalunion, S. 103–120

Delbrück, Hans, Friedrich, Napoleon, Moltke. Ältere und neuere Strategie. Im Anschluss an die Bernhardische Schrift: Delbrück, Friedrich der Grosse und Clausewitz, Berlin 1892

Delbrück, Hans, Geschichte der Kriegskunst im Rahmen der politischen Geschichte. Die Neuzeit. Vom Kriegswesen der Renaissance bis zu Napoleon, Hamburg 2003 (Neudruck der Ausgabe Berlin 1920)

Demel, Walter, Der aufgeklärte Absolutismus in mittleren und kleinen deutschen Territorien. In: Der aufgeklärte Absolutismus im europäischen Vergleich. Hrsg. von Helmut Reinalter und Harm Klueting, Wien 2002, S. 69–112

Demel, Walter, Der europäische Adel. Vom Mittelalter bis zur Gegenwart, München 2005

Demel, Walter, Europäische Geschichte des 18. Jahrhunderts. Ständische Gesellschaft und europäisches Mächtesystem im beschleunigten Wandel (1689/1700–1789/1800), Stuttgart 2000

Demel, Walter, Landespatriotismus und Nationalbewusstsein im Zeitalter der Aufklärung und Reformen. In: Archivalische Zeitschrift, 88 (2006), S. 79–97

Demel, Walter, Reich, Reformen und sozialer Wandel 1763–1806, Stuttgart 2005 (= Gebhardt. Handbuch der deutschen Geschichte, Bd 12)

Dorn, Günter, und Joachim Engelmann, Die Infanterieregimenter Friedrich des Großen, Augsburg 1992

Dorn, Günter, und Joachim Engelmann, Die Schlachten Friedrichs des Grossen, Augsburg 1996

Duchhardt, Heinz, Balance of Power und Pentarchie, Internationale Beziehungen 1700–1785, Paderborn 1997 (= Handbuch der Geschichte der internationalen Beziehungen, Bd 4)

Duchhardt, Heinz, Das Reich und die deutschen Großmächte im europäischen Staatensystem des Ancien Régime. In: Polen und Deutschland im europäischen Staatensystem vom späten Mittelalter bis zur Mitte des 19. Jahrhunderts. Hrsg. von der Gemeinsamen deutsch-polnischen Schulbuchkommission, Braunschweig 1992 (= Schriftenreihe des Georg-Eckert-Instituts für internationale Schulbuchforschung, Bd 22/XIII), S. 61–68

Duffy, Christopher, Feldmarschall Browne. Irischer Emigrant, kaiserlicher Heerführer, Gegenspieler Friedrichs des Grossen, Wien 1966

Duffy, Christopher, Friedrich der Große. Die Biographie, Düsseldorf 2001

Duffy, Christopher, Friedrich der Große und seine Armee, Stuttgart 1978

Duffy, Christopher, Sieben Jahre Krieg 1756–1763. Das Heer Maria Theresias, Wien 2003

Einsatznah ausbilden. Hilfen für den Gefechtsdienst aller Truppen. Hrsg. vom Heeresamt, Köln 1991

Ernstberger, Anton, Johann Georg von Schill 1736–1822. Der Vater des Freiheitskämpfers Ferdinand von Schill. Vom Egerländer Häuslerssohn zum Reichsadeligen, München 1959

Europa im Zeitalter Friedrichs des Großen. Wirtschaft, Gesellschaft, Kriege. Im Auftrag des MGFA hrsg. von Bernhard R. Kroener, München 1989 (= Beiträge zur Militärgeschichte, Bd 26)

Externbrink, Sven, Frankreich und die Reichexekution gegen Friedrich II. Zur Wahrnehmung der Reichsverfassung durch die französische Diplomatie während des Siebenjährigen Krieges. In: Altes Reich, Frankreich und Europa. Politische, philosophische und historische Aspekte des französischen Deutschlandbildes im 17. und 18. Jahrhundert. Hrsg. von Olaf Asbach, Sven Externbrink und Klaus Malettke, Berlin 2001 (= Historische Forschungen, Bd 70), S. 221–253

Externbrink, Sven, Friedrich der Große, Maria Theresia und das Alte Reich. Deutschlandbild und Diplomatie Frankreichs im Siebenjährigen Krieg, Berlin 2006

Fellmann, Walter, Friedrich II. und Heinrich Graf Brühl. In: Dresdner Hefte, Nr. 46 (1996), S. 11–18

Fellmann, Walter, Heinrich Graf Brühl. Ein Lebens- und Zeitbild, Würzburg 1990

Fellmann, Walter, Sachsens Außenpolitik unter Heinrich Graf von Brühl von 1733 bis 1745. In: Dresdner Hefte, Nr. 68 (2001), S. 11–19

Förster, Stig, Operationsgeschichte heute. In: MGZ, 61 (2002), 2, S. 309–313

Franze, Bruno, Die Heeres-Reduktion unter Brühl 1746–1756. Ein Beitrag zur Heeres- und Finanzgeschichte (Diss. handschr.) Leipzig 1921

Frevert, Ute, Die kasernierte Nation. Militärdienst und Zivilgesellschaft in Deutschland, München 2001

Friedrich, Alexander, Die Kämpfe an der Sächsisch-Böhmischen Grenze im Herbst 1813, Dresden 1913

Friedrich, Wolfgang, Die Uniformen der Kurfürstlich Sächsischen Armee 1683–1783, Dresden 1998

Gembruch, Werner, Bürgerliche Publizistik und Heeresreform in Preußen (1805-1808). In: MGZ, 16 (1974), 2, S. 7-32

Gembruch, Werner, Menschenführung im preußischen Heer vom Friedrich dem Großen bis 1806. In: Werner Gembruch, Staat und Heer. Ausgewählte Schriften zum ancien régime, zur Französischen Revolution und zu den Befreiungskriegen, Berlin 1990 (= Historische Forschungen, Bd 40), S. 169-186

Generallieutenant Johann Nicolaus von Luckner und seine Husaren im Siebenjähren Kriege. Hrsg. von Michael Hochedlinger und Theodor Horstmann, Osnabrück 1997

Geschichte der Feldzüge des Herzogs Ferdinand von Braunschweig-Lüneburg. Nachgelassenes Manuskript von Christian Heinrich Philipp Edler von Westphalen. Hrsg. von F.O.W.H. v. Westphalen, 6 Bde, Starnberg 1985 (Neudruck der Ausgabe Berlin 1859-1872)

Geschichtliche Grundbegriffe. Historisches Lexikon der politisch-sozialen Sprache in Deutschland. Hrsg. von Otto Brunner, Werner Conze und Reinhardt Kosselleck, Bd 5, Stuttgart 1984

Gestrich, Andreas, Das Wienerische Diarium in der Zeit des Siebenjährigen Krieges. Ein Projektbericht. In: Aufklärung, 12 (2000), 1, S. 73-79

Gierowski, Józef Andrzej, Ein Herrscher – zwei Staaten. Die sächsisch-polnische Personalunion als Problem des Monarchen aus polnischer Sicht. In: Die Personalunion, S. 121-152

Götze, Gunter, Die Winterschlacht bei Kesselsdorf am 15. Dezember 1745, Lommatzsch 2001

Gräßler, Ingolf, Pässe über das Erzgebirge. Passwege und Paßstrassen zwischen Freiberger und Zwickauer Mulde im Mittelalter. In: Landesgeschichte in Sachsen. Tradition und Innovation. Hrsg. von Rainer Aurig, Steffen Herzog und Simone Lässig, Dresden 1997, S. 97-108

Groehler, Olaf, Das Heerwesen in Brandenburg und Preußen von 1640 bis 1806. Das Heerwesen, Berlin 2001

Groehler, Olaf, Die Kriege Friedrichs II., Berlin 1990

Groß, Reiner, Die Restaurationskommission 1762/63. In: Dresdner Hefte, Nr. 68 (2001), S. 81-86

Groß, Reiner, Geschichte Sachsens, Leipzig 2004

Groß, Reiner, Hubertusburg im Siebenjährigen Krieg. In: Schloss Hubertusburg. Werte einer sächsischen Residenz. Hrsg. vom Verein für sächsische Landesgeschichte e.V., Dresden 1997 (= SAXONIA, Bd 3), S. 53-58

Groß, Reiner, Kurfürst Friedrich August II. von Sachsen und die Landespolitik von 1733 bis 1763. In: Dresdner Hefte, Nr. 46 (1996), S. 2-10

Große, Otto, Prinz Xaver von Sachsen und das sächsische Korps bei der französischen Armee 1758-1763 (Diss.), Leipzig 1907

Grundkurs deutsche Militärgeschichte, Bd 1: Die Zeit bis 1914. Vom Kriegshaufen zum Massenheer. Im Auftrag des MGFA hrsg. von Karl-Volker Neugebauer, München 2006

Gülich, Wolfgang, Die Sächsische Armee zur Zeit Napoleons. Die Reorganisation von 1810, Beucha 2006 (= Schriften der Rudolf-Kötzschke-Gesellschaft, Bd 9)

Halder, Winfrid, Friedrich August III./I. (1763/1806–1827). In: Die Herrscher Sachsens, S. 203–222

Hauthal, Ferdinand, Die sächsische Armee der Gegenwart. In Wort und Bild, Leipzig 1859

Haythornthwaite, Philip, Die kaiserliche Armee Österreichs. Infanterie und Kavallerie 1740–1780, St. Augustin 2004

Heckner, Erwin, Geschichte des Königlich Sächsischen Kadettenkorps. In: Erwin Heckner, Bossi Fedrigotti und Anton Graf, Kadetten. Aus 300 Jahren deutscher Kadettenkorps, Bd 2, München 1989, S. 135–210

Henke, Klaus Theodor, Festungen in Sachsen. Königstein, Pirna, Stolpen, Torgau, Leipzig, Freiberg, Dresden, Berlin 1991

Die Herrscher Sachsens. Markgrafen, Kurfürsten, Könige. Hrsg. von Frank-Lothar Kroll, München 2007

Hertzig, Stefan, Die Kanonade vom 19. Juli und der Wiederaufbau der Dresdner Innenstadt. In: Dresdner Hefte, Nr. 68 (2001), S. 42–50

Hexelschneider, Erhard, Kulturelle Begegnungen zwischen Sachsen und Russland 1790–1849, Köln 2000 (= Geschichte der Politik in Sachsen, Bd 13)

Hildebrand, Klaus, »Staatskunst und Kriegshandwerk«. Akteure und System der europäischen Staatenwelt vor 1914. In: Der Schlieffenplan. Analysen und Dokumente. Im Auftrag des MGFA hrsg. von Hans Ehlert, Michael Epkenhans und Gerhard P. Groß, Paderborn 2006 (= Zeitalter der Weltkriege, Bd 2), S. 21–43

Hobsbawn, Eric J., Nationen und Nationalismus. Mythos und Realität seit 1780, Bonn 2005

Höhne, Horst, Die Einstellung der sächsischen Regimenter in die preußische Armee im Jahre 1756, Halle 1926 (= Hallische Forschungen zur neueren Geschichte, Neue Folge, Heft 1)

Hofmann, Johannes, Die Kursächsische Armee 1769 bis zum Beginn des Bayerischen Erbfolgekrieges, Leipzig 1914 (= Bibliothek der Sächsischen Geschichte und Landeskunde, Bd IV, Heft 3)

Hohrath, Daniel, Der Bürger im Krieg der Fürsten. Stadtbewohner und Soldaten in belagerten Städten um die Mitte des 18. Jahrhunderts. In: Krieg und Frieden, S. 305–329

Hohrath, Daniel, Spätbarocke Kriegspraxis und aufgeklärte Kriegswissenschaften. Neue Forschungen und Perspektiven zu Krieg und Militär im »Zeitalter der Aufklärung«. In: Aufklärung, 12 (2000), 1, S. 5–47

Jany, Curt, Die Armee Friedrichs des Großen 1740 bis 1763, Berlin 1928 (= Geschichte der Königlich Preußischen Armee bis zum Jahre 1807, Bd 2)

Jessen, Olaf, »Preußens Napoleon«? Ernst von Rüchel 1754–1823. Krieg im Zeitalter der Vernunft, Paderborn 2007

Kästner, Gotthard, Generalmajor von Mayr und sein Freikorps in Kursachsen, Meißen 1904

Karlsch, Rainer, und Michael Schäfer, Wirtschaftsgeschichte Sachsens im Industriezeitalter, Leipzig 2006

Keller, Katrin, Der Siebenjährige Krieg und die Wirtschaft Kursachsens. In: Dresdner Hefte, Nr. 68 (2001), S. 74-80

Kennett, Lee, The French Armies in the Seven Year's War. A Study in Military Administration and Organisation, Durham 1967

Kennett, Lee, French Military Intelligence, 1756-1763. In: Military Affairs, Vol. XXIX No. 4 (1965-66), S. 201-204

Kersten, Fritz, und Georg Ortenburg, Die Sächsische Armee von 1763 bis 1862, Beckum 1982

Kessel, Eberhard, Das Ende des Siebenjährigen Krieges 1760-1763. Torgau und Bunzelwitz, Schweidnitz und Freiberg. Hrsg. von Thomas Lindner, Paderborn 2007

Kesselsdorfer Heimatkunde. Beiträge zur Ortsgeschichte Nr. 1. Hrsg. vom Heimatkreis Kesselsdorf, 2002

Kleinschmidt, Harald, Mechanismus und Biologismus im Militärwesen des 17. und 18. Jahrhunderts, Bewegungen-Ordnungen-Wahrnehmungen. In: Aufklärung, 11 (1999), 2, S. 51-73

Kleinschmidt, Harald, Studien zum Quellenwert der deutschsprachigen Exerzierreglements vornehmlich des 18. Jahrhunderts. In: Zeitschrift für Heereskunde, 337 (1988), S. 82-85

Kloosterhuis, Jürgen, Zwischen Garbeck und Lobositz. Ein westfälisch-märkischer Beitrag zur militärischen Sozial- und Ereignisgeschichte in der Zeit Friedrichs des Großen. In: Der Märker, Jg. 45 (1996), S. 84-97

Knötel, Richard, Herbert Knötel und Herbert Sieg, Handbuch der Uniformkunde. Die militärische Tracht in ihrer Entwicklung bis zur Gegenwart, Hamburg 1971 (Neudruck der Ausgabe von 1896)

Kobuch, Agatha, Zensur und Aufklärung in Kursachsen. Ideologische Strömungen und politische Meinungen zur Zeit der sächsisch-polnischen Union (1697-1763), Weimar 1988

Köpping, Reinhard, Sachsen gegen Napoleon. Zur Geschichte der Befreiungskriege 1813-1815, Berlin 2001

Kötzschke, Rudolf, und Hellmut Kretzschmar, Sächsische Geschichte, Würzburg 2002 (Neudruck der Ausgabe 1935)

Kortmann, Mike, Der Siebenjährige Krieg als globaler Konflikt. In: Historische Mitteilungen der Ranke-Gesellschaft, Bd 18 (2005), S. 58-71

Kranke, Kurt, Freimaurerei in Dresden. Aspekte ihrer äußeren Geschichte im 18./19. Jahrhundert. In: Dresdner Hefte, Nr. 64 (2000), S. 9-40

Kranke, Kurt, Ein Freimaurerleichnam im Kloster. In: Dresdner Neueste Nachrichten vom 8.6.1998, S. 14

Kranke, Kurt, Freimaurerleichnam im Keller von St. Marienstern. In: Freitaler Reporter, Heft 86, 9/1998, S. 9-11

Krebs, Daniel, The Making of Prisoners of War. In: MGZ, 64 (2005), 1, S. 1-29

Der Krieg des kleinen Mannes. Eine Militärgeschichte von unten. Hrsg. von Wolfram Wette, München 1992

Krieg ist mein Lied. Der Siebenjährige Krieg in den zeitgenössischen Medien. Hrsg. von Wolfgang Adam und Holger Dainat, Göttingen 2007 (= Schriften des Gleimhauses Halberstadt, Bd 5)

Krieg und Frieden. Militär und Gesellschaft in der Frühen Neuzeit. Hrsg. von Bernhard R. Kroener und Ralf Pröve, Paderborn 1996

Die Kriege Friedrichs des Großen, 3. Theil: Der Siebenjährige Krieg, Bd 1: Pirna und Lobositz. Hrsg. vom Großen Generalstab, Berlin 1901

Die Kriege Friedrichs des Großen, 3. Theil: Der Siebenjährige Krieg, Bd 6: Leuthen. Hrsg. vom Großen Generalstab, Berlin 1904

Die Kriege Friedrichs des Großen, 3. Theil: Der Siebenjährige Krieg, Bd 7: Olmütz und Crefeld. Hrsg. vom Großen Generalstab, Berlin 1909

Die Kriege Friedrichs des Großen, 3. Theil: Der Siebenjährige Krieg, Bd 8: Zorndorf und Hochkirch. Hrsg. vom Großen Generalstab, Berlin 1910

Die Kriege Friedrichs des Großen, 3. Theil: Der Siebenjährige Krieg, Bd 9: Bergen. Hrsg. vom Großen Generalstab, Berlin 1911

Die Kriegskunst im Lichte der Vernunft: Militär und Aufklärung im 18. Jahrhundert, 2 Tle. Hrsg. von Daniel Hohrath und Klaus Gerteis, Hamburg 1999/2000 (= Aufklärung, 11 [1999], 2 und 12 [2000], 1)

Kroener, Bernhard R., Friedrich der Große und die Grundzüge der europäischen Kriegführung seiner Zeit. In: Militärgeschichtliche Beiträge, 1987, S. 15-26

Kroener, Bernhard R., Militär in der Gesellschaft. Aspekte einer neuen Militärgeschichte der Frühen Neuzeit. In: Was ist Militärgeschichte? Hrsg. von Thomas Kühne und Benjamin Ziemann, Paderborn 2000 (= Krieg in der Geschichte, Bd 6), S. 283-299

Kroener, Bernhard R., »Nun danket alle Gott.« Der Choral von Leuthen und Friedrich der Große als protestantischer Held. Die Produktion politischer Mythen im 19. und 20. Jahrhundert. In: »Gott mit uns«. Nation, Religion und Gewalt im 19. und frühen 20. Jahrhundert. Hrsg. von Gerd Krumeich und Hartmut Lehmann, Göttingen 2000, S. 105-134

Kroener, Bernhard R., Das Schwungrad an der Staatsmaschine? Die Bedeutung der bewaffneten Macht in der europäischen Geschichte der Frühen Neuzeit. In: Krieg und Frieden, S. 1-23

Kroener, Bernhard R., Wirtschaft und Rüstung der europäischen Großmächte im Siebenjährigen Krieg. Überlegungen zu einem vergleichenden Ansatz. In: Friedrich der Große und das Militärwesen seiner Zeit. Hrsg. vom MGFA, Herford 1987 (= Vorträge zur Militärgeschichte, Bd 8), S. 143-175

Kroll, Stefan, Kursächsische Soldaten in den drei Schlesischen Kriegen. In: Dresdner Hefte, Nr. 68 (2001), S. 35-41

Kroll, Stefan, Kursächsisches Militär und ländliche Randgruppen. In: Militär und ländliche Gesellschaft in der Frühen Neuzeit. Hrsg. von Stefan Kroll und Kersten Krüger, Hamburg 2000 (= Herrschaft und soziale Systeme in der frühen Neuzeit, Bd 1), S. 275-295

Kroll, Stefan, Soldaten im 18. Jahrhundert zwischen Kriegsalltag und Friedenserfahrung. Lebenswelten und Kultur in der kursächsischen Armee 1728–1796, Paderborn 2006 (= Krieg in der Geschichte, Bd 26)

Kuczynski, Jürgen, Der Alltag des Soldaten (1650–1810). In: Der Krieg des kleinen Mannes, S. 68–75

Kulenkampff, Angela, Österreich und das Alte Reich. Die Reichspolitik des Staatskanzlers Kaunitz unter Maria Theresia und Joseph II., Köln 2005

Kunisch, Johannes, Die Allianz der Gegner Preußens im Siebenjährigen Krieg. In: Europa im Zeitalter Friedrichs des Großen, S. 79–97

Kunisch, Johannes, Friedrich der Grosse. Der König und seine Zeit, München 2004

Kunisch, Johannes, Friedrich der Grosse, Friedrich Wilhelm II. und das Problem der dynastischen Kontinuität im Hause Hohenzollern. In: Persönlichkeiten im Umkreis Friedrichs des Großen. Hrsg. von Johannes Kunisch, Köln 1988 (= Neuere Forschungen zur Brandenburg-Preussischen Geschichte, Bd 9), S. 1–28

Kusber, Jan, Vorfeldkontrolle durch militärische Intervention: Russland und der polnische Thronfolgekrieg 1733–1736. In: Sachsen und Polen, S. 144–155

Lässig, Simone, Reformpotential im »dritten Deutschland«? Überlegungen zum Idealtypus des Aufgeklärten Absolutismus. In: Landesgeschichte in Sachsen. Tradition und Innovation. Hrsg. von Simone Lässig, Rainer Aurig und Steffen Herzog, Dresden 1997, S. 187–215

Lange, Sven, Hans Delbrück und der ›Strategiestreit‹. Kriegführung und Kriegsgeschichte in der Kontroverse 1879–1914, Freiburg i.Br. 1995 (= Einzelschriften zur Militärgeschichte, Bd 40)

Latzel, Klaus, »Schlachtbank« oder »Feld der Ehre«? Der Beginn des Einstellungswandels gegenüber Krieg und Tod 1756–1815. In: Der Krieg des kleinen Mannes, S. 76–92

Leipzig. Geschichte der Stadt in Wort und Bild. Hrsg. von Karl Czok und Horst Thieme, Berlin 1978

Lindner, Thomas, Die Peripetie des Siebenjährigen Krieges. Der Herbstfeldzug 1760 in Sachsen und der Winterfeldzug 1760/61 in Hessen, Berlin 1993 (= Quellen und Forschungen zur Brandenburgischen und Preußischen Geschichte, Bd 2)

Lück, Heiner, »... die Sachsen in daß gebürge gejaget ...« Zur zeitgenössischen Wahrnehmung kriegerischer Ereignisse in einem preußisch-sächsischen Grenzdorf (1706–1871). In: Sachsen. Beiträge zur Landesgeschichte. Hrsg. von Renate Wißuwa, Gabriele Viertel und Nina Krüger, Dresden 2002, S. 287–306

Luh, Jürgen, Kriegskunst in Europa 1650–1800, Köln 2004

Luh, Jürgen, Sachsens Bedeutung für Preußens Kriegführung. In: Dresdner Hefte, Nr. 68 (2001), S. 28–34

Luh, Jürgen, Die schwedische Armee in Sachsen 1706–1707. In: Besatzung. Funktion und Gestalt militärischer Fremdherrschaft von der Antike bis zum

20. Jahrhundert. Hrsg. von Günther Kronenbitter, Markus Pöhlmann und Dierk Walter, Paderborn 2006 (= Krieg in der Geschichte, Bd 28), S. 57–66

Luh, Jürgen, Unheiliges Römisches Reich. Der konfessionelle Gegensatz 1648 bis 1806, Potsdam 1995

Luh, Jürgen, Vom Pagen zum Premierminister. Graf Heinrich von Brühl (1700–1763) und die Gunst der sächsisch-polnischen Kurfürsten und Könige August II. und August III. In: Der zweite Mann im Staat. Oberste Amtsträger und Favoriten im Umkreis der Reichsfürsten in der Frühen Neuzeit. Hrsg. von Michael Kaiser und Andreas Pečar, Berlin 2003 (= ZHF, Beiheft 32), S. 121–135

Maresch, Rudolf, und Niels Werber, Permanenzen des Raums. In: Raum, Wissen, Macht. Hrsg. von Rudolf Maresch und Niels Werber, Frankfurt a.M. 2002, S. 7–30

Matthes, Karl-Heinz, Die Geschichte der Wettiner in Sachsen und ihre Grabstätten, Siebenlehn 2003

Matzerath, Josef, Adelsrecht und Ständegesellschaft im Kursachsen des 18. Jahrhunderts. In: Sachsen 1763–1832, S. 24–39

Menneking, Friedrich, Victoria by Vellinghausen 1761, Paderborn 1989 (= Quellen und Schriften zur Militärgeschichte, Bd 4)

Middell, Matthias, Region und Aufklärung. Das Beispiel Sachsen. In: Sächsische Aufklärung, S. 7–22

Mielsch, Rudolf, Die kursächsische Armee im Bayerischen Erbfolgekrieg 1778/79. In: Neues Archiv für Sächsische Geschichte, 53 (1932), S. 73–103, und 54 (1933), S. 46–74

Mittenzwei, Ingrid, Friedrich II. von Preußen. Eine Biographie, Berlin (Ost) 1987

Mittenzwei, Ingrid, und Monika Herzfeld, Brandenburg-Preußen 1648–1789. Das Zeitalter des Absolutismus in Wort und Bild, Köln 1987

Möbius, Sascha, Die Kommunikation zwischen preußischen Soldaten und Offizieren im Siebenjährigen Krieg zwischen Gewalt und Konsens. In: MGZ, 63 (2004), 2, S. 325–353

Möller, Hans-Michael, Das Regiment der Landsknechte. Untersuchungen zu Verfassung, Recht und Selbstverständnis in deutschen Söldnerheeren des 16. Jahrhunderts, Wiesbaden 1976 (= Frankfurter Historische Abhandlungen, Bd 12)

Moritz Graf von Sachsen, Marschall von Frankreich. Hrsg. vom Arbeitskreis Sächsische Militärgeschichte e.V., Dresden 1996 (= Militärhistorische Schriften des Arbeitskreises Sächsische Militärgeschichte e.V., Heft 4)

Müller, Hermann, Das Heerwesen im Herzogtum Sachsen-Weimar von 1702–1775. Ein Beitrag zur Thüringischen Geschichte des 18. Jahrhunderts, Jena 1936

Müller, Michael G., Staat und Heer in der Adelsrepublik Polen im 18. Jahrhundert. In: Staatsverfassung und Heeresverfassung in der europäischen Geschichte der Frühen Neuzeit. Hrsg. von Johannes Kunisch und Barbara Stollberg-Rilinger, Berlin 1986 (= Historische Forschungen, Bd 28), S. 279–295

Müller, Reinhold, Die Armee Augusts des Starken. Das sächsische Heer von 1730 bis 1733, Berlin (Ost) 1984

Müller, Reinhold, und Wolfgang Rother, Die kurfürstlich-sächsische Armee um 1791, Berlin (Ost) 1990

Müller, Winfried, Der Siebenjährige Krieg. Sachsen im Beziehungsgeflecht des Alten Reiches und der europäischen Großmächte. In: Dresdner Hefte, Nr. 68 (2001), S. 2–10

Muth, Jörg, Flucht aus dem militärischen Alltag. Ursachen und individuelle Ausprägung der Desertion in der Armee Friedrichs des Großen. Mit besonderer Berücksichtigung der Potsdamer Garnison, Freiburg i.Br. 2003 (= Einzelschriften zur Militärgeschichte, 42)

Napoleon I. Darstellung der Kriege Caesars, Turennes, Friedrichs des Grossen. Hrsg. von Hans E. Friedrich, Berlin 1938

Neitzel, Sönke, Militärgeschichte ohne Krieg? Eine Standortbestimmung der deutschen Militärgeschichtsschreibung über das Zeitalter der Weltkriege. In: HZ, 44 (2007), S. 287–308

Neuhaus, Helmut, Das Reich im Kampf gegen Friedrich den Großen. Reichsarmee und Reichskriegführung im Siebenjährigen Krieg. In: Europa im Zeitalter Friedrichs des Großen, S. 213–243

Nicklas, Thomas, Friedrich August II. 1733–1763 und Friedrich Christian 1763. In: Die Herrscher Sachsens, S. 192–202

Nieper, Alexander, 300 Jahre sächsische Artillerie. In: Deutsches Soldatenjahrbuch. Hrsg. von Helmut Damerau, München 1968, S. 134–151

Nimmergut, Jörg, Deutsche Orden und Ehrenzeichen bis 1945. Sachsen-Württemberg I, München 1999

O'Byrn, Friedrich August Frhr. v., Zur Lebensgeschichte des Grafen Friedrich August Rutowski. In: Archiv für Sächsische Geschichte, 2 (1876), S. 317–350

Opitz-Belakhal, Claudia, Militärreformen zwischen Bürokratisierung und Adelsreaktion. Das französische Kriegsministerium und seine Reformen im Offizierkorps von 1760–1790, Sigmaringen 1994 (= Beihefte der Francia, Bd 34), S. 265–295

Ortenburg, Georg, Waffe und Waffengebrauch im Zeitalter der Kabinettskriege, Koblenz 1986 (= Heerwesen der Neuzeit, 2. Abt., Bd 1)

Oslo, Allan, Die Freimaurer, Düsseldorf 2002

Ottenfeld, Rudolf von, und Oscar Teuber, Die Österreichische Armee von 1700 bis 1867, Wien 1895

Die Personalunion von Sachsen-Polen 1697–1763 und Hannover-England 1714–1837. Ein Vergleich. Hrsg. von Rex Rexheuser, Wiesbaden 2005

Petschel, Dorit, Die Persönlichkeit Friedrich Augusts des Gerechten, Kurfürsten und Königs von Sachsen. In: Sachsen 1763–1832, S. 77–100

Petschel, Dorit, Sächsische Außenpolitik unter Friedrich August I. Zwischen Rétablissement, Rheinbund und Restauration, Köln 2000 (= Dresdner Historische Studien, Bd 4)

Petter, Wolfgang, Hans Karl von Winterfeldt als General der friderizianischen Armee. In: Persönlichkeiten im Umkreis Friedrichs des Großen. Hrsg. von Johannes Kunisch, Köln 1988 (= Neuere Forschungen zur Brandenburg-Preussischen Geschichte, Bd 9), S. 59 – 87

Petter, Wolfgang, Zur Kriegskunst im Zeitalter Friedrichs des Großen. In: Europa im Zeitalter Friedrichs des Großen, S. 245 – 268

Planert, Ute, Wann beginnt der »moderne« deutsche Nationalismus? In: Die Politik der Nation. Deutscher Nationalismus in Krieg und Krisen 1760 – 1960. Hrsg. von Jörg Echternkamp und Sven Oliver Müller, München 2002 (= Beiträge zur Militärgeschichte, Bd 56), S. 25 – 59

Pommerin, Reiner, Königskrone und Mächtesystem. In: Sachsen und Polen, S. 78 – 91

Preitz, Max, Prinz Moritz von Dessau im siebenjährigen Kriege, Berlin 1912 (= Historische Bibliothek, Bd 30)

Pröve, Ralf, Zum Verhältnis von Militär und Gesellschaft im Spiegel gewaltsamer Rekrutierungen (1648 – 1789). In: Zeitschrift für Historische Forschung, 22 (1995), 2, S. 191 – 223

Quadt, Franz, Die Schlacht bei Lobositz. 1. Oktober 1756, Diss., Charlottenburg, 1909

Raschke, Bärbel, Aufklärung am sächsischen Hof. Kurfürstin Maria Antonias Auseinandersetzung mit Voltaire und Friedrich II. von Preußen. In: Sächsische Aufklärung, S. 129 – 144

Rellecke, Werner, Wegmarken sächsischer Geschichte. In: Werner Rellecke und Werner Künzel, Geschichte der deutschen Länder. Entwicklungen und Traditionen vom Mittelalter bis zur Gegenwart, Münster 2005, S. 315 – 350

Richter, Georg, Der Königlich-Sächsische Militär-St. Heinrichs-Orden 1736 – 1918. Ein Ehrenblatt der sächsischen Armee, Frankfurt a.M. 1964 (Neudruck der Ausgabe Göppingen 1937)

Riley, James C., The Seven Years War and the old regime in France. The economic und financial toll, Princeton, N.J. 1986

Rink, Martin, Der kleine Krieg. Entwicklungen und Trends asymmetrischer Gewalt 1740 bis 1815. In: MGZ, 65 (2006), 2, S. 355 – 388

Rink, Martin, Die Wiederkehr des kleinen Krieges. Trenk und seine Panduren 1740 – 1748. In: Information für die Truppe, 2006, 1, S. 62 – 67

Rotschky, Paul, Die Waffenindustrie in Suhl. Ihre Entwicklung und Lage (Diss.), Jena 1933

Rudert, Otto, Die Reorganisation der Kursächsischen Armee 1763 – 1969 (Diss.), Leipzig 1911

S., H. von, Das Sächsisch-Polnische Cavalleriecorps im Oesterreichischen Solde von 1756 bis 1763. In: Jahrbücher für die deutsche Armee und Marine, 28 (1878), S. 36 – 59, 129 – 160, 237 – 278

Sachsen 1763 – 1832. Zwischen Rétablissement und bürgerlichen Reformen. Hrsg. von Uwe Schirmer, Beucha 1996 (= Schriften der Rudolf-Kötzschke-Gesellschaft, Bd 3)

Sachsen und Polen zwischen 1697 und 1756. Beiträge der wissenschaftlichen Konferenz vom 26. bis 28. Juni 1997 in Dresden. Hrsg. vom Verein für sächsische Landesgeschichte, Dresden 1998 (= Saxonia, Bd 415)

Sächsische Aufklärung. Hrsg. von Anneliese Klingenberg [u.a.], Leipzig 2001 (= Studien zur Erforschung von regionalbezogenen Identifikationsprozessen, Bd 7)

Salewski, Michael, 1756 und die Folgen. Einleitung. In: Michael Salewski und Jürgen Elvert, Historische Mitteilungen der Ranke-Gesellschaft, Bd 18 (2005), S. 1-5

Schieder, Theodor, Friedrich der Große. Ein Königtum der Widersprüche, Berlin 1984

Schierbrand, H. v., Prinz Xaver von Sachsen, sein Leben und seine Verdienste um Sachsen und die Reorganisation des sächsischen Heeres. Eine geschichtliche Studie auf Grund archivalischer Quellen. In: Jahrbücher für die deutsche Armee und Marine, 108 (1898), S. 149-162

Schilling, Heinz, Höfe und Allianzen: Deutschland 1648-1763, Berlin 1994 (Erstausgabe 1989)

Schimpff, Otto von, Heinrich Graf von Friesen, königlich polnischer und kurfürstlich sächsischer Geheimer Kabinettsminister und General der Infanterie. In: Neues Archiv für Sächsische Geschichte, 2 (1881), 1, S. 129-179

Schimpff, Otto von, Das Sammlungswerk der Majors Karl Friedrich von Eberstein in Thüringen. Ein Beitrag zur Geschichte des Heeresersatzes im 7jährigen Kriege. In: Archiv für Sächsische Geschichte, 4 (1878), S. 44-98

Schirmer, Uwe, Der Bevölkerungsgang in Sachsen zwischen 1743 und 1815. In: Vierteljahresschrift zur Wirtschafts- und Sozialgeschichte, 83 (1996), S. 25-58

Schmidt, Eduard O., Kursächsische Streifzüge, Bd 3, Leipzig 1906

Schmitt, Bernhard, Armee und staatliche Integration: Preußen und die Habsburgermonarchie 1815-1866. Rekrutierungspolitik in den neuen Provinzen: Staatliches Handeln und Bevölkerung, Paderborn 2007 (= Krieg in der Geschichte, Bd 36)

Schultz-Trinius, Arnold, Die Sächsische Armee in Krieg und Frieden. Ihre Führer und Kriegsminister, Zeulenroda 1932

Schunka, Alexander, Die Oberlausitz zwischen Prager Frieden und Wiener Kongress (1635 bis 1815). In: Geschichte der Oberlausitz. Herrschaft, Gesellschaft und Kultur vom Mittelalter bis zum Ende des 20. Jahrhunderts. Hrsg. von Joachim Bahlcke, Leipzig 2001, S. 143-179

Schuster, Oskar W. und Friedrich A. Francke, Geschichte der Sächsischen Armee, 3 Teile, Leipzig 1885

Schwarze, Karl, Der Siebenjährige Krieg in der zeitgenössischen deutschen Literatur, Berlin 1936

Schwarzenbeck, Engelbert, Graf Luckner. Der Marschall aus der Oberpfalz, Regensburg 1993

Seyffarth, Joachim, und Edith Seyffarth, Von Krieg und Not, vom »Schwarzen Tod«. Geschichten um vergessene Denkmale, Marienberg 2002 (= Erzgebirgische Heimat, 6. Folge)

725 Jahre Struppen. Hrsg. von der Gemeinde Struppen, 1275–2000, Struppen 2000

Siebenjähriger Krieg in Fulda. Die Schlacht auf dem Münsterfeld von 1759. Hrsg. von Gregor Stasch, Fulda 2003

Sikora, Michael, Das 18. Jahrhundert: Die Zeit der Deserteure. In: Armeen und ihre Deserteure. Vernachlässigte Kapitel einer Militärgeschichte der Neuzeit. Hrsg. von Ulrich Bröckling und Michael Sikora, Göttingen 1998, S. 86–111

Sikora, Michael, Disziplin und Desertion. Strukturprobleme militärischer Organisation im 18. Jahrhundert, Berlin 1996 (= Historische Forschungen, Bd 57)

Sikora, Michael, Verzweiflung oder Leichtsinn? Militärstand und Desertion im 18. Jahrhundert. In: Krieg und Frieden, S. 236–264

Simms, Brendan, Hanover in British policy 1714–1783. Interests and aims of the protagonists. In: Die Personalunion, S. 311–334

Sonkajärvi, Hanna, Soldaten als Fremde in Straßburg im 18. Jahrhundert. In: Militär und Gesellschaft in der Frühen Neuzeit, 8 (2004), 1, S. 8–19

Stahl, Friedrich-Christian, Alfred Graf von Schlieffen. In: Militärgeschichtliche Beiträge, 1987, S. 60–70

Stammregister und Chronik der Kur- und Königlich-Sächsischen Armee von 1670 bis zum Beginn des Zwanzigsten Jahrhunderts. Hrsg. von Franz Verlohren und Max Barthold, bearbeitet von Heinrich August Verlohren, Leipzig 1910

Staszewski, Jacek, August III. Kurfürst von Sachsen und König von Polen. Eine Biographie, Berlin 1996

Staszewski, Jacek, Begründung und Fortsetzung der Personalunion Sachsen-Polen 1697 und 1733. In: Die Personalunion, S. 37–50

Staszewski, Jacek, Polens Interessen und Ziele in der sächsisch-polnischen Personalunion. In: Die Personalunion, S. 87–102

Stephan, Bärbel, »Nach der Geburt ein Teutscher, im Handeln und Denken aber Franzos«. Graf Moritz von Sachsen, Maréchal de France, geboren am 28. Oktober 1696 in Goslar, verstorben am 30. November 1750 auf Schloss Chambord – Eine Betrachtung. In: Dresdner Hefte, Nr. 46 (1996), S. 19–28

Stockinger, Ludwig, Die sächsische Aufklärung als Modell deutscher Aufklärungsvarianten. In: Sächsische Aufklärung, S. 25–48

Stollberg-Rilinger, Barbara, Das Heilige Römische Reich Deutscher Nation. Vom Ende des Mittelalters bis zur Gegenwart, München 2006

Szabo, Franz A.J., Kaunitz and enlightened absolutism 1753–1780, Cambridge 1994

Tempelhoff, Georg F. v., Geschichte des Siebenjährigen Krieges in Deutschland zwischen dem Könige von Preußen und der Kaiserin Königin mit ihren Alliierten, Bd 1: Feldzüge 1756 und 1757, Osnabrück 1986 (Neudruck der Ausgabe 1783–1801)

Thum, Walter, Die Rekrutierung der sächsischen Armee unter August dem Starken (1694–1733), Leipzig 1912 (= Leipziger Historische Abhandlungen, Heft XXIX)

Tischer, Anuschka, Offizielle Kriegsbegründungen in der frühen Neuzeit. Funktionen, Formen, Inhalte. In: Militär und Gesellschaft in der Frühen Neuzeit, 8 (2004), 1, S. 48–54

Töppel, Roman, Die Sachsen und Napoleon. Ein Stimmungsbild 1806–1813, Köln 2008 (= Dresdner Historische Studien, Bd 8)

Treffer, Gerd, Moritz von Sachsen – Marschall von Frankreich, Regensburg 2005

Unruh, Georg Chr. v., Die auf deutschem Fuß errichteten Regimenter der polnischen Kronarmee in Westpreußen von 1717 bis 1772. In: Deutsche Wissenschaftliche Zeitschrift, 1940, 2 (Sonderdruck), S. 171–175

Vierhaus, Rudolf, Deutschland im 18. Jahrhundert. Politische Verfassung, soziales Gefüge, geistige Bewegungen, Göttingen 1987

Vierhaus, Rudolf, Deutschland im Zeitalter des Absolutismus (1648–1763), Göttingen 1984 (= Deutsche Geschichte, Bd 6)

Vierhaus, Rudolf, Militärische Macht im Kalkül der europäischen Staatengemeinschaft des 18. Jahrhunderts. In: Europa im Zeitalter Friedrichs des Großen, S. 23–34

Vogel, Dagmar, Heinrich Graf von Brühl. Eine Biografie, Bd 1: 1700–1738, Hamburg 2003 (= Studien zur Geschichtsforschung der Neuzeit, Bd 29)

Vogel, Dagmar, Die Kinder Augusts des Starken, Taucha 1997

Vollmer, Udo, Deutsche Militär- und Handfeuerwaffen. Eine Enzyklopädie über die Bewaffnung deutscher Staaten von 1700 bis 1900, Heft 2, Bad Saulgau 2002

Wächtler, Rainer, Die Königlich Sächsischen Mitglieder der Ehrenlegion (1807–1813), Chemnitz 2002

Walter, Dierk, Albrecht Graf von Roon und die Heeresreorganisation von 1859/60. In: Militärische Reformer in Deutschland im 19. und 20. Jahrhundert. Im Auftrag der Deutschen Kommission für Militärgeschichte und des MGFA hrsg. von Hans Ehlert und Michael Epkenhans, Potsdam 2007 (= Potsdamer Schriften zur Militärgeschichte, Bd 2), S. 23–34

Weber, Wolfgang, Friedrich Anton von Heynitz und die Reform des preußischen Berg- und Hüttenwesens. In: Persönlichkeiten im Umkreis Friedrichs des Großen. Hrsg. von Johannes Kunisch, Köln 1988 (= Neue Forschungen zur Brandenburg-Preussischen Geschichte, Bd 9), S. 121–134

Weis, Eberhard, Frankreich von 1661 bis 1789. In: Europa im Zeitalter des Absolutismus und der Aufklärung. Hrsg. von Fritz Wagner, Stuttgart 1968 (= Handbuch der europäischen Geschichte, Bd 4), S. 166–307

Werlhof, Ernst v., Geschichte des 1. Husaren-Regiments »König Albert«, Nr. 18, Leipzig 1909

Werner, Matthias, Zwischen politischer Begrenzung und methodischer Offenheit. Wege und Stationen deutscher Landesgeschichtsforschung im 20. Jahrhundert. In: Die deutschsprachige Mediävistik im 20. Jahrhundert, Stuttgart 2005 (= Vorträge und Forschungen, Bd LXII), S. 251–364

Wernitz, Frank, Nun frisch ihr Teutschen Brüder. Das Stockhausensche Schützenkorps 1758–1762. In: Militärgeschichtliche Beiträge, 1996, S. 18–24

Wernitz, Frank, Die preußischen Freitruppen im Siebenjährigen Krieg 1756–1763. Entstehung, Einsatz, Wirkung, Wölfersheim-Berstadt 1994

Wernitz, Frank, Soldateska oder Soldaten? Die Légion Britannique im Siebenjährigen Krieg. In: Militärgeschichtliche Beiträge, 1994, S. 18–25

Winkler, Heinrich A., Der lange Weg nach Westen. Deutsche Geschichte 1806–1933, Bonn 2002

Wohlfeil, Rainer, Überlegungen zum Begriff »Militärgeschichte«. In: Militär und ländliche Gesellschaft in der frühen Neuzeit. Hrsg. von Stefan Kroll und Kersten Krüger, Hamburg 2000 (= Herrschaft und soziale Systeme in der frühen Neuzeit, Bd 1), S. 15–22

Wyczánski, Andrzej, Polen als Adelsrepublik, Osnabrück 2001 (= Klio in Polen, Bd 5)

Zaunstöck, Holger, Sozietätslandschaft und Mitgliederstrukturen. Die mitteldeutschen Aufklärungsgesellschaften im 18. Jahrhundert, Tübingen 1999

Zeitalter des Absolutismus 1648–1789. Hrsg. von Helmut Neuhaus, Stuttgart 1997 (= Deutsche Geschichte in Quellen und Darstellung, Bd 5)

Zernack, Klaus, Polen und Rußland. Zwei Wege in der europäischen Geschichte, Berlin 1994 (= Propyläen Geschichte Europas, Ergänzungsbd)

Ziekursch, Johannes, Sachsen und Preußen um die Mitte des achtzehnten Jahrhunderts. Ein Beitrag zur Geschichte des österreichischen Erbfolgekrieges, Breslau 1904

Personenregister